THE MIDDLE SEA

A HISTORY OF THE MEDITERRANEAN

[英]约翰 · 朱利叶斯 · 诺威奇 著
殷亚平等 译

在亚非欧之间
地中海史

上

John Julius Norwich

中国出版集团
东方出版中心

图书在版编目(CIP)数据

在亚非欧之间：地中海史：上、下 / (英) 约翰·朱利叶斯·诺威奇著；殷亚平等译. —上海：东方出版中心，2019.7

(新知史)

ISBN 978-7-5473-1501-9

Ⅰ. ①在… Ⅱ. ①约… ②殷… Ⅲ. ①地中海区-国家-历史 Ⅳ. ①K10

中国版本图书馆 CIP 数据核字(2019)第 133027 号

上海市版权局著作权合同登记：图字 09-2019-592

在亚非欧之间：地中海史(上、下册)

出版发行：东方出版中心
地　　址：上海市仙霞路 345 号
电　　话：(021)62417400
邮政编码：200336
印　　刷：山东鸿君杰文化发展有限公司
开　　本：890mm×1240mm　1/32
字　　数：594 千字
印　　张：23.875
版　　次：2019 年 7 月第 1 版第 1 次印刷
ISBN 978-7-5473-1501-9
定　　价：98.00 元

目录

序言 / 1

第一章 开端 / 1
第二章 古希腊 / 18
第三章 罗马：共和国 / 33
第四章 罗马：帝国早期 / 54
第五章 伊斯兰教 / 92
第六章 中世纪的意大利 / 110
第七章 基督教世界的反攻 / 140
第八章 两次大流散 / 174
第九章 人间奇迹 / 188

第十章　海外领地的终结　/ 214
第十一章　中世纪的尾声　/ 233
第十二章　君士坦丁堡的陷落　/ 261
第十三章　天主教国王和意大利的冒险　/ 288
第十四章　国王、皇帝和苏丹　/ 317
第十五章　巴巴里和巴巴罗萨　/ 341

插图列表

1. 绘有一艘船和一只海怪的腓尼基银币（National Archaeological Museum，Beirut/AKG/Erich Lessing）。
2. 蛇女神，约公元前 1500 年，来自克诺索斯宫（Archaeological Museum of Haraklion，Crete/Bridgeman Art Library）。
3. 奥德修斯和海妖塞壬，由塞壬画家绘制在雅典的红彩贮酒罐上，约公元前 490 年（British Museum，London/Bridgeman）。
4. 索菲娅·谢里曼。她穿戴的首饰来自在特洛伊发现的宝藏。约 1882 年拍摄（AKG-images）。
5. 雕刻有狮子的象牙饰板。亚述，约公元前 800 年（British Museum/Bridgeman）。
6. 伯利克里的半身像。是罗马人根据克列西拉斯雕刻的希腊原作制作的大理石复制品，约公元前 440 年（Pergamon Museum，Berlin/AKG/Erich Lessing）。
7. 尤利乌斯·恺撒半身像。罗马雕刻，约公元前 50 年（Museo e Gallerie Nazionali di Capodimonte，Naples/Bridgeman）。
8. 红条纹玛瑙浮雕，纪念屋大维在亚克兴之战中战胜马克·安东尼，公元前 31 年（Kunsthistorisches Museum，Vienna/Bridgeman）。
9. 一尊戴有头盔的勇士的希腊青铜雕塑，发现于意大利南部卡拉布里亚附近的海洋中，约公元前 430 年（Museo Nazionale，Reggio di Calabria/AKG/Nimatallah）。
10. 亚历山大大帝石棺上交战的情景，希腊化时代，约公元前 320 年

(Archaeological Museum，Istanbul/Bridgeman)。

11. 一位妇女的葬礼肖像（Brooklyn Museum of Art，New York/Bridgeman）和一个青年男子的葬礼肖像（Worcester Art Museum，Massachusetts/Bridgeman)。罗马时代的埃及人，约公元 100 年。
12. 角斗士与豹搏斗的马赛克细节。罗马，约公元 320 年（Galleria Borghese，Rome/Bridgeman)。
13. 君士坦丁大帝的巨型石刻头像，约公元 320 年（Pinacoteca Capitolina，Palazzo Conservatori，Rome/Bridgeman)。
14. 好牧人。这幅马赛克来自皇后迦拉·普拉西狄亚的陵寝，拉韦纳，5 世纪中叶（AKG/Erich Lessing)。
15. 东方三博士。马赛克。新圣波利奈尔教堂（S. Apollinare Nuovo)，拉韦纳，公元 6 世纪（AKG/Erich Lessing)。
16. 拉韦纳的狄奥多里克陵墓，约公元 530 年（Bridgeman)。
17. 皇帝查士丁尼一世及其随从的马赛克细节，圣维塔勒教堂，拉韦纳，公元 547 年（AKG/Nimatallah)。
18. 圣索菲亚大教堂圆柱柱顶，伊斯坦布尔，拜占庭风格，公元 6 世纪（Bridgeman)。
19. 大清真寺内部，双列马蹄形拱门隔间，科尔多瓦，约公元 785 年(Bridgeman)。
20. 科尔多瓦的大清真寺祭坛上方穹顶内部，约公元 965 年(Bridgeman)。
21. 轩尼里菲宫，建于阿尔汉布拉宫之上的摩尔国王宫殿，图为其摩尔风格柱顶，约公元 785 年（AKG)。
22. 狮子宫廷，阿尔汉布拉宫，格拉纳达，公元 8 世纪（Robin Smith/Art Directors)。

23. 西西里国王罗杰二世由基督加冕，马赛克，公元12世纪，玛托拉纳教堂，巴勒莫（Bridgeman）。
24. 穹顶马赛克，包括全能的主耶稣基督和圣徒，位于巴勒莫的巴拉丁礼拜堂，12世纪（Rachel Royse/Corbis）。
25. 饰有圣徒和宗教场景的金色马赛克，来自巴勒莫的巴拉丁礼拜堂的墙壁和天花板上（Rachel Royse/Corbis）。
26. 全能的主耶稣基督的马赛克，来自西西里的切法卢大教堂的后殿，12世纪（AKG/ Rainer Hackenberg）。
27. 红胡子腓特烈和他的儿子们，来源于万家顿《历代志》（Weingarten Chronicles）的手稿，MS D 11，12世纪（Landesbibliothek，Fulda/ Bridgeman）。
28. 伊本·图伦清真寺宣礼塔，开罗，公元9世纪（Ben Turnet/Art Directors and Trip）。
29. 大天使圣米迦勒，来自君士坦丁堡的用黄金、珐琅、宝石和半宝石装饰的拜占庭祭坛，公元12世纪，现在在威尼斯的圣马克广场（AKG/Erich Lessing）。
30. 皇帝阿历克赛一世科穆宁。来源于一份有手绘插图的手稿（Biblioteca Apostolica Vaticana，Rome/ Bridgeman）。
31. 1099年十字军袭击耶路撒冷。该图出自14世纪的手稿，Fr 22495 f. 69v（Bibliothèque National，Paris/Bridgeman）。
32. 萨拉丁的军队。该图出自14世纪的手稿，Ms Fr 22495 fol. 229（Bibliothèque Nationale，Paris/Bridgeman）。
33. 围攻阿卡，在法国国王路易九世领导十字军东侵期间。该图出自1375－1400年的*Chroniques de France ou de St. Denis*，Ms. Royal 20C Ⅶ，fol. 24（British Library/AKG/Erich Lessing）。
34. 麦法尼拿博物馆（Mevlana Tekke），塞尔柱王朝的建筑风格，科尼亚，土耳其，13 世纪（Bridgeman）。

35. 细塔修道院（Ince Minare Madrasa），塞尔柱王朝的建筑风格，科尼亚，土耳其，1260 — 1265 年（Terry Richardson/Art Directors）。

36. 腓特烈二世。出自他的著作 *De arte venandi cum avibus*. Cod. Palatina 1071，1232（Biblioteca Apostolica Vaticana/AKG）。

37. 1249 年围攻达米埃塔，在法国国王路易九世领导十字军东侵期间。该图出自 14 世纪的 *Les Grandes Chroniques de France*，Ms. Francais 2813，fol. 281（Bibliothèque National，Paris/AKG）。

38. 安茹的查理一世，那不勒斯和西西里国王，1265 年驶向罗马，参加教皇授予他西西里王国的加冕仪式。该图出自 *Les Grandes Chroniques de France*，1335，Ms. Royal 16G Ⅵ，fol. 429v（British Library，London/AKG）。

39. 但丁和维吉尔遇见乌格里诺伯爵，出自但丁·阿利吉耶里的《神曲：地狱》，第 33 篇，1306 — 1321 年。手稿插图，约 1350 年，Ms Palat. 313 fol. 77r.（Biblioteca Nazionale，Florence/AKG）。

40. 圣殿骑士团的大团长雅克·德·莫莱，1314 年被处以火刑。该图来自 14 世纪晚期的 *Grandes Chroniques de France*，Ms. Royal C Ⅶ，fol. 48（British Library/AKG）。

41. 苏丹穆罕默德二世，水彩画，土耳其，15 世纪（Topkapi Palace Museum，Istanbul/Bridgeman）。

42. 鲁梅利堡垒，由穆罕默德于 1452 年建立在博斯普鲁斯海峡，伊斯坦布尔（Bridgeman）。

43. 1453 年，苏丹穆罕默德二世征服君士坦丁堡，手稿插图，来自 Ms Fr 9087 f. 207v（Bibliothèque National，Paris/AKG）。

44. 1480 年，土耳其军队正在罗得岛城墙外面为战役作准备，来自吉约姆·寇辛斯（Guillaume Caoursin）的一份相关描述中，1483年，波旁红衣主教为此做的插画。Lat. 6067 f55v.（Bibliothèque Nationale，Paris/Bridgeman）。

45. 阿拉贡的斐迪南二世，1495年，米歇尔·西图（Michiel Sittow）的一幅油画复本。（Kunsthisorisches Museum，Vienna/AKG/Erich Lessing）。

46. 卡斯蒂利亚和莱昂的伊莎贝拉，1500年，在胡安·德·弗兰德（Juan de Flandes）之后继位（Patrimonio Nacional，Madrid/AKG/Erich Lessing）。

47. 法国国王查理八世，15世纪，让·布西雍（Jean Bourdichon）之作（Musée Condé，Chantilly/Bridgeman）。

48. 法国国王弗朗西斯一世，约1535年，让·克卢埃（Jean Clouet）绘制（Musée du Louvre/AKG/Erich Lessing）。

49. 皇帝查理五世，1533年，提香（Titian）绘制（Museo del Prado/AKG/Erich Lessing）。

50. 奥斯曼帝国苏丹苏莱曼大帝，约1530－1540年，由一位来自提香社交圈的威尼斯画家所作（Collection Schloss Ambras Innsbruck/AKG）。

51. 西班牙国王菲利普二世，约1570年，阿隆索·桑切斯·古埃约（Alonso Sanchez Coello）之作（Sterling Maxwell Collection，Pollok House，Glasgow/Bridgeman）。

52. 勒班陀战役，1571年10月7日，威尼斯当代绘画作品（Museo Civico Correr，Venice/AKG/Erich Lessing）。

53. 总督弗朗切斯科·莫洛西尼追击土耳其舰队，1659年4月，威尼斯画派。（Museo Civico Correr，Venice/AKG/Erich Lessing）。

54. 威尼斯总督弗朗切斯科·莫洛西尼，约1690年，巴陀罗米奥·纳扎利（Bartolomeo Nazzari）风格的作品（Museo Civico Correr，Venice/AKG/Erich Lessing）。

55. 1757年3月14日，海军上将宾爵士被处决。18世纪，国家海事博物馆，伦敦（National Maritime Museum，London）。

56. 1798年7月21日金字塔之战，1806年由路易·勒热讷创作（Louis Lejeune）（Château de Versailles/Bridgeman）。

57. 尼罗河之战中“东方号”被击沉，乔治·阿纳尔德（George Arnald）于1798年创作。（National Maritime Museum，London，Greenwich Hospital Collection）。

58. 那不勒斯的王后玛丽亚·卡罗来纳，继伊丽莎白·维杰·勒布伦（Elizabeth Vigée-Lebrun）后（Musée Condé，Chantilly/Bridgeman）。

59. 1814年5月4日，拿破仑抵达厄尔巴岛，手工上色印刷，由Artaria und Companie出版，维也纳，1815年（Corbis）。

60. 西奥多·科洛科特罗尼斯，继乔瓦尼·博吉（Givanni Boggi）后。由阿罗斯·塞尼菲尔德（Alois Senefelder）雕刻（Bibliothèque Nationale，Paris/Bridgeman）。

61.《希俄斯岛大屠杀》，1824年，尤金·德拉克洛瓦画（Musée du Louvre，Paris/Bridgeman）。

62. 乔治·戈登·拜伦爵士。1835年由托马斯·菲利普斯（Thomas Philips）临摹（National Portrait Gallery，London）。

63.《米索朗基废墟上的希腊》，1826年由德拉克洛瓦画（Musée des Beaux-Arts，Bordeaux/Bridgeman）。

64. 1848年3月17日，《从监狱中被释放的丹尼尔·马宁和尼科洛·托马塞奥》，1874年由拿破仑·纳尼（Napoleone Nani）画（Pinacoteca Querini-Stampalia，Venice/AKG/Cameraphoto）。

65. 1861年起在位的意大利国王维克多·伊曼纽尔二世，1870年拍摄(Coll. Archiv für Kunst und Geschichte，Berlin/AKG)。
66. 加里波第在马沙拉登陆（Museo del Risorgimento，Rome/Scala)。
67. 西班牙女王伊莎贝尔二世，1848年由何塞·古铁雷斯·德拉维加(José Guttierez de la Vega) 画 (Museo Romantico，Madrid/AKG/Erich Lessing)。
68. 巴尔多梅洛·埃斯帕特罗将军，1842年由安东尼·玛丽亚·埃斯基韦尔（Antonio Maria Esquivel）画（Palacio del Senado，Madrid/Bridgeman)。
69. 西班牙国王阿方索十二世，1876年由萨尔瓦多·马丁内兹·库韦利斯（Salvador Martinez Esquivel）画（Academia de San Fernando，Madrid/Bridgeman)。
70. 1869年，苏伊士运河地图及运河鸟瞰图和斐迪南·德·雷塞浦斯和赫迪夫伊斯梅尔的画像（Bibliothèque des Arts Décoratifs，Paris/Bridgeman)。
71. 《苏伊士运河通航开幕式》，由朱迪·迪埃（Jules Didier）雕刻，取材于马里乌斯·冯塔纳（Marius Fontane）的 *Voyage Pittoresque à Travers l'Isthme de Suez*（Bibliothèque des Arts Décoratifs，Paris/Bridgeman)。
72. 1890年，苏丹阿卜杜勒·哈米德二世。(Coll. Archiv für kunst und Geschichte，Berlin/AKG)。
73. 1925年，穆斯塔法·凯末尔（AKG)。
74. 1911年，在出发前往利比亚抗击入侵的意大利人之前，土耳其士兵骑马穿过君士坦丁堡（Getty images)。
75. 1915年10月15日，士兵在加利波利的一处海滩登陆（Bettmann/Corbis)。

76. 埃莱夫塞里奥斯・韦尼泽洛斯。这幅版画来自 *Le Petit Journal*，*Supplement Illustré*，Paris，1916 年（Coll. Archiv für kunst und Geschichte，Berlin/AKG）。
77. 1917 年 12 月 9 日，英军占领耶路撒冷后，陆军元帅埃蒙德・艾伦比在此地（AKG）。
78. 1919 年，费萨尔亲王及其代表团在凡尔赛会议上（Bettmann/Corbis）。
79. 1919 年 6 月，法国总理克里孟梭，美国总统伍德罗・威尔逊和英国首相劳合・乔治在签订《凡尔赛条约》之后（Getty images）。

地图列表

1. 克里特岛
2a. 大港
2b. 马耳他与戈佐岛
3. 公元 13 世纪前西班牙的再征服运动
4. 意大利南部和西西里岛
5. 被围攻的直布罗陀岬
6. 地中海东部
7. 地中海西部
8. 加利波利
均由雷金纳德・皮戈特绘制

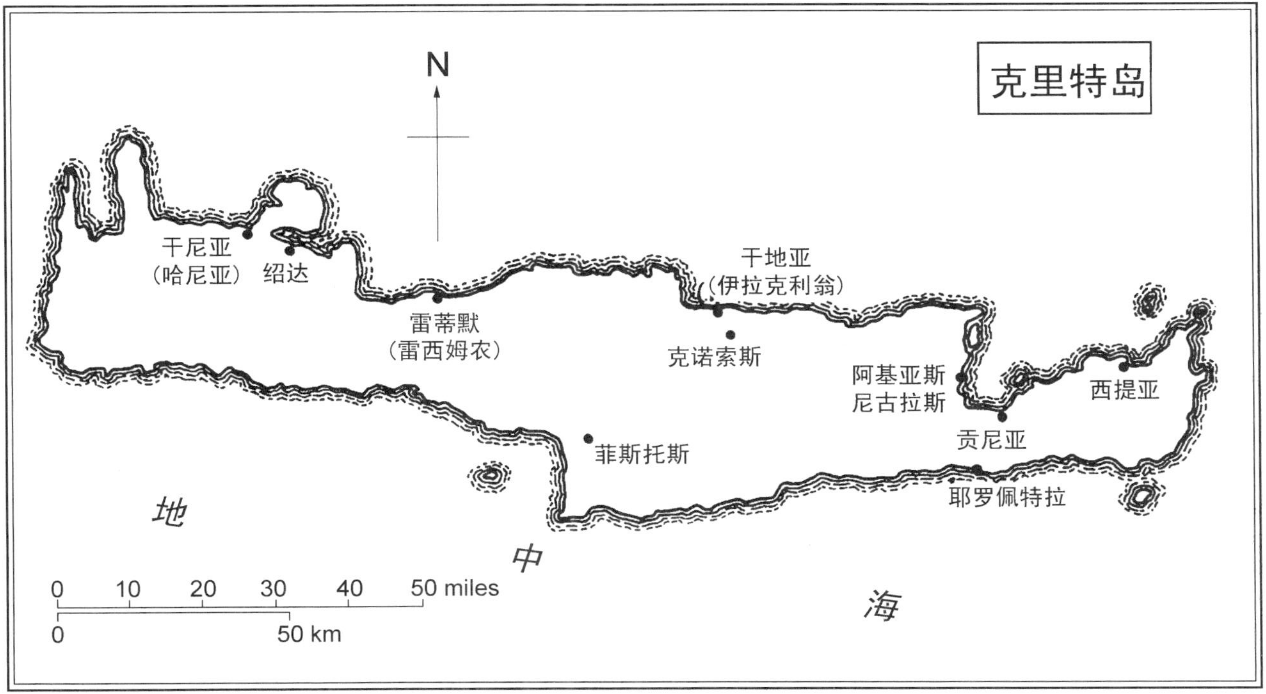
克里特岛
N
干尼亚
（哈尼亚）
绍达
雷蒂默
（雷西姆农）
干地亚
（伊拉克利翁）
克诺索斯
阿基亚斯
尼古拉斯
西提亚
贡尼亚
菲斯托斯
耶罗佩特拉
地
中
海
0 10 20 30 40 50 miles
0 50 km

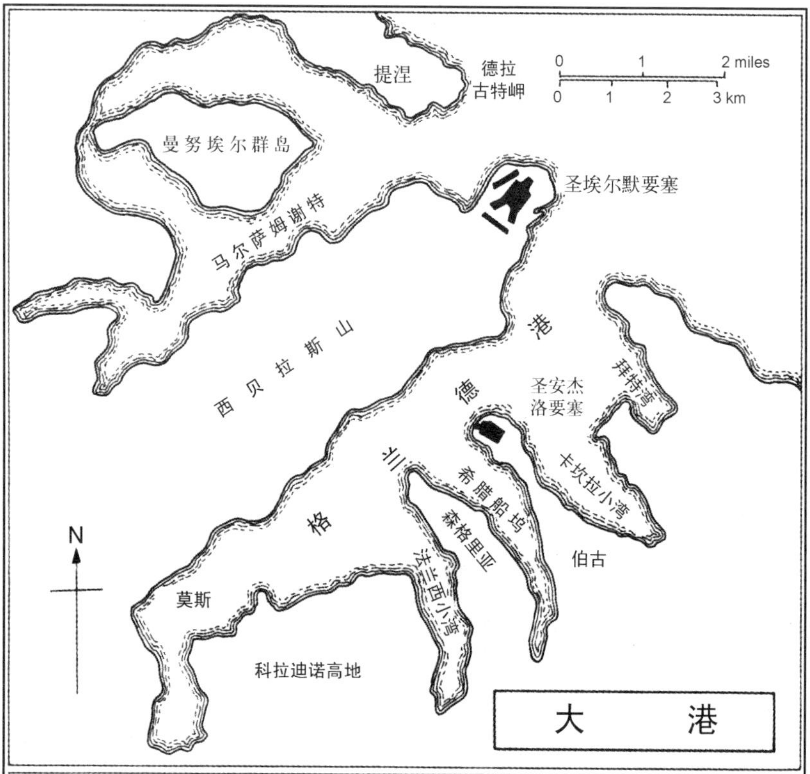
大港
提涅
德拉古特岬
0 1 2 miles
0 1 2 3 km
曼努埃尔群岛
圣埃尔默要塞
马尔萨姆谢特
西贝拉斯山
格兰德港
圣安杰洛要塞
拜特湾
卡坎拉小湾
希腊船坞
森格里亚
伯古
法兰西小湾
莫斯
科拉迪诺高地
N

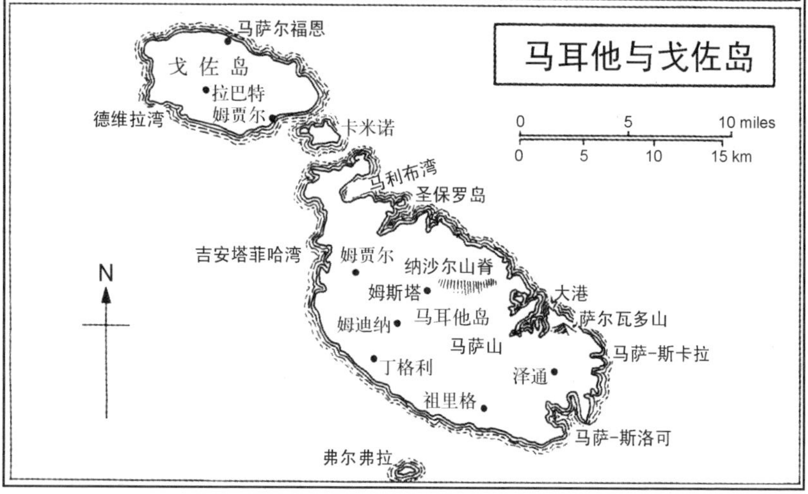
马耳他与戈佐岛
马萨尔福恩
戈佐岛
拉巴特
姆贾尔
德维拉湾
卡米诺
0 5 10 miles
0 5 10 15 km
马利布湾
圣保罗岛
吉安塔菲哈湾
姆贾尔
纳沙尔山脊
姆斯塔
大港
萨尔瓦多山
姆迪纳
马耳他岛
马萨山
马萨–斯卡拉
丁格利
泽通
祖里格
马萨–斯洛可
弗尔弗拉
N

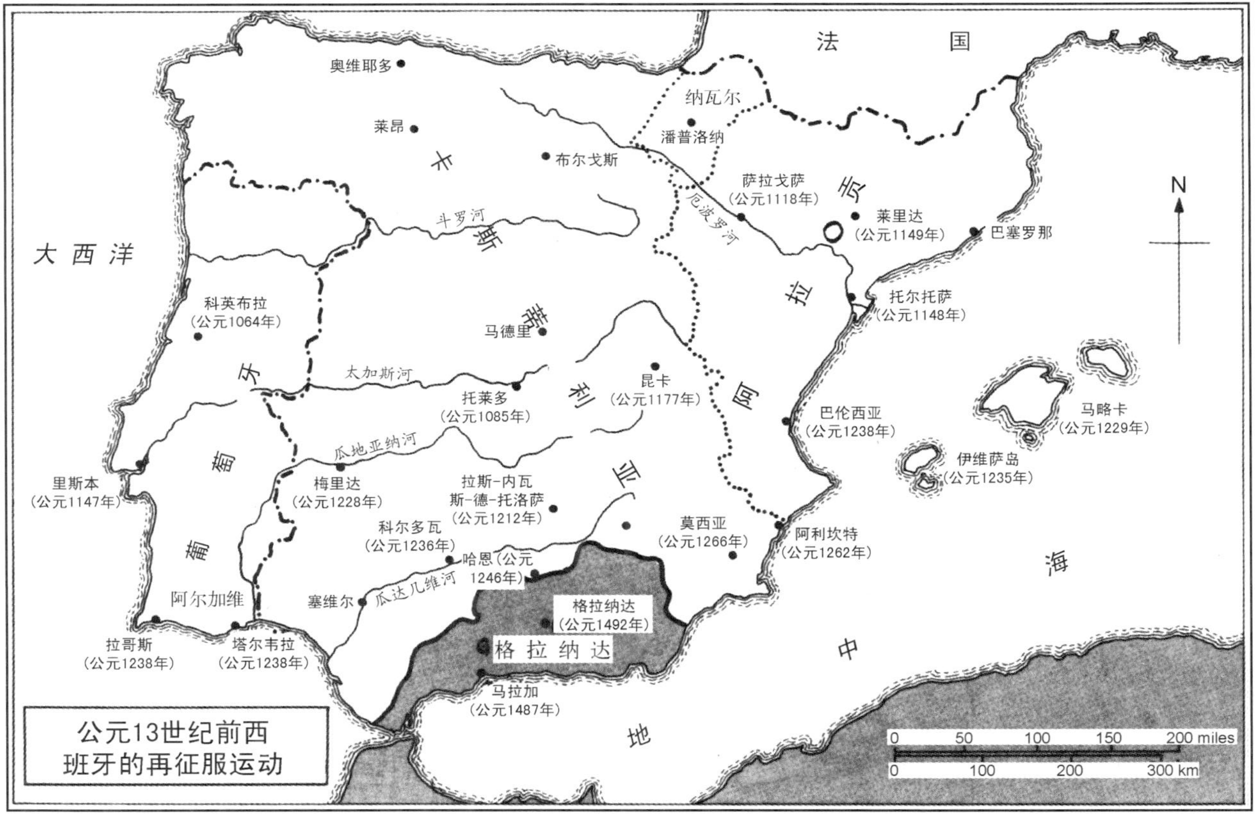
公元13世纪前西
班牙的再征服运动
法国
大西洋
地中海
卡斯蒂利亚
阿拉贡
葡萄牙
纳瓦尔
阿尔加维
格拉纳达
奥维耶多
莱昂
布尔戈斯
潘普洛纳
萨拉戈萨
(公元1118年)
莱里达
(公元1149年)
巴塞罗那
托尔托萨
(公元1148年)
马德里
科英布拉
(公元1064年)
托莱多
(公元1085年)
昆卡
(公元1177年)
巴伦西亚
(公元1238年)
马略卡
(公元1229年)
伊维萨岛
(公元1235年)
里斯本
(公元1147年)
梅里达
(公元1228年)
拉斯-内瓦
斯-德-托洛萨
(公元1212年)
科尔多瓦
(公元1236年)
哈恩(公元
1246年)
莫西亚
(公元1266年)
阿利坎特
(公元1262年)
塞维尔
格拉纳达
(公元1492年)
马拉加
(公元1487年)
拉哥斯
(公元1238年)
塔尔韦拉
(公元1238年)
斗罗河
厄波罗河
太加斯河
瓜地亚纳河
瓜达几维河
N
0 50 100 150 200 miles
0 100 200 300 km

意大利南部
和西西里岛
亚得里亚海
第勒尼安海
罗马
R. Tiber
马尔凯诺冈
安科纳
阿雷佐
耶西
佩鲁贾
费尔莫
奥尔维耶托
特龙托河
阿斯科利
维泰博
列蒂
拉奎拉
阿布鲁齐
蒂沃利
桑格罗河
帕勒斯替那
宁法
切普拉诺
加埃塔
卡普阿
贝内文托
那不勒斯
伊斯基亚岛
萨勒诺
索伦托
里尼亚诺
维耶斯泰
加尔尼亚诺
圣安杰洛山
特洛伊
巴列塔
阿斯科利
安德里亚
特拉尼
莫尔费塔
阿里亚诺
米内尔维诺
科拉托
吉欧凡纳佐
巴里
梅尔菲
斯皮纳佐拉
韦诺萨
格拉维纳
蒙特派洛索
孔韦尔萨诺
阿普利亚
波坦察
马泰拉
巴西利卡塔
塔兰托
莱切
奥特朗托
奥里奥洛
波利科罗
罗萨诺
卡拉布里亚
卡坦札罗
米莱托
利帕里群岛
法鲁角
巴格纳诺
墨西拿
雷焦
陶尔米纳
巴勒莫
蒙雷阿莱
圣·马可·德·阿伦齐奥
切法卢
特拉帕尼
洛雷托河
内布罗迪山
卡卡诺
米斯特雷塔
巴尔迪蒙
卡斯特尔韦特拉
卡洛迦洛山
尼古西亚
兰达佐
马扎拉
马尼亚克
卡尔塔贝洛塔
埃特纳山
卡塔尼亚
夏卡
艾多内
法瓦罗
阿格里真托
皮亚扎-阿尔梅里纳
圣克罗齐角
布泰拉
利卡塔
锡拉库扎
西西里
切普拉诺
阿奎诺
卡西诺山
加里葛里亚诺河
韦纳夫罗
蓬泰科尔沃
沃尔图诺河
米尼亚诺
泰拉奇纳
格鲁西奥
泰阿诺
加埃塔
卡普阿
贝内文托
萨巴托河
卡洛雷河
阿韦尔萨
阿韦利诺
那不勒斯
伊斯基亚岛
斯卡法蒂
诺切拉
拉韦洛
萨勒诺
索伦托
埃博利
阿马尔菲
卡普里
N
0 10 20 30 miles
0 10 20 30 40 50 km
0 50 100 miles
0 50 100 150 km

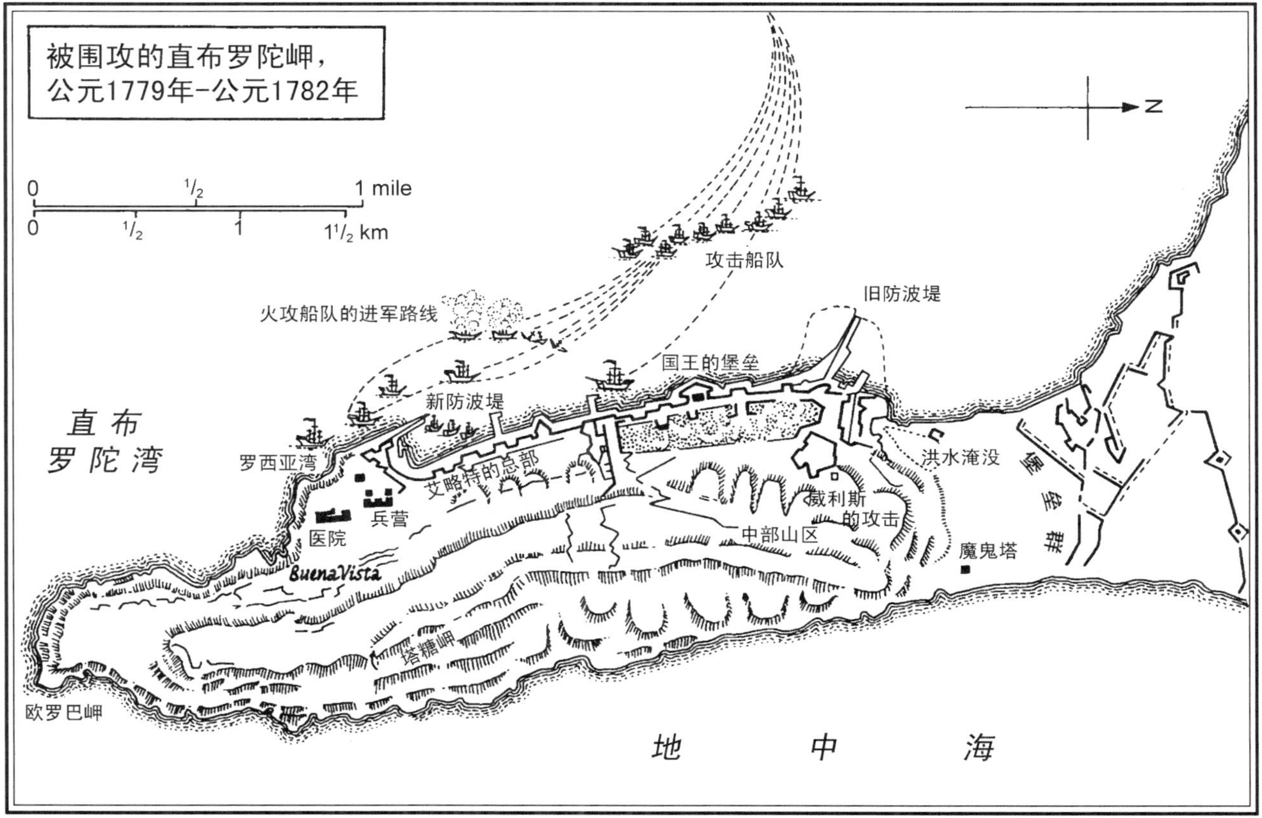

被围攻的直布罗陀岬，
公元1779年-公元1782年
N
0
1/2
1 mile
0
1/2
1
1 1/2 km
攻击船队
火攻船队的进军路线
旧防波堤
国王的堡垒
新防波堤
直布罗陀湾
罗西亚湾
艾略特的总部
洪水淹没
堡垒群
威利斯的攻击
兵营
医院
中部山区
魔鬼塔
Buena Vista
塔糖岬
欧罗巴岬
地中海

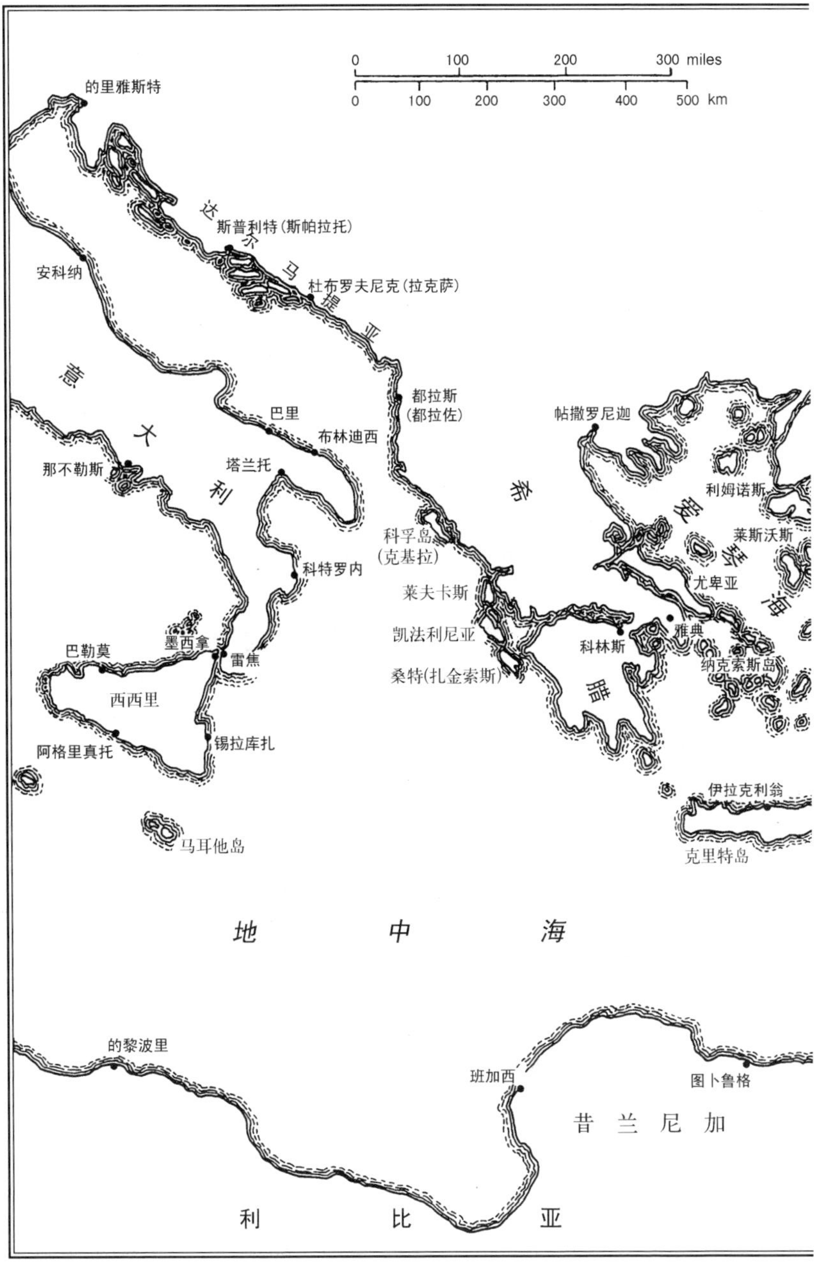

0
100
200
300 miles
0
100
200
300
400
500 km
的里雅斯特
达
尔
马
提
亚
斯普利特(斯帕拉托)
安科纳
杜布罗夫尼克(拉克萨)
意
大
利
都拉斯
(都拉佐)
帖撒罗尼迦
巴里
布林迪西
那不勒斯
塔兰托
希
利姆诺斯
爱
琴
海
莱斯沃斯
科孚岛
(克基拉)
科特罗内
尤卑亚
莱夫卡斯
凯法利尼亚
雅典
科林斯
墨西拿
巴勒莫
雷焦
桑特(扎金索斯)
纳克索斯岛
腊
西西里
锡拉库扎
阿格里真托
伊拉克利翁
马耳他岛
克里特岛
地
中
海
的黎波里
班加西
图卜鲁格
昔
兰
尼
加
利
比
亚

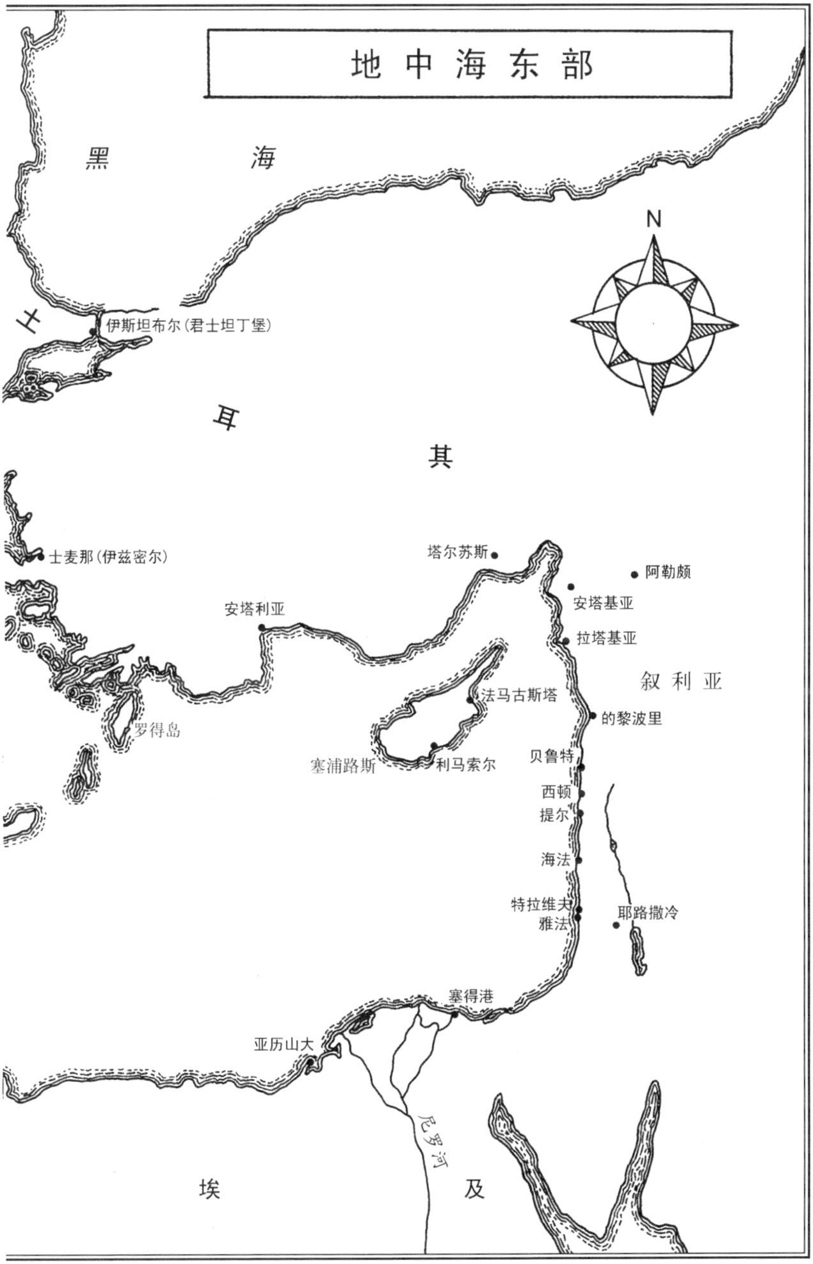
地中海东部
黑
海
N
土
伊斯坦布尔(君士坦丁堡)
耳
其
士麦那(伊兹密尔)
塔尔苏斯
阿勒颇
安塔基亚
安塔利亚
拉塔基亚
叙利亚
法马古斯塔
的黎波里
罗得岛
塞浦路斯
利马索尔
贝鲁特
西顿
提尔
海法
特拉维夫
雅法
耶路撒冷
塞得港
亚历山大
尼罗河
埃
及

0 100 200 300 miles
0 100 200 300 400 500 km
法国
波尔多
比利牛斯山
尼波罗河
老卡斯蒂利亚
萨拉戈萨
巴塞罗那
塔拉戈纳
马德里
西班牙
葡萄牙
大西洋
里斯本
新卡斯蒂利亚
巴伦西亚
巴利阿里群岛
马略卡
阿利坎特
塞维利亚
安达卢西亚
莫西亚
卡塔赫纳
马拉加
加的斯
直布罗陀
阿尔梅里亚
丹吉尔
休达
地中海
阿尔及尔
梅利利亚
奥兰
阿尔及利亚
摩洛哥

地中海西部

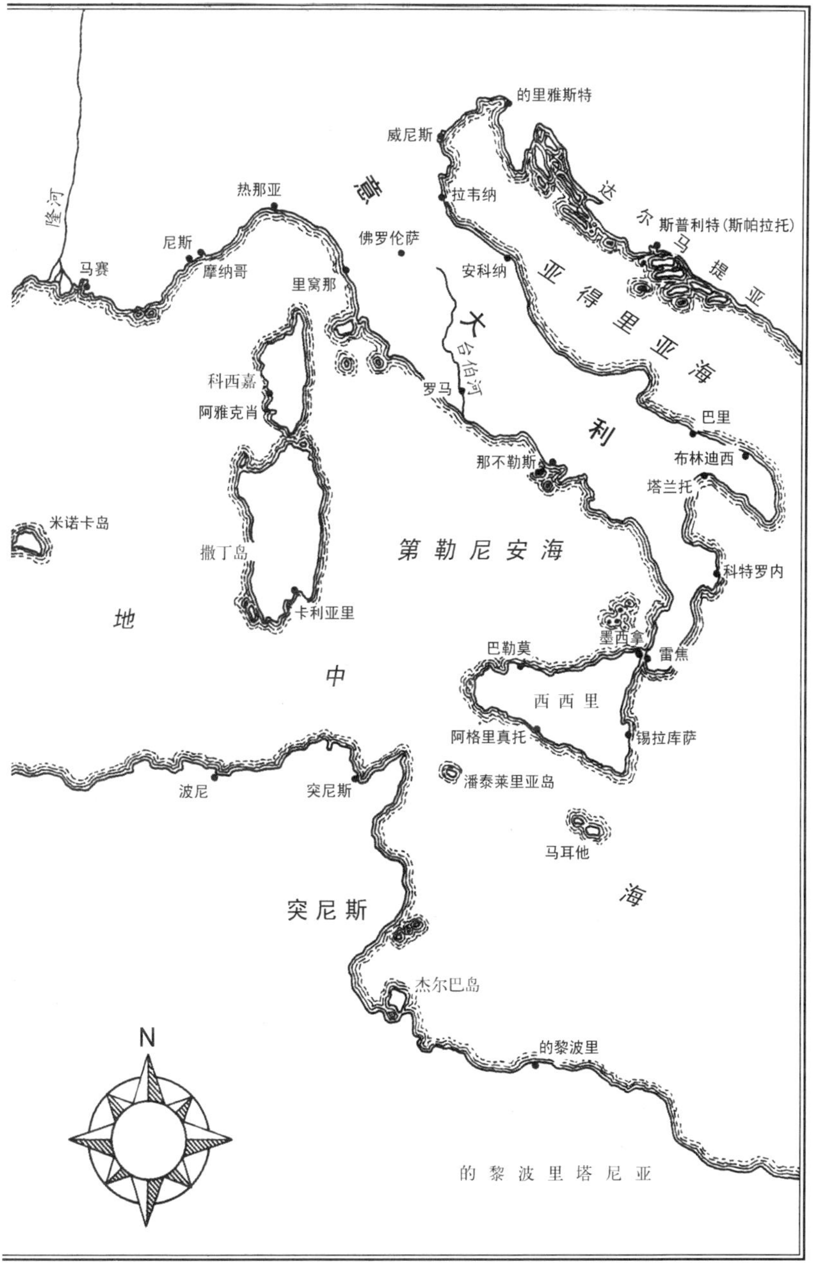

的里雅斯特
威尼斯
拉韦纳
热那亚
意
隆河
佛罗伦萨
达
尔
斯普利特(斯帕拉托)
马
提
亚
尼斯
马赛
摩纳哥
安科纳
里窝那
亚得里亚海
大
台伯河
科西嘉
罗马
阿雅克肖
巴里
利
那不勒斯
布林迪西
塔兰托
米诺卡岛
第勒尼安海
撒丁岛
科特罗内
卡利亚里
地
墨西拿
巴勒莫
雷焦
中
西西里
阿格里真托
锡拉库萨
波尼
突尼斯
潘泰莱里亚岛
马耳他
海
突尼斯
杰尔巴岛
N
的黎波里
的黎波里塔尼亚

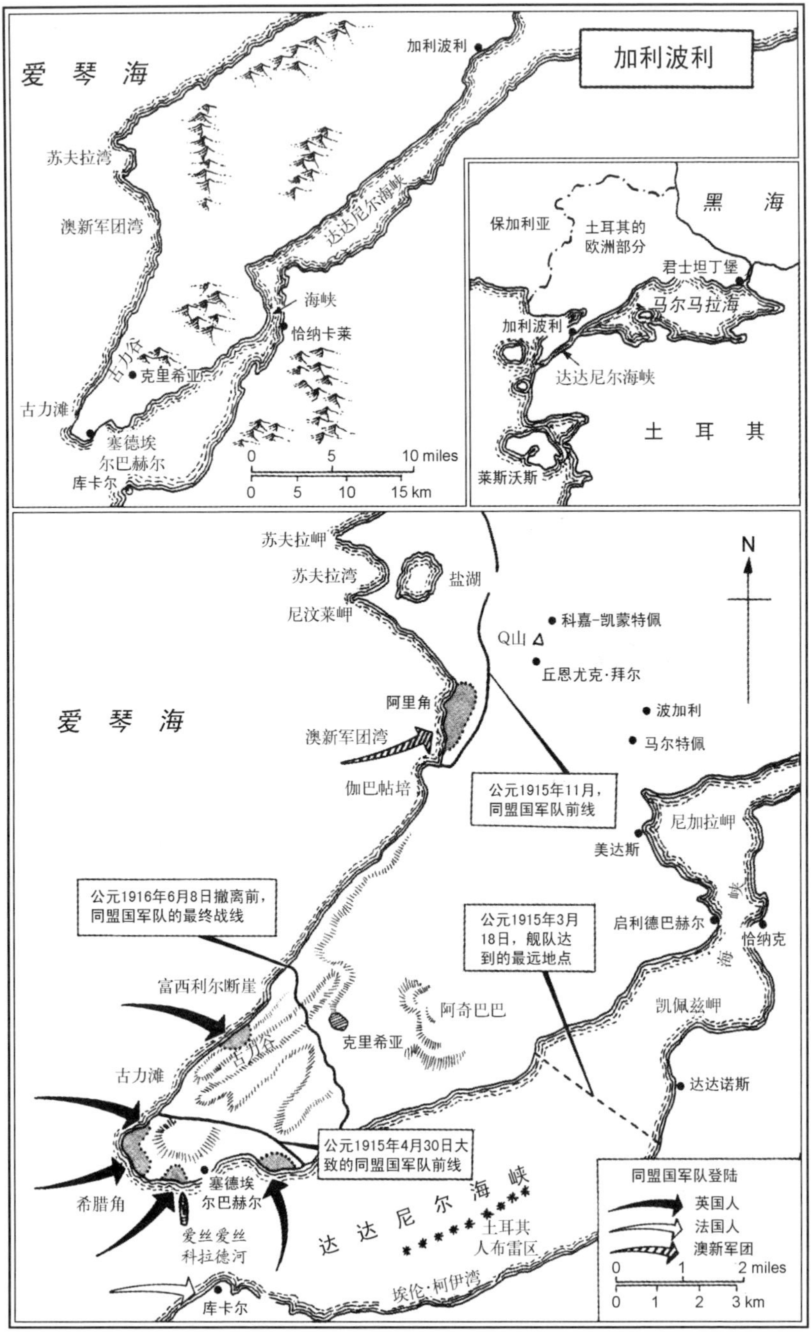

加利波利
爱 琴 海
加利波利
苏夫拉湾
澳新军团湾
达达尼尔海峡
海峡
恰纳卡莱
古力谷
克里希亚
古力滩
塞德埃
尔巴赫尔
库卡尔
0 5 10 miles
0 5 10 15 km
黑 海
保加利亚
土耳其的
欧洲部分
君士坦丁堡
马尔马拉海
加利波利
达达尼尔海峡
土 耳 其
莱斯沃斯
苏夫拉岬
苏夫拉湾
盐湖
尼汶莱岬
N
科嘉-凯蒙特佩
Q山
丘恩尤克·拜尔
阿里角
爱 琴 海
波加利
澳新军团湾
马尔特佩
伽巴帖培
公元1915年11月，
同盟国军队前线
尼加拉岬
美达斯
公元1916年6月8日撤离前，
同盟国军队的最终战线
公元1915年3月
18日，舰队达
到的最远地点
启利德巴赫尔
峡
恰纳克
海
富西利尔断崖
阿奇巴巴
凯佩兹岬
克里希亚
古力谷
古力滩
达达诺斯
公元1915年4月30日大
致的同盟国军队前线
塞德埃
尔巴赫尔
希腊角
达 达 尼 尔 海 峡
土耳其
人布雷区
爱丝爱丝
科拉德河
同盟国军队登陆
英国人
法国人
澳新军团
0 1 2 miles
0 1 2 3 km
埃伦·柯伊湾
库卡尔

序　　言

大约五六年前，有人建议我写一部地中海史，当时我为之一震。这是一项艰巨的工程，其中涉及的时间跨度太长；如何才能把地中海的历史压缩成简单的一本书呢？应该从哪里入手？在何处收笔？又应该如何进行内容选择呢？——因为必须要从浩繁的历史中艰难地挑出一部分作为本书的描写对象。

令人意外的是，这些问题以及其他相关问题都顺利解决了。我曾经考虑用一个章节专门介绍地中海的形成，它自大西洋的海水涌过直布罗陀海峡，侵占这个巨大盆地的那一宏伟时刻起就存在至今了。因地震使地壳隆起，把欧亚两大洲从东北角分开，地中海和黑海虽紧密相连，但在性质上却有着天壤之别。这样的描述已是老生常谈且戏剧味儿十足。我不是地质学家，因此我的故事不会从600万年前开始，起点也不是石头和水，而是人类。

虽说要写人类的历史，但也不是从第一群人类开始——因为那是史前时代的事情，我不喜欢史前史。（你完全可以肯定，读者会讨厌作者勉为其难写下的东西。）我认为，从古埃及文明着手会更加合理，因为自从1798－1799年拿破仑的远征军首次真正“发现”它以来，它就强烈地吸引着西方人的目光。从这里，我们很容易通过克里特、迈锡尼和特洛伊战争这些基石迈入古希腊罗马，进而开启整个地中海历史的大门。

另一个重大问题是如何收笔。这个问题我以前从未遇到过。之前，我写的都是一个王国、共和国或帝国的历史，它们的结局一目了然。然而，人们肯定能预期到地中海会继续存在至少几百万年，但事实上我必须选择一个断点；经过长时间的犹豫，我决定把本书结尾定在第一次世界大战。这次战争对西方世界的改变是否比第二次世界大战更加彻底？有人一直对此怀有疑问；但我坚信答案是肯定的：第一次世界大战瓦解了三个强大的帝国，并使得继承者的出现不可避免。除此之外，我还考虑了其他实际的因素。如果这本书一直写到两次世界大战，结束于 1945 年，那么至少要增加一半的篇幅。如果再叙述多一点，譬如写到 1948 年以色列的建国，那就需要联系当代局势了。如此一来，我所希冀的快乐旅行也将功败垂成。

在随后的 33 章中，我将尽量始终将地中海置于关注的中心，并尽量避开自然地理学。但请大家不要以为我低估了潮汐、风、洋流及其他海洋学和气象学现象的重要性；它们决定了航海技术可能发展的大致范围，支配着贸易路线并决定了很多海战的结果。但它们在本书里没有立锥之地。我的意图在于追溯地中海区域的政治命运，看看它们的历史在多大程度上深受其地理位置的影响。这将意味着会有很多始料未及的重心变化。譬如，法国是一个无可争议的地中海国家，但它的政治中心在遥远的北方，因此，法国大革命将被一笔带过。书中甚至对圣女贞德（Joan of Arc）或圣巴托罗缪大屠杀（Massacre of St Bartholomew）也将只字不提。而关于普罗旺斯省及其伟大城市马赛和宏伟壮丽的土伦港（Toulon）的叙述将比巴黎的要多很多。

西班牙是一个特例。斐迪南（Ferdinand）和伊莎贝拉（Isabella）在其中发挥了重要作用：他们摧毁了格拉纳达王国（Kingdom of

Granada)；并大规模地驱逐穆斯林和犹太人，此举对西欧的人口结构产生了深刻影响；此外他们还大力赞助哥伦布——这是地中海走向衰落的第一步，此后它将逐步变为16、17世纪时那片相对落后的水域。之后的西班牙王朝问题也与本书密切相关，因为它导致欧洲大陆陷入混乱的局面。此外，半岛战争（Peninsular War）由于主要集中爆发在西班牙西北部和葡萄牙，因此自然与本书无关。

此外，君士坦丁堡是绝对不能忽略的。虽然这座城市本身只控制着博斯普鲁斯海峡（Bosphorus）和马尔马拉（Marmara）海一带，但它却是拜占庭和奥斯曼帝国的首府，这两大相继而起的帝国都曾在不同时期成功地占领过地中海一半以上的海岸线。因此，它们是本书不可或缺的一部分。书中还略微提到了几个具有伟大历史意义的岛屿：西西里、塞浦路斯、马耳他和克里特。西西里岛曾在几个世纪内都是拜占庭帝国的一部分（还曾经是它的首府）；[①] 另外三个岛屿都曾被奥斯曼土耳其攻袭过，其中两个被攻占，只有马耳他躲过了这一劫，保持独立直至拿破仑时代的到来。

最声名显赫的（*par excellence*）两个地中海国家是意大利和希腊。意大利之所以得到本书的重点关注，用梅特涅（Metternich）的话来说，主要因为在19世纪下半叶之前，它只是“一个地理概念”，而不是一个统一的国家。位于北部萨伏依（Savoy）和南部西西里之间的整个意大利半岛在长达14个世纪的漫长岁月内，接连不断地演绎着王国、封邑、公国、共和国和城邦等纷纭杂沓、变幻莫测的故事。这些都归因于意大利内部各国间的攻伐，以及法国、西班牙甚至英国（如果纳尔逊舰队也包括在内）对其的不断入侵。我试图让与意大利相关的内容简洁明了，但历史是一个冷酷无情的监督者，所以如果某部分因费解而需要重复阅读

① 参见第六章，第111页。

时，那我也无能为力。令人欣慰的是，我最终写到了意大利复兴运动（Risorgimento）和它的统一进程。同马志尼（Mazzini）的想法一样，我为这样的结局感到欢欣鼓舞。至此，我的工作也将接近尾声。

相比之下，希腊在本书中只有四场主要戏份：在第二章、第八章、第十八章和第二十五章中出现。原因不难理解，同其他东欧地区一样，希腊被土耳其人统治了长达 5 个世纪之久。因此，自 14 世纪末土耳其人征服希腊的主要岛屿以来，希腊国家几乎停滞不前；直到 19 世纪前期希腊精神复苏，这种局面才得以改变。希腊的独立战争也许并非如人们有时所描述的那样，是古时英雄史诗毫无间断的延续，但它取得了成功。毋庸置疑，如果 1912 年没有夺回萨洛尼卡（Salonica），今天的希腊就不可能存在。

现在只剩下北非了——或者说北非的大部分。其中埃及肯定是一个特例，这主要归因于尼罗河。如果西边其他国家境内也有类似的大河的话，那整个北非的历史将大变样。但是这样的河流并不存在，因此除了相当狭长的沿海地带有一些城镇外，毗邻地中海南岸的国家多由大片沙漠构成。我们关注的重心当然就是这条狭长的海岸地带了。在古代，这里的历史非常辉煌。早在公元前 6 世纪，在今天利比亚东部的昔兰尼加（Cyrenaica），一些希腊城市已经臻于繁盛，拥有阿波罗尼亚港（Apollonia）的昔兰尼（Cyrene）是希腊世界最繁华的城市之一。100 年之后，迦太基——位于今天的突尼斯——统治着北非海岸线上的大半地区，并很快对罗马构成了严重威胁。至公元 3 世纪，罗马在北非的辖区由大西洋沿岸扩张到的黎波里塔尼亚（Tripolitania），后者的首府莱普提斯（Leptis Magna）是罗马帝国晚期最著名的皇帝之一塞维鲁（Septimius Severus）的出生地。

此外，远在西部的阿尔及利亚和摩洛哥（Morocco）恐怕要受到冷落了。但阿尔及利亚的历史比书中关注到的更为壮阔：它是罗马人所谓的毛里塔尼亚（Mauretania Caesariensis）的一部分，之后相继被汪达尔人、拜占庭人、倭马亚王朝（Umayyad）、阿尔摩拉维德人、阿尔摩哈德人和奥斯曼帝国所统治，直到1830年法国人到来。摩洛哥早期的局势与其大致相同，之后出现了一个巨大差异：它是唯一一个从未被土耳其人统治过的北非国家，并一直由本土政权统治，直到19世纪为止。这一事实对它的国家性质产生了独特的影响：尽管它位于西方一隅，而且是一个大西洋而非地中海国家，但其国家性质在某种程度上具有一种在现代伊斯兰世界中甚为独特的东方异国情调。

令我感到愧疚的是，我忽略了一个公认的地中海国家——摩纳哥（Monaco）公国。其国土面积可能仅有一平方英里，但它在15世纪就宣布独立了，由格里马尔迪（Grimaldis）王室统治，这是一个可以追溯到1297年的欧洲最古老的家族。它本应在书中占有一席之地。我曾想用一些篇幅集中介绍里维埃拉（Riviera）的发展情况，其中必然会涉及摩纳哥公国，但我意识到，这段叙述与书中其他部分很难衔接起来，因此遗憾地放弃了这个想法。我期望这段文字能给摩纳哥人民（Monegasques）带来些许宽慰，因为他们并没有被完全遗忘。

关于名字的正确拼写，在这本书中没有规律可循，而且在我看来，为了保持全书的一致性，有时候也要牺牲个别的准确性。因此，我一如既往地遵循习惯用法：把希腊名字翻译成拉丁文，如用“Comnenus”代替“Komnenos”；把基督教徒的名字英语化，如用“西西里的威廉”（William of Sicily）代替“古格列莫”（Guglielmo）；尽量把阿拉伯名字适当简化，如萨拉丁（Saladin）。另一方面，为了避免混淆，这里存在大量的例外。你可以从书中发现这些拼写相近的名字：Lewis、Louis和Ludwig；Francis、François和Franz；Isabella和Isabel；Peter和Pedro；Caterina和Catherine。有英文名的，我通常都会使用英文名（虽然我给莱戈恩［Leghorn］加了上标）；有些名称在历史发展过程中发生了变化，如阿德里安堡（Adrianople）变成了埃迪尔内（Edirne），桑特（Zante）变成了扎金索斯（Zakynthos），而书中的用词也会随之改变，但必要时，我会在括号中注明原用名。总之，这些都体现了我的无知，正如我曾在其他拙著中所指出的：我并非是一名学者。

君士坦丁堡是个特例。理论上，它在1453年被土耳其攻陷后，应称呼它的土耳其名字——伊斯坦布尔，但英国政府和民众通常称其为君士坦丁堡，直到第二次世界大战结束后很久才有所改变。因此在本书中，这两个名字同样适用。

在写作本书的过程中，很多人给予了我宝贵的帮助和建议，我不奢望在此能一一答谢，但有一笔恩惠我不能不提。在写作之初，爱妻与我应邀到西班牙大使馆用餐。当时，我告诉好友西班牙大使圣地亚哥（Santiago de Tamarón），虽然我非常熟悉地中海的东部（那时我已写成一部拜占庭史）和中部（也写过一本威尼斯史），但对地中海的西部知之甚少，对西班牙更是一无所知，甚至也不会说西班牙语。他说："哦，也许我可以为你做些什么。"几周之后，我和妻子拿到了一份来自卡罗琳娜基金会（Fundación Carolina）的西班牙十日游的邀请，这十日对我们而言意义非凡，对此我致以万分的感激。尽管现在我的西班牙知识还是严重匮乏，但全因这十日，没有让我颜面尽失。

我的女儿阿兰戈拉（Allegra Huston）编辑了这本书，使我经历了前所未有的考验，此外，我还要非常感谢查图（Chatto）的潘妮·霍尔（Penny Hoare）和莉莉·理查兹（Lily Richards）的努力。事实上，我之前的所有著作都是在伦敦图书馆的阅览室完成的，谨在此对馆内所有人员给予的有力帮助和关心表示由衷的感激，没有他们的帮助，我将一事无成。

约翰·朱利叶斯·诺威奇（John Julius Norwich）

第一章 开　　端

地中海是个奇迹。我们平时在地图上看它看得太多，已经对它见怪不怪了，但是如果观察它的实体，就会顿时感觉到它的独特之处：与其他万物不同的是，这个众多文明的发源地可能是有意设计而成的。它被陆地包围，直布罗陀海峡为它带来活力，那些古老的大力神柱让它免受大西洋飓风暴雨的袭击，使它的水质保持新鲜和无污染——至少持续到近年。地中海连接了世界上六大洲之中的三个，这里无时无地不充满怡人舒适的气候。

因此，地中海不仅仅孕育了三大灿烂的古代文明，还见证了三种伟大宗教的产生和发展也就不足为奇了。它还对人类的交流产生了最重要的影响。古代世界陆路不发达，唯一有效的交通途径就是水路，它有一个优势，就是能运载用其他方法无法搬动的重物。此时的航海艺术刚刚起步，但在东地中海大部分海域的各个港口间航行时始终都能看到陆地，这对航行极为有利。即使在地中海西部，只要基本保持航线平直，那就可确保船只航行不了几天就能在一片友好的海滩靠岸。[①] 不过毫无疑问的是，海上的生活还是充满危险的。贯通于罗讷（Rhône）河谷的**密史托拉**（*mistral*）强气流疯狂地撞击里昂海湾（Gulf of Lyons），亚得里亚海的**博拉**（*bora*）季风几乎让的里雅斯特（Trieste）的人们无法在街道上行走。伊奥尼亚的**格雷**（*gregale*）大

---

① 当然除非他是奥德修斯（Odysseus），在特洛伊（Troy）和伊萨卡（Ithaca）之间航行花了十年，可以肯定地说，这甚至在他的时代也算是一大纪录了。

风毁掉了许多冬季航行——所有这些对没有经验和粗心的人来说都是致命的。即使是温和的利于航行的爱琴海**美尔丹**（*meltemi*）风，也可能在一个小时内变成一只狂暴的野兽，把船只推向礁石。诚然，这里没有大西洋的飓风或是太平洋的台风，大多数时候——如果小心谨慎的话——是有利于航行的；因为没有必要去冒险，所以，最早的一批地中海船员会尽可能地缩短他们的航程。

船员们会在条件允许的情况下沿北岸航行。现今的大多数人对地中海地图已经了如指掌，以致不会在意它的真实面貌。然而，如果我们第一次看到它，便会对南北海岸的巨大差异感到震惊。北部海岸线蜿蜒曲折，意大利和巴尔干半岛三面环海——第勒尼安海（Tyrrhenian）、亚得里亚海和爱琴海——亚得里亚海的东北拐角结构十分独特，在那儿，达达尼尔海峡（Dardanelles）通往马尔马拉小内海，而在内海的东端，伊斯坦布尔镇守着经博斯普鲁斯海峡最后直达黑海的入口。南方的海岸相对来说比较平坦，几乎没有什么凹凸曲折。在这里有个一目了然的特色：即使是大城市，沙漠也近在咫尺。

古代历史中有许多未解之谜，其中之一就是为何在远古洞穴人存在数千纪之后，第一丝文明的曙光几乎同时在世界各地出现？地中海地区的文明大概出现于公元前 3000 年。事实上，比布鲁斯（Byblos，今天的吉贝尔［Jbeil］，贝鲁特［Beirut］往北 15 英里，《圣经》［Bible］因它而得名——这个词的真正意思是“纸草”）在旧石器时代建成，许多人认为可能还更早一些；的确，它可能是世界上最古老的没有间断过的人居之地。但是，遗址里仅有的一间小屋、一两尊粗糙的神像，几乎不能被称作文明，和其他地方一样，公元前 3000 年伊始的青铜时代到来后，这里才呈现出真正的文明迹象，事情才开始有所改观。马耳他存在一些可以追溯到此时的特别完整的坟墓，在西西里和撒丁岛也一样。但到底是谁建造了这些坟墓，我们一无所知。

而后出现的三大文明起源于更东边的沃土：埃及、巴勒斯坦和克里特。

在传统的古代世界七大奇迹中，只有最古老的埃及金字塔幸存至今，而且毫无疑问，它们还将继续存在5000年。最值得钦佩的是塞加拉（Saqqara）的阶梯金字塔，可以追溯到公元前2686年；最宏伟、最华丽的金字塔是一个世纪之后的胡夫（希罗多德称他为胡夫，而我们通常称他基奥普斯［Cheops］）法老金字塔。金字塔如此长寿并不奇怪，它们独一无二的形态堪称不朽。世界上没有任何建筑比它们更坚固沉稳，甚至没有一场地震可以大幅度撼动它们。凝望它们，不禁被如此巨大的成就所震慑，从而不得不佩服5000年前金字塔建造者们的雄心壮志：他们揽起建造一座大山的重任，并取得了辉煌的成就。仅在25年之后，基奥普斯的儿子哈夫拉（Chefren）建造了另一座金字塔，它与一个巨大的红白花岗岩大厅相连，大厅周围布置了他自己的23尊坐姿雕像。最后，他委任斯芬克斯（Sphinx）看守这座金字塔。斯芬克斯也许就是他自己的肖像；它被誉为人类已知的最古老的不朽雕刻——实际上，它是由一块露头岩石雕刻而成的。

埃及文明起步早，发展却很缓慢。基奥普斯和哈夫拉属于第四王朝，除了几位统治者的名字，我们对前三个王朝知之甚少。最后一个是第三十一王朝，它在公元前335年因波斯人的入侵而灭亡。三年后，亚历山大大帝把波斯人赶走，但他在这里没有停留多久便直接奔向美索不达米亚和更东的地区。公元前323年，亚历山大大帝死后，埃及落入他的前任将军托勒密（Ptolemy）之手，埃及在他希腊化的统治下又前进了三个世纪。就这样，从朦胧的第一王朝到公元前30年克娄巴特拉（Cleopatra）死亡为止，埃及蹒跚地度过了3000多年；然而，当外行人贪婪地窥视古墓墙壁上的浮雕或是无数行象形文字时，却很难将分别创作于两个千年的艺术作品区分开来。

尽管如此，少数几个名字在人们的记忆中留下了烙印。例如，哈特谢普苏特女王（Queen Hatshepsut，公元前 1490 –前 1469 年）①，名义上她只是其继子兼侄子图特摩斯三世（Thutmose III）的摄政者，但却修建了卡纳克（Karnak）神庙——并在卡纳克竖立起两座方尖石塔以表纪念。她还主持修缮了位于底比斯的由粉红花岗岩建成的宏伟的达尔巴赫里寺庙（Deir el-Bahri），她以男人的形象出现在寺庙墙上的壁画中；图特摩斯在她于公元前 1469 年死后，发疯似的报复这位摄政王，他下令将所有的女王肖像及刻有她名字的铭文通通销毁，但（他并非庸才）这之后，他把统治疆域扩张到幼发拉底河流域，从而证明自己是——一个天才将领、立法者和建筑家，还是一个艺术爱好者——埃及最伟大的法老之一。阿蒙霍特普四世（Amenhotep IV）即妇孺皆知的埃赫那吞（公元前 1367 –前 1350 年）。他有一张窄长而且棱角分明的脸，身体佝偻，大腿异常粗壮，很容易辨认出来。他是一个宗教狂热者，禁止人们崇拜底比斯的太阳神阿蒙（Amon），以日轮神阿吞（Aton）取而代之，它的光芒形如人们所描绘的光线，可以赐予人们福佑（或者灾祸）；埃赫那吞的女婿、第二继承人——少年登基的图坦卡蒙（Tutankhamun，公元前 1347 –前 1339 年）恢复了原来的信仰，但如果不是霍华德 · 卡特（Howard Carter）于 1922 年 11 月 5 日发现他的墓葬，那这一切至今都是个谜。他的石棺几乎隐匿于一堆杂乱的金银珠宝之下——今天的开罗博物馆非常得意于这批珍宝；拉美西斯二世大帝（Rameses II，the Great，公元前 1290 –前 1224 年）是个自大狂，他为自己建造的雕像遍布埃及和努比亚。他很可能就是《出埃及记》（*Exodus*）里的法老，尽管学者们对此仍然

---

① 原书标注年份即如此。与中文文献中生卒年月或在位年月均不符，疑有误。下文埃赫那吞、图坦卡蒙、拉美西斯二世后跟括号中所标年份也是如此。请读者注意。——译者注

众说纷纭，今后很长时间里估计也仍将争论不休。最后，要特别提及埃赫那吞的王后纳芙蒂蒂（Nefertiti），她的半身像从埃及新都阿玛尔纳（Tell-el-Amarna）的一个古代工匠作坊里被挖掘出来，现存放于柏林。从这尊像来看，她是有史以来最迷人、最美丽的女人之一。①无论是希腊人抑或罗马人，甚至是意大利文艺复兴时期最伟大的雕刻家，都无法再如此准确地描述她的美。即便古埃及只创造了这一件艺术品，这3000年仍然是意义非凡的。

埃及的历史显得凝滞不前的另一个原因就是它令人惊叹的地势。从埃及上空俯瞰，它真实的地貌简直就是一幅地图：广袤的黄色区域，一条细长的蓝绿丝带从南往北蜿蜒其间，丝带两旁镶嵌着狭窄的绿色边线，与黄色区域相交。对于埃及来说，尼罗河就像太阳：从某种程度来说，它是埃及人的生命，任何其他河流都不能取代它，它就像一个深海潜水员的呼吸管。基于这种情况，这里几乎没有变化的可能。除了开罗、亚历山大和一两个大城镇以外，埃及大多数人的生活都是周而复始、千篇一律的。没有比乘坐从开罗到卢克索（Luxor）的晚班列车旅行更惬意的事情了。第二天清早醒来，发现自己沿着河岸每小时前进10英里。而在列车窗外，朝阳冉冉升起，世界沐浴在金色的光辉下。一幕接着一幕的美景，犹如一本维多利亚时代的儿童地理书。

埃及人一开始就建立了一个统一的国家；而当时的腓尼基人却似乎从未试图建立一个这样的国家。尽管腓尼基人嗜好旅行，但他们的家在巴勒斯坦。《旧约全书》提到推罗（Tyre）②、西顿（Sidon）、比

---

① 虽然我希望有人能改变她的左眼。
② 一般译为提尔，但《圣经》中译本译为推罗。——译者注

布鲁斯与阿瓦德岛（Arwad，这个岛屿远离海岸，与南部的塞浦路斯海岸大致相对）的人们。这四个群落都在公元前1550年左右兴旺起来，这些地区都是港口，腓尼基人本质上是航海民族。我们从《列王记》第一篇中了解到，推罗国王希兰（Hiram）给所罗门王送去木材和工匠来修建耶路撒冷神庙，但大部分时间里他和他的臣民们都固守在黎巴嫩山地与大海之间的一条狭长的海滨地带。他们发展了一项重要的产业：收集骨螺这种软体动物的外壳，里面富含比黄金更有价值的紫色染料。[①] 不过他们主要关注的还是西方的陆地——然而，他们不是作为一个统一的民族国家，而是作为一个松散的商团联盟与其开展商贸往来。

今天，腓尼基人的航海家形象深入人心，他们航行至地中海的每个角落，还经常越过地中海驶向更广阔的区域。希罗多德告诉我们，公元前600年左右，法老尼克（Necho）命令腓尼基人环航非洲大陆。如果希罗多德是正确的（或几乎正确），这将是一项此后2000多年间再无人取得过的宏伟成就。（另一方面，如果他错了，那他是怎么得知或认为非洲大陆可以环航的呢?）无论如何，希兰和所罗门偶尔会参与从以旬迦别（Ezion-Geber，现代埃拉特［Eilat］附近）到传说中的阿斐（Ophir）——尽管没有人能完全肯定，但可能就在苏丹或索马里沿海一带——的航行，这是毫无疑问的。另外，腓尼基商人在西西里的莫奇亚（Mozia）、巴利阿里群岛（Balearic）的伊比沙岛（Ibiza）和北非沿岸建立了贸易殖民地。然后，他们通过直布罗陀海峡到达西班牙和摩洛哥，开发了大西洋港口。当然，他们在加的斯岬

① 在罗马时代，皇帝尼禄（Nero）下令禁止除他以外的其他人穿紫色衣服。紫色成为一种彰显皇权的颜色——据说有些帝王“一出生便紫气环绕”——直到1453年拜占庭帝国的衰亡，甚至在今天，这一旧说仍有余威。骨螺工业的主要弊端在于它产生可怕的气味。成堆的破碎外壳一直堆在城镇的下风口。

(Cadiz) 有一个前哨，这里四周都是沼泽，是天然的保护屏障。希米尔科（Himilco）甚至穿过英吉利海峡，在不列颠南部海岸登陆（可能是康沃尔［Cornwall］）去寻找锡矿。腓尼基人在地中海保持着强大的经济实力直到公元前8世纪。首先是亚述（Assyria）力量的增长使他们黯然失色，接着希腊人让他们更加相形见绌。

腓尼基的银币，上面绘有船只和海怪的图案。

腓尼基人首先凭借提供奢侈品成为文明的推动力。腓尼基人从家乡黎凡特（Levantine)，以及塞浦路斯、埃及、安纳托利亚和美索不达米亚带来了象牙、稀有木材、珍贵的金银饮具、玻璃和大理石瓶子、封铅以及罕见的宝石。但是他们留给后人最大的礼物却与贸易和航行无关；毫无疑问，他们首次发展了一种字母表。埃及的象形文字很好，但书写起来非常慢，读起来通常模棱两可，而且不能表达微妙的引申义。而在这个新的语言系统中，任何语句都是从几十个固定的字母中选出一小组排列而成的，这个发明让人类前进了一大步，毋庸置疑，这群地中海东岸闪族语系的人最先跨出了这一步。在比布鲁斯发现的最早的清晰易读的字母铭文可能要追溯到公元前11世纪，但字母表的原始版本——全部由辅音组成——之前被人们使用了几个世纪；如果我们把最初的发明时间定在公元前1700年至前1500年之间，就不会错得很离谱。随着时间的推移，希腊人采用并改进了这个字母表；因此，它堪称西方文字的原始先祖。

当金字塔在埃及建立之时，克里特人也开始登上历史舞台。那里的男人用铜和青铜器劳作，但更有趣的工具是早期用黑曜石制作的刀——这种奇怪的火山玻璃通常是墨黑色的，加工成条状后它的边缘就像剃刀，可以用来切割东西——因为黑曜石必须要从安纳托利亚等地进口，这就意味着贸易的出现。考古学家还发现了来自更遥远地区的另外一些物品——象牙、水晶石和半宝石，它们属于更晚的时期。到公元前 2000 年时克里特似乎已成为东地中海的商业枢纽——不亚于奥德修斯本人的一位权威人士①可以证明这一点，还因为春夏期间，爱琴海的风成全了克里特到埃及仅需五天的航行机会——在克里特岛上，克诺索斯（Knossos）和费斯托斯（Phaestos）两座最伟大的宫殿迅速建成。

克诺索斯宫是克里特的温莎城堡（Windsor Castle），宫殿遗址由亚瑟·伊文思（Arthur Evans）先生于 1899 年挖掘出来。短小精悍、身强力壮的伊文思把他宝贵的青年时代奉献给了这座宏伟至极的宫殿：它占地超过 1 万平方米；有些部分高达三四层楼；它的管道装置看起来比 19 世纪以前的欧洲任何地区的都好很多。可是，伊文思时期的考古学尚处于初级阶段，因此他有些过分放纵了自己的艺术想象力，甚至达到让现代游客惊骇的程度。假设让米诺斯国王（King Minos）现在来到这座宫殿，他会在里面看到一些似曾相识的建筑和装饰——例如石膏宝座（允许游客坐上去），宫殿大厅里奇特的倒锥形的柱子——但是，他会熟悉亚瑟先生复原的装饰风格吗，如发光的朱砂、丰富的奶油黄色、明显的新艺术痕迹，或者是更令人惊讶的壁画？如我们所见，其中最著名的设计无异于把一大块太妃糖放在角落里，被一些无可名状的颜料包裹着。在这里，伊文思进行了大胆的海豚跳跃式的设计——可能讨人喜欢，但却与事实大相径庭。

---

① *Odyssey*，卷 10。

蛇女神。来自克诺索斯宫，克里特文明，约公元前1500年。

我不得不问：真有米诺斯国王其人吗？根据荷马所言，他是宙斯和欧罗巴（Europa）的儿子。但是，公元前1世纪期间阿格里真托（Agrigento）的作家狄奥多鲁斯（Diodorus Siculus）没有提及他的血统，而是讲述了他在竞争克里特王位时祈求海神波塞冬送他一头牛作为祭祀品的故事，神应允了他的要求。这头牛非常漂亮，米诺斯不忍心杀它献祭而留为己用。波塞冬为了报复他，让他的妻子帕西法厄（Pasiphae）爱上了这头公牛，跟它媾和生下了人身牛头的怪物米诺陶洛斯（Minotaur）。国王把这个怪物放在代达罗斯（Daedalus）设计的迷宫里。这个故事里没有一个是有据可查的历史人物；另一方面，以严谨著称的史学家修昔底德相信，米诺斯建立了地中海第一支伟大的海军，征服了基克拉泽斯群岛（Cyclades），肃清了海盗，并在爱琴海的部分岛屿上设立了地方长官。至于迷宫，没有比克诺索斯宫更好的实例展示了。不带导游的粗心游客可能会很忌妒忒修斯（Theseus），他杀了米诺陶洛斯，又在阿里阿德涅（Ariadne）线团的帮助下走出了迷宫，重获自由。这头牛的肖像在宫殿里随处可见；其中有一幅迷人的壁画（里面也许有一小部分可靠的信息），画中是一只训练有素的动物和一个勇敢的小运动员翻越过它的牛角。在米诺斯人的生活和宗教中，这头牛显然扮演着重要的角色；读者可能会因此对它兴趣倍增。

这个杰出的文明有天赋、有教养并异常富有，统治着一个覆盖爱琴海多数岛屿的帝国，约公元前1400年时，它对整个地中海东部都产生了巨大影响，其影响力甚至远远扩展到特兰西瓦尼亚（Transylvania）和多瑙河地区，撒丁岛（Sardinia）以及西西里岛东北沿海之外的伊奥利亚（Aeolian）群岛。作为一个克里特人应该很快乐，他们为后世留下了快乐、安宁、无忧无虑的形象。因为安全感十足，所以他们的城市没有围墙；陶轮的发明为他们提供了外形异常精美的饮具、壶和储存罐，上面装饰了旋涡状的抽象图或花鸟鱼图。他们的衣服很精致，有时达到了不可思议的地步，耀眼的金丝条镶嵌在许多袒胸的衣服上面。他们的奢侈程度史无前例、无可匹敌，直至罗马帝国糜烂时代的到来。他们的生活简单，此地又气候宜人。他们不崇尚任何武力。喜欢爱情而不是战争。

但灾难突然降临。我们对发生的事情至今仍不甚了了。一支强大的军队对克里特进行了报复性的袭击。这最有可能是迈锡尼军队。一个更合理的解释是——尽管不必排除另一种解释——公元前 1470 年左右，在圣托里尼（Santorini，今天的锡拉［Thira］）往北 60 英里处，发生了巨大的火山爆发事件。克诺索斯也同时受到了火山地震的强烈震荡，还有一波凶猛的浪潮涌向克里特北部海岸的每一个港口。火山喷发带来了浓厚的灰尘，该场景类似于 13 个世纪之后埋葬庞贝城之势。（经鉴定，其中一部分灰尘飞至以色列和安纳托利亚）此后，这个人口因灾祸而削减、没有防御能力的小岛轻而易举地成为入侵者的囊中之物。克里特文明就此衰亡。

希腊迈锡尼文明是如何成为克里特文明的继承者，我们对此一知半解。自从公元前 6000 年以来，就有人居住在这座小山的要塞中，但直到公元前 2000 年年中，他们才通过某种特别的方式让自己崭露头角。在那之后，一直到公元前 1500 年左右，他们世世代代越发富有和精明。他们在卫城里的竖井坟墓内填满了金银装饰品和各种服饰与装备。非常奇怪的是，没有一个坟墓受到克里特文明的影响。难道迈锡尼人作为第十八王朝法老们的雇佣兵把埃及人对于死后重生的信仰和棺椁里放满生活必需品的转世习俗，以及死者戴金面具的时尚带了回来吗？——在墓中发现的一个金面具曾引起海因里希·谢里曼（Heinrich Schliemann）的注意，当他在迈锡尼进行考古挖掘时，发了一封电报给普鲁士国王："我看到了阿伽门农（Agamemnon）的脸！"希望事实能如此。但可惜我们永远也无从得知。

然而，在这之后不久——远在火山爆发和地震之前——克里特文明在迈锡尼扎根了。瞬间，整个迈锡尼都是牛、双刃斧、献祭牛角和克诺索斯的全部标志。这是一次或多次重要王室联姻带来的结果吗？极有可能：很难有其他让人信服的解释。无论如何，迈锡尼经历了一次迅猛的教育，当克里特文明发生莫名的衰落时，它的继承人已经准备接手了。大约在公元前1400年，迈锡尼文化的影响已经扩展到了整个伯罗奔尼撒半岛，商业纽带延伸到了更远的地区。它的影响在公元前15世纪末到达意大利半岛，这时，亚得里亚海南部沿岸、塔兰托湾（Gulf of Taranto）以及远至撒丁岛、伊斯基亚岛（Ischia）和那不勒斯湾（Bay of Naples）都有迈锡尼人的定居点。迈锡尼城的蛮石墙（Cyclopean walls）始建于公元前1300年左右，它们围绕着整个迈锡尼城，在城墙的西北角还有一扇著名的狮子门（Lion Gate）；这里有丰富的黄金和青铜，其中成熟的工艺技术制造出了让城邦名声显赫的大量战车。于是，迈锡尼的力量如日中天，为特洛伊战争做好了准备。

奥德修斯和海妖塞壬。雅典，约公元前490年。

特洛伊位于小亚细亚的西北

角。这座城市现今似乎（或一直如此）是一个很小的定居点。而通常认为发生在公元前13世纪中叶的特洛伊战争，可能并不具有任何伟大的历史意义。另一方面，就文化上而言，它却是史上最重要的战争之一，因为它为世界上第一部伟大的史诗提供了素材。荷马的《伊利亚特》（*Iliad*）成书于公元前8世纪，叙述了十年围攻特洛伊的故事。它的续本《奥德赛》（*Odysseus*）继续讲述了战争英雄奥德修斯在最终返回他的王国伊萨卡（Ithaca）之前的游历。据我们所知，这是史诗——也可能是历史——的肇始。

故事的全部内容妇孺皆知。特洛伊国王普里阿姆（Priam）的儿子帕里斯（Paris）拐走了海伦（Helen），她不仅是斯巴达王墨涅拉奥斯（Menelaus）的妻子，而且是世界上最美丽的女人——她从化身天鹅的宙斯与勒达（Leda）调情所生的一个蛋中孵化而出。为了复仇，希腊城邦联盟向特洛伊宣战，墨涅拉奥斯的兄弟、迈锡尼王阿伽门农率领庞大的舰队进攻特洛伊。在对特洛伊进行了十年围攻之后，联军最终通过木马计攻下了特洛伊城。这匹木马极有可能只是传说；海伦的美丽——“她的脸庞可以调动千军万马”也可能是；甚至还有海伦自身。但《伊利亚特》绝非全是神话，当海因里希·谢里曼1868年第一次寻访特洛伊遗址时，那时的基本观点认为这个城市根本不存在，相信其存在的人则大多数认为它位于另一个名叫布纳巴施（Bunarbashi）的地方。而谢里曼首次确定它的真正遗址位于布纳巴施往北6英里处的希沙里克（Hisarlik），这完全按照了《伊利亚特》所提供的地理信息。让谢里曼否定布纳巴施的一个原因是从海边走过去要花三个小时：荷马特别强调希腊人一天能在他们的战船与战场之间往返好几次。另一个原因就是它有陡峭的斜坡：

> 我在山顶离开牵马的领路人，然后走下峭壁，这个斜坡首先

> 是一个45°的角，然后是65°，于是我不得不爬下去。最后花了将近15分钟才下来，于是我确信没有一个人，甚至没有一只羊能从65°的斜坡上跑下来，对地形考察严谨的荷马不会让我们相信赫克托（Hector）和阿喀琉斯（Achilles）从这个不可思议的峭壁上跑下三次。

希沙里克的情况则不同：

> 必经的环城斜坡坡度小，他们跑着越过它也不会有摔倒的危险。赫克托和阿喀琉斯绕城跑三次总共15公里。

遗憾的是，荷马在《伊利亚特》中清楚说明特洛伊有两处泉眼，一处是温泉，另一处是冰泉，但在希沙里克找不到这样的泉眼。另一方面，布纳巴施的情况与他的描述差距更大：谢里曼发现这里的泉眼不少于34个——根据他的口袋温度计的测量，所有泉水的温度几乎一样——之后被告知他漏掉了6处以上。他解决这个难题的方法是：假设后来的地震改变了地下水道，以此来弥补实证的不足，这是非常可行的。

特洛伊战争也有历史凭据，或类似的证据。根据安纳托利亚的赫梯人（Hittites）① 的记录，公元前13世纪期间，大规模的迈锡尼军队远征到小亚细亚；而且，在希沙里克发现的9个考古层中的第六层就显示了这个城邦存在的真实性——人们现在普遍认为它就是荷马史诗中的特洛伊——这个证据全方位地证实了特洛伊城是在暴力战争中

① 这个人群在19世纪末之前几乎没人听说过，但今天我们知道赫梯人在公元前2000年期间建立了一个强大国家；但他们的文明与地中海地区的联系没有与安纳托利亚山地的关系那么密切。

索菲娅·谢里曼。她穿戴的首饰被她丈夫误认为是特洛伊的海伦的。

衰落的。我们必须满足于这个结论——但谢里曼显然不会。于是他向下挖掘到第二层，突然在挖掘的倒数第二天，他发现了大量的金银财宝，并随后向世界宣称他发现了海伦的首饰。他甚至给自己戴上这些珠宝的美丽希腊妻子拍了一张照片——之前他从雅典把它们悄悄邮寄给了妻子。然而，我们现在知道，这些珍品属于比普里阿姆王早1000年的时代。可怜的谢里曼：他根本不知道自己大错特错了。①

特洛伊战争之后的3－4个世纪内没有出现任何像前面叙述过的那样杰出的文明。这是一个变化和转型期，多利安（Dorian）部落由北向南入侵，引发了大规模人口迁徙，希腊人在小亚细亚新建了相当多的定居点。直到公元前800年左右，爱琴海周边地区因相同的语言和文化，最终联合起来，这才恢复了稳定局面。即便那样，在希腊世界出现的无数各自为政的城邦中，我们找不到一个能够鹤立鸡群、独当一面的城邦。但贸易和交流已经得以恢复——更重要的是——字母表获得了复兴和改进，尤其是对元音的引进。因此，这个阶段为文学的出现奠定了基础，恰好在公元前750年左右，荷马出现了。如果他出生得更早一些，他的两部伟大史诗可能不会存在；语言尚未给他的史诗做好准备，而他自己可能也是个文盲。（有些学者确实对此表示质疑；他的两部著作体现了口述作品和

① 这些珍宝在第二次世界大战期间被俄国军队从柏林博物馆抢走。很长时间以来人们认为它们已永远消失——可能已被某些俄国士兵熔化。但最近，俄国人声称他们完好无损地保存着这批珍宝。

口传的特点，有时甚至出现自相矛盾之处。[1]）如果它们是早已写就的，我们只能清楚这个事实，即在庇西特拉图（Peisistratus）的统治之下，大约公元前540年左右，这两部史诗第一次誊写成了一个权威版本。

姑且不论荷马的作品到底是如何写就的，他的著作吟唱了黄金时代，这个众神与英雄时代同他生活的单调乏味的世界全然不同，可对他而言这个时代虽然不同，但似乎并非那般遥远。毕竟，故事仅在500年后就被他写了下来，这还没有现在与玫瑰战争的间隔时间久远。而且如果正如人们公认的，荷马是一个伊奥尼亚人（Ionian）——可能出生在士麦那（Smyrna，即今天的伊兹密尔［Izmir］）或者希俄斯岛（Chios）——特洛伊就理所当然离得并不很远。

我们只知道一位重要的诗人大约与荷马是同代人。赫西俄德（Hesiod）告诉我们他的家族也有伊奥尼亚血统，尽管他的父亲在他出生之前不久定居在了皮奥夏（Boeotia）。他最得意的著作可能是《神谱》（*Theogony*），或者叫《诸神起源》（*Birth of the Gods*）。这本书主要描写了宙斯的出生和如何掌握王权：克罗诺斯（Cronus）阉割了乌拉诺斯（Uranus），奥林匹斯众神又推翻了克罗诺斯和泰坦神（Titans）。赫西俄德另外还留下了几首长诗，有的今日保存完整，有的则只是片段，其中最重要的是《工作与时日》（*Works and Days*）——它与虚构的《神谱》不一样，更像是在布道，有些像是由17世纪晚期一个脾气不好的英国上层牧师所著，文中赞美诚实勤劳的美德，抨击说谎和懒惰；还对诸如农业、宗教信仰和善行问题给了实际建议。今天阅读赫西俄德作品的人不多，这不足为奇。他的诗不是没有趣味，而且他在那个时代写下这样的诗作本身就很了不起

① 诚然，自相矛盾在现代文学作品中也很常见。这只能说明荷马有一个糟糕的编辑。

了。但是他没有荷马的激情，没有他的尖锐，没有他狂野的想象力。如果赫西俄德是一轮苍白的银月，那荷马就是光芒四射的太阳。

可能仅在特洛伊战争之后的10年或15年——虽然有可能更早——出现了史上最重要的一次移民潮：希伯来人在摩西（Moses）的带领下从埃及迁到迦南（Canaan），就是今天的巴勒斯坦。他们完成如此短暂的旅程——最多400英里左右——是否真如《圣经》上所说花费了40年，目前还是一个疑问；但可以非常肯定的是，他们的出现招致了非利士人（Philistine）等已经定居在这块以色列人视为自己的“应许之地”上的居民的憎恨。他们最初的12个部族被迫联合起来，选出一个可以更好地领导族人的国王。第一个国王是扫罗（Saul），他于公元前1025年到前1010年在位，但他的继任者大卫（David）和大卫的儿子所罗门（Solomon）则将王国带到了鼎盛期。大卫消灭了非利士人，制服了周边邻邦，选择一个小山城耶路撒冷作为首府。所罗门在这里修建了一座豪华壮丽的宫殿以及第一圣殿（the first Temple）。他还在红海边上建造了以旬迦别港，直接建立了一条王国与非洲的新纽带。

但好景不长。所罗门死后，他的王国分裂成北方的以色列王国和南方的犹大（Judah）王国。两个部落的纷争不断导致双方力量的衰弱，并很快成为外敌侵略的目标。大约公元前8世纪中期亚述人入侵，公元前722年以色列王国被毁灭。犹大王国在希西家（Hezekiah）的领导下得以保全，但只勉强维持了20多年。公元前8世纪末，亚述国王辛那赫里布（Sennacherib）突袭耶路撒冷城，威逼对方屈服，用拜伦的话说，“像羊群中的一只恶狼”。希西家受到先知以赛亚（Isaiah）的鼓励，公然反抗辛那赫里布的攻击。就在这时，亚述人的记载表明辛那赫里布不得不匆忙回国处理国内纠纷；另一方面，以赛亚——得到希罗多德的部分肯定——声称奇迹般的瘟疫突袭了敌军。无论如何，耶路撒冷逃过了一劫。

雕刻有狮子的象牙饰板。亚述，约公元前800年。

但没过多久，一个多世纪之后的公元前586年，巴比伦国王尼布甲尼撒（Nebuchadnezzar）彻底摧毁了耶路撒冷，刺瞎了国王西底家（Zedekiah）——双眼失明之前他被迫目睹众子被残杀——并把他和包括先知以西结（Ezekiel）在内的1万臣民带到巴比伦囚禁起来。直到公元前538年，波斯居鲁士大帝（Cyrus the Great）释放了巴比伦之囚——或者是我们今天所说的犹太人——让他们各自归家。他们建立了一个新的希伯来国家，重建圣殿，重整旧律，在《利未记》（*Leviticus*）和《民数记》（*Numbers*）中明文立法。他们的灾难暂时结束。

第二章　古　希　腊

荷马之后的几世纪内经历了青铜时代晚期宫廷文明的瓦解过程，它的替代者是一种更开放、更广泛和较之更民主的政治体制。其中最著名的早期城邦之一是科林斯（Corinth），它迅速发展成为希腊最强大的海上力量。科林斯人占据了横跨科林斯地峡的优良地理位置，他们的城邦也因地峡而得名，此外，这还使他们得到伊奥尼亚海和爱琴海的入海口；他们控制了通往意大利的商路，并远赴西西里的锡拉库扎（Syracuse）、今利比亚境内的阿波罗尼亚（Apollonia）进行殖民活动，在希腊有史以来的第一次海战之后——时间大约是公元前670年，科林斯凭借它的秘密武器三层桨座战船（trireme）大获全胜——继而殖民到科孚岛（Corfu）。但是科林斯的辉煌转瞬即逝；到公元前6世纪，雅典之星迅速升起。

至此，古希腊人已经扩张到西至西西里岛的整个东地中海地区。(其中来自小亚细亚弗卡亚城［phocaea］的一群人甚至走得更远，在加泰罗尼亚［Catalonia］沿海的艾波利恩［Emporion］，即今天的艾姆普瑞斯［Empuries］建立了一个殖民地，这是西班牙唯一有据可查的希腊殖民地。）他们用艺术、建筑学、文学、哲学、科学、数学以及制造工艺促使该地区文明开化。我们还要感激他们引进了美酒、相关的礼仪及社会活动，其中最重要的是宴会，或称作会饮(symposium)。但希腊不是罗马意义上的帝国。在政治上，他们只是众多小城邦的集合体，战乱频繁，偶尔组建短暂的同盟，但城邦本质上是独立的。当时，雅典绝对不是首都，其地位与小亚细亚的哈利卡纳苏斯（Halicarnassus，希罗多德的诞生之地）、西西里的锡拉库扎（阿基米德的出生地）、萨摩斯岛（Samos，毕达哥拉斯的家乡）一样。圣保罗（St Paul）宣扬自己是罗马公民，这种表述方式不适合希腊——同今天的犹太教（Judaism）一样——希腊是一个概念而不是一个民族。你没法准确地定义“希腊”。只能说，如果你认为自己是希腊人，而且说希腊语，那么你就是希腊人。

这种广泛散居的结果是希腊的宏伟遗址遍布意大利本土、西西里、小亚细亚西部和南部海岸，这些地方的遗迹同希腊本土的并驾齐驱，通常更受游客的青睐。毫无疑问，帕台农神庙（Parthenon）是独一无二的；[①] 奥林匹亚（Olympia）和巴塞（Bassae）的建筑杰作或许能与之媲美。随后，我们又会想到那不勒斯南部伟大的帕斯图神庙（Paestum），西西里的塞吉斯塔（Segesta）与阿格里真托的建筑；或在爱琴海以外区域，位于以弗所（Ephesus）的巨大希腊剧院，以及位于卡斯（Kas）和塞德（Side）更小的俯瞰大海的剧院，还有极富感召力的普利尼（Priene）遗迹，它是希腊沿海城邦中极少数幸免了罗马化的城邦之一，有小巧可爱的**“议事厅”**（*bouleterion*），选举出来的公民代表在露天处聚集，管理城邦事务。所有这些都不在今天我们眼中的希腊国家的范围内，但却属于意义非凡的希腊世界。

在小亚细亚也有许多小国家，尽管它们迅速受到希腊文化的影响，最后几乎完全希腊化了，但是它们在希腊化之前就有着悠久历史：比如，帕加马（Pergamum）作为医神埃斯库拉庇厄斯（Aesculapius）的圣地，在公元前 2 世纪至前 1 世纪获得政治优势之前的数世纪内都是

---

① 尽管建筑师哈里·古德哈特-伦德尔（Harry Goodhart-Rendel）在二战后首次看到它时，对欧思伯德·兰卡斯特（Osbert Lancaster）说：“我不认为它是一件完美的成功之作。”

朝圣之地；此外，弗里吉亚（Phrygia）有一位著名的国王迈达斯（Midas）——据说他能点石成金——统治于公元前 8 世纪；① 吕底亚（Lydia）在公元前 6 世纪时由一位富裕的国王克罗索斯（Croesus）统治，造币和赌博都发源于此地（也许两者同时出现?），希罗多德曾描述这里的居民："除了卖女为娼这一点外，吕底亚人同我们非常相似。"

政治离散主义完全有利于希腊艺术、文化和思想的发展。它鼓励多样化，提倡大量有益的竞争。但它在面对一个强大帝国时显现出了严重的弊端，这股帝国的力量几乎在整个公元前 6 世纪始终稳步发展。波斯帝国从根本上讲是居鲁士大帝的杰作，他在公元前 559 年至前 529 年的 30 年统治期间，把许多分散的部族联合成一个统一的民族，建立起当时地球上最强大的国家。波斯人有优秀的战士和杰出的射手，他们让敌人屡次败于箭下：感谢他们以及同样优秀的骑兵，居鲁士在公元前 546 年打败了克罗索斯，使自己的统治范围最终沿着安纳托利亚沿海一直扩展到卡利亚（Caria）和利西亚（Lycia）。在这一系列征战中，波斯成为一个地中海强国。

在大流士大帝（Darius the Great）统治之下——他于公元前 522 年谋杀了居鲁士的儿子冈比西斯（Cambyses），并取得王位——波斯帝国几乎变成一个欧洲国家。公元前 490 年，大流士第一次大规模地远征希腊，当时他派出一支由他的侄子达提斯（Datis）率领的 15000 人的庞大舰队，穿过爱琴海全力袭击雅典。希腊将军米尔提亚德斯（Miltiades）迅速召集 1 万雅典公民-士兵和另外一支来自普拉提亚

---

① 在弗里吉亚的首都戈尔迪乌姆城（Gordium），亚历山大看到了戈耳迪之结（Gordian knot），据说是由王国的创建者戈耳迪系起来的，他把这个结系在一辆古老马车的轴上。根据历来的传统，能解开它的人就能统治亚洲。亚历山大拔出他的剑从中间切断了这个结，从而解决了这个问题。

（Plataea）小镇的1000人马，他们排成长队横穿过离城邦22英里的马拉松平原。不愿参战的斯巴达军队没有及时出现在战场上，米尔提亚德斯没有等待他们。战争很快结束。强大的希腊增援军队渗透到波斯敌军中，然后向内推动直至包围敌军的中心。达提斯的军队转而逃走，希腊人穷追不舍。波斯损失了6400人；雅典仅阵亡192人，夺得波斯战舰5艘。①

雅典打了一场胜仗，但没有大获全胜。只是赢得了迎接下一次猛攻的喘息机会。它的领导者地米斯托克利（Themistocles）曾在公元前493年当选为执政官——名义上的国家首领，他认为雅典获胜的最大希望是海上力量，并着手建立了一支海军。非常幸运的是在劳里厄姆（Laurium）附近的矿山上发现了一个丰富的新银矿脉，所以他们有了足够的军费。同样有利的是，波斯军队被大量派往埃及平定叛乱，大流士在公元前486年的去世继续推迟了战争的时间。然而，最终在公元前481年的春天，大流士的儿子薛西斯（Xerxes）继承父位，带领10万大军开启了新一轮远征。他们用船架桥，越过赫勒斯滂（Hellespont，即达达尼尔海峡［Dandanelles］），途经色雷斯（Thrace）进入塞萨利（Thessaly）；据说浩浩荡荡的庞大人畜群把河里的水一饮而尽。焦急的雅典人在德尔斐（Delphi）请教神谕，他们被告知要相信自己的木制围墙；但没人知道，这条神谕是否暗示需要加强卫城的防御或是建造新的战舰，因此它毫无用处。无论如何，他们忽略了该建议，向北挥师迎战敌军——这次与他们一道前往的还有由斯巴达王列奥尼达（King Leonidas）率领的大队兵马。

---

① 现代马拉松比赛的赛程是26英里385码，这源自信使菲迪皮德斯（Pheidippides）的故事，据说他从战场跑着去雅典报告胜利的喜讯，但是这个故事却是一个误解。希罗多德——我们唯一的权威来源——告诉我们菲迪皮德斯实际上是从雅典跑到斯巴达去寻求它的帮助，全程140英里，他用2天时间跑完了这段路程。

雅典军队决定驻扎在温泉关（Thermopylae），这里是通往皮奥夏和阿提卡（Attica）的入口。斯巴达人和雅典人并肩作战了3天，但一个本地人告诉薛西斯，越过这座山的狭窄小径能出其不意地从后方袭击斯巴达军队。希腊的主力军撤到了南部，列奥尼达和300名精兵抱着誓死的决心做掩护——直至最后一名士兵被杀。至此，通往雅典的大门打开了。地米斯托克利疏散了雅典民众，在邻近的萨拉米斯岛（Salamis）建立了一个新的指挥中心，召集了全部的可用战舰——我们知道总共有378艘——在萨罗尼克湾（Saronic Gulf）汇合。准备工作结束后，突然发现他们立即被将近600艘的波斯战舰严密封锁了。之后，希腊人并未与波斯人直接交锋，他们狡猾地退回萨拉米斯后面的一个狭窄水域，引诱波斯人尾随。在交战中，希腊的三层桨战舰显得远比笨重的波斯战舰更加轻巧且灵活，后者被残忍地堵在了峡湾中。坐在银基宝座之上和金伞之下的薛西斯从阿提卡海岸看到此战况愈加暴怒。战斗接近尾声时，希腊人击沉了薛西斯几乎一半的战舰，他们自己只损失了40艘。薛西斯回到首都苏萨（Susa），再未踏进希腊一步。在塞萨利，他把一支3万人的军队交给了指挥官马多尼斯（Mardonius）；后者在次年的普拉提亚战役中被击败，同时——传统上认为是同一天——最后一场海战在小亚细亚的米卡列岬（Cape Mycale）宣布结束，波斯战舰所剩无几，希腊取得了胜利。

通常认为，希波战争的结果是自由西方对专制东方的胜利：伟大的国王携带所有庞大且笨重的战争机器都不能摧毁一小撮希腊城邦国家。但人们不禁想问：为什么只有一小撮？雅典、普拉提亚以及斯巴达和其他几个城邦结成的以斯巴达为首的伯罗奔尼撒同盟证明了自己的高尚与勇敢；那其他城邦呢？事实上，希腊的绝大多数城邦只是袖手旁观。我们可以断定一些城邦因为害怕波斯人而同他们合作；另外一些简单接受了在某位宽容、不苛刻的总督（satrap）[1] 管理下的生活：毕竟伊奥尼亚沿海的伟大城邦——帕加马、以弗所、米利都（Miletus）和普利尼——在过去40年毫无怨言地生活在薛西斯大帝的统治之下。最后，爱琴海一带许多保守的上层希腊人对激进民主制度又惊又惧（在过去的1个世纪中逐步推行，尤其得到诸如雅典的梭伦［Solon］和克利斯提尼［Cleisthenes］的提倡），他们坦率地选择了旧有政治制度（*ancien régime*）。因为本身没有真正的国家，他们对温和仁慈的外国统治丝毫不反感。

公元前484年，当希罗多德在哈利卡纳苏斯（今天的博德鲁姆［Bodrum］）诞生时，它还处于波斯的统治之下。然而在他20岁时，他反对波斯总督吕戈达米斯（Lygdamis）的暴政，勉强才逃脱了死刑。被逐出帝国疆界后，他定居在萨摩斯岛，这里后来成为他的主要留驻地，直到公元前444年他卷入意大利南部的雅典殖民地图利（Thurii）的纷争中为止。他的一生似乎一直在奔波。他肯定在雅典住过一段时间——并与索福克勒斯（Sophocles）结成了亲密朋友——而且游遍了整个希腊、小亚细亚、黎巴嫩和巴勒斯坦。此外，他还前往利比亚的昔兰尼（Cyrene）、美索不达米亚的巴比伦，以及沿着尼罗河到上埃及的阿斯旺地区。每到一处，他总向别人悉心请教关于历史和地理学、神话、社会习俗以及他所想到的任何其他问题。

他的《历史》——第一部重要的以散文形式写成的欧洲文学著作——在他快要去世前才完成，并在他去世后被分成了9卷，每卷以

---

① 摩索拉斯（Mausolus）是其中一位总督，公元前377年—前353年之间卡利亚省的管理者，他的遗孀艾特米希亚（Artemisia）在哈利卡纳苏斯（Halicarnassus）为他修建了一座宏伟的陵墓——它是古代世界七大奇迹之一。它的遗迹在15世纪早期被圣约翰骑士团搬走，以留出空间修建至今仍矗立在这个海湾旁的城堡。但是摩索拉斯的巨大雕像幸存了下来，现保存于大英博物馆。雕像的基座阶梯塔激发了尼古拉斯·霍克斯穆尔（Nicholas Hawksmoor）的灵感，那时他正在设计附近布卢姆斯伯里（Bloomsbury）的圣乔治教堂（现在大力翻修过）；然而，教堂里的雕像——非常不适合地——变成了乔治一世（George I）。

一位缪斯神（Muses）命名。虽然《历史》创作于距今约 2500 年前，但今天仍具有惊人的可读性和生动性，其中有许多题外话、趣闻轶事和作者在旅途中收集的奇谈怪论。全书弥漫着一种对他周遭那绚烂多姿的世界无法抵御的好奇、疑惑以及迷恋。因此，希罗多德是彻头彻尾的杰出希腊人。他同公元前 5 世纪伟大的悲剧作家、甚至荷马一起，把希腊精神完全展现了出来。

我们通常将公元前 5 世纪的雅典视为一个黄金时代：这时期的艺术、科学以及哲学和政治理论都取得了空前成就，而且在很多方面达到了在同一领域中永远无法超越的完美境界。这其实只是一种笼统的说法，我们看到这一现象在 100 年之前就出现了，对此做出贡献的也不只是雅典人。伊奥尼亚米利都的泰勒斯（Thales）——亚里士多德认为他是第一位自然哲学家——早在公元前 585 年就正确地预测了一次日食，他的同仁阿那克西曼德（Anaximander）绘制了第一幅人类居住世界的地图。半个世纪之后，在萨摩斯岛上，毕达哥拉斯提出了著名的直角三角形定理。而在雅典，庇西特拉图于公元前 540 年开始兴建奥林匹亚宙斯神庙，此时，黑彩陶器艺术发展到了顶峰。希波战争之后，同样在雅典，所有的创造力、多样性和才智似乎全部集中在某个天才身上，并在雅典掀起了自信和乐观主义的巨潮。人类似乎从早期的原始迷信中解脱出来；终于开始理解他们周围的世界，以期能掌控它。与此同时，他们发现了政治哲学的基本原理，这教会他们如何生活在既定的社会中。随着权力与知识的结合，他们没有简单的享受着黄金时代，而是将它发扬光大。

这一切的精神领袖是伯利克里（Pericles）。他从公元前 461 年开始统治雅典（当时他 34 岁），直到公元前 429 年死于瘟疫。他的一言一行都源于对雅典强烈的热爱。他尽其所能通过各种方式装饰雅典——修葺在希波战争中被破坏的神庙，还组织新神庙的修建。尤其是他直接负责修建了雅典卫城的山门（Propylaea）、剧场（Odeon）、厄瑞克提翁神庙（Erechtheum）和帕台农神庙。但他也是一个战争领袖和无可救药的帝国主义者——因此很难想象公元前5世纪的雅典是一片祥和。相反，雅典跟斯巴达战事连年，也和许多其他仇恨和反抗雅典扩张政策的希腊城邦作战，压力不断上升，直到公元前431年爆发了伯罗奔尼撒战争。这次战争——战争的主要原因之一是争夺希腊到亚得里亚海的贸易路线的控制权——仅持续了这个辉煌世纪的1/4时间。想要了解详细战况的读者可以去阅读修昔底德的著作；本书则只想提一句：雅典被围困了整个冬季（公元前405—前404年）后，因缺乏粮食而向敌方屈服，这场战争就此结束。也许有人会认为，黄金时代就此结束了。但黄金时代与政治无关，它是艺术和思想的全盛期。在文学领域——特别是希腊最伟大的戏剧领域——第一个伟大的人物是埃斯库罗斯（Aeschylus）。他出生于公元前525年，参加过马拉松战役，还有可能参加过萨拉米斯和普拉提亚战役。在其漫长的一生中，他写下80多部戏剧，只有7部存世，包括唯一流传至今的古希腊三部曲《奥瑞斯忒亚》（*Oresteia*）。埃斯库罗斯在很多领域都是先驱。他的悲剧首次探讨了人性，并且首次在戏剧中添加第二个男演员，因此在一定程度上降低了合唱团的重要性。他两次长途旅行到西西里岛——当时仍是希腊世界的组成部分，公元前456年，他在这里去世或被杀死，根据古老的传说，一只鹰误把他的光头

伯利克里：希腊原作之罗马复制品，约公元前440年。

当成了石头，它把乌龟扔到埃斯库罗斯的头上，意图把龟壳砸烂。

索福克勒斯（Sophocles）比埃斯库罗斯年轻30岁，也是一位多产的剧作家。他一生创作了123部戏剧，也只有7部存世，其中3部是关于俄狄浦斯的传奇：《俄狄浦斯王》（*Oedipus Rex*）、《安提戈涅》（*Antigone*）和《俄狄浦斯在克罗诺斯》（*Oedipus at Colonus*）。除此之外，他的代表作无疑是《埃勒克特拉》（*Electra*），讲述了埃勒克特拉和她的兄弟奥瑞斯忒斯（Orestes）谋杀他们的母亲克吕泰墨斯特拉（Clytemnestra，阿伽门农的妻子）和她的姘夫埃吉斯托斯（Aegisthus）的故事。索福克勒斯也是一个创新者，亚里士多德告诉我们，他在戏剧中添加了第三个男演员，而且引进了布景艺术。最值得一提的是，他还抽出时间在雅典的公共生活中使自己扬名。作为提洛同盟（Delian League）的司库，他两次担任十将军委员会中的成员；他还是另一个不是那么显赫的医疗之神哈龙（Halon）的祭司。索福克勒斯死于公元前406年，享年90岁。在他去世前不久，他的儿子们将他告上法庭，说他年事已高不能自理。他凭借自己的记忆，从自己最近的戏剧《俄狄浦斯在克罗诺斯》中背诵了长段摘录，打赢了这场官司。

欧里庇得斯（Euripides）是第三位也是最后一位伟大的悲剧作家。他生于公元前484年，比索福克勒斯小12岁，在公元前406年先于索福克勒斯几个月去世。（在那年的狄俄尼索斯［Dionysus］节上，索福克勒斯为了纪念欧里庇得斯，让合唱队和男演员皆身着黑衣。）后世称颂欧里庇得斯为文艺复兴式的人物。除了是一名剧作家外，他还精通绘画，擅长音乐。他的图书馆是雅典最好的图书馆之一。人们通常认为他创作了92部戏剧，有19部流传下来，其中包括《安德罗玛克》（*Andromache*）、《希波吕托斯》（*Hippolytus*）、《美狄亚》（*Medea*）和《特洛伊妇女》（*The Trojan Women*）：主题是前人使用过的古老神话，但通常有出乎意料的对当代的影射。

同时代中唯一能同前面三位齐名的不是悲剧家，而是一位喜剧家，而且非常善于讽刺。阿里斯托芬（Aristophanes）大约生于公元前445年，比欧里庇得斯小一辈——可以推算出——更加务实。他写了54部戏剧，有11部完整地保留了下来。他无情地讽刺雅典政治、文化和社会生活的领导人物，其中包括苏格拉底（在《云》［*The Clouds*］一剧中）、克勒翁（在《骑士》［*The Knights*］中）和伯罗奔尼撒战争中雅典的将领之一拉马库斯（Lamachus）（在《阿卡亚人》［*The Acharnians*］中）。在《蛙》（*The Frogs*）中，他讲述了戏剧之神狄俄尼索斯下至冥界想带回欧里庇得斯，但经历一番冷嘲热讽的审讯场景后，最后带回了埃斯库罗斯。其最著名的作品可能是《吕西斯忒拉忒》（*Lysistrata*），在剧中，希腊城邦妇女一直保留着对丈夫的爱，直到和平的到来。

在伟大的雅典哲学家中，只有苏格拉底——他的生卒年为公元前469年至前399年——完全属于公元前5世纪。他没有写下任何东西，只因为他宣称自己一无所知——他相信别人也是如此——因此他认为教导他人的方式不可取，而应采用讨论的形式，他讨论每一件事情：好的、坏的、真实的事情，正义、道德和宗教。而最后的话题导致了他的毁灭。公元前399年早春，他被指控对神不敬，据说他引进了城邦不认识的新神；尽管他已有妻子詹蒂碧（Xanthippe）和两个儿子，但被控诉经常引诱青年男子。这两项罪状足以使由501个公民组成的陪审团判他有罪并处以死刑。他的朋友贿赂了监狱守卫让他逃走，他从道德底线出发拒绝了这个请求。一个月后，他当众喝下一杯毒芹汁而亡。

柏拉图让苏格拉底得到了永生。他28岁那年参加了苏格拉底的审判，为他的死感到深深地震撼。此后，他花了几年时间周游埃及、意大利和西西里。与苏格拉底不同的是，柏拉图著述丰硕。他通过戏剧对话的方式来阐述自己的哲学理论，苏格拉底则在这些哲学对话中扮演着重要角色。他把自己放在幕后，但从不囿于自己独有的学说。公元前 380 年的某天，他在雅典城外建立了一所学校，位于祭祀阿卡德摩神（Academus）的小树林中。它最终以“学院”（Academy）而著称，这个词后来几乎被所有欧洲语系所采用。

柏拉图的杰出学生——他用“学院的智囊”（the mind of the school）形容这个学生——是一个来自色雷斯的年轻的伊奥尼亚希腊人，即亚里士多德。他生于公元前 384 年萨洛尼卡附近的斯塔基拉（Stagira），一直住在柏拉图学院，直到公元前 347 年柏拉图去世后才离开。之后他来到小亚细亚的阿索斯（Assos）开办了一所学校。公元前 342 年，马其顿的腓力二世（Philip II）邀请他担任 14 岁的王子亚历山大的私人教师，他在那里执教了 2 年时间。后来，他的学生成为腓力的摄政，于是他回到雅典开办了一所学校——这次是在阿波罗-吕克厄斯（Apollo Lykeios）圣殿所在的小树林中，“吕克昂”（Lyceum，讲堂）得名于此。亚里士多德不仅是一位哲学家，他流传下来的全部作品中还包括伦理学、历史学、科学、政治学、文学、戏剧评论、自然界、气象学和（他的一个特殊爱好）动物学著作。简言之，他是一位博学者——也许是历史上的第一位。他留下了一个真正的图书馆，收藏了大量手稿和地图，这个图书馆是帕加马、亚历山大和其他古代伟大的公共图书馆的原型。

伯罗奔尼撒战争结束后的一段时间内，斯巴达统治了希腊人的栖息之地；但在接下来的一个世纪之初，一个出乎人意料和名不见经传的地方成了焦点。古代马其顿类似于中世纪英国人眼中的苏格兰：一片荒凉之地，野蛮人分裂成各个部落，彼此战乱不断，他们没有文化和礼仪，唯一的优势就是惊人的酒量。这些都是马其顿高地的真实情况，但在包括佩拉城（Pella）在内的低地区，阿吉德王朝（Argead）已经统治（至少在理论上）整个国家达一个世纪之久。

我们的故事要从腓力二世开始，在他兄弟于公元前359年去世后，他成功地继承了王位。此时，整个国家既贫穷又混乱；于是，腓力二世立即建立了一支职业军队，并让军队一年四季都进行高强度的训练，保持实战状态。在20年内，他使马其顿成为东欧最强大的国家，大大打乱了希腊世界的均衡局势。公元前338年，他向南进军，迫使希腊南部的城邦——以雅典和底比斯为首——结成一个仓促的同盟。他们派出军队迎战腓力二世，敌对双方于8月4日在皮奥夏的喀罗尼亚（Chaeronea）交锋。结果腓力大获全胜。现在这个村庄东边的路旁有一尊石狮，它是为了纪念底比斯“圣军”（Sacred Band），其公共墓地里面有300具尸骨，传统观念认为他们由150对男同性恋人组成，其中的254具已经在附近被找到。

腓力派往雅典签订协议的使者中就有他的儿子亚历山大。尽管这位年轻王子当时只有18岁，但他在喀罗尼亚战役中作为军队左翼的骑兵将领已经锋芒毕露。从小他就被当作父亲的最终接班人来培养；他的老师亚里士多德——是当时最保守的智者之一——让他坚信自己与生俱来的统治能力，极力建议他“成为希腊人的领导者、野蛮人的暴君，对待前者要像对待朋友和亲人一样，而把后者当成野兽和植物”。这个小男孩沉迷于自己的野心，急于继承王位。后来，腓力很快开始怀疑他在制定一个不利于自己的阴谋。他猜对了：公元前336年，在庆祝一场人心惶惶的乱伦婚姻过程中——腓力妻子的兄弟跟她的女儿结婚，国王被自己的一名贴身侍卫暗杀了。

亚历山大是否参与了谋杀？历史上尚无定论，但有可信的证据指向亚历山大和他的母亲奥林匹亚斯（Olympias），后者在不久前同腓力离了婚。对亚历山大来说，这绝对是天赐良机。在军队的一致同意下，他立即继承了父亲的王位。然后，他马不停蹄地迅速袭击底比斯——将该城夷为平地。公元前 334 年的春天，他越过达达尼尔海峡，开始了伟大的远征，并在征途中度过了他短暂且惊心动魄的余生：亚历山大发动远征有双重目的，一是从波斯手中解放小亚细亚的希腊城邦，二是在东方一手建立一个伟大的帝国。还在地中海区域领土上时，在对阵波斯国王大流士三世时他赢得了两次历史性的战役。第一次在特洛伊向东 30 英里的格拉尼库斯河（Granicus，现在的坎卡伊［Çan Çayi］），第二次战役在次年爆发于亚历山大勒塔（Alexandretta，现在的伊斯肯德伦［Iskenderun］）和安条克（Antioch，现在的安塔基亚［Antakya］）之间的伊苏斯（Issus）平原。之后，他一路畅通无阻地率军南下，沿巴勒斯坦南部沿海地带，穿过西奈半岛的北部进入埃及，在那里度过了公元前 332 年至前 331 年间的冬季。随着春天的来临，亚历山大继续开始东征，首先征服了提尔，接着翻山越岭到达大马士革（Damascus）。但他之后的征程就已走出本书关注的范围了。

亚历山大于公元前 323 年 6 月 13 日在巴比伦去世，年仅 32 岁，他的死让帝国陷入了一片混乱。他仅有的儿子赫拉克勒斯（Heracles）是个私生子；他的妻子罗珊妮（Roxane）在他去世时已经怀孕，但这个婴儿可能是女孩，没人打算等待六周去确认这件事情。激烈的内讧在他的将军和马其顿摄政贵族之间爆发。战事迅速蔓延到地中海，不久以后，野心和贪婪让整个希腊世界四分五裂。从某种意义上说，这种情况是不可避免的。亚历山大的帝国是不可能持久的，它太庞大，太难控制，而且征服得太快。这位年轻的冒险家成了自己野心的牺牲者，他只想到前进，却从不加以巩固。在他死后，帝国的分裂必然进一步加速它的解体。

但是亚历山大留下来的文化遗产远比他的短命帝国重要得多。希腊文化向东扩张到阿富汗和印度河流域，并和波斯文化相结合，这些内容已经远远超出了本书范围，但希腊化时期①也对整个地中海东部产生了巨大影响。一批希腊风格的城邦遍地开花，城邦里有神庙、集会场所、剧院和体育馆。但其中绝大多数城邦已经不再享有以往的独立地位。它们成为一个更庞大政体的分支，也变得更加富裕和强大，甚至能大规模地经营造船业，这在以前是不可思议的。此外，它们最终为一个新宗教的传播提供了肥沃的土壤，这种宗教源于犹太教但却没有后者的排外性，它就是由圣保罗传播和发展的基督教。

当亚历山大的垂死帝国产生的战乱最后平定之时——这耗费了几乎 20 年——三支主要力量从灰烬中崛起。一支是旧的马其顿王国，它已经不再是西亚的主人，但仍然支配着希腊北部，是希腊世界的一支重要力量。第二支是亚历山大的将军塞琉古（Seleucus）建立的帝国——他是亚历山大私人卫队盾牌手（Shield-Bearers）的前任将领——该国最初在巴比伦尼亚（Babylonia），之后很快把统治区域扩张到了美索不达米亚和叙利亚，直至获得从首府安条克到波斯湾东部尽头的广阔领域。他建立的塞琉古王朝（Seleucid）统治长达 4 个世纪，直到公元 72 年被罗马帝国所灭。

第三支力量是埃及，公元前 305 年，亚历山大的一位老朋友——军事史学家托勒密（Ptolemy）自立为王，并取得了显著成功。他以亚历山大新建的亚历山大城——这里有古代世界最伟大的图书馆，大批犹太团体经常在这里阅读用希腊语而非希伯来语编成的《旧约》前五卷（Torah）——和自己在上埃及建立的托勒梅斯（Ptolemais）作为统治中心。这个虚张声势的马其顿人扮演着古代法老的角色——同时拥有法老的权利。在统治的 40 年内，托勒密把自己的势力扩展到

① 希腊化时期（Hellenistic period）通常是指亚历山大去世后不久的那段时间。

了巴勒斯坦、叙利亚南部、塞浦路斯、小亚细亚和基克拉迪群岛(Cyclades)。他的后继者至少有 15 代之多：对单一王朝而言，该数字非常惊人，但更令人震惊的是出现这种现象的真正原因，即每位继承者都会同自己的姐妹、同父异母的姐妹或自己的侄女结婚。公元前 47 年，托勒密十四世（Ptolemy XIV）继位，他娶了自己 21 岁的姐姐克娄巴特拉为妻。

托勒密王朝可能已经希腊化了；但他们（至少后几代人）所居住的世界都属于罗马。现在让我们再回到一至两个世纪以前去一探究竟：为何如此微不足道的一个意大利小城镇在相当短的时间内变成了文明世界的主宰者？

第三章 罗马：共和国

罗马的崛起，较之其他因素来，更多的要归功于罗马人自身的性格与素养。他们朴实、率真又守法，并且有着强烈的家庭观念。而且当必要时，他们也非常乐意接受纪律的约束。例如大约在公元前510年，他们驱逐了统治着他们的伊特鲁里亚塔尔昆王室（Tarquins），并建立起自己的共和国；而在之前的几个世纪内，一直都是由伊特鲁里亚的历代国王在统治他们。[①] 罗马人宣称，他们的城市先于伊特鲁里亚人好几个世纪之久。这座城市最初由特洛伊王子埃涅阿斯（Aeneas）建立，埃涅阿斯在希腊人毁灭了他的故国之后历尽千辛万苦来到意大利。因此，罗马是古城特洛伊的继承者。

公元前280年，希腊西北部的希腊城邦伊庇鲁斯的统治者——野心勃勃的皮洛士（Pyrrhus）率领大约2万人的军队在塔兰图姆（Tarentum，今天的塔兰托）登陆，并在赫拉克利亚附近和罗马人狭路相逢。在这场战役中，皮洛士以巨大的损失换来了微弱的胜利："皮洛士式胜利"的概念由此产生。在接下来的5年内，皮洛士王不断找罗马人麻烦，但屡战屡败。最后到公元前275年，他在损失了2/3的军队后，终于决定返回伊庇鲁斯。意大利中部这个名不见经传的罗马共和国竟打败了一位希腊国王。随后在首都举行的凯旋式中，

---

① 据希罗多德所说，伊特鲁里亚人大约在公元前9世纪末从小亚细亚的吕底亚迁移到意大利。他们的语言甚至不属于印欧语系，不过最近已基本得到解读。但伊特鲁里亚文献存世的极少，从中我们难以获得详细信息。大部分的重要证据还是来自伊特鲁里亚人留下来的艺术作品——他们的雕塑（特别是他们陵墓之上的雕塑）、绘画以及精致的珠宝。他们远比驱逐他们的罗马人更富有艺术才华。

罗马人展示了所俘获的皮洛士的大象——这是大象首次出现在意大利。①

但罗马最大的劲敌是迦太基（Cartheage）。它原先是腓尼基人的一个殖民地，包括今天突尼斯城（Tunis）的部分地区。一百多年以来，迦太基人一直是罗马人的眼中钉。从公元前 264 年到公元前 146 年，罗马在有能力永远消灭迦太基之前，被迫先后发动了两次布匿战争。正是这两次战争把罗马推向了地中海舞台的中心，并且使它成为一支强大的海上力量，因为形势很快表明，罗马不可能单在陆地上便将迦太基打败。第一次战争结束于公元前 241 年，对罗马而言此战役意义巨大——攫取了西西里岛的大部分地区；自此以后，这里成为罗马主要的粮仓；科西嘉岛和撒丁岛在 3 年后，也接连成为罗马的粮仓。罗马人有着充足的理由关注两次布匿战争间的那 23 年。因为在此期间，迦太基人建立起一个全新的帝国——这一次是在西班牙。

腓尼基人大约在公元前 1100 年左右首次抵达伊比利亚半岛，当时他们建立了加的斯港（port of Cadiz）。此时的它只是一个岛屿，但为以后的腓尼基殖民地树立了一个样板：即所有的殖民地都喜欢建在海角或近海地区的小岛上，通常位于河口处；因为可能同所有商人一样，他们是一个爱好和平的群体，希望尽可能地不去侵扰当地人。在当地人中最发达的民族是伊比利亚人（Iberians）。这个神秘的民族有两种语言。像伊特鲁里亚语一样，它们不属于印欧语系，但与伊特鲁里亚语不同的是，我们至今对它们仍知之不多。伊比利亚人热衷于和腓尼基人从事贸易，似乎他们之间已经达成了友好协议。几世纪后，伊比利亚人将会创造出一种属于他们自己的璀璨文明，尤以其雕刻而

---

① 这些大象，以及之后汉尼拔的大象，据推测都应该来自非洲。然而与亚洲象不同，通常人们认为非洲象是无法驯服的。难道皮洛士和汉尼拔知道一些我们尚未知道的秘密吗？

闻名："埃尔切夫人"（Dama de Elche）可追溯到公元前4世纪，现藏于马德里（Madrid）的考古博物馆。它是我们所见的最漂亮、最迷人的古代雕塑。

公元前237年，迦太基最卓越的将军（或海军上将，他对海陆战都很精通）哈米尔卡·巴卡（Hamilcar Barca）带着他年仅9岁的儿子汉尼拔（Hannibal）前往伊比利亚半岛。仅仅8年间，他便在那里建立了一座繁荣城邦，以及一支强大的卫队。哈米尔卡·巴卡在公元前229年意外溺死，他的职位由其女婿哈兹鲁勃（Hasdrubal）继承。哈兹鲁勃为迦太基西班牙建立起一个稳固的首都，罗马人称它为新迦太基（New Carthage），而我们则称之为卡塔赫纳（Cartagena）。他还大力发展采矿技术：据说单拜贝罗（Baebelo）一个矿场每天就可以产出300磅白银。公元前221年哈兹鲁勃被一个伊比利亚奴隶暗杀，继任者为26岁的汉尼拔。

汉尼拔肯定是亚历山大之后世界上最伟大的军事统帅，甚至有理由相信他是有史以来最伟大的将军之一。相传他的父亲曾要他起誓永远与罗马为敌。他自继位起就立志为本国在20年前的失败复仇；而且他很有把握，因为西班牙拥有丰富的财富和人力资源。公元前218年春，汉尼拔率领一支4万人的军队离开西班牙，沿着法国南部海岸进入罗讷河谷，接着向东抵达布里昂松（Briançon）以及热内夫尔山（Mont-Genèvre）山口。他的大部分步兵是西班牙人，由迦太基人指挥；骑兵来自北非和西班牙，其中包括37头大象。他那著名的穿越阿尔卑斯山（Alps）之行在初秋进行，两场胜利紧随其后。到该年末，汉尼拔实际上已经控制了整个意大利北部。但另一方面，他的势头也开始衰退。汉尼拔曾期望意大利的城市会普遍响应他——他们对罗马不断增长的势力感到不安，不过他很失望；即使是他在公元前217年4月取得的第三次胜利，其实际效果也不大；在这次胜利中，他将罗马军队围困在了特拉西美诺湖（Lake Trasimene）与周围山丘间的隘路上。他之后向罗马进军，不过没有任何意义——这座城市拥有坚固的城墙，而他却没有有效的攻城器械。因此，他转往拥有大量希腊人的阿普利亚地区（Apulia）和卡拉布里亚地区（Calabria）；这里的希腊人对罗马人没有好感，可能会加入他的阵营。

可是汉尼拔再一次失算。在那里他很快发现，另一支在装备和数量上均强过他的罗马军队一直尾随着他南下，而不是之前希望的支持联盟。公元前 216 年 8 月，双方在位于奥凡托河（Ofanto river）边的坎尼（Cannae，距今天的巴列塔［Barletta］约 10 英里的地方）又一次开战。汉尼拔再次取得了战斗胜利，这可能是他一生中最伟大的胜利；但对罗马人来说则恰恰相反，坎尼战役是他们历史上最惨重的失败。由于汉尼拔卓越的军事指挥才能，罗马军团被分割包围在阵地上；当夜幕降临时，已有 5 万多名罗马士兵阵亡，而汉尼拔仅付出了伤亡 5700 人的代价。

除首都卫队外，汉尼拔已摧毁了罗马所有的军事力量。但他却没能向其终极目标——彻底摧毁罗马共和国多逼近一步。他的利器——雄壮的西班牙和北非骑兵对城墙束手无策；因为他们只剩下了马匹，大象因为寒冷和潮湿而死去。但另一方面，汉尼拔依然心怀希望；即他弟弟哈兹鲁勃会组建一支具备攻城装备的队伍来与其会合。出乎汉尼拔意料的是：坎帕尼亚（Campania）省——罗马南部以那不勒斯为中心的意大利行省——给予了他在意大利半岛其他地区极度罕见的大力支持。在他的军队穿过山脉到达当时意大利的第二大城市卡普阿（Capua）后，汉尼拔决定在这里建立营垒，在此休整待援。

哈兹鲁勃让汉尼拔等待了很长时间，因为他也碰到了难题。仅在汉尼拔离开西班牙几个月后，罗马便派遣年轻的格奈乌斯·西庇阿（Gnaeus Cornelius Sipio）带领 2 个军团和 15000 名同盟军入侵西班牙；很快，格奈乌斯·西庇阿的哥哥普布利乌斯（Publius）也加入其中。由于汉尼拔不在西班牙，罗马人很轻易就取得了胜利。这次入侵直接导致了罗马人和迦太基人在西班牙的拉锯战，当地的伊比利亚人则阵营不定；最终，罗马人在西班牙半岛存在了6个世纪之久。公元前221年，两个西庇阿均离开了人世；一个也叫普布利乌斯的男亲戚接替了他们的职位；经过短期的围攻后，他占领了新迦太基。随着首都被占领，迦太基人很快丧失了信心。公元前206年，最后一批迦太基人离开了半岛。

当哈兹鲁勃希望在西班牙战胜罗马人时，他就没有机会组织救援队去帮助他哥哥了。直到公元前206年，当他认识到自己已被打败时，才开始认真考虑这个计划。公元前205年，他率领部下穿越法国南部和阿尔卑斯山，这是一次地狱之旅。在安科纳（Ancona）城外的梅陶罗河（Metaurus river）边，哈兹鲁勃遭遇了罗马军队并被打败。在哈兹鲁勃的头颅被送到卡普阿营地时，汉尼拔才知道了这一消息。他又继续在意大利待了4年，但更明智的选择应是撤退。在地中海的其他地区，年轻的西庇阿发起了反攻。

公元前204年，普布利乌斯和他的军队在乌提卡（Utica）一带的北非海岸登陆，此处位于迦太基以西不足20英里。在这里他们击退了2万人的本地军队，并在突尼斯海湾建立了一个据点，以此威胁迦太基城。公元前203年春，忧心忡忡的汉尼拔匆匆赶回迦太基。第二年，他率领37000人和80头大象对抗罗马入侵者。最后双方在扎马（Zama）村附近相遇。经过一场漫长而艰苦的战斗后，汉尼拔遭遇了他非凡事业中唯一的一次重挫。据说就是在扎马，罗马人最终找到了对付迦太基人钟爱的战略武器——大象的方法：即首先突然吹响号角恐吓大象，从而使骑手无法控制它们；然后罗马人分开列队，远离可能会受到伤害的地方，并控制住惊慌失措冲入他们当中的动物。

这样罗马人取得了完胜，第二次布匿战争就此结束；西班牙也成了罗马人的战利品。精心组建的迦太基军队和行政机构此时依然存在，但已名存实亡，只是为了确保迦太基正式将伊比利亚半岛割让给罗马；负责处理此事者正是西庇阿家族。汉尼拔在扎马死里逃生，一直活到公元前183年；在这年，汉尼拔为了避免被他所憎恨的敌人抓获而服毒自尽。至于获胜的大西庇阿，他赢得了当之无愧的称号——“非洲征服者”（*Africanus*）。他比任何同胞都坚信罗马而非迦太基将在随后几世纪内成为地中海的主人。

不过布匿战争造成了极大的创伤。它几次将罗马逼至灾难的边缘，并夺走了20万到30万罗马人的生命。然而就在狭窄的地中海对面，迦太基城依然矗立着，在无恙、勤奋且富有事业心的75万人民的共同努力下，以令人恐惧的速度从近期失败中恢复了过来。这对每个罗马爱国者而言都是一种耻辱、一种不断的威胁，当然更是一个警示。无疑，迦太基的幸存让人无法忍受。“*Delenda est Carthago*”（“迦太基必须被毁掉！”），老加图在元老院的每次演讲结束时都要说这句话，直到它最后成为一句口号；唯一的问题是怎样从事这项工作。最后在公元前151年，当迦太基人擅自决定对当地一个部落酋长的掠夺行为进行防御时，罗马人找到了借口，于是把这次非常自然的反击视为宣战事件（*casus belli*），并于公元前149年再次派兵入侵迦太基。此次迦太基人无条件投降，直到他们听闻了罗马人的和平条约，即要求彻底摧毁迦太基人的城市，并且不允许他们在任何距海10英里的地方重建家园。极度震惊的迦太基人最后决定反抗。由此，迦太基遭到了罗马人为期两年的恐怖围攻。在公元前146年围攻结束之后，罗马人叫嚣的毁灭随之发生——迦太基被夷为平地。老加图的口号得到了贯彻：迦太基被彻底毁灭了。

本都（Pontus）王国迄今为止都是一个无足轻重的国家，它位于黑海的南岸，本应与地中海的历史并无关联；但因为它的年轻国王米特里达悌六世（Mithridates VI）而登上了这里的历史舞台。这位国王曾在25年内始终是罗马共和国的眼中钉。米特里达悌六世及其臣民在种族上属于波斯人，但他更喜欢自称希腊人，这位骄傲的希腊文化拥护者激励所有的希腊城邦起兵反抗他们的拉丁压迫者。公元前88年，他入侵罗马的亚细亚行省，① 并策动了一场大范围的暴动，结果以屠杀了8万意大利居民而告终。在这次胜利的鼓舞下，他穿越爱琴海，并占领了雅典。其他几个希腊城邦纷纷倒戈。

很明显，罗马人必须展开行动。罗马元老院选用50岁的优秀将领卢西乌斯·科内利乌斯·苏拉（Lucius Cornelius Sulla）作为远征军的指挥官。他的军事资历优秀，并拥有亚洲的第一手情报资料。正当他着手准备时，元老院中的民主派成功地改变了决议，一位年老且有些孱弱的将军盖乌斯·马略（Gaius Marius）将之取代——苏拉曾在此人手下服过役。这是一个灾难性的决定，苏拉直截了当地拒绝接受。他在自己军队的支持下进军罗马，毫不费力地清算了其政敌，随后启程前往希腊。他席卷了雅典，摧毁了它的港口比雷埃夫斯（port of Piraeus），并在该地区取得了两次决定性的胜利，最后同米特里达悌缔结了和平条约（虽然在很多人看来条款过于简略）。然而苏拉的这些成就并未得到罗马官方的任何认可；就在苏拉离开罗马的这段时间内，他的敌人马略派重掌朝政。

苏拉迅速赶回罗马，将他们第二次击溃，并出任独裁者。随后，他毫不犹豫地下令屠杀其1万余名政敌，其中包括40位元老院议员

---

① 该地区位于小亚细亚西部，帕加马国王阿塔卢斯三世（King Attalus III）在公元前133年把它遗赠给了罗马。

和大约1600名特权公民（*equites*）或骑士。之后，他颁布了一系列极其反动的法律，至少让历史倒退了半个世纪。最后，随着这些工作的顺利完成，他隐退到自己位于坎帕尼亚的家中。在那里，他过着荒淫无度的生活，以恐吓他的众多奴隶为乐。有时“为了杀鸡儆猴”（*pour encourager les autres*），他会判处其中一两人死刑。而且在执行死刑时，他通常会亲临现场。但在公元前78年的某天，他在观看绞刑时，由于异常兴奋，以至癫痫突发，不久便离开人世。

接下来的40年中，比苏拉更胜一筹的三位军事强者主导了罗马，他们给罗马共和国留下了无法抹去的痕迹。这三人分别是格奈乌斯·庞培尤斯·马格努斯（Gnaeus Pompeius Magnus，我们通常称他为“庞培”［Pompey］）、马库斯·李锡尼·克拉苏（Marcus Licinius Crassus）和盖乌斯·尤里乌斯·恺撒（Gaius Julius Caesar）。庞培曾在西西里和北非为苏拉打过胜仗，并娶了苏拉的继女。他的贡献逐步获得了非常珍贵的特权——凯旋式（Triumph）。[①] 和那个时代大部分的罗马贵族不同，他既不喜欢钱，又对政治感到极其厌烦。他所爱是权力！他是个彻头彻尾的士兵，而且是最有野心的那个。

三巨头中的第二位克拉苏也不例外。他出身富有，利用聪明才智在罗马地产市场上肆无忌惮地玩弄手段使自己越加富有。当他乐意时，也能成为第一流将军。不过在庞培不断提高其业已斐然的军事声誉时，克拉苏却更乐意待在罗马；为自己的政治和金融目标密谋筹划。他的一项重要军事成就是镇压公元前73年爆发的奴隶起义。为追捕起义领导人斯巴达克斯（Spartacus），他穿越了卡拉布里亚；并

---

① 凯旋式实际上是罗马为迎接得胜的将军前往位于卡比托山（Capitol）的朱庇特神殿（temple of Jupiter）而组织的官方游行。这取决于元老院的建议和人们所进行的一项特别选举。凯旋者（*triumphator*）乘坐四驾的双轮战车，后面跟着显赫的俘虏（很可能已被预定判处死刑）、获得自由的罗马被俘者、缴获的主要战利品、军队以及队伍最后用于祭祀的动物。

最终在阿普利亚将其抓获并处死。随后，6000名起义者被钉死在十字架上，并被竖立在阿庇亚大道（Appian Way）的两旁。

庞培当时正在西班牙——他在那里建立了以自己名字命名的城市潘普洛纳（Pamplona）。不过他及时返回罗马，参加了他热衷的十字架酷刑。按其一贯作风，他试图将整个行动的荣誉据为己有。贪图荣誉，这也是人之常情，但克拉苏对此感到异常愤怒。而他们各自背后都有军队支持。刹那间，共和国似乎再次被推向了内战的深渊。但幸运的是，两人在最后时刻达成和解，他们将相互提名参选公元前70年的执政官。但严格地说两人都无参选资格。因为他们都未解散自己的军队——这是作为执政官候选人的必需条件。此外，庞培年仅36岁，甚至还没有成为元老。但元老院没有勇气反对，所以庞培和克拉苏最后双双当选。随后，两人在任期内一丝不苟地清除了苏拉的立法。

在随后几年内，克拉苏在罗马忙于向亚细亚行省征收额外赋税，并和元老院进行没完没了的争吵，而庞培的力量则愈加强大。公元前67年，庞培率领12万人和500艘战船，在短短6天的时间里，就将长期以来困扰地中海的海盗几乎全部清除；这片海洋也由此步入了它近千年历史中最安全的一个时期。之后庞培被派往东方，因为本都国王正在玩他的老把戏。不过对庞培来说非常不幸的是，米特里达悌在战斗爆发之前便自行了结了自己的生命。好在庞培在回家之前，东方还是有很多其他的事情可以做。他在没有请示元老院的情况下，便迅速将本都吞并；之后向南进军叙利亚，将最后一位塞琉古王朝的国王驱逐；接着将此地变为罗马的行省，伟大的安条克城从此便属于罗马了。最后，他来到犹大王国，并占领了耶路撒冷；在此地，他很明智地决定让原来的国王以罗马代理人的身份保持其王位。而庞培取得所有这些成就，仅花费了不到四年的时间。庞培在这四年间使中东地区面貌发生的改变，直到穆斯林到来之前的任何时期都无法与之相比——这样说一点都不过分。

公元前62年，庞培作为英雄回到了罗马。这一次授予他的凯旋式远比第一次辉煌得多。很多罗马人都震惊了，他们回想起20年前的苏拉。但这位胜利者将其军队遣散，而且只要求使其在东方的所有行为合法化，同时授予他手下的老兵可定居的土地。这两个要求看起来都非常合理。关于第一个要求，尽管事实上他的行动没有获得批准，但当时缓慢的交通通信使他别无选择。不过不管怎样，罗马收益巨大，罗马人没有任何理由进行控诉。

然而他们还是控诉了庞培，其中一个主要的批评者正是克拉苏。克拉苏这样做很明显是因为嫉妒。此时，罗马最有权势的两个人——一边与政府争斗，一边交恶了。

此时这个惊人的三巨头（triumvirate[①]）联盟中最伟大的第三位出现在台前。公元前62年，38岁的盖乌斯·尤里乌斯·恺撒与苏拉的孙女庞培娅(Pompeia)结婚——第二年便又与之离婚。[②] 在罗马，恺撒声誉复杂：他既是有教养的智者，元老院中可怕的雄辩家；也是奢侈招待会的承办人——因此经常负债累累；还是风流成性的浪荡公子——有关他的风流韵事非常之多，既有与异性的，也有与同性的；虽然如此，他还是参加了罗马官方首席祭司——大祭司（Pontifex Maximus）的选举，而且还当选了。总之，罗马人普遍认为他富有才

① 我这里不严谨地使用了该词汇，并用了小写“t”开头。通常人们称这三人为“前三头（the First Triumvirate）”，可是当时从未有人这样形容过他们。

② 庞培娅曾经负责善德女神庆典。人们每年都会在夜间举行仪式来祭拜这位女神，而这项仪式严禁男性进入。在公元前62年12月，克劳狄乌斯·普尔喀化妆成女性溜进了这项活动——据说是为了趁庞培娅的丈夫不在之时接近她。恺撒和克劳狄乌斯一样坚定地宣称克劳狄乌斯和庞培娅都是无辜的。但不管怎么样他还是当场和庞培娅离了婚，“恺撒的夫人不应受到任何质疑！”

干和魅力，但基本上是不可信赖的。公元前60年，作为西班牙总督的他从辖地返回罗马。他在西班牙取得几次不重要的胜利后，也被允许享受凯旋式。但是此时出现了一个难题：他决定成为执政官，要参选的话，他就必须在凯旋式之前很久便回到罗马，这样仪式就会被取消。他请求通过由代理人正式代其宣布参选的方法解决这个问题。不过在被拒绝后，他便毫不犹豫地将凯旋式放在一边，直接返回罗马——权力比荣誉更重要。

尤利乌斯·恺撒。大理石，约公元前50年。

但接着又出现了更大的打击。罗马有一项历史悠久的传统——在当选的执政官即将上任前，会给他们分配一个在其卸任后归其管理的行省。元老院知道已没有希望阻止恺撒当选执政官，但决定至少要将恺撒的权势削弱；他们仅将名不副实的“意大利的森林与畜牧场”（the forests and cattle-runs of Italy）分配给恺撒。这无疑是一个故意的冷落行为，而恺撒也理所当然如此认为。

此时元老院已接连与罗马城三个最有权势的人结仇。而当时恺撒还继续保持他和庞培及克拉苏之间的良好关系——恺撒接近庞培和克拉苏并提议三人联合起来，这就很难让人感到惊讶了。为回报两人的支持，在他们三人相互克制、和平相处的情况下，恺撒就会满足他们两人的要求。恺撒的共治者是个平淡无奇的角色，还有个可笑的名字——毕布路斯（Bibulus），其日常工作便是回到家中“观察天象以获征兆”——恺撒根本无视他。恺撒用庞培的老兵们所希望的土地回报了他们，同时确认庞培在东方的行动合法；而且在庞培（他刚刚和自己的第一任妻子离婚）向其女儿朱莉娅（Julia）求婚时，他也非常高兴。克拉苏所关心的税收问题同样也很快得到了解决。与此同时，他也在自己盟友的支持下，将位于意大利北部的山南高卢（Cisalpine Gaul）和伊利里亚（Illyricum，即达尔马提亚［Dalmatia］）定为自己执政官任期结束后的领地。此时山北高卢（Transalpine Gaul，几乎相当于今天的整个法国）① 统治者突然死亡的消息传到罗马，恺撒也很好地抓住了这个接管那里的好机会。

恺撒在其执政官任期结束后，立刻启程前往高卢。在之后八年的时间里，他一直都待在那里，直到将高卢完全征服才返回罗马。据普鲁塔克估计，在恺撒的征服过程中，死亡的高卢人超过 100 万，另有百万人被卖为奴隶。这场征服对恺撒极为重要，因为他正是借此建立了自己的军事荣誉，也由此进入了史上最伟大的将军之列。恺撒的头脑工作起来像闪电一样，能够迅速适应变化的形势；而且其对时机的把握也几乎完美无缺。在体格上，他也有着令人难以置信的能量和忍耐力；他经常乘坐一辆轻马车，在一个白天的时间里奔驰百余英里，而不管那时的天气有多么骇人，道路状况有多么可憎。

再来看罗马。尽管庞培和克拉苏仍在当政，但他们的权威却迅速衰弱。这还要感谢普布利乌斯·克劳狄乌斯·普尔喀（Publius Clodius Pulcher）的阴谋诡计——他曾潜入善德女神（Bona Dea）庆典；在此时，他则显示出自己是一个危险激进的煽动家，其活动对政权产生了一系列危害。三巨头决定保住三人执政的局面，公元前 56 年，他们在位于山南高卢的城市卢卡（Lucca）会面。之所以选择这里，是因为恺撒意识到一旦自己踏上罗马领地，其在执政官任期内犯下的一些错误就会使他遭到起诉。在卢卡，三人选择了最能满足他们

---

① 原文如此，但范围不准确。——译者注

野心的方式——三分罗马世界：东部归克拉苏，中部归恺撒，西部归庞培；此外，庞培和克拉苏还将在次年第二次出任执政官。在此之后，感觉自己完全处于恺撒和庞培阴影下的克拉苏，决定在战场上证明自己；他将征讨远在幼发拉底河的帕提亚帝国（Parthian empire），当时世界上唯一一个仍在和罗马对抗的重要国家；而庞培则将管理西班牙五年，不过在大部分时间内都是其下属在负责此事，由此他得以作为政府的实际首脑继续待在罗马。至于恺撒，则又在高卢待了五年，继续扩大并巩固他的征服。①

可是之后，他们的合作关系还是不可避免地紧张起来。公元前54年朱莉娅死于难产，她曾为使其父亲和丈夫保持联合付出了很大的努力；可是随着她的离去，他们也逐步疏远。接着在公元前53年，远征东方的克拉苏在卡雷（现在的哈兰［Harran］，位于土耳其东南部）被帕提亚人势不可挡的弓箭骑兵彻底击败；参战的6000名罗马军团士兵中有5500人被杀，克拉苏也在前去商讨和平条约时被杀。现在只剩下恺撒和庞培了，他们都愈加清楚地意识到，罗马实在太小，不可能同时容纳他们两个。因此庞培拒绝了恺撒的两个家族再次联姻的建议，反而娶了恺撒的敌人梅特路斯·西庇阿（Metellus Scipio）之女为其第三任妻子。紧接着，庞培便让梅特路斯·西庇阿成为共治者。此外庞培还占据着很明显的优势：他身在罗马。很明显此时情势已经到了危急关头。

罗马很快便陷入一片混乱。尽管庞培拥有的权力大过其他任何一个人，但他的敌人也和恺撒一样多。他逐渐无力控制其主要敌人米洛（Milo）及克劳狄乌斯一伙人（米洛正在离间庞培和克劳狄乌斯）。之

① 恺撒在之后的一年和公元前54年两次入侵不列颠，并分别在那里待了18天和3个月。然而除了显示一下力量外，他几乎没取得任何成就。在罗马人回来之前，不列颠有了近一个世纪的自由期。

后在公元前 52 年，克劳狄乌斯被杀，于是庞培成为唯一的执政官。依靠紧急状态下的特别权力，庞培恢复了罗马城的秩序；两年之后，元老院提出要解除恺撒的指挥权。这一活动被精力旺盛的保民官库里奥（Curio，恺撒最狂热的支持者）暂时阻止，但僵局依然持续。之后，库里奥建议庞培和恺撒两人同时放弃他们的权利，但被拒绝。就在此时，一位在任的执政官要求庞培接管共和国所有的军队——实际上是要其夺取独裁权力。在当时庞培所处的情况下，不可能找到更好的方法了；于是他接受这个提议，并立刻接管了两个刚好在罗马的军团。

库里奥立刻启程赶往恺撒位于拉韦纳（Ravenna）的司令部通风报信；之后，他又携带恺撒的一封信马不停蹄地返回罗马——这意味着他在三天的时间里跑了 140 英里。恺撒在信中详细叙述了他对国家的贡献，并且坚持如果他必须放弃指挥权的话，庞培也要如此。可是元老院在读完那封信后并没有被说服；相反，他们支持梅特路斯·西庇阿（现在是庞培的岳父）的提议——要求恺撒必须单方面辞职，否则就将宣布其为共和国之敌。正如恺撒所说，事情已经没有挽回的余地。于是在公元前 49 年 1 月的一个晚上，恺撒和一直追随他的军团一起，穿过了山南高卢的东南边界——卢比孔河（Rubicon）[①]；他的这一举动是在故意嘲笑罗马禁止总督率领军队离开其领地的法律；而他也因此受到了叛国的指控。自此以后，一场实力的较量——也是内战，便开始了。

这场战争在数条战线上展开。在意大利，恺撒几乎没有遇到什么

① 令人意外的是，这条溪流至今仍未得到正式探定，现在的皮夏泰洛（Pisciatello）河是最可能的候选对象。

阻碍；一座接着一座的城市没有抵抗便向他敞开了大门。而当遇到抵抗时，恺撒身经百战的军队也强于任何敌人。因此，在恺撒越过卢比孔河仅两个月后，罗马的两位执政官便逃往达尔马提亚；不久后庞培也逃到那里。恺撒并没有立刻进行追击，因为对方控制着亚得里亚海。他转而向西，前往庞培在西部的力量中心——西班牙；途中在自由城市马赛（Marseilles）做了短暂停留。他发现该城全体居民都支持庞培，于是对之发起了围攻；最后，他率领 4 万士兵穿越比利牛斯山（Pyrenees），去面对由庞培的三位将军指挥的一支至少有 7 万人的部队。不过恺撒依靠智谋轻松地将他们击败。而他们也是直到发现自己陷入重围，才放弃抵抗选择了有条件投降。马赛在恺撒返回时也已投降。恺撒终于做好了最后一战的准备。

公元前 48 年，随着敌人的彻底溃散，恺撒再一次轻松当选执政官。之后，他开始追击已经转入希腊的庞培。恺撒首先试图切断庞培的主要基地和其在第拉修姆（Dyrrachium，即今阿尔巴尼亚的都拉斯[Durrës]）的桥头堡间的联系，但是失败了。不过公元前 48 年 8 月 9 日，他们在距第拉修姆西南 200 英里的酷热的法萨鲁斯平原（plain of Pharsalus，位于塞萨利）最后相遇；恺撒在年轻的保民官马克·安东尼（Mark Antony，指挥着恺撒部队的左翼）的帮助下轻松获胜；而庞培据说首先逃向海岸，然后又逃往埃及。埃及的少年国王托勒密十三世（Ptolemy XIII）曾经是庞培的坚定支持者，给他提供过船只和补给品；但此时，他却急切地希望站到胜利者一边。所以当恺撒紧随敌人到达亚历山大时，发现庞培已被谋杀。

不过恺撒的这次旅行并非一无所获。托勒密十三世刚刚将他 21 岁的异母姐姐（同时也是他的妻子和共治者）克娄巴特拉放逐。所以此时那里急需调停者。在这种情况下出现了一些不太正常的情况：克娄巴特拉秘密回到埃及为她的案件辩护，已经 52 岁的恺撒立即被她迷住，他将其作为情妇带回了宫殿。得知此事后的托勒密十三世狂怒不已，并对宫殿发动了围攻。但是罗马的援救部队很快赶来，并在公元前 47 年 3 月将埃及军队击败。托勒密十三世虽然逃脱，但最后还是被恰当地溺死在了尼罗河中。恺撒将克娄巴特拉立为女王，并将她年轻的弟弟托勒密十四世立为其共治者。至此，埃及成为罗马的一个附属国。不过恺撒在返回首都前还有其他事要做：适当地惩罚法纳西斯（Pharnaces）——旧麻烦制造者本都国王米特里达悌的儿子。很明显他打算继承其父遗志。恺撒率领 7 个军团迅速穿过叙利亚和安纳托利亚向北进军，然而这场远征几乎变成了一场灾难。在安纳托利亚中部的泽拉（Zela，今天的济莱［Zile］），法纳西斯在罗马军队搭建营地时发动进攻。罗马军团遭到奇袭，只是因为良好的纪律和丰富的经验，他们才得以获胜。普鲁塔克告诉我们，之后恺撒在回到罗马向元老院汇报胜利时，说出了英语世界任何一个学生都知道的一句话：*veni*，*vidi*，*vici*——我来了，我看到了，我征服了！①。

庞培死了，但他的两个儿子仍未被击败，所以在内战完全结束前，还有两场战役：一场在北非，另一场在西班牙。恺撒一如既往地面临着为其忠心耿耿的军团寻找安置土地的问题。他首先在意大利建立了一系列殖民地。但半岛上没有足够的土地安置全部士兵，因此他在包括科林斯和迦太基在内的其他海外行省又建立了 40 多个殖民地。这些殖民地不是只为老兵考虑，8 万名没有工作的罗马人也被派遣到这些地方。因此，罗马化的种子将长期散播于地中海沿岸，直到今天，这些地区大多还遗留着罗马的烙印。

恺撒现在是至高无上的。他将自己的 900 名傀儡打包塞进元老

---

① 据苏埃托尼乌斯（Suetonius）所说，恺撒很喜欢这句话，因此在之后回罗马的凯旋式上，还将它装点在了条幅上。

院，其中大部分人受了他的恩惠，须要图报，而恺撒坚信所有人将支持他。他通过这些人控制了罗马，又通过罗马控制了整个文明世界。与此同时，围绕他的个人崇拜（在罗马这可是一大创举）也越来越多。他的肖像遍布意大利和海外领地，甚至出现在了硬币上——这是前所未有的创举，但这些措施未能提高他的受欢迎程度。他的大权独揽封堵了野心勃勃的年轻政治家的晋升道路。他们越发仇视恺撒的傲慢、反复无常，以及他的大量财富。他们对恺撒老是外出征战不在罗马感到愤怒，认为他没有任何理由那样做，而且这是毫无责任感的表现。恺撒毕竟已经56岁了，而且众所周知他患有癫痫，未来的战事无疑应该留给他的将军。事实上，恺撒非常厌倦首都的生活，因为这里永远充斥着卑鄙的谣言和阴谋。只有在同他的军团并肩作战时，他才真正地感到快乐；这些军团的兵士们非常崇拜他，对他忠心不二。可能正是出于这个理由，恺撒在公元前44年初宣布亲自远征东方，准备为克拉苏的死复仇，狠狠地教训一下帕提亚人。在他的亲自指挥下，军团将于3月18日出发。

对罗马的贵族们而言，被一位独裁者统治已经糟糕透顶，而恺撒的副手将在未来两年或更长时间内掌控罗马，这更使他们无法忍受。于是由盖乌斯·卡修斯·隆吉努斯（Gaius Cassius Longinus）挑起和领导的巨大阴谋正酝酿着——此人直到法萨卢斯之战时还在支持庞培，但之后被恺撒赦免。卡修斯的同谋是其连襟马库斯·布鲁图（Marcus Brutus），他是恺撒的一个有点特别的追随者。恺撒让他担任过山南高卢的总督，但布鲁图却对其传说中的祖先——早期英雄朱尼斯·布鲁图（Junius Brutus）一直念念不忘（据说他这位祖先为了替遭到强奸后自杀的卢克丽霞［Lucretia Collatina］复仇，将伊特鲁里亚国王塔昆驱逐出了罗马，因此其也就被认为是罗马共和国的缔造者）。公元前44年，恺撒被任命为终生独裁官（dictator in perpetuo），布鲁图认为是时候进行同样保卫共和国的一击了。布鲁图和卡修斯一共集合了 60 名同谋者，并在 3 月 15 日完成了准备工作。

3 月 15 日，恺撒前往毗邻庞培剧院的大厅参加一场元老院会议——三天后他就将启程前往东方。在即将到达时，一个曾是布鲁图家庭成员的希腊人偷偷将一张报警纸条塞到恺撒手中，但是恺撒没有读而是继续前进。阴谋者们让他们中的一个拉着恺撒的主要助手马克·安东尼谈话，以确保此人远离恺撒——安东尼不仅绝对忠诚于恺撒，而且身体健硕。他们还很仔细地在附近布置了一队角斗士，以应付可能的混战，不过事实证明这个预防措施完全没有必要。普布利乌斯·加斯卡（Publius Casca）似乎是第一个开始攻击的人，他的匕首刺中了独裁者的喉咙。瞬间，恺撒就被阴谋者们围住，他们全都对恺撒疯狂乱刺，甚至为能刺到恺撒身体的任何一部分，而把自己的同伴推到一边。受害人努力保护自己，但却没有机会。最后，恺撒用他的长袍掩住了自己血淋淋的头颅，倒在了庞培雕像的底座旁。

在看到恺撒死后，这些当事人突然一片恐慌。他们仓皇逃出那幢建筑，单将恺撒的尸体留在了其倒下的地方。一段时间过后，三个奴隶用一副担架将恺撒的尸体抬回家中。据说这一路上，恺撒的一只手臂一直拖在地上。之后医生在检查尸体时，一共发现了 23 处伤口，不过他们相信其中只有一处致命伤。

恺撒在自己遇刺的六个月前，即公元前 45 年 9 月 13 日，正式将其伟大的侄子①盖乌斯·屋大维乌斯（Gaius Octavius）收为养子。虽然只有 19 岁，但屋大维（Octavian，这是他在前帝国时代更广为人知的名字）已被当作接班人培养了很久。他在 16 岁时已被任命为大祭

① 原文如此，应为甥孙。——译者注

司；之后一直跟随恺撒在西班牙作战，战功卓著。虽然年轻，但在他伟大叔叔去世后，他可能已经打算开始掌权。但恺撒的主要副手马克·安东尼行动更快，他毫不犹豫地篡改了恺撒的某些文件并最终控制了国家。屋大维展开了反击，多亏历史上最伟大的雄辩家西塞罗的支持（他厌恶军人独裁，特别讨厌安东尼，于是做了一系列精彩至极的演讲来反对安东尼），屋大维才能逐渐在元老院得势。

罗马再次陷入了两极对立和内战的边缘，摩德纳（Modena）甚至已经爆发了一次小规模冲突——屋大维获胜了。但到公元前 43 年 11 月，敌对双方艰难地实现了暂时和解。他们和恺撒的另一位将军马库斯·埃米利乌斯·雷必达（Marcus Aemilius Lepidus）达成了一项正式的五年共同执政协议，目的是重新恢复政局稳定。他们的首要任务是追捕谋杀恺撒的两名要犯。布鲁图、卡修斯以及忠于他们的士兵一起逃到了亚得里亚海对面。雷必达留下来管理罗马，屋大维和安东尼则前往马其顿的菲利皮（Philippi）追击布鲁图和卡修斯。双方在此先后进行了两场相隔三个星期的激烈战役。最后政府军获胜，两位叛军头目拔剑自刎。在屋大维和安东尼的协议下，雷必达完全被排挤到了次要位置，胜利者现在将罗马世界一分为二：安东尼占领了罗马的东部，屋大维则接管了罗马西部。

今天，西利西亚（Cilicia）小城塔尔苏斯（Tarsus）因是圣保罗的出生地而广为人知。但据我们所知，大约在圣保罗诞生的 40 年前，这里发生了另一件对世界影响重大的事情。公元前 41 年夏季的某天，安东尼正是在塔尔苏斯与克娄巴特拉七世首次会面。6 年前，恺撒将克娄巴特拉七世之弟、同时也是她小叔子的托勒密十四世立为埃及共治者。此后不久，根据托勒密王朝的奇特习俗，两人结为夫妻。但即使这三重关系也没能让克娄巴特拉七世对托勒密十四世产生出感情。公元前 44 年，克娄巴特拉七世谋杀了托勒密十四世。现在的埃及由她一人统治，但她仍需要一位罗马保护者；于是她前往塔尔苏斯，她心知肚明将在那里找到适当的人选。

先撇开莎士比亚的证词和帕斯卡（Pascal）的著名评论：如果她的鼻子稍微扁一点，整个世界历史将重新改写——克娄巴特拉的魅力似乎不是普通漂亮所能形容的。因此她毫不费力地俘获了马克·安东尼的心，如同之前的恺撒。她甚至说服安东尼安排杀死她的姐妹阿尔西诺伊（Arsinoë）；后者曾在亚历山大城建立过敌对的政权，所以克娄巴特拉永远不会原谅她（她是克娄巴特拉的五个兄弟姐妹中死于暴力的最后一位，其中至少有两位由克娄巴特拉亲自处死）。作为回报，安东尼很高兴地被邀请前往亚历山大过冬；他们的结合物是一对双胞胎。之后三年内两人再未谋面。但在公元前37年，安东尼邀请克娄巴特拉前往自己的东部首府安条克，并由此建立了长期的私通关系，他们的另一个孩子于第二年出生。

安东尼和克娄巴特拉过着田园般的生活，但经常被安东尼的军事行动所打断，因此不可能长久。在罗马，三巨头之一的屋大维对其姐夫（他的姐姐屋大维娅［Octavia］刚刚嫁给安东尼）的行为非常愤怒，而且越加憎恨权力明显盖过他的克娄巴特拉。于是在公元前32年，在安东尼和屋大维娅正式离婚后，屋大维向埃及宣战。公元前31年9月2日，双方舰队在莱夫卡斯岛（Leucas）北角的亚克兴（Actim）开战。屋大维获得了决定性的胜利。之后，他继续追击那对失败后逃回亚历山大的夫妇。几乎在刚好一年之后，整场戏剧才上演了最后一幕。直到公元前30年8月1日，屋大维才进入亚历山大，他立刻下令将埃及变为罗马的行省，并由他直接统治。与此同时，克娄巴特拉则把自己关在其壮丽的陵墓中，并对外宣称她已自杀。安东尼在听到这个消息后立刻想用剑自杀，不过没多久他便得知这消息并不真实。依据普鲁塔克所记载，他被送到了克娄巴特拉面前，在两人进行最后一次谈话后，才离开人世。

人们无法确知克娄巴特拉的死法。她确实是服毒自尽，但这是如何发生的？普鲁塔克讲述的故事和莎士比亚写的大同小异，只是在最后加上了“事实没有人知道”这句话。但不管怎样，毒蛇咬啮说的论据更为有力。埃及眼镜蛇——太阳神阿蒙·拉的代表，从最早的法老开始便是王室的象征，作为王权的象征刻在王冠上，所以不可能想象出比毒蛇咬啮更具王室风格的死法了。此外还有更多令人信服的证据：苏埃托尼乌斯告诉我们，屋大维在听说克娄巴特拉自杀后，立刻召唤要蛇人并命令他们吸出伤口上的毒药。但即便他们真的去了，估计也为时已晚。

> 你没见孩儿正在我怀中吮奶为我催眠吗？
>
> (Dost thou not see the baby at my breast,
>
> That sucks the nurse asleep?)

第四章　罗马：帝国早期

亚克兴之战有两个重要影响。第一，它确保政治中心仍然集中在意大利和西方。根据屋大维和安东尼在菲利皮达成的协议，地中海东部广大的希腊语地区由安东尼统治。因此，如果安东尼获得胜利，他肯定会促进统治重心向该地区倾斜。但实际上屋大维胜利了，这使得原先由他治理的西部地区，在随后三个世纪里一直保持着优越地位；直到君士坦丁大帝（Constantine the Great）在330年选择君士坦丁堡作为帝国的新首都，这种基本格局才有所改变。第二，屋大维在32岁时成为有史以来最有权势的人——已知世界无可争议的主人。现在他所面临的问题是，如何使其地位更加巩固。虽然共和国事实上早已名存实亡，但恺撒堂而皇之的独裁统治所导致的致命后果，使得屋大维必须思考怎样避免重蹈覆辙：在之后相当长的时间内，他至少表面上保留了共和国的很多体制。公元前31－前23年间的每一届执政官都由屋大维出任——此职务成为他行使权力的法律依据。但公元前27年1月16日，他接受了新称号“奥古斯都”，这一事件清楚指明了局势的未来走向。

这使我们很难确定罗马帝国建立的时间。它的形成实际上是一个渐进的过程，可能也是更好的方式。奥古斯都在年轻时对权力充满渴望，但在获取权力后他变得更成熟，成长为一个政治家。将其成就一一列举出来非常困难：他重新组织了政府管理机构和军队；他在北非海岸，甚至黑海沿岸都建立了永久性的海军基地——这使罗马成为地中海无可争议的主人。公元前200年－公元200年间，地中海地区商

纪念亚克兴之战的刻有浮雕的宝石。红条纹玛瑙，约公元前 31 年。

业活动的繁盛程度远远胜过这之后千余年间的任何时期；[①] 在公元前 26－前25 年间，奥古斯都亲自镇压了西班牙北部的部落反叛；此外，他至少建立了 22 个殖民地，居住者全是罗马公民；之后，他将罗马领土扩大了一倍，或更确切地说，是他的将军们将罗马领土扩大了一倍。但最重要的是，奥古斯都把旧的共和形式改造成了一种新形式，这种新形式为适应大规模扩张所亟需。此外，他还在一定程度上协调了罗马社会各个阶层的关系，将他们整合起来支持自己的统治。有人说奥古斯都接手时罗马是一座砖砌的城市，但他留下的是一座大理石城。其实奥古斯都做得更多：他使共和国得以巩固，并最终留下了一个帝国。

此时的罗马帝国包括叙利亚行省——罗马在公元前 1 世纪早期与米特里达悌国王的战争中获得。当时，该地的治理者并不认为它有任何特别重要之处；但在奥古斯都统治期间，一位出生（约为公元前 5

① 拉丁语中，地中海大部分的常见名字都是“我们的海”，这很难让我们感到惊奇。之前从来没有过任何力量能这样声称过，也没有任何力量能取得这样的成就。

年或公元前6年[①]）在此地一个卑微但极其虔诚的犹太家庭中的人物，史无前例地重塑了整个世界。他就是耶稣基督。我们在此没有必要着重讨论耶稣对其同时代人所施加的重要影响，以及他所创立的宗教的长期意义。实际上如果没有庞蒂乌斯·彼拉多（Pontius Pilate），可能无从提及其宗教的长远影响。在公元26—36年间，庞蒂乌斯·彼拉多担任罗马犹大行省的总督，尽管他极度不情愿，但还是向喧嚣的群众做出了让步，命令将耶稣钉死在十字架上。之后的30年里，第一位（有人认为也是最伟大的一位）基督教传教士圣保罗将福音传遍了整个地中海东部。正如我们所见，他所宣扬的基督教信仰在300年内将慢慢地感化整个帝国。

那么在长达500多年的时间内，罗马共和国取得了什么成就呢？首先要牢记的是罗马人通常视自己为希腊人的继承人。从公元前2世纪开始，东地中海的两大文明就并肩存在；虽然两者的政治制度完全不同，但罗马人倾向于认为自己在文化上延续着希腊传统。例如在文学方面，罗马众所周知的两位大作家维吉尔（Virgil）和贺拉斯（Horace）——顺带说一句，他们都是屋大维的密友，都从他们的希腊前辈那里获益颇多。维吉尔精彩的史诗《埃涅阿斯纪》（*Aeneid*），其创作灵感明显受到了荷马的启发（只是其形式和语言更加精致），其中还贯穿着关于罗马城与特洛伊渊源颇深的神话：连接的纽带是特洛伊英雄埃涅阿斯，他在希腊人征服特洛伊时逃离，经过长期漂泊后抵达意大利；其后裔罗慕路斯（Romulus）和雷穆斯（Remus）在意大利建立了罗马。尽管《牧歌》（*Eclogues*）和《农事诗》（*Georgics*）不能直接追溯到赫希俄德，但同样与古老的希腊田园诗歌传统有着渊

---

① 西律王被认为死于公元前4年。

源关系。贺拉斯出生于公元前65年（比维吉尔晚五年出生），在站在布鲁图、卡修斯的阵营参加菲利皮之战前，他实际上一直在雅典学院求学。获胜的三执政将其家族在阿普利亚的财产罚没。不过他的朋友梅赛纳斯（Maecenas）——一个异常富有而慷慨的赞助人（维吉尔介绍贺拉斯与他相识），促成了贺拉斯与屋大维的和解，并赠予他一座位于萨宾的农场。贺拉斯在农场中安享余生，并创作出了著名的《颂诗》（*Odes*）①。他骄傲地宣称自己的诗歌全部效仿自阿尔开俄斯、品达和萨福等早期希腊的抒情诗人。虽然散文家的创作受制于这个事实，即当时还未出现小说这种体裁，但仍然涌现了许多才华横溢的作家，例如书信体作家普林尼、演讲家西塞罗，伟大的历史学家李维、塔西佗，以及绝对不能忽略的恺撒等人。

青铜像，与真人实物一样大小：1973年由一个潜水员在离卡拉布里亚海岸不远的地方发现。被认为是一尊来自德尔斐圣殿的还愿雕像，很可能是菲狄亚斯雕刻的，约公元前430年。

同样，在视觉艺术方面，源自希腊的影响也非常明显。罗马人如此欣赏希腊雕塑，以至在皇帝和贵族们的宫殿、花园中充斥着菲迪亚斯（Phidias）和普拉克希特斯（Praxiteles）等人的雕塑复制品。许多今天依然为我们所见的希腊艺术珍品实际上是罗马人的复制品。罗马人自己原创的雕塑作品也非常出众，但人们公认，这些作品从未完全把握住希腊精神：例如，罗马人的艺术品无法同埃尔金大理石雕刻艺术

① 这里的英语名称“Odes”会令人误解。拉丁语名称*Carmina*（意为“音歌曲”）则更好地描述了他所写实质乃是歌词。

亚历山大大帝石棺：局部细节。希腊化时期，约公元前 320 年。

两个木乃伊盛放匣上面的画像。来自埃及法雍，约公元 100 年。

品（Elgin Marbles）相媲美，更别提现存最伟大的古典雕刻——伊斯坦布尔考古博物馆（Archaeological Museum of Istanbul）所藏的“亚历山大大帝石棺”（Alexander Sarcophagus）了①。在绘画艺术方面，

① 这一卓越的艺术品于 1887 年在西顿公墓（necropolis of Sidon）发现。它被认为是为安放西顿城最后一个王阿布达洛尼莫斯（Abdalonymous）的尸体的（他于公元前 332 年被亚历山大大帝任命为这个城市的王）。在它的侧面，刻有和平时期和战争中的亚历山大大帝的形象。

很难对希腊和罗马的成就进行公正的比较；因为除了花瓶上的绘画外，几乎没有任何希腊绘画作品被保存下来；至于罗马绘画，迄今最令人印象深刻的是一批用于葬礼的肖像画（如果这批画可被视为罗马作品的话）——大部分绘于1世纪到2世纪，出土于开罗（Cairo）西南8英里处的法雍（Fayum）。这些流传至今的希腊罗马画像共同构成了古代世界遗留给我们的主要绘画作品。

但罗马人的成就远非体现在艺术领域。他们是法学家、科学家、工程师，当然更是战士。作为战士和工程师的他们，为了让军队在最短时间内到达目的地，逐步建立起了一套惊人的横贯整个欧洲的道路系统。同时为了确保道路在任何情况下都能畅通无阻，必须对道路进行适当铺设；不言而喻，道路必须尽其所能笔直地通往目的地。罗马人早在公元前312年就铺设了第一条道路——阿庇亚大道。随后在公元前147年，人们见证了波斯图米亚大道（Via Postumia）的完工；这条道路从第勒尼安海边的热那亚（Genoa）一直延伸到亚得里亚海边的阿奎莱亚（Aquileia）。热那亚和阿奎莱亚，以及其他很多类似的地区，在共和国早期最多只是定居点，但此时已发展成繁荣的城市，其神庙与公共建筑的面积和规模是前代人无法想象的。

所有这些成就都同建筑史上的一个重要发现密切相关。拱形对古希腊人而言，还是一个未知物，他们所有的建筑都基于一个简单原则：水平楣梁横置于直立圆柱之上。虽然他们据此修建的建筑物非常优美，但仍有严重的局限——其高度和承重力都受到了很大限制。但随着拱形结构的发现和应用，出现了全新且拥有巨大潜在价值的穹顶结构。我们只需去想象一下罗马圆形竞技场（Colosseum），或类似尼姆（Nîmes）附近的加尔水桥（Pont du Gard）等巨型建筑，抑或西班牙塞戈维亚（Segovia）那些拥有119个穹顶的巨大供水渠等，就可以理解当时罗马人的建筑物面积和规模之恢宏。

角斗士与豹搏斗。马赛克，约公元 320 年。

然而想到罗马圆形竞技场，通常会唤起我们一些不甚愉快的联想。罗马人富有才干，效率极高，同时也刻苦勤奋；他们有着出众的艺术家和作家，并将其优秀文明传播到已知世界的大部分地区。但为何他们此后对暴力展现出如此的激情？他们何以数以万计地聚集在一起观看角斗比赛，结果至少会有一位参与者死亡；或在无辜而缺少保护的男人、女人、孩子被野兽撕成碎片时，或反之当那些动物被慢慢折磨至死时高声欢呼呢？欧洲任何一个民族在之前或之后公开展示过如此程度的残忍与暴虐吗？我们说的并不仅是暴民，帝国皇帝至少在罗马帝国的前两个世纪里，也是一次又一次堕入邪恶腐朽的深渊。其他地区偶尔会有类似的事情，但肯定从未超过他们。历史学家史维都尼亚斯告诉我们，提比略皇帝（Tiberius）对于鸡奸极感兴趣；他在卡普里岛（Capri）赋闲之时，训练年纪幼小的男孩围着他游泳并在水下轻咬他身体最敏感的区域。另外依据吉本的说法，饕餮皇帝维特里乌斯（Vitellius）“在大约 7 个月的时间里，每一次饮食的花费都相当于今天 600 万的财富”①。还有暴虐皇

① 他补充说：“想要用文雅的语言描述他的恶行可不容易。”

帝卡利古拉（Caligula）——绰号“小靴子”，他不满足于只奸淫自己的一个姐妹，经常将另外两个姐妹交给“被自己玷污过的娈童虐待”①；他还在帝国宫殿中建立公开妓院，并以把无辜者锯成两半作为其午餐时的娱乐。

不过帝国也拥有过好皇帝。由图拉真（Trajan）皇帝所开创的罗马帝国黄金时代从公元 98 年延续到 180 年，其间“帝国兼有地球上最公正的地方和最文明的人类”②。他大大扩展了帝国的疆域，将达契亚（Dacia）和阿拉伯佩特拉（Arabia Petraea）行省并入了帝国（达契亚大致包含现在罗马尼亚的领土，阿拉伯佩特拉则从北部的腓尼基一直向下延伸至红海）。他还用一些宏伟建筑装饰首都，用宽容、坚定和人道统治广阔的帝国——这在 1 世纪和 3 世纪时的罗马非常少见。图拉真的继承人是其原来的同事和部下——西班牙人哈德良（Hadrian），③ 他延续了这个时代。哈德良也许是最能干的一位皇帝，其 21 年的统治几乎都用在了巡视其巨大帝国的每个角落上——包括不列颠。122 年，他下令在不列颠修建了一条从索尔威（Solway）到泰恩河（Tyne）的长城，上面至今还镌刻着其名字。在哈德良死后，继之的是安东尼王朝（Antonines）：首先是安东尼·庇护（Antoninus Pius），他的统治漫长而又平和，在经过前两位皇帝无休止的扩张之后，这为罗马人提供了一个广受欢迎的休养生息的机会；然后是哲学家皇帝马可·奥勒留（Marcus Aurelius），他用希腊语写成的著作《沉思录》（*Meditations*）④ ——可能是创作于镇压日耳曼部落反抗的漫长战役中——是唯一一本现存的使我们可以洞察一位古代统治者内

① 这些是菲力蒙·霍兰德的启示性语句，在 1606 年翻译自史维都尼亚斯。
② 同样来自吉本《衰亡史》中的第一句话。
③ 哈德良的一生都因自己的西班牙口音而遭到嘲讽。
④ 据说这部著作鼓舞了所有的人，包括赛西尔·罗德斯（Cecil Rhodes）。

心的作品。不过可惜的是，随着马可·奥勒留的儿子康茂德（Commodus）即位，刚出现的罗马帝国黄金时代戛然而止。这位皇帝的后宫竟有佳丽、男宠各300人，把罗马再次推向了最糟糕的帝国堕落岁月。

3世纪时帝国皇帝的故事读起来令人厌恶。历史学家告诉我们，8岁称帝的皇帝卡拉卡拉（Caracalla）嗜血成性；在215年，他一时兴起便下令在亚历山大进行大屠杀，夺走了数以千计无辜市民的生命。其继承人是有着双重性取向的埃拉加巴卢斯（Elagabalus）——其名字取自叙利亚的太阳神，他自认为与其是一体的；219年，他在进驻罗马城的仪式上涂脂抹粉、佩戴珠宝并穿金衣紫。吉本这样描述他：

> 一长列姘妇和一连串的妻子，以及其中的维斯太贞女（vestal virgin）——来自维斯太贞女神圣庇护所的力量使她让人销魂，也都无法使他的情欲从阳痿无能中恢复过来。这位罗马世界的主人爱好模仿女性，穿着女性服装；较之节杖，他更喜爱卷线棒；他还和其情人们一起分享帝国权威，这使得帝国的基本尊严都受到羞辱；他甚至将皇帝的头衔和权威授予了其众多情人中的一个，或者他更适合称呼自己为女皇的丈夫。

有这样的统治者，堕落的风习便不可避免地渗透进了整个罗马社会，直到社会法律、秩序失效，政府统治一片混乱。211年，塞普蒂默斯·塞维鲁（Septimius Severus）在约克城逝世，成为此后80年中最后一位安逝在床上的罗马皇帝——这一事实就足够令人警醒了。

仅仅95年后，约克城又见证了另一位皇帝的死亡，其结果对世界历史深具影响。当时的皇帝戴克里先（Diocletian）发现其帝国过于宽广，敌人遍布四处，而且交通线也太漫长，完全不适合仅由一个统治者来管理。于是他决定将帝国一分为四：设置两个奥古斯都——他和一位具有威望的指挥官马克西米安（Maximian），以及两个级别稍低，有着“恺撒”头衔的统治者（他们在分配给各自的领地内拥有至高权威，并且最终都会依次成为奥古斯都）。欧洲西北部的主权——担负着恢复罗马对处于动乱中的不列颠之统治的特殊责任，被戴克里先委托给了手下最成功的将军之一——君士坦提乌斯·克罗鲁斯（Constantius Chlorus），他成为首批两位恺撒中的一位。另一位恺撒则是加莱里乌斯（Galerius），一个来自色雷斯的残忍粗暴的职业军人。他统治巴尔干地区。

在这之后的305年，罗马帝国历史上发生了一件绝无仅有的事件：一位皇帝自愿退位。戴克里先觉得已经满足，于是便退休回到其为自己准备的在达尔马提亚海岸的萨隆纳（Salona，位于今天斯普利特［Split］）的庞大宫殿。同时，他还迫使极不情愿的马克西米安一同退位。君士坦提乌斯·克罗鲁斯发现，自己一夜之间就成了第一奥古都斯。但这份遗产他却没能享受多久，仅仅在几个月之后，即306年7月25日，他便在约克城离开人世。而此时，其子君士坦丁正坐在他的床头。君士坦提乌斯·克罗鲁斯的朋友和盟友阿勒曼尼人的红番王（King of Crocus of Alemanni）在他刚刚停止呼吸时，便很欣然地宣布年轻的君士坦丁接替其父为奥古都斯。当地的军队立刻开始呼喊，接着将紫袍披在君士坦丁的身上，用盾牌将他高高举起，不断向他欢呼。

此时的君士坦丁刚刚三十出头。从其父亲来看，他的血统高贵无比；但另一方面从他母亲海伦娜（Helena）来说，他却是相当卑贱。因为虽然12世纪的历史学家蒙默思的杰弗里（Geoffrey of

Monmouth）以及新近的伊夫林·沃（Evelyn Waugh）都想让我们相信，她是柯埃尔（Coel，相传是科尔切斯特王国［Colchester］的缔造者，也是童谣里所唱的"老国王柯尔"）之女，但我们几乎可以确定她只是卑斯尼亚（Bithynia）[①] 一个卑贱旅馆老板的后代。甚至有些历史学家认为，作为女子的她，是其父亲旅馆的附属娱乐设施；经常客人只需额外付出少量费用，就可以得到其服务。她只是在儿子继承最高权力后，才成为罗马帝国最尊贵的女性；在327年已年过七十之时，她非常热情地皈依了基督教，并决定以朝圣来庆祝自己的皈依。她在那里奇迹般地发掘出了真十字架（True Cross），因此光荣地在圣人历中获得了一席之地。

我们继续要关注君士坦丁。首先要说明，历史上没有任何统治者完全配得上原本属于君士坦丁的"大帝"称号——不论是亚历山大或阿尔弗雷德（Alfred），无论是查理（Charles）还是叶卡捷琳娜（Catherine），或腓特烈（Frederick）和格雷戈里（Gregory）。因为君士坦丁在短短50年内作出的两个决定，任何一个均可改变文明世界的前景。其一，决定采用基督教作为帝国国教——前一代的戴克里先还在迫害基督教，其程度前无古人后无来者。其二，将帝国首都从罗马迁至以他名字命名的君士坦丁堡（Constantinpole）。它建立在旧希腊殖民地拜占庭的基础上，在

君士坦丁大帝：巨大头像。石头，约公元320年。

① 拜占庭省份，从博斯普鲁斯海峡（Bosphorus）的亚洲海岸一直延伸到黑海南部海岸。

接下来的16个世纪里一直和他的名字连在一起。这两个决定及其结果使君士坦丁完全可以被人们看作有史以来除耶稣基督、先知穆罕默德和佛陀以外最有影响的人物。

在欢呼声中即位后不久，君士坦丁很自然地发了一封信给其共治者——奥古斯都加莱里乌斯，宣布自己已经即位；加莱里乌斯此时统治着从尼科美底亚（Nicomedia，今天的伊兹米特［Izmit］）一直跨越到博斯普鲁斯的广大地区。但他只勉强承认君士坦丁为恺撒，却直接拒绝承认君士坦丁为奥古斯都，并已经任命其老酒友瓦莱里乌斯·李锡尼阿努斯（Valerius Licinianus）为奥古斯都，称其为李锡尼（Licinius）。君士坦丁似乎并未对此感到特别担忧。可能是他感觉自己还未准备好掌握帝国的最高权力。不管怎么样，他在高卢和不列颠两省又待了6年，对那里的管理非常明智和优秀。311年加莱里乌斯去世后，他才开始准备维护自己的权力，但直到312年夏才行动。他穿越阿尔卑斯山脉，去对付第一个也是最直接威胁他的对手——其内弟，戴克里先的老盟友兼前奥古斯都马克西米安之子马克森提乌斯（Maxentius）。①

312年10月28日，两军在弗拉米尼亚大道（Via Flaminia）上位于罗马东北七至八英里的地方相遇。这里有古老的横跨台伯河的米尔维奥大桥（Ponte Milvio）。② 米尔维奥大桥之战直到今天还被我们牢记，主要是因为君士坦丁的同代人——恺撒利亚的主教尤西比乌斯（Bishop Eusebius of Caesarea）所叙述的传奇故事；据说这些传奇是尤西比乌斯从皇帝本人口中得知的。所述如下：

---

① 君士坦丁在公元307年抛弃了自己的第一任妻子，并和马克西米安的女儿福斯蒂娜（Faustina）结婚。

② 老桥仍然耸立着。它已经过多次重修，但原来在2世纪时建造的骨架大部分还保存着。

> 在大概中午的时候，也就是在太阳刚刚开始从中天下落之时；他亲眼看到天空中、在太阳上面，出现了一个闪闪发光的十字架纪念物；上面刻着“用此征服”（*hoc vince*）的铭文。他和其整支军队都被此景所震惊。①

据说是受此景象的鼓舞，君士坦丁将其内弟的军队彻底击败，并驱逐他们向南逃向老桥。这座桥非常狭窄，战前已稍微有点悲观的马克森提乌斯在它旁边修建了另一座宽很多的浮桥。有了这座浮桥，必要时马克森提乌斯便可以组织部队有序撤退，并且可以在中间将之截断以阻追兵。但是此时其残留在对岸的军队非常惊慌且极度疲惫，他们蜂拥上桥都想尽快逃走；而本来计划好的事情也陷入一片混乱，失掉首领的桥梁工程部队将螺栓提前拔掉，整个建筑突然坍塌，数以百计的人被扔进湍急的河水。那些还未过河的人便发疯般地冲向老石桥，但这也被证明非常致命。石桥是如此狭窄，以至于很多人被硬生生地挤死，其他一些人则被人踩踏，还有一些人被自己的同伴扔入河中。马克森提乌斯就在这最后一批人中，之后人们发现了他被冲上河岸的尸体。获胜之后，君士坦丁在进入罗马前，一直携带着马克森提乌斯被割下的头颅——被穿刺在长矛上高高举起。

米尔维奥大桥之战的胜利，使君士坦丁完全主宰了从大西洋到亚得里亚海、从哈德良长城到阿特拉斯山脉（Atlas Mountains）的整个西部地区。我们不清楚他是否真的实现了皈依基督教的誓言。但有一点非常明显，他将自己树立为其基督教臣民的保护人和热情赞助人。在返回罗马后，他立刻用个人财产向已有的25座和一系列

① *De Vita Constantini*，I，28。这个故事并不像听起来的那样明确。在另一个版本中，学者拉克坦提乌斯提出了一些耐人寻味的细节。我已经就此在《拜占庭：早前几个世纪》的第38－43页中获得了很多益处。

新修的教堂提供补助；他还将拉特兰尼家族（Laterani family）在科埃利安山（Coelian hill）的旧宅赠予新选出的教皇圣梅尔开狄斯（Pope Melchiades），它在下一个千年中将一直是教皇宫；之后不久，他再一次下令用个人财产修建了罗马第一座大君士坦丁长方形教堂（great Constantinian basillicas）——圣若望拉特兰教堂（St John Lateran）。它至今仍是罗马主教的座堂。但让人感到更为惊奇的是，我们发现，他在此后的12年统治期中发行的硬币，表明的不是与基督教的联系，而是和流行的常胜太阳神崇拜（*Sol Invictus*）的联系；他还拒绝接受基督教洗礼，并将之一直推迟到25年之后，他在病床上奄奄一息即将去世之时。

在君士坦丁和其共治者奥古斯都李锡尼（此时也是他的妹夫①）于313年共同颁布的“米兰敕令”（Edict of Milan）中，类似的理念也显而易见。敕令中这样阐述了其初衷：

> 确保对神的尊奉和崇敬，即授予基督徒及所有人追随无论何种形式之崇拜的自由权利——只要可以让他们高兴。目的就是使居住在天空的任何一位神（原敕令中无加粗，此处为作者所加）都可能支持我们，并庇佑所有在我们的权威之下生活的人们。

虽然两位奥古斯都在宗教宽容方面发出了同一种声音，但在其他领域他们却很少能达成一致。所以君士坦丁要想制伏自己这最后一个对手，一场为期10年的内战便不可避免。一直到323年，君士坦丁才在整个帝国实现和平，且由他独自统治。

① 李锡尼和君士坦丁的同父异母姐妹康斯坦莎结婚。

到此时为止，君士坦丁在所有方面看起来只是一个名义上的基督徒。不过在这时候，基督教会被其历史上的第一次大分裂所撕裂。这是亚历山大的神父阿里乌斯（Arius）的杰作，他坚持认为耶稣基督不能永生，也不是圣父的实体，只是上帝在某个时间创造的一个拯救世界的工具。因此，尽管耶稣基督是一个完人，但圣子必须从属于圣父，其本质上更多是人而非神。随之而来的争论很快便闹得满城风雨（*cause célèbre*），君士坦丁下定决心将之解决。他召集了基督教会的第一次全体会议——于 325 年 3 月 20 日至 6 月 19 日在尼西亚（Nicaea，今天的伊兹尼克［Iznik］）举行，有大约 300 位主教参与。皇帝亲自为这次会议揭幕，也是他提议将神子同质（*homoousios*，意思是同体同质，“一体”）作为关键词插入关于信仰的宣言草案中，以说明圣父与圣子的关系。这一结论等于宣判阿里乌斯教派（Ariansim）有罪。皇帝的震慑说服力非常之强，在会议将要结束时，与会主教当中仅有 17 位还坚持反对意见；在被流放和可能被逐出教会的威胁下，最后只剩下了 2 个人坚持己见。

但是阿里乌斯在继续战斗。一直到 336 年，在对他的信仰进行最后一次调查期间，

> 在其追随者的保护下，他很胆大地参加了一次轻松但却很愚蠢的会议。在会议上，他突然间就被自然召唤而去。依照记录，顷刻之间“他猛然倒下，从中间破裂成碎片，所有的肠子全都喷射而出”。①

必须指出，这个故事出自阿里乌斯的主要敌人——亚历山大城大

① Acts，i，18。

主教亚达纳西（Archibishop Athanasius）笔下，同代作家已很好地证明了他讲述的这件乏味之事存在严重问题。他们不可避免地将此归于天谴：大主教参照了《圣经》中降临到所谓加略人犹大头上的类似命运。

君士坦丁在整个基督教世界实现宗教和睦的梦想，没能在其有生之年实现。事实上直到今天，我们还在等待着它的实现。

在君士坦丁第一次见到拜占庭时，这个城市已经存在了近千年之久。据传说它由一个名叫拜扎斯（Byzas）的希腊人在公元前 658 年创建，初为隶属于迈加拉（Megara）的殖民地。无论如何，在公元前 6 世纪初，此地的确兴起了一个小型的希腊定居点，而之后罗马皇帝将其选为新都也无疑相当明智。罗马久已荒废，戴克里先所设立的四位共治皇帝，没有一个梦想在那里生活。帝国安全的主要威胁现在也集中于东部边疆：多瑙河（Danube）周围的萨尔马特人（Sarmatians），黑海北部的东哥特人（Ostrogoths）和最具威胁性的波斯人——此时伟大的萨珊帝国从罗马以前的亚美尼亚、美索不达米亚行省，一直延伸到兴都库什地区（Hindu Kus）。不过迁都也并非仅是由于战略原因，整个文明中心已不可挽回地东移。在文化和知识上，罗马已逐步失去了和希腊化世界新的进步思想的联系；罗马的学院和图书馆也已无法与亚历山大、帕加马或者安条克的相媲美。经济上亦是如此，东部的农业和矿产财富较之意大利半岛更富吸引力；此时的意大利半岛，疟疾瘴气正以极快的速度传播，人口也在锐减。最后，罗马的共和传统和异教传统在君士坦丁的新基督教帝国没有了位置——是该重新开始的时候了。

此外，作为一个战略据点的拜占庭，拥有其他任何一座东方城市所无法比拟的优势。它紧邻亚洲大门而立，占据着东部之尖的宽阔部分——一个近似三角形的海角；其南面为普罗庞蒂斯海（Propontis，我们称之为马尔马拉海）所冲刷，东北部则是历史悠久的著名古迹金角湾（Golden Horn），一个宽阔深邃可航行的港湾，大约5英里长；自然将这里铸造成为宏伟的港口和几乎无法攻陷的堡垒——仅需在其西部重点设防；甚至于从海上发动攻击也非常困难，马尔马拉海自身就由两条又长又窄的海峡保护：博斯普鲁斯海峡在东，赫勒斯滂海峡（Hellespont，即达达尼尔海峡）在西。无怪将自己的城市选建在对面海岸上的卡尔西顿（Chalcedon）人，会因为他们的愚昧无知而闻名于世。

君士坦丁不遗余力地要使其新首都能够配上他的名字。数以万计的艺术家和工人夜以继日地工作。旧卫城的位置上（之前为阿佛洛狄忒［Aphrodite］神庙占据）建起了这个城市的首座教堂——圣伊琳娜教堂（St Irene），它祭献的不是任何一个圣徒或殉道者，而是上帝神圣的和平。几年之后，它便在其更大更辉煌的新邻居圣索菲亚大教堂（St Sophia）——圣智教堂（Church of the Holy Wisdom）面前黯然失色。距离马尔马拉海峡大概1/4英里的地方，耸立着面积极大的竞技场，皇帝包厢直接和后面的帝国宫殿相连接。雕塑精品、纪念物和艺术著作被从欧洲到亚洲的所有主要城市（包括罗马本身）掠夺而来，用以装饰和丰富君士坦丁堡。最后万事俱备，330年5月11日皇帝出席在圣伊琳娜教堂举行的弥撒，正式将这座城市奉献给圣母。拜占庭帝国便在这一天诞生。

但是实际上帝国并没有发生任何实质性变化。对其臣民来说，它依然是奥古斯都、图拉真和哈德良的罗马帝国，而他们也依然都是罗马人。仅是帝国的首都发生了改变，没有任何其他的事物受到影响。几个世纪来，由于一直处于希腊世界之中，他们不可避免地逐渐将拉丁语抛弃，并选择了希腊语。不过这也没有造成什么不同。只要帝国继续存在，他们就会自豪地将自己描述为罗马人；而且在帝国最终于建立1123年后垮掉时，他们也是作为罗马人死去的。

在那之后，君士坦丁本人又活了七年，公元337年春，身染重疾的他前往海伦波洛斯（Helenopolis）——他为纪念母亲而将之重建，希望依靠那里的医疗温泉浴将其病症治愈，但是他的努力失败了。在返回首都的路上，其病情迅速恶化，显然已无法完成此次旅行；这也是为何这位已自封为基督教主教数年的伟人，最终是在尼科美底亚，而非君士坦丁堡接受洗礼的原因。尤希比乌斯告诉我们，在仪式完成时，“他命人给自己穿上光芒四射的白色帝国礼服，接着躺在一个最纯净的白色卧榻上，并拒绝再穿上紫色托加”。

人们可能会问，为什么君士坦丁要将其洗礼推迟如此之久？可能性最高的答案也最为简单：圣礼洗礼可以将所有罪恶完全赦免，但不幸只能举行一次。所以他的行为合乎情理——推迟的时间越长，再一次犯罪的机会也就越少。边缘政策（brinkmanship）的这一最后重要实例，也可能适当地总结了君士坦丁31年的统治——结束于公元337年5月22日，他是自奥古斯都之后的所有皇帝中，在位时间最长的一位。他被埋葬在其刚刚完成的圣公会教堂（Church of Holy Apostles）；“在这座教堂中建有十二座石棺——如同神圣标柱，以尊敬和纪念使徒人数；他的石棺被安放于中间，两边各有六个圣徒石棺。”他的最终结局就是这样。

君士坦丁的统一帝国并没有持续很久。狄奥多西大帝（Theodosius the Great）于395年去世后，帝国便再一次分裂。尽管最高权威牢固地扎根于君士坦丁堡，但在下一个世纪的大部分时间里，意大利却由一系列半傀儡皇帝统治（通常在拉韦纳）。不管怎么样，意大利半岛——实际上是帝国西部的大部分地区，此时已被改变。

拉韦纳的迦拉·普拉西狄亚陵寝：好牧人。马赛克，公元5世纪中期。

拉韦纳，新圣波利奈尔教堂：东方三博士（穿着哥特式服饰）。马赛克，公元6世纪。

改变帝国西部的，是被帝国公民蔑视为野蛮人的民族。这些各色各样的民族中，仅有两个在我们的故事中有意义，会引起我们的兴趣：哥特人和匈奴人，而他们之间几乎毫无共同之处。到 4 世纪末，哥特人相对而言已是一个文明民族，其大部分是阿里乌斯派基督徒。尽管这个民族的西支西哥特人（Visigoths）仍然由其酋长统领，但是其东支东哥特人却已发展为中欧一个重要的繁盛统一的王国。而另一方面，匈奴人仍然非常野蛮；他们是蒙古人的祖先，是毫无纪律的异教野蛮游牧部落；突然间就从中亚大草原发动猛袭，将其前进道路上的所有东西全部摧毁。这两个部落在不同的时间里，都给帝国造成了重大威胁。令人有些惊讶的是，哥特人（虽然更文明，却）首先发动了进攻。

在 4 世纪的最后几年里，西哥特人的酋长阿拉里克（Alaric）使恐怖气氛从君士坦丁堡城外，一直蔓延到伯罗奔尼撒半岛南部；401 年，他入侵了意大利。帝国一直试图用某种方法将其逼入困境，而且在之后的几年里也一直致力于此；但由于两个巨大的错误观点，使得帝国受到重挫。第一个误解认为所有野蛮人都相似，都是衣着兽皮且毫无纪律的野蛮游牧部落，他们无法与训练有素的帝国军队对抗。事实证明这种误解持续不了多久。第二个误解则认为阿拉里克致力于推翻帝国——很不幸，它持续了很久。事实却与此大相径庭，阿拉里克打仗并非为了摧毁帝国，而只是想给其族人在帝国境内建立一个永久居住地；如此，他们会乐于享受自治，同时作为他们酋长的阿拉里克，也会被授予帝国的高级阶位。只要远在拉韦纳的西部皇帝霍诺里厄斯（Honorius）和罗马元老院能够理解这一简单事实，巨大的灾难就可能避免。但由于他们缺乏理解的能力，所以后来的一切都不可避免。

从 408 年到 410 年，阿拉里克先后三次围攻罗马。第一次依靠饥饿迫使罗马最终投降；罗马人为赎回自己的城市，被迫交出了包括5000磅黄金和3万磅白银的巨额赎金。第二次围攻则以罗马人同意废除其皇帝而告终。第三次围攻开始时，霍诺里厄斯正安全地盘踞在拉韦纳，但他拒绝前往救援，导致罗马遭受洗劫。尽管如此，实际上情况可能变得更加糟糕：阿拉里克仍然是个虔诚的基督徒，他下令不准亵渎教堂或宗教建筑，同时要求不得追杀逃入教堂的人。但无论如何，劫掠仍是劫掠，哥特人虽然可能已是基督徒，但距离圣徒却还非常遥远；按传统，三天劫掠期结束后，阿拉里克移向南方；不过他最远只到达了科森扎（Cosenza），因为途中他突发高烧——很可能是得了疟疾，并且仅几天后便离开人世；此时他年仅40岁。其继任者将其尸体运至布森德（Busento）河边，筑起河坝使河流暂时改道，之后他们将其领导人葬于河床部位，并摧毁临时水坝，使河水冲回原位将他覆盖。

匈奴人不同于哥特人，他们是货真价实的野蛮人。376年，匈奴人首次撞开进入欧洲的道路，并将东哥特王国摧毁。然而他们和文明世界的第一次接触，并未对其产生什么影响。他们中的绝大多数依然在野外生活和休息，蔑视所有的农业，甚至于蔑视烹饪——可是他们喜欢将生肉放到自己大腿和坐骑侧面之间来软化。对于衣着，他们喜欢用野生啮齿类动物的皮毛不加处理直接缝制而成的束腰外衣，并穿着这身衣服，从来不脱，直到衣服自行损坏掉落。匈奴人很少下马，甚至连睡觉和吃饭也在马上，马背就是他们的家。阿提拉（Attila）本人便是其民族的典型代表：身材矮小，鼻子扁平，皮肤浅黑，有着小而圆的眼睛，以及相对身体来说过大的头部和蓬乱稀疏的胡须。在即位后短短数年间，他便成为名震整个欧洲的“上帝之鞭”（the scourge of God）：他造成的恐惧前无古人后无来者——拿破仑可能是个例外。

直到452年，阿提拉才率部开始其意大利之旅。威尼托区（Veneto）所有的大城市都被付之一炬，帕维亚（Pavia）和米兰（Milan）则遭到残酷掠夺。阿提拉之后转向南方的罗马，不过他又无缘无故地突然停住了脚步——其中原委一直不为人知。相传是大教皇利奥一世（Leo the Great）平息了这场战乱；他从罗马赶到明乔河（Mincio）岸边（发源于加尔达湖［Lake Garda］）会见阿提拉（具体地点很可能在加尔达鱼水湖镇［Peschiera］附近），并说服他不再前进。[①] 不过事实看起来很难会是如此：异教徒匈奴人不可能仅因尊敬教皇便服从于他，阿提拉定是要求了大量贡品作为回报。此外，各种各样的可能性也被提出。阿提拉的部下将所有被其包围的村庄摧毁，导致他们出现了严重的粮荒；并且疾病也在其部队中爆发。与此同时，来自君士坦丁堡的军队也及时到达，这使得当地的帝国力量得到加强。最后，众所周知，阿提拉非常迷信；所以，难道利奥不能使阿提拉想起，阿拉里克如何仅在其洗劫罗马后几周之内便死去，并提出每一个出手对抗圣城罗马的入侵者都会遭受此等命运吗？我们永远无法确定。不过如我们所知，如果这位匈奴王想要通过给罗马以喘息之机，来确保自己能够生存的话，那他就错了。仅仅一年之后，就在与自己成群妻妾中新纳的一位共度新婚之夜时，他因为过于疲劳而突然大出血。在他的生命元气逐渐流失时，整个欧洲也得以再次喘息——尽管这也持续不了多久。

比起哥特人及匈奴人，汪达尔人（Vandals，最后一个给不幸的5世纪带来阴影的伟大野蛮民族）对帝国的直接影响则要小得多；但是他们对地中海世界的影响，却要超过前两者之和。这些日耳曼部落成

---

① 威尔第的歌剧《阿提拉》对这一幕进行了最有趣的描述，尽管这里将教皇利奥被装扮成了“一个罗马老人”——这是因为审查制度的要求。

员狂热地信仰阿里乌斯教派，在大概半个世纪前从匈奴人的铁蹄之下逃向西方；他们于409年入侵了高卢，在将之大部摧毁后，定居于西班牙，直到428年。这一年他们刚刚登基的国王盖塞里克（Gaiseric），决定率领全族人（可能大概一共有18万男人、女人和儿童）穿过地中海前往北非。仅11年后，他便占领了迦太基[①]——帝国在北非海岸的最后一个堡垒，并使之实际上成为一个海盗中心。到此时，他已为自己建立了一支强大的舰队——唯一这样做的蛮族人；特别是在470年左右征服西西里岛后，他成为西地中海地区无可争议的主人。

455年夏初，盖塞里克发动了其最为致命的远征——直接进攻罗马。罗马对此的反应是一片恐慌。年迈的皇帝佩特罗尼乌斯·马克西穆斯（Petronius Maximus）畏缩在宫殿里宣布——其实更像是哀求：号召所有身体健全的男人集合起来保卫帝国，但是又宣布任何想要离开的人都可自由离去。不过他的臣民并没有等待这个许可。已经恐慌的罗马人正将他们的妻儿送离罗马以取得安全，所有通向北部和东部的道路上都挤满了富裕家庭的两轮马车；他们带着所有财产从罗马城蜂拥而出，以期能逃出汪达尔人的魔爪。5月31日，宫廷卫队又爆发叛乱。乱兵肢解了佩特罗尼乌斯，并将其碎尸扔进台伯河。这是半个世纪里蛮族军队第四次兵临罗马城下，但是对教皇利奥来说却是第五次。

长期受难的教皇再一次尽己所能。虽然他完全无力阻止盖塞里克，不过却设法取得了一个承诺：不会有肆意杀戮，不会毁坏建筑——无论公私。在达成此种共识之后，罗马打开了城门，蛮族人由

① 迦太基在公元前146年遭到毁灭后，实际上在将近一个世纪里都处于荒废状态。一直到公元前29年，奥古斯都将这里变为罗马北非行省的首都。

此进入这座不设防的城市。在长达14天的时间里，他们有条不紊且残酷无情地剥光了这座城市的财富：来自教堂的金银饰品，来自宫殿的雕塑，以及犹太教会堂的圣瓶，甚至于朱庇特神庙的铜质镀金屋顶（最少有一半都被掠走）。这一切都被用两轮马车送至奥斯蒂亚（Ostia），并被装上已在那里等候多时的船只运回迦太基。不过不管怎么样，他们遵守了自己的承诺，没有伤害罗马的居民，也没有毁坏罗马的建筑物。这个时候，他们的行为像抢劫犯，而确实不像汪达尔人。

人们可能认为汪达尔人在洗劫罗马之后就会满足。他们错了。在接下来的几年里，汪达尔人又有计划地劫掠了坎帕尼亚地区（Campania），并占领了巴利阿里群岛（Balearic Islands）、科西嘉岛和撒丁岛，接着轮到了西西里，此后他们又额外洗劫了希腊西部海岸。所有这些无法启齿的故事都非常清楚地显示出，西罗马帝国此时已病入膏肓。所以对西罗马帝国末代皇帝罗慕路斯·奥古斯都（Romulus Augustulus）在476年被废黜，我们无需感到惊讶。他被另一个名叫奥多亚塞（Odoacer）① 的日耳曼蛮族首领推翻，此人拒绝承认过去的大部分皇帝，仅认可君士坦丁堡的皇帝芝诺（Zeno）的权威。他对芝诺只有一个要求，就是授予自己贵族头衔。他计划依靠贵族头衔的权力，以皇帝的名义统治意大利。

在五年之前，即471年，一个大概17岁、名叫狄奥多里克（Theodoric）的男孩接替其父，成为东哥特人至高无上的领袖。虽然他在自己童年的10年里接受的正规教育很少，或是没有（这段时间他

---

① 有时候他也被称为奥达塞（Odacer）。他是斯基里人（Scyrian）——一个曾经难解的日耳曼部落（但如今已不再困扰我们）。

一直在君士坦丁堡做人质——据其所说，他将所有的时间都花在了用一个穿孔的金盘做模具来签署自己名字上），但是他却获得了理解拜占庭及其政策的直觉——这在之后的时间里使他获益良多。和其他蛮族领导人一样，他即位后的主要目标是为其人民建立一个永久性的安全家园；为了这个目标，他奉献了此后20年的大部：时而为帝国而战，时而与帝国对抗；交替使用争辩、讨价还价，威胁及哄骗等手段，一直到他和皇帝芝诺在公元487年的某个时间达成协议。狄奥多里克将带领全族人前往意大利，去推翻奥多亚塞的统治，然后作为隶属于帝国的东哥特王国统治那片土地。所以在488年初，大迁移发生：男人、女人和孩子，携带着他们的马匹、驮兽、牛羊，缓慢且喧闹地穿过欧洲中央大平原，去寻找新鲜绿色且更加和平的牧场。

奥多亚塞展开反击，但是其军队无法与哥特人相抗衡。他退至拉韦纳，狄奥多里克将其围困在那里两年多，直到当地主教安排他们停战。之后两人达成协议，他们联合统治意大利，共享帝国宫殿。在当时的情况下，这种解决方案使得狄奥多里克看起来非常慷慨，但很快其真实意图便清楚显现——他丝毫不想信守诺言，只是为哄骗敌人，使敌人产生安全的错觉。493年3月15日，狄奥多里克宴请奥多亚塞及其兄弟、儿子和高级官员。宴会上，当客人们已各就其位后，他走上前去挥出了惊人一剑——将奥多亚塞的身体从锁骨劈至大腿。其他的客人也被围攻他们的卫兵用类似方法解决。奥多亚塞的妻子则被监禁，最后被饿死在监禁之地；他被送到哥特人那里做人质的儿子则被送给高卢人，之后也被处死。最后，狄奥多里克将本民族传统的皮毛服饰扔到一旁，披上了帝国的紫袍（奥多亚塞从未这样做过），并定居下来统治意大利。

在接下来的33年里，他平和高效地统治着意大利。而其为自己建造的宏伟陵墓（带有半古典半蛮族的特点，至今依然耸立在拉韦纳北郊），很好地象征着他是一位驾驭两个文明世界的巨人。再没有其他日耳曼统治者将自己的王位建立在西罗马帝国的毁灭之上，并拥有像狄奥多里克那样的政治眼光和治国才能。当他于 526 年 8 月 30 日去世时，意大利失去了其在中世纪早期最伟大的统治者——无人可与之相比，直到查理曼（Charlemagne）出场。

狄奥多里克陵墓。拉韦纳，约公元 530 年。

拉韦纳，圣维塔勒教堂：《皇帝查士丁尼》。马赛克，公元 6 世纪。

现在，让我们关注君士坦丁之后拜占庭帝国的皇帝和女皇中最伟大的那位——查士丁尼（Justinian）。他于 482 年出生在色雷斯的一个小村庄，家境贫寒。其叔叔查士丁（Justin）是个粗暴没文化的士兵，之后不知因何被提升为一支精锐宫廷卫队的指挥官。518 年，查士丁于君士坦丁堡接替 87 岁的阿纳斯塔修斯出任皇帝——此时查士丁尼已经 36 岁；查士丁得到皇位的详细方法至今不为人知，不过可以确定发生了某种形式的政变；而他的侄子也很有可能参与其中。

查士丁尼定是在其孩童时代便来到了君士坦丁堡，否则他就不会作为一个广受教育和富有文化的人而著称——他不可能在首都之外成为这样的人。他叔叔也因为他出众的智慧而对他言听计从，并且允许其作为“幕后掌权人”（*éminence grise*）在实际上管理帝国。他如此工作了两三年，期间遇到了他未来的妻子狄奥多拉（Theodora）。说得婉转些，狄奥多拉并不是一个理想的配偶；她的父亲是竞技场（Hippodrome）的训熊师，母亲则是马戏团演员。而她也并没很努力地去改变自己，以增加被上流社会接纳的可能性。同时代的普罗科匹厄斯（Procopius）在其著作《秘史》（*Secret History*）中，对狄奥多拉的堕落生活进行了描述；也许人们认为，其中的描述多是添油加醋的，① 不过也不用太过怀疑，她至少在年轻时确实如此，就像我们的祖辈可能说的，她也总不会比该有的样子好。

虽然狄奥多拉在引起查士丁尼的注意时已有35岁，但她依旧聪慧美丽，还具有早年所没有的智慧和成熟。摆在他们面前的婚姻障碍很快便被他们克服。接着在525年，牧首（Patriarch）② 宣布查士丁尼和狄奥多拉结为夫妇；仅仅两年之后，查士丁离开人世，夫妇两人发现他们共同成为罗马帝国的最高统治者。强调“共同”两字非常重要，因为狄奥多拉不仅只是皇后。其丈夫坚持她可以和其共同统治，以他的名义做决定，参与最高级别的国家大事。她未来在公众舞台上的表现与过去完全不同。

今天，查士丁尼给人们留下的最深刻的印象是：他留下了许多壮观的纪念建筑：他用5年时间（532—537年）建成了第三圣索菲亚大

① 这里只举一个例子：“经常是在剧院……她展开四肢躺在地上。接着会有某些奴隶将大麦籽撒在她的私密之处，然后用嘴猛烈快速地一个接一个嗆起麦籽并吞下它们……”

② 早在六个世纪之前，牧首这一称号便被授给了基督教王国五个主要教区的主教：罗马、亚历山大、安条克、君士坦丁堡和耶路撒冷（罗马主教后来成为教皇，很少用这个称号）。在距今更近的年代里，这一称号也被授给了某些自治东正教会的首领（俄罗斯、塞尔维亚、保加利亚以及格鲁吉亚），并且也授给了威尼斯主教，这是鉴于威尼斯和拜占庭在历史上的盟友关系。

教堂——第一和第二圣索菲亚大教堂都毁于大火。[①] 他对罗马法的重新编纂也令人印象深刻：移除所有冲突之处，确定基督教学说独一无二的权威地位，用清晰简洁取代了无序混乱。然而对我们而言，他最伟大的成就是收复了帝国的西部。对他来说，罗马帝国没有罗马很明显非常荒谬。而他很幸运，拥有拜占庭历史上最富才华的将军作为实现自己目的的工具——一个和他相似的罗马化色雷斯人，名叫贝利萨留（Belisarius）。

拜占庭首都：伊斯坦布尔，圣索菲亚大教堂圆柱柱顶，约公元 535 年。

位于北非的汪达尔王国成为查士丁尼首个选中要征服的领地。贝利萨留收到命令后，在 533 年夏至日前后，率领远征军启航：5000 骑兵部队和 1 万步兵部队，其中最少有一半为蛮族雇佣军——而其大部分是匈奴人；这支部队由 500 艘运输船运送，并由 92 艘“高速大帆船”（*dromons*）型战船护航。[②] 汪达尔国王盖利默（Gelimer）率部猛烈抵抗，但是凶猛可怕且执着的匈奴骑兵对他们来说太过强大。在两场不同的战斗中，都是这些骑兵的冲锋陷阵迫使汪达尔人调头逃跑。于是，533 年 9 月 15 日星期天，贝利萨留正式进入迦太基。不过盖利默并没有立刻投降。在深冬的三个月里，他一直在山中游荡。534 年 1 月，人们获得了盖利

① 此前，他已经在竞技场之南建起了美得令人陶醉的圣塞吉乌斯（St Sergius）和圣巴故斯（St Bacchus）小教堂。这些教堂为他在拉韦纳高贵的圣维塔勒（S. Vitale）教堂提供了榜样。现在，这些教堂成为清真寺，以小圣索菲亚（*Küçük Ayasofya Camii*）之名为人所知。

② 这种战舰是拜占庭所有战舰中最小的一种，设计得极为轻便快速，共有大概 20 名划船手。

默投降的消息。他要求得到一块海绵、一条面包和一把里拉琴。其信使解释说盖利默的第一个要求是因为他眼睛疼痛；第二个要求则是因为他在连续数周食用农民未发酵的生面团后，对真正的面包充满了渴望；第三个要求则显示出他在躲藏之时，致力于创造挽歌悲叹自己最近的不幸，并且渴望进行演奏。但一直要到 5 月，盖利默才真正投降。

此后便轮到了意大利的东哥特人。贝利萨留率领着一支规模缩小得令人惊讶的部队（大概一共7500人，可再一次包含大量的匈奴人），直接航向西西里并不战而夺之。接着在 536 年晚春，他率军穿过墨西拿海峡（Strait of Messina）扑上半岛。登陆后，他一直没有遇到抵抗，直到抵达那不勒斯——最后也宣布投降，并为其英勇付出了沉重代价。谋杀、掠夺和抢劫随之而来，其程度用当时的标准衡量也足够骇人听闻；特别是异教徒匈奴人，他们对烧毁有受害者避难的教堂毫不自责。消息迅速传至罗马，教皇西尔维乌斯（Silverius）急忙邀请贝利萨留占领这座城市。于是在 536 年 12 月 9 日，拜占庭军队穿过圣若望拉特兰宫附近的阿西纳拉大门（Porta Asinaria）进入罗马；而与此同时，哥特人则穿过弗拉米尼亚大门（porta Flaminia）匆匆逃离。

但如果西尔维乌斯希望罗马可以避免另一次的围攻，那么他便大失所望。贝利萨留非常清楚哥特人很快便会回来，于是他立即着手准备防御。幸好他进行了准备，因为哥特人在 537 年 3 月就已兵临罗马城下。随之而来的围攻持续了一年零九天——从切断供水渠道开始，罗马因此遭受了沉重的打击，历经千余年都无法恢复。如果不是来自君士坦丁堡的强大援军及时赶到，这场围攻还会持续更久。即便到此时，战斗还是无法结束。哥特人断然拒绝放弃，所以战火在整个半岛又蔓延了三年，一个接着一个的地方被劫掠、被摧毁。

这场战争结束的方式，在很多人看来反映了贝利萨留毫无信誉。他慢慢收紧对拉韦纳（哥特人此时的首都，对他们而言相当于拜占庭之于罗马帝国）的包围圈；540 年春，他完成对拉韦纳的包围——他率军在陆上封锁，帝国海军则封锁海面。某天晚上，来自哥特宫廷的密使带给贝利萨留一个特别建议：如果贝利萨留宣布自己为西罗马帝国皇帝，哥特人会很乐意将王冠交给他。多数帝国将军都会抓住这样的机会：他很可能会获得其大批军队的支持，而再加上哥特人的支持，他就可以轻松应对来自君士坦丁堡的惩罚远征军。贝利萨留的忠诚从未动摇，不过他也敏锐地意识到，这是一个迅速获胜结束战争的机会。他立即表示愿意接受这个提议，于是帝国军队进入了拉韦纳。

哥特的主要贵族在自己被关入监狱时，一定对这位背信弃义的将军极度怨恨。另一方面，贝利萨留则毫不动摇。哥特人也背弃过他们的建议。难道不就是这些人起来反对帝国权威的吗？战争就是战争，虽然贝利萨留以如此方式将拉韦纳占领，但他也避免了双方无尽的杀戮。540 年 5 月，贝利萨留带着将受到盛情欢迎的预期返回帝都；我们可以确定，对他如此出色地完成任务，有的只会是满意。在收复北非后，皇帝奖励了他一次壮丽的凯旋式；对于这次将整个意大利半岛（包括拉韦纳以及罗马）都纳入查士丁尼手中的功劳，他又可以期待什么呢？

可叹的是，当贝利萨留回到君士坦丁堡时，却无法感受到任何胜利的气氛。查士丁尼及其臣民都没有任何心情庆祝。因为在 540 年 6 月，即仅在攻陷拉韦纳几个星期之后，波斯国王考斯罗（Chosroes）便率部入侵帝国；他将安条克城摧毁，屠杀了城中大多数居民，并将幸存者抓回去做奴隶。急需将军的地方不是竞技场，而是东方前线。

很幸运，考斯罗的到来为的是抢劫而非征服。在得到 5000 磅黄金和之后每年向其支付500磅黄金的承诺后，他兴高采烈地返回了波斯。虽然如此，贝利萨留却从未获得应得之奖赏。非常不幸，他冒犯了女皇狄奥多拉。542年，在查士丁尼感染瘟疫，于生死间挣扎时，狄奥多拉剥夺了贝利萨留对东部的指挥权；将他高贵的家族放逐，并将其积累的财富没收。当第二年皇帝重新掌权后，他在一定程度上赦免了贝利萨留，并重新给了他信任。尽管贝利萨留此时还不到40岁，但他已几经风雨变得明智，之后他在544年5月返回意大利。

贝利萨留发现，他过去在意大利做的所有工作全部白费。查士丁尼已经获悉哥特人曾支持贝利萨留称王，他感到非常恐惧，唯恐继任的指挥官会经受不住同样的诱惑。于是他将意大利最少委托给了五个次级将领管理，并给予他们完全一样的权利。这些将军很干脆地合伙瓜分了意大利的领土，各自安顿好后，接着便开始劫掠他们的领地。在短短数周内，拜占庭军队便完全堕落。这为一个哥特人的崛起扫清了道路。他是继伟大的狄奥多里克之后最富有魅力的一位哥特人领袖。此人名叫巴杜伊拉（Baduila），这是他治下发行的每一个硬币刻的名字，不过即使是在他有生之年，其众所周知的名字也是托提拉（Totila），而这也是他在历史上被流传下来的名字。

托提拉在544年①就任哥特人国王。此时他刚刚二十出头，不过却少年老成。他从未忘记其大多数臣民是意大利人而非哥特人。在狄奥多里克和其后继者统治时期，意大利人和哥特人之间的关系非常亲密和诚挚；不过在贝利萨留取得胜利后，意大利贵族便将赌注压在了帝国身上。而意大利社会的下层（包括中产阶级、城市无产者和农民），都被托提拉这个年轻的统治者所吸引。托提拉向他们承诺，定会结束拜占庭的压迫。奴隶将得到解放，大地产将被取消，并重新分

① 原文如此，疑为541年。——译者注

配土地；他们所交的税收，将不会再被用来维持巨大而堕落的宫廷，不会被用来建造1000英里之外的广大宫殿，或者被作为保护费交给意大利人听都没有听说过的遥远蛮族部落。这使得托提拉立刻在人们中赢得威信，获得了大量的支持。在三年之内，他便在实质上将整个半岛掌握在自己手中。到 544 年 1 月，躲在各式各样防御阵地中的拜占庭将军们直接放弃抵抗。他们恭敬地去信告知皇帝，他们已经无法再保卫帝国在意大利的事业。而几乎可以肯定，正是他们的信，促使皇帝决定将贝利萨留派回意大利。

贝利萨留做了所有可能做的。然而他马上便亲眼看到了几支帝国军队的叛变——他们中的大多数已整整一年都没有收到过军饷；同时他也意识到，要不了多久，哥特人（人口的绝大多数）便会主动地反对帝国。而贝利萨留依靠其军队，只能保持住帝国在意大利的据点，毫无重新征服整个半岛的希望。在 545 年 5 月，他给皇帝写了一封私人信件：

> 陛下，您一定已经非常清楚，您军队最主要的部分都已经加入敌军，在敌人的军旗下服务。如果所必须做的仅仅是将贝利萨留派到意大利，那么您对战争的准备将是完善的。但是如果您想打败敌人，就必须做得更多；因为一个没有自己军官和军队的将军什么都不是。所以首先要做的，也是最重要的，就是您必须派出我的护卫队，既包括骑兵也包括步兵；其次，是派来大量的匈奴人和其他蛮族人；第三，所有部队的军饷也必须及时发放。

但是君士坦丁堡没有作出任何回复。在之后的一年里，托提拉经过另一次的长时围攻将罗马占领。他立即向皇帝派出使者建议和平，提出以狄奥多里克统治时的旧分配方式为基础。但是查士丁尼却拒绝倾听这一提议。如果同意，那就意味着，进行了10年的战斗将被一笔勾销；而这不仅意味着承认他的军队战败，还意味着承认自己最珍视之抱负的失败。但是另一方面，他也没有给予自己的将军所需要的支持。于是意大利的情况一步步恶化，几乎到了无子可动的死棋地步。[①] 公元549年，受挫失意且理想破灭的贝利萨留被命令返回。

他发现皇帝极度沮丧。狄奥多拉在几个月前死于癌症，她的丈夫在余生中一直为她哀痛。皇帝还要面对大量棘手的神学危机，这一类产生于拜占庭的危机经常伴随着不幸。不过与此同时，他仍然决定重新征服意大利，只是无法给予此事足够的关注。直到551年，他受到一个来自意大利半岛的消息的刺激，才最终展开行动。托提拉筹划全面恢复罗马圆形竞技场的传统活动，并决定亲自在皇家包厢担任主持。与此同时，托提拉的舰队则在劫掠意大利和西西里，并在最近满载抢来的货物回到罗马。这种双重侮辱太糟糕了。查士丁尼最后决定全力以赴。我们无法确定他是否提议过让贝利萨留来指挥第三次远征，因为这样的提议没有在任何地方得到记录；不过无论如何，这个提议还是很可能会被拒绝。贝利萨留已经受够了。于是皇帝选择了自己的嫡堂兄杰曼努斯（Germanus），不过杰曼努斯却在启程前夕因发烧去世。皇帝做出的第二个选择更加出人意料：一个七十多岁的名叫纳尔塞斯（Narses）的亚美尼亚老内侍。

纳尔塞斯不是战士，他一生的大部分时间都在皇宫度过。其间他升任为帝国禁卫军指挥官，但这更多的是一个内务任命而非军事任命。尽管如此，查士丁尼还是在公元538年将他派往意大利。表面

---

① 皇帝对贝利萨留的态度经常矛盾。嫉妒在其中起作用，怀疑也绝对起作用。尽管这位将军的忠诚有着无数的证据，但是查士丁尼却从来没有真正相信过他。罗伯特·格雷夫斯（Robert Graves）的小说《贝利萨留伯爵》就着重关注了两人的这种关系。（这部小说非常值得一读，因为它对此颇有独到见解。）

上，他的使命是率领一支主力部队去增援在罗马遭受哥特人围攻的拜占庭军队，而实际上则是监视贝利萨留。贝利萨留的年轻、卓越和毫不掩饰的抱负，使皇帝感到非常不安。在意大利，纳尔塞斯显现出自己是一个一流的组织者，有着坚强的意志和决心；13 年之后，他依然精力充沛、勇猛果敢。他也比其他任何人都更要了解他的皇帝，所以他很轻松就说服皇帝派给他比派给杰曼努斯要多的部队：至少有 35000 人，其中大部分是蛮族部队，不过也包含了一部分的波斯战俘——最近与考斯罗的战争中的俘虏。

直到 552 年初夏，纳尔塞斯才开始进军意大利；由于依然缺少船只运送军队，所以他只能选择陆路。纳尔塞斯沿着上亚得里亚海前进。他首先抵达拉韦纳，给当地驻军发放了已积欠很久的军饷。之后他继续南进，穿过亚平宁山脉（Apennines）并沿着弗拉米尼亚大道进军罗马。托提拉则沿着同一条道路北进堵截他。双方在小村庄塔基尼（Taginae）附近相遇，这场战斗决定了整场战争。哥特军队被逐渐包抄，并被击败，他们最终在夜幕降临时战败逃跑。托提拉身受重伤，尽管他和余下的军队一起逃走，但仅仅几个小时后，还是因伤而死。

哥特人已毫无希望，但他们却没有投降。他们一致赞成由托提拉最勇猛的将军德亚（Teia）继位，并继续战斗。与此同时，纳尔塞斯则继续南行追击。一座接一座城市向这位征服者打开了城门，罗马也在经过短暂的围攻后被占领——这已经是罗马自查士丁尼统治以来第五次更换主人了，但是这位内侍坚持继续追击。纳尔塞斯获悉托提拉在那不勒斯海湾的库迈（Cumae）积攒了数额巨大的财宝和金银锭，于是他决定在那些财富被偷偷运走之前将它控制。不过相应地，德亚也决定阻止他。于是在这一年的 10 月末，两支军队在萨诺河谷（Sarno valley）——距已被人们遗忘很久的庞贝（Pempeii）大约一到两英里，最后一次相遇。战斗中，德亚被一支标枪射中倒下，但是甚至在所有的人都看到德亚被钉在长矛上高举起来的头颅后，他的军队仍然在继续战斗，直到第二天夜晚。根据之后签订条约的相关条款，哥特人被迫承诺离开意大利，并且以后不再参加与帝国对抗的战争。查士丁尼最宏大的抱负最终得以实现。

历史上几乎再没有哪场战役像纳尔塞斯指挥的那样快速且具有决定性意义——他作为一个 75 岁高龄的将军取得成功，自然也不会有宠信阉宦而误国的议论了。然而几乎令人难以置信的是，就在纳尔塞斯这位高龄的亚美尼亚人率领其军队于 552 年春季进入意大利的同时，另一支规模较小的拜占庭远征军，也在另一位更老的将军利比里奥（Liberius）的率领下登陆西班牙。有关他的记录显示，在 60 年前——也就是狄奥多里克时代，他就是意大利禁卫军长官，所以利比里奥的年龄在此时已不可能低于 85 岁。

而此时西班牙正由西哥特人牢牢控制。416 年，正当其他一些蛮族部落衰弱时，西哥特人首次来到西班牙。418 年，他们和罗马签订条约，同意承认帝国的权威。形势因此与狄奥多里克治下的意大利非常相似：过着舒适庄园生活的罗马贵族地主，完全满足于他们的现状；而这无疑要感谢他们和君士坦丁堡之间的遥远距离——这使得帝国几乎无法干预他们。对于他们和其哥特主人来说，533 年贝利萨留从汪达尔人手中收复北非地区，是帝国风暴即将来临的第一次警告；接着到第二年，贝利萨留便驱逐了赛特（Septem，现在的休达［Ceuta］）港口的西哥特守备队；547 年，西哥特国王西奥迪斯（Theodis）试图将之夺回，不过最终却以灾难告终。西奥迪斯抗议说罗马人背信弃义，在礼拜日发起攻击，因为此时他正在教堂礼拜，但这也改变不了其军队被歼灭的事实。接着没过多久，他本人便遇刺身亡。

在这之后的551年，西奥迪斯之后第二位继承王位的阿吉拉（Agila），发现自己要面对由自己亲戚阿西纳吉尔德（Athenagild）领导的一场叛乱。阿西纳吉尔德请求帝国皇帝援助，而这正是查士丁尼一直在等的大好机会。查士丁尼命令利比里奥率领从纳尔塞斯那里分出的一支大概最多一两千人的小部队前往西班牙。他们几乎没有遇到什么像样的抵抗，因为西哥特人的军队正在内讧。之后不久，利比里奥便非常有效地控制了巴伦西亚（Valencia）到加的斯一线，其中包括科尔多瓦（Cordoba）在内的整个南部地区。553年，国王阿吉拉被其军队谋杀，于是阿西纳吉尔德顺利地戴上了王冠。

如果这位新国王同意以帝国封臣身份统治，一切都将非常完美。然而他却从未有过这样的意图。他明白无误地告诉利比里奥，希望利比里奥率军在方便时尽早撤离西班牙。老人基本上同意了阿西纳吉尔德的要求，不过很明显他既是一个优秀的将军，又是一个优秀的外交家。他逐渐说服阿西纳吉尔德进行谈判；最终两人达成谅解，皇帝可以保留其已征服的领地。但这些领地的任何一个都没有足够的士兵守卫，另外非常危险的是，帝国军队的交通线过于漫长。这一切都迫使查士丁尼认识到这样一个事实，即伊比利亚半岛上超过80%的土地都不在其控制之下。不过另一方面，查士丁尼保留了巴利阿里群岛，再加上科西嘉和撒丁岛（分别由贝利萨留和纳尔塞斯收复）这使其在西地中海地区有了一个牢固的基地。查士丁尼有了这个基地就能够自夸地说，其帝国此时又一次从黑海一直延伸到了大西洋。

从技术上来讲的确如此，不过西哥特人继续昌盛。定都托莱多（Toledo）后，阿西纳吉尔德和其继任者通过一系列胜利的战役，使他们的权威扩张到越来越多的地区；最后在7世纪纪初，帝国以卡塔赫纳为中心的最后一块飞地也为他们吞并。到这一世纪末，在过去的

300年里西班牙典型的罗马人和哥特人两大社群并存的现象，也同样不再存在。到700年，定居在伊比利亚半岛的哥特民族已相对统一。然而在进入新世纪还不到十年时，他们又要面对一个新的可怕的敌人。

查士丁尼被认为是最后一位拉丁语比希腊语说得好的拜占庭皇帝，虽然两种语言他都说得很流利。在君士坦丁大帝将帝国中心转移到希腊世界的2个世纪后，帝国已经完全希腊化。自奥古斯都建立罗马帝国以来，它一直包含拉丁和希腊两个文明；而随着时间的流逝，这两个文明又逐渐分道扬镳，并遵循各自不同的方式发展。例如，希腊人避免了最严重的蛮族入侵，便很快在学识和大众教养方面更胜拉丁人一筹，具有了巨大的优越性。但他们在争论方面的热情使东正教一直处于动乱之中，并导致了几种异端学说的出现；其后的牧首即使仍然承认教皇的至高无上，也承认得越来越不情愿了。拜占庭帝国几乎是基督教世界历史上最具宗教性的东方国家，除了教皇国以外。在公元4世纪之时，尼斯的圣格列高利（St Gregory of Nyssa）就写道：

> 如果你向别人要钱，他会给你讲一堆关于受生和自生的哲理；如果你询问一块面包的价钱，他将回复道：圣父更伟大，圣子低他一等；或者当你询问浴室是否准备好时，你得到的回答是圣子成于无。

几个世纪后，这种趋势仍然没有任何衰弱的迹象；事实上可以认为如果没有它，拜占庭未必能发展出地中海世界众所周知的最高深的宗教艺术。他们的艺术家被命令去描绘上帝的精神：可能是高难度的要求，但在他们的圣像、马赛克和壁画上，上帝的精神反复显现。

查士丁尼统治下的地中海世界与我们所了解的那些1世纪和2世纪皇帝治下的世界大相径庭：是君士坦丁大帝和蛮族入侵造成了这种差异。虽然大多数拜占庭人都不会赞同这种观点，但他们的罗马帝国与奥古斯都及其继承者的帝国，几乎没有任何共通点。从罗马帝国自身而言，自从东西两部分分离之后，罗马的力量和权力也就被分割了。君士坦丁堡虽有其地理优势，但从未像罗马那样统治过西地中海世界。这片“中央之海”和环绕它的土地再未屈服于一种单一的力量；我们不再称地中海为罗马的内湖，甚至在查士丁尼重新征服意大利之后，它也仍然不再是“我们的海”。即使6世纪时还能就这个问题做含糊的宣言，一切将很快发生急剧的改变。

第五章　伊斯兰教

对基督教世界而言，直到7世纪中叶之前，阿拉伯地区依然是一片未知之地。这片土地遥远而荒凉，对久经世故的西方商人来说，没有任何出产物具备吸引力；它没有对文明做出任何贡献，而且似乎永远也不会。人们对阿拉伯人的了解，只限于他们可能比野蛮人稍好些；在周期性爆发的部落战争中激烈地自相残杀，甚至殃及无辜的鲁莽旅行者；而且他们几乎从未尝试过统一，或甚至建立一个稳定的政府。除少数散布于海岸和麦地那（Medina）的犹太殖民地，以及位于也门（Yemen）的一个小型基督教社团外，阿拉伯地区的大多数居民信仰一种原始多神教。在他们的商业中心麦加（Mecca）城中，这种多神教由于某种原因似乎以一块黑色巨石克尔白（Kaaba）为中心，这块巨石耸立在他们的主要神庙中。他们对外部世界没有丝毫兴趣，当然也不会对外界造成任何影响，或产生威胁。

转眼间，所有的一切都发生改变。622年9月，先知穆罕默德和几位追随者逃离麦加城，来到友好的麦地那，这标志着整个穆斯林时代的开始。仅在五年后，即633年①，他们便展现出前所未有的纪律和对目标的执着，并因此让他们的受害者大吃一惊：穆罕默德的追随者突然冲出阿拉伯半岛。一年后，一支阿拉伯军队穿过沙漠，并在耶尔穆克河（Yarmuk）畔击败了拜占庭帝国皇帝希拉克略（Heraclius）。三年后，他们占领了大马士革，五年后控制耶路撒冷（Jerusalem），

① 原文如此，疑为627年，或前面改为11年。——译者注

八年后，他们便统治了整个叙利亚、巴勒斯坦及埃及地区。在20年间，远到阿姆河（Oxus）的整个波斯帝国都屈服在阿拉伯人的剑下。同样在阿拉伯人崛起后的30年内，阿富汗（Afghanistan）和旁遮普邦的大部分也落入了阿拉伯人之手。之后经过短暂的休整，征服者又把他们的目光投向了西方。拜占庭帝国已被证明是一根难啃的骨头。他们在小亚细亚地区毫无进展，于是沿着地中海南岸更狭长但更容易的路线前进。从639年到641年，他们只用了两年时间便征服了埃及。在这之后他们便放慢了步伐，部分是因为被征服后的埃及行政管理出现了诸多问题，没有当地人（如科普特人［Copts］和犹太人、萨尔马特人和希腊人等）的帮助和经验，至今仍然不擅此道的阿拉伯人根本无法进行有效统治。

因此，直到7世纪末，阿拉伯人才抵达大西洋；直到711年，他们才准备穿越直布罗陀海峡进入西班牙。但到732年，即他们涌出其沙漠故乡还不到100年，他们已经成功穿越了比利牛斯山（Pyrenees），并按惯例向离巴黎只有150英里远的图尔（Tour）逼近。法兰克国王查理·马特（Charles Martel）最终在一场交战中将其阻止。这些都激发吉本写出了他最著名的关于溃败的想象之一：

> 一条凯旋的行军列队从直布罗陀岬（Rock of Gibraltar）到卢瓦尔河（Loire）岸边已经绵延了一千多英里。重复同样的空间距离，等于把萨拉森人（Saracens）运到波兰边界和苏格兰高地。莱茵河比尼罗河或幼发拉底河（Euphrates）更容易穿越，而且阿拉伯军队完全可以在不发动海战的情况长驱直入泰晤士河口（Thames）。若果真如此，牛津大学现在肯定在解读《古兰经》。而学生们可能要去证明受过割礼的人是怎样的圣洁，以及穆罕默德启示录的真理性了。

现代历史学家们很快指出，当时的阿拉伯历史学家几乎没有提及图尔之战，在当时它只是一段无意义的小插曲而已。这些作家的证据强烈表明，与查理·马特遭遇的阿拉伯人只是一支突击队，后者脱离主力部队，冒进了数百英里。而所谓的战役实际上只是一场时间延长的前哨战。无论如何，瞥一下地图就会明白，穆斯林对欧洲的真正威胁来自东方。阿拉伯人的军队已经沿着一条更有效的路线扫荡了黎凡特。我们要感谢674－678年在位的君士坦丁四世（Constantine IV）与717－718年在位的利奥三世（Leo III）统治下的君士坦丁堡的顽强守卫者，而不是查理和法兰克人，是前者为我们保存了东西方的基督教王国。

然而，历史上再没出现过如此戏剧性的征服传奇，在不到100年的时间内，阿拉伯人缔造了一个从喜马拉雅山（Himalayas）一直延伸到比利牛斯山的帝国。对这种现象的通常解释是，阿拉伯人被一股狂热的宗教热情所驱使，在某种程度上他们的确如此。然而有必要记住，这种热情基本上与传教热忱无关。穆斯林统治者从未视自己为负有神圣使命的世界征服者。《古兰经》允许自卫的战争，但不能把战争的借口神圣化。而且，它清楚表明，在与犹太教及基督教相关的地区，不可强制人们改变自己的宗教信仰；这些人们也是一神论者——“圣书之民”（peoples of the Book），也都有自己完美正当的启示。

伊斯兰教带来的最大改变是兄弟关系及统一的意识。过去，不同的阿拉伯部落间经常相互攻击；而现在，所有人都是为真主（Allah）服务的仆人，是同一的。这反过来又让他们无比自信。他们完全相信真主与其同在；虽然在战场上倒下是神的意志，但却会立刻在天堂得到奖励——必须承认，那是最令人感官愉快的天堂；其承诺的乐趣要远比基督教版本迷人。另一方面，在这个世界中，他们也非常乐于接受其以前完全不知的严厉纪律，以及不容置疑的顺从——外在表现就是禁酒和烈性饮料，周期性斋戒和一日五次的祷告仪式。

这种宗教的创建者穆罕默德从未指挥过他们作战。穆罕默德出身卑微，生于570年前后；早在儿时便成了孤儿，最终和一个比他大很多的富有寡妇结婚。他既是一位机敏且富有远见的政治家，又是一个富有想象力的神秘主义者，类似的人物极其少见。其早期布道的第一要义便是世间唯有一神，其次则是完全服从（islam——顺从）神的意志对人类最为重要。这些信条传遍了阿拉伯内外，不过并非伊斯兰教的原创——犹太教和基督教已将之传诵了数个世纪。可对于第一次听到的绝大多数人来说，却似乎就是新的，穆罕默德的天赋使之在被呈现时焕然一新：他以简朴的形式和箴言表达，并利用沙漠传说片段和近乎音乐般娓娓动人的演说口才，所有这些都在穆罕默德死后被收集整理为启示录——《古兰经》(*Koran*)。穆罕默德虽然明确地把自己定位为（因袭某些传统再加以改良的）改革者而非革命者，但他还是以非常巧妙的方式使自己的名字与所宣扬的教义融为一体：他并没有通过将自己归为神（如同耶稣基督）来实现自己的目的，而是依靠把自己视为史上最伟大的（也是最后一个）先知来实现；同时，他把之前的许多先驱——包括耶稣，都归为了先知。

然而做先知可不是做神学家，所以穆罕默德与基督教徒（他们的土地很快便遭到了穆罕默德追随者的蹂躏）之间最惊人的不同，就是他对神学思辨毫无兴趣。他不需要对一些深奥教条进行辩论（希腊人喜欢这样），穆罕默德坚持的是：真理也好，谎言也好，都无法得到证实。所以伊斯兰教，正如福斯特（E. M. Forster）所说："像扔掉无用木材一样将之全部扔掉，因为这只会让真正信仰神的人离去。"更为重要的是社会中人们的生活习惯：支持正义，同情同胞，保证公正合理地分配财产。穆罕默德拥有足够的宗教热情，但却从不狂热。和耶稣一样，他来到世间为的是满足而不是毁灭。所以他完全理解周围的人，并总是小心不将他们推到他们不想去的地方。举个例子来说，穆罕默德知道他们绝无可能放弃一夫多妻制，所以就接受了它，事实上，他自己也在第一任妻子去世后，又娶了好几个妻子；奴隶制是阿拉伯人生活的另一个主要部分，对此他也默认了；他甚至准备向旧泛神论宗教妥协。早在624年，他便命令教徒在祈祷时应该朝向麦加的克尔白，而不再是他先前喜欢的耶路撒冷。另一方面，他也从未停止强调那条全新且显著的教义：任何人死后都无法避免的神圣审判。似乎他对地狱痛苦的描述，常比对天堂的描述更加生动。这种对报应的恐惧，在他团结其追随者进而组成政治国家时，被充分证明非常有效。

穆罕默德胜利返回麦加，接着便因热病于632年6月8日在那里去世。他对自己人民在宗教和政治方面的领导权，传给了他的老朋友——其最信任的助手阿布·巴卡尔（Abu-Bakr）。阿布·巴卡尔使用了哈里发（caliph）这个称号——在字面上，哈里发意为先知的代表。第二年，穆斯林军队开始出征。但是阿布·巴卡尔已经衰老，他在634年去世（据说刚好是8月攻占大马士革那天）；接着在第二任哈里发奥马尔（Omar）的引领下，他们赢得了最初的一系列历史性胜利。从某些特殊方面来说，运气站到了阿拉伯人一边。埃及、北非、叙利亚和巴勒斯坦地区信仰基督教的原住民，并非真心忠于君士坦丁堡的帝国。君士坦丁堡代表着希腊罗马文化，而且对异教缺乏宽容同情，并导致对他们的周期性迫害。而对于他们中的大部分来说，穆斯林由和其一样的闪米特人组成；而且其宣扬的严格一神教义，和他们自己的也并非没有相似之处；此外，穆斯林还承诺对所有不同的基督教信仰实行宽容政策。所以和已经被扫荡的旧政权相比，穆斯林反而更受欢迎。

在被穆斯林征服前，北非是拜占庭帝国的一部分，自然也由帝国海军保卫。因此对阿拉伯人来说，这里就是敌方领土，必须予以占领。阿拉伯指挥官阿慕尔·伊本·阿斯（Amr ibn al-As）①，率领4000人于640年入侵埃及。两年半之后，伟大的亚历山大（亚历山大在整个地中海地区最受尊敬，它由马其顿的亚历山大建造；而且在大约6个世纪里，东方基督教的四位牧首之一一直驻扎于此）自愿向阿拉伯人投诚。但此后亚历山大再没有恢复往昔的荣耀。② 阿慕尔从三角洲返回南方后，便修建了要塞城市福斯塔特（al-Fustat）——今天开罗的雏形；其另外一个成就则是清理了从尼罗河向东，一直延伸到过去的拜占庭港口克鲁斯马（Klysma）的运河——在距离现在的苏伊士运河大概1英里的地方，为满载谷物的船只打开了一条从尼罗河谷通向红海和阿拉伯的道路。

穆斯林在其首次征服中并没有舰队，而他们当中也只有少数人曾经见过海。不过他们很快便清楚，如果想要保持住自己的推进势头，就必须熟练掌握驾船和航海技术。正如过去罗马人适当运用希腊人操作其船只一样，他们也在埃及和叙利亚的基督徒中寻找造船工及水手；在这些人的帮助下，阿拉伯人逐步建立起了造船厂；由此开始逐步建立自己强大的战船舰队和商船队，直到能够向拜占庭的海上霸权发起挑战。655年，他们启航劫掠塞浦路斯岛、克里特岛、罗得岛和西西里岛。在拜占庭舰队主力被穆斯林歼灭后，皇帝康斯坦斯二世（Constans II）便在同一年亲自下令放弃利西亚（Lycia）海岸地区。

---

① E. M. 福斯特告诉我们，阿慕尔是"一个管理者，一个令人愉悦的同伴，以及一个富有才华的诗人和伊斯兰教所培育出来的最富魅力的人之一"。他接着告诉我们一个关于阿慕尔临死时躺在床上的有趣故事。"一个朋友对他说：'你经常提到想找到一个快要去世的智者，并问他此时之感想。现在我就想问问你这个问题呀。'阿慕尔回答道：'我现在感觉到好像天堂就在大地之上，而我就在两者之间，通过一个针眼呼吸着。'"

② 不过，认为是穆斯林毁掉了该城的大图书馆，这种观点几乎可以确定是没有任何的根据的。我们对阿慕尔所有的了解都暗示他应极其推崇并善待这座图书馆。

这一定会使人们非常怀疑，地中海海军力量能否再一次和以前一样均衡。好在幸运的是拜占庭人已经研制出了他们最有力的秘密武器——“希腊火”，能够从船首发射出巨大的火舌。真要感谢这种武器，拜占庭帝国才得以对地中海保留了某种程度的控制权。

另外还有一个原因，使阿拉伯人在征服埃及后放慢了自己前进的步伐。任何曾驱车走过从班加西（Benghazi）到的黎波里（Tripoli）这段600多英里路程的人，都会非常清楚地知道，沙漠平淡无奇，道路似乎了无尽头，当然也没有战利品和劫掠机会。这使得阿拉伯军队对此地几乎毫无兴趣。但这些地区也是滋生敌对部落的温床，所以很明显，迟早要承担起征服平定那里的任务。只是由于麦地那发生了政治危机，这个重大决定才被推迟。而倭玛亚帝国（Umayyad Empire）① 的建立，以及随之发生的迁都（政府在661年迁移到大马士革）则使行动时间一推再推。所以直到667年，阿拉伯人的大进军才再次开始，不过三年之后，这次行动的指挥官阿克巴·伊本·纳菲（Okba ibn Nafi）便建造了凯罗万（Kairouan）城堡——今天的突尼斯城（Tunis）；但在更西边，阿克巴·伊本·纳菲遇到了来自拜占庭和基督教柏柏尔人部落的强烈抵抗。直到692年，在哈里发阿卜杜勒-马立克（Caliph Abdul-Malik）派出了另外一支4万人的部队后，他们才能够逐步重新开始。尽管柏柏尔人在一位名叫卡西娜（Kahina）的神秘祭司女王（赖德·哈格德［Rider Haggard］② 的小说里的人物）领导下发动了暴动，而且同时拜占庭军队也发动水路两栖攻击，迦太基还是在693年陷落。柏柏尔人和拜占庭人最终都被阿

① 中世纪时期最早、最伟大的两个阿拉伯帝国：倭玛亚帝国以大马士革为基地，从661年持续到了750年；以巴格达为基地的阿拔斯王朝，一直维持到1258年蒙古人将其摧毁。

② 1856－1925年，英国探险小说家，代表作有《所罗门王的宝藏》《她》《克娄巴特拉》等。——译者注

拉伯人打退，虽然卡西娜直到701年还在坚持游击战争。胜利后的阿拉伯人没有将迦太基选为该地区首府，因为这座港口城市极易遭到来自海上的攻击。作为代替，他们在突尼斯建立了一个巨大的要塞——此地通过一个内陆湖和海岸相连；这里也是骚扰撒丁岛、西西里岛、塞浦路斯岛和巴利阿里群岛的一个新而强大的桥头堡。对所有这些地方的袭击劫掠（经常以对这些地方短暂的占领告终），一直持续到750年前后，此时拜占庭人的抵抗突然间变得激烈起来，而且如我们将很快看到的，穆斯林世界也发现有其他一些东西需要他们考虑。

从迦太基开始，阿拉伯人再一次大大加快了西进速度，直到从埃及到大西洋的整个海岸都落入他们手中。穆斯林开始能够认真地考虑西班牙：一片比那些他们之前经过长久苦战才能征服的广大地域要富饶肥沃得多的土地，在这里有望得到巨额奖赏。恰好在此时，古老的西哥特王国也即将崩溃。它的国王从理论上来说由选举产生，但这种方法易于产生王位继承纠纷并使野心勃勃的贵族蠢蠢欲动。大型犹太人聚居区域在遭受几年的迫害之后，已经处于起义边缘。这里的经济也遭受了严重破坏。简而言之，西班牙这颗果实已经成熟，可以采摘了。710年，一位名叫塔里夫（Tarif）的阿拉伯军官，率领一支500人的侦察部队，悄悄穿过海峡占领了伊比利亚半岛南部的最顶端——在那里，塔里菲这座城市至今仍然承载着他的名字。之后他们的船只满载战利品返回；由此，穆斯林们树立起了信心。第二年，来自丹吉尔（Tangier）的塔里克·伊本·扎伊德（Tariq ibn Zaid），率领一支9000人的柏柏尔人部队，在被一块巨大岩石遮蔽的地方登陆；他的名字因此流传至今。①

① 这块巨石的阿拉伯名字是 Jebel al-Tariq（意为“塔里克山”），它现在的名字 Gibraltar（直布罗陀）也是由此演变而来。

塔里克胜利的消息迅速传到了他的上级穆萨·伊本·努赛尔（Musa ibn Nusair）那里。穆萨·伊本·努赛尔于712年的6月或者7月，率领18000人抵达半岛——绝大多数是阿拉伯人。他非常慎重地选择了一条与先头部队不同的路线，在阿拉赫西拉斯（Algeciras）登上西班牙半岛；在与塔里克在托莱多会师之前，他攻占了韦尔瓦（Huelva）和塞维利亚（Sevilla）。在之后的一年里，阿拉伯人将大部分的时间都用于巩固胜利果实。714年，穆萨·伊本·努赛尔和塔里克的联军又占领了巴塞罗那，接着他们率军穿过比利牛斯山进入罗讷河谷，并继续前进到阿维尼翁（Avignon）和里昂（Lyon）。他们在那里停住了脚步。穆萨最初的理想是从东方通过君士坦丁堡回到大马士革，而他现在认识到这不太现实。抵抗不断增强，交通线也非常漫长且沿途危机四伏。现在除了返回西班牙外，穆萨已别无选择。而之后他转道返回北非，因为他决心亲自给哈里发做一次汇报。同年冬，他将征服地区的管理权交给在塞维利亚的儿子阿卜杜勒-阿齐兹（Abdul-Aziz），而自己和塔里克则在无数随行人员的陪同下，缓慢却盛况空前地沿着北非海岸返回。他们的队伍中包含着大量的西哥特俘虏和无数的奴隶，更不用说队伍携带的大量黄金、白银和宝石了。他们穿过埃及、巴勒斯坦，最终回到大马士革。但他们运气不佳，支持远征西班牙的哈里发瓦利德（Walid）几乎刚好在他们抵达时去世，而继任者苏莱曼（Süleyman）对他们的行动则令人失望地毫不感兴趣。

穆斯林军队先后于716年、721年和726年三次侵入法国，但他们却从未在那里落脚生根。不过他们也基本完成了自己的任务。西班牙（或者西班牙的大部分）得到了一个阿拉伯名字安达卢斯（al-Andalus），变成了倭玛亚帝国的一部分。此后的西班牙再不复往日的模样。这块土地上开始居住着三群不大相同的人——阿拉伯人、犹太人和基督教徒；他们的种族、宗教、语言、文化都不相同。经过穆斯林750多年的占领，他们不可避免地通过无数种方式相互影响、相互交融——而这对他们都有极大的益处。在绝大部分的时间里（尽管不是全部），他们都和平共存，有时甚至非常亲密。

问题主要出自穆斯林统治阶层内部。穆萨的儿子阿卜杜勒-阿齐兹犯下一个重大错误；他娶了西哥特主要将领罗德里戈（Rodrigo）之女为妻，并深受她的影响，还经其劝说戴上了基督教样式的王冠。这激怒了他的阿拉伯下属，于是他们将其谋杀。此后，这里的统治一片混乱；在之后的40年里，继任安达卢斯总督的最少有21人。总之，要不是一场无人能预测的惊人武装政变，阿拉伯人对西班牙的统治很可能会土崩瓦解。750年，倭玛亚哈里发王朝被推翻，最后一任哈里发麦尔旺二世（Marwan II）被处死，其整个家族也几乎在一场宴会上被屠戮殆尽（这让人回想起两个半世纪之前，东哥特国王狄奥多里克对付奥多塞亚一家老小之事）。接着，一个新的王朝诞生——定都于巴格达的阿拔斯（Abbasids）王朝。仅有一个倭玛亚王子——19岁的阿卜杜勒-拉赫曼（Abdul-Rahman）设法逃脱。在五年隐姓埋名的流浪生涯里，阿卜杜勒-拉赫曼走过了巴勒斯坦、埃及和北非，并最终于755年登陆西班牙。他发现此时整个西班牙一片混乱，于是毫不费力地成为这个地区的统治者。第二年，年仅26岁的阿卜杜勒-拉赫曼便正式宣布成为安达卢斯的埃米尔（Emir）。他建立的王朝又统治了穆斯林西班牙将近300年之久。

不过阿卜杜勒-拉赫曼在西班牙并未受到普遍欢迎。一系列的叛乱爆发，其中778年爆发的叛乱演变为了一场非常严重的危机。其间，一部分西班牙反叛者说服法兰克国王查理大帝（Charles the great，即查理曼）率军进入西班牙，以对抗阿卜杜勒-拉赫曼。查理曼迅速占领了潘普洛纳（Pamplona），但在刚开始围攻萨拉戈萨

（Saragossa）时却改变了主意——这对埃米尔来说非常幸运。由于某些原因，查理曼似乎确定这场博弈归根到底并不值得，于是在出现内乱的情况下，他命令部队撤退。这一年的 8 月 15 日，在他穿越比利牛斯山返回的路上，其由布列塔尼侯爵罗兰（Roland，Marquis of Brittany）指挥的后卫部队，在狭窄的龙塞斯瓦列斯（Roncesvalles）关口遭到了一支穆斯林-巴斯克联军的突袭，全军覆没，无一生还。只有罗兰作为西欧文学首批史诗中的英雄名字存留下来。

随后的岁月阿卜杜勒-拉赫曼过得非常平静。他从未成功地强力实现西班牙在政治上的统一，但依然是个英明仁慈的统治者，还很有教养。他改造了自己的首都科尔多瓦（Cordoba），出资建造了一座富丽堂皇的宫殿、一座著名的花园和麦兹基塔（Mezquita）大清真寺——这是他最重要的贡献。麦兹基塔清真寺于 785 年开始建造，建立在之前一座基督教大教堂的旧址上；当彻底完工时，它成为世界上最奢华的清真寺，并一直耸立到了今天。[①] 阿卜杜勒-拉赫曼也是一位著名的诗人，他满含深情地吟诵再也无法看到的故土叙利亚。阿卜杜勒-拉赫曼对艺术的钟爱，被他的第三任继任者——其曾孙阿卜杜勒-拉赫曼二世（Abdul-Rahman II）充分继承。阿卜杜

科尔多瓦：大清真寺（麦兹基塔），约公元 785 年。

① 在 16 世纪早期，一座基督教小教堂——现在是一座大教堂——竖立在了它的中心，这是一件极其可耻的破坏行为。皇帝查理五世在 1526 年看到这一幕时，毫无保留地表达出了他的感想。他对牧师们说：你们在这里所建造的，任何人在任何其他地方都可以建造。但是你们现在所毁坏的，却是世界上独一无二的奇迹！

勒-拉赫曼二世于912—961年在位，其统治持续了几乎半个世纪。他的宫廷中诗人、音乐家和学者众多，他还扩建了其曾祖父所建的清真寺，并且还在哈恩（Jaén）和塞维利亚建造了另外一些清真寺。他从东方进口大量奢侈品，以及一定数量的外国艺术家和工匠；据说他第一个将刺绣艺术介绍进这个国家，并是首个铸造出自己货币的埃米尔。在他统治时期，科尔多瓦可能是欧洲最有文化的城市。940年，最高荣誉到来了：一个来自君士坦丁堡的外交使团拜见了他；他们携带着价值不菲的礼物，并且建议结盟以对付他们共同的敌人阿拔斯王朝。

但是，阿拔斯王朝相当遥远，他们已将首都从大马士革迁至巴格达，并彻底改变了这个哈里发国家的性质。这个国家已经不再是一个地中海帝国，现在它的中心位于亚洲心脏地区，与欧洲或地中海地区的事务几乎没有任何利益牵扯。在接下来的7个世纪里——一直到1453年君士坦丁堡陷落，这个帝国几乎没对西方产生什么影响，对北非和西班牙的穆斯林也基本上置之不理，让他们自力更生。北非的穆斯林们稳步发展着他们的海军力量，到了9世纪中期，他们几乎成了地中海的海上霸王，尽管拜占庭人依然有相当实力与之抗衡，并使他们无法称心地取得想要的东西。事实上，在1867年拜占庭皇帝巴希尔一世（Basil I）即位后，穆斯林只能将他们的大部分力量再一次放在防御之上。

929年，阿卜杜勒-拉赫曼二世接受哈里发的称号。从此之后，穆斯林西班牙便有了自己完整而杰出的哈里发制度，他们再也不用为巴格达的阿拔斯朝廷提供任何服务——哪怕只是口头上的承认。政治上，这个哈里发国家被迫要处理比它理应处理的要多得多的问题。另一方面，直到今天，在艺术和文化上，它保存下来的光芒四射的纪念建筑物仍然让我们眼花缭乱。阿卜杜勒-拉赫曼一世在9世纪和10世纪的继任者，不断扩建和美化他所建造的科尔多瓦大清真寺；阿卜杜勒-拉赫曼三世就为这座清真寺捐建了一座240英尺高的宣礼塔。在塞维利亚，则有着

科尔多瓦：大清真寺的米哈拉布（祭坛）上方穹顶的内部，约公元965年。

阿尔卡萨尔宫（Alcazar）——这座12世纪的美丽建筑，在1353年成为“残忍者”佩德罗（Pedro the Cruel）的宫殿；以及建于1172年和1195年间的300英尺高的吉拉达（Giralda），既是宣礼塔又是瞭望台。在格拉纳达则有着极为复杂的阿尔汉布拉宫（Alhambra），而辉煌的轩尼里菲宫（Generalife）的夏宫和花园在其中一座较高的山上。它们仍然美得令人窒息。可以确定，这一切和科尔多瓦大清真寺都是西班牙穆斯林最杰出的成就。①

摩尔人的首都：格拉纳达，轩尼里菲宫，约公元785年。

格拉纳达：阿尔汉布拉宫的喷泉，公元8世纪。

① 有人说安达卢西亚（Andalusia）的传统音乐弗拉门戈民歌舞，是穆斯林占领时期的另一个传奇。它很可能包含着阿拉伯元素，但似乎主要是吉普赛人创造的，他们在15世纪后期开始在这个地区定居。

在某种程度上，正是这些辉煌的建筑引发了无数有记录的改宗事件。犹太人当然很少放弃其古老的传统，而实际上也几乎没有穆斯林去寻求接受基督教洗礼。但是通过阿拉伯人的长期占领，特别是在9世纪中期到11世纪初的城镇地区，数以万计的基督徒自愿投入了其征服者信仰的怀抱中。更多的人虽然保持着自己的宗教，但同时却在自己的日常生活中采用了阿拉伯语。直到今天，现代西班牙语中仍然包含数量显著的阿拉伯词汇；而且今天来到西班牙的旅行者，不可能不被这里仍然在使用且数量惊人的阿拉伯地名震惊。伊斯兰文化在这片土地上得到了广泛的传播。安达卢斯保有着一个巨大的商业网络，联系着北非、近东，甚至最远延伸到了印度和波斯。通过这个网络而来的不仅有丝绸、香料（特别是胡椒粉和生姜）、大米、甘蔗、柑橘类水果、无花果、茄子和香蕉等，而且还有建筑学著作、铸陶术、书法、音乐、数学、天文学和医学等。

这些广泛的新知识并未局限在伊斯兰世界中。许多基督教徒表面上伊斯兰化，好像他们就是伊斯兰教徒一样；但他们迟早会和其文化一起抵达基督教的势力范围，抵达北部或东北部的加利西亚（Galicia）和阿斯图里亚斯（Asturias）地区。他们被人们称为摩萨拉伯人（Mozarabs），对北部比利牛斯山脉两侧的基督徒都产生了长期影响；尤其是在数学领域，中世纪早期的基督教国家在这方面仍然无知得可悲。人们也相信正是他们将阿拉伯数字和算盘引入了更北的欧洲地区；算盘对商业生活产生的影响，足可以和今天的计算机相比。

政治上，北部基督教徒和南部穆斯林之间也并非那么界限分明。哈里发王朝于1031年结束，继承它的是一些被称作塔伊法（*taifa*）的小国。它们一般由中心城市和紧邻的乡村组成，和几乎同时发展起来的意大利北部城邦不无相似之处。他们和意大利人一样倾向于彼此内斗，这就使得较为强大的基督教王国阿拉贡（Aragon）和卡斯蒂利亚（Castile）得以在他们中间挑拨离间，或行使勒索行为——以提供军事支援为名要求大量贡品作为回报，其实就是收保护费。这里对许多士兵来说是一个福地，类似于意大利的康多提尔利（condottieri，一种自由雇佣军），他们愉快地受雇于出价最高者而不管雇主有何种宗教信仰。他们当中最著名的，是11世纪一个名叫罗德里戈·迪亚斯·德比瓦尔（Rodrigo Diaz de Vivar）的卡斯蒂利亚贵族。但众所周知的，则是他的西班牙绰号——熙德（El Cid），字面意思是“老板”。不过，之后的传说使他成为西班牙无与伦比的爱国者：他将一生都投入到将异教徒驱逐出自己祖国的事业中，而且死后还在为之奋斗——其尸体直立在他的爱驹巴比埃卡（Babieca）上，继续领导军队战斗。根据同一经典[①]记录，很快他的尸体便被完好地保存下来，在圣佩德罗-卡德尼亚修道院（monastery of San Pedro de Cardena，在布尔戈斯［Burgos］附近）圣坛右侧紧挨着圣坛的地方，安放了10年之久。可惜事实并非如此浪漫。罗德里戈实际上和其他许多的军事冒险家一样，只不过他在其事业上取得异常成功，在获得丰厚的利润后，最终又成为统治巴伦西亚（Valencia，位于地中海海岸的小国）的国王。

如果熙德晚出生50年，即在1190年而非1140年出生，他的事业便不可能如此成功。在11世纪中期的某一段时间里，摩洛哥南部一个松散的柏柏尔人联盟，在短短的几年间便发展出了一场宣扬最严格伊斯兰教义的原教旨运动。他们自称为穆拉比吞（*al-Murabitun*），我们则称呼其为阿尔摩拉维德人（Almoravid）。这些人建造了伟大的城市马拉喀什（Marrakesh），征服了摩洛哥北部和阿尔及利亚西部的大部分地区，之后将注意力转向西班牙。1086年，他们穿过海峡，并在巴达霍斯（Badajoz）附近的萨拉卡（Sagrajas）将莱昂-卡斯蒂利

---

① *Estoria del Cid*，P. E. 拉塞尔翻译。

亚国王阿方索六世（Alfonso VI）击败。接着，他们很快将所有穆斯林塔伊法政权，连同许多刚在几年前被基督徒夺回的城镇一起肃清。在这个世纪末，安达卢斯再次统一，但却第一次和北非一起处于一个极其粗鲁且狂热地不容异己的政权治下。

不过所有的人都很幸运，阿尔摩拉维德人的统治时间很短。他们有着一个极大的弱点：作为统治庞大西班牙-非洲帝国的一支小型柏柏尔少数民族，他们很难获得真正的忠诚。他们试图依靠自己的军队控制住西班牙，同时强迫由大量基督徒组成的卫队守住北非。但在他们于1118年在萨拉戈萨负于阿拉贡国王阿方索一世（Alfonso I）仅7年后，在阿特拉斯山脉又崛起了一个更加狂热和彻底的原教旨主义宗派——阿尔摩哈德人（Almohad），而且他们很快便公开谋反。接下来的内战持续了将近25年，直到马拉喀什于1147年陷落才告结束；之后，阿尔摩拉维德人的统治很快便土崩瓦解。

获得胜利的阿尔摩哈德人穿过海峡。直到12世纪末，他们还能像自己的前任一样，将首都位于塞维利亚的国家牢牢控制住。然而没过多久，他们就发现自己的力量已经衰弱到不得不撤退的地步。这一次他们的敌人不再是哪个伊斯兰教派别，而是伊比利亚半岛上三个主要基督教王国的联军：卡斯蒂利亚、阿拉贡和葡萄牙。1221年，卡斯蒂利亚国王阿方索八世（Alfonso VIII）在拉纳瓦斯-德·托洛萨（Las Navas de Tolosa）赢得了一次重大的胜利，有效地使西班牙基督徒得以巩固其优势。之后，阿方索八世的孙子斐迪南三世（Ferdinand III）继续其事业；斐迪南三世在位35年，其间他收复了安达卢西亚的许多地区，包括卡塔赫纳港，甚至有时候（如同1248年在塞维利亚）——竟然驱逐了所有的穆斯林居民。[1] 到这个世纪中叶，穆斯林

① 他的同代人阿拉贡国王詹姆斯一世（James I），10年前在巴伦西亚做了同样的事。

西班牙只剩下格拉纳达一个酋长国。基督教收复失地运动是势不可挡的。

褊狭的阿尔摩哈德人也造成了一个有利影响：许多犹太社团和摩萨拉伯人群体发现自己生活在缺乏宽容的状况之下，于是便纷纷逃往热烈欢迎他们的基督教王国阿拉贡和卡斯蒂利亚，其中包含像迈蒙尼德（Maimonides）和阿威罗伊（Averroes）那样影响遍及整个西方世界的哲学家和医生，以及许多将自己定位为阿拉伯语专业翻译的次要知识分子，他们转译了相当重要的阿拉伯学者文集——到当时为止，西方对这些著作依然一无所知。这些人很多定居在了托莱多——在民众一片欢欣鼓舞中于1085年被收复。在那里，他们享受着国王亲自的资助和鼓励。

格拉纳达酋长国又延续了两个世纪之久，直到1492年才灭亡；但此时正是评价伊斯兰教影响的合适时机：首先是伊斯兰教对西班牙的影响，其次是穆斯林西班牙对西欧其他地区的影响。在文化方面，毫无疑问，西班牙获益极大。通过和伊斯兰教的密切接触，西班牙人的思维大大拓展。这也促使欧洲的学者涌入西班牙；欧里亚克的热贝尔（Gerbert of Aurillac）——未来的教皇西尔维斯特二世（Sylvester II）并非唯一一个因渴望获取大陆其他地区所没有的知识，而穿越比利牛斯山脉的中世纪学者。数学、医学、地理学、天文学和物理学在基督教世界仍然深受歧视；而在伊斯兰世界，它们达到了古希腊时代之后又一个高峰。任何这些学科中潜心钻研的学者都能感受到安达卢斯的吸引力。因为过去翻译的基础科学著作数量很少且不准确，所以他们甚至可能要承担起学习阿拉伯语的艰巨任务。伟大的英国学者——巴斯的阿德拉德（Adelard of Bath）成功地做到了这点。他在12世纪初佯装为一名穆斯林学生住在西班牙，并于1120年前后出版了第一本拉丁语版本的欧几里得《几何学》——翻译自希腊原著的阿拉伯语版本。

然而另一方面，三种不同的激进信仰共存于一片土地下，也正是它们不断遭受痛苦的根源。阿拉伯人最初的征服带来大量不必要的杀戮，长期而痛苦的收复失地运动则带来更多。此外，虽然普通百姓在日常生活中相处甚好，但无论是在基督教国家还是在伊斯兰国家，他们都未被一视同仁地对待。先知的训谕要求所有虔诚的穆斯林把“圣书之民”基督教徒和犹太教徒视为他们的兄弟，但在现实中却很少能如此。1066年，在格拉纳达发生了一次针对犹太人的大屠杀；1126年，在摩洛哥，大量的基督教徒被卖为奴隶。据我们（目前）所知，基督教团体未犯下类似级别的杀戮罪行；但无疑犹太人和穆迪扎尔人（mudejar，基督教统治下对穆斯林的称呼）都被基督徒蔑视为二等公民，并常常成为即使不是迫害，也至少是歧视的对象。

当我们考虑伊斯兰西班牙曾经做出多少贡献时，令人惊讶的是，它并没有对西方基督教世界产生很大影响。这似乎可以归结为几个原因。首先是宗教，中世纪的基督教国家对所有的异教信仰都极端憎恨。他们在某种程度上接受犹太人，主要是因为犹太人一直住在基督教国家，并做出了贡献；此外犹太人没有自己的国家，他们一般在日常生活中会使用当地人的语言。安达卢斯的穆斯林完全不同。他们鲜为人知，甚至不被理解；其语言令人费解；而且居住在最遥远的欧洲尽头——比东地中海偏远得多。而在东地中海，拜占庭帝国形同一块巨大的文化和商业磁铁，不仅吸引了一个大陆的学者，更有来自三块大陆的商人、政治家和外交官。在早期，人们担心伊斯兰教徒会踏上征服世界之路；而一旦穆斯林退回到其相对适度的边界后，听任其实行和平而无威胁的策略，这是非常明智和谨慎的做法。但在当时的基督教徒眼中，穆斯林始终充满了罪恶，所以基督徒永远也不会对他们产生真正的兴趣。

第六章　中世纪的意大利

查士丁尼与哥特人的战争宣告了一个黑暗时代的到来。他所委任的地方长官（查士丁尼授予他们总督［exarch］的封号）力求恢复以前的繁荣，却很少取得成功。此时的意大利满目疮痍：北方的米兰和南方的罗马都成了一片废墟。哥特人离开没几年，一支新的日耳曼部族登上了历史舞台：568 年，伦巴第人（Lombards）横跨了阿尔卑斯山脉，残酷无情地扫荡了意大利北部和现在仍以他们名字命名的大平原，最后在帕维亚（Pavia）建立了他们的首都。在五年时间内，他们已经夺取了米兰、维罗纳（Verona）和佛罗伦萨地区；拜占庭帝国以查士丁尼、贝利撒留和纳尔塞斯领兵连年血战为代价，获得了意大利北部，而他们的统治差不多才刚开始就被伦巴第人发起的进攻终结了。伦巴第人的进攻路线最后被遏制在罗马和拉韦纳辖区之外，但在其两支先头部队的竭力奋战之下，他们建立了重要的南部直辖领地——斯波莱托（Spoleto）和贝内文托（Benevento）。从这两处出发，他们本可以继续征战直至征服南方的其余地区，但他们并不齐心，没办法合力进军。与此同时，东罗马帝国仍然控制着阿普利亚、卡拉布里亚和西西里岛，还有大部分的意大利海岸线。与汪达尔人不同，伦巴第人对海域的兴趣不大，因此他们从未成为一个真正的地中海民族。

罗马城没有被伦巴第人攻占，这似乎是一个奇迹，但与上世纪罗马从阿提拉手中逃脱出来相比，就不那么意外了。教皇再次拯救了罗马，这次是由中世纪罗马最出色的政治家之一——格列高利大教皇

(Gregory the Great)。他于590年继位，在位长达14年。当他发现拉韦纳的总督没有足够实力支持他时，格列高利对其卫队实行了个人控制，他修筑了围墙和沟渠，并打开教会的粮仓救济饥荒灾民。他首先收买了伦巴第国王阿吉尔夫（Agilulf），并在598年与其签署了独立自主的和平协议。然后他便得以着手将主教团打造成为一支令人生畏的政治和社会力量。（格列高利派遣本笃［Benedictine］修会的奥古斯丁［Augustine］去规劝异教徒英格兰人皈依基督教，也正是这位奥古斯丁，之前在罗马的卡埃利安山［Coelian hill］上建立了本笃修院。）格列高利不是知识分子，就像他同时代的大多数教士一样，他对世俗的学问抱有很深的猜忌，他既专制又无所畏惧，并在乱世中独力维护了罗马的威望。

然而，连格列高利都承认君士坦丁堡的皇帝是最高的世俗统治者，之前他曾在那里担任过教皇的大使。在格列高利之后的几位教皇治下，罗马开始逐步地拜占庭化，这个进程是在7世纪逐步发生的。来自中东和非洲的希腊人涌进了意大利，这是由于波斯人以及后来的阿拉伯人侵占了他们的土地。在663年出现了一位不同寻常的拜占庭移民：康斯坦斯二世皇帝决定把首都重新迁回西部。但他发现罗马与君士坦丁堡的格调格格不入，而希腊化的西西里岛更符合他的口味，他在锡拉库扎统治了五年时间，直到某天一位满腹不满的内侍因为思乡之情在浴室使他受了惊吓，并用肥皂盒把他绊倒在地，康斯坦斯二世才离开这里。

拜占庭宫廷再次迁回了博斯普鲁斯海峡，而意大利也面临着自己的问题。其中最严重的仍是伦巴第人，随着其人口和势力的不断增长，他们把贪婪的目光投向了邻近的领土。他们的实际进展甚微，因为总督辖区构筑了还比较有用的防线。但边界上的压力从未真正缓解过。这种不稳定的平衡状态一直维持到世纪之交。在随后的726年，危机又卷土重来，利奥三世[1]皇帝（Leo III）于公元726年下令摧毁所有的圣像，因为他认为这些都是偶像崇拜者的行为。

利奥三世皇帝是一位清教徒，但绝不是革命者。无论是犹太教还是伊斯兰教都不主张使用绘画和图像，在近几个世纪内，只有英格兰地区爆发了两次严重的圣像破坏运动：一次是16世纪在爱德华六世（Edward VI）治下，另一次则在英联邦时期。然而，利奥三世的法令立竿见影而且令人震惊。在法令实行期间，人们四处抱怨叹息，尤其僧侣们更是愤怒。在东部省份，圣像崇拜已达到了如此程度，以至于人们理所当然地崇拜圣像，并在洗礼时频繁地把圣像当成教父教母。尽管如此，利奥三世也找到了一些解决方法；但在更温和的西部，任何措施都无济于事，人们根本不能忍受这种新法令。在精力旺盛的教皇领导下，意大利完全拒绝服从新法令，教皇格列高利三世（Gregory III）甚至开除了所有反对圣像崇拜者的教籍。拉韦纳的总督保罗（Paul）被暗杀了，手下的地方长官也纷纷溃逃。在总督辖区各地，当地人纷纷叛乱，选出自己的指挥官，并宣布独立。威尼斯潟湖周围的几个城镇推选来自赫拉克利亚（Heraclea）的乌尔苏斯（或奥索）为统帅，其封号为dux。这不足为奇，同样的事情几乎同时发生在其他许多骚乱的城镇。威尼斯与其他地方的不同在于，奥索的当选开创了一个将延续1000多年的传统。其称号用威尼斯方言可写为“doge”[2]，到1797年威尼斯共和国结束时，这一称号已代代相传了117位继承者。

意大利反圣像崇拜斗争的主要受益者是伦巴第人。罗马和拜占庭相互争斗，最终使得伦巴第人渔翁得利，他们于751年占领了拉韦

---

① 当然，不要与同名的教皇混淆。
② 中译名一般译为“总督”。——译者注

纳，这就是拉韦纳总督辖区的终结。拜占庭的意大利领土就这样被瓜分，罗马也毫无防备地暴露在敌人面前。

然而，这种状况并没有持续多久。临近岁末时，在阿尔卑斯山以西，法兰克人的首领矮子丕平（Pepin）获得了教皇的批准，废黜了梅罗文加王朝①的傀儡国王希尔德里克三世（Childeric III）而自立为王。此时的丕平不能再忽视教会的请求。754 年教皇斯蒂芬二世（Stephen II）到圣·丹尼斯为丕平作见证并敷圣膏礼，加冕他还有其子查理、卡洛曼（Carloman）为法兰克人的国王；两年后，作为对圣彼得（St. Peter）奇迹般地写给自己的一封亲笔信的回应，法兰克军队横扫了意大利，并使伦巴第人屈服。此时丕平建立了一个以教皇为元首的独立国家，这个国家盘踞在意大利中部，包括罗马、佩鲁贾（Perugia）和拉韦纳总督辖区。丕平可能是将此事的基础建立在所谓的“君士坦丁的馈赠”上，据说这是由君士坦丁大帝赐予教皇的，“意大利和所有西部地区”的世俗权利都归于教皇；如果是这样的话，丕平就被严重地误导了。因为后人已经证明“君士坦丁的馈赠”是伪造的，是罗马教廷无耻地捏造出来的；但是不管后来怎么去动摇教皇国的法律基础，教皇国已经形成，并且将延续 1000 多年，直到 1870 年。

罗马得到了拯救，但战争并没有因此而结束，在随后的 40 年里，丕平和他的儿子查理发现他们是教皇抵御其所有敌人的主要保护者。查理——就是我们所熟知的查理曼——前文也有所提及，不能将他视为一位影响仅限于地中海区域的人物。查理曼的影响力遍及整个基督教欧洲。771 年他成为法兰克王国唯一的统治者；三年后，他占领了帕维亚，并自诩为伦巴第人的国王。事实上这标志着伦巴第人在罗马

① 梅罗文加王朝，6－8 世纪统治着法兰克王国。

北部地区统治的终结。然而，南部辽阔的伦巴第公国贝内文托名义上是以法兰克人为宗主，而实际上仍是一个独立国家，其首都在萨勒诺。

返回德意志后，查理接着征服了尚未开化的萨拉森人，并使他们集体皈依了基督教，然后吞并了已经基督教化的巴伐利亚（Bavaria）。查理曼对于西班牙的入侵，如我们所知的那样，并不那么成功。但随后他却征服了匈牙利和上奥地利的阿瓦尔人（Avars），摧毁了阿瓦尔人的独立国家，并将其并入法兰克王国。就这样，查理曼用了不到一代人的时间，便使法兰克人的王国从欧洲一个半部落国家成为疆域广阔的政治强国。这种壮举自罗马帝国之后尚属首次。

25 年后，即约 8 世纪末，查理曼回到了面临更严重问题的意大利。这个时期以一伙年轻的罗马贵族为主的政治团体为了排挤查理曼，进行着无休止的阴谋斗争，在位四年的利奥三世便是牺牲品。4 月 25 日，他在街上遭人攻击并被打昏；极为幸运的是他的朋友救了他，并将其护送到查理曼的帕德博恩宫（Paderborn）。几个月后利奥三世在法兰克人的保护下回到罗马，结果却发现自己被敌人捏造出来的许多子虚乌有的罪名包围，其中包括买卖圣职、作伪证和通奸。

然而，谁有资格审判他呢？谁有资格判决基督的副手？在正常情况下，唯一可能的就是拜占庭皇帝，但那时帝国的宝座上坐着的却是一个女人，即女皇伊琳娜（Irene）。这个女人由于弄瞎和杀害了自己的儿子而臭名昭著，但在利奥三世和查理曼看来这无关紧要，主要问题在于她是一名妇女。根据古老的萨利克继承法（Salic Law），妇女禁止掌管朝政；因此当时的西欧各国认为皇帝的宝座仍属空缺。到罗马时，查理①完全意识到：在圣彼得教堂里，他的权威性不及伊琳娜；

---

① 查理是他的名字，而曼（magne）是古法语，意为“大帝”。——译者注

但同时查理也明白当控告仍存在时，虔诚的基督教徒不仅需要一位皇帝，同时也需要一位教皇，而他必须尽其所能澄清利奥三世的名声。我们无法知道确切的证词，但我们知道教皇于 12 月 23 日在高高的圣坛上庄严地宣读了福音上的誓词以表明所有关于他的指责控告均为污蔑——宗教会议也接受了他的誓词。两天后，当查理做完圣诞弥撒时，利奥三世将一顶皇冠戴在他的头上，当时的会众为之喝彩，回声四起。但查理的对手们很快指出，查理获得的仅仅是一个称号；皇冠并没有带给他新的臣民或士兵，更没有带给他一英亩的新领土；但这个称号较之许多征服更具深远意义：它意味着神圣罗马帝国的诞生，标志着西欧在 300 年后再一次出现了皇帝。

如果说那个圣诞节的早上利奥授予查理以极大的荣耀，那么他也赋予了自己更大的荣耀，即任命罗马皇帝、授予皇冠与权杖的权威与权力。这是某种创新，甚至是革命。此前从未有过罗马教皇声称自己有如此特权：他个人不仅拥有了设立皇帝的权力，而且还获得了高于皇帝的权威。此时，君士坦丁堡对于查理曼加冕称帝消息的反应可想而知。任何一个思想健全的拜占庭人，都会认为这种行为不但是一种惊人的狂妄自大，更是亵渎。众所周知，帝国建立在双重基础之上：一方面是罗马帝国的权力，另一方面则为基督教信仰。君士坦丁大帝时期，世俗权力和宗教信仰首次合为一体，罗马的皇帝同时也是一位使徒，而这种神秘的结合将通过其合法继承者延续下来。就像天堂只有一个上帝，地球上自然也只有一个至高无上的统治者；其他声称拥有这个称号的人则是冒名顶替的骗子，同样也是亵渎者。

查理并不在乎伊琳娜声名狼藉，仍希望与她走向婚姻的殿堂。这不足为怪，毕竟，这是一次失不再来的机会：如果他能说服女皇成为他的妻子，那么帝国东方和西方的所有领土将再次联合在查理的皇权之下。802 年查理的使者带着提案来到君士坦丁堡，女皇伊琳娜欣然接受他的要求。她当时已遭到臣民的鄙视和唾弃，国库也在枯竭，她清楚地意识到不久后将会有一场威胁到她生命的宫廷政变。她并不在意其求婚者是一位敌对的皇帝、一位冒险家，还是个持异端者或心怀鬼胎的文盲。（事实上，众人皆知查理曼有些阅读能力，但写不了字。）她主要考虑的是同查理结婚能保证帝国的统一，更重要的是能使自己安然脱离困境。

但事情并没有这样进展。女皇的臣民不会允许拜占庭皇冠被这个粗鲁的法兰克人所摘取，想想他穿着亚麻布的袍子，裹着猩红色的十字绑腿，说着没人理解的语言，甚至连自己的名字都不会签！802 年 10 月的最后一天，一群高级官员在大剧院召见了查理的使节，并通知他女皇已经遭到废黜。她屈服了，虽然这种命运让她如此的恐惧。她先被放逐到马尔马拉海的王子（Prince）岛，不久又被转送去了莱斯沃斯（Lesbos）岛，一年后她死于该地。

查理曼始终坚称（也许是真诚地），加冕为皇帝一事他事先并不知情，他也大吃一惊；根据查理的朋友、也是第一位给他写传记的作家艾因哈德（Einhard）的记载，当时查理气愤至极，马上就离开了圣彼得教堂。他不仅对教皇加冕皇帝的做法感到极其不愉快；同时也深知利奥三世的行为是没有法律依据的。另一方面，旧制度越发显得自相矛盾。从理论上而言，君士坦丁堡应是存满罗马帝国的法律、文明和帝国传统的宝库；但就其精神而言，君士坦丁堡已完全希腊化了。相反，屡遭蛮族蹂躏，几乎近于无政府状态的罗马依然是拉丁文化的中心。而想要在西部重申“罗马和平”的，并非拜占庭皇帝，而是查理曼。在混乱的中世纪欧洲，一个皇帝是不够的。也许在潜意识里拜占庭人也提出过这样的疑问，觉得一个皇帝不够，因为查理曼仅花了 12 年时间就获得他们的官方认可，代价则是放弃夺取威尼斯。

自第一批难民逃离阿提拉之手，避难于亚得里亚海的西北角以来，已过去400年了。这里一直有着天然的屏障：在沙洲和浅滩的保护下，只有本地的渔民才能进出这群小岛屿。意大利的其余地方一直遭到蛮族的入侵，但这里一直有着天然屏障的保护。因而在意大利北方的城市中，只有威尼斯成功地免受条顿蛮族的蹂躏。726年，威尼斯选举出了第一位总督，成为一个基本自治的共和国。意大利的总督辖区衰落后，威尼斯发现自己成为意大利北部唯一一块仍对拜占庭忠心耿耿的领地。它的贸易迅速发展，经济富裕，拥有地中海最好的海军，具有重要的战略地位和外交价值。查理曼很快意识到了威尼斯的战略重要性和外交价值，但他的首次征服行动被威尼斯-拜占庭舰队所击退。不过810年时，其子丕平发动的第二次征服行动取得了部分胜利。虽然隶属于威尼斯的大部分边缘地区都落入法兰克人手里，但是里亚尔托岛（Railto）进行了坚决抵抗，直到因发烧而垂死的丕平被迫撤退为止。丕平的撤退对威尼斯而言是一次历史性的胜利，但拜占庭帝国并没有盲目乐观，而是着手准备进行谈判。于是查理得到了他所需要的认可，但君士坦丁堡与威尼斯仍保持着裙带关系，而威尼斯凭借对君士坦丁堡的忠诚获得了更多的特权。

可想而知的是，不管是否拥有拜占庭帝国，查理曼一直将自己视为基督教世界的皇帝，与势力日益膨胀的穆斯林对抗。但事实上，查理曼在年轻时主要由于政治原因而非宗教考虑对西班牙发动了一次短暂而无效的进军之后，就再未与穆斯林大规模交手。盎格鲁-撒克逊教士阿尔昆（Alcuin）成为图尔斯修道院院长前是一所宫廷学校的理事，他极力主张皇帝的职责是“保护所有地方的基督教会免受异教徒的入侵和蹂躏，保证罗马天主教信仰在国内的地位”。但查理曼不是十字军战士，在条件允许的情况下，他甚至与巴格达的阿拔斯王朝哈里发哈龙·拉西德（Haroum al-Rashid）保持着良好的关系。

查理曼的成就如其雕像一般，都高于常人，但都是昙花一现。这位非凡的人物——虽然是文盲而且风评不佳，甚至是半个蛮族人——以一己之力维护了新帝国的团结。814年他逝世后，法兰克王国江河日下，888年查理的家族无后，王国实质上分裂。意大利北部再次成为冷酷王子们的战场，他们为一个毫无意义的皇冠而争吵不休，把他们的领土推入了混乱的深渊。同时，在南方也出现了新的危机，先是科西嘉岛，接着826年克里特岛也落入了穆斯林之手，这一事件极大改变了该地区的整体战略局势：在此后130多年里，直到被拜占庭皇帝尼斯福鲁斯二世（Nicephous II）重新征服为止，克里特岛一直是强盗的老巢和奴隶贸易的中心。827年，应当地拜占庭地方长官尤锡米乌斯（Euthymius）——他与当地一个修女私奔，为逃脱惩罚而背叛了君士坦丁堡——的邀请，北非的阿拉伯人大举入侵西西里岛。四年后，他们夺取了巴勒莫（Palermo）。从此以后，意大利半岛就处于频繁的危机之中。布林迪西（Brindisi）沦陷了，接着是塔兰托（Taranto）和巴里（Bari，此后30年它都是一个酋长国的都城），846年，罗马遭受了同样的命运。一支萨拉森①（Saracen）船队沿台伯河而上，洗劫了博尔戈（Borgo）和圣彼得教堂，甚至抢走了教堂门口的银牌。然而教皇再次拯救了这座城市。849年，利奥四世（Leo IV）召集一支由那不勒斯、加埃塔（Gaeta）和阿玛尔菲（Amalfi）三个邻邦组成的海军舰队，自己担任最高指挥官，在奥斯蒂亚（Ostia）摧毁了敌人的船队。数百名俘虏被送去修建梵蒂冈周围的防御墙，墙体一直延伸到圣安杰洛城堡（Castel Sant'Angelo）：人们认为狮墙（the Leonine Wall）就是它留存至今的部分。幸运的是，在这个世纪的最后25年间，穆斯林施加的压力得到了缓解。871年，巴

① “萨拉森人”是中世纪作家对所有阿拉伯人的称法。

里落入西罗马皇帝刘易斯二世（Lewis II）之手，在他死后，巴里又成为拜占庭人的囊中之物，并在此后200年内成为拜占庭在意大利的首府。

此时，法国的南海岸受到了不断的威胁。约在890年，安达卢西亚的一群海盗在圣托皮兹（Saint-Tropez）登陆，并在附近的一座山顶上安营扎寨，这座山就是现在的拉加尔德弗雷内山（La Garde Freinet）。他们从那里向西袭击马赛，向北袭击维埃纳（Vienne），甚至远达瑞士的圣加尔（St. Gall）修道院。直到972年他们才被全部驱逐。10世纪的穆斯林遗留在普罗旺斯（Provence）的船只残骸的数量表明，普罗旺斯曾与穆斯林世界有过频繁往来。

利奥四世及其第二位继承者尼古拉一世（Nicholas I）是这一个半世纪中最后两位杰出的教皇——除非我们把英格兰女教皇若安（Joan）也计算在内。她在担任教皇时成功地隐瞒了自己的性别长达三年，但不幸的是，她在拉特兰宫的台阶上生了个孩子。虽然若安只是个传说，但这个传奇故事是一个混乱堕落时代的标志。历史上这一时期的很多教皇都很荒诞：约翰八世（John VIII）遭亲戚嫉妒而被锤死；福摩苏斯（Formosus）的尸体在主教会议前被挖掘出来带去审判，剥皮、肢解后投入台伯河，又奇迹般地恢复原状，最后被重新安葬在之前的墓地中；约翰十世（John X）在圣安杰洛城堡里被情人的女儿谋杀，因为她想让自己与塞尔吉乌斯三世（Sergius III）的私生子继承教皇宝座；约翰十二世（John XII）在位期间，据吉本所言，“我们得知一些逸闻……拉特兰宫成为妓女的学校；他强奸的处女和寡妇已经阻止了女朝圣者去朝拜圣彼得之墓，以防她们本是去敬表虔诚，却被他的继任者糟蹋”。

虽然约翰十二世时期是一个极为消沉的色情政治时期，但他同时又解救过意大利。962年，当无力反抗意大利“国王”贝伦加尔二世

(Berengar II)[1] 之时，约翰十二世求助于不久前刚娶了贝伦加尔前任的遗孀的萨克森公爵奥托。当时奥托在意大利北部势力最强大。奥托赶到罗马，约翰十二世急忙为其加冕。（这种行为是对教皇权威的亵渎。约翰极为堕落腐化，但两年后，当他不愿意屈从于这位自己创造出的皇帝时，奥托便召集宗教会议废黜了他，并获得了主教们对"皇权优先"的承认，而选举出的教皇要得到皇帝的首肯。）贝伦加尔不久就投降了，奥托获得至高无上的地位。西罗马帝国重生了，它将一直不间断地延续到拿破仑时代。

奥托的"大帝"称号名不符实。他只有一个野心，恢复查理曼时期帝国的权力与繁荣，也差不多实现了该目标。他在统治的 11 年间，大部分时间待在意大利，给北部地区带来了那一代人记忆中从未有过的和平。罗马面临着更严重的问题。教会内部的权力斗争从未间断过，形势总是一触即发。966 年，这位皇帝面临着暴乱威胁，只有当他在拉特兰宫前的马可·奥勒留·安东尼的骑马雕塑[2]上用自己的头发吊死了该城长官后，暴乱才消除。然而，奥托遇到的真正的麻烦在南方。他知道，当阿普利亚和卡拉布里亚尚握在拜占庭人手中时，他是无法完全控制意大利半岛的。但希腊人在其意大利省区的势力非常强大，这是他无法解决的。战败后，奥托试图用外交手段，让其子同拜占庭公主西奥法诺（Theophano）结婚；她的嫁妆很丰厚，但没有包括意大利南部。奥托失望地离开了人世。他的前盟友伦巴第公爵实力大增，但阿普利亚和卡拉布里亚仍在希腊人之手。

同他心目中的英雄查理曼一样，奥托大帝真正的不幸在于他的继

① 在加洛林王朝（Carolingian）最后一位皇帝"胖子"查理（Charles the Fat）死后，888 年西罗马帝国四分五裂，弗留利（Friuli）的贝伦加尔当选为国王。但他绝非全国性的统治者。

② 米开朗基罗后来把这件塑像搬到他新设计的坎皮多利奥（Campidoglio），最近又移到了朱庇特神殿博物馆（the Capitoline Museum）。

承者。其子奥托二世（Otto II）虽已竭尽全能，却屡遭打击；他的军队在卡拉布里亚遭到一支萨拉森远征军的痛击，他本人好不容易才捡回一条命；983 年，他才 28 岁，就因发烧后使用药物过量而死亡。（他是唯一一位安葬在圣彼得教堂的罗马皇帝。）奥托三世（Otto III）是奥托二世和西奥法诺之子，他与先辈们形成了鲜明对比，既有扩张疆界的野心，又有其母遗传的神秘浪漫主义，始终幻想着重建伟大的拜占庭帝国，将包括日耳曼人、意大利人、希腊人和斯拉夫人在内。在这样的帝国中，上帝是首领，教皇和皇帝为副手。在他举行加冕礼后，罗马再次发生起义，奥托三世惊险地逃脱。两年后他再次返回并重建了秩序：他恢复年轻且有远见的日耳曼教皇格列高利五世之职，并为自己在阿文泰因山（Aventine）建造了一所华丽的宫殿。在这里，皇帝以一种奢华与禁欲相结合的稀奇方式度过了余生：在廷臣的围绕下施行拜占庭的仪式；用镀金的盘子饮食；偶尔脱下他的紫袍，穿上朝圣者的斗篷，光脚跋涉去遥远的圣地。999 年，他提拔其以前的家庭教师欧里亚克的热贝尔为教皇，是为西尔维斯特二世。热贝尔既是一个出色的神学家，也是当时最有学识的科学家和数学家，推动了阿拉伯数字和星盘在西方基督教世界的普及和应用。罗马人能够拥有一个有如此品性的教皇，理应感激他们的皇帝，但奥托三世考验罗马人的耐性太过了，1001 年罗马人把他驱逐出罗马。第二年他就去世了，年仅 22 岁，可想而知什么都未能留下。

在第一个千年快结束的时候，意大利已形成了一些模式，另一些则正在逐渐形成。其中最为重要的是意大利与教皇和西罗马皇帝之间的关系。意大利曾一度是帝国的组成部分，与德意志在同一个君王的治下，但对皇帝的选举没有发言权。皇帝是德意志亲王，而不是意大利人。另一方面，尽管皇帝也是罗马名义上的国王，但只有在罗马教皇给他加冕后才享有皇帝的权威；而皇帝任命教皇的权力在意大利并没得到普遍认可——尤其是在教廷和罗马贵族圈子里。实际上，要找一个从罗马到伦巴第，从托斯卡纳到教皇国，受到各方普遍欢迎的教皇候选人是不太容易的。

同时，意大利北部的自由城市渐渐变得更有力量，更有主见了。9世纪和10世纪末的混乱给予了北部城市尝试独立的机会，奥托家族治下的和平有利于商业的发展，而且使许多城市变得富有——特别是位于阿尔卑斯山以南第一个重要道路交汇处的米兰，以及新兴的海洋共和国热那亚、比萨和威尼斯。这是意大利特有的现象。纵观西欧各地，贸易的复苏和组织化的产业兴起已经发端了，并且是从乡村发轫，逐步辐射向城镇，到今天情况仍然如此。在意大利，统一国家的理念还远未萌发，产业化过程的发展比任何地方都更快、更自觉。对意大利北方的大部分城市而言，皇帝太遥远了；他在本地的代表又太弱小，负不了责任，很难对它们的独立发展施加持续的影响。结果这些城市长期利用皇帝与教皇之间与日俱增的矛盾，一些城市断绝与皇帝的交往来支持教皇，另一些城市为获得皇帝的特许状，向皇帝保证将永远忠诚，抗拒教皇的哄诱。11－12世纪期间产生的意大利城邦国家，其自治模式常常自觉地基于罗马模式。它们强大到足以保护自己的独立，能抵御所有敌对势力，包括外来的力量和相互之间的冲突，还能对本地的贵族施加不断增加的约束。这样便持续播下了难以轻易解决的冲突种子，后来更体现在皇帝派和教皇派的冲突中。这场冲突将在此后的几个世纪里使意大利北部和中部深受其害。

罗马城和教皇国仍然陷在之前那种兼有动荡和腐化的状况之中，敌对的大家族——像克雷申蒂家族（Crescenti）、图斯库鲁姆（Tusculum）诸任伯爵，还有其他一些，围绕着教皇宝座无休止地冲突。但在教廷内部，一种新的精神开始出现。如果教会要生存下去，就要洗刷上个世纪以来的耻辱，还要设法重新获得它在知识和道德上的主导权。此时的教会需要一种觉醒意识。这就是克吕尼（Cluny）精神，最初是法国修道院改革所依据的精神。克吕尼主义在教廷已经存在50年了，起初它并没有什么影响力，但此时它的典范作用和理论力量开始发挥效用。

因此，在意大利的北部和中部，11世纪历史进程的趋势在这个世纪初已清晰可辨：势力上升的教皇和依旧自大的皇帝之间的斗争加剧，独立性日渐增强的伦巴第人和托斯卡纳地区各城市间相互对抗。另一方面，在公元1000年左右，意大利南部的局势还是让人摸不着头脑。10世纪存在于这个地区的四股主要势力中，有两股已退出：自从奥托二世以后，西罗马皇帝对南部便不再感兴趣；萨拉森人尽管声称要在大陆再次建立永久性的根据地，主要不断从西西里岛发动海盗袭击。这就导致剩下的两方，即伦巴第人和拜占庭人之间争斗日趋激烈。他们无休止地斗争，希望拖垮对方，结果往往是遗祸自身。然而，当面临着一个来自北方的新民族时，在差不多50年的时间内，他们联合起来证明自己在勇气、精神和智慧上是同样卓越的。

诺曼人在南意大利的历史开始于1015年左右。一支由大约40个年轻诺曼人组成的朝圣者队伍到达了位于加加诺山（Cargano，一块从意大利某一小岛上延伸向亚得里亚海的奇异岩石）的大天使米迦勒圣地。他们很快发现这里机会与挑战并存，而且人烟稀少，于是轻易被伦巴第人的首领说服，留在意大利当雇佣兵，驱赶从半岛来的拜占庭人。诺曼人因而由最初的一群爱闯荡的冒险者逐渐成为稳定的移民。不久他们便开始漫天要价，向主人强索服务的费用。1030年，那不勒斯公爵塞尔吉乌斯（Sergius）为了感谢诺曼人的支援，将阿威萨（Aversa）郡授予其首领拉伊努尔法（Rainulf）。诺曼人的势力发展很快，1053年，教皇利奥九世（Leo IX）培养了一支优秀的军队，并且亲自率军抗击诺曼人，但在奇维塔特（Civetate）战役中战败，被诺曼人关进了监狱。

此时诺曼人的最高首领是唐克列德·德·霍特维利（Tancred de Hauteville），一个来自科唐坦（Cotentin）半岛的无名骑士。他有12个儿子，其中8个在意大利安家，有5个跻身于高层首领之列。奇维塔特事件改变了教皇的应对策略；1059年，教皇尼古拉二世将阿普利亚、卡拉布里亚和西西里岛授予老奸巨猾的罗伯特·德·霍特维利（Robert de Hauteville，别名吉斯卡尔［Guiscard］），作为他的公爵领地。阿普利亚有相当一部分、卡拉布里亚的大部分仍是希腊人的，而西西里岛的大部分在萨拉森人手中；尽管这加强了他地位的合法性，但罗伯特没能得到实惠。两年后，他和最小的弟弟罗杰跨过墨西拿海峡，在随后的10年里，无论是在大陆还是在西西里岛，他不断地给萨拉森人施加压力。巴里于1071年陷落，不过残余的拜占庭势力在意大利仍继续存在。第二年初，他们夺取了巴勒莫，永远结束了穆斯林控制西西里岛的历史；1075年夺取了萨勒诺，消灭了南部最后一个伦巴第公国。直到11世纪末，诺曼人才完全消灭了外来的敌对势力，开始了他们对阿里利亚诺河以南的意大利地区的统治，并按自己的风格在西西里岛建立了中世纪最辉煌和最高雅的宫廷。

11世纪的西方皇帝并不像以前的奥托家族那样关注意大利。不管是“圣者”亨利二世（Henry II）还是康拉德二世（Conrad II）都没有在半岛留下值得一提的痕迹；唯有康拉德的继承人亨利三世（Henry III）在半岛留下过足迹。1045年，罗马的形势突然恶化，至少有三位彼此竞争的教皇因教皇宝座而吵得不可开交。亨利急忙赶到罗马并断然罢免了他们三人，但他提名的两位继任者在位都不到一年。据说第二位继任者达马苏二世（Damasus II）就任23天后就被毒死了。直到1048年12月，在沃尔姆斯（Worms）举行的大主教会议才一致同意选举皇帝的二表弟——图尔的布鲁诺（Bruno of Toul）主教为教皇。

布鲁诺就是利奥九世，他的当选让教会又恢复了尊严。罗马即将分裂的可怕咒语再次消除了。尽管六年后教皇逝世（诺曼人在奇维塔特俘虏了他，他始终未能从被俘的羞辱中走出来），但他却为改革和复兴罗马教皇的权力打下了基础。在此进程中，利奥九世享有皇帝全力的支持，这种优势其继任者从未享受过。随着1054年教皇逝世和两年后亨利去世，教皇与皇帝之间短暂的精诚合作时代结束了。对亨利来说极具讽刺意味的是，为了努力建立与教皇的联盟，他成功地创造出了竞争对手。因为重新恢复道义权威后的教会也开始寻求权力，而这种追求必定会使教会陷入与皇帝的利益冲突之中，尤其是像阿奇迪肯·希尔德布兰（Achdeacon Hildebrand）这样的主教做出坚定的决定要追求自己目标时。

1073年，希尔德布兰当选为教皇格列高利八世（Gregory VIII）的30年前，他在基督教会中已起着领导作用。纵观其生涯，他心中只有一个目标：压服所有基督教王国，从皇帝开始，都要顺从于教会。因此，一场冲突迟早都不可避免，而这场冲突意想不到地在米兰发生了。1073年，在一次关于空缺大主教职位的争论中，之前那位亨利的儿子亨利四世（Henry IV）使冲突加剧：他为一位候选人举行正式的授职仪式，无视格列高利的前任——教皇亚历山大二世（Alexander II）已经提名了自己的候选人。这是公然藐视罗马教会的一种行为。1075年，教皇格列高利笼统地谴责了所有由世俗人士任命教会职务的行为，违者将受到教会的诅咒。震怒的皇帝立即予以反击，又在意大利教区任命了两位德裔主教，另外，尽管当时之前由他提名当选的米兰大主教仍在任，他又追加任命了一位米兰主教。亨利又拒绝了教皇的传唤，不去罗马解释自己的行为，而是随即召集一次包括所有德意志主教的大会，于1076年1月24日在会议上正式废黜了格列高利。

亨利过高地估计了自己手上的牌。作为回应，教皇不再承认皇帝，将他开除教籍并免去臣民需效忠皇帝的义务。德意志境内一时叛乱四起，从而迫使皇帝屈膝。仲冬之时他带着妻子和襁褓中的儿子翻过阿尔卑斯山，得知格列高利此时在卡诺萨（Canossa）城堡，他赶到那里遭受了三天的凄惨羞辱后，最后被赦免。那是1077年1月的事情。

讲述卡诺萨事件的那些故事常常向我们呈现出这样的画面：皇帝赤脚、穿着粗麻布衣服，在大门紧闭的城堡前，站在风雪里瑟瑟发抖。这长期以来一直是德国儿童历史图书作家的偏爱，这些故事适于作为世俗野心虚荣的教训题材。实际上，亨利也明白格列高利的胜利短暂而靠不住，他并没有打算兑现对教皇的诺言。1081年，亨利亲自率军穿越意大利。开始时罗马坚不可摧，但两年后亨利冲破了它的防御。他很快放弃了一些三心二意的谈判，1084年，亨利由自己提名的教皇克雷芒三世（Clement III）加冕为皇帝。

甚至此时，格列高利还坚守在圣安杰洛城堡不肯投降。他还有一张牌未出。他一直求助的诺曼人此时处于困境中，所以这次反应很慢：罗伯特·吉斯卡尔完全陷于同东方皇帝的巴尔干战役中。1084年5月，罗伯特率领36000人的军队突然出现在罗马城墙前，寡不敌众的亨利及时逃脱了。诺曼人冲破了弗拉米尼门，在这座城市进行了三天疯狂的洗劫和屠杀。当和平最后恢复时，罗马圆形竞技场和拉特兰宫之间的整块区域皆被夷为平地。罗马在争夺教权的战斗中所遭受到的灾难，比起哥特人或汪达尔人所施加的灾难要深重得多。罗伯特不敢把伤心的格列高利留给民众发落，把他往南护送到了萨勒诺。第二年格列高利在那里逝世。教皇讽刺而自我怜悯的遗言流传至今，即“我热爱正义而憎恨邪恶，因此我注定要在流亡中死去”。

这是痛苦的告别，但格列高利的成就其实比他自己预见到的更大。格列高利树立了教会等级中教皇的最高地位——非神职人员授圣职的惯例失效了，并将在下一个世纪消亡——即使与皇帝对抗时他没有最终获胜，他至少也用这样的方式维护了教会不可忽视的权利。罗马教会已露出它的虎牙，以后的皇帝要反对它就要准备冒险。

11世纪所发生的事情，如皇帝对意大利控制的削弱，尤其是围绕授职仪式展开的斗争，这些都为伦巴第和托斯卡纳的城邦国家的发展提供了良好的氛围。当这些共和国易于分裂的趋势铸就了北意大利的命运时，南方却朝着相反的方向发展。这里也有拥有长期独立历史的贸易城市，如那不勒斯、萨勒诺和阿马尔菲。然而，在五个世纪的时间内，诺曼人的力量席卷了这块土地并将它们结合在一起，在这里强制施行比北方更严厉的专制封建主义。罗伯特·吉斯卡尔于1085年在远征君士坦丁堡①的途中死去，他把大陆的领地留给了儿子，但西西里岛则由其弟罗杰大伯爵（the Great Count Roger）有效地控制着（西西里岛的征服原本也大部分归功于他）。这个幸运的决定使得罗杰得以巩固诺曼人在西西里岛的统治，但在其他一些地方萨拉森人的反抗仍然强硬。罗杰比他哥哥多活了16年，在此期间他打下一个牢固而有秩序的国家基础，但要等到他的儿子执政时，这个根基才得以真正稳固。

罗杰二世是中世纪欧洲最伟大和最引人注目的统治者之一。他的

---

① 如果他还活着，如果他的远征成功了，我们将可以对历史的变化过程做出一种引人入胜的猜测。

母亲是意大利人，他则在西西里岛长大。多亏了他父亲实行的宗教宽容政策，希腊人和萨拉森人，诺曼人和拉丁人的文化在这里自由地交融，让罗杰表面上像南方人，气质上却像东方人，且继承了其诺曼祖先所有的雄心和潜力，以及完全属于他自己的独特的管理内政的天赋。1127 年，他从软弱无能的堂兄那里获得了诺曼人的大陆领土，也因此成为欧洲的主要统治者之一。他与其他王公竞争所唯一缺乏的条件就是：一顶王冠。

1130 年 2 月，罗杰的机会终于到来，此时又发生了有关教皇继承的争论。教皇洪诺留二世（Honorius II）即将离开人世，公开的继任者是红衣主教彼得罗·皮耶莱奥尼（Pietro Pierleoni）。他是前任教皇派驻在英格兰亨利一世（Henry I）那里的使节，是一位能力出色且有着无可非议的修道院修行经历的神职人员。然而，由于他出身于一个富有且有权势的犹太血统家族，他不能为极端的罗马教廷改革派所接受。当多数成员推举皮耶莱奥尼为教皇阿纳克莱图斯二世（Anacletus II）时，改革派选举了自己的人选英诺森二世（Innocent II）。几天后，英诺森在岌岌可危的情况下被迫离开罗马，但这次离开对他来说却是福音。当英诺森再一次翻过阿尔卑斯山时，其目标是获得那个时代最具破坏性的政治势力——克莱尔沃（Clairvaux）的圣贝尔纳（St. Bernard）的支持，他很快还得到了整个基督教欧洲的支持。阿纳克莱图斯只剩下了罗马，还有罗杰。罗杰的条件很简单：诺曼人的支持应得到王冠作为回

国王罗杰二世由基督加冕：巴勒莫，玛托拉纳教堂。马赛克，公元 12 世纪。

报。不久，教皇同意了。1130 年圣诞节，在巴勒莫的大教堂，罗杰无比荣耀地被加冕为西西里岛和意大利的国王。

然而，罗杰的麻烦还没有结束。阿纳克莱图斯死后第二年，英诺森最终安全地坐在了教皇宝座上，他亲自率军反对这个新王国。教皇与诺曼人兵戎相见绝对是一个错误；如利奥九世在奇维塔特一样，英诺森在加里利亚诺（Garigliano）河被俘获，在勉强正式承认了罗杰的国王资格后才获释放。但国王对教皇国的南部疆界而言是极大的威胁因素，这种情况不允许教皇与其达成真正的和解。教皇与两位君主的关系不再愉快。两位君王都视对方为对自身君权的威胁。1146 年，罗杰绝妙而灵活的外交手段也未能成功阻止三股反对势力的结合。第二次十字军东征确实救了他，而这次东征耻辱地惨败，却使欧洲诸侯付出了允许圣贝尔纳干涉他们事务的代价。

尽管内忧外患频仍：阿普利亚是个太有势力的附庸，在他统治期间的大部分时间内经常发生暴动，但罗杰的势力如其宫廷的扩大一样继续增长。尽管有充满敌意的几个意大利海上共和国，但罗杰创建了海军，他的军队在英明的海军上将①安条克的乔治领导下，在地中海区域取得了优势。罗杰占领了马耳他和从的黎波里到突尼斯的北非沿海②；君士坦丁堡本身亦受到袭击；科林斯和底比斯也同样被攻击，而后者是拜占庭的丝织工业中心，从这里被俘虏的工匠被送到巴勒莫，成为王室工场的员工。在柑橘林中的宫殿和亭台楼阁里，罗杰度过了人生的最后十年，用多元化的平衡原则处理政务（当时拉丁语、希腊语和阿拉伯语都是王国的官方语言），并与当时世界一流的学者们讨论科学和哲学（西西里岛此时是知识渊博的希腊人和阿拉伯人进

---

① “admiral”一词源于阿拉伯语中的“emir al-babr”，意为“大海之主”（lord of the sea）。据我们所知，这个称号第一次使用是在诺曼人的西西里岛。

② 然而，西西里王国没能长期占领非洲；1160 年它丢失了在非洲的所有领地。

巴拉丁礼拜堂，巴勒莫。穹顶（上图）和教堂中殿、走廊（下图）。马赛克，公元12世纪。

入欧洲的主要通道)，或者像任何东方君主一样在华丽的后宫中享乐。

罗杰留下的最重要历史遗迹是巴拉丁礼拜堂，于12世纪30—40年代建于巴勒莫王宫的第一层之上。它的整体布局是传统的拉丁风格，中殿两侧是过道，台阶通往一个半圆形的圣坛，确实是惊人的高贵和华丽，地板和下层的内壁都是拉丁风格，乳白色的大理石镶饰着金叶，并用彩色的大理石铺设地面。另外，上层的墙壁全都铺着拜占庭风格的马赛克，所有这些几乎都具有那个时代最好的品质①，很明显这些技艺高超的希腊镶嵌设计师是特地从君士坦丁堡引进的。仅这些就足以使大教堂像珍珠般的引人注目、独一无二，但还不止这些。这些大理石墙壁之上是由一流的阿拉伯工艺所描绘的钟乳石屋顶，而这种屋顶的风格可以追溯到科尔多瓦和大马士革。罗杰最惊人的政治成就是将地中海的三大文明，即拉丁、希腊和阿拉伯文明结合起来，使它们和平而和谐地结合在一起，而在同一个世纪（这是十字军东征的世纪，基督教东、西教会大分裂还不到百年）的大部分时间里，这三种文明在其他地方却在相互攻击。即使是这里的一座小建筑，我们也能发现其在视觉效果上也是同样出色的。国王在切法卢建造的另一座教堂也值得一提。此处阿拉伯风格的影响可能没那么明显，但在这高高的东方风格的半圆形

西西里的切法卢大教堂：万能的主耶稣。马赛克，公元12世纪。

① 有点煞风景的是这里有一两个较新的替代品，包括位于教堂屋顶的中心处的一件骇人的童贞女像，实在应该被移走。

殿内，由十足的拜占庭风格镶嵌画呈现的万物的主宰——全能的主耶稣，却无疑是所有基督教艺术品中最伟大的一幅救世主肖像。

变迁之风遍及整个北意大利之时，它也会慢慢地向南进入罗马。1143年，罗马人发动了一次起义，元老院再一次被建立起来。教皇进行了反击：1145年，教皇卢西乌斯二世（Lucius II）就是在猛攻朱庇特神殿时负伤身亡的。社会运动的规模持续扩大，特别是在布雷西亚的阿诺德出现后。他是一位有激情的年轻僧侣，同时也是苦修者，他以一种新的宗教思想作为支撑：经院哲学。这种思想发端于前一个世纪的法国，比阿诺德年长的大师彼得·艾贝拉德（Peter Abelard）等理论家缔造了它，而后它又扎根于意大利。本质上这种思想有别于古老的神秘主义，而是一种在宗教事务中探究逻辑和理性存在的精神，它是影响阿诺德人生的两种主要思想之一。另一方面，在此时的博洛尼亚大学，对罗马法的兴趣开始复苏。从这两大思潮中阿诺德发展了自己的理论，他在罗马的街道和广场不知疲倦地布道说教：应该有一个世俗的国家，教会应该使其本身彻底地置于所有世俗事物之外，放弃其所有世俗权力，恢复纯洁，还有必须回复到先辈们的简朴状态。这是危险的事情。圣贝尔纳宣扬的是与之完全相反的观点，并于1140年的桑斯大会上谴责艾贝拉德和阿诺德为异端。但贝尔纳对阿诺德在罗马获得的支持也是无能为力的。这是当时其他两位处于权势顶端的人物一致的意见，即德皇红胡子腓特烈一世和尼古拉·布雷克斯皮尔（Nicholas Breakspear）——即教皇阿德里安（或哈德里安）六世（Adrian/Hadrian VI），他是唯一一位坐上教皇宝座的英国人。

阿德里安从一开始就清楚表明他不打算听命于任何人。因此，当他发现被禁止进入拉特兰大教堂参加由阿诺德主持的秘密会议时，他的反应立即就改变了。1155年初，整个罗马都在禁礼拜令之下，直到阿诺德被驱逐出这座城市。之前的教皇从未采取如此措施，但结果他大获全胜。在圣周（复活节前一周）临近时，没有神的复活节（指没有教皇参与）是难以想象的；民众情绪高涨，尖锐地反对阿诺德的秘密会议。阿诺德突然失踪，而阿德里安最终发现自己再次获得了自由。复活节时他如期地在拉特兰教堂主持大弥撒。

霍亨施陶芬家族的腓特烈于1152年当选为皇帝①，也就成了罗马人的国王。他在帕维亚举行了庆祝宴会。腓特烈不久前刚接受了伦巴第人的铁王冠——在一个比平时更具象征性的仪式上，因为此时几座以米兰为首的伦巴第城市公开反对帝国——他随即南行前往罗马举行皇帝加冕仪式。在锡耶纳附近，腓特烈接见了教皇使节：对方请求他紧急援助教皇，去追捕避难于附近一个城堡的阿诺德。由于腓特烈军队的援助，追捕行动毫无困难。不久阿诺德自己屈服，并被送回了罗马。该城行政长官判处阿诺德死刑，实施绞刑后尸体被焚烧；他的骨灰被撒入了台伯河。

红胡子腓特烈和他的儿子们。德国，牛皮纸，公元12世纪。

此时，腓特烈即将到达罗马一事引起罗马教廷的关注。在克服重重困难之后（因为双方互不信任），国王与教皇之间的会议被安排在苏特里（Surti）附近举行。这次会议差点完全以失败告终，因为会议前两天当阿德里安下马时，腓特烈拒绝象征性地扶住他的马笼头和马镫。但最后双方还是达成了协议，一起骑马到罗马。不久，一些罗马人自己委派

① 见本书第121页。

的使者把他们拦截，条件是：如果腓特烈想进入城市，他要付一笔赏金给市民并保证城中所有居民的自由。皇帝直截了当地拒绝，这些使者愠怒地返回了，但察觉到麻烦的阿德里安很快派遣了一支重装先遣队去接管狮城（the Leonine City）。第二天天一亮，他和腓特烈溜进罗马，几个小时后新皇帝被加冕了。消息传到自治社区时，这里正在举行会议讨论如何阻止加冕。因感到被骗而愤怒的僧侣和民兵一起袭击了梵蒂冈。斗争持续了一整天，双方皆大肆屠杀，但到晚上皇帝的军队获胜了，而幸存的袭击者撤退到了河对岸。

腓特烈心满意足地回到了德意志。然而，对于阿德里安而言，这是一次虚假的胜利。没有皇帝的军队保护他，他不可能再待在罗马，而且他未能完全得到腓特烈的支持来反对西西里国王“恶人”威廉一世（Willian I“the Bad”），即罗杰二世的儿子和继任者（教皇仍拒绝承认他）。他想打垮西西里王国，最大的希望就是阿普利亚男爵，后者再次造反，并得到了拜占庭军队的援助。但这次好运没有青睐男爵。威廉没有辜负他的绰号（这个称号似乎更多地指他黝黑而阴险的外表和他大力神般的体格，而不是所谓的任何严重的性格缺陷）。他确实比其父亲更懒惰，也更喜欢享乐，但他仍然保留着自我激励的霍特维尔家的天赋，当面临危机时，他所有的这些特性都展现了出来。此时他率领着其萨拉森敢死队横扫西西里岛，在布林迪西粉碎了希腊人和阿普利亚人的叛乱，接着赶到贝内文托围攻阿德里安。这是诺曼人第三次任意摆布一位伟大的教皇。1156 年 6 月，阿德里安被迫屈服，承认了威廉的西西里王国。

教皇不久便有理由不再为此事感到羞耻：与威廉相比，腓特烈越加成为教皇的威胁。1158 年夏，他带着武装回到意大利，并在龙卡利亚的斋戒日（the Diet of Roncaglia）毫不迟疑地离开了意大利城市；按照他君权至上的观念，他与来自其一直赞赏的大学——博洛尼亚大学的四位著名学者争论，驳倒了他们所推崇的有关市政独立的所有观点，表明这些观点完全缺乏法律基础。因此他宣布，每一座城市将由一位外来总督（podestà）治理，以完善皇帝的统治。整个伦巴第都震惊了，但腓特烈已为各种可能的危难做了准备。1159 年，他在克雷马（Crema）绑架了包括儿童在内的 50 名人质，以阻止反击的防守部队的围攻。1162 年，他最终使米兰人屈于其膝下，并完全摧毁了他们的城市，以致随后五年内，米兰完全处于灾难和毁灭之中。但他的做法加剧了这些城市的反抗。昔日的敌人此时被遗忘了，他们组成了伟大的伦巴第联盟来捍卫其自由。

1159 年，教皇阿德里安逝世。此时的腓特烈显然很关心阿德里安继任者的选拔，他非常关注当时最可能当选的候选人——红衣主教罗兰德·班迪内利（Ronald Bandinelli），他像阿德里安一样强烈反对他的要求。腓特烈到底与之后发生的事情有多大关系我们不得而知；唯一已知的是，罗兰德在当选的两天后，于 9 月 7 日在圣彼得大教堂举行了授职仪式，而这是教皇史上最荒唐、最不庄重的授职仪式：在猩红色的斗篷即将加身之前，在表现出通常的不情愿后，新教皇俯首接受了圣职。在那时，来自圣塞西利亚（S. Cecilia）教堂的红衣主教奥克塔维安（Octavian）突然扑向他，抢夺斗篷试图穿在自己身上。混战随之而来，其间奥克塔维安再次失去了红斗篷，但他的支持者立即将另一套拿到他面前，这次奥克塔维安设法在任何人阻止他之前穿上了它。

接着是几乎令人难以置信的混乱场面。他疯狂地用力挣脱试图从背后强行撕破斗篷的愤怒的罗兰德支持者们以扭转局势，但只能成功地使外围的人乱成一团绕着他转，不过奥克塔维安最终冲向了教皇宝座，坐在上面自称为教皇维克托四世（Victor IV）。然后他起身在教堂中巡行，碰到一群低级神职人员，于是命令他们给他鼓掌以示欢迎，这时大门突然打开，一群武装的暴徒涌入教堂，这些神职人员只得服从。至少在那一刻，反对者暂时沉默了；罗兰德和他的追随者赶紧逃走，避难于圣彼得大教堂的塔楼堡垒内。同时，在暴徒的监视下，仪式比先前的场面稍微正式了些，奥克塔维安登基了，并被顺利地护送到拉特兰宫。据我们所知，奥克塔维安在离开之前一直在煞费苦心地整理被弄乱的着装。

尽管这种举动确实有失尊严，但这次政变看来是提前就严密计划好的，而在一定程度上皇帝也脱不了干系。奥克塔维安早已被视为皇帝的支持者，而他的“当选”在罗马立即得到了腓特烈两位使节的认可，他们同时发动了一次有力的针对罗兰德的袭击，结果没有成功。不久，罗马的公众舆论还是倒向支持合法的教皇。9 月 20 日，罗兰德在小镇宁法（Ninfa）被正式授职为教皇亚历山大三世（Alexander III）。教会事实上仍旧分裂，但奥克塔维安逐渐失去了支持。1164 年他逝世于卢卡，他在那里过着不太成功的半土匪式的生活，本地士绅甚至不允许他埋葬在城墙以内。

威尼斯、西西里岛和教皇亚历山大都尽其所能，积极地支持伦巴第联盟，腓特烈很快开始意识到，整个意大利都在反对他。不久后，他的运势发生变化。1167 年，瘟疫在帝国的军队中爆发，对罗马的进军毫无所获；皇帝几乎被迫毫无防备地撤退，在经过敌对的伦巴第区时，其残军差点没能翻过阿尔卑斯山。1174 年他又来了，但大势已去；1176 年 5 月 29 日，德意志的骑士被伦巴第联盟军队在莱尼亚诺战役（Legnano）击溃。这终结了腓特烈对伦巴第的野心。第二年在威尼斯召开的会议上，腓特烈在圣马可教堂①门口公开地亲吻教皇亚历山大的脚，而 1183 年在康斯坦茨，威尼斯的临时休战协议转为

---

① 正是在大殿中央门口、黑色菱形的大理石铺砌的路面上，腓特烈亲吻了教皇的脚。

正式协定。尽管帝国的宗主地位在名义上还维持着，但伦巴第城市（在一定程度上托斯卡纳也是）从此得以自由地管理其内部事务。这个结果是腓特烈在龙卡利亚时难以预料到的，但他很快找到了安慰。皇帝曾如此费力地和持久地战斗以控制伦巴第，而此时他却毫不费力地获得了西西里岛。

罗杰二世于1154年逝世，他的不幸在于他的后代。罗杰之子"恶人"威廉尽管战胜过教皇，但他12年的统治基本上是平庸无奇的。他死后其子威廉二世（William II）继位。从遗传角度讲，这位新国王比起上两代是退化了：他的父亲被描述成一个巨大可怕的食人魔，"厚厚的黑色胡须使他让人觉得野蛮和恐怖，让许多人觉得可怕"，可金发的小威廉非常英俊，这也许是他不可避免地被称为"好人"威廉（William the Good）的原因。而实际上作为一个统治者，事实证明他比父亲差劲：软弱无能，总是有想法后想努力但从未实现过。他唯一真正继承了罗杰天赋的是对建筑的激情：矗立于巴勒莫小山上的巨大的蒙雷亚莱（Monreale）大教堂，宽厚的墙壁上的马赛克闪烁着耀眼的光辉，这成为西西里王国最后一位合法的诺曼国王令人难忘的纪念碑。

1189年11月18日，"好人"威廉去世，年仅36岁，霍特维尔家族就此绝嗣。其妻英王亨利二世的女儿①琼没能为其生育儿女，千挑万选之下，王位居然传给了他的姑妈——罗杰二世的遗腹女康斯坦斯（实际上比她的国王侄子还小1岁），她在大约四年前嫁给了红胡子腓

① 这大概就是为什么我们会有些惊讶地看到，蒙雷亚莱大教堂屋顶上描绘的马赛克圣人像中居然有坎特伯雷的圣托马斯这个人物的原因。他一定是在王后的特别要求下加进去的，为了更好地替他的谋杀案赎罪。在她孩提时代，她已经非常了解他；因此她可能向工匠描述了他的样子，所以这幅肖像同他本人非常相像。

特烈之子亨利。我们很难理解，威廉及其顾问为何会考虑这种方案，因为这意味着一旦国王无后，西西里岛将落入皇帝的囊中，最后一定会面临分裂。诚然，琼仍有大量时间去怀孕生育：1186 年她只有 20 岁，她的丈夫 32 岁。但 12 世纪的生活同今天相比有太多的不确定性，婴儿的死亡率也很高，在王位继承问题上如此冒险，几乎是一种犯罪的愚蠢行为。

许多诺曼男爵苦苦地反对康斯坦斯，如果在必要时，他们会为王国的继续独立而战斗。1190 年初，在教皇克雷芒三世的鼓动下，巴勒莫大主教将西西里的王冠戴在了罗杰二世非法的孙子莱切伯爵[①]（Count of Lecce）唐克列德（Tancred）头上。唐克列德非常矮小，长得像恶棍般的丑陋，而从理论上讲，他的私生子身份实际上已将其排除在宝座之外；但他确实非常有能力，而且精力充沛，如果他不那么短命的话，便可设法去寻求一个脱离教皇的强大盟友，这是能够将其国家从绝境中拯救出来的唯一机会。可悲的是，有一半的诺曼男爵反对他，因此他最初就面临着四处的叛乱活动。此外，唐克列德刚到中年便去世了。唐克列德的儿子兼继承人对局势无能为力，因为他还是个孩子。皇帝亨利六世于 1194 年抵达这里，要求获得西西里的王冠。亨利的加冕礼于 1194 年圣诞节在巴勒莫举行，他将中世纪最耀眼的王国过早地带到了它的尽头。而他自己不久后也神秘地去世了。

64 年对一个王国而言是短暂的，西西里王国本来或许仍可幸存下去，只要威廉二世——最好遗忘掉其绰号——能够通情达理并生儿育女。但与此相反，他把西西里作为礼物送给了他的夙敌，后者以涉嫌谋反为借口，在其加冕仅 4 天后便屠杀了所有反对他的西西里和南

---

① 他实际上是罗杰二世的大儿子阿普利亚公爵罗杰的私生子，而罗杰公爵比其父早死。

意大利诺曼贵族，并终其一生坚持实行恐怖政策。因此，诺曼人的西西里王国不是被击败的，而是被白白丢弃了。

然而即使一代人之后，它的精神仍然存在。当其夫在巴勒莫被加冕为王时，王后康斯坦斯并没有出席。直到 40 岁时[①]，她才第一次怀孕，她要确保两件事情：其一，她的孩子平安出世；其二，王位继承权毫无疑问应归属于她。她没有延迟去西西里的旅程，但她走得很缓慢；当康斯坦斯感觉到分娩的疼痛时，她到达了安科纳以西二十几公里处的耶西镇，便没有继续前行。就在加冕礼后的第二天，王后在市集上搭起了一顶帐篷，并允许这个城镇的女士自由进入，让她们亲眼见证孩子的出生。她在这里生下了唯一的儿子。一两天后，她在市集面对着众人用乳房自豪地哺乳孩子。这个孩子——腓特烈后来的绰号是“人间奇迹”或“世界的奇迹”，后面我们将了解更多的事情，因为我们的故事还在继续。

---

① 原文如此，但 1186 年距 1194 年仅 9 年，此时琼似应为 29 岁。——译者注

第七章　基督教世界的反攻

穆斯林在8世纪占领西班牙，9世纪占领西西里岛的绝大部分后，他们没再进一步寻求扩张领土。然而，地中海周围的基督教世界却觉得穆斯林是一个比过去更令人恐惧的威胁。他们在南意大利和法国的非官方殖民地，使其基督教邻居感到恐惧；中世纪的地中海没有地方能安全逃脱海盗船队的威胁，而很少有海滨城市或小镇不是生存在遭到突然袭击的恐惧之中。威尼斯自身安全地被潟湖围绕，倒是不用紧张。但正如我们所看到的，罗马在846年被洗劫一空，在随后一个世纪里热那亚和比萨也遭受了同样的命运。

开罗：伊本·图伦清真寺，公元9世纪。

穆斯林的威胁不只限于海上掠夺。埃及也变得越来越危险了。一个幸运的土耳其士兵艾哈迈德·伊本·图伦（Ahmed ibn Tulun）于868年成为总督，并扩张其在地中海东部地区的势力，势力远达小亚细亚东南海岸的西里西亚。在这个世纪末，阿拔斯王朝的哈里发派遣了一支舰队前往讨伐埃及，于是图伦王朝于905年宣告结束①。30年的混乱随之而来，而后另一个更杰出也

① 他们留下了9世纪的伊本·图伦清真寺，它也许是这座城市中最美丽的风景。

更持久的王朝登上了历史舞台，即法蒂玛王朝（Fatimids）。作为伊斯梅利支派（Shias of Ismaili）的什叶派，他们将先祖世系追溯到了先知之女法蒂玛（Fatima）。这个家族首先在突尼斯崭露头角，然后在969年占领埃及，并建立了自己的首都开希若（al-Qahira），意为“胜利”，就是我们今天所知的开罗。这时阿拔斯哈里发政权已经奄奄一息，无力阻止法蒂玛王朝占领巴勒斯坦和叙利亚，以及阿拉伯腹地的汉志（Hejaz）。

理论上讲，自9世纪以后西罗马皇帝应负有维护其帝国免受异教徒攻击的最终责任；但皇帝往往是无能为力的。从帝国的首都亚琛（Aachen）行军到地中海岸边要好几个星期：甚至当一支军队向南方进军时，它也不得不局限于大陆，因为帝国海军的船只很少，通常只待在波罗的海（Baltic）。可怜的奥托二世就是一个典型的例子。980年12月，奥托二世曾决定解放南意大利，使其免于萨拉森人的祸害。一开始，他的战役进展很顺利，但982年夏，在向卡拉布里亚推进的途中，他在斯提洛（Stilo）附近遭到一支阿拉伯军队突袭。他的军队被切成数段，而他自己则游泳逃脱到一艘路过的船上，隐姓埋名活了下来。后来当这艘船靠近罗萨诺（Rossano）时，他又跳下船游上了岸。他的失败极为生动地说明了帝国面对伊斯兰压力时的无能为力。

尽管当时几乎仍难以察觉，但从那时开始，钟摆已向回摆了。我们发现，从10世纪晚期起基督教世界的反抗力量在缓慢增长。到975年，法国南部的穆斯林定居者已经被驱逐出去。热那亚和比萨正在建立自己的海军。1016年，热那亚和比萨联合起来把萨拉森人赶出了撒丁岛，而撒丁岛自751年以来至少遭到过九次大规模的袭击，且经常伴随着对本地人的屠杀。没过几年，北非的阿拉伯人便尝到了自己酿造的苦酒的滋味，意大利船只开始转而威胁北非沿海的城镇。当1025年拜占庭皇帝、有“保加尔人屠夫”（Bulgar-Slayer）之称的巴西尔二世长达50年的统治结束时，帝国再次控制了整个巴尔干半岛、整个小亚细亚、阿普利亚、克里特岛和塞浦路斯岛。大转折发生在1087年，热那亚和比萨再次结盟远征阿拉伯人的首都马赫迪耶（Mahdia，现在在突尼斯境内），占领城市，在其港口烧毁船只并把和平条款强加于其统治者。四年后，大伯爵罗杰一世完成了对西西里岛的占领，而在1092年和1093年，来自意大利和法国南部的大量诺曼人加入了远征军，他们重新占领了西班牙北部的大部分地区。伊斯兰世界正在各个方向濒于崩溃。从政治上来看，地中海再次成为基督徒的海洋。

但仍有不好的消息。1055年，第一批突厥入侵者塞尔柱人（Seljuks）已占领巴格达；1071年他们闯入小亚细亚。拜占庭皇帝罗梅纳斯四世第欧根尼（Romanus IV Diogenes）亲自率军对抗塞尔柱突厥人，但在8月26日他遭到彻底失败并被俘获，这就是曼兹科特（Manzikert）战役。塞尔柱突厥人的首领阿尔普·阿尔斯兰（Alp Arslan，据我们所知，他的胡子很长，以至于打猎时不得不把胡子扎在背后）慷慨地对待这位拜占庭皇帝，并派人护送其回到君士坦丁堡，但造成的损害已无法挽回了。之后的一些年里，突厥势力遍及安纳托利亚中部，只有沿海部分还在拜占庭人手中。此役后又过了14年，即1085年，塞尔柱突厥人占领了安条克。该域仅次于亚历山大城和耶路撒冷，在东正教五大教区中位居第三。此时，只有罗马和君士坦丁堡保持原状。

第一批突厥人在安纳托利亚的扩张有着重要而不可预测的后果。塞尔柱突厥人占领了亚美尼亚（Armenia，甚至远达东北，以阿拉拉特山［Mount Arart］为中心），导致这些地方的大批难民向南流动。1080年，阿尼（Ani）末代国王的亲戚，一个叫罗宾的人在西里西亚托罗斯（Taurus）山脉的中心建立了一个小公国。尽管这个公国离亚美尼亚腹地整整1000英里，但它逐渐变得强大而重要起来，到1199年成为小亚美尼亚王国。亚美尼亚人一直以他们是第一个接受基督教的国家而自豪，即他们在300年就接受了基督教。从此时开始，在伊斯兰国家的包围中，一个基督教王国诞生了，尽管亚美尼亚人对君士坦丁堡心怀敌意，但他们在短期内给予经过西里西亚往圣地去的十字军以非常重要的支持，这是在第一次十字军东征时①。

在曼兹科特之战后的一段时期里，很多人更加希望西方基督教世界将注意力转向东方伊斯兰世界。意大利沿海城市被显而易见的商机所吸引；诺曼人则一直被根深蒂固的征服和冒险野心所驱使；但好战的基督徒无论在哪里都会下决心设法阻止穆斯林潮流。于是当教皇乌尔班二世（Urban II）于1095年11月27日在克莱蒙特会议上发表演说时，在结尾处他激昂地呼吁进行十字军东征。乌尔班是在向一群已心生此意的人发出呼吁，为这一项没有他也可能会开始的事业提供宗教上的合法性支持。异教徒继续占领圣地耶路撒冷，是对基督教世界的侮辱；基督教徒此时正遭受着各种羞辱和蔑视。所有的基督教徒都有责任武装起来，反对那些亵渎基督曾在其上漫步过的土地的人，怀着最诚挚的信仰光复圣地。

随后的几个月里，乌尔班的演说由他自己传遍了整个法兰西和意大利，进而由一支传教士大军传遍西欧的每一个角落。反响是惊人的，远达苏格兰，男人们都迫切参加十字军。皇帝亨利四世和因通奸已被开除教籍的法兰西国王腓力一世（Philip I）② 与罗马教廷皆关系

① 这个王国将一直存续176年——直到1375年，土耳其人和埃及的马穆鲁克王朝一起推翻了亚美尼亚末代国王利奥六世，这位国王在巴黎的流亡中死去。

② 从这里开始我们可以把法兰西作为一个政治实体了。查理曼帝国分裂成许多小的公国，其中一个围绕巴黎-奥尔良轴心形成，后来被称为法兰西岛。卡佩王朝就兴起于这里，其第一个国王休·卡佩于987年登上王位。这是我们今天所知的法国的核心，尽管它要达到今日法国的领土规模还要300年的时间。

不佳，不太会加入十字军，但这没关系；乌尔班决定，这项伟大的事业应该在基督教会的控制之下，并提名勒普伊的主教阿德马尔（Bishop Adhemar of Le Puy）为十字军统帅和自己的正式使节代表。阿德马尔是当时极少数曾去往耶路撒冷朝圣归来的教士。几位有势力的权贵陪伴着主教，包括图卢兹伯爵（Count of Toulouse）、圣吉尔的雷蒙德（Raymond of Saint-Gilles），他是其中最年长、最富有和最显赫的；法国国王的弟弟韦尔芒杜瓦伯爵休（Count Hugh of Vermandois），他到来时还惊魂不定，因为之前在亚得里亚海遭遇了一次灾难性的船舶失事；佛兰德斯伯爵罗伯特二世（Count Robert II of Flanders）；诺曼底公爵罗伯特（Duck Robert of Normandy，征服者威廉之子）和其堂兄弟布卢瓦伯爵斯蒂芬（Count Stephen of Blois），以及下洛林公爵布戎的戈弗雷（Godfrey of Bouillon，Duck of Lower Lorraine）。与戈弗雷同行的还有其弟布洛涅的鲍德温（Baldwin of Boulogne）。鲍德温作为一个没有世袭财产的年轻子弟，随身携带妻儿，决心在东方开辟一块属于自己的领地。来自南意大利的则有：塔兰托王子、罗伯特·吉斯卡尔之子波赫蒙德（Bohemund），他也怀着相似的野心。他是真正的诺曼人，并不真正关心圣地，却把十字军东征看作其一生中最伟大的冒险活动。

大天使圣米迦勒：黄金、珐琅、宝石和半宝石。拜占庭，公元12世纪。

然而，最受欢迎的首领不是贵族而是一位年长的游方修士彼得，因他常穿隐士斗篷又被叫作“隐居者”。据说，彼得的斗篷从未摘下过。传说彼得臭气熏天，长得颇像他一直骑的那头驴，但他的个人魅力是不可抗拒的。据历史学家诺让的吉尔伯特（Guibert of Nogent）所言："无论他说什么做什么都几近出神入化"。彼得在法兰西全境和德意志的大部分地区宣讲十字军的征途，而到他这一支远征军出发时，他可能拥有了一批超过4万人的追随者。毫无疑问，他们中的许多人都是虔诚的，都是敬畏上帝、渴望为神圣事业而战的男人，但也不乏大量希望得到奇迹般的治愈的残病者，包括妇女和儿童，而其中绝大多数都是受不了拘束的地痞流氓，他们完成这次旅程只是为了有抢劫的机会，同时也被在天堂占有一席之地的前景所吸引。

考虑到人数众多和他们的出发地各异，十字军不可避免地以不同的时间和不同的路线向第一个集结点君士坦丁堡进发。乌尔班似乎由衷地相信他们会得到拜占庭皇帝阿历克赛一世科穆宁（Alexius I Comnenus）的热情欢迎；阿历克赛不是曾求助于西罗马帝国的军队来对抗土耳其人吗？但教皇没有想到的是，可充实防御力且无条件服从指挥官的一两个训练有素的雇佣兵军团，与一支许多士兵毫无组织纪律、只希望有吃有住而并不听从任何人命令的庞大军队，这两者差异非常大，而拜占庭皇帝想要的是前者，不是后者。不过他在可支配的短暂时间内，还是很好地安排了相关事宜。在十字军所到的城市，他都给予巨大的物质支持，当十字军跨入帝国境内，就马上派遣武装

阿历克赛一世科穆宁。拜占庭，牛皮纸，约公元1100年。

分队去接每一支军队，再护送他们到首都。一旦他们抵达都城，阿历克赛为全军上下在城墙外提供住所；允许他们入城参观，但拜访者每次要控制在容易安排的大概12人的小群体以内，他们可以进入首都观光和朝拜主要的圣坛。

1096年10月至1097年5月间，各支十字军先后到达君士坦丁堡。然而，在他们从此地再出发之前，十字军还有重要的外交工作要做。首先，阿历克赛坚持每一位首领应宣誓忠诚于他，而且要以书面的形式承认帝国在小亚细亚和叙利亚的权利。这些条件除了图卢兹的雷蒙德外，所有其他人都不同程度地勉强接受。雷蒙德4月中旬到达君士坦丁堡，仍雄心勃勃地想要各方认可自己为十字军统帅。雷蒙德宣称，如果皇帝任命他为十字军首领，他会是其忠心的臣子；如果不，只有上帝才是他的领导。由于害怕雷蒙德的态度可能会危及整个远征的胜利，同道的诸侯乞求他温和些，而他最后也同意妥协，发誓重视皇帝的生命和名誉，不会对他造成任何伤害。阿历克赛意识到从他这里只能得到这么多，于是很理智地接受了。阿历克赛只以这样的形式表达他的不愉快：他没有赐予雷蒙德可观的礼物，包括食物、马匹和奢华的丝织长袍，而其他首领都已得到。

当他看到最后一批十字军乘船去亚洲时，我们可以想象，皇帝本人是长长地松了一口气，即使当时阿历克赛对之前9个月内经过其领土的男人、女人和儿童的数量可能并没有一个清晰的概念：从走到尼西亚（Nicaea）就止步不前，在10月已被土耳其人杀害大半的隐修士彼得的乌合之众，到封建骑士们，总数估计与10万相当。由于阿历克赛的谨慎准备和预防措施，十字军并没有带来很多麻烦，而所有的将领除一位以外都宣誓效忠于他。但阿历克赛的谨慎确有必要。虽然理论上可能是友好的，但外国军队从来不是受欢迎的客人，这些下流而粗暴的野蛮人真的差到不能再差了。十字军蹂躏领土、强奸妇女、劫掠城市乡村，并认为这些是理所当然的，还希望被人视为英雄和引路人而不是他们实际上是的那种恶棍。十字军的离开令大家高兴，进一步的安慰是，如果他们返回，比起他们来时，数量会少很多。

然而与很多人的预期相反，事实证明，第一次十字军东征取得了彻底的（虽然是不应该的）成功。1097 年 7 月 1 日，十字军在安纳托利亚的多里留姆（Dorylaeum，现名为埃斯基谢希尔［Eskisehir］）粉碎了塞尔柱军队；1098 年 6 月 3 日，十字军收复了安条克；最后于 1099 年 7 月 15 日，那天是星期五，伴随着骇人听闻的大屠杀，基督的战士们一路扫荡进入耶路撒冷。在那里他们屠杀了城市中所有的穆斯林，焚烧犹太教会堂中所有活着的犹太人，以此来庆祝胜利。然而他们的两位前首领并不在场：布洛涅的鲍德温在幼发拉底河中游自封为埃泽萨（Edessa，现为乌尔法［Urfa］）伯爵；而塔兰托的波赫蒙德在与图卢兹的雷蒙德苦苦斗争之后，自封为安条克亲王。

在耶路撒冷举行了一场决定未来统治者的选举。雷蒙德是显而易

十字军猛袭耶路撒冷，公元 1099 年。

见的候选人，但他拒绝了，他知道自己太不受人欢迎，肯定得不到同伴的服从和支持。机会最后垂青于布戎的戈弗雷。这主要不是由于他的军事和外交才能，而是他真正虔诚的信仰和无可非议的私生活。戈弗雷接受了任命，但在这座基督曾戴上荆棘王冠的城市，他放弃了国王的称号，而自称为“圣墓捍卫者”（Advocatus Sancti Sepulchri），在发布命令和讲话时也通常只以“公爵”（dux）或“大公”（princeps）的名义，从不用“吾王”（rex）。但戈弗雷在占领这座城市后一年就去世了，其继承者就不那么拘泥于细节了，他们都被加冕为耶路撒冷拉丁王国的国王。

这个王国持续存在了 88 年，其间领土范围时有变化。最广阔时，南至亚喀巴湾（Gulf of Aqaba）口，北至贝鲁特以北数英里的狗河（Dog river）。它东部的疆界是约旦河谷，西部是地中海。对于虔诚的基督徒阿历克赛而言，拉丁王国建立的消息是受欢迎的；这座城市有差不多四个世纪曾在异教徒的手中，而且离君士坦丁堡太远，没有重大的战略意义。另一方面，安条克的形势却引起了他真正的担忧。这座古老的城市和主教辖区也曾经历了曲折的历史：6 世纪时曾被波斯人洗劫；而在 637 年落入阿拉伯人手中之前，由波斯人占领了 12 年；969 年再次被帝国收复，直到 1078 年仍是帝国稳固的一部分。其居民绝大多数说希腊语并信仰东正教；在阿历克赛和他明智的臣民眼中，这座城市自始至终是一座拜占庭城市。此时这座城市已被诺曼侵略者占领，尽管诺曼人已发誓效忠，但他们显然无意放弃这里并且公开显示出敌意。他们甚至驱逐了东正教的牧首，并用罗马主教取而代之。仅有的安慰是：波赫蒙德一点都不受北部突厥达尼什曼德王朝（Danishmend）[①] 邻居们的欢迎，而当 1100

① 一个突厥王朝，它的建立者是埃米尔达尼什曼德。这个王朝在小亚细亚出现 15 年后，统治着卡帕多西亚、塞巴斯特亚（今瑟瓦斯）周围的地区和马拉蒂亚。在随后的世纪里土库曼人在这个地域的历史中起着非常重要的作用，但在 1178 年塞尔柱突厥人占领马拉蒂亚后，他们如其出现一样突然消亡了。

年这位安条克亲王成为他们的囚犯时，阿历克赛的满足感是可想而知的。安条克亲王被囚禁3年后，才被继承了其兄戈弗雷耶路撒冷王位的鲍德温救了出来。

在十字军东征胜利后的几年里，众人的言行表明，对拜占庭怀有敌意的并不单只波赫蒙德。虔诚的朝圣者大都厌恶以基督之名犯下的暴行，他们在占领耶路撒冷后已开始陆续返乡；仍留在“海外领地”（Outremer，十字军在中东的领土）的法兰克人是军事侵略者，在已获取了圣城后，他们开始四处征战，榨取更多。令人觉得讽刺的是，在第一次十字军东征的众多首领中，只有那位在君士坦丁堡拒绝宣誓效忠的图卢兹的雷蒙德恪守承诺，把所收复的一些原属帝国的领土交还给帝国。其他人的表现比被取代的萨拉森人好不了多少，最坏的是波赫蒙德。1104年，在他被达尼什曼德人释放一年后，波赫蒙德航行到阿普利亚，在那里全心全意照管被自己长期忽视的庄园。1105年，波赫蒙德到罗马毫不费劲地就说服了教皇帕斯加尔二世（Paschal II）：海外十字军国家的主要敌人既非阿拉伯人也非土耳其人，而是阿历克赛·科穆宁。帕斯加尔二世热忱地接受了波赫蒙德的观点，因此当波赫蒙德去法国时，带着教皇对拜占庭发动圣战的命令。阿历克赛和他的臣民证实了他们最为严重的疑虑。整个十字军东征只是一场带有虚伪的掩饰的军事行动，其中的宗教动机仅仅是厚颜无耻的帝国主义最单薄的伪装。

十字军国家埃泽萨在安纳托利亚南部距叙利亚边境不远处，离地中海约150英里。在25天的围攻后，1144年的圣诞节，埃泽萨陷落在伊马德·爱德丁·赞吉（Imad ed-Din Zengi，即摩苏尔的艾塔伯格［Atabeg of Mosul］）的军队手中。骇人听闻的大屠杀发生了。但我们关注的是其直接结果：第二次十字军东征。这个可怕的消息令整个基督教世界恐慌。对西部基督教世界的人们来说，他们将第一次十字军东征的胜利视为上帝的恩赐，这个消息则引起他们对自己所坚持的信念的怀疑。还不到半个世纪，十字架就再一次向新月让步了？到东方去的旅行者有时会反馈回驻外法兰克人已堕落的传闻。也许在全能的上帝眼中，他们不再能胜任圣地保护人的角色？

法兰克人对此知道得更清楚。问题很简单：绝大多数最初的十字军战士已回到自己的家园；唯一永久常设的军队由两个武装修士团，即圣约翰和圣殿骑士团组成，他们无法指望靠这点力量发动协调一致的有效进攻。唯一的希望是另一次十字军东征。但教皇尤金三世（Eugenius III）不是乌尔班，而且他最近被迫逃离中世纪时混乱的罗马，避难于维泰博（Viterbo）。领导的重担随即落到了法国国王路易七世（Louis VII）的身上。尽管只有24岁，路易已呈现出一种让他看上去更年长的忧郁虔诚的样子，并因他年轻漂亮又高雅的妻子阿基坦的埃莱亚诺（Eleanor of Aquitaine）的分心而感到愤怒。路易是一个天生的朝圣者，十字军东征是他作为一名基督徒的义务；当然也存在家族的原因，因为埃莱亚诺是安条克亲王①雷蒙德的侄女。1145年圣诞节，路易宣告了举起十字架出征的意图。为了使所有臣民的心像他自己一样充满着十字军的火焰，路易派人去请明谷修院院长贝尔纳。

圣贝尔纳此时55岁，无疑是欧洲最强大的精神力量。他高大又消瘦，脸上笼罩着由于夸张的肉体苦行带来的痛苦不已的神色，他缺乏宽容和温和，被毫无节制余地的、炽燃着的宗教热情所苦苦折磨着。在过去的30年里，他不断云游各地，说教布道、争辩讨论、写

① 波赫蒙德之子——安条克亲王波赫蒙德二世于1130年被杀后，将领地留给了2岁的女儿康斯坦斯。她8岁时与阿基坦公爵威廉九世的小儿子普瓦提的雷蒙德喜结良缘。

无数的信和不由自主地投入到每一场宗教或政治的论战中。拟议中的十字军东征正是他梦寐以求的冒险事业。1146 年 3 月 31 日圣枝主日（Palm Sunday）那天，在勃艮第的维泽莱，圣贝尔纳做了他一生中最重要的演说，国王路易就站在旁边。国王在胸前戴着教皇送的十字架以表决心，而当贝尔纳演说时，数以千计的听众开始喊叫着要十字架。大把从粗布上裁下来的十字架已准备分发；当备用的都发完时，修道院院长脱下他的长袍，开始撕成布条做成更多的十字架。其他人也仿效他，而他和他的助手们一直缝制到天黑。

这是一个惊人的成就。在欧洲再也没有人能够做到。然而，随着事件的发展，我们会明白这些事情还是都不要做为好。

远在君士坦丁堡的曼努埃尔一世科穆宁（Manuel I Comnenus）完全明白，半个世纪前的第一次十字军东征对其祖父阿历克赛而言就如同一场噩梦。曼努埃尔一世不愿看到这个噩梦再次重演。他一开始就明确表示会为军队提供食物和物资，但这一切都必须付费。而且，所有的首领经过其领土时，都将被要求再次宣读效忠于他的誓言。首先到达的约 2 万人的德意志军队已表明自己是最无责任感的。其中许多首领也为部下树立了可鄙的榜样：虽然罗马人的国王[①]康拉德（Conrad，他一开始拒绝为十字军做任何事，但在被贝尔纳公开苛责后，他又后悔了）此时表现出了其一贯的尊严，但他的侄子兼副指挥官、年轻的斯瓦比亚公爵“红胡子”腓特烈烧毁了阿德里安堡（今埃迪尔内）的整栋修道院，屠杀了许多无辜的修士，以报复当地土匪的攻击。康拉德拒绝了曼努埃尔的建议，即他的军队必须经由达达尼尔海峡到亚洲，从而避免途经君士坦丁堡。1147 年 9 月中旬，十字军

① 他实际上是神圣罗马帝国皇帝，但因为他从未在罗马加冕而不能用皇帝的称号。

最终在这座都城外安营扎寨，日耳曼人和希腊人之间的关系已经坏得不能再坏了。

几个星期后到达的法兰西军队人数更少，整体而言却更像样。纪律要好一点。许多高贵的女士，包括埃莱亚诺王后自己也随军陪伴着丈夫，这无疑都施加了温和的影响。尽管如此，整个进程也并不总是一帆风顺的。德意志人的暴行使巴尔干的农民对后来者怀有明显的敌意，这并不令人惊讶：他们此时为其存留下来出售的少量食物漫天要价。相互间的不信任很快就激化，并导致了极端行为的发生。因此，在他们远未到达君士坦丁堡之时，法国军队已开始对德意志人和拜占庭人怀有相似的憎恨。

曼努埃尔用例行的招待和宴会欢迎他的贵客，尽管如此他心里却并不轻松，还是已做好了最坏的打算。他自己刚从安纳托利亚打了一仗回来，知道眼前这些死气沉沉的军队既无士气又无组织纪律性，根本没有机会击败塞尔柱骑兵。他为军队提供了物资并给予指导；他警示军队那里很缺水；他建议军队不要直线穿过内地而要沿着海边行进，因为海边大都仍在拜占庭的控制之下。他也算仁至义尽了。如果在实行所有这些措施之后，他们仍然遭到屠杀的话，那么他们就只能自责了。如果真是这样，曼努埃尔本人会觉得遗憾，但也不会伤心欲绝。

就在拜占庭皇帝敦促德意志军队出发后没几天，曼努埃尔接到消息：他们遭到土耳其人突袭，几乎全军覆灭。康拉德和斯瓦比亚的腓特烈逃回来并加入了仍在尼西亚的法军，但他们的部下却绝大多数都还在受袭被毁的营地，有的已死，有的奄奄一息。这是一个坏兆头，随后形势将更加恶化。康拉德的病加重后，只得继续远逃至以弗所。曼努埃尔立即从君士坦丁堡乘船赶来并将他安全地接回皇宫。曼努埃尔深以自己的医疗技术为傲，于是亲自照料康拉德，直到他恢复健康。最后，当康拉德能够继续他的旅行时，一支帝国骑兵队被拨派给他差遣，随往巴勒斯坦。

同时，法国军队正磕磕绊绊地穿越安纳托利亚，在那里他们受到土耳其人的重创。尽管这完全是国王路易的错误，因为路易忽视了皇帝沿海行军的警示，但他固执地将每一次遭遇敌人都归因于拜占庭的疏忽或不忠或两者皆有之，这就很快形成了一种对希腊人几近变态的仇恨心理。最后路易绝望了，王室成员及许多骑士在阿塔雷亚（今安塔利亚）乘船离去，剩下大部队和朝圣者们自求多福。当这些曾是伟大东道主的客人，而现在是可怜的幸存者的人们蹒跚到达安条克时已是 1148 年暮春了。

而这只是一个开始。强大的赞吉死了，其权位传给了他的女婿，更为全能的努尔丁（Nur ed-Din），努尔丁在阿勒颇（Aleppo）的堡垒此时就成了穆斯林反击法兰克人的重地。阿勒颇成为十字军的第一个目标，而路易发现自己处于巨大压力之下：安条克的雷蒙德主张立即攻取该城。路易拒绝了，理由是他首先必须在圣墓前祈祷。而皇后埃莱亚诺对其丈夫的爱慕并没有随着旅程中的危险和不安而与日俱增，且她与雷蒙德已被怀疑超出了叔叔和侄女之间的正常关系：她滞留在安条克并声称要离婚。埃莱亚诺和路易是远房表兄妹，血亲关系在他们结婚时很容易地忽视了，但如果特意提起，这仍然是一件麻烦事，埃莱亚诺也知道这一点。

路易虽然总是一副郁郁不乐的样子，但在面对危机时也是有胆识的。路易无视妻子的反对，把她带到了耶路撒冷；路易反对雷蒙德的观点，而安条克也拒绝在十字军东征中再发挥作用。5 月，他到达圣城，一言不发的王后和他在一起。路易一直待到 6 月 24 日，当天所有的十字军首领在阿卡召开会议，规划战役计划。为什么他们选择这个时刻去袭击大马士革仍是一个谜。大马士革作为当时唯一一个仍反抗努尔丁的重要阿拉伯城邦，本来是可以成为一个非常重要的同盟的，而一旦攻击它，十字军就迫使其违心地加入穆斯林同盟。他们是自找毁灭。十字军到那时才发现大马士革兵强马壮，其防御坚决又果断。第二天，他们又做出了这次十字军征途中很典型的灾难性决定：十字军将营房移到沿东南城墙的另一个没有阴凉和水源的地方。路易和康拉德不久就意识到，如果继续包围，就意味着他们将全军覆没。7 月 28 日，在开战五天后，十字军决定撤退。

没有任何事物比叙利亚沙漠的那种深灰色更能震撼灵魂，在大马士革和提比利亚（Tiberias）之间有着广袤无垠的沙地和玄武岩。盛夏时军队撤退穿过这里，无情的烈日照射着，灼热的沙漠风扑面而来，匆匆而来不断追赶着的阿拉伯弓箭手和随后死人死马的恶臭，十字军此时想必一定感到极度绝望，他们知道一切都完了。十字军的损失巨大，但更糟糕的是耻辱。曾经荣耀的军队声称要铭记西方基督信条的完美典范，但他们在战斗了四天没有获得穆斯林一英寸领土之后就放弃了。这是十字军和他们的敌人都不会忘记的莫大耻辱。

史蒂芬·朗西曼（Steven Runciman）爵士写道："第二次十字军东征的失败是整个海外领地的转折点。"耶路撒冷王国还能坚持 39 年，但在 1148 年后任何一位冷静的旁观者看来，这座城市最终不可避免地会落入萨拉森人手中。穆斯林已经有了一个天才的首领努尔丁，1154 年 4 月他占领了大马士革，成为叙利亚穆斯林的主宰者。而不久就会有另一位穆斯林英雄登场了，他就是中世纪最伟大的穆斯林英雄萨拉赫·爱德丁（Salah ed-Din），也被称为萨拉丁（Saladin）。1137 年萨拉丁出生在一个显赫的库尔德人家庭，31 岁时同时被任命为驻埃及的叙利亚军队指挥官和法玛蒂王朝哈里发的大臣。1171 年，萨拉丁已强大到足以废除陷入绝境的什叶派哈里发并恢复逊尼派的统治；从此以后他成为埃及唯一的统治者。仅三年后，在努尔丁死后，他很快将手下人数不多但纪律严明的军队开进叙利亚，并按照自己的标准把埃及、叙利亚、北美索不达米亚和巴勒斯坦联合在一起。

萨拉丁的军队。

可以想象，与这样两个巨人做对，耶路撒冷国王的胜算是渺茫的。鲍德温三世和其继承者阿马尔里克一世，如果他们还活着的话是可能扭转当时局势的，但他们分别在 32 岁和 38 岁就去世了。而后的国王鲍德温四世是个麻风病患者，1185 年 24 岁时被病魔摧毁。王位又留给了其 8 岁的侄儿鲍德温五世，但他不到 9 岁就夭折了。在这种情况下，鲍德温五世的夭折可以被看作是一种恩赐，但寻找一位真正领导者的机会被浪费了，王位就此传给了其继父吕西尼昂的盖伊 (Guy of Lusignan)。盖伊是一个既懦弱又满腹牢骚的人，一个完全被他同胞所鄙视的无能者。耶路撒冷因此处于一种几近内战的混乱状态。1187 年 5 月，萨拉丁宣布开始其蓄谋已久的圣战，他跨过约旦河进入法兰克人的领土。在盖伊的领导之下，基督徒的失败是理所当然的。7 月 3 日，盖伊率领着其王国征召过的最强大的军队，翻过了加利利（Galilee）山脉，指向提比利亚；萨拉丁正在围攻提比利亚城堡。在这一年中最热的季节进行了一整天的强行军后，这支军队被迫在一块水源贫乏的高原上安营扎寨；第二天，热得疲倦不堪，都快渴疯了的这支部队，在一座名为哈廷之角（Horns of Hattin）的小双峰的山脚下被穆斯林包围，并被分割成数块。

剩下的就是萨拉森人一个接着一个地肃清基督徒的堡垒了。提比利亚在此役后一天就沦陷了；阿卡、纳布卢斯（Nablus）、雅法（Jaffa）、西顿（Sidon）和贝鲁特很快就都屈服了。接着是南部，萨拉丁如暴风般地夺取了阿斯卡隆（Ascalon）；加沙毫无抵抗就投降了。现在萨拉丁准备进军耶路撒冷。圣城的防御者们英勇地坚持了12天；10月2日，当城墙被穆斯林工兵破坏后，他们知道一切都快结束了。他们的领袖伊贝林的巴里安（Balian of lbelin，国王盖伊在哈廷之役后被囚禁在了巴里）亲自前往与萨拉丁讨论投降的条件。

萨拉丁并不嗜血如命也不睚眦必报，他同意在耶路撒冷的每名基督徒用一定的赎金赎回自己。就在同一天，萨拉丁率军进入情况糟糕的耶路撒冷，这是88年以来穆斯林军队第一次回来（这天也是那位先知在睡梦中从耶路撒冷升到天堂的纪念日）；绿色的旗帜再次飘扬在圣殿区域，这里曾是先知召集群众的地方；先知留下的神圣足迹再一次在真理崇拜者的面前公开。无论在哪里，秩序都维持得很好。没有谋杀，没有流血，没有抢劫。其中有2万名付不起赎金的穷人，有7000人经由基督教方面各机构想法凑齐数目付了赎金；萨拉丁的兄弟兼首席副手阿迪勒（al-Adil），要求把剩下数目中的1000人作为其服役的酬金，他得到他们后马上把他们释放了。另外有700人赐给了神庙，500人发配到了巴里；然后萨拉丁释放了所有的老年人，所有其妻已被赎回的男人，还有所有的寡妇和小孩。没有几个基督徒最后成为奴隶。萨拉丁的克制是显而易见的，虽然他不会忘记1099年第一支十字军到来后的大屠杀。基督徒们也不会忘记，比较之下他们相形见绌。

当耶路撒冷失陷的消息传到西方时，教皇乌尔班三世受不了打击而死；其继承者格列高利八世（Gregory VIII）立即号召基督教世界武装起来以收复圣城。计划很快就拟定好了。领导第三次十字军的是“红胡子”腓特烈皇帝，他于1152年在其叔康拉德之后继位。同时高举十字架的还有其他三位西方君主：英国的狮心王理查（Richard Coeur-de-Lion）、法国的腓力·奥古斯都（Philip Augustus）和西西里王“好人”威廉。拜占庭皇帝伊萨克二世安格洛斯（Isaac II Angelus）幸免了其先辈阿历克赛和曼努埃尔曾经不得不应付的后勤问题，因为打算走陆路的“红胡子”同意从达达尼尔海峡而不是博斯普鲁斯海峡进入亚洲，三位国王则都选择了海路。威廉的意外死亡使他们有必要对之前的安排做一两个小小的改动，但三支船队最后在墨西拿会合的基本计划不变。1190年9月，理查和腓力·奥古斯都在10天内相继到达了西西里岛。

理查此时心情低落，充满敌意。他对西西里国王唐克列德怀恨在心。虽然“好人”威廉未留遗嘱就死去了，但他似乎在某个时候向其岳父英王亨利二世承诺过一大笔遗产：包括一张12英尺的金桌、一顶可以容纳200人的丝绸帐篷、一些镀金餐具和另外数艘为十字军配备齐全的船舶。威廉和亨利此时都逝世了，唐克列德拒绝遵守那个承诺。此外还有理查的妹妹乔安娜（Joanna）王后的问题：理查得知唐克列德一直监禁着她，还非法剥夺她因嫁妆而取得的一部分收益。同时，理查也将西西里岛视为其王冠上一颗可能的新宝石。唐克列德毕竟是非法的，而康斯坦斯已与皇位继承者联姻，这就注定西西里王室已无后。作为前任国王的妻兄，理查很有可能问鼎王位。

其后三个月里，理查在唐克列德的地盘上已经做出了冒险性的敌对行动。很明显，唐克列德必须使这位不受欢迎的客人尽快远离西西里岛，如果那意味着作出让步，那这让步也是必需的。理查到达5天后，乔安娜也来了，此时她获得完全自由，并得到补偿她损失的大量赔偿。但狮心王不是那么容易就能被贿赂的。9月30日，理查迅速穿越墨西拿海峡，占领了位于卡拉布里亚沿岸的一个毫无防备的小镇——巴尼西拉。在那里，在罗杰伯爵一个世纪前建立的修道院里，理查把妹妹置于一支驻军强有力的保卫之下。回到墨西拿，理查便向城中最古老的宗教圣地，壮丽的横跨海港的圣巴西勒救主修院（Basilian monastery of the Saviour）发动了猛烈攻击。僧侣们都被逐出修道院，而理查的军队搬进了“新营房”。

墨西拿以希腊人为主的人口早已因英格兰士兵的行为感到极度愤慨，特别是他们随意而轻佻地对待当地妇女的方式。修道院被占领更令人忍无可忍。10月3日，严重的骚乱暴发了，第二天理查的军队就涌进了墨西拿城，摧毁和劫掠了这座城市。数小时内，整座城市陷于一片大火中。腓力·奥古斯都曾试图努力调和理查和唐克列德，但当他看到理查的旗子飘扬在城墙上时也害怕了；他立即送急信给唐克列德，提醒他形势的严重性，如果理查还有更多非分之想的话，他会提供军队支援。唐克列德不需要任何告诫，他有着自己长远的考虑，并知道与理查相比，霍亨施陶芬王朝的亨利（Henry of Hohenstaufen）是一个更大的威胁。亨利迟早会袭来；到那时唐克列德就需要盟友，而到那时，英格兰不管曾做过些什么，作为盟友仍好过法国。理查讨厌霍亨施陶芬家族；另一方面，法兰西国王却与“红胡子”腓特烈关系良好。如果德军此时侵入，而十字军仍在西西里岛，法兰西的支持可以说是很难确定的。唐克列德感谢腓力，并送给他相当数量的昂贵礼物，同时又派遣了一名可靠的使者到墨西拿与理查谈判。

唐克列德提出的条件是理查难以抗拒的，即分别给予理查及其妹各 20 万盎司黄金。作为回报，理查承诺只要其军队仍在王国领地内，就会给唐克列德全力的军事支持，并且保证将混乱期间抢劫的赃物归还原主。11 月 11 日，双方最后在墨西拿签署了协定。签约后双方交换礼物为证：理查送给唐克列德的礼物，据说是在格拉斯顿伯里（Glastonbury）出土不久的著名的亚瑟王神剑（Excalibur）。不奇怪的是，理查与腓力之间的关系比以前更僵化了，但法王不像英王那样知道如何控制自己的情绪。不过无论如何他们都度过了一个没有进一步冲突的冬天，3 月 30 日，腓力率领军队起航开往巴勒斯坦。

数日后，理查 70 岁高龄的母亲阿基坦的埃莱亚诺①带着他的未婚妻纳瓦拉公主贝伦加丽亚（Berengaria of Navarre）乘船而至。原计划他们俩应在西西里岛结婚，但在大斋节婚礼是被禁止的，而无论如何理查的爱好不在于此，也并不急于结婚。因此决定贝伦加丽亚将随其航行到圣地。但其母埃莱亚诺不愿意去，她永远也忘记不了那最后一次不愉快的访问；最后决定年轻的新娘由乔安娜王后陪伴，并且有一艘专船由她们支配。1191 年 4 月 10 日，理查率领这一支据说由至少 200 艘船组成的大型船队起航开往巴勒斯坦。

离开墨西拿的第三天，英国船队遇到了东地中海著名的可怕春季暴风雨。士兵们大部分都靠在一起，而国王把点燃的灯吊在他船上的桅顶为其他船只导航，但一些船还是被吹得凌乱不堪而另一些则被完全摧毁。有段时间传闻载着贝伦加丽亚和乔安娜的船恐怕也出事了，

① 1152 年埃莱亚诺与路易七世的婚姻如期解除。仅两个月后，她与金雀花王朝的亨利结婚，也就是安茹伯爵和诺曼底公爵及未来的亨利二世。两人关系剑拔弩张——只在她丈夫死后她才从监狱被释放——但尽管如此，她为他生下了五个儿子和三个女儿。理查是她的第三个儿子。

但最后发现它与另外两只船一起出现在塞浦路斯的利马索尔港外。

除了阿拉伯人短时期占领以外，塞浦路斯一直以来都是拜占庭帝国的一部分；但就在五年之前，一个名叫伊萨克·杜卡斯·科穆宁（Isaac Ducas Comnenus）的人，带着任命其为塞浦路斯岛总督的文件来到这里。后来人们发现这些是伪造的，但此时伊萨克已经控制了所有主要的据点。伊萨克接着宣布自己为独立君主且自封为皇帝，为了巩固其地位以与正统的拜占庭皇帝对抗，他还与萨拉丁签订了协定。在这种情况下，伊萨克是绝不可能给予十字军船队任何援助和庇护的；船舶失事中的幸存者被剥夺了所有东西后被投入监狱。对两位高贵显赫的女士，伊萨克邀请她们上岸；但乔安娜听说他已经关押了一些人，一点都不信任他。当伊萨克拒绝给船只提供水并开始在沿岸召集军队时，乔安娜的疑虑得到了证实。

消息很快传到理查耳中，他立即航行到利马索尔并下令马上发起攻击。伊萨克已经做了所能做的一切来驻守海滨，但他的士兵对付不了英国弓箭手，不久他便溜之大吉。到傍晚时这座城市便在理查手中了。同一天晚上，伊萨克的营房被包围，虽然他自己设法潜逃了，但什么都没带走，比如武器、战马、珠宝，还有相当重要的其帝国的旗帜，它后来被理查送给了贝里·圣埃夫勒修道院。伊萨克给了国王一个完美的宣战机会，而理查不是那种会错过机会的人。此时理查确定塞浦路斯全境只能属于他了。5月11日，那天是星期日，在这座城堡里的圣乔治教堂（Chapel of St. George）举行了先前应有的仪式，理查和贝伦加丽亚举行了婚礼，由埃夫勒主教直接给新娘加冕①，随后理查又开始准备战斗了。

---

①　这座城堡，现在包括了中世纪博物馆，13世纪时由圣殿骑士团重建。然而，有理由相信它的祭坛在现在东方教堂里可能用于双重纪念。

对塞浦路斯的征服没费多大工夫。被剥夺了领地的耶路撒冷名义上的国王盖伊与理查联合在一起，理查信赖盖伊，并把部分军队交由他去追捕伊萨克；其余部队在其亲自指挥下包围了这个岛屿，分成两路朝相反方向行进以占领沿海城镇和城堡，并拦截了他们在途中碰到的任何船只。理查回来时发现盖伊没能成功找到伊萨克，这他早已预料到了；而伊萨克正避难于北部沿海一个坚不可摧的高山城堡里。伊萨克原来计划按兵不动，直到十字军离开这座岛。本来他可能会成功的，但他留在凯里尼亚堡垒的妻子和女儿落入了盖伊军队的手里。由此伊萨克泄气了，并同意投降，只保证他不要被戴上铁镣铐。理查欣然允诺，给伊萨克专门铸造了一副银锁链。到6月1日英王也成了全塞浦路斯岛的主人。两名英国人被任命为总督，并以他的名义监管塞浦路斯岛，而所有的塞浦路斯男人被命令刮掉胡子，作为效忠于新政权的象征。

6月5日，英王从法马古斯塔（Famagusta）起航，随船带着伊萨克·科穆宁，到了马尔加城堡（Margat，今叙利亚的加拉特马卡布［Qalaat Marqab］）后将他关押在此。马尔加城堡是所有十字军城堡中最黑暗、最可怕和最阴森的，它五年前被圣约翰骑士团获得。理查接着沿海岸线南行到阿卡，在路上有幸碰到和摧毁了一艘打着法国旗帜、一心想冲破法兰克人封锁的萨拉森舰船。（根据法兰克人中普遍的传闻，这艘船被发现载有200多条有剧毒的蛇，用于散布在基督徒的营房里。）当军队抵达时，理查与其船队受到了预料中的热情欢迎，但他立即发现自己卷入了一场外交危机中，这可能会严重威胁到剩下的基督教同盟。

在哈廷战役11个月后，以不再参加战斗为条件，吕西尼昂的盖伊被萨拉丁释放了。盖伊同意了，但任何人都知道对异教徒的承诺可以放心地忽略，尤其此时他不仅要为夺回圣地而战，他自己的王位也

围攻阿卡。

岌岌可危。在盖伊被囚禁时一位新首领出现了：蒙特费拉的康拉德（Conrad of Montferrat）英勇地反抗了萨拉森人从而保卫了提尔，此时他紧紧抓住这座城市不放，尽管实际上它是耶路撒冷王国领地的组成部分。失去提尔之后，盖伊决心显示其气概，另外夺回一座城市。他不顾一切地率领为数不多的军队行军到阿卡，并开始围攻。人们普遍认为，盖伊没什么本事，而他此时的行为却几乎接近疯狂。阿卡是王国领地内最大的城市，甚至比耶路撒冷还大，而盖伊的军队少得可怜；同样没有什么可以阻止萨拉丁提供救援部队，也没有什么可以阻挡萨拉丁包围盖伊，他正是这样做的。然而，盖伊还是维持其王位直到1191年初夏狮心王理查到来。

同年7月12日，在阿卡的穆斯林驻军有条件地投降，十字军占领了这座城市。六周后，在把阿卡交给盖伊之前，理查下令屠杀所有的萨拉森囚犯，共2700人，还有他们的妻儿。除了蒙特费拉的康拉德还牢牢地盯着耶路撒冷的王位，盖伊的困境好像结束了。盖伊得以继承王位完全是通过其妻西碧拉（Sibylla），但西碧拉和她的两个小女儿于1190年秋季死于传染病。她的丈夫还有正当的权力捍卫王位吗？无论继承人是否合法，此时海外领地内大部分健在的男爵都视之为一个极好的、摆脱这个懦弱而不值得信赖的君主的机会。他们的王位候选人是康拉德。但康拉德没有合法的头衔，对于这个问题有一个简单的解决方法：与国王阿马尔里克一世的女儿伊莎贝拉公主联姻。这里或许有一个小小的不利条件，那就是伊莎贝拉已和托伦（Toron）

勋爵汉弗莱（Humphrey）结婚。但汉弗莱尽管是个相当有文化的男人和优秀的阿拉伯学者，他还是一位著名的同性恋者。以如释重负的感觉，汉弗莱毫不犹豫地同意离婚。1190 年 11 月 24 日，康拉德和伊莎贝拉宣布结为夫妻。

然而，一场王室联姻并不等同于加冕礼。吕西尼昂的盖伊和蒙特费拉的康拉德之间的对抗又持续了 18 个月。如果不是在圣地的权力和威望远比他们都大的国王理查，收到来自英格兰的消息劝其马上返回以保住自己王位，这种对抗形势可能会持续更久。在离开之前，理查召集一次包括所有骑士和海外领地男爵的会议，告诉他们就王位的问题此次必须做出一个永久性的决定；他们会选举谁来统治他们呢，盖伊或康拉德？他们一致选择了康拉德。盖伊被理查送到塞浦路斯，作为补偿，由其自由管辖这座岛屿。盖伊在这里称王，建立了一个统治塞浦路斯近 300 年的王朝。

1190 年 6 月 10 日，经过穿行安纳托利亚南部托罗斯山脉的冗长而又疲惫的旅途后，红胡子腓特烈率领军队到达平坦的沿海平原。此时，酷暑难耐，卡律卡德努斯河（Calycadnus，听起来不怎么顺耳，即现在所知的格克苏河［Göksu］）经塞琉西亚（Seleucia）注入大海的景象就成了一道悦目的风景。腓特烈独自骑着马，走在军前一小段距离，他鞭笞着马儿靠近河流。他的生命很快就要结束了。我们并不知道腓特烈当时是否下马喝水，被湍急的水流所冲倒；或他的马儿在泥泞中滑跤并使他跌倒；或者突然落入冰冷的山涧水，这对已经年近七旬的皇帝那疲倦而苍老的躯体来说否是太难以承受了？当他被救上来时已经太晚了。大部分随从赶到河边时发现已经死去的皇帝躺在岸上。

腓特烈的军队几乎立即开始溃散。随行的许多德意志诸侯返回欧洲；其他人坐船前往当时还在基督徒手中的、海外领地唯一一个重要港口提尔。残留者尽管在进入叙利亚时中了埋伏而损失惨重，他们还是带着用醋保存着（虽然不十分成功）的皇帝遗体，艰难地前进着。幸存者到达安条克之后就不再有争斗了。此时，腓特烈残余的遗体就像他残破的军队一样；遗体迅速腐烂，他被匆忙安葬在大教堂里。78年后，一支隶属于拜巴尔人苏丹[①]（the Sultan Baibars）的马穆鲁克军队，纵火将整座教堂和城市的大部分烧成平地。

对于基督徒的海外领地而言此次东征还算是幸运的，理查和腓力·奥古斯都的军队基本上完好无损。尽管第三次十字军东征没有收复耶路撒冷，算不上成功，但至少比第二次少受了些羞辱。阿卡成了王国的首都；此时，这个王国缩减到只剩下提尔到雅法之间狭长的沿海地带，它只是曾经的十字军巴勒斯坦王国留下的苍白影子。它还将继续苟延残喘一个世纪，直至 1291 年最后落入拜巴尔人手中。它能延续那么久时间还是让人很意外的。

在所有基督教王国的历史中，没有比与十字军历史相关的章节更对人无所裨益的了。第一次十字军东征尽管军事上讲是成功了，但即使按中世纪主流观点来看，也是残暴到无以复加的。第二次东征是一次惨败，这是由于领导层大量层出不穷的愚昧举措。尽管不像前两次那样令人蒙羞，第三次东征也谈不上怎么光彩，而且也未能达到它的目标。况且除了大量毫无意义的流血之外，这三次远征并没有多少长期的历史影响：毫无疑问，到 13 世纪末（也有人认为到 12 世纪末，但这一说法有争议），近东的穆斯林世界与教皇乌尔班在克莱蒙特振臂高呼之时差别不大。第四次十字军东征又与前三次大不一样。其参

---

① 见第十章。

与者事实上摧毁了一个值得他们以生命去守卫的强大的基督教堡垒，欧洲反抗穆斯林浪潮的唯一坚实屏障。他们这样做改变了历史进程。

12 世纪末的欧洲处于混乱之中。1195 年 4 月 8 日，拜占庭皇帝伊萨克二世安格洛斯成为其兄弟阿历克赛策划的一次政变的受害者，阿历克赛废黜和弄瞎了伊萨克并取而代之。伊萨克的统治的确是场灾难，但我们只能说阿历克赛干得比他还糟糕。1197 年 9 月 28 日，正当阿历克赛准备发动新的十字军远征时，西罗马皇帝亨利六世在墨西拿因高烧而死，德意志因皇位继承问题而四分五裂。1199 年狮心王理查死后，英国和法国也受困于继承人问题，尽管暴力程度稍好一点。诺曼人的西西里岛失去了，再也没有收回来过。基督教世界所有的大人物中，唯一能牢牢控制住局势的就是：教皇英诺森三世（Innocent III）。

在英诺森时期，教皇的权力和威望达到了其在中世纪的顶峰。英诺森于 1198 年登上教皇宝座，他在位 19 年间主导了两次十字军远征。如果我们严格按年代顺序的话，后一次具有相对较小的国际影响力，很大程度上局限于法兰西西南部。其目标是镇压阿尔比教派（Albigensian）异端，也就是清洁派（Cathars）教徒，他们信奉摩尼教式的善恶对立，认为善恶两大原则为了占据上风而不断斗争着。物质世界是邪恶的，人类的任务是使精神解放，这才是本质上的善，并且要重建与上帝的联系。这只有通过极度苦行才能实现，还必须避免罗马天主教会的过于世俗化和腐败。

显然，这种教义直击东正教会和基督教会的政治体制和神职系统的要害，英诺森三世因此强烈地反对它，并于 1209 年下令西多修会（Cistercians）组织一支十字军。这次远征持续了一个世纪，虽然自从 1244 年位于比利牛斯山麓的蒙塞居尔（Montségur）要塞失陷以后，清洁派就再也没有恢复过来，只能转入地下活动。到异端最终被完全镇压下去时，普罗旺斯、朗格多克和法国西南大部已经惨遭蹂躏，许多居民被毫无人性地屠杀，著名的普罗旺斯行吟诗人（troubadour）文化也被毁灭。

另一次十字军东征就是我们所知的第四次十字军东征。没有皇室人员领导指挥根本没有使英诺森担忧；以前的经验表明国王和王子们无一例外，会为了国家之间没完没了的优先权和礼仪问题而竞争，他们带来的麻烦大于他们的价值。更为严重的是后勤问题。狮心王理查离开巴勒斯坦前指出，东方穆斯林世界最薄弱的地方是埃及，以后的远征应先直指此地。那就意味着，新的行军路线将不得不走海路，而所需的大量补给品其来源只能是威尼斯共和国。

1201 年大斋节的第一周，由香槟元帅杰弗里·德·维尔阿杜安（Geoffrey de Villehardouin）为首的 6 名骑士到达了威尼斯。这些骑士在威尼斯大议会（Maggior Consiglio）召开的一次特别会议上提出上述要求，并在一周后得到了答复。威尼斯将会为4500名骑士提供马匹，为 9000 名侍从和 2 万名步兵提供 9 个月的饮食。此外威尼斯还会自费装备好 50 艘大帆船。条件是它能获得一半的被征服领土。十字军为补给需支付的总价是 84000 银马克。

这个答复通过威尼斯共和国总督恩里克·丹多罗（Enrico Dandolo）传达给杰弗里和其同僚。在威尼斯历史中没有比他更惊人的人物了。我们不能肯定丹多罗于 1193 年 1 月 1 日就任总督时的年龄。传说那时丹多罗已是 85 岁而且双目失明，这是我们从 10 年后有关他进攻君士坦丁堡城墙时英勇事迹的记载时所能了解到的。这似乎令人难以置信。但即使丹多罗当时是七十四五岁，到第四次十字军东征时他也是年逾 80 的人了。丹多罗谨慎地隐瞒了其使者那时正在开罗洽谈一项关系到高额利润的贸易协定的事情，作为协定的一方威尼斯共和国几乎肯定不会参与攻击埃及领土。最后确定的是，十字军应于 1202 年 6 月 24 日——圣约翰节那天集合到威尼斯，到那时舰队也应该准备好了。

那一天到来。在新领导人蒙特费拉侯爵卜尼法斯（Marquis Boniface of Montferrat）麾下，集合于利多岛的十字军人数不到预期的 1/3。不来的那些人中，有些人的热情已完全消失；有些人则是毫无疑问地屈服于家庭压力；还有些人则认为十字军东征的目的就是圣城，他们视耶路撒冷为唯一合法的目标，拒绝在其他地方浪费时间。人数的锐减使得十字军不能支付威尼斯预期的费用。他们所能提供的还缺 34000 马克。丹多罗尽可能多地收了钱，当他发现再也拿不到更多时，提出了一个新建议。扎拉（今扎达尔，在达尔马提亚海岸）最近已落入匈牙利国王之手，如果十字军能帮助威尼斯收回扎拉，债务问题则能延期。

1202 年 11 月 8 日，载有第四次十字军东征部队的船队从威尼斯起航。据随行的法国十字军战士兼编年史作家克拉里的罗贝尔（Robert of Clary）记载，共有 480 艘船，在共和国总督大木船的领导下，“涂成猩红色、支着猩红色的丝绸帆布篷，船头士兵击打着铙钹，4 个号兵吹着小号”。1 周后，扎拉被占领和洗劫。因战利品分配的分歧，战斗立即在法兰克人与威尼斯人之间展开。局势最终稳定下来时，这两支部队冬天驻扎在这个城市的不同部分。不久这个消息传到了教皇耳中，他非常恼怒地开除了整支远征军的教籍。

更糟的事情还在后面。新年伊始，卜尼法斯收到了红胡子腓特烈最小的儿子——斯瓦比亚的菲利普的信件。菲利普娶了已被阿历克赛三世废黜的不幸皇帝伊萨克之女。然而，伊萨克年轻的儿子（令人疑惑的是，他的名字也叫阿历克赛）已逃出他和其父被关押的监狱并避难于菲利普之处。菲利普的建议相当简单：如果十字军护送年轻的阿历克赛回到君士坦丁堡，并让他取代其篡位的叔叔，阿历克赛会负责资助随后远征埃及的行动，另外会额外提供 1 万名士兵，而后还会出钱在圣地供养 500 名骑士。他还会使君士坦丁堡的教会服从于罗马教会的权威。

对于卜尼法斯和共和国总督丹多罗而言，这个方案是不错的。大部分十字军追随者也很乐意这项承诺巩固和资助十字军的计划，以顺便还清威尼斯的债务，并恢复基督教世界的统一。因此在十字军于威尼斯会合一年后的 1203 年 6 月 24 日，十字军船队抛锚停泊在君士坦丁堡的外海。杰弗里·德·维尔阿杜安写下了一段非常具有可读性、记录着整个事件的文字，他写道：

> 你可以想象他们是怎么注视的，这些从未见过君士坦丁堡的人。当他们看到这些高高的城墙和其中的坚塔、辉煌的皇宫和森严的教堂——这些除了他们亲眼见证之外根本不可能相信——和其他一切王权的象征及那座城市的规模，他们从未想到世界上还会有如此富有和强大的地方。你还要知道，如果不是一个鲁莽的人，他看到这些必然会恐慌；这也没什么可奇怪的，因为自创世以来从未有过如此伟大的造物。

一开始十字军没遭到什么像样的反抗。7 月 5 日，十字军在金角湾东北边的加拉塔登陆。加拉塔没有城墙，因为这里是一个大部分都是外籍商人的贸易据点，它唯一的防御设施是一座孤立的圆塔。然而这里非常重要，因为里面有发生紧急事件时，可以关闭金角湾入口的、可升降的大型铁链起锚机。君士坦丁坦堡驻军建立了一条坚强的防御线，但 24 小时后威尼斯水手破坏了起锚机，上面的铁链被狠狠地丢到水里。舰队扬长而入，很快摧毁了在内港发现的、为数不多的拜占庭船只。海军取得了完全的胜利。

然而，君士坦丁堡还没有被征服。金角湾的城墙与西边巨大的大陆壁垒是不能相比的，但这也不足以坚定地防御外敌。十字军直接攻击最薄弱的地方，即这两个壁垒相交的地方，也就是城市最西北角布拉切尔那（Blachernae）皇宫那里。法兰克人的第一次登陆企图被打退了，决定性的那天是威尼斯人创造的，很大程度上就是靠恩里克·丹多罗本人。杰弗里亲口叙述了他的壮举：

> 这是一个非凡的有胆略的壮举。因为年老而眼睛完全失明的威尼斯公爵，全副武装地站在大划桨船的船首，圣马可的旗帜飘扬在他面前，他向船员们呼吁，如果要发挥生命的价值就把船靠向岸。船员们按他说的做了，他和船员们下船到陆地上把旗帜插到身前。而当其他的威尼斯人看到圣马可的旗帜与共和国总督的船已经在自己之前靠岸时，他们感到耻辱，于是也跟着上了岸。

不久，君士坦丁堡的抵抗土崩瓦解：十字军从缺口涌入城市，放火燃烧木头房子直到整个布拉切尔那宫都被吞没在火海里。当晚阿历克赛三世秘密地逃出城市，留下除他最喜欢的女儿外的妻子儿女去面对任何可能发生的事情。

当面临历史上最严重的危机之时，君士坦丁堡一刻也不能没有皇帝。年老的伊萨克·安格洛斯很快从监狱中被放出并坐上皇位。但这绝不是事情的结局。由于他兄弟阿历克赛，伊萨克·安格洛斯的视力甚至比不上威尼斯共和国的瞎眼总督，而且之前的执政表现也表明他无能得无可救药；而且他儿子阿历克赛还和卜尼法斯和丹多罗有笔交易要完成。只有当伊萨克使他儿子阿历克赛成为共治者，即阿历克赛四世时，十字军才正式承认他。他们接着撤退到加拉塔等候酬金。

然而，这笔酬金是等不到的。帝国府库虚空，当阿历克赛开始抢夺和熔化教堂的金银器皿时，神职人员反感了，当听说他要使他们从属于罗马时，他们更是极度气愤。法兰克人在帝国兑现承诺前，并不打算离开，而他们滞留在那里使得形势更加紧张。一天晚上，法兰克人的一支队伍出现在圣伊莲娜教堂后面萨拉森人地盘上的一个小清真寺里，抢掠了这座清真寺并将之烧为灰烬。火焰蔓延，在随后的两天里，君士坦丁堡陷入了从七个世纪前的查士丁尼时代以来最猛烈的大火之中。这场灾难使已令人忧虑的形势更糟了。数天后，皇帝告诉法兰克人与威尼斯人的代表团，他们完全没有希望得到那笔酬金，其结果就只有战争了。

具有讽刺意味的是，希腊人和法兰克人都不想打仗。前者只想永远摆脱这些暴徒；后者则没有忘记他们离开家园的理由，当他们应该去对付异教徒时，则越来越愤恨被迫逗留在一个精疲力竭的异端民族之中。即使承诺的钱都支付了，对法兰克人也没有好处；只能偿付他们欠威尼斯人的钱。简而言之，整个事件关键在于威尼斯人，或更准确地说是恩里克·丹多罗本人。在任何时候丹多罗都可以下令其舰队起航。如果丹多罗这样做了，十字军会得到安慰而君士坦丁堡更会欣喜若狂。事实上，丹多罗没有这么做，其原因也与法兰克人的债务问题无关。丹多罗的心思转到了更大的事情上：推翻拜占庭皇帝，在君士坦丁堡王位上扶植一个威尼斯人的傀儡。

于是丹多罗以另外的方式给法兰克盟友提出了建议。他指出，这两个共治皇帝是再也没有什么可指望的了。如果十字军要得到应得的东西，他们必须用武力占领君士坦丁堡。一旦打入城市，把他们中的一位首领扶到皇位上，就能很轻松地偿付拖欠威尼斯的债务，并仍能资助十字军东征。这是十字军的机会，失不再来，此时应抓住它。这是一个很有力的理由，而且它马上就会变得更有力。1204 年 1 月 25

日，阿历克赛四世被废黜，不久后又被谋杀，其老父亲马上也可疑地进了坟墓。谋杀者是一个名叫阿历克赛·杜卡斯（绰号为穆泽弗卢斯[Murzuphlus]，因其眉毛浓黑蓬乱且相连）的贵族，接着他在圣索菲娅教堂被加冕为阿历克赛五世，并迅速地展示了帝国失去已久的领导才能。大量的工人被送去昼夜加固加高防御墙。如果要全力攻城，很明显必须马上行动。此时新皇帝不仅篡夺了皇位而且被揭露为谋杀者，十字军对付他较之前任皇帝——他们毕竟是合法的，在道义上处于更为有利的位置。

攻击开始于1204年4月9日，星期五的早上。穆泽弗卢斯率军队顽抗，但徒劳无功。他也逃跑了，12日，法兰克人和威尼斯人最终冲破了城墙。接着是非常可怕的大屠杀，就连维尔阿杜安也被震慑了。军队在世界上最富有的首都之外等待了如此之久绝不是无欲无求的，既然城已破，按传统士兵们可洗劫三天，他们就变得像蝗虫一样。欧洲从来还没见证过一种如此野蛮残酷、破坏肆无忌惮的疯狂。在历史上，从没有这么多超群的艺术品和工艺品在这么短的时间内被摧毁。一位希腊目击者尼西塔斯·卓尼亚铁斯（Nicetas Choniates）写道：

> 他们砸坏圣像，把殉道者的遗骨扔到我不愿提及的地方，护城者的遗体和鲜血到处都是。他们玷污了大教堂，这是可怕的。他们毁坏了高高在上的圣坛（这是为整个世界所公认的艺术品），瓜分了它……他们把马和驴赶进教堂，以便更好地带走从圣器和宝座、道坛、门和器具上拆下的所有他们能看到的金银；其中有些畜生滑倒了，他们则用剑来驱赶，它们的血和粪便又玷污了教堂。
>
> 一个妓女被推上了大主教的椅子，这是对基督耶稣的极大侮辱；她唱着淫秽的歌曲、随意地在圣地跳舞……品格良好的女

士、无辜的女仆甚至献身上帝的童贞女都难以幸免于难……在街上、教堂和房子里到处都能听到哭喊和悲叹。

卓尼亚铁斯继续写道，就是这些人把十字架扛在肩上，并发誓要不沾血地穿过基督的圣地，只武装对抗异教徒并放弃了肉体的欢乐，直到其神圣任务完成为止。

三天的恐怖后，秩序恢复了，十字军开始着手下一项任务：选举一个新皇帝。蒙特费拉的卜尼法斯本来是显而易见的候选人，但他与被废黜的阿历克赛四世走得太近，卜尼法斯此时发现自己不太被信任。此外，卜尼法斯还暗中与热那亚人来往，丹多罗知道此事。老总督很容易地就掌控了选举委员会，其中一半为威尼斯人，倾向于选弗兰德斯和海诺特（Hainault）伯爵鲍迪温。5 月 16 日，鲍迪温如期在圣索菲娅教堂被加冕为皇帝，但皇帝统治的区域大大缩小。早在 3 月间，威尼斯人和法兰克人就认为，只该保留帝国和城市的 1/4，剩下的 3/4 则在威尼斯和十字军骑士团之间平分。丹多罗为其共和国分到了从圣索菲娅教堂到金角湾的整个区域；在余下的地区里，他分走了会加强威尼斯在地中海的主导地位，并能形成一条从威尼斯到黑海的贸易链的地方。它们包括：拉古萨（今都拉佐）和杜拉佐（今杜雷斯）；希腊大陆的西海岸和伊奥尼亚群岛；整个伯罗奔尼撒半岛；纳克索斯岛和安德罗斯岛、尤卑亚（Euboea）岛的两个城市；达达尼尔海峡、马尔马拉海峡、加利波利海峡、罗多斯托海峡（Rhaedestum）和赫拉克利亚海峡的主要港口；色雷斯海岸、埃迪尔内城和至关重要的克里特岛。如此看来，共和国总督并没有认真对待皇帝。港口和岛屿要绝对地属于威尼斯，至于希腊大陆丹多罗明确表示，作为一个商业性的共和国，威尼斯更有兴趣的是占领重要港口。

因此威尼斯人才是第四次十字军东征的真正受益者，而且他们的胜利几乎应完全归功于恩里克·丹多罗。他拒绝了君士坦丁堡的皇位，因此也确保了自己的候选人当选，他知道，如果他接受了它，就会给威尼斯带来一些不可克服的结构性问题，且可能使共和国衰落。最后，恩里克·丹多罗鼓励法兰克人分封帝国，因为他知道这样能形成一个支离破碎的局面，以阻止它强大到足以妨碍威尼斯的扩张，从而保证威尼斯能在封建框架之外，维持对新获得地区的主权而不是作为帝国的一个采邑。对于一个年近 90 岁的失明老人来说，这是一项引人注目的成就。

恩里克·丹多罗此时自豪地称自己为"1/4 加 1/8 罗马帝国疆域之主"，他应受到威尼斯城市的赞赏；但在更广泛的世界视野中丹多罗却是一个灾星。第四次十字军东征（如果真能这样称呼的话）从未进入过穆斯林领土，与前三次相比，在无耻和言行不一、野蛮贪婪的程度上是有过之而无不及。12 世纪的君士坦丁堡是当时世界上最富文化气息和艺术积累的大都会，也是欧洲古典遗产（包括希腊和罗马）的主要宝库。这次它被洗劫，使西方文明遭受了比 5 世纪罗马遭蛮族洗劫那次更大得多的损失，可能这也是人类历史上单次损失中最具灾难性的一次。

政治上的损失更是难以衡量。虽然法兰克人控制了博斯普鲁斯海峡至少 60 年，但拜占庭帝国再也没有恢复元气，它山河破碎，经济崩溃，领土缩减，无力阻挡奥斯曼土耳其人的浪潮。历史上很少有比这更大的讽刺了，欧洲的命运被打着十字军旗号的人们改变了，欧洲基督世界的半壁江山将注定要处在奥斯曼帝国的统治下长达五个世纪。那些人是恩里克·丹多罗运送到、鼓舞着、激励着并最终以威尼斯共和国的名义引导着完成这一切的；正如威尼斯从这极大的不幸中获得主要实利，它与其出色的老总督必须要承担给世界制造这样浩劫的责任。

第八章　两次大流散

第四次十字军东征不仅毁灭了君士坦丁堡，也使整个东地中海不得安宁，这场剧变同时影响到希腊人和拉丁人。实际上所有的拜占庭贵族都逃离了这座城市，或者说是厌恶地离开了，他们不愿意屈服于法兰克人的统治，而是倾向于逃往在某种程度上仍保留着拜占庭精神和东正教信念的邦国。第一个这样的国家叫做特拉布宗（Trebizond）帝国，它不太值得我们去关注，其疆域仅局限于黑海沿岸的一条狭长地带。第二个国家叫做伊庇鲁斯专制君主国（Despotate of Epirus），由阿历克赛一世的一个庶出曾孙——迈克尔·科穆宁·杜卡斯（Michael Comnenus Ducas）在拉丁人征服君士坦丁堡不久后建立。从他的首都阿尔塔（Arta）开始，迈克尔逐渐控制了希腊西北海岸和部分的色萨利。最后一个建立的国家是尼西亚帝国，在我们看来这个帝国非常重要。阿历克赛三世的女婿西奥多·拉斯卡里斯（Theodore Lascaris）于1206年被公认为这个国家的皇帝，并在两年后加冕。尼西亚帝国占据了安纳托利亚的西北角，沿黑海扩展到爱琴海。它的北方是据有君士坦丁堡的拉丁帝国；其南方和东方是塞尔柱人的领地。这个国家的官方首都是尼西亚（即Iznik），但西奥多的继承者约翰三世瓦塔特泽斯（John III Vatatzes）把他主要的居住地选在了大水道口（Nymphaeum）。在拉丁人占领君士坦丁堡的57年内，作为一个地中海国家，尼西亚帝国治理得有声有色。

虽则如此，如果没有保加利亚沙皇卡洛扬（Tsar Kalojan）的话，在我们讲述的地中海故事里，上述种种都只能成为不太重要的脚注。

色雷斯的希腊人曾向他许诺，如果他能驱逐拉丁人，把他们赶出君士坦丁堡，他们就推举他为皇帝。1205 年 4 月，卡洛扬的确歼灭了法兰克人的军队。虽然卡洛扬未能占领这座城市，但他俘获了皇帝鲍德温。后者从此再未获得过自由，不久便去世了。仅六周后的 6 月 1 日，已年逾九十高龄的老总督丹多罗（一直坚决站在鲍德温一边投入战斗）也随即跟他进了坟墓。令人惊讶的是，丹多罗的遗体并没有被运回威尼斯，而是安葬在了圣索菲亚大教堂。石棺在后来的土耳其征服中没能幸免于难，但人们把他的墓碑镶嵌在南边过道的柱廊上，至今仍旧可见。

就这样，在占领这座首都仅一年后，拉丁人的统治就瓦解了。虽然他们仍然滞留在君士坦丁堡，但整个小亚细亚，只有马尔马拉海南部海岸的小镇皮加（Pegae，今卡拉比格［Karabiga］）还控制在法兰克人手中。此时西奥多·拉斯卡里斯正集中精力建立他的新国家，一切皆按照古老的拜占庭风格行事，他坚信自己的同胞们迟早会回到他们的原属地。此时的东方有两位皇帝和两位大主教，拉丁皇帝在君士坦丁堡，希腊皇帝在尼西亚，很明显他们不可能和谐相处，每一方都决心要消灭对方，但双方都没有足够实力完成这一任务。随后鲍德温的继任者海诺特的亨利打破了僵局，难以置信地引入了一股新的力量：科尼亚（Konya）的塞尔柱突厥人的苏丹——凯霍斯鲁（Kaikosru）。

在漫长而痛苦的十字军岁月里，基督徒非常频繁地对抗着自己的同胞。然而选出一位穆斯林盟友来对付一个基督徒敌人，这完全是件新鲜事。塞尔柱土耳其人此时已控制了地中海数百公里的海岸线，并从中亚地区开始向外迅速大规模扩张。11 世纪塞尔柱土耳其人迅速征服了波斯、亚美尼亚和美索不达米亚，并以阿拔斯王朝哈里发的名义控制了巴格达，长期的征战岁月也教给了他们很多经验教训。在入侵安纳托利亚并于1071年在曼兹科特战役[①]中战胜了拜占庭人之后，塞尔柱土耳其人在科尼亚（即Iconium）建立了首都。到12世纪全盛时期，塞尔柱土耳其人已经创造了一个非常了不起的国家。他们自豪地称它为“罗姆苏丹国”（Sultanate of Rum），因为这里原来不正是罗马帝国的一部分吗？它占有小亚细亚全境约25万平方公里的土地，其国土上杂居着土耳其人、希腊人和亚美尼亚人。这个国家没能延续很长时间，12世纪末袭来的蒙古人摧毁了他们的势力。但他们留下了非常优秀的建筑遗产，其中大部分建筑保留至今：庄严的清真寺，它们的侧翼通常有一对双塔，上面有复杂精细的雕刻，并辅有装饰极其华丽的美术字；优美典雅的桥；位于其夏都阿拉亚（Alanya）的防御工事和造船所；以及沿着商路每20英里一所的华丽客栈，其中每处客栈都拥有自己的清真寺、生活设施，以供马匹与骆驼休息的马

科尼亚：麦法尼拿博物馆。塞尔柱王朝，公元13世纪。

① 见第七章第141页。

科尼亚：细塔修道院，塞尔柱王朝，公元 1260－1265 年。

厩，还有常驻的免费修鞋匠。

如果君士坦丁堡皇帝和科尼亚苏丹能够以决定性的胜利来巩固其联盟，接下来会发生什么？这是一个有趣的推测，但事实上他们办不到。这期间有数场艰苦的战斗，但只有一次具有决定性意义，即1210 年春在安条克附近的门雷斯河，凯霍鲁斯从马上摔下来并被杀死。按希腊人的说法，凯霍鲁斯是在同皇帝西奥多的单独决斗中丧命的。凯霍鲁斯的继任者与西奥多和解，任由西奥多集中兵力去对付法兰克人。1204 年末，两位皇帝在大水道口签署了和平条约，和约同意亨利保有小亚细亚的西北海岸；远至同塞尔柱突厥人界线的其余地方都归西奥多。这个和约标志着尼西亚繁荣的肇始。更重要的是，年轻的皇帝获得了其拉丁对手对其生存权利的正式认可。

爱德华·吉本写道：“我不去追溯那些各式各样、模糊不清、在大陆或小岛上兴起或衰落的王朝。”作为一位罗马帝国史的专家，他确实没有任何特殊理由如此写作，但对于一位地中海编年史家，这个任务是不能推卸的。游遍希腊和伯罗奔尼撒的任何一个人都将会震惊于那里中世纪城堡的数量，你会发现，它们似乎遍布于这块多山且壮观的土地上的每座山峰上和山脊下。如果你渴望知道得更多，的确需要更多的相关解释，但至今仍缺少这方面的历史书籍。

这主要归咎于这段历史实在复杂得要命。简言之：第四次十字军东征后，希腊人流散，与此相伴的是拉丁人更加剧烈的领土扩张。本来曾参加十字军的法兰克男爵们，以及其他一些没有参加但听说战利品颇丰于是决心也要掺一脚的人，纷纷来到希腊各地，占领了所有能够占据的地方，用西方的方式划分采邑，但事实上此地并没有他们所理解的那种封建分封体系。西欧的这个体系是建立在财富和权力的金字塔结构之上，国王在其最顶层。在东部，君士坦丁堡的拉丁帝国远不够强大，从而不能施加真正的控制，因此就出现了无数个独立的城市国家，时常相互为敌，发动战争，不断地使用阴谋诡计来争夺利益。在威尼斯影响力至高无上的爱琴海，岛屿的数量之多致使形势更加复杂。所以不足为奇的是，许多声称要研究该时期和地区的历史学家都会耸耸肩膀，把注意力转向其他地方。

拉丁人流散的历史实际上始于蒙特费拉的卜尼法斯侯爵。他因为与皇帝宝座擦身而过，以及鲍德温在安纳托利亚得到大片庄园而异常愤怒；他指出，25 年前他同曼努埃尔一世科穆宁之女结婚，当时便被赋予了萨洛尼卡国王的称号，于是卜尼法斯要求得到那座城市。但鲍德温拒绝了他，好在由于丹多罗总督和几位法兰克首领，尤其是勃艮第年轻贵族奥索·德·拉·罗歇（Otho de la Roche）的调解，才避免了公开的冲突。最终皇帝被迫勉强答应，但要求侯爵要对皇帝表示臣服，此地名义上属于帝国，是帝国的一块封地。

侯爵的下一项任务是征服这个新王国，怀着此目标，他于1204年秋季发动了一次穿过希腊北部和中部的漫长战役。一起同行的有各色各样、鱼龙混杂的十字军：法兰西人和德意志人、弗莱芒人和伦巴第人都决心去开拓自己的领地。这支队伍还包括香槟伯爵的曾孙——尚普利特的法国人威廉、勃艮第的奥索·德·拉·罗歇、弗莱芒人雅克·德·阿维斯涅斯（Jacques d'Avesnes）以及年轻的意大利侯爵吉多·帕拉维奇尼。这支队伍向南经过色萨利，前行经过温泉关关口，这是斯巴达的列奥尼达在7个世纪前展现其英雄气概的地方。在此之前军队所向披靡；但卜尼法斯意识到了该地区的战略重要性，并委派帕拉维奇尼作为博多尼查侯爵统领该地，封锁南部的通路。这里与萨洛纳男爵领地毗邻，维持了近两百年，并且在法兰克希腊[1]的历史中扮演了重要角色。

波提亚未作丝毫反抗便投降了，阿提卡和雅典也是如此，卜尼法斯立即在雅典卫城建立了一个要塞。那时帕特农神庙是这座城市的大教堂，但很明显法兰克士兵不会对这座建筑表现出足够的尊重。尽管规模较小，但这里遭遇了与圣索菲亚教堂同样的命运：珍宝被洗劫，金银器皿被熔化，图书馆被拆散和毁坏。最后，这两个省被赠予了奥索·德·拉·罗歇，作为对他调解卜尼法斯与皇帝鲍德温之间冲突的奖掖。起先，奥索·德·拉·罗歇谦虚地自称为“雅典爵士”，其希腊臣民称之为美加什基尔（megas kyr，即“伟大的爵士”）。直到1206年他死后，雅典才正式成为一个公国。

同时，四处碰运气的弗莱芒战士雅克·德·阿维斯涅斯离开了大部队转向东方行军，在那里他接受了尤卑亚岛的投降。（这里本来分

---

① 博多尼查侯爵的后裔在延续，为威尼斯杰出的佐兹（Zorzi）家族。在色萨利，托马斯·德·斯特罗蒙考特（Thomas de Stromoncourt）城堡的废墟构成了这个国家宏伟的法兰克遗迹。

配给了威尼斯，但威尼斯人一直没有时间去处理它。）雅克·德·阿维斯涅斯驻留该地区时间很短，只够他在埃夫里普海峡（Euripos，这个神秘的海峡[①]将这座岛屿与希腊大陆分开）中间建立一个小堡垒，留下少量驻军。接着，因渴望参加伯罗奔尼撒的征服以得到某些好处，雅克·德·阿维斯涅斯迅速去支持卜尼法斯。但这位侯爵此时已前往围攻纳夫普利亚，雅克于是和奥索·德·拉·罗歇一道开始集中向科林斯发起攻击。他们设法克服了一些困难，占领了地势较低的城镇；但高高的科林斯卫城堡垒坚不可摧，当天晚上，防御者派遣突击队摧毁了法兰克军营，雅克·德·阿维斯涅斯也受了重伤。

伯罗奔尼撒的命运已定。但真正的征服者不是蒙特费拉的卜尼法斯（他被迫返回萨洛尼卡，对阵沙皇卡洛扬的保加利亚军队），也不是雅克·德·阿维斯涅斯和奥索·德·拉·罗歇，而是那位参加第四次十字军东征的编年史家杰弗里·德·维尔阿杜安的同名侄儿。一两年前，这位年轻人独自出发去朝拜巴勒斯坦，当他在叙利亚听说法兰克人已经占领了君士坦丁堡时，他立即再度启程去参加法兰克军队。然而启程后不久，一场地中海风暴把他的船吹离了航线，于是被迫在伯罗奔尼撒西南部的墨多内（Modone，即 Methoni）海港避难；当听到卜尼法斯围攻纳夫普利亚时，他还在此处避难，但不到一个星期他就出现在纳夫普利亚。维尔阿杜安告诉侯爵，摩里亚半岛（Morea）[②]严格说来可能是威尼斯人的，但它已是一枚亟须采摘的成熟果实。最多出动几百人，这块地盘将归侯爵所有。但卜尼法斯不为所动，坚持自己的作战计划。杰弗里在军营中发现一个新盟友：即他的老友——

---

① 其神秘是因为它独特的地理特征。最狭窄的地方只有 30 码余宽，它的水流一天改变六次或七次方向，有时甚至更多。其原因至今尚未完全弄明白；据说，亚里士多德曾因不能成功解决这个困扰他的问题而极具挫败感。

② 在 12 世纪早期前，这个用于伯罗奔尼撒的中世纪词语尚未确定。据说是源于希腊词语桑葚树，或因为它的形状，或那里桑葚树的数量。

尚普利特的威廉。威廉同意加入他的队伍，只需杰弗里认可他为两人征服土地的王侯。作为香槟伯爵的曾孙，他别无选择，而杰弗里对此没有异议。卜尼法斯祝福了远征军，于是这两位老朋友带着100名骑士和500名武装人员开始了未知之旅。

起初他们所向披靡。佩特雷（Patras）城及其城堡首先投降。他们接着向南，一路畅通无阻地到达毗邻的美塞尼亚（Messenia）省的卡拉马塔。这次希腊人聚积了大约四五千人的军队，其中大部分是伊庇鲁斯专制君主迈克尔·杜卡斯的军队。1205年，在该省东南部干尼亚（Koundoura）的橄榄园中，两军对峙。希腊人军队注意到自己在数量上的绝对优势，满怀信心想取得胜利；但他们缺乏作战经验，法兰克人轻而易举地获胜了。从那天开始，伯罗奔尼撒半岛实际上成为了法兰克人的领土。希腊民间传说中充斥着本地的英雄豪侠：例如，伟大的希腊勇士多萨帕特雷（Doxapatres），他的权杖没人能拿得动，铁甲有150多磅重；而其女儿宁愿从城堡塔楼上跳下，也不愿意屈服于征服者。确实也有一些零星的抵抗势力，主要集中在科林斯卫城、纳夫普利亚（卜尼法斯被迫放弃围攻该城）、莫奈姆瓦夏的大壁岩以及马尼（Mani）黑暗的泰格图斯（Taygetus）堡垒。但1205年11月19日，在教皇英诺森三世的来信中，已将尚普利特的威廉描述成“所有亚该亚①（Achaia）人的亲王”，而事实就是这样。

在占领君士坦丁堡后的三年间，法兰克十字军实际上扫荡了希腊陆地的十之八九和整个伯罗奔尼撒半岛。法兰克人很少将之归因于自己的勇敢，而是归咎于当地居民的胆怯，因为当地居民通常只是象征性地抵抗。另一方面，马其顿的情况截然不同。就我们所知，保加利

① 实际上是伯罗奔尼撒的西北部。

亚沙皇逮捕了皇帝鲍德温，将其投入监狱，鲍德温此后死于狱中。卜尼法斯听到该消息后，立即放弃围攻纳夫普利亚，前往守卫自己北部的领地，几星期后他在一次小冲突中被杀害。卜尼法斯死后，他的脑袋被割下作为礼物送给了沙皇。正需要坚强且可靠的首领时，鲍德温的皇位传给了其襁褓中的儿子，但不久卡洛扬苏丹也遭遇谋杀（同他妻子有关），保加利亚人实际上失去了力量，局势没有再恶化下去。

法兰克人的成败就讲到这里。有人可能会问，威尼斯人怎么样了？由于老丹多罗的谈判技巧，他们分享了大部分的战利品。然而不久威尼斯人意识到这些赃物分量太大，他们消化不了，因此较之他们法兰克盟友占领新领土的速度，他们显得迟缓很多。这种延迟将足以使其付出失去伯罗奔尼撒为代价。威尼斯人与法兰克人的人生哲学截然不同。法兰克人成长在一种封建体系下，该体系主要以土地所有权为基础，他们将新领土称为采邑，将他们的佃户视为封臣。但威尼斯作为一个海洋共和国，土地所有权并不存在。威尼斯人是商人，国外的殖民地只有在产生商业利益时才有用处。基于这种理由，丹多罗放弃了伯罗奔尼撒，将目标只局限于沿海区域和岛屿。即便如此，对丹多罗而言，这个胃口也不小。当雅克·德·阿维斯涅斯进入尤卑亚时，或当尚普利特和维尔阿杜安筹建亚该亚公国时，丹多罗所关注的是伯罗奔尼撒南端的美索尼和科罗这对姊妹港，1206 年，他派遣其子率一支小船队收复了它们。这项任务很快完成，在随后几世纪内，这两个港口都归威尼斯人控制。

爱琴海岛屿落入了威尼斯人之手，包括基克拉泽斯群岛在内的岛屿。尽管威尼斯共和国（Serenissima）手握相当丰富的资源，但威尼斯人承认实在难以管理它们，因此允许大部分岛屿以威尼斯的名义，借助它的许多普通公民来管理。威尼斯参加十字军的包括总督丹多罗的侄儿、一个名叫马可·萨努多（Marco Sanudo）的人，他一听到消息便马上不失时机地行动。萨努多自费装备了八艘船，很快召集了一批志同道合、喜爱冒险的威尼斯年轻人一起去闯天涯。他们占领了纳克索斯岛、安德罗斯岛、帕多斯岛和安提帕罗斯岛、米洛斯岛、约什岛、阿莫尔戈斯岛、圣托尼岛以及其他许多岛屿。他们自己划分领地，以采邑的形式控制它们，萨努多成为了半岛公爵。[①] 科孚岛和亚得里亚海岸的其他伊奥尼亚岛屿也以相似的方式处理了。

现在只剩下了克里特。为了希腊岛屿中最大和最重要的克里特岛，丹多罗无奈之下与卜尼法斯讨价还价。问题是热那亚人，在威尼斯人占领该岛前，前者已经在上面建立了一个贸易殖民地，热那亚人起初就准备坚决抵抗。于是威尼斯派遣一支庞大舰队，暂时赶走了富有拼搏精神的热那亚海盗首领——马耳他伯爵恩里克·佩斯卡特雷(Enrico Pescatore)。佩斯卡特雷转而求助于教皇英诺森，于是斗争又持续了五年，直到1212年佩斯卡特雷和其同伙被迫最终撤退。在接下来的四个半世纪内，这座岛屿由威尼斯派遣的一名总督管理，其头衔竟与共和国总督相同，也称为“Doge”——这充分说明威尼斯人是多么看重它。

1216年，40岁的亨利·海诺特去世，法兰克人的帝国开始逐渐衰落。亨利是一位出色的统治者。他是唯一具有政治家才能的拉丁皇帝，他继承了一项似乎已终止的事业，并在不到十年的时间里将其转为现实。如果亨利的继承者拥有其部分才能的话，希腊人将不可能占据君士坦丁堡的宝座。但一旦亨利不再掌舵时，帝国首都回到希腊人之手就只是时间的问题。与此同时，尼西亚帝国在拉斯卡里斯的女婿

---

① 所有爱琴海岛屿的命运各自不同，对于一般读者而言，确实难以深究。进一步研究资料应该是 W. Miller，*The Latins in the Levant*，第40－45页。

约翰·瓦塔特泽斯（约翰三世）执掌下越加强大。到1246年，约翰三世的领地扩展到了巴尔干半岛的大部分和爱琴海的许多地方，并且削弱或歼灭了他的所有对手，他要准备最后实现其奋斗终生的目标了。

这位约翰·瓦塔特泽斯比任何人都更有资格率领拜占庭军队胜利进入君士坦丁堡。但他的健康状况一直引人注目。约翰三世是一位癫痫病患者，随着年龄的增长，发病越发频繁，而且病情不断严重，有时甚至严重影响到其心理的稳定，尤其是使他疯狂地忌妒其最主要的将领迈克尔·帕里奥洛加斯。更悲惨的是，他将疾病遗传给了其子兼继承者西奥多二世（Theodore II），后者的症状更加严重；1258年，36岁的西奥多在位仅四年便去世了，只留下一个孩子来继承王位，一场宫廷政变使皇位落入帕里奥洛加斯（就是迈克尔皇帝）之手。尽管帕里奥洛加斯只有34岁，但这位年轻的将军已饱经沧桑。起初，帕里奥洛加斯曾不得不应付革除他教籍，并将其投入监狱的满怀敌意的皇帝；在他继任后，问题仍未解决，帕里奥洛加斯必须对抗一个包括伊庇鲁斯专制君主国，伯罗奔尼撒亚该亚十字军公国同西罗马皇帝腓特烈二世的私生子、西西里年轻的统治者曼弗雷德结成的联盟。这个敌人确实相当难对付，但在1259年夏初，两支军队在佩拉岗尼亚（即Bitoli）战役遭遇后，联盟便完全瓦解了。

迈克尔决心一鼓作气，1260年初他向君士坦丁堡进军。第一次尝试失败了。城中的内应没能如期打开大门，另一项计划攻击金角湾远端的加拉塔的行动同样也未能取得成功。但这一年的冬季，迈克尔取得了外交上的胜利：1261年3月13日，他与热那亚签署了一份协议，若热那亚人在接下来的战斗中提供援兵，则他们将会得到：迄今仍为威尼斯人所有的君士坦丁堡城的1/4及其他的重要港口，以及自由出入黑海的权利。对热那亚人而言，这是一个历史性的协议，因为它奠定了其东方商业帝国的基础。但对拜占庭帝国而言，这是一场灾难，因为这两个意大利海上共和国将逐步夺取帝国尚存的制海权，并在她无助的身躯上追求他们的百年辉煌。但这都是后话了。1261 年春，迈克尔·帕里奥洛加斯及其臣民肯定将热那亚盟友视为神赐的礼物了。

君士坦丁堡的最终光复几乎是个意外。1261 年盛夏，迈克尔派遣其将领阿历克赛·斯特拉戈普鲁斯（Alexius Strategopulus）率领一支规模不大的队伍去色雷斯。当他抵达距离君士坦丁堡大约 40 英里的斯里乌里（Selymbria）时，阿历克赛得知君士坦丁堡城中的拉丁驻军已离开，因为威尼斯召唤他们去攻击达菲努瑟（Daphnusia）的尼卡亚岛，这个岛控制着从黑海进入博斯普鲁斯海峡的入口。斯特拉戈普鲁斯知道一个靠近城墙的侧门，从那里武装人员能轻易潜入城内。当天晚上一支小分队验证了这些信息。武装人员神不知鬼不觉地潜进了城中，突袭了人数很少的法兰克守卫，并把后者扔出城墙。接着他们悄悄地打开了城市的一扇城门。1261 年 7 月 25 日，星期一黎明，其余的军队涌入了君士坦丁堡，几乎未遭到丝毫抵抗。

此时尚在寝宫的皇帝鲍德温二世因骚乱而惊醒，他赶紧逃命，途中遇到一位威尼斯商人，后者带着他逃往尤卑亚岛。同时，阿历克赛·斯特拉戈普鲁斯和其手下人纵火焚烧了城中的整个威尼斯区，致使这些士兵们从达菲努瑟返回时，发现他们的房子竟被烧毁了，当无家可归且备受惊吓的家人们抱成一团挤在路边时，他们自然无心组织反击，最后别无选择，只能失望地乘船回到老家。据希腊编年史中的生动描述，剩下的法兰克人充满了恐惧，但他们担心的事情没有发生，没有出现预料中的大屠杀。不久法兰克人从各自不同的藏身处涌出，带着所有他们尽可能多的家当，摇摇晃晃地挨到港口，有大约 30 艘威尼斯船只正在此等候。等他们全部上船之后，这支船队正式启程开往尤卑亚岛，但很明显他们没有备足供给。据记载，在到达目的地之前许多避难者便饿死了。

当这个天大喜讯传到位于200英里以外小亚细亚梅特罗姆（Meteorum）的营房时，迈克尔皇帝正在睡觉。当他还是孩子时，其姐姐欧洛希亚经常哼着歌儿催他入眠，歌词大意是：有一天他将成为皇帝，并经由金色大门进入君士坦丁堡。此时欧洛希亚唤醒了他（据权威的说法，是挠他的脚趾），并告知了该消息。原先迈克尔并不相信，但当他接过鲍德温遗忘在皇宫的皇冠和权杖时，他才最终坚信。三个星期后的8月15日，迈克尔庄重地穿过金色大门，然后继续步行穿过城市进入圣索菲亚大教堂。牧首为迈克尔及其妻子提奥多拉举行了再次加冕仪式，并正式宣布他们襁褓中的儿子安特洛尼克斯（Andronicus）为继承人。

君士坦丁堡的拉丁帝国原本就是一个怪胎。它是欺诈和贪婪行径的产物，在存在的57年内，它未取得任何成就，也谈不上什么贡献，更别提所谓的个性和荣耀。从1204年以后，拉丁帝国就没能再征服任何领土，不久之后它偏安于它的诞生地，以及曾被她毁灭和洗劫一空的城市周围。在拉丁帝国的7位统治者中，只有亨利·海诺特不是平庸之辈。他们中的任何一位似乎未做过丝毫尝试，去了解他们的希腊臣民或适应其风俗习惯，更别提去学习他们的语言了。拉丁帝国的灭亡较之其开端更不甚光彩，一夜之间在一小撮士兵手中顷刻倾覆。

如果这个可悲的劣质品仅仅祸害其自身，我们也许会投以怜悯的一瞥，然后就置之不顾了。可悲的是，它留下的阴暗的遗产，不仅影响了拜占庭，也触及整个基督教世界。希腊帝国再未能从那些致命年代中所遭受的精神和物质损失中恢复过来。曼兹科特战役后保留下来的大部分领土都丧失了；许多最伟大的建筑物变成了废墟；最精美的艺术品被毁坏或运到西方，拉丁帝国再也无法恢复昔日的辉煌。但它的损失远不止这些。在拉丁被征服前，它曾是独立而不可分割的，由一位使徒般半神的统治者控制。此时，团结统一的局面将一去不返。虽然尼西亚帝国如其所愿地统治了君士坦丁堡，但特拉布宗帝国的皇帝们仍然顽固地驻留在经历雨水冲刷过的黑海沿岸，守着他们那个微型的拜占庭帝国；同时，伊庇鲁斯的专制君主们永远执着于通过斗争来重获权力，时刻准备欢迎君士坦丁堡的敌人们，并成为敌对势力的长期集中地。在这种四分五裂的情况下，希腊帝国还能继续发挥其功能，如同它之前那样长期作为基督教世界抵挡伊斯兰浪潮的最终东方堡垒吗?

第四次十字军东征改变了基督教世界的面貌。基督教会已经长期分裂，但现在是彻底决裂了。在 1054 年教会大分裂之前和此后的数百年内，东西教会之间的关系在礼貌性的生疏与尖酸刻薄的争吵之间摇摆；但他们之间的差别主要是理论上的。在西方十字军毁灭君士坦丁堡之后，情况改观了。在希腊人眼中，这些亵渎他们圣坛，洗劫其家园，强暴他们妇女的野蛮人，在任何意义上都不能称之为真正的基督徒。所以，希腊人怎么可能同意与罗马联合呢? 他们总是说："苏丹的头巾要比红衣主教的帽子更好"，这是他们真心实意的想法。

第九章 人间奇迹

1194年圣诞节后的第二天，女皇康斯坦斯在一个叫耶西的村庄生下了一个儿子①。数日后，她带着儿子继续向南的旅程。在四年前其父英年早逝的地方——巴勒莫，这个叫腓特烈·罗杰的孩子，像他的两位祖父一样，戴上了西西里的王冠。

腓特烈·罗杰的童年就是在这里度过的，他所受的教育与一个日耳曼人王子的标准教育相差甚远。拉丁语、希腊语和阿拉伯语是日耳曼西西里的官方语言，腓特烈还学会了日耳曼语、意大利语和法语。自其祖父罗杰二世以来，西西里王宫就是欧洲最文雅的宫廷，这里是学者、地理学家、数学家、科学家、基督教徒、犹太教徒和伊斯兰教徒的汇集处。腓特烈的私人导师很可能是亚里士多德和阿威罗伊著作的翻译者米歇尔·斯考特，他在巴勒莫待过数年，并成了他的好友。很难找到一种腓特烈不感兴趣的事务。腓特烈不仅学习宗教、哲学和数学，他还花很多时间讨论它们。通常，腓特烈会缩到那些如同项链般分布在城市的公园和宫廷中

皇帝腓特烈二世。他的著作《鹰猎术》中的插图。

① 见于第六章第138页。

的一个，在那里，观赏飞禽走兽成了他不变的爱好。很多年后，他开始写一本关于鹰的书：《鹰猎术》（*De Arte Venandi cum Avibus*），①这本书成为了经典，展示了他在13世纪看来实属罕见的对于野生动物的知识和了解。

他的体力与智力是完全匹配的。一位很了解他的同时代作者写道：

> 他从不闲散，整天都有这样那样的事情，而且他的精力随着实践而更充沛；他敏捷的身体随着每一种训练和武器的使用而更灵活。他会使用或者佩带武器，挥舞短剑，在这方面他是个行家；他能够防卫任何方向的攻击。他是一位优秀的弓箭手并经常练习射箭。他喜欢奔跑迅速的纯种马；而且我相信没有人比他更会使用马笼头控制马匹，并让它们全速飞奔。这是他度过从拂晓到日落之间时间的办法，到了第二天他又重新开始。
>
> 这些都增添了他的尊贵，他华丽的仪表和风度，他还有友善而又亲切的神态，漂亮的前额，明亮的眼睛和富于表情的脸孔，精力充沛而又机智。不过有时他的行为也很古怪和庸俗，尽管这不是出自他的本性，可能与他粗俗的同伴有关……他的品格比他的年龄成熟，尽管没有成年他却博古通今，还拥有一般随着时间推移才能有的聪明才智。然而，在他那里，年龄说明不了问题，他也不需要等待成熟，因为作为一个男人他已经知识渊博，作为一位统治者他具足威严。

① *On the Art of Hunting with Birds*（此为英文书名，意为“训练鹰来捕猎的方法”——译者注）。

这段描述写于公元1208年，当时腓特烈13岁。12月26日，他14岁的生日就要到了，而九个月后他将与阿拉贡的阿方索二世（Alfonso II）的女儿康斯坦斯结婚，她比他大10岁而且是位寡妇，她的第一任丈夫是匈牙利国王伊姆勒（Imre）。教皇英诺森三世曾是她的追求者之一，至少在其婚姻生活的早年，腓特烈似乎不像教皇那样对她有倾慕之情；但结婚时她带来了500名武装骑士，鉴于王国到处持续动荡不安，他需要所有可能的帮助。她和那些骑士、贵夫人和行吟诗人一起，给他带来了迄今为止在巴勒莫还没有遇到过的繁复世象。对于积极迎接每一种新刺激的腓特烈，一个热爱典雅宫廷的新世界呈现在他眼前。虽然婚姻本身仍是服务于政治的，（尽管康斯坦斯在一两年后给她的丈夫生了一个儿子亨利）但已不再那么关系僵硬而紧张。不到20岁，腓特烈就有了在他余下的人生中因之著称的社交风度和优雅魅力。

1212年1月初，一位使者带着一封信跨过阿尔卑斯山到达巴勒莫。西欧再次面临着选举君王的危险时刻，自从亨利六世死后，德意志就被想要获得皇帝头衔的竞争者们弄得四分五裂。其中的一位——布伦瑞克公爵韦尔夫的奥托（Otto the Welf）由教皇英诺森于1209年加冕为帝，两年后占领了意大利南部，即腓特烈王国领地的大陆部分。不幸的是，奥托走得太远了。他入侵了教皇国的托斯卡纳（Tuscany）省，这导致他被革除教籍。1211年9月，德意志的主要亲王们在纽伦堡（Nuremberg）召开会议，也宣布废黜他。正是这些亲王们派遣使者带着邀请函给腓特烈，请他登上空缺的皇位。

这份邀请函来得太突然了，在西西里宫廷内引起了骚动。腓特烈的主要大臣们强烈建议他拒绝接受邀请，他的妻子也一样。腓特烈本身与德意志毫无瓜葛，他本人也的确从未踏上过德意志的土地，而且他自己的王国尚未脱离危险。此时距布伦瑞克公爵威胁他不要跨过墨西拿海峡还不到一年。为了这个伟大却也可能是虚幻的荣耀，他真的要离开西西里至少几个月？另一方面，他明白拒绝将被德意志亲王们认为是故意怠慢，会使他的主要敌手实力大增。不管在意大利还是在德意志，布伦瑞克公爵仍有大量的支持者。尽管他重申没有任何长期野心，但他完全有能力发动一次新的战役，而且这次他不会再犯同样的错误了。再者，这也是给予布伦瑞克公爵全力一击的难得机会，这是不容错过的。

经过些许犹豫后，教皇英诺森同意了。腓特烈的当选会加强帝国对于教皇国的北部和南部区域的掌控，另外，为了强调西西里王国是独立于帝国之外的（至少在理论上），教皇坚持让腓特烈将西西里王国传给他新生的儿子，让王后康斯坦斯摄政。一旦这些主要问题得以解决，其他的一切便是次要的了，腓特烈的道路也就明朗了。2 月底，他与几名亲信从墨西拿起航，他的第一个目的地不是德意志而是罗马。1212 年 3 月 25 日，那天是复活节星期日，他跪在教皇面前向他致敬——严格地说是代表他的国王儿子。他从罗马开始航行，在一支热那亚船队的护卫下到达热那亚，这样就避开了被派去拦阻他的比萨人船队（他们是布伦瑞克公爵忠实可靠的支持者）。与其比萨敌手不同的是，热那亚人是热心的保皇派吉伯林派（Ghibelline）①，他们的主要家族——多利亚家族（the Dorias），任由待任的皇帝选择他们的宫廷去居住，直到阿尔卑斯通道再次开通，能让他完成旅程。同时经腓特烈的允许，也为了回报热那亚人的忠诚，历代皇帝赐予热那亚的特权也被再次确认。

即使到这时，腓特烈通往德意志的道路还不平坦。7 月 28 日腓

① 吉伯林派和圭尔夫派的政治派别，控制意大利政治近两个世纪，它们的名字来源于两个著名的德意志家族，分别是韦尔夫家族和魏布林根（或斯陶芬）家族。后来他们分别与教廷和皇室签约。

特烈在帕维亚受到了热情欢迎，但伦巴第平原是经常有亲归尔普（pro-Guelf）派的米兰人队伍巡查的，当第二天他们离开这个城镇时，这些队伍中的一支突袭了保皇党人。腓特烈幸运地骑马逃走了，骑着一匹没有马鞍的马蹚过了兰巴罗（Lambro）河的浅水滩，奔往友善的克雷莫纳（Cremona）。腓特烈最后是如何经过阿尔卑斯山的我们没找到相关记载。可以确定的是，他没有经过布伦纳（Brenner）。据我们所知，布伦瑞克公爵和他的军队就在塔兰托。这年初秋，腓特烈安全地到达了德意志。

1215 年 7 月 25 日，在亚琛大教堂，美因茨大主教为腓特烈加冕，他成为罗马人的国王，即传统的待任皇帝。那时腓特烈只有 21 岁，此时他所需的皇帝称号需要罗马教皇加冕。就在一年前，即 1214 年 7 月 27 日，法王腓力・奥古斯都的军队在里尔（Lille）附近的布汶（Bouvines）击败布伦瑞克公爵奥托和英王约翰，这有效地摧毁了奥托反对他的希望。至此腓特烈的至尊地位是毫无疑问的了，此时可能是要感谢上帝的帮助，也许是作为进一步赢得教皇支持的方式，腓特烈宣布他将会高举耶稣的十字架（发动十字军）。

这可能是腓特烈一生中最让我们费解的事了。腓特烈从未特别虔诚；再说，他是在穆斯林科学家和学者中间长大的，他尊敬他们的信仰，他会讲他们的语言。此时他也没有处于教皇或者其他什么人的压力之下。确实，我们有足够的理由相信，不久以后他就后悔了，他并不急于履行自己的诺言。事实上，腓特烈在德意志又待了四年，主要是为了确保儿子亨利能继承他的皇位（1217 年其子与皇后康斯坦斯便从西西里来到了德意志）。1220 年夏末，他们夫妇返回意大利，留下了他们闷闷不乐的八岁儿子。接下来便是足迹遍布整个意大利的庄严巡游，期间腓特烈到处按照惯常的慷慨发放许可和证书。11 月中旬他到达罗马，22日教皇霍里诺乌斯三世（Honorius III）加冕他为皇帝。

就在65年前，他的祖父红胡子腓特烈被迫秘密加冕，随之而来的是不折不扣的大屠杀。[①] 然而，这样的日子毕竟是过去了。这时的罗马很平静，腓特烈慷慨宽容，这次的典礼比以往任何一次都要壮观。当典礼结束时，教皇和皇帝出现在了冬日的阳光下。据记载，这位皇帝，与红胡子腓特烈不一样，当教皇上马时，他毫不犹豫地抓住教皇的马镫，在自己上马前牵引着马笼头走了几步。这些姿态对腓特烈而言无关紧要，但他却因此从教皇那里获得了一项有价值的回报，即恢复他对西西里的统治。在德意志过了八年后，腓特烈渴望回到巴勒莫。

尽管腓特烈拥有了最伟大的世俗头衔，但在内心里他还是南方人，是西西里人。德意志对他很友善，但他从未真正喜欢过这个国家或者把这里当作过自己的家。在腓特烈作为皇帝统治的38年里，他只在阿尔卑斯山以北待过九年。虽然没有引人注目的功绩，但他尽其所能地将帝国的重心转移到意大利，意大利也是他毕生经营的事业的主体。这开始于1220年12月下旬在跨过墨西拿海峡之前，腓特烈在其北方疆界最重要的城市：卡普阿城（Capua）的举措。

对于此时西西里的形势，腓特烈没有抱任何幻想：三十多年来，自从1189年好人威廉死后，那里就陷入了混乱；腓特烈之父的恐怖统治又加剧了形势的混乱和人民的不满；最后是他自己居于少数派的位置：他长期待在德意志，其母摄政时根本无法统摄局面，期间西西里王国名存实亡。此时最迫切的问题便是重建秩序，我们所知道的卡普阿巡回审判是腓特烈所走的第一步，公开公布的法令不少于20条，

---

① 见第六章第133页。

他肯定在几个月前就已深思过了，这些法律条文打下了全新的社会基础，并在腓特烈统治期间持续发挥着作用。这些法律文件涉及重返威廉时代的状态，以及在王权之下权力的再度集中。其中最具深远意义的法律是特权法（de resignandis privilegiis），声明任何人或者机构自威廉时代末起获取的权利，无论大小都要在1212春季前得到皇家大法官（Royal Chancery）的确认。显然，这个法令对那些享有特权的贵族和教职人员而言是最难接受的，也正是他们对皇权至上构成了最大的威胁。对贵族而言，还有两次另外的打击：不经国王同意，一、领主不得结婚；二、其子孙不能继承领地。自威廉死后所建的所有城堡，不管处于何地，都自动归国王所有。

卡普阿的这些措施在接下来几个月里在墨西拿、卡塔尼亚和巴勒莫也实行了，虽然稍微要温和些。然后皇帝前往锡拉库扎，在那里他与热那亚人有要事要谈。热那亚人一直是腓特烈的朋友，但从1204年起热那亚商人基本上占领了这座城市，其影响力从那延伸到了整个岛屿。在之前三十年里，西西里贸易衰落的主要原因就是，大部分都落入到外国人手中了；当外邦人仍控制着经济时，这个地方是没有机会再现繁荣的。尽管腓特烈去德意志时热那亚人给予了帮助，但他此时非常坚决。他赶走了他们。他的新法律给了他所需要的权威。腓特烈之前给予热那亚人的恩惠都立即撤销了，不仅在锡拉库扎，而且也在巴勒莫、墨西拿、特拉帕尼和岛上其他的贸易中心；他们的库房和存货都被宣布收归西西里国王。类似的行动也被用来对付比萨，尽管比萨人在西西里要次要些，其损失相对也要小些。

但腓特烈面临着比热那亚更强大的对手：西西里西部的穆斯林。75年前，国王罗杰在位期间，阿拉伯社区是国王领地内不可缺少和受到重视的一部分。他们支撑着全部财政并提供了大部分的物理学家、天文学家和其他在学术领域为日耳曼西西里赢得显著声誉的科学工作者。但这个时代已成为过去。就在好人威廉统治时期，大部分半自治的阿拉伯地区就被赐予了蒙雷阿莱修道院（Abbey of Monreale）。随着诺曼势力的垮台，阿拉伯人发现他们不再受到赏识和尊敬了。阿拉伯人经常被驱赶，因此他们返回到荒芜和多山的西部以便保护自己，阿拉伯土匪和海盗不断胁迫本地的基督徒社区。腓特烈于1121年夏发起了第一次对阿拉伯人的战役，无果而终。直到第二年，其军队才占领了萨拉森人的亚多（Iato）城堡，在那里逮捕了穆斯林领袖伊本·阿巴德并把他送上了断头台。

然而，处死他并没有根本解决问题。1222年至1226年间，腓特烈采取了一项更激烈的措施。腓特烈决定将西部反抗地区的全部伊斯兰人民，可能有15000到20000人，重新安顿在王国另一端阿普利亚北部的卢切拉，实际上是成立了一个穆斯林城镇，基本上那里的每座教堂都成了清真寺。这里并非任何意义上的惩罚殖民地。这里的居民享有完全自由，能进行自己的宗教活动，腓特烈从摇篮时代起就与穆斯林相处，最终他把自己的宫殿建造在了那里，这座有明显东方特征的建筑后来成为他最喜欢的居所之一。

卢切拉的萨拉森人为腓特烈提供私人保卫以示其忠诚。萨拉森人为他建造了主要的武器工厂，造剑工匠打造出了只有托莱多才可以与之相比的雕花钢刀，木匠制造着大量战争武器：如弹射器、投石器、射石机以及与之类似的武器，可以说没有这些武器，有效的围攻行动就不可能展开。同时他们的女性充实了皇帝的后宫，萨拉森舞女生活在相当奢华的宫廷侧房里，有自己的女佣和一群看护她们免受伤害的宦官。在皇帝巡游时这些女孩陪伴左右。人们一直认为她们的存在只是为宫廷提供单纯的消遣，但据吉本对戈迪安皇帝类似机构的记载，毫无疑问她们是有实际用处的，而非为了炫耀。

1220年11月，腓特烈加冕时，向教皇霍里诺乌斯确认他在成为罗马人的国王时许下的承诺：他将亲自率领一支去巴勒斯坦的十字军，去恢复基督教的圣地。腓特烈不能违背诺言，但令人惊奇的是，实际上教皇早在约两年前就派遣过一支来源混杂的远征队航行至东方。这支队伍最初由名义上的耶路撒冷国王——68岁的布里埃纳的约翰率领，但四个月后一支由西班牙圣卢西亚的红衣主教贝拉基领导的教皇分遣队到达，贝拉基坚持要担任总指挥官。

这就是所谓的第五次十字军东征①，目标是占领埃及的达米埃塔城（Damietta），甚至希望以这座城市来换取圣城。攻取达米埃塔城要比意料中困难得多。围攻总共持续了一年零五个月，就在围攻快结束前，埃及苏丹卡米尔（al-Kamil）绝望地要将约旦以西的耶路撒冷王国都交出来，用以换取十字军的撤退。红衣主教贝拉基愚蠢地拒绝了这个提议，他决定占领开罗和整个埃及。达米埃塔于1219年11月5日如期陷落，但战争又拖延了近两年，如果十字军没有被尼罗河洪水困住，只得以投降来自救，否则战争还会持续更久。这次十字军东征几乎是胜利了，最后完全由于首领的顽固而失败。

1249年围攻达米埃塔。

随着第五次十字军东征的失败，腓特烈面临着再次发动十字军的压力，同时还需再娶妻室。1221年6月，皇后康斯坦斯去世了。一年后，条顿骑士团大团长——斯瓦比亚公爵赫尔曼的萨尔扎（Hermann

① 阿尔比派十字军东征（第七章第165页）。

of Salza）带着教皇的提议前来，即安排腓特烈与耶路撒冷女王，12岁的约兰德·德·布里埃娜（Yolande de Brienne）结婚。[1] 约兰德的头衔源于其母，即国王阿马尔里克一世的孙女玛丽（Maria）。玛丽17岁时，与六十几岁的布里埃纳的约翰结婚，约翰很快获得了国王称号。一两年后其妻就早逝了，这个王位显然受到质疑，但他以其小女儿约兰德的摄政之名继续统治这个国家，据我们所知，还导致了灾难性的第五次十字军东征。

腓特烈起初并不热心，这个未婚妻一文不名，仅仅是一个小孩，腓特烈的年龄比她大两倍还多。她的称号已空无意义：耶路撒冷此时在萨拉森人手中已达半个世纪之久。但至少还有一个理由让这事看起来可以被接受；虽然这个国王头衔仅仅是名义上的，但当他实施那拖延已久的十字军东征时，还是能加强号召力的。在仔细考虑之后，腓特烈同意了这桩生意。在与教皇进一步商议后，与这场婚姻紧紧联系在一起的十字军将于1227年8月15日耶稣升天节那天出发。如果有任何延误，霍里诺乌斯明确表示，将革除腓特烈的教籍。

1225年8月，皇帝舰队的14艘战舰到达阿卡——十字军海外领地仅存的前哨站，并把约兰德送回了西西里。在约兰德离开之前，她的代理人已与皇帝完婚；到达提尔时，她已到法定年龄，就接受了耶路撒冷女王的称号。在随从们的陪同下（其中包括一个大她几岁的堂姐），约兰德开始踏上了她新的人生旅途。腓特烈与其岳父正在布林迪西等候着约兰德，并于11月9日举行第二次婚礼。这次婚姻是不幸的。第二天，皇帝就带着她的新娘离开了这座城市，甚至都没有和自己的岳父打声招呼。当约翰追上他们时才从其含泪女儿的口中得

---

① 她也叫伊莎贝拉；然而，本书中她称为约兰德，以免与腓特烈的第三任妻子英格兰的伊莎贝拉混淆。

知，腓特烈诱奸了她的堂姐。腓特烈和约兰德到达巴勒莫时，这个可怜的女孩马上就被扔进了穆斯林女眷之中。同时，约兰德的父亲被无情地告知他不再有摄政权了，他再也没有权力使用国王称号了。[①]

我们很难弄清楚约翰的愤怒主要是由于皇帝对其女儿的怠慢，还是因为他损失了名义上的王国。约翰马上去了罗马，教皇霍里诺乌斯不出所料站在他那边，拒绝认可腓特烈的这个国王称号。皇帝与教皇之间的关系已经紧张得不能再紧张了；皇帝一再拖延十字军东征，虽然腓特烈 11 年前就承诺过了；加上他拒绝承认教皇在意大利北部和南部的权威。当 1227 年霍里诺乌斯去世后，红衣主教奥斯蒂亚的雨果（Hugo of Ostia）继任为格列高利九世（Gregory IX），这场争论进一步恶化。[②] 年事已高的格列高利打算继续与皇帝争论下去，继位后不久，他就写信给腓特烈，“听着，你不用炫耀，你有天使般的聪明才智；你心智虽然健全，但同野兽和草木没什么一样。”皇帝的放荡和堕落很快就声名远扬了。

十字军此时正在慢慢集中兵力，源源不断的年轻日耳曼骑士跨过阿尔卑斯山，涌向去意大利朝圣的道路，他们去阿普利亚加入皇帝的队伍，从那起航去圣地。在阿普利亚 8 月的酷热之下，瘟疫爆发了。可能是伤寒，也可能是霍乱，但这场疾病毫不留情地横扫了十字军军营。腓特烈带着有孕在身的约兰德先去了奥特朗托（Otranto），然后为了安全起见去了一座靠近海岸的小岛——圣安德烈岛（Saint'Andrea），此时腓特烈自己也病倒了。率领着几百名骑兵的图林根伯爵（Landgrave of Thuringia）也病了。这两位病人还是带病上了船，并

① 然而，即使到这时，他的事业还没有结束。1224 年约 75 岁时，他再次摄政——在君士坦丁堡的拉丁帝国，未成年的皇帝鲍迪温二世与约翰 4 岁的女儿玛丽亚结为夫妻。这次这个老恶棍获得的是皇帝称号而不再是国王——这个头衔一直保留到 1237 年死去为止。

② 这已是一个不祥的征兆：格列高利七世——令人生畏的红衣主教希尔德布兰——150 年前在卡诺萨（Canossa）让腓特烈的曾曾曾叔公亨利四世跪下了。

于9月从布林迪西起航。一两天后图林根伯爵就病逝了，腓特烈意识到自己不能带病继续行军。于是腓特烈派遣幸存的十字军继续前进，关照他们尽可能地多做些准备；而他自己等完全康复后会赶上来的，最迟在1228年5月前。腓特烈同时派遣数名使者去罗马，向教皇解释当时的形势。

教皇格列高利拒不接受使者的解释，在一份严厉的通谕中，他控诉皇帝明目张胆地违背自己十字军东征的誓言。再三拖延之后，腓特烈不是已确定下新的出发日期吗？腓特烈不是同意如果自己不践约就会被开除教籍吗？腓特烈难道没有预见到，当数千士兵和朝圣者在难以忍耐的酷暑中拥挤在一起时，传染病是不可避免的吗？难道腓特烈不该为瘟疫传播负责，不该为包括图林根伯爵在内的死者负责吗？腓特烈自己是否真染上疾病了？这难道不是又一个试图逃避自己责任的借口吗？总之，9月29日格列高利宣布开除腓特烈的教籍。

格列高利这样做就给自己造成一个新问题。很显然，被革除教籍者是不能率领十字军的，几周过后，腓特烈的真正意图就是如此，这也越来越明显了。另一个令人尴尬的事实是：教皇过高地估计了自己的力量。腓特烈用一封公开信回复给所有的十字军战士，冷静而合理地解释了自己的立场，祈求理解和宽恕——树立了一个请求圣父见证自己会改进的榜样。这封信是有效果的。1228年复活节那天，当教皇格列高利对皇帝进行猛烈斥责时，听众骚乱了起来；教皇被迫逃到数百英里外的维泰博躲起来。在那里教皇继续自己反对皇帝的战斗，仅仅几个月前，教皇还急切地要求腓特烈回来继续统帅十字军，但如今他却可笑地同样急切反对他回来统帅，因为他知道皇帝胜利归来后，教皇的声誉会大为受损，需要一段很长的时间才能恢复。

1228年6月28日，那天是星期三，皇帝腓特烈率领一支约60艘战舰的舰队启航，从布林迪西出发到巴勒斯坦。此时腓特烈的身体尚未完全康复，他与教皇格列高利之间的关系也并没有真正的改善。当腓特烈真的准备出发时，教皇于 3 月 23 日再次发出了一道开除他教籍的通谕（8 月 30 日还有一道）。同时，腓特烈再次成为父亲。两个月前，16 岁的约兰德产下一个叫康拉德（Conrad）的男婴，但几天后就因产褥热去世了。真是可怜的女孩：约兰德从未想过要成为皇后，当她不得不离开巴勒斯坦时，她哭得死去活来。在智力上，约兰德没有什么可以帮助她博学的丈夫，而他反过来也没有为她足够地考虑过，直到他知道她怀了自己的儿子时。在约兰德 30 个月悲伤的婚姻生活中，她一直思念着家乡，如果腓特烈允许她陪伴在左右，带她回去，她会活下来吗？他为她伤心过吗？这些我们永远也不会知道。腓特烈满脑子想的可能是她的早逝会削弱他占有耶路撒冷王国的要求，因为此时他的处境和布林迪西的老约翰一样。如果约翰是以一位正当皇后配偶的名义那样做的，她其实也是；那随着约兰德的去世，皇位应正当地传给她的儿子——小婴儿康拉德。

不过，康拉德当时还无法质疑其父的权利声明，而此时皇帝却面临着更多的外交压力。萨拉丁帝国那时由他自己宗族——阿尤布家族的三个兄弟所控制：埃及苏丹卡米尔；巴比伦苏丹阿什拉夫（al-Ashraf），治所在巴格达；大马士革总督穆阿扎姆（al-Mu'azzam），直接管理着耶路撒冷和圣地。穆阿扎姆有正当理由怀疑他的兄弟计划联合起来反对他，他自己则与花剌子模突厥人结盟，将阿什拉夫困在自己的都城。在开罗的卡米尔害怕下一个就会轮到自己，于是他秘密地向腓特烈求援。他答应如果皇帝把穆阿扎姆从大马士革赶走，他则把耶路撒冷王国的失地还给腓特烈。腓特烈深表同情地答应了，显然从他的利益出发，他会鼓励穆斯林东方尽可能地去分裂，而作为一个年轻时光在穆斯林中度过的人，他理解阿拉伯人的精神，会说阿拉伯语，他有出色的能力去这样做。皇帝在十字军中听到有消息传来说穆阿扎姆死了，那么卡米尔结盟的热情很可能也会减退。

三个多星期后，7 月 21 日，皇帝的船队在塞浦路斯的利马索尔（Limassol）港靠岸。狮心王理查于 1191 年占领了这个地方后，试图将此地卖给圣殿骑士团，但发现他们支付不出足够的钱，就把此地转给了一无所有的耶路撒冷国王——吕西尼昂的盖伊。[①] 盖伊建立了一个封建王朝，令人惊讶的是，它一直延续到中世纪末。在名义上，毋庸置疑，这个王国是神圣罗马帝国的一块封地：盖伊的弟弟及继承者阿尔梅里克（Almeric）曾对腓特烈的父亲亨利六世朝贡过。但这里面的关系又错综复杂，事实上现任国王是次要的，掌握实权的是摄政——伊贝林的约翰，他也是贝鲁特的领主，也是海外领地中最富有和最有实力的财主之一。其他几位塞浦路斯贵族也在巴勒斯坦和叙利亚占有相当多的地产，重要的是不让他们成为敌人。

然而，腓特烈处理得糟得不能再糟了。起初他表现出亲切和友善，邀请伊贝林的约翰和年轻的国王以及当地的领主和男爵们，到利马索尔城堡参加大型宴会。开始很平静，后来突然一群带着刺刀的士兵冲入了大厅，并沿着墙壁站好了位置。接着是一片寂静，皇帝迈开脚步走过来，他声如雷鸣般告诉伊贝林的约翰，他要得到两样东西。约翰回答，只要正当的，他将乐意照办。然后腓特烈就要求：第一，他要求得到贝鲁特城，约翰没有名义占有它；第二，自年轻国王继位以来，塞浦路斯所征的税收都要上交。这些要求毫无情理可言，提出要求时那种傲慢无礼，在敌意下所提出的明显的企图，这些都糟得不能再糟了。约翰则回答得滴水不漏。他说，他是从耶路撒冷国王那里得到贝鲁特的。那里与塞浦路斯没有关系。虽然约翰明确承认皇帝在

① 见第七章第 163 页。

这个岛屿的权威，但他不能承认皇帝在巴勒斯坦和叙利亚有类似的权威。关于塞浦路斯的税收，在国王的母亲王太后艾丽斯摄政时，已按期如数地上交给了她。

腓特烈很恼怒，但他没有坚持。本土的合法归属问题现在是模糊不清了。自萨拉丁征服圣城以后，耶路撒冷王国被截断了，几乎可以说是被斩首了，它还因为与内部少数派灾难性的冲突被进一步削弱了。包括伊贝林在内的几位男爵，此时比他们的国王更富有也更有势力，很多时候他们会采取相应的行动。腓特烈不敢太深地卷入这类事情。除此以外，腓特烈也必须抓紧，他注意到教皇将目光放在了西西里王国，如果腓特烈继续滞留在东方，那么入侵不久就会到来。腓特烈唯一的希望就是，快速前行、迅猛进攻并尽快返回家乡。因此腓特烈别无选择只有继续他的旅程，随身还带着塞浦路斯的小国王。

1228 年底，腓特烈在提尔登陆。令人印象深刻的是，圣殿骑士团和医院骑士团的分遣队在那里热忱地迎接他，进一步扩大了已经很可观的军队规模。如果能通过和平外交达到目标的话，腓特烈并不打算发动战争。他派了一位使者去苏丹卡米尔那里，而此时的卡米尔正在逐渐获得其已故兄弟的领土，而且深深后悔他先前的提议。皇帝是应苏丹的邀请而来，此时全世界都知道他在这里，他怎么能空手而归呢？随之而来的声誉损失很可能是致命的，卡米尔将再也不可能为自己找到另一个基督徒盟友。至于耶路撒冷，此时已毫无防卫而且人口大量减少，已成了一座相对次要的城市。另外，从宗教角度来看，它对伊斯兰教没有对基督教那样重要。以付出它换取穆斯林与基督徒之间和平共处——还有，腓特烈自己也能立即从这里离开，这不是很小的代价吗？

十字军没有公开表现出任何威胁。但皇帝的军队就在现场，而且实力相当。苏丹的处境非常被动，皇帝就在他门前的台阶上等着得到苏丹所承诺的东西，而且在没有得到之前他不可能离开。同时，叙利亚的形势再次让他增加了警觉；虽然还没有什么成效，但卡米尔继续试图占领大马士革。毕竟这个联盟并非是坏事。最终，苏丹屈服了并同意签订一份十年协定——附带着某些条件。首先，耶路撒冷仍不设防。圣殿山，以及与它相对的圆顶清真寺和阿克萨清真寺虽然可以允许基督教徒来拜访，但与希布伦（Hebron）一起，必须仍留在穆斯林手中。基督徒可以拿回他们在伯利恒（Bethlehem）和拿撒勒（Nazareth）的主要圣地，前提是它们只能通过一条狭窄的通道与海滨的基督教城市相连，而通道以外的大片领土仍归穆斯林所有。

1229年3月17日，那天是星期六——那时还在革除教籍令下的腓特烈进入了耶路撒冷并正式占领了这座城市。第二天，他公然蔑视教皇的禁令，故意戴着他的皇冠到圣墓教堂做弥撒。腓特烈实际上已得到他想要的一切，而且他的成功并没有流一滴基督徒的或者穆斯林的血。基督教世界本应表现出一定程度的喜悦，但他们的反应却是愤怒。仍在教会禁令之下的腓特烈，竟然敢踏入基督教最神圣的圣地，而且与埃及苏丹串通勾结。耶路撒冷的牧首自从皇帝到来后就一直忽视他，此时则直接表示出不满，发布了全城禁止礼拜活动的禁令。教会服务被禁止，朝拜圣城的朝圣者不能指望他们的原罪被宽恕。当地的男爵因皇帝事先没询问过他们而义愤填膺，当他们发现加利利新恢复土地的大部分都赐给了皇帝手下的条顿骑士团①，而不是还给他们传统的家族所有者时，他们就更愤怒了。他们自问，当皇帝的军队返回西方时，不管怎样他们是否有指望能得到那些由腓特烈所光复的领土？

① 三个大军团——圣殿、医院和条顿骑士团——最后一个是最晚建立的，到第三次十字军东征时才组建成。它也是以圣地的一个医院发展起来的，但从约1230年起，它主要参加了征服普鲁士和波罗的海领土的行动。

对神职人员和普通教徒而言，压弯骆驼背的最后一根稻草便是：皇帝对穆斯林真理和伊斯兰文明的仰慕和兴趣。例如，腓特烈坚持要去访问穆斯林的圆顶清真寺，并对其建筑艺术做过详细的研究[①]，他还去了阿克萨清真寺，据说在那里，因没有听到祈祷者的回声而略感失望。（苏丹命令唤祷人、宣礼员保持沉默以示尊敬。）像以前一样，腓特烈询问他碰到的每一位受过教育的穆斯林，关于他们的信仰、他们的要求、他们的生活方式或者他们经历的其他事情。对于海外领地的基督徒而言，这样的态度令他们极为震惊，还有皇帝流利的阿拉伯语也不太合适。腓特烈留驻在耶路撒冷的每一天，对他的不满都与日俱增。当他去阿卡时（在路上惊险地逃过了圣殿骑士团的埋伏），他发现自己濒于被公开背叛的边缘。

这时腓特烈心情很不好，令他震惊的是其基督徒同胞们这么明显的忘恩负义，他准备尽可能地“回报”他们。腓特烈命令军队包围阿卡，不允许任何人进入或离开，布道反对他的神父被处以笞刑。更让他大怒的是听到布里埃纳的老约翰率领教皇军队入侵自己的意大利领地的消息，这也是另一个他要尽快离开这片令人不快土地的原因。他下令船队于 5 月 1 日启程。那天天刚破晓时，当腓特烈经过屠宰场时，有人冲他投掷碎肉。伊贝林的约翰赶到岸边与他道别，并设法恢复了秩序。

在塞浦路斯短暂停留之后，皇帝的军队于 6 月 10 日到达布林迪西。腓特烈发现他的王国处于一片混乱而无助的状态。其老对手格列高利九世趁他不在之时，写信给西欧的各亲王和各教堂，召集人员并

---

① 有人有理有据地指出，圆顶清真寺的八边形构造可能是腓特烈宏伟的捕猎行宫阿普利亚的蒙特城堡（Castel del Monte）的原型。

筹备物款，用以全面地袭击腓特烈在德意志和意大利的领地，差不多是发动了相当于一支十字军规模的队伍来反对他。在德意志，教皇试图扶植一个以布伦瑞克的奥托为首的敌对帝国，却毫无成效。另一方面，教皇在意大利组织了一支武装部队入侵南部以期将腓特烈完全赶出南意大利，将罗马以南的全部领土置于其直接统治之下。激烈的战斗那时已经推进到了阿布鲁齐和卡普阿周围，而阿普利亚的几个城市相信了教皇代理人故意散布的腓特烈已经死亡的谣言，公开起来反叛。为了鼓励其他地方以此为榜样，格列高利发布敕令，宽恕所有放弃效忠皇帝的臣民。

形势已经坏到不能再坏了，随着腓特烈的到来，形势开始扭转。皇帝又一次出现在人民中间，并没死而是凯旋归来，还不流血地为基督教世界恢复了圣地。他的功绩可能不会给海外领地的基督徒们留下深刻印象，但对于南意大利和西西里岛的人民来说，这是一道完全不同的光芒。还有，一回到自己的王国，腓特烈立即就变了一个人。那个愤怒者、咆哮者、不安定者和不能理解别人的人不见了；他此时回到了他熟知和深爱着的土地，他再次控制了局势。整个夏季他都在不知疲倦地战斗，直到 10 月底教皇的军队土崩瓦解。

然而，格列高利没有服输，双方之间的最终和解是一个漫长困难而痛苦的过程。随后的几个月里，腓特烈一再作出妥协，他知道顽固的老教皇仍保留着他最具毁灭性的武器。他仍被革除教籍，这是极为尴尬的事情，也是永久的耻辱，以及一种有潜在危险的外交问题。腓特烈作为一个基督徒，至少到目前为止他还算是，不想在教会的禁令之下死去。但格列高利仍含糊其词，直到 1230 年 7 月，他才极为勉强地同意签订和平协定，并于 8 月末在切普拉诺签署，同时解除了对腓特烈的处罚。两个月后，两人一起在阿纳尼的教皇宫用餐。人们最初会认为，这次宴会肯定不会愉快。此时腓特烈巨大的魅力正派上了用场，教皇似乎对这位不辞辛劳、以随和谦恭的态度来拜访他的神圣罗马帝国皇帝感到满意。因此也结束了又一场皇帝与教皇之间的赫拉克勒斯争论，这样的争论在中世纪欧洲的历史上是如此频繁地出现。

1231 年，腓特烈颁布了《梅尔菲宪章》（the Constitutions of Melfi），这是一部不亚于七个世纪前查士丁尼时代所编纂的完整的、新的法典。皇帝全权控制了刑事审判，以他的名义组成了一个巡回法官的团体，限制了贵族、神父与城镇的自由，并为建立一个强有力的政府打下了基础，类似的强力政府体系仅出现在英国，以贵族、神父和市民这三级代表的形式。

事实是，在腓特烈所有的自治领中，王国（Regno，众所周知的西西里王国的称呼）是麻烦最少的。腓特烈出生在那里，他了解那里的每个角落，他懂得那里的人民。但因为没有像法兰西和英格兰以牢固的世袭王权方式迅速建立起来的坚实基础，其他两个他治下的大区：北意大利和德意志，却没那么容易服从他的统治，在这里皇权在过去 100 年里迅速地衰落了。特别是在北意大利，伦巴第的大城市对于几代皇帝而言，长期以来一直是扎手的刺。在这方面，没有谁比腓特烈的祖父红胡子腓特烈更有经验，半个多世纪前他在莱尼亚诺战役被完全击败。为了保持独立，伦巴第人最成功的政策就是不断挑起教皇与皇帝之间的矛盾。教皇与皇帝之间于 1230 年的和解令伦巴第人极度失望。伦巴第联盟很快复兴，其成员时刻准备迎接即将到来的危险。

伦巴第人这么做是对的。如果腓特烈愿意分割他的帝国，把德意志留给自己，西西里王国委托给其子亨利（或者反之），他可能就会任北意大利自行其是，但这不是他的解决方式。当他决定自己管理这两片领土时，他知道一条安全的连接陆路是必不可少的。此外还有一个理由。对他而言，意大利要比德意志重要得多。毕竟这是神圣罗马帝国，而不是神圣德意志。它的首都应该在罗马，他希望有一天将其变为现实。

作为实现这个目标的第一步，皇帝召集其子亨利、德意志的所有主要亲王和北意大利大城市的代表们，于1231年11月1日万圣节那天在拉韦纳召开了一次会议。腓特烈尽一切努力去减轻伦巴第人的恐惧，他同意不带军队护卫，只带一些私人侍从。这次会议将专门致力于“上帝、教会和帝国的荣耀，以及伦巴第的繁荣”。毫无疑问，腓特烈的每一句话都是当真的，但对伦巴第人首领而言，这是准确无误的警报信号。伦巴第人并不需要腓特烈，更不用说那一大群暴躁的德国贵族了。伦巴第人即刻关闭了阿尔卑斯山通道。这种措施并没取得完全成功，许多代表设法绕过了封锁，经由弗留利（Friuli），从东部的一条路线绕道而行，但这最少也使会议推迟了整整两个月。

所有的代表们都热闹地庆祝圣诞节，皇帝精心组织了一系列活动和表演，包括著名的皇帝动物园的专门展览，这个动物园陪伴了他所有的旅程，其无与伦比的收集包括了：猎鹰、狮子、黑豹、骆驼、猿和猴子，甚至一只大象，这些动物在当地的影响力是难以想象的。腓特烈一直以来就擅长于开办展览，然而他意识到一个代表仍未到场，而这个代表却是最重要的：他的儿子——罗马人的国王亨利。亨利没有送来信件加以解释，更不用说道歉。事情很快就清楚了，他对其父的召唤无动于衷。

这事情太尴尬了。此处我们不讨论帝国对德意志的治理。需要提到的只是：亨利8岁时，其父抛下了他并给予了他名义上的皇权；结果到他18岁时，亨利并没有依恋父亲或者要忠于皇室的感觉，父亲对他而言，只是童年的模糊记忆。通过对德意志亲王们采取正好与腓特烈相反的对抗性政策，亨利已经激怒了他们，而当1231年问题发展到了极点时，亲王们剥夺了他一系列的权利和特权，这严重地削弱了皇帝在德意志的权利。

腓特烈极为恼怒，第二年夏季他在阿奎莱亚（Aquileia）召集了另一次会议，清楚表明了再次忽视召唤是危险的。这次亨利不敢违抗，而且被迫发誓从此以后捍卫皇帝的权利和立场，并解雇那些鼓励他采取灾难性政策的政治顾问。但如果腓特烈认为有了能服从于他的儿子和亲王们，他就能征服伦巴第人，那他错了。在他人生剩下的19年里，他像其祖父一样把大部分时间花在意大利半岛的战事上，以树立其权威。然而，他们两人有很大的区别。红胡子腓特烈完全是个德意志人，他的帝国是德意志人的帝国。但对于腓特烈二世而言，意大利一直是最重要的。尽管偶尔有暂时的和解，但当教皇很不舒服地被夹在两片名义上的帝国领土——伦巴第与西西里王国之间时，他对腓特烈怀有敌意就不可避免了。

最后这些年里，主要的角色也变了。在进一步的不服从行为之后，罗马人的国王亨利于1235年被废黜，两年后由他的同父异母弟弟康拉德接任。同年腓特烈再次结婚，娶了英国国王亨利三世的妹妹伊莎贝拉为其第三任妻子。教皇格列高利于1239年再次革除腓特烈的教籍，而他自己却于1241年去世。如果其继任者，无助的老人——塞莱斯廷四世（Celestine IV）能活下去的话，腓特烈的麻烦很可能得以解决。但塞莱斯廷继位17天后便随格列高利走进了坟墓。在接下来的一年半里，皇帝在准备一支大型舰队对付热那亚和威尼斯的同时，尽一切可能影响下一次教皇选举，但无济于事。热那亚红衣主教西尼巴尔多·得·菲耶斯基（Sinibaldo dei Fieschi）于1243年6月成为教皇英诺森四世，他很快表明自己是一个比格列高利决心更大的对手。任职才两年，他就在里昂的一次大会上宣布废黜已被革除教籍的腓特烈，并剥夺了他的所有尊称和头衔。

但皇帝不是那么容易就能被废黜的。霍亨施陶芬家族本身在德意志仍享有盛誉，而腓特烈在自己王国内不停地巡游，确保了他一直以来无所不在的崇高形象。腓特烈傲然无视教皇的宣判，继续战斗。1250 年 12 月在阿普利亚的菲伦蒂诺城堡（Castel Fiorentino），当时还在战争过程中，他突然染上了痢疾。几天后的 12 月 13 日星期二，离他 56 岁生日只有 13 天时，腓特烈去世了。不可避免地，有谣言传出他是被毒死的，但从没有找出过真正的证据。他的遗体，按其遗言被送到巴勒莫，安葬在大教堂里那座本来为他祖父罗杰二世准备却没用上的、切法卢底座的宏伟的大石棺里。

腓特烈指定的自己在德意志和西西里的继承者，是耶路撒冷的约兰德之子康拉德。但当康拉德在德意志期间，腓特烈将意大利和西西里王国委托给了他在 11 个私生子中最喜欢的一个：曼弗雷德（Manfred）。事实证明曼弗雷德是他父亲值得委以重任的儿子。他重建了腓特烈的辉煌宫廷；建设了阿普利亚的曼弗雷多尼亚港口；把自己的女儿海伦娜（Helena）嫁给了伊庇鲁斯专制君主迈克尔二世（Michael II）以结成联盟，这使他获得了科孚岛和阿尔巴尼亚沿海相当长的一段海岸线，包括历史文化名城都拉佐（Durazzo）港。另一个女儿康斯坦斯（Constance）则成为阿拉贡王位继承者彼得的妻子（这一章所提到的第二个阿拉贡的康斯坦斯）。

甚至在其同父异母兄弟康拉德 1254 年死后，曼弗雷德也没有在意大利北部和中部寻求扩展权威，这让教皇感到无法形容的宽慰。尽管如此，曼弗雷德在南部势力的增长还是再次引起了罗马的焦虑。1258 年 8 月他劝说西西里诸侯拥其为国王后，这种担心就更增长了。自从 1245 年名义上废黜腓特烈以来，教皇英诺森一直在寻找一位“基督的健将”（athlete of Christ）去横扫意大利南部的霍亨施陶芬家族并领导教会的军队去征服整个半岛。英王亨利三世的弟弟，也是英国最富有的人，康沃尔伯爵理查德于1257年被选为罗马人的国王，但英诺森无法说服他接受这个重任。教皇仍试图找到一个合适的候选人，直到他自己于1261年去世。乌尔班四世继位，成为登上教皇宝座的第一个法国人。乌尔班不久就将目光转向了同胞——安茹的查理。

这位查理是法王路易九世的兄弟，此时35岁。1246年，他通过其妻的关系获得普罗旺斯郡，这给他带来了无法估量的财富；除此之外，他还是繁荣的马赛港的领主。对于这位冷酷、残忍而野心勃勃的机会主义者而言，教皇此时给了他一个不可错过的机会。查理将率领对抗曼弗雷德的军队于1265年秋季在北意大利正式集结，这支部队有十字军的称号，这就意味着这支军队将像以往一样是一支杂牌军。它包括希望在南意大利获取领地的人、希望减轻罪孽的朝圣者和只是为了掠夺的地痞。然而，他们当中也有相当数量来自西欧各地的骑士，包括法兰西人、德意志人、西班牙人、意大利人和普罗旺斯人，甚至还有一些英格兰人。查理坚信，无论曼弗雷德怎么反抗，他们一定会战胜他。

安茹的查理一世1265年驶向罗马（左）和教皇授予他西西里王国王位的加冕仪式。

1266年1月6日，教皇乌尔班加冕安茹的查理为西西里国王。不到一个月，即2月3日查理的军队跨过边界进入了西西里王国。这次战役时间不长。两军于26日相会于古老的罗马城市贝内文托郊外，一切都进行得相当迅速。曼弗雷德像往常一样勇敢，坚持在自己的位置上一直战斗，但寡不敌众，他的军队不久就从战场上撤退了。这次战役是决定性的：这次十字军讨伐就此结束。同样走向终结的是霍亨施陶芬王室。两年后，康拉德国王的儿子康拉德四世——康拉丁(Conradin)这个名字人们更熟悉——和卡斯蒂利亚的亨利亲王率领着一支德意志、意大利和西班牙的联军，为了挽回局势，进入西西里王国。这是不顾一切的最终一击了。查理匆忙应战于塔利亚科佐(Tagliacozzo)——一个边界村庄。这次战役发生于1268年8月23日，这是一场激战，双方都有重大的伤亡，那天安茹伯爵还是赢了。康拉丁从战场上逃脱了，但不久又被俘获。接着一场公开审判于10月29日在那不勒斯举行，之后，仅16岁的亲王和几个同伴被带到市场示众并当场斩首。

曼弗雷德和康拉丁都以各自不同的方式成为英雄。他们都被其父亲和祖父的阴影所遮蔽了，这很难说是他们的错误。毕竟，世事大多如此。在13世纪就能流利地说六种语言，这比在今天更为罕见；另外，腓特烈也是一位感性的抒情诗人，在他的宫廷里十四行诗诞生了①；他还是一位慷慨的艺术赞助人；也是一位难以捉摸的政治家和那个时代最伟大的博物学家。充满激情的求知欲赋予他不仅具备哲学和天文学的知识，还包括几何和代数，医学和物理学知识。他最出色的是其表演天赋。他独特的人格力量、绝对耀眼的个性，一直确保他

① 很可能由西西里人贾科莫·达·伦蒂尼(Giacomo da Lentini)所创造，我们所知道的他的十四行诗至少有25首。

会给与之接触的人留下深刻印象，但他还故意进一步树立自己的形象：囚笼中与众不同的动物，萨拉森私人卫队，还有他的后宫。后两者是他的对手们一直诟病他的理由。他是一位巨人，一位半神，对他而言，原先的统治原则并不适用。

总之，腓特烈有个性，而这种个性一直是，今天仍然也是，意大利人的专长。腓特烈可能是历史上全新的、首批横跨两个不同世界的人之一，他横跨了意大利和德意志，而且在阿尔卑斯山两侧都感觉到相当自在。但他的心仍然在意大利，他人生中的大部分都是在那度过的，而且在这本书中他是作为一个意大利人找到了自己的位置。从文化角度，腓特烈给这个国家带来了很多很多。如果中世纪普罗旺斯的游吟诗人，逃离了讨伐阿尔比派十字军带来的恐惧，却没有发现巴勒莫宫廷的热烈欢迎并以他们典雅之爱的理想去激励本地诗人，意大利文学可能会走向一个截然相反的方向，《神曲》（*Divine Comedy*）可能永远不会被写下。在建筑领域，腓特烈同样是一位改革者。边境城市卡普阿建起的巨大而森严的关口，是用以保护那里横跨沃尔图诺河（Vulturn river）的桥梁，而且是皇帝亲自设计的。但现今都已不存在了。可大量的雕塑仍保存在当地的博物馆里，由此可见皇帝能自由地借鉴古罗马的装饰性语言，在一个多世纪前就响应了日后的文艺复兴。古典的三角饰和壁柱引人注目地出现在他位于蒙特堡宏大的狩猎行宫中，一个巨大的八角形石灰石炮塔盖在一个遥远的阿普利亚山顶上。但或许我们根本不应感到惊讶。腓特烈毕竟是罗马皇帝，他要确信我们不会忘记他。

另一方面，从政治角度讲，腓特烈是一位失败者。他梦想在帝国穹顶之下把意大利和西西里合并为一个联合王国，罗马为其首都。得到伦巴第城镇资助的教皇，其首要目标就是确保他的梦想不会成为现实。对皇帝来说极为不幸的是，他遇上了格列高利与英诺森这两位如此有能力和有决心的人，并得与他们战斗，但从长期来看，这种斗争的结果早已注定。甚至在德意志，帝国都失去了其实力和凝聚力；曾经忠诚的德意志亲王们已不再可信赖，或帝国已不再受到他们的深深关切。至于意大利北部和中部，伦巴第人的城市从未屈服于皇帝的威吓。皇帝只要接受这个事实，对教皇国的威胁就会消失，而他心爱的王国也可能会完整地保留下来。可惜的是，腓特烈拒绝这样做，这就使他不仅失去了意大利，而且也将他的王朝推向了毁灭。

第十章　海外领地的终结

皇帝腓特烈二世与国王路易九世之间的区别，比同时代欧洲其他统治者之间都大。腓特烈是一位知识分子，也是一位自由思想者。他对宗教的热情极为有限；实际上，他人生的大部分时间是在教会的禁令下度过的。他有时也会对异教徒采取强硬措施，特别是当他们威胁到帝国的和平与安全时。他本人是在巴勒莫宫廷中的阿拉伯人与希腊人之中长大的，非常尊敬并深刻理解伊斯兰教和东正教，他更喜欢与两种不同信仰的学者讨论其中的微妙之处。作为一位政治家，他绝不是没有原则的；但他更是一位实用主义者。他明白，如果他和他的帝国想要生存下去，并不能只靠良心。他其貌不扬，有稀疏的红头发并且身材魁梧，体格像钉子般坚韧。

国王路易九世则期待成为圣人，他也的确是一位圣人。同时代的一位修士，在他出发去圣地之前这样描述路易九世："他单薄、苗条、高挑、精干，是个有一张天使般、和蔼可亲的面容的人"。有时，他金发下的脸庞也会因丹毒引起的病容而变丑，这是他终生的不幸。尽管这样，他似乎散发着善良的光芒。据史蒂芬·朗西曼先生的记载，"很少有人如此自觉、善良、正直。"奇怪的是，我们找不到他伪装虔诚的痕迹；相反，当战争中必须表现出严厉和决不妥协时，路易则表现得精神饱满和英勇无畏。他醒着的时候花大量的时间做祈祷，经常趴在地上直至完全忘我，茫然恍惚，不知道自己到底身在何处；但他承认自己没有泪水"去浇灌干涸的内心"。这可能是他坚持不间断苦行的原因，如斋戒、鞭笞和穿苦行衫（粗毛布衣），以及亲自照顾病人，特别是患有一些严重而致命疾病的患者。对于罪行，他简直不能忍受其存在。然而，他对异教徒和无信仰者却冷酷无情；他做不到像腓特烈那样高雅地、不流血地收复圣地。

1244年底，30岁的国王路易因为疟疾状况严重，他发誓如果还能活下去，将会领导一次十字军东征。不久他康复了，便开始了十字军东征的准备工作，并花了三年时间。1248年8月25日，他留下其母卡斯蒂利亚的布朗歇①为摄政王，在其妻普罗旺斯的玛格丽特②及他的两个兄弟阿图瓦的罗伯特、安茹的查理陪伴下，从专门为此而建筑的艾格-莫尔特港（Aigues-Mortes）起航。9月18日，他们到达塞浦路斯的利马索尔港，十字军按约定在此集合，路易开始着手计划他的战役。尽管有第五次十字军东征的灾难性结果在前，大家还是一致同意再次将目标放在埃及，那是萨拉丁帝国中最富裕和最容易受到攻击的。不幸的是，这一年可以行动的时机早就过去了，因为通往尼罗河三角洲河岸的隐蔽沙滩，只有在平静的天气中才能通过，于是国王不得不在塞浦路斯度过冬季。而春季来临时又出现了新的困难：船只急缺。路易依赖于意大利各海上共和国，指望它们能提供一定数目的船只，但当时比萨正与热那亚发生战争，不能提供需要的船只；而威尼斯人则不同意、或者说是完全反对十字军东征，他们很干脆就拒绝了。1249年5月底，国王才凑齐足够的船只，而舰队的先行分队在一场剧烈的风暴中溃散，不得不艰难地返航利马索尔。

此后情况有所好转。6月5日拂晓，十字军顶着猛烈的抵抗，在尼罗河三角洲西边的沙滩登陆。这次战斗持久而激烈，结果还是有着严明纪律的法国骑士获胜。夜晚降临时，当埃及军队通过用船只搭成

---

① 她是英王亨利二世的孙女，其母是亨利之女埃莉诺，嫁给了卡斯蒂利亚的阿方索九世。在其子未成年之时她已成为摄政王，那时就已充分证明她是一位政治家。

② 她的妹妹埃莉诺嫁给了英国亨利三世。

的永久性桥梁撤退到达米埃塔时，便接到命令整体撤离。所有穆斯林都按令撤离。留下来的基督徒科普特人（Copts）传来口信说反抗结束了。十字军成功而且毫发无损地过了桥，进入达米埃塔城。与之截然不同的是，第五次十字军在 17 个月的围攻后才获得了类似的成功。与 1219 年的情形一样，大清真寺改成了一座教堂。圣殿、医院和条顿三个骑士团已被配置在合适的位置。热那亚人、比萨人，更令人惊奇地还有威尼斯人，各自分配到一条街道和一个市场。简单地说，达米埃塔成了海外领地实际上的都城。

然而分裂很快就出现了。尼罗河一年一度的洪水迫在眉睫。路易牢记第五次十字军东征的教训，决定等待洪水退潮后再行军，这便意味着他的军队将被迫在三角洲度过犹如火烤般的炎热夏季。不久，食物供给开始短缺，痢疾和疟疾在十字军军营中蔓延。因结核病而奄奄一息的苏丹阿尤布，如其父亲一样在病床上提议用耶路撒冷交换达米埃塔，但这个提议马上遭到拒绝，因为国王路易拒绝与异教徒谈判。当 10 月底尼罗河退潮时，路易下令向开罗进军。

当这支军队开到距首都还剩 2/3 路程的时候，在曼苏拉（Mansurah）遭遇了萨拉森军队。这个城镇是由苏丹卡米尔所建，才几年时间，地点就在卡米尔当年战胜第五次十字军的地方。接着，完全是因为阿图瓦伯爵罗伯特的失误，一场灾难降临了。罗伯特无视其兄的严格指示：接到命令前不准攻击穆斯林军队。他率领圣殿骑士团和一小股英国人，冲进了埃及军营，出其不意地占领了它，并杀戮了许多士兵，剩下的士兵四处逃窜。如果罗伯特就此罢休的话也就什么事没有了，但他却从曼苏拉两英里之外的军营，兴奋地骑马赶往曼苏拉城。此时的埃及人早已准备就绪。城门大开，当罗伯特和其随从找到了直接通向要塞的城墙时，曼苏拉城的防御部队从旁边的街道汹涌地扑向他们。城门哐当一声关上了，随即便是一场大屠杀。罗伯特本人、大部分圣殿骑士和所有英国人被杀，290 名圣殿骑士仅幸存五名。

这场灾难并不标志着十字军行动的结束。直到 1250 年 4 月初，当痢疾和伤寒造成的伤害远远超过埃及人的作用时，路易决定返回。路易提议用达米埃塔交换耶路撒冷，但三个月前继其父位的苏丹图兰沙（Turanshah）对此毫无兴趣。对仍然能够骑马或步行的士兵而言，十字军的撤退是一场噩梦。国王路易的行为倒是值得赞誉，特别是他此时病得很严重。后来，他的贴身侍卫觉得他无法进一步行动，便把他带到附近的一所房子去休养，但他不久就被发现、被逮捕，并被带上镣铐送往曼苏拉，在那里他的身体得以慢慢康复。他的骑士和士兵们大批投降并被关押，但他们并不幸运。由于俘虏人数太多而不能加以有效守卫，埃及人处死了那些虚弱而不能行军的人；剩余的则在随后一个星期内斩首，平均一天 300 个，留下来的主要是男爵。显然，他们希望得到一笔可观的赎金。

埃及人确实是得到了一笔赎金。十字军用达米埃塔赎回了国王路易，并同意用 50 里弗尔①赎回剩下的人员。这是一场艰难而苛刻的交易，但如果没有王后玛格丽特的话连这也不可能实现。她怀孕临产时仍待在达米埃塔，在收到十字军投降的消息仅三天后，在一位八十多岁的骑士作为其助产士的帮助下，玛格丽特的孩子平安出生了，她为他取名为特里斯坦（Tristan），即“不幸之子”。此时的十字军受到双重打击：食物供给极度匮乏，比萨人和热那亚人又开始撤离这座城市。玛格丽特把两城的首领召集到床边，乞求他们留下来守卫达米埃塔，因为如果它陷落了将没有什么可以用来赎回自己的丈夫。只有当玛格丽特同意收购这座城市里所有剩下的食物，并且由她自己负责分

---

① 铸造于图尔的钱币，在 13 世纪，比起巴黎铸造的，人们更青睐这种。

配时，首领们才同意留下。这项措施代价是非常大的，但达米埃塔保住了，直到能赎回国王之时。最后移交是在1250年5月6日，圣殿骑士团不情愿地支付了可观的赎金。一星期后，还可行走的路易和男爵们在阿卡登陆返回。病重或重伤者仍留在达米埃塔，以为能得到良好的照顾。但几乎船还没离开港口，所有留下的人就惨遭杀戮。

在伊斯兰世界，失败的第六次十字军东征却引发了一场剧变。大部分穆斯林武装力量由马穆鲁克骑兵组成。这是大部分由格鲁吉亚人和切尔克斯人组成的兵团，他们从小在高加索被卖为奴隶并被训练成一流的骑兵。马穆鲁克骑兵的势力和影响力在苏丹阿尤布统治时期稳步增长。当1249年11月阿尤布死后，其继承者图兰沙试图削减马穆鲁克人的规模。但事实证明这是一个致命的错误。1250年5月2日，他在为埃米尔们举行宴会，正当他起身要离开时，一伙马穆鲁克士兵闯进来袭击他。重伤之下，阿尤布逃离并跳进了尼罗河，但他被一位叫拜巴尔的马穆鲁克主要将领跟踪并杀害。阿尤布王朝至此灭亡。

虽然此时马穆鲁克地位至高无上，但统治的开端并不顺利。他们的首领伊扎丁·艾巴克（Izzadin Aibek）与阿尤布君主的遗孀结婚以使其王位合法化，并自称为苏丹。然而，这段婚姻从开始就注定不会幸福，1257年4月，王后贿赂宦官将伊扎丁·艾巴克杀害于浴室。仅17天后，当自己被棍棒打死时，她才后悔杀死了伊扎丁·艾巴克。艾巴克15岁的儿子继位，但于1259年被废黜，被其父的同僚埃及马穆鲁克苏丹古突兹（Saifeddin Qutuz）取代。古突兹统治了不到一年，但在这期间，他取得了整个伊斯兰历史上最具有决定意义的胜利，这场胜利成功地拯救了穆斯林的信仰，使其在东地中海不至于灭绝。

13世纪下半叶，海外领地的基督徒并不能体现缔造其王国的十字军精神，大部分海外领地的基督徒都没再考虑重新获得圣地。但他们仍几乎控制着整个地中海东海岸，从南部的加沙（Gaza）到北部的西里西亚、亚美尼亚。除定都于阿卡的耶路撒冷王国外，还有安条克公国和的黎波里伯国，这三个地方得到一串宏大的堡垒链的防护，以抵御东来的攻袭。其中的许多堡垒保存至今。塞浦路斯王国离西里西亚海岸约60英里。这些地方的人们生活都很愉快：享受着良好的气候和丰富的物产，土壤肥沃；巴勒斯坦或叙利亚海岸的任何一个港口都无法与之相比的大港口阿卡则确保他们有稳定的商贸收入。然而，一切都要取决于他们与穆斯林邻居维持良好的关系，但这并不总是那么容易做到的。甚至当基督徒们准备妥协，不再坚持他们的十字军理想时，穆斯林却怨恨着这些占领了其视为己有的土地的异类和异教徒。

另一个问题则是意大利各海上共和国。贯穿东西方的贸易链是最重要的，而如果没有威尼斯、热那亚和比萨的船队定期地与西地中海联系，商业交流是几乎不可能维持下去的。但这些共和国本身傲慢、不忠实，而且始终是不可靠的，它们在真正亟需的时候却吝于给予帮助，有时甚至给穆斯林提供军需品。武装修会对于当地政府而言，经常让他们有如鲠在喉的感觉。特别是圣殿骑士团，其银行业务使他们获得了巨大的财富，他们经常只乐意贷巨款给穆斯林客户。由于这些和其他的一些原因，失望的旁观者很少会认为法兰克基督徒们的海外领地能长久维持下去。出人意料的是，其结局可能是被一系列改变整个西亚的不可预见的事件延迟了：金帐汗国出现在地中海沿岸。

当第一位著名的蒙古统治者成吉思汗（Jenghiz Khan）于1227年去世时，他留给其子的是一个从中国海到第聂伯河（Dnieper river）沿岸的大帝国。其子窝阔台汗（Ogodai）于1241年去世时，其帝国包括现今俄罗斯和匈牙利的大部分，向南直到波斯。仅两年后，在科塞达克（Köse Dağ）战役中，蒙古军队给塞尔柱突厥人以沉重的打击，实际上把独立的塞尔柱国家推向了末日。[1] 欧洲的统治者们日益担忧地目睹着这个难以对付的民族的发展。路易九世甚至派使者去位于喀拉和林（Karakorum）的蒙古朝廷。当这位使者于1254年到那里时，他发现拜占庭拉丁帝国皇帝、巴格达阿拔斯王朝哈里发、塞尔柱突厥苏丹和德里国王，以及俄罗斯数位亲王的大使都在那里。（另一个不久后随之而来的是亚美尼亚国王的使者。）这位大使饶有兴趣地报告在蒙古人中间绝对没有宗教歧视：成吉思汗之子[2]忽必烈（Kublai）大汗，尽管理论上是萨满教徒，他也经常参加基督教、伊斯兰教和佛教的仪式。他相信只有一个神；而如何崇敬这位神就归不同崇拜者自己选择了。

但宗教宽容并不意味着和平。1256年1月，忽必烈的兄弟旭烈兀（Hulagu）率领一支大部队反击一个叫“暗杀军团”（Assassins）的穆斯林秘密团体，这个团体制造了一系列恐怖活动，并将波斯领土据为己有。到1257年底，其数以千计的成员很少有幸存者。接着旭烈兀随意地将目光转向了下一个牺牲者：巴格达阿拔斯王朝的哈里发穆斯塔西姆（al-Mustasim）。1258年2月10日，巴格达陷落。哈里发在亲口向旭烈兀吐露了收藏珍宝的地方后被处死，而这个城市的所有穆斯林人口，当然除了部分俊男俏女被收为奴隶外，可能约8万名男子、妇女和孩子命丧黄泉。只有在教堂中避难的基督徒得以幸免，因为旭烈兀的正室脱古斯（Dokuz）可敦是坚定的基督教聂斯托利派（Nestorian）信徒。[3] 聂斯托利派的大主教还获赠了前皇家的一座宫殿，作为其官邸和教堂。

---

① 塞尔柱国家一直存在到这个世纪末，但它仅是蒙古帝国的傀儡国。

② 原文如此。忽必烈应为成吉思汗的孙子。——译者注

③ 聂斯托利派（即景教）教徒视耶稣为两个分开的人物，人和神。（正统的观点是耶稣是一个人，同时是上帝也是人。）这个派别现存信徒相对较少，大部分在伊拉克，在那他们被看作亚述基督教徒。

当亚洲各地的基督教徒欢欣鼓舞时，巴格达陷落的消息却使整个穆斯林世界震惊。阿拔斯哈里发王朝自747年起已存在了5个多世纪。虽然其政治势力早已不再，但它还是团结正统伊斯兰宗教的重要力量。没有了它，这个信仰会失去其内聚力，且会成为众人争相掌握的宝物：奖赏给有足够雄心和决心的穆斯林领袖，为他增添魅力和荣光。然而，旭烈兀不是一位穆斯林领袖，他此时将目光投向了叙利亚。马亚法拉琴（Mayyafaraqin）城第一个失陷，被俘的统治者被迫吃自己的肉，直到死亡。接着，阿勒颇陷落。安条克的得救归因于其亲王波赫蒙德六世（Bohemund VI），他来到旭烈兀的军营并表示臣服。随后轮到了大马士革，它不加任何抵抗就投降了。蒙古军队在旭烈兀的副指挥官，名叫怯的不花（Kitbuqa）的另一位聂斯托利派基督徒，以及波赫蒙德与其岳父亚美尼亚国王的陪同下，于3月1日进入大马士革城；用史蒂芬·朗西曼先生的话来说，“哈里发古都的市民们目睹了六个世纪以来第一次有三位基督教统治者胜利地踏在他们的街道上。”

对于许多坚定的信仰者而言，这必定是伊斯兰教在亚洲的丧钟，更何况由于蒙古征服者中很多像怯的不花一样本身就是基督徒，公开赞助当地的基督教团体。叙利亚稳定后，他们转向了巴勒斯坦。蒙古征服者避开了耶路撒冷，向南大面积扫荡至加沙，他们的势力和海洋一起包围着剩下的，完好无损的阿卡。

他们征服的速度和其成功的程度都令人惊叹，但他们的战线已经惊人地拉得太长了。约1259年秋季，蒙古军营收到了消息：大汗在中国的一次战役中被杀。如往常一样，王位继承具有争议，旭烈兀再清楚不过了，如果他要保住自己的位置，必须立即返回东方。因此，1260年初，他带着大部分军队出发，行军开往4000英里外的喀拉和林，留下怯的不花和大量削减后的军队尽其所能地管理被征服地。

他离开不久前曾派遣一位使节给埃及的马穆鲁克苏丹，令其屈服。苏丹古突兹并没有接受，他处死了这位使者，并马上准备军队去远征叙利亚。此时，他抓住了蒙古敌人锐减的机会。7 月 26 日，马穆鲁克士兵在拜巴尔（Baibars）的率领下跨过疆界，毫不费力地占领了加沙，并往北推进到了巴勒斯坦。没有人知道确切的日期，大约在 9 月间，两支军队在艾因扎鲁特（Ain Jaludthe/ Pools of Goliath）相遇。苏丹古突兹亲自全面指挥，如往常一样，先锋队由拜巴尔率领。蒙古军队很快就被包围，虽然奋勇作战，但寡不敌众。穆斯林军队俘虏了怯的不花，捆绑他到苏丹面前，苏丹下令马上处死他。

虽然至今已经几乎被人遗忘了，但这可以说是历史上最具决定性的战役之一，因为它从极度的威胁中挽救了伊斯兰世界。伊斯兰世界的三座大城巴格达、阿勒颇和大马士革都在蒙古人的手里；如果怯的不花再次胜利并追击到埃及，那摩洛哥以东将不再有真正的穆斯林国家。另一方面，穆斯林的胜利使得埃及马穆鲁克王朝在近东处于至高无上的地位，直到奥斯曼帝国崛起时一直是这样。这最终决定了海外领地基督徒的命运。

艾因扎鲁特之战结束后一星期内，古突兹留在了大马士革。一个月后，穆斯林军队重新获得了阿勒颇。当苏丹率领军队胜利返回埃及时，他似乎所向披靡。但他很快就不再信任其卓越的副指挥官拜巴尔，而当拜巴尔想成为足以控制叙利亚的阿勒颇总督时，古突兹直截了当地拒绝了他。他这样做显然是严重低估了自己的将领。1260 年 10 月 23 日，古突兹带着高级别埃米尔们（酋长）去三角洲狩猎，当他离开营地的安全范围时，拜巴尔从后面悄悄地接近他，用剑刺向了他。尽管此时已有两位苏丹的血案在身，但没有人敢质疑拜巴尔的继承权。体型高大、残忍而奸诈、缺乏怜悯心并且无情的拜巴尔此后将统治 17 年，但他却是所有马穆鲁克统治者中最能干的。

艾因扎鲁特战役并没有结束蒙古在这个地域的势力。旭烈兀尽快回到了叙利亚，并在东北部维持着一支强大的抵抗力量，但 1265 年他去世了，任由拜巴尔重新发动反对基督徒的战役。不过亚美尼亚国王海屯一世（Hethoum I）和安条克亲王兼的黎波里伯爵波赫蒙德六世，都是特别危险的对手，基督徒仍然是一支不可忽视的势力。但拜巴尔仍不断向他们施压。他四次袭击阿卡都被击退，但于 1267 年占领了恺撒里亚（Caesarea）和托龙，并洗劫了西里西亚，最终给了亚美尼亚王国致命一击。第二年，雅法陷落。更糟糕的是，5 月 18 日，最初的主教驻地之一、基督教海外领地中的第一个公国、法兰克人最繁华和先天条件最优越的城市——安条克惨遭洗劫。征服者冷酷无情，把大量累积的珍宝发给了军队，大部分士绅和神职人员被杀。这个城市再也没能恢复过来。这对整个东方基督教世界而言，心理上的影响是灾难性的。

安条克陷落后双方随即就休战了。这是双方所希望的，也给了他们时间去考虑在欧洲和亚洲发生的会影响到海外领地的大事件：例如，康拉丁的被处死意味着耶路撒冷王室合法继承家族的灭绝，而更令人不安的是：传闻法国国王路易率领的第二次、也是最后一次十字军东征即将到来。

自当年路易在达米埃塔遭难后返回阿卡，时间已过去 20 年了。返回后，他收到了其母——摄政的布朗歇王太后召他回国的紧急请求，但他如果这样做就等于投降了。他的崇高理想就不能取得任何成果。的确，如果他这样做，他就不但摧毁了自己的军队，实际上也削弱了整个海外领地基督徒的战斗力。在回家之前，他感觉形势必定还有挽回的可能。此外，一些士兵不是还被监禁在埃及？为了他们，他显然必须在东方再停留一段时间。

因此他又停留了四年。自到达海外领地以来，他学到了很多。他不再蔑视异教徒；如果他要恢复自己的位置和名誉，就必须平等地对待他们，而由于穆斯林世界新的分歧，他取得了可观的成功。巴勒斯坦和叙利亚仍坚定地忠于阿尤布王朝。他和阿尤布王朝以及马穆鲁克人谈判；在暗杀团还没有被旭烈兀摧毁之前，他还与其商谈；他当然也与蒙古人谈判过。他也知道，技术上讲，自己完全没有协商的权力，因为自 1250 年后十字军王国已属于腓特烈之子康拉德。但康拉德远在德意志且可能仍会留在那里，海外领地事实上已接受路易为国王。因为路易的原因，埃及的法兰克人囚犯最终被释放，而马穆鲁克人承诺，一旦占领了叙利亚和巴勒斯坦，将会归还耶路撒冷旧王国往东直到约旦河的所有部分。

但毫无疑问的是，还有另一次军事进攻。1252 年 11 月，王太后布朗歇去世，内战爆发，路易意识到他不能再拖延返程的时间了。1254 年 4 月 24 日，路易从阿卡起航，7 月初在法国南海岸的耶尔（Hyères）登陆时，他感到极为悲伤和失望。在所有十字军领袖中，他是最值得尊敬、最正直和迄今为止最虔诚的一个，但他在圣地的行动几乎完全是灾难性的，致使数千无辜的人丧命，很大部分还是他的臣民。他感到迷惑，十字军过去的失败和挫折应归咎于他们本来就罪孽深重的生活，然而他一天花好几个小时祈祷，过着一种无可挑剔的清廉生活，这并没有使他比之前的十字军表现得更好。难道在上帝的眼里，整个十字军的概念是不受青睐的？

路易自己无法相信这一点，他渴望继续更多的尝试，希望最后一次去圣地的旅程将会圆满成功，抹去失败的痕迹，并使自己不再内疚。国内问题让路易一直在法国忙碌了 16 年，但 1270 年他觉得时机到来了。尽管已六十多岁而且身体欠佳，但路易准备再次起航去巴勒斯坦。他此时想去那里的目的已经不明确了，这个时候要恢复圣地简直是一个奇迹。但无论他的意图如何，它们都因他的兄弟——西西里国王、安茹的查理而落空。

查理战胜了曼弗雷德，处死了康拉丁，最终使意大利摆脱了霍亨施陶芬王朝，但在他内心深处还有着更大的雄心壮志。查理企图控制整个意大利；让教皇国的版图缩小到成为一个傀儡；再次夺回已经回到希腊人手中的君士坦丁堡，在那里恢复拉丁信仰；并最终建立一个遍及整个地中海的基督教帝国。因此，他首先想到的是说服路易行军去抗击拜占庭帝国，但遭到拒绝。可查理还不死心，又去游说，查理认为突尼斯的埃米尔有意而且准备皈依基督教。如果的确如此，这种信仰可能会扩展到整个非洲北岸。即使没能如此，让基督教在非洲北岸有个长期据点也是不可忽视的好处。

这是历史上最大的讽刺之一，即圣洁与智慧很少同在。尽管大部分朋友和顾问都给了他严正的建议，为什么国王路易此时会相信他的这个兄弟，这几乎让人不可理解。路易在他三个活着的儿子陪同下，率领军队在一年中最热的季节，于艾格-莫尔特再次起航，7 月 1 日航行至突尼斯。

关于查理的声明和意图，他在离开前曾做过任何调查吗？到底有没有丝毫的证据表明埃米尔曾考虑过放弃其祖先的信仰？即使他会这样做，路易难道会真诚地相信武装袭击是使他这样做的最好方法？事实上，当 7 月 18 日路易的军队登陆时，便立即清楚埃米尔并无进一步的想法。此时，埃米尔已召集人员，加固了城市的防御并准备战斗。

幸运的是，他自己不用动一个手指头，北非的夏季已经搞定了一切。当有士兵开始染上瘟疫并死亡时，十字军还没有扎营；但一个星期内瘟疫难以控制了。国王路易是第一批牺牲者中的一个。在头几天，他坚持着挣扎站起来听弥撒；但不久他就根本站不起来了，他的嘴唇还在微微颤动，表明他还能跟上这个仪式。8 月 25 日，当安茹的查理率军到达时，他得知他的兄弟刚刚去世仅几个小时。国王的继承者，即他的大儿子腓力，也处于病危之中；然而，他活下来了，成为“无畏者”腓力三世（Philip III）。他统治了 15 年。路易 21 岁的小儿子约翰·特里斯坦（John Tristan）——他于早年十字军战役期间出生于达米埃塔，就没那么幸运了。

查理继续战斗了几个星期，最后与埃米尔达成协议，即以相当数额的赔款作为回报，查理同意带领尚存的军队撤回意大利。虽然荣誉被挽回了，但查理没有达到他预期的目标。这最后的一击就此结束了十字军的历史，虽然《不列颠百科全书》还提到一些“杂乱无章的尾声”，但圣路易的十字军实际上已经是最后一次了。十字架与新月之间持续了近两个世纪的争斗结束了，而新月是最后的胜利者。

欧洲的亲王们必然需要些时间来接受这个现实。有一位显然接受不了这个现实——英王亨利三世之子兼继承者爱德华王子。亨利自己发誓要扛上十字架东征，但内战动摇了其统治，使他没有机会履行誓言。32 岁的爱德华则无此束缚。安条克陷落后，他决定代其父亨利率领 1000 人出征。他的旅程起初并不愉快。爱德华原本打算与路易在艾格-莫尔特相会，他到那里时发现国王已经离开了，当他随后赶到突尼斯时却被告知路易已经死了。1271 年 5 月，他最终到达阿卡时极为震惊，军营内士气极为低下。威尼斯人和热那亚人与苏丹同心协力，在从武器到奴隶的一切交易中获利；似乎没有谁对打仗感兴趣。因与蒙古人结盟，爱德华在抗击马穆鲁克驻军方面取得了一些小的胜利，但还不足以让拜巴尔失眠。另一方面，这却使他本人成为一个值得消灭的对象。苏丹安排当地的刺客闯入他的房间，并用有毒的匕首刺伤了他。爱德华迅速地处置了袭击者，但他的手臂上还是留下了一个难看的伤口，并且不久就腐烂了。通过原始而痛苦的外科手术，爱德华幸运地活了下来，[①] 1272 年 9 月他从阿卡起航返回英国，到达时得知自己已成了国王爱德华一世。

如果一直以来的流言可信的话，五年后，马穆鲁克首领拜巴尔涉嫌另一次暗杀企图，但却是更具灾难性的错误。据说拜巴尔准备了一碗有毒的土耳其和蒙古人喜爱的酸马奶给敌人，但他自己却粗心地喝掉了。这使得拜巴尔生前没有看到海外领地的终结，大部分主要城市中仍有大量的法兰克人。然而，在拜巴尔 17 年的统治期内，他使基督徒丧失了在海岸的大部分势力。幸存者们自己也知道，剩下的日子屈指可数了。

1282 年复活节，星期一，在地中海中部发生了一件完全出乎意料的事件，却实际上在整个地中海地区都产生了巨大的影响。这个事件一直被略有诗意地称为“西西里晚祷战争”。

如果安茹的查理想实现他的宏伟计划，那么他就需要一个奴颜婢膝的教皇。因此当 1268 年克雷芒四世去世时，查理利用自己对教廷相当大的影响力，使教皇宝座空置三年（刚好是他外出参加其兄的十字军征途时）。直到红衣主教们在维泰博秘会时，市政当局竟派人移除了召开会议的那间宫殿的屋顶，教皇位置的空缺才结束。他们匆忙选择了表现得非常无能的格列高利十世，阻止了查理将其法国侄子腓力三世选为神圣罗马皇帝的企图，以及查理自己与拜占庭帝国结盟（在 1274 年的里昂会议上）使得东西部教会出现短暂复合的打算。

① 爱德华的生命被其妻所救的著名故事是这样的：据一位多米尼加无名的编年史家卢森希斯·托勒密（Ptolemaeus Lucensis）记载，他的妻子卡斯蒂利亚的埃莉诺吸出了伤口中的毒素。据老版的《全国传记辞典》（*Dictionary of National Biography*，*DNB*）记载，这是“完全不可信的”；新的《全国传记辞典》（牛津版）同样表示了质疑。事实上，埃莉诺甚至未随同他出征。

1281 年，查理最终如愿以偿，选举了另一位法国人为教皇，他就是马丁四世（Martin IV）。查理已是耶路撒冷名义上的国王①，掌握了普罗旺斯和意大利的大部分，早已成为欧洲最有势力且具有危险性的人物。查理此时可以通过进军君士坦丁堡，来实现自己的雄心壮志了，而教皇马丁也已遵其令再次宣布拜占庭皇帝迈克尔八世（Michael VIII）为分裂教会分子。这时离希腊人从法兰克人手里恢复其都城仅 20 年，当 1282 年开始时，他们维持自己地位的可能是很渺茫的。

巴勒莫人民拯救了希腊人。在整个西西里王国境内法国人都不讨人喜欢，这不仅是因为他们苛刻的税收政策，而且因为他们傲慢的行为。3 月 30 日晚，一名喝醉酒的法国军士在圣灵教堂外与一位西里西亚妇女纠缠，刚好晚祷的钟声响起，她的同胞怒火中烧。她的丈夫殴打并杀了这个军士，而这场凶杀引发了一阵暴乱，进而演变成一场大屠杀。到第二天清晨时，2000 名法国人遇害。巴勒莫落入了反叛者的手里，不久墨西拿也陷落了。起义发生的时间是再凑巧不过了，起义的后一阶段是由腓特烈二世和曼弗雷德的朋友——萨勒诺的贵族、普罗西达（Procida）的约翰领导的。约翰在阿拉贡的彼得三世的宫廷中度过了一段时间，彼得三世是曼弗雷德的女婿，即其女康斯坦斯的丈夫。那时约翰鼓励彼得三世提出对西西里的王位的要求。机不可失，9 月，彼得三世到达了巴勒莫，用一个月的时间占领了墨西拿，那里是法国人最后的据点。

对被困在那不勒斯宫廷中的安茹的查理而言，西西里岛的失去意味着灾难。查理自然拒绝承认他的失败，竟然提议单独与彼得决斗来

① 他于 1277 年从耶路撒冷国王阿马尔利克二世的孙女，安条克公主玛丽亚手中买到了这个头衔，随即将圣塞韦力诺的一个叫罗杰的人派往阿卡任总督。

决定西西里岛的命运。决斗将在英国的保卫下于波尔多（Bordeaux）举行，去那里要好几周的路程。彼得颇为令人惊讶地接受了，可是后来的谈判商定，由于查理已 55 岁，按当时的标准是老人了，而彼得只有 40 岁，如果每位君主都精心选出 100 名骑士一起参战，会更公平。比赛定在 1283 年 6 月 1 日星期二那天；不幸或许也是幸运的是，比赛的确切时间没有确定。那天，国王彼得和他的骑士一大早就到达了，却没看到查理的踪迹。他的使者立即宣告彼得已到场，彼得于是离开了比赛场地并宣称他胜利而归，胆小的对手怯场逃脱了。几个小时后查理赶到比赛场地，与彼得如出一辙地称自己凯旋而归。两位根本就没碰上面。双方为这场莫名其妙的决斗在时间和金钱上付出的代价都不小，但双方都保住了荣誉。

因此王国出现了分裂，查理（称为“查理一世”）管辖那不勒斯，而彼得管理西西里岛，每一方都决心要排斥另一方以重新统一王国。查理声名狼藉，其地中海帝国也摇摇欲坠。他的帝国已不再是世界强国，不可能再会有远征拜占庭的可能了。在海外领地中，查理的主要支持者圣殿骑士团和威尼斯人都溜了。不久他从阿卡召回了总督，仅留下一位职位较低的官员代替其位置。三年后的 1285 年 1 月 7 日查理在福贾（Foggia）去世。查理控制了地中海 20 年，他不仅野心勃勃，而且具有永无休止的驱动力。他是真正虔诚的，但他的虔诚也使他毫不谦卑，因为他一直将自己视为上帝选择的工具。这使他既不谦逊也没有怜悯心，他处死 16 岁的康拉丁使整个欧洲都震惊，这使他一辈子都遭人责怪。他有时也令人佩服，但他却从未被人敬爱过。

西西里晚祷战争一直持续到 14 世纪，对其爆发查理应负主要责任。“无畏者”腓力三世，以及他的儿子兼继承人——“美男子”腓力四世，因家族荣誉的原因都大动干戈，想要收复西西里岛。另外，由于西西里岛和王国都是由教皇授予查理的，因此罗马教廷不得不维护其威信。教皇马丁四世立即宣布要发动十字军讨伐阿拉贡家族，国王腓力也已开始招募军队。仅这两股势力就足以威吓阿拉贡家族及其忠实盟友热那亚共和国。双方派出的外交使团把争论散布整个欧洲，直到几乎所有地中海国家都或多或少地卷入其中。

不过最明显的例外是马穆鲁克埃及。他们对西西里岛并不感兴趣，而将目光放到了基督教世界的海外领地和毁灭十字军国家。如果西方基督教国家能暂时放下一些其他关注的事情，派出军队来保卫与他们信仰相同的同胞，这些十字军国家是可能，至少是暂时生存下去的。令人惊奇的是，第一次警钟是由蒙古人敲响的。1287 年，大汗旭烈兀之孙阿鲁浑（Arghun）派遣一名叫拉班·扫马（Rabban Sauma）的使者到西方。这位使者首先访问了君士坦丁堡，接着到了那不勒斯、热那亚、巴黎，还有波尔多——英王爱德华一世居住的大陆都城，[①] 经由罗马返回。他在所到之地都受到王室的接待。在巴黎，腓力四世亲自带他参观了圣礼拜堂，给他展示了其祖父圣路易从拜占庭皇帝手中购买的圣物。在波尔多，爱德华本身作为一位老十字军将士邀请使者与其王公大臣一起举行弥撒。在罗马，新上任的教皇尼古拉斯四世（Nichoals IV）亲自赐予拉班·扫马圣餐。每到一处，拉班·扫马都强调派军远征以恢复圣地与挽救基督教海外领地的紧迫必要性。在每个地方，拉班·扫马都收到了深表同情的回复，但从未给过他坚决的承诺和确切的日期。以往的十字军精神是一去不复返了。

大汗阿鲁浑觉得难以置信。1289 年夏初，他向欧洲派遣了另一名使者——热那亚人布斯卡雷尔（Buscarel），并带着他给教皇与英王、法王的信件。（它们的效果并不明显，因为是用蒙古语写的，但

① 此时英国国王们仍统治着相当一部分现在属法国的地方。

布斯卡雷尔大概能翻译。）这次阿鲁浑竟然提出结盟。信中写道，阿鲁浑打算亲自率领一支2万－3万人的骑兵，将于1291年2月中旬到达大马士革。如果两位国王愿意派兵收复圣地的话，他愿意交出圣地。可惜，这次主动的行动并不比上次更成功。大汗又做了一次尝试，但结果表明是又一次失败，当他的使者返回时，他也去世了。

此时，阿鲁浑最恐惧的事情还是发生了。马穆鲁克苏丹哈拉温（Qalawun）倾举国军力进入叙利亚，借口是阻止热那亚人接管的黎波里，那里已经受到了他们公然的威胁。哈拉温的长期目标毫无疑问更为险恶，1289年3月底左右他带领军队到达的黎波里城墙下，4月26日涌进的黎波里城。马穆鲁克士兵将所有见到的男基督教徒处死，将所有的妇女和孩子俘虏为奴，放火将所有的房屋烧为平地。此时西方开始注意了。由于教皇尼古拉斯的催促，开始担忧自己在阿卡的利益（他们是很愿意见到热那亚人在的黎波里的利益被剥夺的）的威尼斯人派了20艘战船，再加上阿拉贡国王詹姆斯的5艘。然而不幸的是，这支船队载着来自北意大利的无知农民和鲁莽冒险者，都想出门好好捞一笔。到达阿卡后这帮人常常酩酊大醉而且毫无责任感，1290年8月闷热的一天，他们横冲直撞，扫过街道并杀死他们遇到的每个穆斯林。

的黎波里陷落后，哈拉温同意与基督徒休战。如果一切顺利的话，这些十字军国家可能会独立更长一段时间。但很明显阿卡大屠杀后休战是不可能的，而且毫无疑问在苏丹哈拉温的心里，法兰克人是必须要清除的。1291年3月6日，在哈拉温之子及继承者阿什拉夫·哈利勒（al-Ashraf Khalil）的率领下，一支包括6万骑兵和16万步兵的大军再次出发，这个数字可能有点夸张了；但可以确定的是，阿卡的基督徒不足4万，约有800名骑士和14000名步兵，其中包括威尼斯人、比萨人和三个武装修会。与苏丹的队伍相比，基督徒显然寡不敌众。

围攻于4月6日开始。防御者们勇敢地战斗，圣殿骑士团和医院骑士团向敌营投掷炸弹，可惜没有成功。基督徒们仍控制着海洋，所以食物供给并不成问题，但他们缺乏武装力量，而且尤其需要人手来守护绵延足足一英里有余的岸上城墙。当耶路撒冷国王——20岁的癫痫患者亨利二世5月4日从塞浦路斯带领40艘船只、100骑兵和2000步兵到达这里时，士气大涨。这支军队受到了热烈欢迎，但这支为数不多的队伍并不能使局势有很明显的改观。仅两周后苏丹就下令总攻。

阿卡失陷的详细记载读来让人恐怖。① 没有投降，苏丹无论如何也不会接受投降。所有的人只能战斗至死，或者尽力从海上逃走。包括国王亨利与其兄弟阿马尔里克（Amalric）在内的少数人成功返回了塞浦路斯，许多妇女孩子进了后宫或者奴隶市场，但绝大多数人都死了。同时，苏丹的队伍有计划地摧毁了阿卡城。其他法兰克人的定居点——提尔、西顿、托尔托萨和贝鲁特，还有一些城堡不久也遭受了类似的命运。这就是最终的结局。十字军的海外领地持续了192年。它从一开始就是不宽容和领土野心的标志，它的故事展示了：物质和精神的持续衰退，还有标志性的无能。在西欧，很少有人因其消失而落泪，或者感到痛苦。

---

① 最好的是 Steven Runciman，*A History of the Crusades*，vol. III，pp. 412－423 的记载。

第十一章　中世纪的尾声

西西里晚祷战争并非海外领地沦丧的原因。自 1250 年马穆鲁克人兴起以来——甚至可以说，自 1187 年萨拉丁占领耶路撒冷以来——这就只是个时间问题了。但可以肯定的是，它绊住了欧洲的君王们，使他们对处于困境中的东方基督徒同胞实在是爱莫能助。事实上，在摧毁阿卡之后，战争又持续了 11 年。直到 1302 年，在试图让“美男子”腓力的哥哥——瓦卢瓦的查理（Charles of Valois）成为西西里岛统治者的计划落空后，教皇卜尼法斯八世（Pope Boniface VIII）才勉强认可国王彼得的儿子弗雷德里克（Frederick）为该岛的统治者，并且拥有特里纳基亚[①]国王（King of Trinacria）的封号。这是一个十分珍贵而且必要的称呼，因为这让那不勒斯的安茹王朝（Angevins）至少在名义上保留着西西里的王冠。但即便如此，他们的胜利对阿拉贡王朝来讲也仍然不如预期；通过一系列协议，弗雷德里克将与瓦卢瓦王朝查理的女儿利奥诺拉（Leonora）结婚，而且在他死后，西西里岛将重归安茹王朝。

教皇卜尼法斯于 1294 年当选，这是在虔诚但无能的隐士塞莱斯廷五世（Celestine V）退位（在教皇史上这是首例）之后。塞莱斯廷成为教皇的唯一资格是：曾在格列高利十世面前将僧衣挂在一缕阳光上。[②]

---

① 意为“三角岬之地”——与西西里三角形的形状有关，于是希腊人将它等同于荷马所说的“特里纳基亚岛”，在这里太阳神赫利俄斯喂养他的羊和牛（参见 *Odyssey*，XI，P121）。

② 据传塞莱斯廷五世因虔诚修行而能行神迹，而将僧衣像挂在衣架上般挂到阳光上则是他所行最著名的神迹。——译者注

新教皇在每一方面都与他是对立的。对卜尼法斯来说，伟大的教会制裁权的存在，仅仅是为了进一步实现自己的世俗目标，并使他所属的卡埃塔尼（Caetani）家族变得更富有。他把外国统治者更多地视为仆人而非臣民；他嫉妒心极强，并且非常惧怕其竞争对手——吉伯林派的科隆纳家族（Ghibelline house of Colonna）的权力。他开除了他们的教籍，同时以十字军的名义占领和摧毁了其在派立斯特里纳（Palestrina）的领土。这种行为使得教廷备受争议，其声誉多年都无法恢复，全欧洲都对卜尼法斯怨声载道。当科隆纳家族全部逃到法国后，教皇在意大利的主要敌人就变成了法拉蒂切利派（Fraticelli）和圣方济各会（Spiritual Franciscans），他们一直反抗教会与日俱增的世俗性，并要求恢复其创始人——圣方济各的禁欲主义和安贫乐道原则。他们厌恶卜尼法斯，不仅是因为他的财富和傲慢，而且他们认为，卜尼法斯对塞莱斯廷五世的退位及其随后的监禁和死亡负有不可推卸的责任。

对卜尼法斯而言，"美男子"腓力的敌意是更严重的事态，在腓力禁止法国神职人员服从罗马教皇的传唤后，他曾将腓力逐出教会，并且威胁说要罢黜他。1303年春，腓力通过召集一次大公会议来进行报复。在这次会议上，他坚持教皇本人应该受到传讯。他派遣了一支1600人的军队到意大利去抓捕卜尼法斯，并下令在必要的情况下动用武力将其带到法国。军队在卜尼法斯的故乡阿纳尼（Anagni）找到了他，当时他正在对一份法令做最后的润色——解除腓力臣民对他的效忠，并将其作为囚犯羁押。三天之后，由于追随他的民众集体反对，抓捕他的军队撤离了，但是他们的行动并没有白费。这位老教皇的自尊心受到了致命的打击。在他的朋友奥西尼（Orsini）护送他回到罗马一个月后，卜尼法斯逝世了。

卜尼法斯和腓力是死敌，但正是他们共同的努力，给了中世纪教皇制度致命的一击，同时也摧毁了罗马教皇在意大利剩余的特权。1305年，另外一位法国人当选为教皇，即克雷芒五世（Clement V），他在里昂为自己加冕，并建立了自己的教廷。在接下来的72年里罗马没有教皇。彼特拉克称这一时期为“巴比伦之囚”（Babylonian Captivity）时代，但这种表达是误导性的：教皇绝没有成为一个囚犯。克雷芒是自愿去里昂的，而且并未打算成为法国国王手中的工具。四年后，在与腓力的一次争执后，他甚至将其宫廷迁到了阿维尼翁（Avignon），这恰恰是因为当时这座城市不属于法国，而是位于属于那不勒斯王国的普罗旺斯自治领境内，在这里教皇更容易保持自己的独立性。他与其继任者在任何时候都未对意大利事务放任自流过，也没有把阿维尼翁看得很重要。这里只是一个临时的居所——他们要待到能够安全舒适地返回意大利为止。

此时的意大利已经变成了一个不仅令人不快，而且是极度危险的地方。自从1250年腓特烈二世以来，这里就再也没有加冕过任何神圣罗马帝国皇帝。同时，由于伦巴第和托斯卡纳区未受到帝国的侵扰，能够按照自己的方式独立发展，一个强大家族或者其他诸侯的专制独裁已经取代了大多数难以维持下去的公共政府，例如米兰的维斯康提家族（Visconti）和德拉托雷家族（Della Torre），维罗那（Verona）的蒙太古家族（Montecchi）（莎士比亚戏剧《罗密欧与朱丽叶》中罗密欧的家族姓氏），以及后来的斯卡里杰利家族（Scaligeri），还有曼图亚（Mantua）的贡扎加家族（Gonzaga）——都自称为统治者。这些政权规模小，却是绝对的专制，再加上相互间的争斗由来已久，各城新兴的资产阶级又因商业竞争而互生敌意，导致意大利北部总体上都处于强烈的动荡之中。不可否认的是，有些时候，它也为艺术探索的新精神提供了积极的推动力，这预示着文艺复兴即将来临——乔托（Giotto）出生在曼弗雷德去世的那一年；但更多的还是暴政和不间断的流血事件。在北部那些相邻的共和国中，热那亚和比萨一直扼住对方的咽喉，直到热那亚于1284年在梅洛里亚（Meloria）取得决定性胜利。只有威尼斯没有受到普遍混乱的影响，保持了相对的独立，这都要归功于它四面环海的地理位置；它精心保持下来的寡头政治；它不存在派系之争以及政府各部门彼此之间相互制衡的微妙体系。这些使得这个最和谐安宁的共和国的统治成为奇迹，使整个欧洲都惊叹不已。

在这动荡的环境中，另一个相对而言比较和平的天堂是佛罗伦萨。在当时意大利所有城邦国家中，它是最具艺术创作力的。更引人瞩目的是，它是唯一一个成功地经由艺术家和手工业者之手得以改进的政府，这在世界上从未有过。在这里，有效的行政管理掌握在六个行会师傅手中，他们被称为“行会先知”（Prior of the Arts）。他们的权力是巨大的，但是每次仅持续两个月时间。也应该注意到佛罗伦萨根深蒂固的圭尔夫（Guelf）传统，这个传统保护她免于遭受其他更不幸的城市由于长期斗争所受到的伤害。但是到13世纪末，圭尔夫派内部产生了分歧，1302年，教皇卜尼法斯与反动的“黑”党结盟——比较温和的“白”党领导人被驱逐流放。

但丁，《神曲：地狱》第33篇的插图。

在这些人当中包括但丁·阿利吉耶里（Dante Alighieri），他的《神曲》是意大利语最伟大的作品。略去其他方面不谈，在这部作品中，诗人进行了深刻而尖锐的评论：诗中似乎声称只是在写诗人在冥界如何遇到各位同时代的大人物，但实际上对他们进行了严厉的审判。其思想之伟大，与其对一种仍处于发展阶段的本土语言的运用一样让人赞叹，但它蕴含的政治观点与其说是14世纪的，不如说更像11世纪的。这些思想在但丁的《论世界帝国》（*De Monarchia*）中表述得非常充分，实质上是对过去的基督教帝国统治全世界梦想的回归。这个帝国将由皇帝与教皇和谐地共同进行统治。

1310年发生的事情表明，这些梦想已经变得多么不切实际：其最积极的倡导者卢森堡的亨利伯爵（Count Henry of Luxemburg）作为当选的皇帝进入意大利。出于理想主义和善意的痛苦，亨利在米兰接受了他的第一次加冕，使用的是伦巴第的一个铁制皇冠的复制品（真品已经做了抵押品），在认为教皇至高无上的圭尔夫派和皇帝至上的吉伯林派之间强调他的公正性。但是，圭尔夫派的城市伦巴第和托斯卡纳地区让他毫无疑问地感觉到他们的感情是倾向于已经过时的帝国主义的。当他到达罗马时，他已经是十足的吉伯林派了——正是基于这一点，他在罗马被拒绝进入圣彼得教堂，被迫在拉特兰宫从教皇的使节手中接受了帝国的皇冠。同时在阿维尼翁，克雷芒五世在腓力国王的压力下已经开始反对他，转而支持安茹王朝当政的统治者查理的孙子——那不勒斯国王“智者”罗伯特。新皇帝极不情愿地诉诸战争，但毫无成效。1313年，他死于发烧，这雄辩地证明了但丁的希望是虚幻的。

但丁从未喜欢过罗伯特国王，他将其描述成一个“夸夸其谈的国王”（re da sermone）。事实上，罗伯特具备一个伟大国王的气质。他是一个学者，他对文学的挚爱使其成为一个对诗人和作家极其慷慨的赞助人——尤其是对彼特拉克。他们俩颇有交情。彼特拉克对他深表钦佩甚至还说希望有一天他能成为全意大利的君主。在和平时期的大部分时间里，他试图把他的王国从乌烟瘴气中拉出来。不幸的是，他从未有过这样的机会，他与他的对手阿拉贡王朝之间无休止的战争耗尽了他的国库；甚至在国内，他也只能与那些不让他安宁的男爵们反复斗争。

罗伯特死于1343年，他的继承者是其孙女乔安娜（Joanna）。她是匈牙利安德鲁王子（Prince Andrew of Hungary）的妻子。在接下来的半个世纪里，那不勒斯的历史变成了一场噩梦。（希望读者不要去追溯本段的其余内容及其发展变化，在这里只是为了简要说明一下那不勒斯政治沉沦的程度。）1345年，安德鲁被暗杀，是他妻子的姑祖母瓦卢瓦的凯瑟琳（Catherine of Valois）下的命令，但乔安娜自己也没能摆脱同谋的嫌疑。安德鲁的弟弟——匈牙利国王路易斯（Lewis），以替哥哥报仇为借口，声称王国应该归自己所有。他驱逐了乔安娜和她的第二任丈夫，为了保险起见，又谋杀了她的义兄，但他很快就回到了匈牙利，当地的贵族们又召回乔安娜。不久，她的表哥——都拉佐的查尔斯（Charles of Durazzo）征服了这个王国并且将她监禁。此后不久，她被杀害。关于查尔斯死后继承权的争论引起了一场内战，王国回到了过去的无政府状态。

在下一个世纪之初，查尔斯的儿子拉迪斯拉斯（Ladislas）似乎已经取得了胜利，到1410年——由于教会的持续分裂[①]——他曾三次占领了罗马，这使得合法教皇格列高利十二世（Gregory XII）的即位仪式一直未能举行。在最后时刻，他烧毁并劫掠了这座城市。他死于1414年，其臣民对他的死一点都不感到惋惜——至少在他的姐姐乔安娜二世（Joanna II）把王国拖拽到了更为堕落的深渊之前。1415年，她嫁给了波旁王朝的詹姆斯（James of Bourbon），他使其处于半监禁状态，谋杀了她的情人并监禁了她的主要副手斯福尔扎

① 参见第十二章，第266页。

(Sforza)。詹姆斯的嚣张气焰使得贵族们再一次起来反抗并将其驱逐出境。随之而来的是一场更为严重的阴谋混乱，这发生在乔安娜、斯福尔扎、她的新情人乔瓦尼·卡拉乔洛（Giovanni Caracciolo），以及她收养的继承人阿拉贡王朝的阿方索（Alfonso）与安茹王朝的路易三世（Louis III）这些人之间。我们发现他们之间能以任何可能的联合方式彼此对抗。乔安娜死于 1435 年，又过了 8 年，阿方索最终取得了胜利，并得到教皇承认而成为那不勒斯国王。

耶路撒冷王国已经被马穆鲁克军队毁灭了，但是三个伟大的武装骑士团生存了下来——似乎是为了另一个截然不同的时代。它们当中最年轻的是德意志条顿骑士团，于 1291 年后的几年间迁移到了威尼斯，随后在 1308 年迁移到了维斯瓦河畔（Vistula）的马林堡(Marienburg)，自此它就从我们的故事里消失了。另一方面，圣殿骑士团与耶路撒冷圣约翰的医院骑士团继续在地中海事务中发挥着它们的作用——虽然前者在其中发挥作用的时间不是太长。

首先，让我们来认识一下圣殿骑士团。如今我们很难理解甚至不敢相信，它在中世纪末期的影响力。它是在第一次十字军东征后，为了保护蜂拥前往圣地的朝圣者在 12 世纪初成立的。在随后 50 年的时间里，从丹麦到西班牙，从爱尔兰到亚美尼亚，他们的影响力几乎在每一个基督教国家都牢固地树立了起来；在一个世纪内，那些贫穷的耶稣基督的追随者们——尽管他们按照圣本笃宣誓要坚守贫困、纯洁和服从——为半个欧洲提供了贷款，成为文明世界中最强大的国际银行家。到 1250 年，据估计它拥有了将近 9000 处地产；在巴黎和伦敦，他们的房屋被用作堡垒来保护皇家的宝藏。1235 年，亨利三世从英国圣殿骑士团那里借钱来购买奥莱龙岛（Oléron)；在法国，“美男子”腓力从他们那里支取女儿伊莎贝拉与英国爱德华二世结婚的嫁妆；此外，他们还为路易九世提供了大部分的赎金，并且借给爱德华一世不少于 25000 里弗，这减轻了他 4/5 的债务负担。

圣殿骑士团的实力在法国是最强大的，他们实际上组成了一个国中之国；并且随着其影响力的逐步上升，“美男子”腓力对此已经极为关切，这并不令人感到惊讶。但腓力还有另一个不太体面的反对他们的理由：他迫切地需要金钱。他已经把犹太人和伦巴第银行家都驱逐了出去；如法炮制圣殿骑士团的话——虽然他承诺过确保圣殿骑士团在法国的财富和财产都是安全的，这可以一劳永逸的解决他的财政问题。他知道，这个骑士团将是一个非常可怕的对手；然而幸运的是，他已经有武器在手，即多年来有一个关于骑士们在午夜集会时举行秘密仪式的传闻。他现在需要做的就是开始进行正式的官方调查，找到愿意提供所需证据的证人，而这并不难（只要给予他少量的报酬）。当他拿出这些证据时，所得到的结果比原先希望的更令人满意：圣殿骑士团似乎是撒旦崇拜者，他们从一开始便否认基督真理并践踏十字架；鸡奸不仅被允许而且受到了积极鼓励；不该出生的私生子出生后会被活活烤死。

1307 年 10 月 13 日，这一天是星期五，圣殿骑士团的大团长——雅克·德·莫莱（Jacques de Molay）和 60 名领导成员在巴黎被捕。①为了强迫他们承认罪行，他们先是被王宫的当权者们严刑拷打，然后被移交给正式的审判者再次严刑逼供。在接下来的六周时间里，至少有 138 名骑士遭到了拷打，在他们中间有 123 人——这并不奇怪——包括雅克·德·莫莱自己最终也承认，至少一部分针对他们的指控是正确的。与此同时，腓力写信给他的同僚君主们，敦促他们仿效他的做法。英国的爱德华二世——他似乎感觉到自己的地位有些动摇——

① 据说 13 日不祥就源于此。

最初是倾向于指责他的岳父，当收到教皇克雷芒的明确指示时，他不再犹豫，非常愿意以任何可能的方式去协助法国国王。1308 年 1 月 9 日，英国圣殿骑士团的大团长被监管起来，随后追随他的所有骑士也被扣留。

圣殿骑士团拥有自己的保护人。当德·莫莱被三名由教皇专门派到巴黎的红衣大主教审讯时，他正式推翻了之前所有供认，并裸露胸脯来展示明显的刑罚痕迹。在克雷芒教皇的第一宗教法庭，至少有 10 名罗马教廷红衣主教团的成员以辞职作为威胁来抗议法王的政策，并且早在 2 月份宗教法庭上就下令停止所有反对骑士团的活动。但是这些并不能扭转这一趋势。8 月，骑士团大团长再次被审讯，重新承认了他以前的招供。

圣殿骑士团的大团长雅克·德·莫莱 1314 年被处以火刑。

对骑士团公开的审判开始于 1310 年 4 月 11 日，当时宣布，任何试图撤销之前供认的被告将被绑在火刑柱上烧死；5 月 12 日，54 名骑士遭受了这种命运，在接下来的两周内又有 9 人遭到了同样的刑罚。整个可鄙的事件拖延了长达四年之久，在此期间，教皇和国王继续进行协商——这一明确的怀疑迹象久久不能消失——进而去讨论处理骑士团巨额财产的方法。同时，雅克·德·莫莱在监狱中忍受着煎熬，一直到他的命运最终被决定下来为止。直到 1314 年 3 月 14 日，政府当局才把他带到巴黎圣母院前面的绞刑台，让他最后一次重复他的忏悔。

他们有理由为他们的决定感到遗憾。作为大团长，几乎不能说雅克·德·莫莱在过去的七年中表现得多么不凡。他经历了从公开承认罪行，到撤销其供认，到再次供认罪行的历程；他没有表现出英雄主义，甚至一些领袖的品质。但他现在是一位老人，已经75岁了；不久就将要去见上帝了：他没什么更多的可损失了。因此，在他的朋友格洛费·德·加内（Geoffroy de Charnay）的支持下，他声音洪亮而清楚地说道：上帝是他的证人，在所有的指控面前，他和他的骑士团是完全无辜的。他和格洛费·德·加内立刻被王室的执法官匆忙带走了，而信使则立即来到腓力面前。国王不再推迟他的决定了。当天晚上，两个老骑士被船带到了塞纳河的一个小岛上，火刑柱在那里已经准备好。

后来有传言说，德·莫莱死后不久，没出一年他就召唤教皇克雷芒和腓力国王出现在了上帝的审判席上。令人惊讶的是，教皇在一个月后去世了，国王也于11月底在一次狩猎中意外身亡。[①] 这两个骑士面对熊熊燃烧的大火英勇地去世了。夜幕降临后，彼岸的奥古斯丁修道院的修士们前来收集他们的骨灰，并将其尊为圣徒和殉道者。

虽然圣约翰的医院骑士团没有在迫害和最终毁灭圣殿骑士团的过程中发挥任何作用，然而他们非常无情，甚至有些玩世不恭和幸灾乐祸。毋庸置疑，他们显然是其战友遗产的最大受益人。在1312年5月2日的一次大型集会中，教皇克雷芒颁布法令：圣殿骑士团所有的财富和财产——除了在卡斯蒂利亚王国、阿拉贡、葡萄牙和马略卡岛（Majorca）的，这些地方他要推迟决定——应该移交给医院骑士团。虽然腓力国王收到了他预期的大部分报酬，然而医院骑士团发现自己突然变得比曾经梦想的还要富有。

---

① 法国作家莫里斯·德吕翁（Maurice Druon），在他最辉煌的系列小说《被诅咒的国王》（*Les Rois Maudits*）中，表明了德·莫莱在受刑时也诅咒了国王腓力，带来了一些影响：腓力和他之前五任国王总共统治了177年，而接下来的六个法国国王只统治了66年。

追溯医院骑士团的起源，他们的历史甚至比圣殿骑士团还要久远。查理曼为那些前往耶路撒冷的朝圣者建立了一所早期的救济院，直到1010年救济院被狂热的反基督教的哈里发哈基姆（Hakim）摧毁时，它仍在发挥作用。大约在1023年，这个地方被来自阿马尔菲（Amalfi）的一伙商人购买下来，在本笃会的领导下，他们重新把它建立起来。不久之后，它就被献给了施洗者圣约翰；在1099年拉丁人征服耶路撒冷期间，其院长杰拉德兄弟（Brother Gerard）使其成为他们宗教修会的中心，只为了一个单一的目的：照顾并尽可能地治愈病人。杰拉德的继任者是勒普伊的雷蒙德（Raymond），他修改了规则并且赋予它第二个目的：为基督教朝圣者提供军事保护。从12世纪30年代开始，圣殿骑士团和医院骑士团都定期地加入到十字军战争中。双方都是宗教组织，其成员都许下了相似的修士誓言；但是圣殿骑士团是一个纯粹的军事组织，医院骑士团却从未忘记他们主要是一个护理其基督教同胞的组织，其职责是照顾“生病的基督徒”。当没有真正的战争时，他们经常忙于建筑和装备他们的医院。他们的医疗水平在中世纪是最高的。

在阿卡沦陷和法兰克人的海外领地灭亡之后，医院骑士团的骑士们第一次避难于利马索尔，但是他们并不希望屈从于吕西尼昂王朝。1306年，他们的大团长福尔克·德·维拉雷（Foulques de Villaret）——在克雷芒教皇欣然同意的前提下——与一个名叫维戈诺洛·德·维戈诺利（Vignolo de' Vignoli）的热那亚海盗达成了一项共同攻击罗得岛的协议，当时它是拜占庭帝国的一部分。从地理角度看，这是一个完美的选择。它是爱琴海最东边的岛屿，距离小亚细亚海岸只有10英里，中间的航道有许多运输商船来往，这些商船定期地往返于西欧和黎凡特之间的港口。它的山脊高达4000英尺，提供了许多有利于观察的地方，从监视哨就可以监视到小亚细亚及多德卡尼斯（Dodecanese）

群岛；在晴天时，甚至克里特岛上的伊达山（Mount Ida）的轮廓——距离西南方有100英里远——也清晰可见。这一区域有着大量的果园和葡萄园，确保能够供应丰富的食物和酒。巨大的松树林为造船业提供了几乎无限量的木材。此外，这里的人们还有能够追溯到古代的引以为荣的航海传统。东部的罗马海军大量地雇佣罗得岛人，接下来的拜占庭舰队也是如此。如果说骑士们到目前为止还坚定地立足于陆地的话，那么他们不久就要成为海洋的战士了。在造船、航海和导航方面，他们没有希望找到更好的指导者了。

然而，这个岛屿必须首先被征服。它的人民进行了顽强的抵抗，但是经过两年的艰苦战斗后，罗得岛城本身连同两个重要的港口最终落到了骑士们手中。1309年8月15日，它的大门被打开了，在一年之后它成为骑士团的总指挥部。一份与海盗维戈诺洛的协议很快达成，根据这一协议，将他们总收入的1/3作为他的回报，除了两个小村庄以外，骑士控制了全部的岛屿，以及邻近的科斯岛（Kos）和卡利姆诺斯岛（Kalymnos）。这是一个极好的交易。时隔19年之后，他们再次拥有了一个永久的家——通过教皇一系列的法令，岛上的全部财产都属于他们。在这个新环境里，他们不只是一个骑士集团；他们更是一个主权国家。现在他们终于能够重新开始针对异教徒的持续不断的战争了，其公开宣布的目标是“减少基督教的敌人并使之安静”，但是即使他们这样做了，他们从来没有忘记，他们有另外的更为紧迫的任务。他们的首要任务是在罗得岛安顿下来，以便于在他们的新医院里开始工作。它成为世界上最好的和最著名的医院。最大的病房——它一直保留到今天，几乎与将近五个世纪以前骑士团留下时的完全一样——至少能容纳85名病人，所有的病人全部由骑士们自己照顾。

他们也建立了一个全新的行政管理体制。国家的元首是大团长；

在他之下，骑士团被分成 8 个语言区或方言区——它们是法兰西、普罗旺斯、奥弗涅（Auvergne）、英格兰、意大利、德意志、阿拉贡和卡斯蒂利亚——其中每一个区都享有相当程度的独立性。为了把这些由不同的种族和不同的语言混杂聚集在一起的人联结起来，他们决定每一个方言区应该承担一个独立的任务。因此舰队司令几乎毫无疑问是一名意大利人，总指挥官是一名普罗旺斯人，元帅是一名奥弗涅人，总执行官是一名德国人，英国提供的是行政官，他们负责岛屿的海岸防御。每个骑士都无一例外被要求在他们的长袍或者斗篷上戴上独特的带八角的十字架，“目的是为了让他们在心中永远记住基督耶稣的十字架，以及陪伴它的八种美德”。

在这些方言区内，骑士有三个主要的等级。首先是司法骑士，他们只从欧洲的贵族家庭中征募，并且要求提供其贵族血统的证据。第二个等级来自从事服务的兄弟们，他们的社会地位稍低，其中的一部分是士兵，一部分是外交官以及公职人员，其余的在医院工作。第三个等级主要是由供职于教堂和礼拜堂的牧师组成。每个骑士都被要求先服务两年作为试用期，其中的一年将在战舰上度过。过了试用期后他才被要求宣誓：

> 在上帝的保佑之下，你向圣母以及我们的主——施洗者圣约翰承诺并宣誓：生死服从。你同样允诺放弃自己的财产权。还有另外一个本团独有的承诺：即成为病人们忠心耿耿的仆人和奴隶。

许多骑士在骑士团驻外的分支机构度过了自己一生中大部分时光，但是当有召唤时，所有人无一例外，必须立刻返回罗得岛。

随着 14 世纪的流逝，并不太令人感到惊讶的是：骑士们开始将他们早期的一些理想向现实妥协了。他们的医院仍在蓬勃发展，并且吸引了来自地中海东部的病人们，他们拥有的财富稳步地增长——或许再加上他们生活在近乎完美的气候条件下——这些导致了他们对于曾经简朴的修道院生活习惯的逐渐放松。但是他们从未忽视过他们的军事职责。他们继续巡查各海峡；他们在埃及和耶路撒冷的执行官维护着基督教朝圣者的利益；他们继续不断地对土耳其人施加压力，这大大阻碍了土耳其人发展出一支强大的海军力量。1348 年，他们与威尼斯和塞浦路斯结成联盟，占领了士麦拿（Smyrna）（伊兹密尔［lzmir］），10 年后又成功地抵抗了土耳其人的反击；1365 年他们参加了最后一次从异教徒手中收回圣地的努力。

这一次他们的盟友兼鼓动者是塞浦路斯国王彼得一世（Peter I），自圣路易逝去后，他是第一位名副其实的具有十字军精神的统治者。1362 年，他为了寻求对他的计划的支持开始了向西的旅行。在阿维尼翁的教皇乌尔班五世，在布拉格的皇帝查理四世，法兰西的约翰二世以及英格兰的爱德华三世都承诺给他提供帮助，并且还有一支来自威尼斯的海军舰队援助。1365 年 8 月，远征军在罗得岛集合，有一支拥有 165 艘左右船只的海军，包括来自塞浦路斯的 108 艘船——这是自第三次十字军东征以来，到目前为止最大的联军。只是当所有的船只都扬帆起航后，联盟才宣布第一个目的地是亚历山大城。十字军于 10 月 9 日在那里登陆，两天后他们占领了这座城市。

随之而来的是一场大屠杀——这是一场甚至比 1099 年第一次十字军攻占耶路撒冷或者是 1204 年法兰克人攻占君士坦丁堡后更为残忍的屠杀。屠杀是不加区别的。许多重要的基督教和犹太教的社区与大多数穆斯林一样遭受了屠杀，基督教教堂和犹太教会堂以及清真寺都被付之一炬。5000 名囚犯被抓获并被卖为奴隶。彼得国王对于形势的变化感到极度惊骇，他尽自己最大的努力来恢复秩序并保存城市中的残留物，但是军队疯狂地抢掠他们所能带走的一切，并且在来自开罗的马穆鲁克军队进行报复前就迫不及待地离开了。国王没有了前进方向，只能命令他的船只返回塞浦路斯。即使国王还希望对东方进行第二次远征，但是当到达法马古斯塔（Famagusta）后，整个军队已经军心涣散，骑士和步兵都只想带着他们的战利品尽快回家。

这是最后一次十字军东征，也是最可耻的一次；它阻碍了地中海世界近一个世纪的发展进程。当它发生时，法兰克人和马穆鲁克人已经和平相处了50多年。朝圣者可以自由地前往圣地；贸易在西方和穆斯林之间蓬勃发展。现在，经过这次重创，所有的旧恨再次被点燃：本地的基督教群体再一次受到迫害，圣墓教堂再一次对朝圣者关闭。对于埃及的马穆鲁克王朝来说，塞浦路斯的基督教王国再一次成为他们的死敌。60年后，他们进行了复仇。

对于这场大灾难，把太多的指责指向医院骑士团是不公平的。毕竟他们的存在是致力于拯救生命而不是夺取生命；他们立誓安守贫穷，排除任何形式的掠夺；他们已经在东方居住了足够长的时间来了解和平共处的原则。毫无疑问，他们同其他人一样对于他们盟友的行为感到震惊，而且他们肯定会尽他们最大的努力起缓和局势的作用；他们的罪恶就是与这罪恶的事件发生了联系。然而，在亚历山大城的大屠杀标志着他们历史上的最低点，这是他们的记录中的污点。在其他方面，虽然他们常常是无所事事和不起作用的，但以下也是不争的事实：在他们整整213年居住在罗得岛，以及在这之后，他们占领马耳他的268年间，大多数时候，耶路撒冷的圣约翰医院骑士团在地中海事务中始终是一股有益的——有时甚至是决定性的势力。

格拉纳达的阿尔汉布拉宫是遗留在欧洲各地的最好的伊斯兰建筑之一。没有一个参观者不被它优美的建筑风格、精美的雕刻，以及宫廷和花园的明暗对比所吸引。马蹄形拱门，灵动的阿拉伯书法，钟乳石拱形圆顶，都以它最优雅的方式传播着伊斯兰精神。然后，突然会出现一个惊喜。在国王厅（Sala de los Reyes，有时会被称为 Sala de la Justicia）的三个凹室里——你会发现一些惊人的天花板绘画。它们是画在皮革上的，这可能被认为还不够惊人，但使它格外引人注目的是其主题。在中间的凹室里，描绘的是 10 名摩尔男人正在出席一个会议，两侧都有狩猎、战斗、博弈和宫廷之爱的场面，所有这些都具有中世纪晚期基督教欧洲的风格。这种风格是 14 世纪中期的，因此这些绘画与宫殿应该差不多是属于同一时期，大约是在 1350 年左右完成的。但是他们是怎样进行创作的呢？伊斯兰教的原则强烈反对任何形式的修饰艺术，尤其是在表现人物形象时；[①] 而且穆斯林的格拉纳达此后还将持续一个半世纪。我们只能得出这样的结论：一位伊斯兰教的统治者委托一个基督教的艺术家为他创作绘画，这反过来也就表明，在这个时候至少这两种宗教是和谐共处的。

他们能够和谐共处的一个原因是，到 1275 年左右，收复失地运动（Reconquista）已经失去了势头。阿拉贡国王佩德罗三世（Pedro III）完全专心于他的西西里冒险；而与他同时代的卡斯蒂利亚“智者”阿方索十世（Alfonso X）具有良好的教养和广博的学识，与打击异教徒相比，阿方索十世更感兴趣的是为了神圣罗马帝国的皇冠进行谈判，以及建立他所声称的加斯科尼（Gascony）王朝。至于阿方索的儿子桑乔四世（Scancho IV），以及桑乔的孙子阿方索十一世（Alfonso XI，他继位时年龄太小，这导致了内战和 13 年的混乱，直到 1325 年卡斯蒂利亚的议会宣称他成年，局势才逐步稳定），他们要

---

① 与普遍的看法相反，他们不是绝对地禁止修饰艺术；波斯人从来不受此约束，奥斯曼土耳其人也常常如此。但是在北非和穆斯林西班牙，由穆斯林艺术家创作这样的作品将是不可想象的。

忙于击退来自摩洛哥的柏柏尔人的入侵；他们的成功受到了格拉纳达穆斯林统治者的欢迎而不是哀悼。

随后，阿方索十一世的儿子佩德罗一世于 1350 年登上了卡斯蒂利亚王位——他被称为“残酷者”佩德罗（Pedro the Cruel）真是一点也不假，一时间似乎基督教与穆斯林的共存再次受到了威胁。但是佩德罗在其统治初期主要关心的是他的家庭生活：他囚禁了自己不幸的妻子，波旁的布兰歇（Blanche of Bourbon），几乎可以肯定的是，他谋杀了她（虽然是在已重婚之后）。后来，他被他的敌人囚禁在王宫中。1356 年再次被释放，他在 1360 年以前又犯下了一系列谋杀暴行，这迫使他自己面对一场由他庶出的异母兄弟特拉斯塔马拉伯爵恩里克（Enrique of Trastamara）领导的内战。双方都努力要得到国际社会的支持，卡斯蒂利亚突然就陷入了一场百年战争之中。佩德罗背后的支持者是英国——主要是“黑太子”爱德华；而恩里克背后的支持者是法国。与英国的联盟并没有维持很长时间，爱德华抗议佩德罗的不可信赖及残暴，不久之后便返回英国，而后身患重病去世。佩德罗只能自己孤军作战，很快便被恩里克及其盟友，著名的法国骑士伯特兰·杜·格斯克林（Bertrand du Guesclin）打败并俘虏。1369 年 3 月 23 日，恩里克在杜·格斯克林的军营将佩德罗刺死，同时成为卡斯蒂利亚国王恩里克二世。作为佩德罗的继任者，他稍微好一点。

1371 年，西班牙与英格兰攀上了一点亲戚关系。当时爱德华三世活着的最年长的儿子，冈特的约翰（John of Gaunt，也是兰开斯特公爵）娶了佩德罗的私生女康斯坦斯（Constance），并在相关人员缺席的情况下，册封自己为卡斯蒂利亚国王。他于 15 年之后才踏上西班牙的土地来声明他的继承权；最终于 1386 年 7 月 7 日这一天，由他的妻子和两个女儿陪同，他带着 2 万人从普利茅斯起航。一个月以后，他在科伦那（Corunna）登陆，并且很快征服了加利西亚的大部分地区，并盘踞在这个国家的西北部地区。而后在 1387 年春天，他与他的女婿——葡萄牙国王约翰一世（John I，当时约翰已经娶了他的女儿菲利帕［Philippa］）组成联军共同入侵卡斯蒂利亚。这次远征以失败告终：疾病在军营中飞速地传播，公爵本人也感染了疾病，而且那些已经被征服的地区也丧失了，以至于军队被迫越过比利牛斯山撤退。最终在 1389 年，冈特签署了一份投降协议，声明放弃他的王位继承权来换取每年 20 万克朗的补偿、一份丰厚的年金并将他的女儿凯瑟琳嫁给未来的卡斯蒂利亚国王恩里克三世。总的来说，他所得到的比他应得的多得多。

在整个这段时间内，格拉纳达的穆斯林生活得很幸福而且比较平静。但是，对于犹太人来说就不是这样了。在财政上，恩里克像别人一样依靠犹太人；但是在内战期间，他故意引起人们对犹太人的憎恨，随着时间的推移，这种反犹太主义情绪不断强化，终于像一场森林大火一样在 1391 年爆发了。6 月 6 日，反犹主义的活动首先发生在塞维利亚。许多犹太人为了保命逃走了；其他的一些犹太人——当犹太会堂被强制改建成基督教教堂时，不情愿地屈服于基督教而改变了自己的信仰。从塞维利亚开始，这场大火愈演愈烈，首先燃烧到安达卢西亚，接着是半岛的其他地方，火焰甚至越过比利牛斯山到达佩皮尼昂（Perpignan）。一段时间以后，这场大火不可避免地平息了下来；但是它持续影响了接下来的整个世纪。直到 1492 年，斐迪南和伊莎贝拉签署了一份决定性的法令，将所有的犹太人驱逐出西班牙的领土。

在薄伽丘（Boccaccio）《十日谈》（*Decameron*）一书的开始，十个年轻人因为瘟疫而逃离了佛罗伦萨。那场瘟疫就是人们熟知的黑死病，像有害的毒气一样笼罩着整个 14 世纪下半叶。1347 年春天，瘟疫首先出现在君士坦丁堡，它应该是由从卡法（Caffa，今克里米亚半岛的费奥多西亚［Feodosiya］）——热那亚的一个贸易殖民地，那是个瘟疫泛滥的地区——逃出的船只带来的。当时的卡法正受到蒙古人的围攻。几个世纪以来，这个城市遭遇了许多类似的灾害，但没有一次像这次如此凶猛，波及范围之广大。我们现在知道，这种致命的细菌通常是由寄生在老鼠身上的跳蚤传播的（虽然这并不是一成不变的），它们入侵了来自东方的所有船只。奇怪的是，在欧洲这些老鼠是相对比较新的外来生物，第一只老鼠可能是由把十字军从巴勒斯坦送回来的船上带来的；但是它们迅速并且不知疲倦地进行繁殖，到了中世纪的时候，已经有足够多的老鼠能将病菌传播到整个欧洲大陆。我们没有必要相信那个来自意大利埃斯泰（Este）城镇的匿名的同时代的记录者，他声称在君士坦丁堡已经有占总人口 8/9 的人感染了瘟疫；然而在拜占庭，这看起来却像是最终的证据，证实了他们长久以来的疑虑：圣母，他们的庇护人，最终在一千多年后遗弃了他们。

地中海地区首次发现黑死病是在 1347 年 10 月，当时 12 艘热那亚船只抵达了墨西拿。他们可能也是来自卡法；而且可以肯定的是，1348 年 1 月，还有另外一支热那亚舰队将病菌传播到了热那亚、威尼斯和西西里。从这里开始，病菌的传播范围北至科西嘉岛和撒丁岛，南至突尼斯和北非，西至巴利阿里群岛。接着不可避免的，病菌从西班牙海岸上的巴塞罗那和巴伦西亚，通过海峡传播到了南意大利，由此迅速地传播到了整个半岛。

在所有的意大利城市中，佛罗伦萨是受灾最严重的。当时的估计是十分不可信的，但是有足够的证据表明佛罗伦萨的人口大约有 95000人，而其中的 5 万到 6 万人在 6 个月内死于这种疾病的发作。薄伽丘向我们描绘了一幅令人难以忘怀的景象：所有市镇里的人们四处逃生，背井离乡，抛弃财物；道路上到处都是病人——甚至生病的孩子，他们都被抛弃了，没有人敢靠近他们；大多数死者被埋葬在匆匆挖好的沟渠里；无人看管的牲畜在乡间四处游荡。在威尼斯，当这种传染病达到顶峰时，一天之内死了 600 个市民；在奥维多（Orvieto），据统计，在一个四口之家中，父母一方和一个孩子会死去；在锡耶纳（Siena），死亡人数预计达到了 5 万人，达到了总人口的 2/3，而他们当时正在建造基督教国家中最宏伟的教堂之一。所有的工人都死了；教堂的建造停滞了，尽管到世纪末修建工作又重新开始，但是直到今天它也没有建成原来所计划的那样。把意大利作为一个整体来看，说它失去了总人口的1/3或者更多一点，也许不会相差很远。

在法国，情况也很相似。完全可以预测出，瘟疫是从马赛开始蔓延的。几个星期之后，瘟疫传播到了比利牛斯山一带，到 1348 年 8 月的时候，瘟疫在波尔多已经愈演愈烈。在东方，3 月份的时候，瘟疫侵袭了罗马教皇的所在地阿维尼翁，至少有一半的人死于瘟疫，包括城中英国奥古斯丁修会的所有人。教皇克雷芒六世深居在他的私人公寓里，不接见任何人，终日置身于两只炙热的火盆中间。（这种方法被证明是可取的，他活下来了。）与此同时，瘟疫很快地从罗讷河谷传播到了里昂，到 6 月份的时候，传到了巴黎。

瘟疫所到之处，许多虔诚的人不再祈祷了；尤其是在北部的主要城市。对于这种即将到来的死亡最主要的反应似乎是发烧和极度的狂欢。为什么不这样呢？如果上帝已经抛弃了他的子民，为什么还要遵从他的戒律呢？如果他们的生命会被如此残酷地剥夺，那就让他们在最后的日子里全身心地寻找快乐吧，这种快乐可以是在餐桌上，在酒瓶里，或者是床上，或者是理想中的任何一个地方。在巴黎——一个对快乐从未忽视过的地方——这似乎已相当于是对个人和公众道德标准的彻底破坏。

在整个幅员辽阔的地中海地区，情况也差不多。在塞浦路斯，瘟疫泛滥的同时，还有可怕的地震和海啸，这引发了土地所有者对其所有的阿拉伯奴隶的一次极度恐慌的大屠杀，因为他们害怕奴隶们可能会利用这极度的混乱发起叛乱。在达尔马提亚海岸，萨洛纳（即斯普利特［Split］）的市民们遭受着另一种苦难：一群饥饿的狼从山上跑进城市里，袭击病人和幸存者。如此高的死亡率一时使得成堆的未被埋葬的尸体在大街上一堆就是好几个星期。

在西班牙，瘟疫首先出现在沿海城市，虽然发展缓慢但是不断地移向阿拉贡王国。阿拉贡王国的国王佩德罗四世（Pedro IV）成功地活了下来；但是他先是失去了一个女儿，接着是一个侄女，最后在10月份的时候，他的第二个妻子，葡萄牙的埃莱亚诺（Eleanor of Portugal）也离他而去。瘟疫仍在扩散，先传播到穆斯林地区，当时卡斯蒂利亚的军队正在国王阿方索十一世的领导下进行一次对南方地区的再征服运动。1344 年，阿方索十一世占领了阿尔赫西拉斯（Algeciras）；而后他打到了直布罗陀海峡。直布罗陀海峡的围攻者——并不像它的保卫者那样——在 1349 年的整个夏天并未受到瘟疫的感染，但是在 1350 年 3 月初，可怕的瘟疫蔓延开了。阿方索的将军们恳请他撤退到隔离区，直到瘟疫消失，但是他拒绝离开他的部队。他死于 3 月 26 日，这一天是耶稣受难日。他是黑死病受害者中唯一的在位君主。英格兰爱德华三世的女儿乔安娜死在了波尔多，当时她正前往与阿方索的儿子——“残酷者”佩德罗结婚的路上。卡斯蒂利亚全境各地尽管没有完全逃脱黑死病，但是情况稍好些。当时的人们普遍认为，这是由于地主阶级的热心，他们把财产上交献给了教堂。当这些紧急情况过去之后，人们发现地主们做的那些事已经严重到扰乱了整个国家的经济平衡。1351 年，国王佩德罗一世不得不下令让教会必须全部归还他们得到的财产。

在过去的历史中，相比任何一次战争或者传染病，黑死病造成了更大的伤亡。它对于国际贸易的影响是显著的，但又是相对短暂的；更长期的影响则是惊人地减少了耕作的土地，因为它夺走了太多劳动者的生命。这样就迫使地主们不得不持续地增加工资，这反而使得以前森严的社会分层弱化了，工人们第一次可以自由流动，选择工作还有更高的工资。在艺术方面——尤其是在绘画和雕刻方面——相比以前，对死亡的关注大为增加。在精神方面，对瘟疫明显无效的祷告文和无能为力的教堂，这些动摇了许多基督教徒的信念。1350 年之后，欧洲彻底改变了。

1327 年，罗马新选出的皇帝——巴伐利亚的路易斯四世（Lewis IV of Bavaria）前往意大利完成他的皇帝加冕礼。他与他的前任，卢森堡的亨利（Henry of Luxemburg）相比，所持有的是一种截然不同的态度[①]。这次没有理想主义，没有矫揉造作的公平，在对阿维尼翁方面也没有动摇。路易斯的到来是应意大利吉伯林派的邀请，在他统治期内，出现了最强大的反对教皇至高无上主义者——帕多瓦的马西利乌斯（Marsilius of Padua）。两年前，身为索邦神学院（Sorbonne）的前任院长，他出版了《和平的保卫者》（*Defensor Pacis*）一书，在书中他提出，整个罗马教皇统治的结构和教会法规与基督教的基本原则是相抵触的。这是不太可能增加路易斯在阿维尼翁的威信的，而且在他到达罗马很久之前，就遭到了被教皇约翰二十二世（John XXII）逐出教会和废黜的双重处置的判决。但是到这个时候，意大利罗马教皇的威望甚至比皇帝的还要低，他的法令在很大程度上也被忽视了。1328 年 1 月，在圣彼得教堂，西亚拉·科隆纳（Sciarra Colonna）代表罗马人民授予路易斯皇位。三个月后，路易斯正式地宣布教皇为异

① 参见第十一章，第 237 页。

教徒，并将其免职，这看起来就好像他将要重建帝国的统治；但是当他向南推进到那不勒斯时，遇到了那不勒斯的国王罗伯特——安茹的查理的孙子。事实证明，这是一个更加厉害的对手。罗伯特在军事上与他势均力敌。在回罗马的途中，路易斯发现形势发生了剧变。他也意识到，在掌控德意志之前，他不能寄希望于在意大利建立起一个稳定的秩序，而德意志的形势也在急剧的恶化中。1330 年，路易斯越过阿尔卑斯山退了回去，他也从这番经历里吸取了教训：意大利已经容不下帝国统治了，尽管它还没有为成为一个统一的整体做好准备。

南北之间仍然存在巨大的差距，这种差距的影响直到今天仍然能够感受到。那不勒斯王国当时处在罗伯特及其轻狂的继承人——乔安娜一世的统治之下，自夸拥有一个文明的和有教养的法庭以及两所意大利最好的大学：腓特烈二世在那不勒斯建立的那所；以及位于萨勒诺的世界著名的医科学校，它已经有五个多世纪的历史了。然而，就像在诺曼时代一样，在这些中心之外，土地仍旧被一群不负责任而且桀骜不驯的贵族们控制着。阿拉贡王朝统治下的西西里反而更少地受到封建制度及其经济所拖累，但也受困于停滞和惰性的大环境。

另一方面，在北方，没有什么能够逃脱强有力的生命法则的影响。逐渐地，随着 14 世纪的推进，小的城市沿着大城市的轨道发展，大范围的影响开始出现了：威尼斯比以往任何一个时候都要更富有与辉煌，而且慢慢地超过了热那亚——当时它唯一的强有力的海上竞争对手——并第一次吞并了意大利大陆上的重要组成部分：帕多瓦、维琴察（Vicenza）、特雷维索（Treviso）和维罗那（Verona）——它的影响力更是远远超出了亚得里亚海，成为欧洲强国之一。威斯康提家族统治下的米兰，如洪水猛兽般地吞噬了伦巴第和皮埃蒙特（Piedmont），最终吞并了作为北意大利罗马教皇权力中心的博洛尼亚（Bologna）。乔托、奥卡尼亚（Orcagna）、安德烈·皮萨诺（Andrea

Pisano）刻画了这样的一个佛罗伦萨，它坚定的共和主义阻挠了一个可能出现的暴君的各种企图，它的大商业银行家们有效而且深入地发展了从前做梦也想不到的国际金融艺术。凌驾于罗马教会法规之上的一个优势条件是它将高利贷高尚化；经济全面发展和长期信贷的发展之路打开了，这使得闪亮了几个世纪的财富和荣耀自此成为可能。

在半岛的那一面，在其远居于阿维尼翁的主人实际控制不了的地方，教皇国则不可避免地屈从于流行的专制统治潮。费拉拉的埃斯特家族、博洛尼亚的佩波利家族、里米尼的马拉泰斯塔家族以及类似这样的家族也许会自称是罗马教皇的教区牧师，而且一丝不苟地承认圣彼得的宗主权，但是在他们各自的城市中，他们的权力仍然是绝对的。只有在罗马，尽管科隆纳家族和其竞争对手——奥尔西尼（Orsini）家族始终强有力地坚持大众共和主义政体，但罗马如今却是意大利最悲惨的一个地方了。它的人口因为疟疾、饥荒和派系斗争锐减到仅剩下可怜的 2 万人，西方的基督教中心已经衰落到了前所未有的程度。因此它比其他的城市更加需要一个关注它心声，恢复它尊严的领袖。就在最黑暗最绝望的时刻，这样的一个人出现了。

科拉·迪·里恩佐（Cola di Rienzo）是罗马一名洗衣女工的儿子，他是一个空想家、狂热者、技艺精湛的表演家，而且还是一个煽动家。1344 年，他 31 岁的时候，开始了反对罗马贵族的运动，他唤起了人们对这座城市伟大往昔的记忆，并预言这种荣耀即将再现。三年之后，他取得了巨大成功，在朱庇特神庙，他被授予护民官的头衔，并被赐予无限的独裁权力；随后，他召集了一次“全国”议会，庄严地赋予意大利所有城市以罗马公民权，并宣布了选举意大利皇帝的计划。但无论是德意志亲王抑或罗马煽动家，呼吁意大利实现统一的计划注定是要失败的。到 1347 年底，意大利的其他城市，甚至罗马的民众都奋起反抗科拉，并将其流放。七年后他设法返回国内，但他的旧魔法已经消失。变幻无常的民众如今立即就反对他。他出现在国会大厅里，穿着闪闪发亮的铠甲，高高地举着罗马的旗帜，但这些都是徒劳无用的，人们只是讥笑他的粗俗。他把自己伪装成一个乞丐企图逃跑，但是隐藏在他的破布衫下闪闪发亮的黄金镯子出卖了他。几分钟后他被倒挂在广场上——在 20 世纪中叶，极其相似的命运降临在与他最接近的并且也是最成功的模仿者身上。

然而，在他短暂的事业当中，科拉成功肃清了他同胞思想中许多中世纪累赘的残余，并让他们对古典的过去有了一个新的认识。他的朋友和支持者弗朗西斯科・彼特拉克在文坛取得的成就恰与他在政治领域的成功相辉映。1341 年，在但丁去世仅 20 年之后，彼特拉克在首都被授予桂冠诗人的称号。但就是在过去的 20 年里，产生了中世纪晚期的经院哲学和文艺复兴时期的人文主义的区别。彼特拉克没有但丁那样开阔的视野，但是他更纤巧的天分反而开拓了一条新的规整庄重的道路，这一风格在某种程度上是建立在西西里和普罗旺斯的行吟诗人的基础之上，但是其主要的灵感来自古代拉丁作家们。

重新认识过去的经典以指引未来之路，这一新概念也导致了对古希腊文学兴趣的复兴，这在西方很长时间内，甚至在拜占庭帝国时期很大程度上都被遗忘了。而这次复兴主要是乔万尼・薄伽丘的成就，他是彼特拉克最得意的弟子。他曾在自己家中养着一个生活习惯令人生厌的希腊老人长达三年，来为首次（也是最糟糕的一次）把荷马作品翻译成拉丁语作准备。但人们现在记住薄伽丘，并不是因为他的古典知识。虽然他的《十日谈》是一本比较稚嫩的作品，但他为意大利散文所做的贡献同但丁和彼特拉克为诗歌所做的贡献是一样的，即把散文简化、精炼和塑造成一种新的文学形式。薄伽丘创造的这种风格辛辣而尖刻，使《十日谈》在欧洲享有了很高声誉，并开始了叙述传统的复兴运动，这种传统可以从乔叟（Chaucer）、莎士比亚（Shakespeare）延续到拉封丹（La Fontaine），甚至更晚的作家。

对于阿维尼翁的教皇来说，科拉·迪·里恩佐的影响和《十日谈》的成功应该被视为新的危险信号。在意大利，如果教皇的权威没有很快得到重申，这种权力将永远消失。科拉重返罗马与教皇任命红衣主教吉尔·阿尔波诺兹（Gil Albornoz）为使节去往意大利的时间不谋而合，他肩负着将教皇国重新置于罗马教皇统治下的紧急任务。这个非常能干的西班牙人成功地完成了该项任务，1367 年，乌尔班五世冒险在拉特兰宫重建了他的政权。他受到了罗马人民的热烈欢迎，并在不久后成为首位也是最后一位接受东西方君主来访的教皇。但他已至暮年；不久就开始想念故乡，1370 年，尽管瑞典的圣布里奇特（St Bridget of Sweden）警告过他，重回普罗旺斯将会有致命危险，但阿维尼翁的吸引力对他而言实在太大了，他还是选择了回去。圣布里奇特是正确的，几个星期之后，乌尔班五世就逝世了。

乌尔班清晰而痛苦地展示了为什么教皇长期不待在其合法管辖地区的原因。所有的阿维尼翁教皇和大多数他们的廷臣都是法国人——众所周知，大部分时间他们不愿意离开家乡——对他们而言罗马的废墟不仅是有害的而且是难闻的，对他们构不成一丁点儿的诱惑。70 年之后，如果教皇的权利意识再度觉醒，意大利将会陷入一次严重的危机。没过多久危机就出现了。在教皇国的阿尔波诺兹，一群贪婪的法国使者就成功地做到了这一点。这群法国使者毫不掩饰他们的欲望，不久之后，这座不幸的城市就进行了一次公开的叛乱。为了对付这次叛乱，他们毫不犹豫地利用了所谓的雇佣军团。雇佣军团是由大量的雇佣兵组成的，当他们不被雇佣时，就在农村四处游荡，以收取保护费、拦路抢劫和敲诈勒索为生。1375 年，其中一个最坏的雇佣军团——约翰·霍克伍德爵士（Sir John Hawkwood）的英国军团，被博洛尼亚的教皇使者派遣去糟蹋佛罗伦萨人的庄稼。对意大利的城市来说，教皇的邪恶不能再持续下去了。就在那时，一波猛烈的反教权论横扫了托斯卡纳、翁布里亚（Umbria）和教皇国，年底的时候，至少有 80 个城镇已经驱赶了教皇的驻军。

在阿维尼翁，教皇格列高利十一世（Gregory XI）迅速而且坚决地采取了行动。他对这次叛乱的罪魁祸首——佛罗伦萨下达了禁令；所有欧洲的基督教世界的君主都收到了这样的命令：无论在哪里发现了佛罗伦萨的商品，都可以将其占为己有，并将所有当地的佛罗伦萨商人卖为奴隶。这些是可怕的措施，但是这些措施没有起到任何作用。格列高利意识到他唯一的希望是马上回到罗马。在锡耶纳的圣凯瑟琳（St Catherine of Siena）的请求下——他继续圣布里奇特未竟的事业——1376 年底他与其不情愿的教廷开始行动。1377 年 1 月 17 日，他正式进入罗马城。这是一次悲痛的归国经历；在佛罗伦萨，他的军队进行了可怕的报复，甚至在罗马，他的地位也绝不是稳固的。事实上，他深思过什么时候回阿维尼翁，但是罗马人很幸运，第二年他就去世了。罗马人不是经常对他们的教皇表现出特别的感情或者是尊敬，但是他们坚决不愿让他们的教皇再次离开。在随之而来的教皇选举会议上，他们从头到尾大声呼喊“Romano lo volemo，o almeno italiano!”①，并最终在某种程度上得到了他们想要的。新教皇乌尔班六世（Urban VI）是一个十足的精神错乱者，至少折磨死了他的四个红衣主教，但是他的可取之处在于他是个意大利人。

阿维尼翁教皇时代标志着中世纪即将结束。当克雷芒五世离开意大利时，旧的秩序就开始崩溃了，但是仍没有新的秩序能够将其取代。尽管皇位是暂时空缺的，人们仍然记得杰出的腓特烈，同时也为

① “我们想要一名罗马人，或者至少是一名意大利人！”

曼弗雷德和康拉丁而哭泣。对教皇的崇敬也不如从前了。经院哲学出现了，在圣托马斯·阿奎那（St Thomas Aquinas）时代很快就达到了其最高峰并得出了一个符合逻辑的结论。剩下的就只等但丁在《神曲》中进行总结了：关于中世纪意大利的成就和失败，智慧和无知，其理想、希望和恐惧。

教皇格列高利十一世回到了这样一片土地上，尽管这片土地上的人们对他的尊敬没有变，但是在其他方面和以前大不一样了。统一依旧是那么遥不可及：圭尔夫派与吉伯林派最初的差别虽久已被遗忘，但他们依然不断致力于相互之间的斗争，流血事件像以前一样时常发生，而且十分频繁和徒劳。但是长达 70 年都处在一个既没有教皇管辖，也没有一个有力的皇帝统治的情况下，反而消除了旧有的对立，爆发在 1347 – 1348 年间的黑死病似乎也在过去和现在之前拉起了一块隔断的幕布，让现在更无情地暴露在变革之风中。已经传遍整个大陆的世俗的探索精神，就其本质来说并不是新的。它的根源可以追溯到西西里的罗杰和他宫廷中的希腊、阿拉伯哲人，腓特烈和他的猎鹰，曼弗雷德和他的行吟诗人，布雷西亚的阿诺德（Arnold of Brescia）和经院哲学家们，萨勒诺和博洛尼亚的医生和律师们。但是 14 世纪给它带来了新的动力——在政治领域中有科拉·迪·里恩佐和北方的专制君主，在文化领域中有彼特拉克和人文主义者，在神学领域中有帕多瓦的马西利乌斯；与此同时，长期阻碍其发展的教皇屏障突然消失了。文艺复兴开始了。

第十二章　君士坦丁堡的陷落

1308 年，随着科尼亚陷落于卡拉曼突厥人（Karaman Turks）之手，这个濒临死亡的塞尔柱突厥人帝国最终崩溃，许多微不足道的突厥人国家——其中一些比它们自己的部落大不了多少——从废墟中崛起。这当中有一个年轻的勇士叫作奥斯曼（Othman，也写作 Osman），经过一系列的速决战之后宣告独立，成为安纳托利亚最西端的统治者。他明智而且恰当地统治着这块领土直到 1326 年去世，在这一年，他的儿子，也就是继承人奥尔汗（Orhan）——他赋予自己苏丹的头衔——征服了布尔萨（Bursa）城并且定都于此。[①] 三年后，他占领了伟大的拜占庭城市尼西亚（今伊兹尼克）。1354 年，奥尔汗的儿子苏莱曼（Süleyman）跨越达达尼尔海峡，占领了加利波利（Gallipoli）要塞，并使其成为一个永久性据点。

这是土耳其人在欧洲大地上第一个基地，而且是一个价值不可估量的桥头堡；奥斯曼土耳其人几乎马上开始了其无情的征服进程。早在 1359 年，一支先头部队就来到了君士坦丁堡的城墙外。幸运的是，它还不足以强大到能够给这个城市造成致命的威胁；但是色雷斯却没有保护好自身，它被内战所消耗，结果理所当然地就陷落了。1362 年，阿德里安堡（Adrianople）投降，被改名为埃迪尔内，并成为奥尔汗在欧洲的首都。它位于贝尔格莱德通往君士坦丁堡的大路上，这

---

① 奥斯曼没有活着看到定都布尔萨城这件事情，但是奥尔汗把他父亲的遗体带到这里并且安葬在堡垒中。这个城因此成为圣地，并成为安葬奥斯曼帝国早期各位苏丹们的地方。

就提供了一个很好的基地，以便于更进一步地深入巴尔干。它也可以有效地把君士坦丁堡和其欧洲属地孤立开来。在每一处被占领的城市和乡村，大部分的当地人口被输送到小亚细亚当奴隶，这些地方本身成了土耳其殖民地。

1362 年，奥尔汗去世。他的次子穆拉德（Murad）成功地当上苏丹——苏莱曼已经于两年前不幸地从马上摔下来死亡——而且很快证明了自己是一个比父亲以及兄长都更加富有精力和决心的领导者。战役不仅在色雷斯，同时也在保加利亚进行着。1363 年，他占领了菲利波波利斯（Philippopolis 保加利亚南部城市普罗夫迪夫［Plovdiv］）而且向保加利亚沙皇约翰·亚历山大（John Alexander）施加了相当大的压力，迫使他与其合作共同对抗拜占庭帝国。1371 年，在马里查河（Maritsa river）这一决定性战役之后，保加利亚就变成了土耳其的附庸，之后很快被完全吞并。穆拉德其他的显著成就是使安纳托利亚西部的埃米尔们处于完全服从的状态；从此以后，即使奥斯曼土耳其苏丹不断地深入欧洲，他们的后方也是安全的。

1389 年 6 月 15 日，穆拉德在历史上著名的科索沃（“黑鸟之地”）战役中被刺杀。那一天，在他儿子巴耶济德（Bayezit）——他当场宣布自己成为苏丹——的英明领导下，塞尔维亚人的军队被彻底毁灭，塞尔维亚民族自此被兼并了 400 年。巴耶济德（他的臣民们称他 Yilderim，即“雷霆”）是一个精力超群的人，习惯于以疯狂的暴力和彻底的无情对付阻挡他道路的人。在他统治的 13 年中，其征服区域进一步向纵深发展。1394 年的春季，一支庞大的土耳其军队已经集结起来并向君士坦丁堡行进，初秋时围攻已经正式地展开了。苏丹实行了完全封锁，城市的供给在不久后就已经严重短缺。封锁继续以不同的形式持续了八年；然而，对于这座城市的居民来说幸运的是，随着变幻无常的巴耶济德对此地失去兴趣，他又亲自参与到其他能马上获得战利品的行动中去了，这使得封锁的压力很快减轻。

然而，虽然君士坦丁堡得以多生存一段时间，但是其他城市就没有如此幸运了。1394 年，塞萨洛尼卡（Thessalonica）陷落；1396 年，在多瑙河上的尼科波利斯（Nicopolis，即尼科波尔［Nikopol］），苏丹打败了一支估计有 10 万人的军队——这是向异教徒发起的最大的进攻——这是由匈牙利国王西吉斯蒙德（Sigismund of Hungary）发动的。因此到了 14 世纪末，土耳其对东欧和小亚细亚的征服已势不可挡。塞尔维亚和保加利亚不再是苏丹的基督教敌人。拜占庭帝国依然存在，但是与曾经辉煌的罗马帝国相比，它已经成为一个如此衰弱，极度贫瘠，非常屈辱，魂飞魄散而且难以辨认的拜占庭。尽管它从来没有放弃过斗争，但是它注定是要失败的。几乎令人难以相信的是，它又继续存在了 60 年——直到最后，仍然坚持继续战斗。

对最和谐安宁的威尼斯共和国来说，14 世纪晚期也是灾难性的。与老冤家热那亚的竞争已经到了紧要关头。以特内多斯岛（Tenedos）——位于达达尼尔海峡的出口，控制着海峡的入口处——的争夺为开端，战场开始越来越接近威尼斯本土。通过围攻，热那亚人于 1379 年 8 月最终占领了基奥贾（Chioggia），这是一个被威尼斯礁湖环绕而且防御坚固的城市，控制着一个可以直接回到威尼斯的深水海峡。在共和国源远流长的历史长河中，还不曾遭受过如此严重的威胁；确实，如果当时热那亚舰队司令皮耶特罗·多里亚（Pietro Doria）乘胜追击，对威尼斯城迅速发起攻击的话，估计失败的可能性非常小。但对威尼斯来说幸运的是，他选择了封锁，希望饥饿能使之屈服。威尼斯指挥官维托·匹萨尼（Vettor Pisani）看到了机遇。基奥贾几乎是被陆地包围着的，仅仅依靠三条狭窄的海峡与外界相连；在 12 月 21 日冬至的晚上，三艘巨大的装满石头的笨重船只被暗中拖到海峡处，一艘接一艘被凿沉。执行封锁的人因此被封锁了。1380年6月24日，4000名被围困的热那亚人饥饿难耐，被迫无条件投降了。

战争并未就此走向结束。直到第二年，这两个耗尽精力的共和国才接受了萨伏依伯爵阿玛迪斯（Count Amadeus of Savoy）提出的调停，随后的《都灵条约》（Treaty of Turin）规定威尼斯和热那亚可以同时在地中海和黎凡特一带自由贸易。但是随着时间的流逝，局势逐渐变得明晰，威尼斯胜利的意义已经远远大于当时它自己的认知了。它让它的朋友和敌人惊讶于它的经济和物质复苏，这已经不是第一次了。另一方面，热那亚则走向了衰退。它的国家政治体制开始崩溃，被派系斗争撕成了碎片，5年内就任免了10任总督，之后很快将被置于法国的统治之下达一个半世纪之久。直到1528年，在安德烈·多里亚的领导下，热那亚才最终再次获得了独立；但是那时的世界已经发生了巨大的变化，它已经不能够对威尼斯构成任何威胁了。

相比之下，威尼斯共和国已从那场其历史上最绝望的长达六年的战争中解脱出来，而它的政治结构仍坚若磐石。在意大利，没有其他的城邦能有这样的稳定性，或者说能够达到这样的稳定性。在其境外，整个意大利都已经屈服于这个专制的时代；只有它依然是一个强大的、有着良好秩序的共和国，并拥有一个可以有效地经受住不论是国内还是国外政治风暴的组织。不可否认的是，它的大多数国民在过去的几百年里已经被剥夺了参与实权机构的资格，① 但是其政府行政机构却是对所有人开放的。这座城市以其闻名遐迩的商业贸易和手工艺而自豪和满足，它们为其丰厚的物质财富提供了来源。很少有公民

① 事实上，是从1928年的 *serrata del Maggior Consiglio* 开始。从那时起威尼斯大议会就只接受对那些姓名被刻在共和国的功勋录上的家庭的成员。

会真的怀疑这个政府的管理，更何况它还极为有效，并总是为本国的最大利益着想。

热那亚战争后，威尼斯开始重建和扩展其商业帝国。在15世纪的前几年，通过政治上的投机取巧、外交手腕、商业上的敏锐和偶尔的少许勒索这些方式的结合，它在意大利大陆上获得了可观的领土，包括帕多瓦、维琴察、维罗纳；不断向西扩展到加尔达湖岸，更不用说达尔马提亚南部的斯库台湖（Scutari）和都拉佐（Durazzo），以及纳夫普利亚（Nauplia）、阿哥斯（Argos），和位于摩里亚半岛的老基地摩东阿（Modone）和克罗恩（Corone）了；还包括基克拉迪群岛（Cyclades）和多德卡尼斯群岛（Dodecanese）的大部分。最终，它凭借自己的实力，取得了同英格兰、法兰西和奥地利同等的地位，成为欧洲大国之一。

威尼斯人从未把自己当作意大利人来看待。由于潟湖把他们与半岛的坚实大陆（terra firma）分隔了开来，从很早开始，他们就把目光集中在东方了，那里几乎是他们所有商业机会和财富的来源。因此，他们的情况是别具特色的，和意大利本土上的其他城市是不同的。这些城市也是独立的共和国，但是它们缺乏威尼斯式的非同寻常的政治制度，它有一套相互制约和平衡的复杂体制，这使得这个国家中的任何一个个体或者家庭都不可能不受到约束。在某个时刻，它也会遇到国外的威胁或者是国内的危机，那时每个人都会觉得有个领导者是必要的，这是不可避免的。但更有可能的是，当威胁或者危机过去之后，领导者要比当初召集时更加难以摆脱，之后，几乎在所有人认识到这点之前，他已经建立起一个王朝。

这种模式——我们在意大利北部和中部的主要城市中一次又一次的发现它，只有少许的形式差别——并不是没有任何优势的。专制君主很可能被证明是一个暴君，但他会依靠他的地位和威望大肆炫耀；这就意味着与他相伴的是华丽的宫廷，他对艺术会是一个慷慨的资助人；顺便提一句，这为文艺复兴的繁荣提供了一个完美的基础。最早的此类人物之一可能是维罗纳的戴拉·斯卡拉（della Scala），他提供了慷慨的援助给但丁和乔托；其他的此类人物如雨后春笋般地出现在米兰的维斯康提家族和斯福尔扎家族，曼图亚的冈萨加家族，费拉拉的伊斯特家族，里米尼的马拉泰斯塔家族，乌尔比诺的蒙泰费尔特罗家族，以及最重要的佛罗伦萨的美第奇家族。

对这些文艺复兴时期的家族来说，以下的事实更增加了它们的传奇性：尽管形形色色的统治者们不断地加入到战争中去，但他们很少是亲自参与战斗的。这样的战斗应当是由雇佣军来完成的，雇佣军首领把他们的力量出卖给出价最高的人。他们也并不总是令人满意：他们缺乏对事业的忠诚感，经常拖拉；经常会表里不一，搞两面派。但是，他们能够缓解其雇主对于战争的苦恼，甚至允许他们花更多的时间去追求和平宁静的艺术。这样在其最佳状态下，他们才能够更加富有效率。

在这些文艺复兴时期的宫廷南边就是教皇国，现在——随着教皇从阿维尼翁的归来——正处于一场剧变的前夕。红衣主教阿尔波诺兹——教廷派驻意大利的使节，已经重新组织和巩固了教皇国；与威尼斯、米兰、佛罗伦萨和那不勒斯一起，罗马再次成为意大利的五大强国之一。然而不幸的是，此时教会再次被一股极其强大的分立势力所分裂。乌尔班六世正在与一个由法国和意大利的红衣主教们形成的派系对抗，[①] 他们宣布教皇选举无效，并且已经重选了一个敌对的教皇克雷芒七世（Clement VII）来取代他的位置。乌尔班已经在罗马

① 参见第十一章，第259页。

确立了稳固的地位，他拒绝屈服，因此争端一直持续着。那么选出一个能够被双方都认可的新教皇就变得很有必要了。最终于 1409 年 3 月，教会全体会议在比萨举行，会议拒绝承认这两个敌对的教皇，并选出了一个唯一的继承人。这个机会落在了米兰的红衣大主教身上，他原本是个从小就在克里特岛靠乞讨为生的孤儿，现在成了教皇亚历山大五世（Alexander V）。

但是这次会议犯了一个灾难性的错误。在会议召开之前，它召集两位敌对的教皇前来参加——当他们拒绝时就宣布他们抗令不遵——这就暗示了它的权威是高于教皇的，这一做法是不可能期望得到两位敌对大主教认可的。没过多久，事情就变得很明显了，三位而非两位教皇所带来的唯一重要的影响是加重了基督教世界的负担。但是它还执迷不悟，1410 年 5 月，当教皇亚历山大突然死去时，它迫不及待地又选出了继承人。

巴尔达萨雷·科萨（Baldassare Cossa）以教皇约翰二十三世（John XXIII）的名义统领了罗马教会，① 在那时人们普遍认为是他毒死了他的前任。事实上，他是否这样做过是值得商榷的。然而毫无疑问的是，他是做海盗起家的，而且其海盗本质仍然保留着。从道德和精神方面来看，自公元 10 世纪的“淫妇政治”（Pornocracy）时期结束以来，他使得教会又沦落到腐败堕落到无法形容的程度。当时的一位编年史家极为震惊地记录了流行于博洛尼亚的传言——科萨当时是这里的教会统治者——在他担任这一职务的第一年，他就亵渎了不少于 200 名已婚妇女、寡妇、处女，更不用说惊人的无以计数的修女了。遗憾的是，在接下来的三年中，他的罪恶都没有被记录下来；然

① 他当选的环境和随后的罢黜活动已经使他在权威的教皇名单上丧失了一席之地。然而，令人惊讶的是，红衣主教安杰洛·荣卡利（Angelo Roncalli）在 1958 年当选为教皇时采用了同样的名字。

而他似乎保持了这样一个平均数。1415 年 5 月 29 日，在另一次教会全体会议之前，他被传讯，这次会议是在康斯坦茨（Constance）召开的。正如吉本戏谑地所言："最令人愤慨的控告都被压制了：教皇仅仅是被控告犯有海盗行为、谋杀、强奸、鸡奸和乱伦等罪；在他承认了自己的罪行之后，他本人被放逐到阿尔卑斯山另一边的一个自由城市去了，这就是对他的惩罚。"

接着在 7 月初，乌尔班的第三位继承人——教皇格列高利十二世被劝说光荣退位，并且承诺在新教皇继位之后，他在这个等级中会位列第二。事实上，教会是乐意授予其这个特权的，因为当时他已经接近 90 岁了，已经活不了多长时间了。人们并不认为他能够长期享受这个特权。果然，两年之后，他去世了。这时候，轮到伪教皇本尼迪克特十三世（Benedict XIII）被罢免了。1417 年，随着奥托·科隆纳（Otto Colonna）被选为教皇马丁五世（Martin V），教会分裂才真正告一段落。

马丁要比任何人都适合于文艺复兴时期的罗马教皇职位。1420 年，他入驻罗马，继续阿尔波诺兹未竟之事业，他接手了罗马教廷混乱的财政；一个大面积遭到毁坏，人口减少到 25000 人的城市。他开始实施一项恢复和重建教堂和公共建筑的计划；他通过解散康斯坦茨会议来加强教皇的力量。至少在某种程度上，他成功地将法国教会置于其控制之下，这些教会在阿维尼翁教皇时代已变得如此傲慢和专横。他自己来自一个最古老、最著名的罗马家族，他迈出了将红衣主教团和元老院从真正的国际性机构转换为意大利的机构的极为重要的第一步。（尽管在那时，此举引起了很多批评，但是这使他能够创立第一个真正有效的元老院。）最终，他重建了教皇国的秩序。

教皇国本来是不应该存在的。它的建立是依靠所谓的"君士坦丁赠礼”（Donation of Constantine）。[①] 然而这却是在8世纪初，由元老院所臆造的故事：君士坦丁大帝于330年迁都君士坦丁堡后，他授予教皇希尔维斯特（Sylvester）对于罗马以及“意大利所有省，地区和城邦以及西部地区的统治权”。直到1440年，文艺复兴时期的人文主义者劳伦佐·瓦拉（Lorenzo Valla）证明这个故事所依据的文件是伪造的，人们才开始怀疑它的真实性。到那时为止，它已经有六个州了，这是既定事实。教皇控制它们的方式多种多样，形式各异；例如，费拉拉和博洛尼亚被允许完全自治，而佩扎罗（Pesaro）和弗利（Forlì）却处在比较严格的控制下，教皇频繁地对它们征税。然而，所有这六个州都有义务用这种或那种方式向罗马教廷金库提供年贡；总的说来，这是教廷收入的主要来源。

1431年，教皇马丁逝世，而他的工作却还没有完成。他的两个不同责任让他没有时间做任何其他事情：一方面，需要通过宗教会议来重新树立教皇至高无上的权力（这是近期教会分离不可避免的结果）；另一方面，要保护他的领土不受他的邻居和一些贪婪雇佣军的占领。他的继承者——尤金四世（Eugenius IV）三年后由于一场共和革命被迫离开罗马，在佛罗伦萨流亡了九年。然而在其流亡的这段时间里，他获得了外交上的成功。早在1438年初，拜占庭皇帝约翰八世帕里奥洛加斯（John VIII Palaeologus）为了与罗马教廷达成某种和解，带着一大群随从来到了意大利，这批随从特地包括了君士坦丁堡牧首，以及18个主要城市的都主教和12位主教，其中有尼西亚都主教——年轻聪慧的贝萨利翁（Bessarion），以及基辅和全俄罗斯的主教伊西多尔（Isidore），他们的目的是要与罗马教会达到某种程

① 参见第六章。

度上的和解。约翰和他的臣民都不愿就他们在神学方面的任何微小差异达成和解，但是他的帝国就快要毁灭了，他知道只要在罗马人眼中它仍然是异端，那是没有任何希望去劝说西方对威胁它的土耳其发动远征的。会议在费拉拉开始了磋商，但是随后会议地点改成了佛罗伦萨。1439 年 7 月 5 日，在这里，除了一名高级希腊教士之外，所有人都签署了一份正式的联盟法令。法令的拉丁文本是以“*Laetentur Coeli*”开头的——意思是让上帝开心。但是，很快就证明，上帝没有任何开心的理由。

约翰皇帝回国后的遭遇很悲惨。回到君士坦丁堡后，他发现佛罗伦萨会议的全体成员被宣布有罪。耶路撒冷、安条克和亚历山大的牧首都已经与代表他们签字的代表团断绝了关系。这些人和其他签字人因背叛真理而被谴责为叛逆者，在整个首都都受到谴责甚至遭到人身攻击——就这一点，1441 年，他们中的大多数人发表了一个公开宣言，表示后悔他们曾经在那个法令上签上了他们的名字，并且正式撤回他们对它的支持。突然间，皇帝自己的宝座也不稳了。是的，也许其他的亲联合派能给他一些支持，但这些人同样处境不妙：在他回来的几个月中，尼西亚的贝萨利翁——已经于 1439 年改信天主教，几乎同时被任命为红衣主教——怀着憎恶离开了君士坦丁堡，乘坐第一班可以离开的船去了意大利，从此就再也没有踏上拜占庭的土地。他的朋友，基辅的伊西多尔也被任命为红衣主教，但却更加不幸：他一回到莫斯科就被罢免和逮捕，虽然后来他成功地逃到了意大利。①

另外，对于教皇尤金四世来说，已经不存在任何不确定因素了。现在教会联盟存在着，至少从理论上。他现在的任务是组织一支十字

① 在罗马，贝萨利翁将建立一个翻译和出版古希腊作家作品的机构。直到 1472 年他去世，他已经搜集建立了一个藏有希腊手稿的重要图书馆，他把这一切都留给了威尼斯，在那里它们成为马尔恰那图书馆（Biblioteca Marciana）的核心。

军去进攻拜占庭的敌人。如果他不这么做，那不仅仅背弃了他对皇帝的承诺，而且还将向所有人宣布佛罗伦萨会议已经失败，联盟法令已毫无价值。在东欧而不是西欧，他找到了自愿入伍的人，组成了一支约有 25000 人的强大军队，大部分是由塞尔维亚人和匈牙利人组成的。1443 年夏末，匈牙利国王拉迪斯拉斯（Ladislas）、塞尔维亚人乔治·布朗克维奇（George Brankovich）和富有才华的约翰·匈雅提（John Hunyadi）——特兰西瓦尼亚的行政长官（Voyevod）——带领着这支军队出发了。这场战争一开始是充满希望的：尼什城（Nish）和索非亚城（Sofia）双双被基督徒攻占。奥斯曼土耳其苏丹穆拉德二世（Marad II）当时正同时受到安纳托利亚的卡拉曼突厥人、阿尔巴尼亚著名的斯坎德培（Skanderbeg）乔治·卡斯特利奥特斯（George Kastriotes）和摩里亚[①]专制君主、皇帝的弟弟君士坦丁·帕里奥洛加斯（Constantine Palaeologus）所发动的声势浩大的叛乱的威胁，他认为必须与十字军和解，于是邀请这三位领导者来到他位于阿德里安堡的宫廷进行协商。结果是休战 10 年，作为回报，苏丹允诺在巴尔干半岛做出一定程度但并不是很慷慨的让步。

当这个消息传到罗马时，尤金和教廷都感到非常震惊。十字军的目的是将土耳其人赶出欧洲；而根据这个停战协定，他们似乎比以往任何时候都更加根深蒂固了。教皇的得力助手——红衣主教朱利亚诺·切萨里尼（Giuliano Cesarini）立刻动身前往位于赛格丁（Szegedin）的拉迪斯拉斯的宫廷。在这里，他正式解除了国王对苏丹的誓言，事实上他命令十字军继续前进。拉迪斯拉斯本应该拒绝，可是他却没有。无论教廷有没有帮他免责，他都是在背弃对苏丹的庄严

① 摩里亚也就是我们比较熟悉的伯罗奔尼撒半岛，法兰克人在那里的统治当时已逐渐衰弱，从 14 世纪中期开始，它已经成为拜占庭帝国的一个自治领，通常委托给皇室家族中的高级成员进行统治。

誓言。除此之外，此时他的军队的人数已经大量减少了。许多以前的十字军已经回家了，而重新掌握了塞尔维亚领土的布朗克维奇对这个停战协议很满意并决定遵守它。尽管如此，年轻的国王还是扛起责任，决定出征。

9月，他带着缩水了的军队再上战场，现在陪伴他的只有那位红衣主教了。他设法穿越了保加利亚到达瓦尔纳（Varna）附近的黑海，希望在这里找到等待他的舰队。然而，联盟舰队——主要是威尼斯人——都被其他战争绊住了。在听到拉迪斯拉斯背叛的消息之后，穆拉德立刻带着8万人的军队从安纳托利亚赶来。此时舰队试图阻止他越过博斯普鲁斯海峡，但是他们失败了。这位愤怒的苏丹强行越过海峡，加紧向黑海沿岸行军，于1444年11月10日，就在瓦尔纳外围，他把被违反的条约绑在了他的旗帜上，向十字军发起了猛攻。基督徒们以孤注一掷的勇气战斗，然而由于军队数量不到对方的1/3，他们根本没有机会取胜。拉斯迪拉斯失败了，在不久之后，切萨里尼也失败了。十字军被歼灭，在他们的领导者中，只有约翰·匈雅提带着一小股军队成功逃跑了。最后一支在欧洲发起的对付土耳其的十字军以彻底的失败而告终。

然而，对抗还没有完全结束。第二年夏天，专制者君士坦丁着手发动一次突然袭击式的远征，他们深入希腊中部，直至品都斯山脉，还进入了阿尔巴尼亚。不论他走到哪里，都受到热烈欢迎。同时，他在亚该亚的地方长官带领着一小股骑兵和步兵到达科林斯海湾的北岸，终于把土耳其人赶出了福喀斯（Phocis）西部、德尔菲附近的区域。对穆拉德来说，这是极大的侮辱。在几个月之前，他已经让位于他的儿子；现在，他愤怒地重新恢复了他旧有的权威，准备向那些自命不凡的希腊军队复仇。1446年11月，他带着大约5万人的先头部队向摩里亚进军。福喀斯再一次被收回；君士坦丁匆忙返回汉克斯米利昂（Hexamilion，穿越科林斯地峡，大约绵延6英里的巨大防御工事），决定不惜一切代价守住它。但是，穆拉德带来了希腊军队从来没见过的武器——重型大炮。连续五天，他巨大的加农炮不断地轰击城墙，12月10日，他下令发动总攻。大多数防卫的士兵被俘虏或是被杀；而君士坦丁自己得以勉强逃往他在米斯特拉（Mistra）的首都。

在某种程度上他很幸运：他的首都幸免于难。它能够得以保存的唯一原因是因为异常严寒的冬季提早到来。如果苏丹在5月或者6月发动战争，而不是在11月，他的军队要进入伯罗奔尼撒最远的地方就没有一点困难。米斯特拉将会变成废墟，这位君主也会被杀，拜占庭将会失去它的最后一位皇帝。

1448年10月31日，约翰八世在君士坦丁堡去世，他的兄弟君士坦丁继承了皇位。在所有的拜占庭皇帝当中，约翰的长相最为人熟知，这是由于在贝诺佐·戈佐利（Benozzo Gozzoli）为装饰佛罗伦萨的美第奇·里卡尔蒂宫的小教堂而创作的一幅著名的壁画中有他的肖像。他根本配不上他死后获得的这种荣耀，但是他尽了最大的努力，他非常勤奋地去做他相信是正确的事情。再说，当时的情况已经是毫无希望了，任何他试图去做的事情都是注定会失败的。也许事实就是如此。内忧外患严重的拜占庭帝国不可能再有任何独立发动军事行动的能力了，它现在已经衰落为一个在欧洲地图上几乎看不见的一点。与以往任何大帝国相比，就差这致命的一击（Coup de grâce）了。这一击的到来经历了漫长的时间。现在，它终于来了！

约翰去世四个月后，也就是1451年2月13日，苏丹穆拉德由于突发中风于阿德里安堡去世。他的第三个儿子，年仅18岁的穆罕默德继承了王位，而他的两个哥哥早些年就已经去世了，他们两人中至

苏丹穆罕默德二世，水彩画，土耳其，15世纪。

少有一人的死因是可疑的。穆罕默德是一个很认真而且学问精深的人。据说，他继位的时候，不仅精通他的母语土耳其语，还精通阿拉伯语、希腊语、拉丁语、波斯语和希伯来语。在听到父亲去世的消息后，他赶紧回到首都，肯定了他父亲遗留下的大臣们的权利，或者派他们中的一些去了别的地方。在举行仪式期间，穆拉德的皇后前来祝贺他继承皇位。穆罕默德热情地接待了她，并与她进行了一番交谈；她回到后宫时却发现年幼的儿子已经在他的浴室里被杀了。这位年轻的苏丹似乎不是一个会冒险的人。

在穆罕默德继位后的几个月内，他先后与匈雅提、布朗克维奇和威尼斯总督弗朗西斯科·弗斯卡利（Francesco Foscari）签订条约；并且把友好的信息传递给瓦拉几亚（Wallachia）大公、罗得岛上的圣约翰骑士团以及莱斯博斯岛（Lesbos）和希俄斯岛上的热那亚贵族。对于君士坦丁堡的君士坦丁十一世派去的使者，据说这位苏丹的回复几乎是过分恭维的，他以安拉和先知的名义发誓将与皇帝及其臣民和平相处，并且将继续维持他的父亲曾经与约翰八世保持的友好关系。也许正是这最后的承诺让皇帝心生警觉；而君士坦丁十一世似乎是第一批认为这位年轻的苏丹不像看上去那样和善的欧洲统治者中的一位。相反，他应该非常危险。

穆罕默德可能也对君士坦丁有类似的感觉，他在作为摩里亚的专制君主当政的时代就已经对他的父亲穆拉德构成了巨大的危害。君士坦丁·德拉格斯（Constantine Dragases，尽管是帕里奥洛加斯家族的一员，他更加喜欢使用他的塞尔维亚籍母亲名字的希腊形式）时年45岁，两度丧偶——而且由于他的两次婚姻都没有结果（也就是没有子嗣），正在积极寻找第三任妻子。1451年，当听到穆拉德去世的消息时，他想到了一个绝妙的主意，那就是娶苏丹的一个遗孀为妻，这个人就是老乔治·布朗克维奇的女儿——玛丽亚，她是一个基督教徒。在经历15年的宫廷生活之后，她依旧没有子女，人们普遍认为，这段婚姻只是有名无实，并不和美。但她是年轻的现任苏丹的继母，还有什么比这更好的办法能够把这个男孩置于恰当的控制之下呢？

据推测，如果君士坦丁·德拉格斯与布朗克维奇·玛丽亚的婚姻成功的话，对于历史上会发生的变化可能是有一点影响的。但这影响也不会很大。这也许仅仅是想象：她可能会成功地劝说其继子放弃他对君士坦丁堡的企图，那样的话君士坦丁堡可能还能坚持一代或者两代人的时间。但是它不可能再重新恢复它的力量了。没有了权力和财力，在穆斯林的海洋里，一个孤零零的基督徒岛屿，其存在的日子已经是屈指可数了，它的最终毁灭也是无法避免的。事实上，尽管她的父母非常高兴地同意了这个计划，但是这最终却要取决于玛丽亚自己。她解释说，她曾经宣誓：如果她能从异教徒中摆脱出来，她将会把余生都奉献给独身、贞洁、慈善的事业。随后发生的事情很快就证明了她的决心。

与此同时，穆罕默德已经在抓紧时间了。在博斯普鲁斯海峡最狭窄的地方，正好在他伟大的曾祖父——巴耶济德一世建立在亚洲海岸的城堡的对面，他决定建立另外一座城堡；这两座堡垒将无可争辩的使他控制住这个海峡。（这座新城堡所矗立的土地在理论上讲是拜占庭的，这是事实，但是，正如穆罕默德所指出的，他们是无能为力的。）1452年早春，所有临近新城堡的教会和修道院都被拆毁，为其提供额外的建筑材料，4月15日，建设工程开始了。19周半后，也

鲁梅利堡垒：由穆罕默德二世于1452年建立在博斯普鲁斯海峡地区。

就是8月31日，伟大的鲁梅利堡垒（Rumeli Hisar）建成了，它看起来基本上与现在是一样的。苏丹很快在最靠近海岸的高塔上架起三台加农炮，并且正式发布一个公告：凡是要通过海峡的船只，不论国籍和来源，都必须停船接受检查。9月下旬，一艘满载供给品，给君士坦丁堡运送粮食与食品的威尼斯船只无视这个命令。它在水面上被炸毁了。它的全体船员被执行死刑。它的船长名叫安东尼奥·里佐（Antonio Rizzo），被钉在一个尖桩上，作为对其他想要向他学习的指挥官的警告。

在第二年的早些时候，土耳其舰队开始在加利波利半岛海域集结。它似乎包括至少10艘双排桨战船和6艘三层桨战船，[①] 15艘有桨的大木船，大约75艘快速的大艇，20艘加重的用来运输的帆驳船以及许多轻型单桅船和快艇。甚至连苏丹最亲近的顾问都为这支舰队的巨大规模而感到震惊，但是他们的反应和那些一到两个星期之后看到这支舰队慢慢地通过马尔马拉海停靠在他们城墙下的拜占庭人的反应相比不算什么。

同时，土耳其军队在色雷斯集合。希腊人估计的30万－40万人这个数字明显是荒谬的，而据比较可靠的土耳其方面的数据，大约有8万人的正规军和数目是2万人的非正规军（bashi-bazouk），包括以

---

① 和古代同名的船只不同，土耳其的桨战船和三层桨战船只有单列的桨。在三层桨战船里每个桨都有三个划手，在桨战船里他们是两个一对地坐在一起。

前成立的一支12000人的苏丹禁卫军在内。苏丹的这些精锐部队是从小从整个帝国的基督教家庭中征召的，并且被强迫改信伊斯兰教以及服从于严格的军队和宗教的训练；一些士兵还被增加了工兵和机械师的训练。在法律上他们是奴隶，这是因为他们除了军队生活之外不能享有个人权利。但是他们定期拿工资，所以并不完全只是奴隶。1451年他们发动了一次要求提高其工资的兵变，直到进入19世纪，禁卫军的武装暴动都是土耳其帝国历史上固有的特征。

穆罕默德以他的军队为荣，更为他的海军感到自豪，但是他最自豪的是他所拥有的武器：加农炮。这种武器的原始形式已经被使用了一百多年了：1347年，爱德华三世在加来（Calais）围城时就装备了一台加农炮。在这之前，它们在意大利北部已经持续闻名了1/4个世纪。但是早期的这些加农炮在攻击坚固的石墙方面是没有太大力量的。正如我们所看到的，到1446年，它已经有足够的力量去摧毁科林斯湾的汉克斯米利昂，即便如此，真正的突破要到1452年，一位名叫乌尔班（Urban）的德国工匠在苏丹面前自荐要帮助苏丹建造能够炸掉巴比伦城城墙的加农炮。正是第一批生产出来的这种炮造成了威尼斯船队在梅利堡垒外的悲剧。穆罕默德不久就下令建造另外一种大小增加一倍的加农炮。它在1453年1月就完成了。据说它有将近27英尺长，炮管直径达两英尺半。其青铜管有8英寸厚。当它进行测试时，一个重达1340磅的炮弹在空气中迅猛飞驰到一英里之外，并在地面上炸开了一个6英尺深的大坑。200名机械师被派出去，为将这可怕的装备顺利运到君士坦丁堡而做准备，他们要平整道路，加固桥梁。在3月初它就出发了，由60头公牛拉着，另外有200人来保持它的稳定。

3月23日，苏丹离开了阿德里安堡。中世纪的军队——特别是携带着围城工具的军队——行进得很慢，但是在4月5日他已经在君士坦丁堡城外搭建他的帐篷了，而他庞大军队的主力在三天前就已经到达了这里。由于时间紧迫，他立即向伊斯兰法律所承认的皇帝传达休战的意思，即如果他们立即且自愿的投降，帝国的所有臣民都可以得到赦免，包括他们的家庭和财产等。如果他们拒绝的话，他将对他们毫不留情。

不出所料，他传达的意思没有得到答复。4 月 6 日清晨，他的加农炮开火了。

君士坦丁堡的人们也在忙碌着：修复和加强防御工事，清理护城河，储备粮食、弓箭、工具、沉重的石块以及其他一些他们需要的东西。同时，他们的皇帝向西方发出了进一步的呼吁，但是得到的回应还是像以前一样冷淡。2 月，威尼斯参议院终于同意派遣 2 艘运输船，每艘运载 400 人，和他们可以尽快准备好的 15 艘军舰去君士坦丁堡，但是这支舰队直到 4 月 20 日才离开潟湖。幸运的是，由于威尼斯共和国的荣誉，威尼斯殖民地的城市里产生了一种高贵的响应，保证它的舰队都不会返回家园；总之，威尼斯人可以提供 9 艘商船，其中 3 艘来自他们的殖民地克里特。①

防御者中还包括一支热那亚人的派遣队。可能正如所期望的，他们中很多人来自热那亚在加拉塔的殖民地，君士坦丁堡大多数的外国雇佣军被安排在东北方的金角湾；另外，这里还有一支来自热那亚自己的光荣军团，大约 700 名对他们政府的胆怯感到非常震惊的年轻人——它只许诺君士坦丁堡一艘船——决定为基督的王国而战。他们的领袖——乔瓦尼·吉斯提尼亚尼·隆戈（Giovanni Giustiniani Longo）

① 令人遗憾的是，据记载，他们违背了自己的承诺。在 2 月 26 日晚上，7 艘威尼斯船只，载着 700 名意大利人，悄悄地离开金角湾回到了他们的家。

是共和国一个显赫家族中的成员，并且是一位在围城战方面享有盛誉的专家。像这样的盟友是很受欢迎的，但尽管他们能带给帝国一些勇气，却不能给予它实质性的希望。他（皇帝）在金角湾附近的船只只有26艘，与土耳其帝国的舰队相比是一个可怜的小数目。到3月底，他命令他的书记官乔治·斯弗兰特斯（George Sphrantzes）——他留给我们一份关于围城的充分描述——对城里所有身体健康、能够征召到城墙去参加守卫的人进行了一次普查，包括神父和修道士在内。由于14世纪到来的黑死病这种天灾快速蔓延，城里的人口在急剧减少；尽管如此，最后的数字依然比他之前想象的要少：4983名希腊人和不到2000名外国人。为了守卫14英里长的城墙，防止穆罕默德10万人的军队的进攻，他至少需要7000人。

拜占庭人在具有决定意义的1453年春天所仰仗的那段城墙从马尔马拉海沿岸延伸到金角湾的上游河段，它们组成了该城的西部界线，都已经有1000多年的历史了。以狄奥多西城墙（Theodosian Walls）闻名于世，据说它是在皇帝狄奥多西二世（Theodosius II）的统治下修建的，事实上那是在413年，他还是小孩子时就已经建成。在中世纪的围城战争中，它们是坚不可摧的。任何进攻的军队首先需要解决的是如何跨越大约60英尺宽的深沟，在紧急情况下，放入的水可将这些深沟大部分淹没到30英尺的深度。越过这些，就是低矮的雉堞状的防护墙，在它后面是一处约30英尺宽的平地；然后就是外墙了，7英尺厚，近30英尺高，96个堡垒有规律

1453年，君士坦丁堡的征服。图中左边，土耳其的船只正下行进入金角湾。

的沿城间隔排列着。在城墙里面有着另一处宽阔的平地，高大的内城墙是防守的最基本的元素，内城墙底部大约 16 英尺厚，高达 40 英尺。它也有 96 个堡垒，和外部的堡垒交互间隔着。所有这一切构成的几乎可以说是中世纪建造的最坚固的城市防御工事了。

但是中世纪已经成为过去。在接下来的八个星期，苏丹使这些城墙遭受了史无前例的轰炸，并使它屈服。在临时搭建的木头屏障掩护下，防卫者们开始了不停修复损坏的城墙的工作，但是很显然，他们不能持续地无限期地这样干下去。他们的防御工事中只有一处看起来不会受到敌人的猛攻：这一巨大的链条是从卫城下的堡垒跨越金角湾的入口，位于现在的萨拉基里奥角（Seraglio Point）上，一直延伸到加拉塔的另一个海上城墙。围城开始的几天内，土耳其的将领派一些最重的船只去撞击它，但是它依然很坚固。

苏丹的一个性格特点就是他会突然专注于一个单独的问题，直到获得他所需要的之前，他都会痴迷地追求着。直到 4 月中旬，他的思想都集中在了获得金角湾的控制权上。他提出的实现方法在今天看起来真是让人有点难以置信：他派出他的机械师绕到加拉塔后面去修路，从博斯普鲁斯海岸的某处越过现在的塔克斯木广场（Taksim Square）附近的一座小山，并从卡斯帕斯（Kasimpasa）一直到达金角湾。铸造铁轮子和金属轨道；同时，他的木匠们忙于精加工足够大的木头支架以适合做中型船只的龙骨。4 月 22 日，那天是星期天的早晨，热那亚在加拉塔的殖民地的人们看到了让人惊呆的景象：大约 70 艘土耳其船被数不清的公牛缓缓地用力拖拉着，越过了一座 200 英尺的小山，然后缓缓地进入了金角湾。

到 5 月初，皇帝知道他不能坚持更久了。唯一的希望寄托在：来自威尼斯的救援远征军。他们有没有一支舰队呢？如果有的话，它有多大呢？它带来的货物是什么呢？最重要的是，它还要多久才能到呢？君士坦丁堡的整个命运就取决于这些问题的答案。5月3日午夜之前，一艘悬挂着土耳其旗帜的威尼斯双桅帆船载着12名假装成土耳其人的志愿者悄悄地溜走了。在第23天晚上它返回了，被一支土耳其舰队所追赶。幸运的是，威尼斯人的航海技术比土耳其的要高出很多，日落后不久它就成功地进入了金角湾。船长立刻要求得到皇帝的接见。三个星期来，他报告说，他已经巡游过爱琴海；没有发现答应前来援助的远征军的踪迹，甚至没有发现任何威尼斯船只。当他意识到继续寻找是没有用的时候，他召集水手们开了一个会议问他们该怎么办。其中一个主张返回威尼斯，他宣称君士坦丁堡很可能已经在土耳其手中了，但是他说的话被叫喊声淹没了。对所有其余的人来说，他们的任务很明确；他们必须返回向皇帝报告这里的情况，就像他们所许诺的那样。因此他们返回了，尽管他们很清楚地知道他们可能再也不能活着离开那座城市。君士坦丁当面感谢了每一个人，他的声音哽咽着，眼里含满了泪水。

5月26日，苏丹举行了一次作战会议。他告诉周围的人围城已经持续了足够长的时间了。发动最后攻击的时间已经到了。第二天将会致力于准备工作，第三天就是休息和祈祷。攻击将会在5月29日星期二的凌晨时分开始。土耳其人没有采取任何措施对城内的防卫者隐瞒这个计划。土耳其阵营内的一些基督徒甚至从墙上射出带有信息的箭来通知他们穆罕默德的计划，但是这种方法几乎是没有必要的；土耳其阵营夜以继日的忙乱景象让一切显而易见了。

在帝国历史上的最后一个星期一，君士坦丁堡的人们——包括皇帝在内——离开自己的家聚集在一起进行最后一次集体祷告。当教堂的钟声响起的时候，所有最神圣的圣像和最珍贵的遗物都被带去加入到由希腊人和意大利人组成的长长的、自发的队伍中，包括东正教徒也包括天主教徒，他们穿过街道，沿着整个城墙环行一圈。当快结束的时候，夜幕已经降临了。来自城市各个地方的人们就像是出于本能，纷纷前往圣智大教堂。在过去的五个月中，希腊人一般都不到这里来，因为他们相信它已被天主教玷污了，没有一个虔诚的拜占庭人会愿意接受这样的现实。然而此时此刻，第一次也是最后一次，礼拜仪式的差异被忽略了。圣索菲亚大教堂，没有其他教堂能与之相比，是拜占庭人的宗教中心。在这个极度危机的时刻，除了这里没有其他地方可去。

当皇帝与他的臣民会谈的时候，仪式已经在进行中了。之后，所有的蜡烛（除了一些固定的之外）都熄灭了，大教堂处于黑暗之中，他返回教堂中并单独花了些时间进行祈祷。然后他回到了城墙上。那一晚他没有睡，因为穆罕默德不会等到黎明再发动攻击。在凌晨一点半的时候他发出了信号。突然宁静的夜晚被打破了，一阵阵号角声和不停的敲鼓声混合着令人毛骨悚然的声音，战争疯狂制造出的喧嚣声惊醒了这个死寂的夜晚。同时君士坦丁堡教堂里所有的钟都敲响了，预示着整个城市最后的战争开始了。

攻击一浪接着一浪：首先是非正规军的土耳其士兵，他们没有受过训练而且没有持久的战斗力，但是他们乐意牺牲。他们的理想是使防卫者士气低落并且让他们成为紧随其后的久经战场的士兵的牺牲者；然后是受过完全训练和纪律严格的安纳托利亚的土耳其人组成的兵团，以及所有虔诚的穆斯林，决心第一个进入基督教世界最大的城市——这样的人间天堂，以赢得永久的报酬；最后是禁卫军迅速地穿越平原，尽管防卫者投掷的飞弹会伤害到他们，但他们的队伍是不可粉碎的并且勇往直前。黎明之后不久，一支箭射中了乔瓦尼·吉斯提尼亚尼·隆戈，穿透了他的胸口。混乱笼罩着整个热那亚人的军队，许多人逃走了，但是到现在为止这已经不重要了。在一个小时之内，土耳其士兵在城墙上打开了一个缺口并涌入了城市中。皇帝看到大势已去，便投入到最激烈的战斗中。之后就再也看不到他了。

现在已经是早晨了，残月仍然高高地挂在天空上。接下来的时间是非常恐怖的。到中午的时候，君士坦丁堡的大街上已经血流成河。房屋被抢劫，妇女和儿童被污辱和处死，教堂被彻底毁坏，圣像从黄金的框架中被扭出，书籍的银色的装订被撕碎。在圣智大教堂中，当狂暴的侵略者接近的时候，晨祷已经在进行了，穷人和许多不引人注意的教堂会众当场被屠杀了，幸存者们被捆绑在一起，被驱赶进土耳其的军营中作为被俘获者为他们所用。主祭牧师一直尽可能地和大众在一起，直到他站在高高的祭坛上被屠杀那一刻为止。东正教教徒们一直相信，在最后时刻，他们中的一两个人收集了最珍贵最神圣的祭祀容器，他们一起神秘地消失在圣所南部的城墙那边了。在那里他们将继续生存下去，直到君士坦丁堡再一次成为一座基督教的城市，到那个时候，他们会恢复被中断的礼拜仪式。

苏丹向他的士兵承诺了三天的抢劫时间，这是伊斯兰教传统授予他们的，但是这种无节制的暴力活动已经到了他在同一天晚上就不得不下令终止的程度。苏丹一直等到最严重的暴行终止，才进入了城市。然后在傍晚的时候，他沿着通向圣索菲亚大教堂的主要道路骑着马缓慢地前行。在中央门外下马之后，他弯腰捧起了一把泥土，用一种谦卑的姿势撒在了他的头巾上。之后他才进入了这座建筑物。在他的命令下，高级伊玛目登上讲道坛宣读安拉的名字，安拉是大慈大悲者和怜悯者："世界上只有真主，穆罕默德是他的先知。"在这一刻，十字架被新月所代替；圣索菲亚大教堂变成了清真寺；拜占庭帝国被土耳其帝国所取代；君士坦丁堡更名为伊斯坦布尔。穆罕默德二世在 21 岁时实现了他最大的野心。

君士坦丁堡和拜占庭帝国沦陷的消息，带着恐惧气息，传遍了整个基督教世界。当幸存者向西迁移的时候，他们带来了史诗性的故事。这个故事在叙述时无疑没有遗漏任何细节。对所有人来说，它让人感到极度惊慌，但是西欧并没有发生深刻的变化。不过有两个国家很快就被影响了，它们是威尼斯和热那亚，它们立即与苏丹建立了友好的关系。

威尼斯的救援舰队在希俄斯岛外抛锚，这支舰队事实上大部分是由教皇尼古拉斯五世（Pope Nicholas V）建立的，舰队在希俄斯岛等待合适的气流以便继续前往君士坦丁堡，在这个时候一些从加拉塔逃出来的热那亚人的船只传播了这个消息。它的船长吉亚科莫·洛莱丹（Giacomo Loredan）迅速地撤退到埃维厄岛，在那里等待进一步的命令。同时，一位特殊的外交使节巴托罗梅奥·马尔切洛（Bartolomeo Marcello）被立刻派往前去庆祝穆罕默德的胜利，强调共和国坚定地遵循由他父亲达成的和他自己批准的和平协议，要求归还所有停留在君士坦丁堡的威尼斯船只，指出这些船不是军舰只是商船。如果苏丹同意重修条约，马尔切洛将会进一步要求允许威尼斯保留在这座城市的贸易殖民地，享有与在拜占庭帝国统治下的同等的权利和特权。穆罕默德被证明是一位很难讨价还价的交易者。在将近一年的协商之后，船只和俘虏被释放，威尼斯殖民地允许归还；然而，它将不再拥有以前的权力和繁荣所依靠的领地和商业特权了。拉丁人在东方的势力已经呈现下降趋势了。

热那亚人比威尼斯人下的赌注更大，继续进行着他们的两面派游戏。在加拉塔，他们的长官（*podestà*）在土耳其士兵出现的那一刻就已经打开了大门，尽其所能防止他的同胞们不体面地撤离。不久之后，他得到了保证：加拉塔的热那亚人仍然可以保留他们的财产，并且可以无妨碍地进行宗教活动，只要他们不敲响钟声，不建立新的教堂，但是他们必须上缴武器，毁坏防御工事和城堡。理论上讲沿着黑海北岸的热那亚的贸易殖民地——包括克里米亚岛上的富饶的港口卡法在内——将会被允许继续存在，但是在安东尼奥·里佐（Antonio Rizzo）死后很少有船员敢冒险穿越这个海峡，很少有商人愿意支付所需要的巨大通行费。除了希俄斯岛之外——在1566年之前它一直是热那亚人的——热那亚的商业帝国在这个世纪末已经衰落了。

在罗马，教皇尼古拉斯没有表现出任何一点商业共和国的犬儒主义和自私自利。他尽最大可能的发动西方国家加入到十字军中，这一事业得到两位希腊红衣主教贝萨里翁和伊西多尔的热心支持，还有在德国的教皇使节，伊尼亚斯·西尔维厄斯·皮科洛米尼（Aeneas Sylvius Piccolomini），即未来的教皇庇护二世（Pius II）的支持。但是这些都是没用的。两三百年之前，基督徒们有足够的热情来发动军事远征去营救圣地；然而，伴随着文艺复兴人文主义的兴起，旧的宗教火焰已经被扑灭。欧洲已经开始慌张，拜占庭已经灭亡。随着土耳其军队发展到前所未有的强大，旧的帝国已经没有任何希望复活了。

在君士坦丁堡灭亡后的10年时间里，土耳其人进行了许多扫尾行动，在希腊尤其明显，伴随着土耳其士兵对雅典的占领，雅典的拉丁公爵领地于1456年终止了。最后一位公爵——弗朗哥·阿奇佐里（Franco Acciajuoli）在摩里亚专制君主国灭亡的四年之后被杀。他曾经把那里作为庇护所。位于尼葛洛庞帝（Negroponte）的威尼斯的殖民地，据我们所知是埃维厄群岛的一个岛屿，在1470年陷落。仍然存在下来的基督教前哨阵地包括克里特岛、塞浦路斯、摩里亚半岛的一两个要塞，还有伊奥尼亚群岛的一些岛屿，主要有科孚岛、凯法隆尼亚岛（Cephalonia）和桑特岛（Zante），再加上达尔马提亚沿海的一条狭窄的地带。所有的这些仍然是威尼斯人的。但是巴尔干半岛的内陆，波斯尼亚的部分地区早在1438年就已经失陷了，剩下的部分加上南部的黑塞哥维那也在1463－1480年之间相继被攻克。

还有一个坚强的堡垒就是罗得岛，从1306年开始圣约翰骑士团就已经在这里，一边经营他们的医院，一边开展反对异教徒的斗争。对西方来说，他们现在处于反对伊斯兰教徒的第一线：他们现在确实是基督教世界的拯救者了，而不再是一个中世纪的时代错误。另一方面，对于苏丹穆罕默德来说，他们的存在是一个永久的烦恼，于是他在1480年的春天发动了战争。他的军队由大约7万名强壮的士兵组成，被一支由50艘船组成的舰队运到了岛上。船上还载有许多令人畏惧的加农炮，这些大炮在君士坦丁堡帮了他很大的忙。与这支庞大的军队相反，圣约翰骑士团有大约600人起来反抗，加上大约1500人的国外雇佣兵和当地的民兵。他们也依赖罗得岛上所有的基督教徒的积极配合。他们由57岁的骑士团大团长皮埃尔·德奥布松（Pierre d'Aubusson）率领。几年之前，他就知道这场战争不可避免，于是他召集了最伟大的军事建筑师，使罗得岛上的城市尽可能的比任何其他的城市都要坚不可摧。现在土耳其士兵已经在路上了，他也做好了战斗准备。

罗得岛之围。1480年：土耳其军队为战斗做准备。

围城是从5月23日开始的。到6月中旬的时候，城市的部分城墙一天之内几乎被1000枚炮弹连续攻击，这些城墙已经开始崩塌了，但是在某种程度上仍然被骑士牢固地守卫着。7月27日，最后的攻击开始了。像平常一样，没有训练的、随时可以牺牲的土耳其士兵在前面开路，后面紧随的是禁卫军。借助名为“意大利高塔”的工具，他们突破了围墙，并成功地在城市里升起了先知的旗帜；但是在这个时候骑士们发动了一场强大的反攻。不久之后，骑士团的首领大团长就受了重伤，但突然之间恐慌在土耳其非正规军中蔓延，很多人掉头逃跑了。他们为什么这么做仍然是一个谜团。有人甚至说他们是被在风中扭曲和飘摇的纹有处女和圣人的基督教旗帜吓跑的；他们毕竟是穆斯林，他们中的很多人从来没有见过用人的面部或者是肖像使用二维的方式表达。无论是什么原因，在战争史上，围攻的军队在突破城墙之后突然逃跑了，这样的事情确实是很少见的；对土耳其士兵来说，这一刻的胜利突然在下一刻变成了灾难。大约有 4000 人失去了生命，其中包括已经侵入犹太区并且被困在那里的 300 名禁卫军。

骑士团赢得了一场战斗，但是他们还没有赢得整个战争。苏丹穆罕默德对于这次失利非常震怒，立即准备了一支新的军队，在接下来的几年里他决心自己亲自率军来对付他们。如果他这样做了，其实他们将会没有任何机会；因为防御工事无法及时地修理好。但是在 1481 年春天，当苏丹穿过小亚细亚向南行进实施他的命令时，他被一场突如其来的痢疾病传染了。一两天之后，他就死了。圣约翰骑士团才得以继续保存他们可爱的岛屿达 40 年之久，但是现在它不仅从地理意义上是一个岛，而且在战略上也成为一个孤岛：实际上，东部地中海已经变成了一片穆斯林的海。

第十三章　天主教国王和意大利的冒险

从另一方面来看，在西地中海，基督教势力再一次处于上升阶段。西班牙收复失地运动进展缓慢，但对于西班牙来说却有一个极其重要的日子——也可能是整个西班牙历史上最重要的日子之一——这就是 1469 年 10 月 17 日，西班牙见证了北部阿拉贡的斐迪南二世（Ferdinand II）与他的表妹卡斯蒂利亚的伊莎贝拉（Isabella）的联姻。这两人当时都还没继承王位，从理论上来讲，联姻也没有立刻产生一个统一的西班牙，这两个王国并没有合二为一。虽然他们很快成为自己的王国的统治者，得到西班牙裔（出自波奇吉亚［Borgia］家族）教皇亚历山大六世授予的“天主教国王”（los Reyes Catolicos）的称号，但在对方的王国里都只是对方的配偶。卡斯蒂利亚王国更有势力，在这场政治婚姻中，斐迪南约束自己去遵守卡斯蒂利亚的法律和习俗，定居在那里（在没有他的妻子允许的情况下绝不离开），并且承认他妻子对卡斯蒂利亚的统治权，他只不过是名义上的国王而已。然而，当他在 1479 年成功地使自己登上阿拉贡王位时，他的权威已经扩展到了加泰罗尼亚，巴伦西亚和巴利阿里群岛，当然还包括这座伟大的城市——巴塞罗那。巴塞罗那已经大大发展了。由于君士坦丁堡的没落，使得热那亚和威尼斯的发展非常迟缓，而它在商业上的重要性已可与它们并驾齐驱，其商业据点和商团使节甚至远及亚历山大和更远的地方。

因此，在他们联合执政伊始，斐迪南和伊莎贝拉所统治的伊比利

阿拉贡的斐迪南。

卡斯蒂利亚的伊莎贝拉。

亚半岛的面积就远远大于很多世纪以来的其他统治者。此外，他们还不遗余力地显示他们之间的亲密关系：几乎所有的办公文件都会联合署上他们的名字，他们不断地宣传，夸张地强调他们彼此之间的爱。因此，将他们的婚姻视为现代西班牙的坚实基础，这是合乎情理的，他们一生中为扩大领土而进行的征战则进一步增强了国家的完整性。

第一个被征服的是格拉纳达的穆斯林王国，尽管它的面积很小，却展示了在西班牙和其他地方都相当少见的无比奢华的文明。尽管它的文化是以阿拉伯语为基础的，但实际上它只有很少的民众是阿拉伯人；最近几个世纪，阿拉伯移民也很少了。城镇里的大多数人口是来自北非的柏柏尔人；该国的主要人口是土生土长的西班牙人，他们的家庭早已经皈依了伊斯兰教。随着收复失地运动的不断深入，它的国土面积在不断减少；1236 年它失去了科尔多瓦，1248 年它又失去了塞维利亚。到 15 世纪末期，它只剩下了两个重要的城市：拥有大约 6

万人口的格拉纳达市和马拉加港——所有的黄金，从非洲和近东募集来参加反对基督教西班牙圣战的部队，还有军需品都从这个港口流通。

1492 年 1 月 2 日，在经过 10 年的抵抗之后，被欧洲人称为“布阿卜迪勒”（Boabdil）的摩尔人最后的统治者——阿布·阿卜杜拉·穆罕默德十一世（Abu Abdullah Mohammed XI），交出了他的王国并且隐退到费兹（尽管他的妻子法蒂玛和他们的孩子接受了基督教的洗礼并定居在马德里）。他的投降标志着西班牙历史上最具决定意义的四个月的开始，这四个月被视为西班牙历史上冷酷无情的宗教迫害进程开始加剧的时期，它给西班牙的实力和活力带来了灾难性的影响，同时也是西班牙最著名的航海探险时代的开始。

在欧洲历史上所有的统治者当中，伊莎贝拉的狭隘和固执己见几乎是无人能及的。早在 1478 年，她和她的丈夫就曾正式发布命令要求将宗教法庭引入卡斯蒂利亚。那个时候主要是（也是相当令人吃惊的）针对改变了信仰的犹太人——他们的通用名是马拉诺（*Marranos*）（猪），这再清楚不过地显示了他们的改宗对改善他们的命运其实并没有多大好处。三年后，所有被控为异端的马拉诺都被要求他们放弃原先的信仰，否则就要被处死。第一次宗教公审大会（auto-da-fé）于 1481 年举行，有六人被执行死刑。到 1504 年伊莎贝拉去世时为止，超过 2000 人因此失去了性命。

格拉纳达投降之后不到三个月的时间里，伊莎贝拉女王感到自己已经强大到足以把她的政治主张进一步推广了。她在大审判官托尔克马达（Torquemada）将军——他自己原本就是犹太人——的鼓励下，于 3 月 30 日下令，所有在 6 月底还坚持不肯转变信仰的犹太人都将被驱逐出西班牙，并没收其全部个人财产。超过 10 万犹太人被驱逐出境，结果在广袤的欧洲北部和近东出现了大量的西班牙裔的流散犹太人。有一些国家——特别是荷兰——对他们表示了热烈的欢迎；土耳其帝国的苏丹巴耶济德二世则更为积极，他派出整支舰队对他们展开救援。①

下面就要轮到穆斯林了。通过向统治者投降，他们的个人权利和宗教自由得到了保证；伊莎贝拉没有试图驱逐他们，仅仅是因为她不希望看到该国人口减少，它的农业和商业遭到毁灭。相反，她赞同应该有一个实质上的国中之国：一个拥有伊斯兰信仰的社区，它的法律和习俗应该是不可侵犯的。不过，仍然有很多穆斯林穿过海峡自愿流亡到非洲土地上，特别是去奥兰（Oran）和阿尔及尔（Algiers），但是，对于其他数以千计的穆斯林来说，女王的让步好得令人难以置信——因为很快他们就会发现事实的。伊莎贝拉在这个时期的行动小心翼翼，只是极缓慢地逐步加强控制。但是每过去一个月，穆斯林都会发现自己更像一个贱民一般被对待，他们开展宗教活动也更加困难，而且迫使他们接受基督教洗礼的压力也变得更沉重。这些企图通过压迫来使他们改变信仰的举措造成了大规模的暴动。1502 年再次颁发的皇家谕令明确提出了严峻的抉择：改变信仰，被驱逐出境或者执行死刑。和犹太人不同的是，大多数穆斯林选择了改变自己的信仰。到 1503 年，至少在理论上，卡斯蒂利亚已经没有穆斯林了；但是很少有人相信他们在信仰上的真正转变，摩里斯科人（Morisco，对改宗者的称呼）为宗教法庭又提供了新的受欢迎的审判对象。

与格拉纳达之间的战争付出了高昂的代价；随着这场战争的结束，剩余的资金就能够被转作他用，这部分资金使得热那亚人克里斯

① 哥伦布当时正要从热那亚开始自己历史性的航行，却被迫改变路线，因为他前行的海域上挤满了土耳其船，这些船把犹太难民带到安全的地方。

托弗·哥伦布（Christopher Columbus）的远洋探险计划成为可能，最终他发现了美洲。尽管哥伦布在面对两个独立的调查委员会的问询时必须捍卫自己的主张，第一个是由牧师和神学家组成的，第二个是由哲学家、天文学家和宇宙学家组成的，但教皇最终批准他继续进行探索的原因是很明显的：土耳其人对地中海东部进行的扫尾行动有效地关闭了传统的通往东方的地中海贸易航线。幸运的是，当时人们已普遍认为地球是圆的，因此通过另一个方向也可以到达印度。现在迫切需要解决的问题是这两条路线中哪条是较短的。葡萄牙人从热那亚人那里学得了航海技术，现在又得到他们杰出的王子——航海家亨利的鼓励，他们已经把资本投入到探索前往东方的路线和摸索绕行非洲海岸的方法中了。

关于环绕非洲航行的想法并不新颖。如果我们可以相信希罗多德的话，腓尼基人实际上在大约公元前 600 年就已经这样做了。[①] 1291 年，热那亚人又做了另一次尝试，派遣乌格里诺·维瓦尔第和圭多·维瓦尔第（Ugolino and Guido Vivaldi）两兄弟带领两条大型海船，试图通过远洋航线去寻找到达印度的方法。（威尼斯从来没有遇到过这类麻烦；它与马穆鲁克统治下的埃及签订了条约，实际上控制了穿越红海的海上航线，这一切使得它没有必要感到困扰）。维瓦尔第兄弟是不幸的，他们的船在加那利群岛（Canaries）沉没。此后，岁月匆匆，14 世纪来了又去了，整个世纪中却没有人去做进一步的尝试。到 15 世纪后期，造船技术、航海技术和导航技术等方面都已经取得了重大进步，情形就大不相同了。1488 年，葡萄牙人巴塞洛缪·迪亚士（Bartholomew Diaz）绕过了风暴角（Cape of Storms，被葡萄牙的约翰二世改名为好望角［Cape of Good Hope］）。在这之后，到印

---

① 参见第一章，第 6 页。

度的航线被确定下来就只是时间问题了。

西班牙和葡萄牙之间由来已久的竞争自然地促使西班牙人选择向西扩张，当哥伦布试图说服斐迪南和伊莎贝拉接受自己探险计划的好处时，他实际上在很大程度上是多此一举的。他航行的主要目的和西班牙的探险家们是一样的，都是为了寻找黄金和传播福音。他们认为从印度（其组成部分被认为接受了圣托马斯的传道）着手，不仅能开拓有利可图的传说中的东方奢侈品贸易，同时在大汗——一个完全神话般的人物，人们相信即使他自己不是基督徒也会友善地对待基督徒——的帮助下能够在这个未知的次大陆上广泛地传播基督的精神。这项建议十分切合女王的心思。的确，她自己的王国已经在理论上排除了伊斯兰教的影响，但是在地中海的东部和中部，土耳其帝国前进的脚步没有任何放慢的迹象。现在它已经远征至意大利，一群土耳其非正规军已经越过了弗留利，蹂躏了农村，直逼威尼斯而来，从圣马可钟楼的顶端都能清楚地看到村庄里燃烧的火焰。1480 年，苏丹派遣了一支由 100 艘船只组成的舰队绕过卡拉布里亚的奥特朗托（Otranto）港口，围攻它变得不再困难了。那不勒斯现在也受到威胁，甚至罗马本身都受到了威胁。显然，基督教世界必须采取果断行动，但怎样行动呢？教皇庇护二世曾试图以两个不同的理由再次发起圣战，但是几乎没有什么响应。不管怎样，土耳其帝国的军队是由训练有素的专业人员组成的，在直接对抗中它将永远立于不败之地。

在这里也许可以找到问题的答案：尝试从东方接近土耳其大军，从后方攻击它，这里可能是它防御最薄弱的地方，还有可能是不设防的。伊莎贝拉不再犹豫了。她认为，她提供资金支持不仅仅是开通一条全新的而且非常重要的贸易通道；她在探险道路上迈出了第一步，但却是非常重要的一步，这可能是反对异教徒的最后一次圣战了。斐迪南也非常热情；哥伦布后来声称当他说明这项伟大的事业带来的利润将完全能够支付对耶路撒冷的征战时，统治者的唇边已经带上微笑了。这个微笑当然可能有些讽刺意味，但是斐迪南难以忘记关于“天命王子”（promised prince）的古老预言，在这个预言里，王子将要在圣城上空升起旗帜继而统治整个世界。斐迪南和伊莎贝拉于1492年4月17日正式批准，提供给哥伦布3艘很小的轻快帆船——其中最大的一艘刚超过100英尺长——这将超越所有人对这个世界的认知。

克里斯托弗·哥伦布的故事和他史诗般的远航不是我们主要叙述的话题。但是这对我们很重要，事实上它影响了地中海的命运。仅仅在妮娜号、平塔号和圣玛利亚号起航五年前，迪亚士已经绕过了好望角；在六年之后的1498年5月20日，哥伦布的同胞瓦斯科·达伽马（Vasco da Gama）在印度马拉巴海岸线上的卡利卡特（Calicut，今科泽科德［Kozhikode］）抛锚停靠。达伽马的访问并不是特别成功，没有人想要他带来的假冒伪劣商品，而且他过分傲慢和易怒，这让当地人对他极其反感。他的回程之旅，也被坏运气所困扰。他错过了季风，30个水手死于坏血病，一艘船沉没了，我们甚至不知道他返回里斯本的确切日期。但是他毕竟返回了，还受到了一致的好评。因为他不仅找到了一条到达印度的连续航线，而且证明了葡萄牙的船只能够到达那里并且返航回来。

到了下一个世纪，经过好望角的航道已经被更多人经常使用了；在整个16世纪将有很多的贸易船只穿过地中海。但是今后的不祥之兆是显而易见的。即使在土耳其人不制造任何麻烦的时候——通常情况下他们都会制造麻烦——所有运往遥远东方的货物都必须在亚历山大港或黎凡特的一些港口卸船。在那里他们要么经过陆地运往常有海盗出没的红海，要么委托给一些行动缓慢的骆驼商队，这些商队可能需要两三年才能到达目的地。现在正是商人期盼的时刻，他们可以把自己的货物用同一艘船从伦敦或者里斯本运往印度和中国。与此同时，要感谢哥伦布和他的那些追随者，新世界被证明比旧世界更有利可图，因为它拥有神话般的财富。最大的份额属于西班牙，在法律上也应当如此。在哥伦布发现陆地之后仅仅七个月的时间里，教皇亚历山大发布了他的五项训谕中的第一项，来解决西班牙和葡萄牙之间相互抵触的关于对新发现领地的竞争要求。[①] 在25年内，大帆船定期返回家园卸载战利品。难怪斐迪南和伊莎贝拉的继任者们一致坚定地把目光投向西方。耶路撒冷那边是可以等待的。

当时人们并没有很快意识到，地中海两面的海洋均可通航的局面将会给地中海贸易带来致命的打击。然而，人们逐渐地认识到——至少从商业的角度——“中央之海”已经成为一潭死水。到达亚得里亚海东部现在已经变得相当困难，只有靠着很好的运气才行。到达其西部，这对于意大利来说仍然是必不可少的。但是当西班牙正进入它的鼎盛时期，有其他更好的资源去开发时，法国现在已经发现它位于英吉利海峡的北部港口要比马赛和土伦都显得更加有用。要等到300年后，苏伊士运河的修建才使得地中海重新恢复其作为世界重要通道的原有地位。

它一如既往的仍旧是一个战场。在意大利，1492年也是一个里程碑；它见证了佛罗伦萨的统治者洛伦佐·德·美第奇（Lorenzo de Medici，高贵的洛伦佐［Lorenzo the Magnificent］）的死亡，而且仅仅3个月后，教皇英诺森八世（Pope Innocent VIII）也去世了。洛伦

① 教皇裁定“天主教国王”必须被授予所有已经发现或其后被发现的土地和岛屿，即在从南极到北极划定了一条西线，它本身包括亚速尔群岛和佛得角以西的100个联盟。那条线的东部土地被分给葡萄牙（这个特许权后来允许葡萄牙宣布巴西归自己所有）。这一决定被1494年两国之间签订的《托尔德西里亚斯条约》（*Treaty of Tordesillas*）正式认可。

佐现在主要是因为他在艺术上的贡献被铭记，其实他对维持意大利各地区之间脆弱的平衡也起到了极大的促进作用。通过保持佛罗伦萨、米兰和那不勒斯的联盟，他为诸如曼图亚、费拉拉和教皇国的一些部分提供了支持，并一直对野心勃勃的威尼斯保持警惕。随着他的死亡和其懦弱的儿子皮耶罗（Piero）的继位，一度缓和的局面渐渐远去了。英诺森教皇虽然腐败，好搞裙带关系，却也是维持和平的一股力量。西班牙人罗德里戈·波奇亚（Rodrigo Borgia）接替他成为教皇亚历山大六世，他非常鲜明的目的是为了得到他想要的。意大利再次埋下了遭受攻击的隐患，只是暂时还没有到来。

宣战的理由是那不勒斯。虽然它仍然宣称西西里岛是它王国的一部分，但是实际上自从西西里晚祷战争以来，这个岛屿就已经被分离出去了，当时安茹家族被阿拉贡家族驱逐出去，并已经撤回到意大利本岛。1435 年，随着女王乔安娜二世（Joanna II）的去世，安茹家族绝嗣，她留给其安茹亲属的那不勒斯宝座也被来自阿拉贡的岛屿统治者阿方索所掌控。此后这两个王国有效地重新联合起来了，但是它们各自依然保持着独立性，而在 1458 年阿方索去世后它们又重新分开，那不勒斯被移交给他的私生子斐迪南。[①] 在每一个重要的方面，斐迪南继续保持着中世纪的君主制。封建制度仍然普遍存在；北部城市的市政自由模式更是闻所未闻。国王贪婪、无情，但非常有能力，他的臣民们对他感到非常害怕和憎恨，他的儿子阿方索在 1494 年接替了他的位置后也是如此。但是人们普遍认为一个篡权者的私生孙子是没有权利得到王位的。阿方索的地位遭到了公开的挑战，这一挑战开始于 1494 年 9 月 1 日，22 岁的法国国王查理八世——被历史学家 H. A. L. 费希尔（H. A. L. Fisher）描述为“一个年轻放荡而且不理智

① 不要与西班牙的斐迪南、伊莎贝拉的丈夫相混淆。

的驼背”——将 3 万人的军队开进意大利，宣称自己是那不勒斯君主——安茹的查理的后代。安茹家族和阿拉贡家族之间长达 200 年的对抗又再次爆发了。

查理的外表让人很难想象他是一位年轻气盛的军事冒险家。根据那一年威尼斯大使[①]的报告，“查理陛下长得十分瘦小，面容存在缺陷而又丑陋，非常的苍白，近视眼，大鼻子，厚得离谱的嘴唇总是分开着。他的手会突然痉挛，让人看起来非常不舒服，而且他说话的速度非常的慢。”对他来说，1492 年也是相当重要的，因为在这一年他终于从前任摄政王，也就是他的姐姐安妮·德·博热（Anne de Beaujeu）的严格控制下解脱出来。她当然永远也不会纵容她弟弟正在从事的这种冒险活动，他的大臣们也尽最大的努力劝阻他，但他自己认为这是一种十分合理的冒险。他提出抗议，他没有想要去征服别人的领土，只是想要宣布对自己合法领土的所有权——对于他来说，这个领土无疑包括那不勒斯王国。这里还有进一步的考虑就是：这个王国在过去的三个世纪里名义上也包含了耶路撒冷王国，[②] 这将给予他必要的声望，一旦他的意大利领地得到捍卫，那么他就能去实现他的梦想，发动和领导了久违的十字军东征。

法国国王查理八世。

① 威尼斯自 1478 年以来，一直向法国宫廷派遣大使——第一个向意大利以外的国家派遣常设外交代表。

② 参见第十章，第 228 页。

远征军的前景一开始是很被看好的。查理和他的堂兄奥尔良公爵，还有他的军队——他的骑兵借鉴了法国贵族的经验和风范——他的瑞士戟兵和德国长矛兵，加斯科弓箭手和快速轻型火炮，都平安无事地从热内夫尔山山口越过了阿尔卑斯山脉，他的重型大炮被分开运往热那亚。杰出而又无所不能的米兰公爵卢多维科·斯福尔扎（Ludovico Sforza）热情地接待了他；在卢卡和比萨也是如此；在佛罗伦萨，他被视为一个解放者受到了多米尼加会（Dominican）传道士吉罗拉默·萨伏那罗拉（Girolamo Savonarola）的欢迎，国王趁机驱逐了皮耶罗·德·美第奇——他没有显示出他父亲洛伦佐的任何政治才能。10月31日，罗马敞开了她的大门，惊恐的亚历山大教皇在不情愿的妥协之前，就简单收拾行装逃到圣安杰洛城堡避难去了。最后于1495年2月22日，查理进入那不勒斯，那些一直把阿拉贡家族当做外国压迫者的当地人热情地欢迎他。他的阿拉贡对手逃到了西西里岛，于是在5月12日查理再次加冕为国王。

他没有在他的新王国停留很长时间；他的成功已经开始变味了。在那不勒斯，人民很高兴是因为他们摆脱了阿拉贡家族的统治，但是他们很快发现所有的外国占领者都是相似的。动荡的局面同样也出现在许多人口较少的城镇里，那里的人们发现他们必须无条件地供养那些贪婪而又经常肆意妄为的法国驻军。在那不勒斯王国外，人们也都已经开始感到恐慌。即使有些国家（包括意大利和以外的）先前曾乐观地看待查理的进展，现在也都忍不住要自问这位年轻的征服者可能还要走多远。斐迪南和伊莎贝拉决定派出一支舰队前往西西里岛；神圣罗马帝国当选的皇帝马克西米连（Maximilian）[①] 害怕查理的成功

① 马克西米连从来没有接受由教皇为他组织的帝国加冕典礼。然而，1508年，他颁布了《特伦特公告》（Proclamation of Trent），这允许他没有教皇的许可也可接受皇帝的头衔，教皇尤利乌斯二世极不情愿地接受了这份公告。

会导致他接下来会索要自己的帝国皇冠，他也提前做好了准备；教皇亚历山大对于查理从来没有好感，现在开始变得越来越紧张；甚至米兰公爵卢多维科·斯福尔扎，现在也和其他人一样感到震惊，随着奥尔良公爵频繁地出现在附近的阿斯蒂（Asti），他的不安开始加剧——他知道，奥尔良公爵通过他的祖母维斯康提家族的瓦伦蒂娜公爵夫人（Duchess Valentina Visconti）对米兰可具有的权利主张，比查理进入那不勒斯的理由毫不逊色。结果是所谓的神圣同盟结成了，表面上看是为了维护和平，但实际上却是为了一个单一的目的：把新国王赶走。

当联盟的消息传到当时正在那不勒斯的查理那里的时候，他非常愤怒，但是他也没有低估所面临的危险。在他加冕后的一星期，他永远离开了他的新王国，并开始向北进发。顺着半岛的西海岸直到拉斯佩齐亚（La Spezia），他又继续沿着山路的分支前进，越过亚平宁山脉的北线，再次进入伦巴第。在盛夏，拖着重型大炮翻过山脉，这个任务是一个可怕的噩梦。爬山的时候已经够糟糕的了，但是下山的路程却更加危险；有时候需要多达 100 个士兵们一起使出全身的力气，他们 2 个人一组被捆绑在一起，才能防止一门沉重的大炮不会掉进悬崖中——如果他们行动不够迅速，他们就会和这门大炮一起掉下悬崖。终于在 7 月 5 日这一天，查理才占领了佛尔诺沃（Fornovo）这个小镇——就在它后面部署着听命于曼图亚侯爵弗朗西斯科·冈萨加（Francesco Gonzaga）的 3 万名联盟士兵。

冈萨加的军队在各方面都占有优势。它的人数是法国人的三倍甚至四倍；军队彻底休息过而且准备充足；它有足够的时间去选择它的位置和准备即将到来的遭遇战。与此相反，法国的军队已经筋疲力尽，士兵饥饿不堪，也不愿意打仗。但是，在战斗中，国王本人和其他人一样勇敢，接下来的这场战斗是两百年以来意大利所见证的最血腥的一次。但是，它并没有持续多久；根据驻威尼斯的法国大使腓力·德·康米尼斯（Philippe de Commines）所说，当时他正在那里，一切都在一刻钟之内结束了。不知道为什么冈萨加要设法使这场战争看起来是胜利的——甚至，在他返回曼图亚之后，建立了一座胜利的祭坛（*cbiesetta di vittoria*）（一个“胜利的小教堂”），并且还有一幅由曼特尼亚特别制作的祭坛画；虽然不是每个人都会同意他的做法。法国人承认丧失了自己的行李车，但是他们的损失和意大利人比起来实在是微不足道的，意大利人没有能够阻止他们——有人看到当天晚上查理和他的士兵们继续行军，仅仅在几天之后他们就平安无事地抵达了阿斯蒂。

在那里有坏消息等待着他们。法国一支远征热那亚的海军战败，这导致舰船大多数被俘获。奥尔良的路易斯被一支米兰军队围困在诺瓦拉（Novara），他不可能坚持很久的。阿方索的儿子费兰提诺（Ferrantino）已经在卡拉布里亚登陆，在那里得到来自西西里岛的西班牙军队的支持，他迅速地向那不勒斯挺进。1495 年 7 月 7 日，他重新占领了这座城市。一瞬间，法国在去年一年取得的所有胜利都烟消云散了。10 月查理设法与斯福尔扎达成协议结束了联盟的有效性；一两个星期之后，他带领他的军队翻越阿尔卑斯山返回了，只留下奥尔良人单独尽力维持法国的存在。

颇具矛盾的是，查理的意大利冒险最持久的影响却是在欧洲北部。当他的军队于 1495 年 11 月在里昂解散后，军队带着这样一些传言在整个大陆分散开来：温暖而又阳光普照的陆地上居住着生活文明优雅的人民，其生活之精致程度远远超出了阴暗而又寒冷的北方人民的想象，但是他们不太团结以至于不能保护自己免受那些强大的入侵者的影响。随着消息的扩散，并且随着查理从意大利带来的画家、雕刻家、粉刷工人和木匠开始把他在安布瓦斯（Amboise）的旧城堡改造成文艺复兴时期的宫殿，意大利在它北方的邻居眼里变得更加令人向往，这带给他们的既是一个邀请也是一个挑战，在接下来的时间里它们很快欣然前往。

已经解散的雇佣军也携带回一些其他的东西——比任何征服的妄想都更具有杀伤力。哥伦布的三艘船1493年从加勒比返回西班牙时，从东半球带回了第一例梅毒；通过斐迪南和伊莎贝拉派去支持阿方索国王的西班牙雇佣军这一中介，这种病毒迅速地在那不勒斯传播，当查理抵达那里的时候它已经十分猖獗。在无所事事①的三个月之后，他的士兵也彻底被感染，现有所有的证据表明他们必须为这种病毒传播到阿尔卑斯山脉以北地区承担责任。到1497年，遥远的阿伯丁（Aberdeen）也报道了这样的病例。在这一年瓦斯科·达·伽马到达印度时，随后在1498年印度出现这种病毒的报道；七年之后它又出现在了中国广州。

但是，无论法国疾病（*morbo gallico*）如何迅速地传播，查理八世的死亡都来得更快一些。1498年，圣枝主日的前夕，在安布瓦斯，在他前去观看城堡沟渠中进行的室内网球比赛（jeu de paume）的路上，他的头撞在了一根较低的门楣上。他继续前去看比赛，但是在他回住所的路上，就在他经过事故发生地的时候，他倒了下去。尽管这里是城堡中最肮脏和破败不堪的角落——每个人都对此嗤之以鼻的地方，但是他的随从因为某些原因的考虑认为最好不要随便挪动他。于是他在粗糙简陋的小床上躺了九个小时；在午夜快要来临的时候，他死去了。这一年，他只有28岁。

因为查理唯一的儿子在幼年的时候就死掉了，所以现在王位传给

---

① 此处为拉丁文 dolce far niente。——译者注

了他的堂兄奥尔良公爵，就是后来众所周知的路易十二（Louis XII）。对于那些最近几年中频繁与路易打交道的意大利的统治者来说，他的继位仅仅意味着一件事情：对半岛的一次新的入侵，这一次雪耻不仅仅是安茹针对那不勒斯，还包括奥尔良对米兰。他们一点也不惊讶听到这位新国王在他的加冕礼上明确地篡夺了米兰公爵的头衔。法国军队的优势已经在佛尔诺沃被证实了，而且路易很有可能正在筹备的军队与他的前任相比将会规模更大，装备更加优良，组织更加有效。教皇亚历山大可能表示过反对，但是路易已经毫不费力地收买了他，同意提供给教皇的儿子西泽尔（Cesare）——他厌倦成为一个红衣主教，已经决定放弃教堂生活转而投入军事冒险生涯——富有的华兰丁诺斯公国（Duchy of Valentinois），并且将纳瓦拉国王的妹妹夏洛特·德·阿尔布雷特（Charlotte d'Albret）许配给他。

1499年8月中旬，第二次入侵开始了。9月2日，斯福尔扎公爵带着金银细软逃往提洛尔（Tyrol）。10月6日，路易国王隆重地开进了米兰。可惜事情并没有完全按他想的进行——四个月之后，路易国王返回法国，斯福尔扎重新回到这座城市——但是最终法国军队还是太强大了，在4月份公爵被送进监狱，再也没有恢复他的自由。然而，路易仍旧感到不满足。那不勒斯在向他招手。他的堂弟查理赢得过这座城市，但又再次失去了它；所以他自己必须格外谨慎。1500年11月，他和阿拉贡的斐迪南秘密缔结了《格拉纳达条约》，在这份条约里，两位统治者约定共同征服那不勒斯。为了回报他的盟友——或者至少是他的不干预——斐迪南将公平地获得那不勒斯王国的一半土地，其中包括阿普利亚和卡拉布里亚。对于路易来说，他得到的将是那不勒斯、加埃塔（Gaeta）和阿布鲁奇（Abruzzi）。教皇理所当然地给予他正式的批准，于是在1501年5月法国军队连同作为补充的4000名瑞士雇佣军向那不勒斯进军了。

联盟的消息首先是从罗马传到那不勒斯国王费德里科（Federico）那里的——费德里科是费兰提诺的兄弟和继任者，费兰提诺在回到自己的城市后不久就死了——来的是一份教皇谕旨，把他废除了，并根据在格拉纳达通过的协议条款把他的王国分割了。他隐退到伊斯基亚岛（Ischia）一段时间之后，接受了路易在法国为他提供的庇护所。在他出发两天之后，法国驻军就占领了那不勒斯的城堡，当时其他部队直接向北行进到阿布鲁奇。与此同时，著名的西班牙将军贡萨罗·德·科多巴（Gonzalo de Cordoba）占领了这个王国中属于他主子的那部分。

然而，《格拉纳达条约》留下了太多悬而未决的问题。有关位于阿布鲁奇和阿普利亚之间的卡皮塔纳塔省（Capitanata）的归属问题一点都没有被提到；位于阿普利亚和卡拉布里亚之间，意大利半岛脚背位置上的巴西利卡塔区（Basilicata）也没有提及。人们可能认为用和平的方式解决这种争论的问题是可行的，但是事实并不是：7 月，法国和西班牙开战了。战争断断续续地打了两年，胜利最后是属于西班牙的，他们于 1503 年在切里尼奥拉（Cerignola）打败了法国军队。5 月 16 日，贡萨罗进入了那不勒斯。在 12 月的最后几天，他在加里利亚诺河再次将法国人打败。这次战斗是决定性的，宣告了法国人对那不勒斯占有权的结束。在加埃塔，那不勒斯的最后一支法国驻军于 1504 年向西班牙军队投降。从此以后无论是在大陆，还是在西西里和西班牙，阿拉贡家族的统治没有再受到任何挑战。

从此刻起，故事的焦点暂时转向了塞浦路斯。大约两个半世纪以前，这个岛屿被狮心王理查转交给了让人难以指望的吕西昂尼的盖伊。虽然它不时地受到国外势力的影响——尤其值得注意的是，14 世纪热那亚和 1426 年开罗（此时它仍然是它的从属国）对它的影响——但吕西昂尼家族仍然可以继续其统治。然而在1460年，吕西昂尼家族的詹姆斯（James，他是前国王约翰二世的私生子）从他的姐姐夏洛特女王和她的丈夫萨伏伊的路易那里夺取了王位，并迫使他们逃到凯里尼亚（Kyrenia）城堡躲了三年，直到他们有机会逃到罗马。当国王詹姆斯需要盟友的时候，他便把目光转向了威尼斯，他正式向马可·科尔纳罗（Marco Cornaro，或称科纳［Corner］，这是威尼斯人的叫法）年幼美丽的女儿卡特丽娜（Caterina）求婚。其实马可·科尔纳罗的家族早已经与这个岛屿紧密地联系在一起了。马可自己已经在这里生活了很多年，并且已经成为詹姆斯的亲密朋友，还帮他巧妙地完成了几次外交上的任务。而卡特丽娜的叔叔安德烈还曾短暂出任王国的财务大臣。在她母亲那一边，她的家族还更显赫：她可以夸口说有一个不亚于特拉布宗皇帝约翰·康穆宁的伟大的曾祖父。①

一位占有塞浦路斯的威尼斯女王，这一前景的吸引力是威尼斯共和国政府所不能抵抗的。他们唯恐詹姆斯改变主意，就立即找人代为安排了婚礼。1468年7月10日，共和国倾全力大举操办了极其壮丽和豪华的婚礼，年仅14岁的卡特丽娜在40位贵妇的陪同下，从圣保罗的豪华宫殿前往威尼斯总督府。在那里，总督克里斯托弗·摩洛（Cristoforo Moro）将戒指交给了塞浦路斯大使，他以其国家主权代表的名义将这枚戒指戴在了新娘手指上。她接着被授予了“圣马克之女”的称号——这是一个前所未有的荣誉；以至于都灵主教评论说他从来就不知道圣马克结过婚，而且即使他结过婚，他的妻子生出这个14岁的孩子时候也一定是相当老了。四年后，也就是1472年11月10日，卡特丽娜在四艘大船的护送下前往她的新王国。

① 参见第八章，第174页。

然而在第二年，年仅33岁的詹姆斯国王突然过世了，留下他待产的妻子。不可避免的怀疑是中毒身亡，然而毒药并没有被找到，但是害怕发生政变推翻卡特丽娜并恢复夏洛特统治的威尼斯容忍不了任何威胁。舰队将军皮耶特罗·莫塞尼戈（Pietro Mocenigo）连同他的舰队立即被派往塞浦路斯，表面上是为了保护年轻的女王，实际上是去监管威尼斯的利益。他得到命令除掉任何有权力和影响力但不忠诚的人。事实上，塞浦路斯是一个独立主权国家这一点他们倒全无顾忌。莫塞尼戈将尽可能地通过女王发号施令的合法方式采取行动，但是如果必要的话，他也不排除使用武力。

不幸的是，他提供的服务措施仅仅只是增加了塞浦路斯贵族在处理自己事务时不断被威尼斯干扰而一直感到的不满。尼科西亚（Nicosia）大主教策划下的一个阴谋正在酝酿，1473年11月13日黎明前的三小时，一个小团队——包括大主教本人——强行进入了位于法玛古斯塔的宫殿，在女王的面前杀死了她的管家和她的医生。接下来他们找到了她的叔叔安德烈·科纳和她的堂兄马可·本博（Marco Bembo）。这两个人遭受了同样的命运，他们赤裸的尸体被扔到她窗外干涸的壕沟内，直到被城镇里的野狗啃得只剩下一半。最后卡特丽娜被迫同意了她已故丈夫的一个亲生女儿与那不勒斯国王的私生子阿方索的婚约，并承认阿方索为塞浦路斯王位的继承者——尽管事实上詹姆斯明确地把王国遗赠给她，而且她已经为他生了一个儿子。

莫塞尼戈很快地逮捕了参与这一阴谋的人。包括大主教在内的一两个人逃跑了，其他的主谋被吊死，剩下的被监禁。关于继承权的新安排被取消了，威尼斯参议院派出两名可靠的贵族，他们以咨政官（Councillor）的身份，并以卡特丽娜的名义接管了这个岛并有效地管理起它。郁郁寡欢的女王仍旧保留着王位，但现在她已经没有实权了。她尚在襁褓中的儿子詹姆斯三世在1474年夭折，才差不多刚好一岁；在这之后，她不得不一方面与其小姑子夏洛特的阴谋做斗争，另一方面还要应付那不勒斯年轻的阿方索。这时国内的大贵族们看到自己的女王更像是威尼斯的傀儡，又有了新的阴谋。她自己也知道，她的幸存是依赖于威尼斯的保护，但即便如此这也变得难以忍受。宫廷的每一项重要事宜或者是行政管理方面的任何一个重要职位都掌握在威尼斯人手中。在这一时期，她和她的父亲都曾抱怨过她的保护者变得更像是监狱看守人：她被禁止离开皇宫，她的仆人被撤走，她甚至不得不在一张小木桌上独自用餐。到底是不是圣马克的女儿，对她来说现在是显而易见的，她现在对于她的人民和国家来说什么都不是，只是一种麻烦，在时机到来的时候他们会毫不犹豫地甩掉她。

威尼斯政府正在等待时机。塞浦路斯自 1426 年开始就已经臣服于埃及苏丹了，每年定期向埃及政府缴纳 8000 金币的年贡。直接兼并它可能引来威尼斯无法承担的外交风险。1487 年，苏丹向卡特丽娜发出警告说，土耳其苏丹巴耶济德正在准备一场对埃及的大规模远征，并且可能在途中觊觎塞浦路斯。这一事件提供了威尼斯和埃及结盟反对共同敌人的前景，参议院于是可能有更大动力去采取行动。促使他们最终行动的导火索是，1488 年夏，他们发现了一个新的旨在确保卡特丽娜和那不勒斯的阿方索联姻的阴谋。如果他们成功的话，后果不堪设想。1488 年 10 月，参议院做出了最终决定：塞浦路斯将被正式并入威尼斯帝国，并且女王将被带回到（如果可能的话就按礼仪，否则必要时就会采取武力）她的出生地。

考虑到卡特丽娜会很不情愿——对她来说与阿方索联姻都甚至比这个选择好——威尼斯十人议会秘密派出她的哥哥乔治说服她：自愿退位将是所有人乐见的结果。塞浦路斯仍旧暴露在危险之中，只要她这样做了，塞浦路斯就能够得到恰当的保护，远离土耳其的觊觎，而她自己也将因为向自己的祖国奉献了这样一份礼物而得到荣誉和尊敬。作为回报，她将被祖国所接受，还将被赋予富裕的封地以及慷慨的年金，并且能够过上她作为女王一向有的和平而奢华的生活。她的家庭也将获得无法估量的权力和威望；而如果她拒绝接受，这一切都会被毁掉。

卡特丽娜强烈地抗议，但最终她还是屈服了。1489 年初，在法玛古斯塔，她正式指示舰队总指挥将圣马克旗飘扬在这块土地上的每一个角落；在 6 月的第一个星期，她抵达了威尼斯。总督乘自己的专用坐舰到利多岛（Lido）去迎接她，并由一群优雅的贵妇人们陪同。不幸的是，风暴突起，他们被迫泊船几个小时，当卡特丽娜登船的时候，乘客们已经状态不佳了。但是他们仍然设法在格兰德运河中庄严地前进，当号角响起的时候，教堂也响起了钟声，威尼斯的人们——他们可能不大关心卡特丽娜，但是却深爱游行——发出了期待中的欢呼声。

随后，女王在圣马克教堂经历了一场庄严的退位仪式，在这里她正式将她的王国转让给威尼斯。10 月，她拥有了一个小山城阿索罗（Asolo），在接下来的 20 年时间里，她一直是一个优雅而又乏味的宫廷的中心，享受着一种有音乐、舞蹈以及和有学问的人谈话的生活——这样的生活，在经历了早年的磨难之后，是现在的她理所应得的。只是在 1509 年，由于受到马克西米连皇帝行进中的军队的威胁，她不得不回到她的故乡。1510 年，她死在那里，终年 56 岁。

1508 年 2 月，皇帝马克西米连以一支规模可观的军队为先导进入了威尼斯的领土，表面上是去罗马参加他的加冕仪式。他在一年前就把他的目的通知了威尼斯共和国，要求得到安全通行证，并且在路途上为他的军队准备食物。但是，在他宫廷里或者围绕在他周围的威尼斯代理人都毫不怀疑并且通知了自己的东家，他的主要目的是要在热那亚和米兰驱逐法国势力，在维罗纳和维琴察驱逐威尼斯势力，以便重新确立帝国曾经声称过的对这四座城市的所有权。总督因此有礼貌地回答说，只要他没有带着好战的骚动和武器的铿锵声前来，他将给予皇帝陛下体面而隆重的欢迎。相反，如果他带领着一支军队，共和国的条约和中立政策就不能答应他的要求。

出于对这种答复的愤怒，马克西米连不顾后果地出兵维琴察——然后发现反对势力比他预期的要强大。在法国的帮助下，威尼斯不仅让他折兵而返，还占据了最靠近亚得里亚海的三座重要帝国城市：戈里齐亚（Gorizia）、的里雅斯特（Trieste）和阜姆（Fiume，现在的克罗地亚港口里耶卡［Rijeka］）。到4月，随着其军队六个月的合约到期，又没有钱延期，皇帝被迫同意了一项为期三年的停战协议，使威尼斯保留了它已经获得的领土。对皇帝而言，这是一个有益的教训；但另一方面，对于讨厌威尼斯并一心期待它毁灭的教皇尤利乌斯二世（Julius II）来说，这是一种不能容忍的傲慢。当共和国在几个星期之内都拒绝交出一些博洛尼亚（Bolognese）流亡者并且任命自己的主教而不是教皇指定的人来填补维琴察主教的空缺时，他决定采取行动。大批的使者从罗马被派出：奔向皇帝那里、法国、西班牙、米兰、匈牙利和荷兰。他们传达着同样的信息：呼吁组建一支西方基督教世界的联合远征军与威尼斯作斗争，然后分割它的帝国。马克西米连将重新获得明乔河（Mincio）那边的所有土地，这些土地曾经是帝国的或是曾受控于哈布斯堡家族的，包括这些城市：维罗纳、维琴察、帕多瓦和特勒维索（Treviso）以及伊斯特利亚和弗留利地区。法国将得到贝加莫和布雷西亚，克丽玛（Crema）和克雷莫纳，以及艾达河（Adda）以东所有的土地、城镇、城堡，向南远至它与波（Po）河交汇处。在南部，特拉尼（Trani）、布林迪西和奥特朗托将归还给阿拉贡王朝；达尔马提亚将会归于匈牙利；塞浦路斯将属于萨伏依。费拉拉和曼图亚将重新收回它们原来的土地。简而言之，如果是这样的话，每一方都能得到好处——除了威尼斯，对它来说，这将是一场浩劫。

教皇本人打算收回切尔维亚（Cervia）、里米尼和法恩扎（Faenza），但是他的长远目标将远远超越任何领土边界问题。在他看来，意大利现在被分成了三部分。北部是属于法国的米兰，南部是属于西班牙的那不勒斯。在这两者之间，留下的空间只给一个——也只有一个——强大而繁荣的国家；而这个国家，尤利乌斯决定必须是教皇国。威尼斯可以作为一个城市继续存在；但是作为一个帝国它必须被摧毁。

欧洲君主们对这个理论并不感兴趣。然而，他们清楚地知道对于他们计划夺取的领土，威尼斯拥有完美而合法的权利，这些记录在条约里的权利是法国和西班牙以及更近些时候马克西米连自己曾自愿与威尼斯达成的。无论他们多努力地把自己的行动打造成正义之师、将不义侵略者绳之以法的举动，他们都充分地意识到了这样一个事实：他们自己的行为比威尼斯以前的行动更应该受到谴责。但是，诱惑实在是太大了，许诺的回报也太高了。他们都接受了。因此，1508 年 12 月 10 日，在荷兰的康布雷（Cambrai），各方签署了一份看起来像是对威尼斯帝国致命打击的协议。威尼斯现在要对抗一大批欧洲列强，这比任何意大利国家在历史上曾经面对的情况都更具有威胁性。它没有盟军。1509 年 4 月 27 日，教皇做出庄严的宣判，将全体威尼斯人驱逐出教会，并对威尼斯全境实施禁礼拜令。

更糟糕的事情还在后头。5 月 9 日，在阿格纳德罗（Agnadello）村外，威尼斯军队大败在路易国王手上。它的所有大陆领土几乎丧失殆尽，余下的部分也已完全没有了防御能力。由这一击，大多数康布雷联盟商定的目标都实现了。如果它周围不是被危险的浅水所环绕，威尼斯本土可能都保不住。一个世纪之前，它完全可以做到不需要“坚实大陆”的支持，但是现在时代已经改变了。自 1453 年君士坦丁堡陷落之后，它在黎凡特的贸易就再也没有能够恢复。它不再是地中海东部的主人了；它的殖民地帝国已经减少到只剩下在土耳其世界的一些单薄而不确定的立足点了。如果土耳其人对它封闭港口，它只能依赖于更遥远的东方市场，但葡萄牙人早就这样做了。简而言之，它已无法仅靠海洋生存。现在，威尼斯人倾向于向西方寻求帮助而不是东方，倾向于伦巴第和威尼托肥沃的平原地区，倾向于帕多瓦和维琴察，维罗纳和布雷西亚繁荣的工业，以及连接它们与富饶的欧洲城市之间的陆路和水路网络。如今在这片倾注了他们的财富并寄予了希望的土地上，马克西米连特别授权的代表们接受了一个又一个城市的顺从——维罗纳、维琴察和帕多瓦，罗维雷托（Rovereto）、里瓦（Riva）和奇塔代拉（Cittadella）——直到威尼斯人撤退到梅斯特雷（Mestre）。伦巴第和威尼托区都已经全部丧失。

至少可以说，它看起来似乎是要完蛋了。不过早在 7 月份，形势就开始有所转机。许多投降了的城市和小镇已经非常满足于威尼斯统治下的生活，现在开始责问起他们的新主人远远缺乏的同情心和带给他们的沉重负担。阿格纳德罗之战后还不到两个月，第一份关于自发起义支持威尼斯的报告就已传来。仅仅 42 天之后，作为一个帝国城市，帕多瓦回到了圣马可羽翼的庇护之下，这一地区的许多小镇都紧随其后。与此同时，一个叫作卢西奥·马尔文佐的雇佣兵队长（当时正为威尼斯效力）占领了莱尼亚戈（Legnago，阿迪杰河上的一座重镇），在这里他直接威胁到维罗纳和维琴察的安全。也许情况并非如此绝望。

到现在为止，马克西米连皇帝只是借出了他的名义，对于联盟的利益他还没有尽过一点举手之劳。他尚没有派出军队，实际上直到 5 月 19 日，在阿格纳德罗之战之后三个星期他才明确宣布加入战争。

然而帕多瓦被夺回的消息刺激了他，他要尽快采取行动。到了 8 月份，一支人员混杂而又行动不便的军队开始前往这座城市，这支军队在其不同的行进阶段都不断有其他力量汇入，包括几千法国人，一伙西班牙人和一些来自曼图亚、费拉拉和教皇那里的小分队。同时，马克西米连决定在位于阿索罗的塞浦路斯女王的宫殿里建立自己的临时指挥部——塞浦路斯女王连同她众多的随从在刚得到他接近的消息时就明智地逃往威尼斯了。

帝国军队集结和准备完毕用了近一个月，在这段时间里帕多瓦人有足够的时间来加强其防御工事，准备充足的食物、水和弹药库存。等到 9 月 15 日围攻终于正式开始时，他们已有能力保卫自己。在两个星期的时间里，法国和德国的重型火炮攻击着北部城墙，把它们变成了一堆废墟，然而不知为何每一次进攻都被击退了。最后皇帝放弃了尝试。他匆忙做出安排，留下其一部分军队在意大利由安哈尔特公爵（Duke of Anhalt）统领驻防其他表现不太活跃的城市，并在紧急情况下提供必要支援，他自己带领着步履蹒跚的军队越过他们来时翻过的阿尔卑斯山回去了。

威尼斯人兴高采烈。重新夺回帕多瓦本身就是一个胜利，但是成功地击败了一支约有 4 万人的军队——这是一次凯旋。还有更多的惊喜。11 月，没有经过激烈的斗争，安哈尔特就向维琴察投降了，并且在之后的几个星期里，越来越多的城市自愿宣布属于威尼斯。当教皇尤利乌斯得知帕多瓦被夺回的消息后，他怒气冲天，而当他知道马克西米连围攻失败后，维罗纳很可能也会投降，还有曼图亚侯爵已经成了威尼斯人的囚犯时，据说他把帽子扔在地上，这亵渎了圣彼得。但他并未善罢甘休。威尼斯人也开始认识到，尽管他们最近取得了胜利，但是他们的状况没有发生根本改变。联盟仍然有效；帝国军队也保持完好。在米兰的法国人不断增强他们的战斗力。与此同时，威尼斯仍旧是孤立的，它的军队被击败了，它的国库完全亏空了，它来自大陆的大部分收入被切断，而且没有一个盟友。当它向英国新国王亨利八世寻求帮助时，国王只表达了同情却没有提供任何物质支持。最后，在绝望中，它收敛了傲气甚至向苏丹求救，但是没有得到任何回应。

到了年底，它已经是穷途末路了，只能被迫接受尤利乌斯的和平条件。可以预料条件很苛刻。共和国可能再也不能任命自己的主教和神职人员了。它必须赔偿教皇为恢复他的领土而付出的所有开支以及赔偿他所有已经损失的收入。亚得里亚海将会对所有人开放，并且免征海关税，而威尼斯一直以来都会对外国船只征收关税。最后，一旦发生对土耳其的战争，共和国将要自费提供不少于 15 艘船。1510 年 2 月 24 日，在圣彼得大教堂中央大门外面举行的被故意拖长的羞辱性的典礼仪式过程中，五位威尼斯使者跪在地上足足有一个小时，等待协议一字不漏地被宣读完毕，然后从 12 位现任红衣主教手中接过 12 根象征性的鞭打棒（鞭打被仁慈地省去了）。只有当他们亲吻了教皇的脚并且得到免罪令后宽恕之门才被打开。然后这些集合起来的人们在去西斯廷教堂做弥撒之前，隆重地前往祭坛进行祈祷——除了教皇之外的所有人都要参加。教皇，正如一个威尼斯人在自己的报告中解释的："永远不会参加这些长期服务"。

教皇尤利乌斯与威尼斯和解的消息没有被联盟中的其他成员很好地接受。特别是法国尽了一切努力劝阻教皇不要采取这样的行动，在赦免仪式上他们的大使，连同帝国以及西班牙同仁们——那时他们全都在罗马——都故意缺席。他知道这场仪式预示着什么，那就是他的不赞成将会被恐怖的警告所取代。教皇和威尼斯之间的宿怨已经解决；接下来就是和法国之间的问题了。

从所有的客观标准来看，教皇的翻脸都是卑鄙的。他曾经鼓励法国拿起武器对付威尼斯，现在尤利乌斯却拒绝给法国曾经许诺给他们的报酬，他转而反对法国人先前所有针对威尼斯人的暴力和恶意。相反地，就像以前他是造成威尼斯贫困和屈辱的总设计师一样，现在他突然变成它的救星了。他不仅像威尼斯极其渴望的有力量的伙伴一样走上了前台，而且他已经采取了第一步行动。共和国现在可以退出舞台中心了。此后，战争将主要发生在教皇和国王路易之间——连同路易的主要意大利盟友费拉拉公爵。公爵在柯马克乔（Comaccio）的盐厂直接和教皇在切维亚的工厂发生了竞争；而且，作为卢克雷齐亚·波奇亚（Lucrezia Borgia）的丈夫，他也是教皇亚历山大六世的女婿——仅这一事实，在尤利乌斯的眼里，就足够谴责他了。

一如既往的，教皇用他一贯的方式对付他的新敌人——军事、外交和精神三方面。他针对法国的第一场军事行动——试图在1510年7月将他们赶出热那亚——最后以失败告终，但是他在外交上打出了更有效的一击。几个星期之后，他认可了阿拉贡的斐迪南成为那不勒斯国王，否定了安茹家族对那不勒斯王位的要求。不久之后，在一场大型的，连殉道者圣彼得听到都会感到毛骨悚然的演说中，他大声诅咒并把费拉拉公爵逐出了教会。这时的他已经接近70高龄了。10月，由于一场高烧他只能躺在博洛尼亚，惊险地躲过了法国的追捕，几个月之后法国占领了这座城市。① 紧接着的一场疾病是在1511年的夏天，在这段时间里他的生活充满了绝望。但是他继续实行自己报复性政策的热情并没有减少，在秋天的时候他已经完全康复并宣布了一个新的神圣联盟，这次是针对法国的。

然而，路易国王现在却打出了一张重要的新牌：他的侄子内穆尔

---

① 博洛尼亚人推翻米开朗基罗雕刻的宏伟的教皇青铜雕像，把它作为废料卖给费拉拉公爵来庆祝解放，费拉拉公爵则把它重新铸成一门巨大的大炮，他颇有深意地把这门大炮命名为尤利乌斯。

(Nemour) 公爵加斯顿·德·富瓦 (Gaston de Foix)。他在22岁时就已经证明自己是那个时代最优秀的军事指挥官之一。1512年2月，内穆尔人发动了一次针对教皇和西班牙军队的快速打击，这场自查理八世近20年前入侵意大利以来最血腥的战争在拉韦纳结束了，时间是在复活节。当时有超过1万名意大利人和西班牙人死在了战场上。然而这是一次付出了极大代价才取得的胜利。仅法国步兵的损失就超过了4000人；大部分指挥官都丧生了，这其中就包括内穆尔公爵本人。如果他还活着的话，他可能会重整余下的部队继续向罗马和那不勒斯进攻，迫使教皇和解并恢复路易国王对那不勒斯的王权。意大利今后的历史真的可能就完全不同了。

到此时为止，康布雷联盟战争中的三个主要成员国已经通过两次联盟的变更发生了重大改变。起初，法国和教皇联合针对威尼斯，然后威尼斯和教皇携起手来反对法国。现在只剩下法国和威尼斯联合起来反对教皇了。1513年3月，它们在《布卢瓦条约》(Treaty of Blois) 中做到了这一点。威尼斯已重申了它在大陆的地位，决心不让教皇和皇帝再钳制它，而因为法国不会再对它构成任何威胁，那法国就是它显而易见的盟友了。但是事实上，甚至在条约还没有签署之前，情况就发生了改变：1513年2月21日，70岁高龄的尤利乌斯二世在罗马去世了。但在整个基督教历史上最无耻的官方破坏行为之中，他当时实际上已经完成了对圣彼得大教堂的破坏。由布拉曼特 (Bramante) 设计的新建筑几乎没有开始动工，仅有一个小礼拜堂保留下来，集合起来的红衣主教们只能在这里选出他的继任者。对于秘密会议的侍从们来讲，他们的审议进程实在太慢了。为了加快进展速度，他们开始逐渐减少他们的给养，起初是每餐只上一道菜，到后来是纯粹改为素食。即便如此，足足一个星期之后主教们才公布了自己的选择：红衣主教乔瓦尼·德·美第奇 (Giovanni de'Medici)，他采用了利奥十世（Leo X）这个称号。

“上帝赐给了我们教皇的职位，现在让我们去享受它吧。”实际上不论新教皇是否说出过这样具有讽刺性的话，此时很少会有意大利人表示惊讶。利奥时年 37 岁。他极其富有，极其强大——他的家族在经过 18 年的流亡之后，于 1512 年在佛罗伦萨重建——而且表现出了远远超过他父亲洛伦佐曾经展示出的对富丽堂皇的嗜好。不像尤利乌斯，他是一个热爱和平的人——在元老院里他被称为“谨慎的人”——他的获选是真正受到欢迎的。另一方面，他是个十足的现实主义者，相信路易国王很快就会再次发动战争，他决心在必要的时候保护教皇的利益。

但是路易在意大利的冒险已经结束了。马克西米连皇帝加入了神圣同盟，现在他颁布了命令，所有同法国作战的帝国士兵都必须有视死如归的精神，而这时法国人自己已匆匆返回本土去对付英国——也是联盟的成员——它已经入侵了法国并且占领了图尔奈（Tournai）。简单地说，根本就没有士兵留下来和意大利斗争。另外，国王也无心再继续下去了。他 52 岁的时候已经感到筋疲力尽而且显示出早衰的迹象，他在秋天之前娶了英国的玛丽公主，亨利八世的妹妹。她只有 15 岁，拥有耀眼的美貌和与她哥哥一样用之不竭的精力。路易尽了自己最大的力量来应付她，但是这份努力被证明实在太大了：他只支持了三个月，于 1515 年 1 月 1 日在巴黎去世。在法国，他获得了“国父”的称号；但是在意大利他什么都没有得到。

仅仅在一年之后，即 1516 年 1 月 23 日，阿拉贡家族的斐迪南国王紧随他之后也进了坟墓。在所有卷入这个扭曲而痛苦的故事的君主中，只有他是一直获得连续不断胜利的。他与路易缔结的格拉纳达秘约决定了那不勒斯的命运；根据条款他获得了它超过一半的领土，连同阿普利亚和卡拉布里亚这两个宝贵的省份。不久之后，整个王国就都是他的了；在接下来的两个世纪里，它一直处在西班牙的控制之下。在 1504 年他的妻子伊莎贝拉去世之后，斐迪南统治了卡斯蒂利亚（作为其疯女儿胡安娜的摄政）和阿拉贡，还有纳瓦拉（Navarre），鲁西荣（Roussillon）和以前的格拉纳达王国，更不用说新世界中广袤到不可测量的领地了。他去世之后留下的那个西班牙，虽然没有完全统一，但却非常富有，比以往任何时候都要强大，而且将要迎来它的黄金时代。

第十四章　国王、皇帝和苏丹

路易十二和阿拉贡国王斐迪南先后在一年之内去世，他们的死将当时知名度仍相对较低的两个年轻人推向了欧洲事务的最前线。这两个人是完全不同的。法国国王弗朗西斯一世（Francis I）继位并第一次展示其年轻和活力的时候刚满 20 岁。相对于他可怜的亲戚路易而言，他会是年轻的玛丽·都铎更好的丈夫；而相对于路易那拘谨呆板的女儿克洛德，对他而言玛丽也会是个更好的妻子。弗朗西斯一世此时已经是一个饱受女士赞美的人物了，这不仅仅是因为他英俊的外表，还因为他的优雅和勇气、敏捷的思维、无限的求知欲和让所有认识他的人都感到十分惊讶的准确无误的记忆力。他喜爱壮观的场面和庆典，喜欢盛况和游行；而他的子民，因为厌倦了长期压抑而无趣的统治，都对他充满了期待。

法国国王弗朗西斯一世。

哈布斯堡王朝的查理（Charles of Habsburg）出生于1500年，他是美男子腓力和疯女胡安娜的孩子，腓力是马克西米连皇帝的儿子，胡安娜是斐迪南与伊莎贝拉的女儿。他没有继承其父母任何一方的主要优点。他外表丑陋，有着哈布斯堡王朝标志性的大下巴和突出的下嘴唇；他有严重的口吃，会对着与他讲话的人喷唾液。他没有想象

神圣罗马帝国皇帝查理五世。

力，没有自己的想法，很少有统治者像他这样缺乏魅力的。可以弥补的是，他天生心地善良，随着年岁的增长，智慧也慢慢积累起来了。而且他还以其独特的极为冷静而又固执的方式，以他顽强的决心和忍耐力与和他对立的人作斗争。虽然他成了世界上最有权力的人，但是他从未像弗朗西斯一世或者是罗马教皇利奥十世那样享受自己的权位，当他最终放弃王位而选择去做一名僧侣的时候，他的臣民并没有感到非常意外。

他继承的遗产是巨大的，其中一些是存在争议的，也不是全部都同时继承的。他首先得到的是低地国家，也就是从前的勃艮第，这是他祖父马克西米连通过与勃艮第的玛丽联姻获得的。1506 年他的父亲去世之后，查理是由他的姑姑——荷兰的摄政萨伏依的玛格丽特（Margaret）抚养长大的；他从 15 岁开始就自己统治这里了。当时他的母亲胡安娜已经彻底疯掉了，于是被监禁起来，这一关就将是 50 多年。然而在法律上，她仍然是卡斯蒂利亚女王，当时的斐迪南是以她的名义统治该地区的。斐迪南死后，尽管胡安娜自身状态并不好，但他还是把他在阿拉贡和西西里的两个王位留给了她，而将摄政权都移交给查理。至于卡斯蒂利亚的管理，斐迪南则委托给了年逾 80 岁的托莱多红衣大主教弗朗西斯科·西梅内斯（Francisco Ximenes），虽然这位主教的第一个举动就是宣布查理成为国王，和他的母亲并列。

这位年轻的国王在他 17 岁的时候登上了阿斯图里亚斯（Asturias）海岸，第一次看到了他的西班牙领土，当时的他还是一个地地道道的荷兰人，对当地的风俗、习惯，甚至新臣民的语言都一无所知。他并没有一个良好的开局。西班牙人都将他看作是一个外国人，而且他们都深刻嫉恨大批遍布全国的佛兰德（Flemish）官员。反抗一直都存在着。西梅内斯做了尽可能多的事情帮助查理扫清前面的道路，但是他一直都被佛兰德人排挤在外，甚至不被允许与他的新主人会面；他仅仅是被命令回到自己的主教辖区。两个月之后，他去世了，查理获得了整个国家的完整统治权。他一直都在竭尽所能地做事；但是他控制不住他那些雄心勃勃、并不安分的国民。同时，西班牙国会也明确表明他们很想丢开他，让他们能容忍他的唯一办法就是要听话。

弗朗西斯一世在其统治之初，处理事情要比查理更容易一些：他早年在意大利的成功与查理首先在西班牙尝试发起的毫无成效的措施形成了鲜明的对比。当弗朗西斯在加冕仪式上确认了自己米兰公爵的头衔时，他十分清楚地表现出了对意大利的企图。至 1515 年 7 月，他已组织起一支超过 10 万人的军队打算好好表达一下他的权利主张。9 月 13 日，他和威尼斯人的联军在距离米兰南部几英里的马里尼亚诺（Marignano，今天的梅莱尼亚诺［Melegnano］）给予教皇与皇帝的联军（其中大部分是瑞士雇佣兵）以毁灭性的打击。弗朗西斯亲自参加了战斗，并且在战场上由深具传奇色彩的第一位“无畏无诟骑士”（*chevalier sans peur et sans reproche*）巴亚尔德（Bayard）授予骑士称号。[①] 三个星期之后，他获得了米兰正式的统治权，然后在 12 月，他又与利奥教皇在博洛尼亚会晤。在那里，教皇被迫交出帕尔马和皮亚琴察。1516 年的夏天，他与查理在奴瓦永（Noyon）举行了单独会晤，在这次会晤中，西班牙人承认了他对米兰的统治以换取法国承认西班牙对那不勒斯拥有的权力。

弗朗西斯与冲突三方中的两方的关系都完美地建立起来了。剩下

① knight without fear and without stain。

的就是马克西米连皇帝了。他现在在政治上已经孤立无援，不得不和法国以及威尼斯达成协议。他们希望他放弃在康布雷所要求得到的土地，其中包括他最珍爱的维罗纳（不得不提到的是，作为回报，共和国会给他大笔赔款）。因此在联盟成立八年之后，威尼斯基本上又恢复了它以前的财富，并且重新确立了其在意大利的世俗领导地位。这些条款并没有给意大利带来永久的和平，但是它至少带来了一段受人欢迎的喘息时间：大部分意大利人都会记住1517年是最和平的时期。这种说法并不意味着这一年毫无意义；这一年开始于土耳其人对开罗的攻占，结束于马丁·路德（Martin Luther）在维滕堡（Wittenberg）的教堂大门上钉上他的95条纲领。这些事件的影响不是立竿见影的，但却是长远的，伦巴第和威尼托的人民在接下来的一年中能重建他们被摧毁的房屋，重新在他们被破坏的土地上播种，而且他们在夜间睡觉时也不会因为对惯于抢劫的军队，强奸、掠夺和血腥的恐惧而惴惴不安。

1519年1月12日，马克西米连皇帝在位于上奥地利的韦尔斯城堡逝世。他的孙子查理的继位绝不是顺理成章的必然结果。帝国皇位仍然是有其他选择的。很多人更倾向于支持查理的弟弟斐迪南大公（Archduke Ferdinand）。然而一个更加强大的对手是弗朗西斯一世——在他作为候选人的早期阶段，有教皇的热情支持。（英格兰的亨利八世也曾企图竞选这个位子，但没有一个人非常认真地对待这件事。）查理是幸运的，德国的选民讨厌有一个法国皇帝；奥格斯堡（Augsburg）非常富有的银行业家族——福格尔家族投入了尽可能多的钱到竞选之中，在最后时刻，利奥教皇不再反对查理。7月28日，查理当选，在第二年的10月23日，他在加洛林王朝古老的首都亚琛而不是罗马加冕，成为神圣罗马帝国皇帝查理五世。除了荷兰和西班牙、那不勒斯和西西里以及新大陆之外，现在整个的帝国都移交给了他，包括现代奥地利、德国和瑞士的大部分。米兰、波希米亚和匈牙利西部随后也交给他掌管。对于一个具有谦虚精神和能力平平的人而言，这份遗产的分量够重的。

查理的加冕对西班牙和整个欧洲都产生了影响。在西班牙，他受欢迎的程度有了极大提高。正如我们所看到的，卡斯蒂利亚的统治阶级最初对于这个外来的哈布斯堡人是没有热情的；但是当他们的国王突然在一夜之间变成了半个大陆的皇帝之后，他获得了那些在此之后以他的王朝和他的命运来标榜自己的臣民的新的尊重。他们不再孤守在遥远的欧洲西南端，他们的士兵参与在德国和荷兰的战斗，他们的作家和哲学家对他们自己以及他们的追随者灌输新的伊拉斯谟（Erasmus）人文主义理论。但是，同时他们也明确地意识到自己是坚定支持正统天主教会、反对歪理邪说的中流砥柱，而此时，异端在北部正如雨后春笋般地出现。

加冕礼还促成了欧洲大陆的两极分化：法国国王陷入了不利处境，被帝国包围着；相反，皇帝则发现自己的领土是被分隔的，被一个对其充满敌意的国家切割成两个部分，只通过一片中立的海域相连接。从这时起，这两个男人就陷入了对于欧洲主导权和地中海西部主导地位的生死争夺之中。

苏丹穆罕默德二世在1481年去世后，欧洲总算能喘口气了。穆罕默德是一个拥有丰富学术知识的人，他曾让被他提名为君士坦丁堡东正教牧首的金纳迪乌斯大主教（Archbishop Gennadius）为他写一部论述基督教的专著。他相当了解希腊，曾邀请希腊学者定期到他的宫廷；而且他曾传唤过威尼斯的真蒂莱·贝里尼（Gentile Bellini）来为他画像。[①] 但是他的称号“征服者”（Fatih）可不是浪得虚名的。

---

① 现在可以在伦敦的国家美术馆看到。

他的第一次也是最大的胜利是在 1453 年，在这一年他占据了君士坦丁堡，但这也仅仅是他接下来在地中海东部发起的一连串领土入侵行为的开端。正如我们所知道的，当他生命突然结束的时候，他正在准备另一次针对罗得岛的圣约翰骑士团的大规模进攻。他的后继者是巴耶济德二世（Bayezit II）。巴耶济德虽然是长子，但仍然和他的兄弟杰姆（Cem）① 进行了一场恶战后才获得王位。他一点也不像自己的父亲，虽然巩固了穆罕默德在巴尔干地区的征服成果并重修了位于摩里亚的威尼斯城堡，但是他狭窄的头脑决定了他对欧洲没有什么兴趣——比如说，他拆除了穆罕默德为修建帝国宫殿准备的意大利壁画，他把更多的心思放在建设清真寺、医院和学校这些能体现他强烈的伊斯兰信仰中的重要元素的建筑上面，威尼斯大使是用“*molto melancolico*，*superstizioso e ostinato*”② 这样一句话来总结并描述他的。

1512 年，巴耶济德的儿子谢里姆（Selim）起兵反叛他的父亲，强迫巴耶济德让位给自己（他可能下毒谋害了他的父亲，因为这位老人在不久之后就离奇地死亡了）。他成了谢里姆一世，并一直被称为“亚武兹”（*Yavuz*），即恐怖的人。谢里姆成为苏丹后的第一个举措，就是消灭可能成为他王位竞争者的两个兄弟和五个已经成为孤儿的侄子，他用弓弦勒死了他们，他们中最小的一个只有 5 岁。据说当谢里姆听到这些人从连在一起的房间里发出喊叫声的时候，他脸上现出了满足的表情。随后他将注意力移向了东方，他强大的力量直指伊斯梅尔一世，即伊朗萨菲（Safavid）王朝的建立者，他一共在那里屠杀了

---

① 杰姆被打败后，先是逃到埃及，后来到了罗得岛，在这里，巴耶济德每年支付给骑士 45000 金币来防止他闹事。事实上他在基督教王国手中是一个毫无价值的人质。他于 1495 年死于那不勒斯——很可能是在他哥哥苏丹的默许下被教皇亚历山大六世毒杀。

② 极其的忧郁、迷信和顽固不化。

4万人，并将库尔德人和在安纳托利亚东部的土库曼人的各个公国并入了他的帝国。谢里姆的下一个目标是叙利亚，那时的叙利亚处于马穆鲁克人的控制下。阿勒颇、大马士革、贝鲁特和耶路撒冷很快就相继被他攻陷了，1516年8月24日，在达比克草原（Marj Dabik）决战中，他彻底毁灭了马穆鲁克王朝，马穆鲁克王朝倒数第二位苏丹贾里（al-Ghawri）战死沙场。贾里在埃及的侄子图曼贝伊（Tuman Bey）自封为苏丹，并且拒绝臣服，因此谢里姆带领他的军队穿越西奈沙漠。1517年1月，在接近埃及金字塔的瑞达尼耶（Raydaniye）与之展开了不止一次的血腥冲突之后，谢里姆逮捕了图曼贝伊并将其吊死在开罗城门口。六个月后，麦加的谢里夫（Sherif of Mecca）自愿臣服，他将先知的旗帜和斗篷以及圣城的钥匙都交给了谢里姆。最后，埃及、叙利亚和汉志都承认了谢里姆的领导地位，就这样，苏丹带着胜利返回了博斯普鲁斯地区。这时候，他的帝国不仅扩大了，而且发生了转变：它拥有麦加和麦地那，这使其成为一个伊斯兰哈里发帝国；从此以后，奥斯曼帝国苏丹将自己当作整个穆斯林世界的保护者。

1520年谢里姆死后，他的继承人是他26岁的儿子苏莱曼（Süleyman），这是他们家族唯一存活的男性成员，也是谢里姆在位时唯一允许活着的一个人。在四位16世纪前期控制欧洲的具有传奇色彩的君主之中，苏莱曼被认为是最伟大的一个，其他三位分别是：查理五世、英格兰的亨利八世，还有法国的弗朗西斯一世。苏莱曼是东方文化中的文艺复兴之子：他是一个具有广泛学识和知识面的人，还是一位敏感的诗人，他领导下的位于伊兹尼克（即尼西亚）的帝国陶器工场是最富有灵感的，帝国的建筑师们——尤其是伟大的希南（Sinan）——用清真寺、宗教建筑、旅馆和学校将帝国的城市装饰起来，这些建筑中有一部分至今还保留着。与他的祖先相同的是，苏莱

苏莱曼大帝。

曼同样也是一个征服者，他压倒一切的雄心是要实现在西方的胜利，以期可以与他父亲在东方的成就相媲美。因此他通过征服匈牙利、巴尔干地区和中欧来扩充本来就已经很广大的帝国——这里没有提及北非，是因为的黎波里于1551年就臣服于他了。

但这都是后话了。最开始，像早期的奥斯曼苏丹们一样，苏莱曼是一位极为虔诚的穆斯林，在他继位之后不久，他就将目光投向了他最讨厌的基督教敌人：圣约翰骑士团，他们的罗得岛堡垒距离苏莱曼的帝国大门不是很远，坐落在距离安纳托利亚海岸10英里处。骑士团的人数相对比较少，其陆军和海军都无法与奥斯曼帝国匹敌；但是在40年前，他的曾祖父穆罕默德花费了很大的代价后发现他们是坚不可摧的战士。在这40年之中，他们在防御建设上面不断地努力，建设了巨大的转角塔（它们能抵住城墙破损处猛烈的火力袭击），而且还加固了用于对抗重型大炮的护墙。这些大炮在1453年曾将君士坦丁堡城墙击毁，而他们也险些因为这个原因于1480年被打败。他们实在很难被赶走。

他们的骑士团大团长，腓力·维利尔斯·德·利斯勒·亚当（Philippe Villiers de l'Isle Adam）是一位信仰虔诚的法国贵族，此时已经57岁了，他一生中的绝大多数时间都待在罗得岛。1521年，在其就职的一至两周之内，他收到了一封来自苏莱曼的信。在信中苏莱曼吹嘘了他在征服中已经取得的一些成就，其中包括贝尔格莱德（Belgrade）和“其他很多防御严密的大城市，我杀害了这些城市里的大部分居民，将剩下的降为奴隶”之类的话。这封信里给出的暗示十分清楚，但是德·利斯勒·亚当并没有被他吓倒，在他的回信中，他自豪地叙述了他近期针对屈尔特奥卢（Cortoglu）的一次胜利。屈尔特奥卢是一个著名的土耳其海盗，曾试图在他近期回罗得岛的路上抓获他，但是没有成功。

然后，在1522年初夏，又来了这样一封信：

> 致罗得岛的骑士：
>
> 你们强加在我长期受苦受难的人民身上的巨大伤害激发了我的悲痛和愤怒。我命令你们立刻交出罗得岛和堡垒，这样我能够友好地承诺保证你们重要财产的安全。如果你们是明智的，你们应该会选择友好与和平，而不是残酷的战争。

另外，任何一个骑士若想留在岛上，只要认可苏丹的统治，就可以不用参拜或交纳贡赋而留下。对于这第二封信，骑士团团长没有回复。

罗得岛呈粗略的椭圆形，从东北向西南伸展；城市本身占据着东北端。1522年6月26日，第一批由700[①] 艘船只组成的奥斯曼舰队出现在北部的海岸线上。在接下来的两天里，越来越多的船只加入到这个先锋队中，其中包括载有苏莱曼和他妹夫穆斯塔法帕夏（Mustafa Pasha）的旗舰。穆斯塔法帕夏率军一路沿小亚细亚前来。这支舰队的规模不超过20万人，花费了一个月的时间登陆和集结完毕：当它与700名骑士相比较的时候，可以说是具有压倒性的优势，即使这700人中又加入了骑士团从欧洲各地赶来的小分队、500名克里特弓箭手，以及1500名由罗得岛信仰基督教的人们组成的雇佣军。

① 一如既往，对当时编年史中所提供的数字应该有保留地看待。

从另一方面来说，城市的防御是很坚固的，甚至可以说是牢不可破的；骑士们已经用一年的时间准备了十分充足的食物和水，弹药也可以维持几个月的时间。

此外，在这种类型的战争中，围攻者相对被围攻者而言，他们的生命更难以维持，因为他们更难抵御夏天太阳带来的酷热以及冬天的寒冷和雨水。对于防御者而言，他们被迫处于一种被动角色，他们主要的压力是心理方面的。然而，所幸的是他们还有无休止的工作要去做。他们不得不在每一寸城墙上面不断地警戒，尽快地修好破损的地方，观察城下的敌人中任何可能显示出坑道工兵活动的迹象——因为挖地道已经成为奥斯曼军队的一种专业技能，他们深谙这一道理：从下方攻击一些巨型堡垒比从正面攻击更为容易些。

到月底的时候，重炮已经开始从东面攻击，这种大炮甚至比曾经用来对付君士坦丁堡的大炮更加厉害，可以将一个直径几乎为 3 英尺的炮弹投掷一英里甚至更远些。土耳其军队已经在城市的南面摆出庞大的半月形阵列；骑士团被分成了八个部分，每一部分负责防御其所在的城墙区域。当土耳其人开始投掷巨大的土石，并企图通过这种方式使城中着火的时候，阿拉贡人所在的区域很快就处于极大的压力之下；与此同时，挖地道的土耳其士兵也十分的繁忙。到了 9 月中旬，骑士们最担心的事情还是发生了：他们发现城墙下面已经存在了通往不同方向的 50 多条地道。幸运的是，他们有能力得到当时最伟大的军事工程师——一个名叫加布里埃尔·塔蒂尼（Gabriele Tadini）的意大利人的帮助。他构造了自己的保卫隧道，通过这个隧道，借助紧绷的有弹性的羊皮纸做的鼓的帮助，可以监听敌人的动态而且经常使敌人的行动破产，通过这些鼓可以感知土耳其军队每一次铁锹挥动时产生的动静。然而，他并没有指望能够保证每一次都成功，9 月初，一个在英格兰防卫地区的炸弹爆炸，在城墙上造成了一个横向超过

30英寸的大沟。土耳其军队开始涌入，紧跟着开始了长达两个小时的肉搏战，最后，骑士终于占了上风，那些筋疲力尽的幸存者们重新回到了军营。

接近10月底的时候，一位服务于大臣（Chancellor，其重要性仅次于骑士团大团长）安德烈·德·阿马拉尔（Andrea d'Amaral）的葡萄牙人被发现给敌军传递情报，情报的主要内容是告知对方那些在位的保卫者已经绝望了，他们已经不再奢望能够坚守城池。把他带到拷问台时，他做出了一个不同寻常的供认：即他是按照安德烈本人的命令做出的行为。这样的辩解是让人难以相信的。虽然这个大臣很傲慢，他已经被很多人所厌恶，他期望自己能够当上骑士团团长，而且他自己就有着对腓力·维利尔斯·德·利斯勒·亚当深刻的仇恨，但是，他真的曾经违背过组织吗，违背了这个他奉献出自己生命的组织吗？这一点我们永远都不能得知了。当他被审判的时候，他拒绝以任何方式认罪，他被带去刑场的时候什么也没说，而且拒绝了宗教上的安慰。

然而这则信息的要旨是有一定可信性的。到12月份的时候，骑士们已经是穷途末路了。他们超过一半的主力军不是死亡就是残废了。尽管苏丹提出了体面的条件，很长一段时间内骑士团团长仍然坚持他的决定。他没有向异教徒投降，他表示，骑士们应该与他们的家园共存亡。但罗得岛当地的岛民最终劝服了他，他们告诉骑士团团长，如果他继续反抗下去，将给所有骑士和人民带来大屠杀。所以最终腓力·维利尔斯·德·利斯勒·亚当给苏丹发出了一条信息，以个人名义邀请苏丹来城市讨论相关事宜，苏莱曼也答应了。据说当苏莱曼走进城门之前，他解散了他的保镖，而且说了这样的一句话，“我的安全被医院骑士团团长的誓言保护着，这比世界上的任何军队都让人感到放心”。

和谈延长了，但是在1522年圣诞节之后的那一天，骑士团团长决定正式投降。苏莱曼给予了他应得的尊重，表扬了他和他的骑士们的坚韧和勇气。一个星期后，1523年1月1日傍晚，历史上最伟大的一次围攻的幸存者们起航前往克里特。据说当苏莱曼看到他们离去时，转向他的大维齐尔易卜拉欣帕夏（Ibrahim Pasha）说："强迫这位勇敢的老人离开他的家园让我感到十分的伤心。"

与此同时，意大利、法国和西班牙之间的老套斗争还在继续。也许更确切的说法应该是"法国和帝国之间的斗争"，但是查理对于半岛的真正兴趣是基于他的西班牙情结。他从他的祖父斐迪南那里继承了西西里、那不勒斯和撒丁岛，而且他决心将这一切都传承给他的继承者。他并没有希望在意大利获取任何更多的领土，只要各地的领导者都能认可西班牙的地位和表现出对他们起码的尊敬，那么他们都可以保持对自己地区的管理权。

然而法国在此地的势力却让他难以容忍。弗朗西斯国王只要还待在意大利，就会对帝国对那不勒斯的拥有权形成挑战，而且严重地危及帝国和西班牙之间的交通。教皇极力想阻止任何一方势力过于强大，于是，他在两者之间左右摇摆，举棋不定。1521年，查理和利奥教皇之间签订了一个秘密协议，这产生了一支联合教皇和帝国的力量，再一次将法国赶出了伦巴第区，并且以卢德维科还处于蹒跚中的儿子弗朗西斯科·玛丽亚（Francesco Maria）的名义复辟了斯福尔扎王朝。然而仅仅在三年之后的1524年，新教皇克雷芒七世[①]就联合

① 教皇利奥十世在1521年底已经去世。他的继承者阿德里安六世（Adrian VI）——一个来自乌得勒支（Utrecht）的荷兰人，到约翰·保罗二世（John Paul II）为止的最后一任非意大利人教皇——在位不到两年就被利奥的堂弟朱利奥·德·美第奇（Giulio de' Medici）所取代，即克雷芒七世。

威尼斯和佛罗伦萨，与法国私下缔结了盟约来反对帝国，弗朗西斯率领着2万人的军队，穿过塞尼斯山口（Mont-Cenis）进入意大利。

10月末，弗朗西斯重新夺回了米兰。然后他转向南部前往帕维亚，他在那里度过了冬天，尝试以使提契诺河（Ticino）改道的方式夺取这个城市，但是没有成功；四个月之后，当他的同胞查理而不是西班牙人或者是奥地利人带领的军队到达的时候，弗朗西斯还待在那里。查理是第二代波旁公爵，他是法国贵族中一个最高贵的成员，而且是王国世袭的统帅。查理应该留在国王身边战斗的，他和国王是远亲关系，但是弗朗西斯的母亲，萨伏伊的路易丝（Louise）对他的继承权提出了异议，他颇感不快，于是转而效力于皇帝。他现在是在意大利的帝国总司令。他的军队在帕维亚城外与弗朗西斯碰上了。1525年2月21日，那天是星期二，战斗正式打响。

帕维亚战役已被证明是欧洲历史上最具决定性的战争之一。也许，它也第一次有力地证明了火枪相对于长矛的优越性。瑞士雇佣兵在这次作战中是站在法国这边的，他们在战争中表现得十分勇敢，但是即使他们是如此勇猛，他们所使用的武器却无论如何也比不上西班牙人的子弹。当战争结束的时候，法国军队实际上已经全军覆没了，包括来自法国、瑞士、德国和西班牙的14000名士兵都牺牲了。弗朗西斯本人正如平时表现出的那样十分勇敢，在他胯下的战马被杀死以后，他徒步继续战斗。直到最后精疲力竭他才被迫放弃，他写信给他母亲说：“所有的一切都没有了，除了荣誉和我的皮肤。”

他被当作一个囚犯送到了马德里，查理五世再一次成为意大利的统治者。他决定性的胜利引起了整个半岛的紧张，因为人们认为，整个半岛依靠的是权力均衡；但是皇帝又有了其他需要关注的事情。八年之前，也就是1517年，马丁·路德在维滕堡教堂大门张贴出了他的95条论纲；三年之后，他公开了烧毁了教皇将他逐出教会的谕令；

1521年在沃尔姆斯会议（Diet of Worms）上，他真的举起了反对教皇和皇帝的旗帜。在查理看来，唯一能满足他希望的是召开教会的全体会议来讨论改革问题；但是如果法国和它的联盟的代表都缺席了，这个全体会议又有什么作用呢？

接下来需要考虑的就是苏莱曼了。罗得岛陷落的消息带来的恐惧已经传遍了西方。人们开始问自己，苏丹接下来会攻击哪里呢？当然他可能继续前进来反对基督教王国的力量。除了通过一次由皇帝领导并得到所有基督教势力支持的十字军外，怎样才能够阻止他呢？但是在这样一种环境下，如何才能劝服法国的弗朗西斯也支持这样的努力？如何才能在整个欧洲都已经伤痕累累并且被残酷分割的情况下发起这样一场十字军呢？

也许就是这些打算使查理相信了被俘虏的国王并释放了他，这时弗朗西斯刚舒舒服服地被关了一年。为了出来他签了一项协议，但虽然为了表示诚意他留下了自己的两个儿子作为人质，可他并没打算遵守这项协议。在所谓的《马德里条约》（Treaty of Madrid）中（它是在1526年1月14日签订的），国王轻易放弃了他对长期存在争议的勃艮第公国、那不勒斯和米兰的所有要求。（他还顺便将那些有争议的地区全部归还给了波旁公爵，“条件是我们再也不想见到他”。）然而当弗朗西斯回到巴黎，条约的所有条款都被公开的时候，遭到了强烈的抗议。勃艮第的大庄园主们大声地抗议，国王在未经人民同意的情况下无权转让领土。教皇克雷芒也被吓呆了，但是在整个意大利没有一个法国人的情况下，他怎能期望自己能够抵抗查理呢？他匆忙地招募米兰、威尼斯和佛罗伦萨组成反抗联盟，来保护意大利的自由和独立，并且还邀请法国参加。虽然《马德里条约》的墨迹还未干，而且法国和教皇在对待米兰的问题上存在着很大的分歧——教皇支持斯福尔扎家族，而弗朗西斯想要自己得到这个城市，但是在1526年5

月22日，国王还是像往常一样炫耀性地签上了自己的名字。

这个所谓的科涅克联盟（The League of Cognac）把一个令人兴奋的全新概念引入了意大利事务之中。这也许是第一份主张米兰乃至整个意大利的其他地区都应该摆脱外来统治的协议。自由是其中的口号。很清楚的是，意大利仍然还没有获得自由，因为意大利至今仍然还仅仅是一个地理上的概念；与此同时，很明显的是对于联盟中所有的意大利签署国来说，抵抗查理五世或者是弗朗西斯一世的力量的唯一希望就在于他们内部分歧的解决，汇集他们的资源和建立能够面对一切可能敌人的坚实统一战线。意大利复兴运动仍需要三个多世纪的时间，但是民族情感的第一线曙光在这里已经出现了。

毋庸讳言，查理五世不会从这个角度去评价科涅克联盟。对他来说，这是直接而且蓄意的挑战，在接下来的几个月中，他与教皇的关系也处在不断的恶化之中。最终，在9月份，两封来自皇帝的信被送往了罗马。即使这两封信是由路德来写的，它们也几乎不可能比这更直言不讳了。第一封信标明是给教皇本人的，里面控诉了教皇在基督教王国，意大利甚至是圣域的失职。第二封信是给罗马教廷红衣主教团的红衣主教们的，它更加深入了一步。它暗示到，如果教皇拒绝发起全体会议来改革教会的话，红衣主教团有责任在没有获得教皇同意的情况下去做这件事情。这很明显是对教皇权威的一种威胁。对于教皇克雷芒而言，这无异于宣战。

在米兰内部和周围，战争几乎就从未间断过。可能有很多米兰人在他们早上醒来的时候，很难想起来他们是属于斯福尔扎家族，皇帝，或者是法国国王的。1525年11月，一支帝国军队长驱直入进入了城市，整个冬天都把不幸的弗朗西斯科·玛丽亚·斯福尔扎包围在城堡里。联盟已经派出了一支乌尔比诺公爵（Duke of Urbino）率领的军队，这让斯福尔扎松了一口气，但主要是因为公爵的犹豫不决导致军队战败了，斯福尔扎最终在 1526 年 7 月 25 日投降了。他投降的消息使教皇陷入了绝望之中。他的财产全花完了，他在罗马已经不再受欢迎了，而他理论上的盟友弗朗西斯也不准备给予他丝毫的帮助。与此同时，宗教改革运动的呼声日益高涨并且土耳其人的威胁也日益逼近。现如今，随着秋天的临近，又出现了一种传言，即皇帝正在准备一支更大规模的舰队，将能够让 1 万人的军队登陆那不勒斯——就在教皇家门口了。更为严重的是，克雷芒意识到在自己的城市中存在着皇帝的代理人，他们在他自己的罗马教廷红衣主教团成员蓬佩奥·科隆纳（Pompeio Colonna）主教的热情帮助下，尽可能地挑起针对他的各种麻烦。

两个世纪以来，罗马一直遭受着来自两个最古老的家族——科隆纳家族和奥尔西尼（Orsini）家族之间纷争的困扰。双方在坎帕尼亚地区（Campagna）一直处于战争状态，而且常常每一方都会出动相当多的军队。他们都是极其富裕的，统治各自广大的区域，这些区域就犹如他们自己的独立国家，各自都拥有运转良好的行政机构。反过来，他们的财富允许他们缔结有优势的联姻；人们至今仍然在讨论克拉丽斯·奥尔西尼（Clarice Orsini）与克雷芒的叔叔洛伦佐·德·美第奇的那次 15 世纪最豪华的婚礼庆典。然而，在此之前，奥尔西尼家族和罗马教皇之间可以说是一种特殊的关系，因为离开罗马往北去的每一条主干道都需要经过他们的领土。因此，历任教皇都很小心地不去冒犯他们。

仅凭这一点就足以引起他们对手的反抗。蓬佩奥·科隆纳就是 16 世纪 20 年代他们的对手中的杰出代表。这位红衣主教最初是一个战士，可能至今他仍然是一个战士。他加入教会仅仅是因为来自家庭的压力；他从未被看作是一个属于上帝的人。事实上，尤利乌斯二世曾拒绝提升他，作为报复，他曾利用教皇的严重病情于 1511 年在平民中间煽动暴动，但是他的企图最后失败了：尤利乌斯康复了，并剥夺了他所有的荣誉。令人惊奇的是，美第奇家族的利奥十世教皇最终允许他进入罗马教廷红衣主教团。然而，对他的认可仅仅起到了鼓励他开始觊觎教皇宝座的作用，对于利奥教皇的所有感激并没有延续到利奥的堂兄和第二任继承人身上。对于克雷芒，他一直怀着强烈的仇恨，这一强大的力量主要是来源于嫉妒，以及相应的要消灭他的决心——或者是罢免他，有必要的话，则置他于死地。

1526 年 8 月，蓬佩奥的亲属韦斯帕夏诺·科隆纳（Vespasiano Colonna）来到了罗马，为了自己的家族和教皇以及奥尔西尼家族之间协商一个停战协议。感到松了一口气，克雷芒教皇解散了他的军队——因此科隆纳家族的军队立即攻占了阿纳尼城（Anagni），有效地阻止了罗马和那不勒斯之间的通信。当教皇还没有完全从惊讶中醒过来，也还没有机会重新动员的时候，9 月 20 日凌晨，这支军队就穿过了圣约翰拉特兰大门涌进了罗马。

当天下午 5 点钟的时候，在经过了几个小时的激烈战斗之后，克雷芒沿着从梵蒂冈到圣安杰洛古堡的隐蔽小道逃跑了。与此同时，抢劫和掠夺开始了。正如一位教廷的书记员写到的：

> 教皇宫殿甚至是教皇的卧室和储藏室基本上全部被洗劫一空了。宫殿中伟大的圣彼得的私人圣器收藏室、主教及其家庭成员的房间，甚至是马厩都被抢空了，门窗都被打碎了；圣餐杯，十字架，主教权杖，很有价值的饰品全部都落在了他们的手中，被这些暴民像抢劫一样地夺走了。

暴徒们甚至冲进了西斯廷教堂（Sistine Chapel），将教堂中拉斐尔所作的挂毯画从墙壁上撕了下来。镶金并用珠宝装饰的圣餐杯、圣餐盘和各种各样的教会宝物都被掠夺，估计总价值达30万达克特。

如果做好了适当的准备，教皇是能在圣安杰洛古堡坚持几个月的；然而由于城堡主人朱利奥·德·美第奇的无能，这个堡垒几乎没有食物来源。克雷芒别无选择只好做出他能够承诺的条件。接下来的谈判是艰苦的，但结果却远不能让蓬佩奥·科隆纳感到满意，他意识到他发起的政变可能失败。不仅教皇克雷芒仍然拥有他的职位，而且公众舆论对于他家族的反对声音也急剧增加。罗马被掠夺而科隆纳家族理所应当该受到指责。11月，蓬佩奥第二次被剥夺了他所有的地位和权利，而且他家族中的领导成员也都遭受了同样的命运。科隆纳家族失去了除三个小堡垒以外的所有在教皇国中的财产。

克雷芒确实是幸存了下来，但也仅仅是如此而已。

> 摆在教皇面前的只剩下了毁灭：不仅仅是他不太关心的私人所有物，还有圣域、罗马、他自己的国家和整个意大利都在灭亡。而且他无力挽回。他已经用尽了他自己的、他朋友的和他仆人的所有财富。我们的声誉也是一去不复返了。

上面这段话是另一位教廷官员吉安·马特奥·吉伯提（Gian Matteo Giberti）在接近1526年11月月底时所写的。教皇有理由感到沮丧了。从战略上说，无论从哪一个角度他现在都非常脆弱，而皇帝则充分地利用了他的弱点。如今又传出了费拉拉公爵阿方索·埃斯特（Alfonso d'Este）叛逃加入了帝国势力那一边的消息。米兰特使兰德里亚诺（Landriano）写道："教皇看上去正在面临死亡，所有来自法国、英国和威尼斯的使节都在企图重塑他，但这都是徒劳的，他就像是一个连医生都要放弃的病人。"而且他的磨难还没有结束。12月12

日，一位西班牙使者宣读了一封来自皇帝的私人信件，重申了召开教会全体会议的要求，这是完全与教皇克雷芒的愿望相反的。在第二年初，一条关于波旁公爵率领一支帝国军队正在向教皇国进军的消息传了出来。

尽管他背叛了他的国王，但波旁仍然是一个很有魅力的人，他的臣民都钦佩他的勇气。他从未逃避过任何一场斗争，而且人们总能在最困难的战斗中发现他的身影，总是能够通过他经常穿着的白色外套和他黑、白、黄相间的印有“埃斯佩兰斯”（Espérance）字样的旗帜，很容易地将他辨认出来。如今他带领着一支拥有2万德国人和西班牙人的军队从米兰向南一路出发，他沿途经过的所有城镇，如皮亚琴察和帕尔马、雷吉欧、摩德纳和博洛尼亚都开始积极地准备自己城市的防御工事。其实他们完全不必费这番工夫。公爵并没有打算在他们身上浪费时间。他带领他的军队直接开往罗马，翻越雅尼库鲁姆山(Janiculum)，直接到达城墙的北部，1527年5月6日凌晨4点钟，攻击开始了。

因为缺少重炮，波旁决定必须采用攀墙的方式攻城。这种战略比简单地等砸烂城墙以后再攻进去的方式要更加困难和危险。他自己就是第一批伤亡人员中的一个。当时他刚刚带领一支德国雇佣步兵队①来到城墙脚下的时候，就被敌军的火绳钩枪打穿了胸膛，那时他正在摆放一个攀墙梯。无论是包围者还是被围者，都目睹了这位不会被认错的白衣人物的死亡，包围持续了一个多小时仍未见胜负；然后复仇的想法刺激着德国人和西班牙人的军队发起更为猛烈的进攻，在早晨

① 《牛津英语词典》把他们描述成“15至16世纪的德国雇佣步兵”实在远没有说出他们的精妙处。他们荒谬可笑的衣服，开着长缝，虚张声势，这些反映在一个欧洲人背包里的人头牌上。当米开朗基罗设计瑞士教皇卫队的制服时，这给他以灵感。现在仍然存在一种叫作“兰斯克内特牌戏”的法国纸牌游戏。（参见 Patrick Leigh Fermor, *a time of Gifts*, pp. 84－86。）

六七点钟的时候，帝国军队攻进了城市。从那一刻开始，军队基本上没有什么阻力了。罗马人离开城墙去保护自己的家园，还有很多罗马教皇的军队为了自己的利益而加入了敌军。仅仅只有一些罗马教皇的瑞士卫队和教皇卫兵还在英勇地战斗到他们被消灭为止。①

当入侵者一步步接近梵蒂冈的时候，教皇匆忙地逃出圣彼得大教堂，第二次沿着隐蔽的小道逃往圣天使古堡，那里已经挤满了惊慌过度的寻求庇护的家庭。这些拥挤的人群，已经达到了吊桥可以承受的最大压力。在博尔戈（Borgo）和特拉斯特维莱（Trastevere）的外面，尽管有他们指挥官的明令禁止，士兵们已经开始了一场杀戮的狂欢，他们杀死了遇到的每一个男人、妇女和儿童。几乎所有圣灵教堂医院中的收容者都被屠杀，圣母皮耶塔（Pieta）孤儿院里面的孩子一个都没有幸存下来。

帝国军队在午夜之前穿过了台伯河，德国雇佣军扎营于鲜花广场（Campo dei Fiori），西班牙人则扎营于纳沃纳广场（Piazza Navona）。接下来的洗劫被描述为“有记录以来历史上最为可怕的一次”。② 大屠杀在经过台伯河以后仍是有增无减：冒险到街上去就犹如是在寻死，而待在家里也没有安全多少；几乎没有一座教堂，宫殿或者是任何大小的房子能够免于掠夺和破坏。修道院被掠夺，女修道院被亵渎，有魅力的修女被当街出售。即使是西班牙人也没有表现出对罗马教廷成员的任何尊重。至少有两位红衣主教被拖到街上进行拷打，其中一人年纪已经超过80岁，后来因伤重而死亡。

这种情况在罗马持续了四天四夜。5月10日，蓬佩奥·科隆纳和他的两个兄弟带领着8000名士兵到来，这才预示着秩序的恢复。

---

① 在圣灵教堂附近，一段纪念教皇的金匠伯纳迪诺·帕塞里（Bernardino Passeri）的铭文仍然存留着，他为保卫罗马在这里倒下了。

② J. Hook, *The Sack of Rome*.

这个时候，基本上罗马所有的街道都被烧毁了，尸横遍野。一个被俘获的西班牙坑道工兵后来回忆说，仅仅在台伯河北部地区，他和他的同伴就焚烧了近 1 万人，还把另外的 2000 人扔到河中。六个月后，因为蔓延的饥荒和长时间瘟疫的传播，罗马人口比战前减少了一半；城中到处留下了被火熏烧的痕迹，在一年中最热的季节里，城市里还布满了没被焚烧的尸体。在文化方面的损失也是不可计算的。绘画、雕塑、整个图书馆——包括梵蒂冈本身——都被掠夺和损坏了，教皇的档案被洗劫。拉斐尔的学校被彻底摧毁了；画家帕米贾尼诺（Parmigianino）被囚禁，在逃往博洛尼亚之前，只能通过给监狱看守画画才算保住他的生命。

与此同时，帝国军队也遭受了与罗马人几乎一样的磨难。军队里面几乎没有食物；士兵们因为数月没有发薪酬而士气低落，仅仅对抢劫和掠夺感兴趣。纪律已经被打破了：雇佣兵和西班牙人都想把对方置于死地。唯一的希望似乎都被寄托在优柔寡断而且荒谬可笑的乌尔比诺公爵率领的联军身上。在当时帝国军队处于混乱的情况下，他应该冲进城中，营救教皇并扭转局面；但是他还是像以往一样胆怯，什么都没有做。最终克雷芒被迫再次投降。他付出的政治代价是奥斯蒂亚、奇维塔韦基亚、皮亚琴察和摩德纳这些城市，连同 40 万达克特；实际付出的代价还要高：尽管他们之间存在联盟关系，威尼斯人却趁机占据了拉韦纳和切尔维亚，而费拉拉公爵则攫取了摩德纳。教皇国，作为历史上首次建立起来的有效政府，就这样崩溃了。

甚至在这个时候，争斗（主要是法国和帝国的对抗）依然还在继续。1528－1529 年冬季，和平终于来到，作为查理的姑妈萨伏依的玛格丽特和她的姊妹即弗朗西斯国王的母亲路易丝谈判的结果。1529 年 7 月 5 日，通过在康布雷的两次会见，条约最终在 8 月份的第一个星期签署了，它通常被称为“女士的和平”，确立了西班牙人在意大利的统治。弗朗西斯放弃了他在那里的权力，并获得了查理的承诺，即不会把帝国的权力强加于勃艮第；但法国在科涅克联盟中的盟友们却全然没有参与谈判，却相继被迫接受查理在年底施加的条款，这些条款包括：对威尼斯而言，将它在意大利南部的所有财产都移交给那不勒斯西班牙王国。弗朗西斯科·玛丽亚·斯福尔扎在米兰重新复辟（虽然查理保留了留军驻守城堡的权利）；曾于1527年被驱逐出佛罗伦萨的美第奇也复辟了（尽管花费了10个月时间进行围攻以便实施这次复辟）；而马耳他岛也于1530年交与了圣约翰骑士团。

对于那些觉得法国国王背叛了他们的人们而言，这些措施是令人悲伤和羞耻的。但是至少它给意大利带来了和平，并给它历史上那段长期的、并不光彩的篇章画上了句号，这一篇章开始于1494年查理八世的入侵，给意大利带来的只有毁灭和破坏。为了给这一切画上句点，查理五世为了他的帝国加冕礼而第一次跨越了阿尔卑斯山。这并不是一个不可缺少的仪式；他的祖父马克西米连一直没有接受这场加冕，而查理本人自从在亚琛那次加冕礼后，也在未进行皇帝加冕礼的情况下，已在位近10年。尽管如此，但事实是直到教皇将皇冠戴至他的头上，他作为神圣罗马帝国皇帝的称号才真正被承认；对如此有神圣使命感的人来说，头衔和圣礼都是同样重要的。

皇帝加冕礼传统上都是在罗马举行的。然而，在1529年8月中旬，查理登陆热那亚的时候，他收到了苏莱曼在维也纳取得胜利的消息，他当即决定在这样一个时刻，沿着半岛进行一次这么远的旅行是愚蠢的；除了可能会让他陷入危险的纷争以外，它还会花费很长的时间。他派遣信使前往教皇克雷芒那里，双方商议在这样的环境下，仪式将在博洛尼亚举行，这是一个容易到达而且仍在教皇牢固控制下的城市。即便如此，不确定性仍然存在：在查理于9月份前往博洛尼亚的路上，他收到了一封来自他在维也纳的兄弟斐迪南的紧急求助的信，这几乎使他取消了稍后将在博洛尼亚举行的加冕礼。但在经过长时间的思考后，他决定不取消加冕礼。当他到达维也纳的时候，这个城市要不就是已经失守了，要不就是苏丹已因为冬天的到来而撤军，无论是哪种情况，他带来意大利的这小部分军力也不足以改变事态的发展。

于是，在1529年11月5日，查理五世正式进入了博洛尼亚，在圣佩特罗尼奥大教堂（Basilica of S. Petronio）前，教皇克雷芒已经等候在那里迎接他了。经过简短的欢迎仪式，两个人穿过广场来到了波得斯塔宫（Palazzo del Podesta），邻近的公寓已经为他们准备好。在加冕礼开始前，有很多工作要做，许多悬而未决的问题要讨论和解决。毕竟，离罗马被帝国军队洗劫仅仅才过了两年，克雷芒本人实际上仍是查理在圣安杰洛城堡的囚犯；不管怎么说，友好关系必须重新建立。下一步是要跟意大利的所有前帝国敌人都分别签订和平条约，除了教皇本人以外，其中主要的是威尼斯、佛罗伦萨和米兰。只有当和平最终在整个半岛确立时，查理才感到有理由跪在克雷芒面前接受帝国皇冠。加冕日定在1530年2月24日，所有基督教王国的统治者都被邀请前来参加。查理和克雷芒给自己不到四个月的时间来建构意大利的未来。

令人吃惊的是，事实证明，所有的这些努力已经足够了。在指定的这一天到来之前，查理已经为建立一个广泛的意大利同盟奠定了基础——这个同盟已经证实了，在过去的几个世纪里帝国势力在意大利各个领域中获得了空前的发展。因此和平协定签署了；克雷芒的科涅克联盟和查理对于罗马被掠夺这件事好像已经都忘记了，或者说至少已经从心中摈弃了，不再考虑这件事情了；1530年2月24日，在圣佩特罗尼奥大教堂，查理首先被施以涂油礼，然后从教皇手中接过了剑、宝球、权杖和神圣罗马帝国的皇冠。加冕礼进行的过程中发生了一些不愉快的事情，当连接宫殿和教堂的临时木桥断裂的时候，皇帝的随从正好走过去，但是当确认伤亡人员中没有特别重要的人物后，气氛迅速恢复，庆祝活动一直持续到夜里。

由教皇授予皇帝皇冠，这在历史上是最后一次了；正是在这一天，从公元 800 年开始的长达 700 年之久的古老传统最终终止了，公元 800 年的那一次是教皇利奥三世为查理曼授予皇冠。帝国并没有结束，但它却再未、哪怕只是象征性地从基督在尘世中的副手中获得皇冠了。

第十五章　巴巴里和巴巴罗萨

从有时间记录的时候起，人们就开始劫掠他们的同类；从第一艘可航海的船只建好之后，海盗就存在于地中海一带。从“黑暗时代”开始，基督徒和穆斯林就开始当海盗了，无论是否冠以战争的借口，他们对这种行为本身一直是有着清醒意识的。对于土耳其而言，圣约翰骑士团在罗得岛的那些活动就是海盗行为，而当斐迪南与伊莎贝拉打败格拉纳达王国之后，他们想来也并不会把来自北非的穆斯林对西班牙船只的不断侵扰，看作是战败一方继续顽强战斗的表现。然而在这些入侵者眼中却是如此。不过，伴随着16世纪的到来，这些侵扰行为呈现出新的维度：巴巴里（Barbary，或称柏柏尔［Berber］）沿海就成了海盗的同义词。

自从大约900年前阿拉伯人第一次出现之后，北非沿海（除了梅利利亚［Melilla］，它于1497年被西班牙人占据，并且直到今天还是西班牙领土[①]）一直都被倭马亚王朝、阿拔斯王朝、法蒂玛王朝、阿尔摩哈德王朝和阿尔摩拉维德王朝，以及其他更小些的王朝：如突尼斯的贝尼哈夫斯（Beni Hafs）、中央马格里布的贝尼紫燕（Beni Ziyan）和摩洛哥的贝尼梅林（Beni Merin）控制着。他们的统治在很大程度上，并非不开明。他们允许信仰自由，但只针对境内非常小型的基督教社群；13世纪时这里甚至有一位非斯主教——“非洲的利奥”（Leo Africanus），他曾作为一名挂号员为“‘异乡人’医院”工

① 非洲海岸的另一个主要的西班牙飞地休达，到1580年才被占领。

作，他的著作已经被保留了将近四个世纪，它成为欧洲了解有关伊斯兰教信息的主要来源之一。他证实了大约在1526年时，“巴巴里人的文明、人性和正直的处理事情的方式……一个为（他们）自己制定法律和宪法的开化民族”，他们在艺术和科学方面也是学识渊博的。此外，还可以看出他们普遍与西西里岛和意大利的商业共和国有着公平而又密切的贸易关系，他们甚至被15世纪的英国商人们所熟知。对于英国商人而言，阿尔及尔人是很好的交易对象，与他们交易甚至比与君士坦丁堡或者威尼斯还要好打交道。尽管他们的统治者可以禁止海盗活动，但是他们无法阻止私人掠夺者扬帆远航，而基督徒受害者——特别是撒丁岛人、马耳他人、热那亚人和希腊人——他们付出但也收获。实际上直到14世纪末期，他们出动得更多；是他们而不是穆斯林，成为地中海上主要的恐怖主义者。直到大型商业船队出现后，他们的地位才有了一些动摇；从此以后，摩尔人的海盗船登上了舞台中央。

正如我们所知，15世纪经历了两个灾难性事件，分别发生在地中海两端：在东方，君士坦丁堡于1453年陷落，伴随而来的是黑海对基督徒船只的封航；在西方，自1492年以来，不断有摩尔人从西班牙被驱逐出来。这两个事件都导致了无根流浪者的不断增多，东方的基督徒和西方的穆斯林都受到了不良影响和迫害，他们都渴望报复；而他们中的很多人都接受了海盗生活。基督徒通常在地中海中部建立他们的根据地：在西西里岛、马耳他或者是在达尔马提亚海岸数不清的岛屿之中。另一方面，穆斯林只能在北非集合他们的同宗。丹吉尔和突尼斯之间相距大概1200英里，这个区域中的大部分都是肥沃并且水资源丰富的濒海地带，有数不清的天然港湾来满足他们的需要。巴巴里海岸的传奇从此就产生了。

在这片海岸的所有海盗中，最厉害的是一对兄弟：阿鲁吉·巴巴罗萨和希兹尔·巴巴罗萨——更为人们广泛知晓的称呼是海雷丁（Kheir-ed-Din）。他们出生于米蒂利尼岛（Mytilene，今天的莱斯博斯岛），他们的父亲是一名在希腊出生的土耳其禁卫军，退役后以陶工为生，他的妻子以前是一位希腊牧师留下的寡妇。（所有的土耳其禁卫军在他们被强制改变信仰之前都是基督徒，巴巴罗萨兄弟身体里流的不是土耳其人、阿拉伯人或者柏柏尔人的血液，他们著名的红胡须这一事实就是进一步的证明。）阿鲁吉——两兄弟之中年长的——在年少的时候曾参与过一次针对圣约翰骑士团的不成功的远征，在此次远征中他被捕了，并被迫在他们的大型海船中服役。赎身出来之后（我们至今都不知道是谁帮他垫付了赎金），他很快被君士坦丁堡的商人任命为一艘私掠船的船长，并为埃及的马穆鲁克统治者服务。

在这个世纪刚开始的几年时间里，他和他的兄弟驾驶着两艘大帆船出现在了突尼斯——这种船基本上是敞篷的，它每边有 17 个桨，每个桨需要配备两到三个桨手；1504 年，在厄尔巴岛和意大利大陆之间的海峡上，阿鲁吉获得了他第一笔主要的财富：两艘教皇的大帆船，船上满载着来自热那亚的珍贵货物。它们原来是准备开往奇维塔韦基亚的，但是它们永远都不会到达那里了；它们一靠岸就被俘获，然后被光荣地带回了突尼斯。

在接下来的几年中，几艘西班牙船只被攻击，遭受了同样的命运；最终于 1509 年，红衣主教西梅内斯派遣著名的唐·佩德罗·纳瓦罗（Don Pedro Navarro）带领至少 90 艘船和 11000 名士兵出征，他们表面上是沿着北非海岸传播基督教教义，但是实际上是去抓捕坏蛋归案。当奥兰以区区 30 名西班牙人的生命为代价被占领后，4000 名当地居民被残酷地屠杀，还有 5000 人被带回了西班牙，连同价值 50 万达克特的战利品。第二年，贝贾亚（Bougie）和的黎波里也遭遇了同样的下场。但是阿鲁吉此时已经接管了杰尔巴岛（Djeba），并把它作为根据地，其势力在稳步地增强。1512年，他回应了被唐·佩德罗强迫流放的贝贾亚统治者的请求——以免费使用港口为条件帮助他重新复辟。在一个星期的密集轰击之后，当西班牙卫戍部队正准备投降时，一发幸运的子弹打中了阿鲁吉的左臂；围攻停止了，阿鲁吉的舰队返回了突尼斯，在归途中捕获了一艘热那亚人的大帆船。

热那亚人很快就开始了复仇，他们的海军将领安德烈·多里亚（Andrea Doria）很快带领着12艘大帆船朝突尼斯驶去，他们洗劫了堡垒，捕获了一半的海盗船只。当阿鲁吉的伤势好了以后，他也开始重新反攻，1516年他接受了另一个请求——这次来自阿尔及尔的谢里姆王子。阿尔及尔这座城市还没有被唐·佩德罗所占据，但是在两年前，在一次阻止阿尔及尔人不断攻击西班牙船只的尝试中，西班牙人加强了一个海湾中的近海岛屿上的防御工事，也就是众所周知的佩尼翁要塞（Penon）。在那里他们可以控制海港，并且威胁来往的船只。阿鲁吉不再犹豫。坏运气已经使他无法再夺取贝贾亚了，但阿尔及尔是一个更大的奖赏，而且还能实现阿鲁吉长期以来的梦想，即为伟大的巴巴里王国找一个伟大的首都。

阿鲁吉到现在已经有足够的力量来调动一支16只大帆船的舰队——舰队由他的兄弟希兹尔指挥——还有一支大约6000人的军队。他带领着这支舰队以及军队沿着海岸线向阿尔及尔挺进，中途仅在舍尔沙勒（Cherchel）做了短暂的休息。在向西几英里处，有另外一位海上冒险家，一个名叫卡拉·哈桑（Kara Hassan）的土耳其人为他自己创建了一个小小苏丹国，并且集合了一些摩尔人和土耳其人组成一支小军队，而且拥有一些船只。这些正是巴巴罗萨所需要的。但他并不是要与卡拉·哈桑建立联盟，他觉得用弯刀去砍掉他的头会更容易些。到达阿尔及尔后，他立即对岛上的堡垒开始了一场猛烈的炮轰；然而三个星期之后，他发现这几乎没有什么显著效果。面临着在王子面前丢脸的危险，他改变了计划。几天之后，谢里姆在他的浴室里被杀，阿鲁吉正式宣布自己是苏丹。

阿尔及尔人很清楚，邀请巴巴罗萨来帮助他们是个错误，于是很快开始与佩尼翁的西班牙驻军进行秘密会谈，商议献城的事。但是阿鲁吉通过他遍布全城的间谍网络，很快就得到了风声。在一个星期五，当所有的重要人物都聚集到城中最大的清真寺时，寺门突然被关上，信徒们发现自己已经被武装军人包围住了。他们被用自己的头巾一个接一个地捆绑住，然后被带到正门去见证主要的阴谋者被斩首。

这个意外事件的消息很快就传到了西班牙，西梅内斯被震惊了。1517 年 5 月，他发起了第二次远征来对付阿鲁吉：在这个国家主要的海军将领唐·佩德罗·纳瓦罗的领导下组成了一支 1 万人的军队。巴巴罗萨再一次迅速行动。他们向这支西班牙军队发动了猛烈攻击，此时西班牙军队还没有来得及全部登岸，也还没有时间进行集结部署，其中的 3000 多人被杀。剩下的人匆忙登船逃之夭夭。即使这样，运气又再一次捉弄了他们。接近傍晚的时候，一场暴风雨突至，把许多船刮上了岸，而巴巴罗萨的人正在那里等候着。只有一艘弹尽粮绝的船悲惨地挣扎着逃回了它的祖国。一个月之后，提奈斯（Tenes，位于阿尔及尔西部大约 90 英里处的一座城市）君主鲁莽地出兵抵抗海盗，他的军队被打得四散奔逃。尽管他自己设法逃到了山里，但没过多久他的城市就落到了阿鲁吉手中，阿鲁吉再一次宣称自己是苏丹。位于西部 200 英里更远处的内陆城市特莱姆森城（Tlemcen）也很快陷落了；当阿鲁吉在 9 月份到达那里的时候，其前任统治者的头颅被插在枪矛上带到他面前。除了奥兰、贝贾亚、佩尼翁要塞以及沿海的一些小城堡之外，阿鲁吉·巴巴罗萨现在几乎掌握了现代阿尔及利亚共和国的所有领土。这个过程只用了他 13 年的时间。

然而奥兰被证明是他的致命弱点。不久之后，在 1517 年 9 月，查理一世——也就是之后的查理五世皇帝抵达了西班牙，这个城市的管理者卡马雷斯侯爵（Marquis of Comares），返回西班牙觐见君主，并讨论北非的现状。那里形势已经极端严峻了。巴巴罗萨在过去的每一个月里，力量都在不断增强；遗留在海岸的为数不多的西班牙领地面临的威胁正不断增加。可以肯定的是，趁一切还不算太晚，现在正是再次进行攻击的时候；然而，这一次一定不能像以前那样低估敌人的士气和军事技能，造成之前行动中的悲惨结果。年轻的国王很快就同意了，他立刻下令，在即将到来的冬天为将要进行的这次远征做好充分准备。舰队预定在初春的时候起航，遵照命令追踪巴巴罗萨并消灭他。

这一次，一支名副其实的西班牙无敌舰队于1518年1月抵达奥兰，一支受过训练的富有作战经验的队伍立刻向特莱姆森城进发。对这个城市的防御工事并不放心，阿鲁吉发出紧急求救请求，恳求非斯（Fez）的苏丹增援人员和装备，但苏丹拒绝了他；同时西班牙军队正在接近，时间紧迫。特莱姆森城不得不放弃；阿鲁吉没有选择只能后退到阿尔及尔。但是——可能是由于他花了太久等待非斯根本不会来的援助——他撤离得太晚了。卡马雷斯在得知他撤离的消息后立刻去追赶他，阿鲁吉拥有极好的马队，但是它们比不上西班牙的纯种马队，西班牙人急行军紧紧地跟着他。据说阿鲁吉往身后抛撒金子和珠宝来拖延追兵，但是卡马雷斯禁止士兵下马，并且最终在阿鲁吉和士兵渡过一条山间河流时赶上了他们。阿鲁吉和先锋部队已经渡过了那条河，但是他返回到那些还没有渡过河的队伍中，在西班牙军队面前形成了一条联合战线。这片河岸成了他最后的立足点，他在只剩下一只手臂的情况下仍在作战，死时年仅44岁。

他死时保持了自己一贯的风格，没有露怯。他一向英勇无畏，有时有些鲁莽，在杀出血路将要横行好几个世纪的那些恃强凌弱的海盗中，或许他是第一个并且是最伟大的一个。在所有与他同时代的人当中，只有埃尔南·科尔特斯（Hernán Cortés）可以与他相提并论。这可能会增加他个人的令人震惊的成就：他从一个没有拥护者的、不被任何人信任的外国人开始做起，在当地人的敌意以及西班牙对他抵制的夹缝间，在短短的几年里，创造了一个强有力且持久的北非国家——只有他才是那些最伟大的西班牙征服者们的对手。

对于卡马雷斯侯爵而言，第一个巴巴罗萨的死及其军队的毁灭开辟了通往阿尔及尔的道路。如果他继续前进到达那座城市，可以肯定的是它会陷落；一旦阿尔及尔落到了西班牙手中，北非的剩余部分很快就都是他的了。但是他没有这么做。相反他直接返回了奥兰——西班牙丧失了这个等待了近300年才有的机会。同时，希兹尔·巴巴罗萨（或者我们现在必须称呼他为海雷丁）继承了他哥哥的衣钵。

想要跟随前人的脚步是困难的，但海雷丁从未丧失过信心。他可能没有阿鲁吉那十足的威风，但他有他哥哥所有的雄心，所有的勇气，并且——可以证明的是——拥有更多政治家的才能和政治智慧。举例来说，阿鲁吉不可能曾经考虑过派遣外交大使到君士坦丁堡就阿尔及尔这个新的省份向苏丹做正式的报告。对于刚在一年前征服了埃及的谢里姆一世来说，这对于他的非洲帝国向西扩张来说是无价的。他立刻任命海雷丁为总督（beylerbey），并且派给他一支2000人的苏丹禁卫军。在他们的帮助下，西班牙所有已征服的地方都被攻克，除了奥兰和在阿尔及尔港之外坚不可摧的佩尼翁要塞。

接下来，主要的阿拉伯人部落和内陆的柏柏尔人部落都加入了这个联盟。在非常短的时间里，这第二位巴巴罗萨比起曾经辉煌的第一位巴巴罗萨更加强大：他控制了中部和西部地中海，他身边聚集了一群非常优秀的海盗船长。这些人包括德拉古茨（Dragut），一位从基督徒转化过来的人，他成为人们所熟知的“出鞘的伊斯兰宝剑”；“士麦那的犹太人”希南（Sinan），他被怀疑使用魔法，因为他能够借助十字弓进行占卜；可怕的艾登·里斯（Aydin Reis），作为卡查迪亚布洛（cachadiablo）为西班牙人所熟知；此外至少还有五六个这样的人，无一例外都是优秀的航海家。在每年的5月至10月之间，没有任何外国船只能够逃脱他们的袭击；他们也毫不惧怕穿越海峡进入广阔的大西洋，在那里他们以逸待劳，等待从加勒比海返回加的斯的西班牙船只。但是这不是他们寻求的唯一财富，最有利可图的是基督徒囚犯，他们既可以用作奴隶在船上工作，有时还能勒索黄金赎金。

有一件事情特别能说明巴巴里海盗在地中海的影响。1529年，艾登·里斯带着14艘小帆船对马略卡岛（Mallorca）发动了一次突袭，在那里他听说有一大群摩利斯科人（改信基督教的穆斯林）希望摆脱西班牙统治，并且准备为通往北非的道路支付高额的费用。船队趁黑夜秘密靠岸，他装载了200个家庭以及相当多的金银财宝，扬帆启航。就在这个时候，突然驶来了一支由8艘西班牙大船组成的舰队，这支舰队是由波都昂多（Portundo）将军指挥的。他刚从热那亚返回，送查理五世参加在博洛尼亚由教皇为他举行的加冕礼。船上还带着大批参加完加冕仪式的贵族。艾登迅速让他的乘客上了岸，然后驶入大海，发起攻击并且很快登上了旗舰。接下来的肉搏战中，波都昂多被杀。战斗结束时，一艘船逃到了伊比沙岛（Ibiza）；另外7艘都被俘获。划桨的穆斯林奴隶从他们的枷锁中被解放出来，被这些船先前的主人们所取代；那些损坏的船只被修好了；摩利斯科人重新上船；这7艘战利品——承载着高贵的乘客，这意味着丰厚的赎金——被顺利地一同带回他们的大本营。

最后巴巴罗萨感觉自己已经做好了解决佩尼翁要塞的准备。佩尼翁要塞正好位于阿尔及尔海港的入口处，长久以来它一直是巴巴罗萨海上运输的威胁。但是直到现在，他才有足够的重炮来完成这个打击。1560 年 5 月 6 日，攻击开始了。在他下令进行最后攻击之前，这个要塞被夜以继日地炮轰了 15 天；到这个时候，西班牙驻军已经没有人留下来继续作战了。之后这个建筑被拆除，在接下来的两年里，他征用基督徒奴隶使用石头修建了一条巨大的连接岛屿和大陆的防波堤道，它至今仍保护着港湾的西部。

在 16 世纪前半期，为什么穆斯林世界对地中海的海上霸权如此热衷呢？首先是因为那里的基督教竞争者寥寥。威尼斯和热那亚控制着亚得里亚海，以及南面相邻的伊奥尼亚海；但圣约翰骑士团——那个时代最优秀的也是善于作战的海军——1522 年从罗得岛被驱逐了出去，要到七年之后他们才在马耳他建立了自己的新家园，当然他们要恢复其以前的影响力和实力的时间还要一段时间。正如我们所看到的，西班牙尽全力扮演积极的角色，但是它主要的精力却转向了新世界。其次，基督教世界仍处在令人绝望的分裂之中。如果西班牙和法国，教皇和皇帝，东部教会和西部教会，那不勒斯王国和西西里王国以及北意大利的君主们能够联合起来，这种前景对于苏丹的臣民来说将是非常可怕的。比起团结一致反抗土耳其人，欧洲人更感兴趣的是互相残杀。相反的，伊斯兰世界依然保持着团结。

一位基督教世界的舰队司令似乎只能控制住自己。1532 年，热那亚的安德烈·多里亚在希腊海域取得了几次对土耳其帝国舰队的胜利。然而矛盾的是，可以确定的说正是这些胜利带来了巴巴罗萨一生中最辉煌的时刻。对于苏丹苏莱曼来说，非常清楚的是大部分土耳其海军要比海盗差很多，如果想在地中海站住脚，一定得重新进行彻底的改组。进一步而言，只有一个人能够做到这一点。因此，1533 年春天，一个来自奥斯曼土耳其的代表团来到阿尔及尔，要求海雷丁在其最方便的时候尽早前往君士坦丁堡。

海盗头子欣然接受了。作为苏丹的忠实臣民——这是不容置疑的——他一定非常重视给予他的荣耀，但是也有他自己的原因。他关注自己东边的近邻突尼斯已经有一段时间了。那里曾经是他和他哥哥的指挥部，但是近几年来，他和阿鲁吉都没有给予它特别的关注。1526年，本尼哈夫斯王朝的新君主在杀害了自己的22个弟兄之后登基。[①] 很快证明他就是一场灾难，1532年，巴巴罗萨收到了来自突尼斯的朋友的正式恳求，请求他到那里上台执政。在他能够采取措施之前，他需要得到苏丹的祝福；如果他能说服苏莱曼给他提供武器和军队的话，那就更好了。

他于第二年8月份扬帆起航，满载着为苏丹精心挑选的礼物，包括——如果我们相信潘普洛纳主教桑多瓦尔（Sandoval）的话——大约200名基督教妇女送给他作为妻妾，她们每个人手中拿着或金或银的礼物；并且他自己也以类似的风格装扮自己。几天之后，他被授予帕夏头衔，并被任命为枢密院成员及舰队总司令。他在君士坦丁堡逗留了将近一年时间，在这期间，他实际上创建了土耳其海军。驻君士坦丁堡的法国大使让·谢诺（Jean Chesneau），1543年报告了如下情况：

> 土耳其的海上霸权开始于海雷丁在这个城市的造船厂度过的第一个冬天，在佩拉区（金角湾的东北部）的岸边有一个造船厂，在这里建造和维修大型海船和其他船只。通常有200多名技术熟练的工人在这里工作……管事的是一位海军司令，土耳其人称他为“海之总督”，当船出海时他负责指挥海军……在他接管土耳其海军之前，除了一小部分海盗之外，其他人对航海知识一窍不通。当他们需要船员编成一个舰队时，他们进入到希腊和安

① 这里实行的是一夫多妻制，所以这样的大家庭并不稀奇。

> 纳托利亚地区的山脉，带回些牧羊人……把他们编到大帆船上或者到其他船上服役。这样做是徒劳无益的，因为他们不知道如何排队也不知道如何当水手，甚至不知道如何在航行中站直。由于这个原因，土耳其人从未在这方面有过任何表现。但突然巴巴罗萨改变了整个系统……他惊人的能力令他的士兵佩服。他在冬天训练了61只大海船，到春天的时候，已经有一支由84艘大船组成的舰队能够出海了。

1534年7月，海雷丁·巴巴罗萨率领着他的新舰队从金角湾起航，穿过马尔马拉海域，沿着达达尼尔海峡进入地中海。他绕过了意大利的“脚趾”，占领并洗劫了雷焦，然后穿过墨西拿海峡朝着那不勒斯前进。十分奇怪的是，西班牙总督对此毫无反应；人们也许会问，是不是他从海盗那里收到了秘密的消息，并且承诺只要他不反抗，他的城市将不受任何的威胁？无论如何，那不勒斯没有成为目标，这支舰队驶向了斯佩隆加（Sperlonga），① 在那里几乎一无所获，仅仅掠夺了一些妇女使用的面霜装上了船。

巴巴罗萨已经将他的目光集中在了一个特殊的女人身上——他将这个女人当作一份非常特殊的礼物送给苏丹：裘利亚·冈萨加（Giulia Gonzaga），韦斯帕夏诺·科隆纳留下的一个年轻优雅的寡妇。她通常被认为是那个年代最漂亮的女性，塞巴斯蒂亚诺·戴尔·彼亚伯（Sebastiano del Piombo）和提香（Titian）为她画像，阿里奥斯托（Ariosto）和塔索（Tasso）吟唱赞美她的诗篇。她在丰迪（Fondi）保有一个优雅且有着文化氛围的小宫廷。这个城市位于距离特拉契纳

① 在这个地方，提比略大帝曾有一栋住宅，并且他把邻近的一个洞穴（现在还能够看到）改造成了一个晚宴大厅。根据苏维托尼乌斯的记载，一天晚上，提比略大帝正在和随从参加宴会，突然一部分天花板掉了下来。很多客人和仆人死了，而大帝却幸运地逃脱了。

(Terracina) 大约 12 英里处的内陆地区，海雷丁和他的小突击队希望出其不意地占领那里并抓住裘利亚。幸运的是，她在他们到达前的几分钟得到了警告，当时她还穿着睡衣，仅带着一个仆人逃离了——她后来判处他死刑，因为他乘她陷入窘境时，大胆冒犯了她（有人推测，在这种情况下，他可能会如此行事）。丰迪，就像曾经预想的那样，付出了代价。

满载着被俘的妇女——她们中的许多人将被运往土耳其的奴隶市场——连同那些从城镇掠夺来的战利品，一部分船只回到了君士坦丁堡。它们也载着苏丹谢里姆给予他的大部分禁卫军——可能是奉苏莱曼的命令回去的。苏丹最近发动了对波斯的战争，希望能够将所有的人留在身边以便于进攻。舰队大部分的船只则朝西南航行，驶向了突尼斯。对于巴巴罗萨而言，远征意大利仅仅是一个初步行动，一场无关紧要的小小演习而已。总的来说，仅仅是为了让苏丹对他的舰队尤其是他的舰队司令留下一些印象。现在是处理重要事情的时候了：推翻穆雷·哈桑（Moulay Hassan），吞并他的突尼斯王国。海雷丁于 8 月 16 日到达海港外，立刻就开始了炮击，结果却发现穆雷·哈桑已经逃之夭夭了。两天后，带着 1000 多名当地非正规军，这位逃亡的统治者半心半意地返回了，但是当海盗船第二次开火时，他再次匆忙逃走了。整个冬天，巴巴罗萨让他的人始终处于忙碌之中，加强海港的防御，建立一个坚不可摧的新堡垒。这个堡垒要足够宽敞，可以容纳 500 人的驻军。

他实在不应这么做，因为他这次做事自信过了头。在计划突尼斯行动时，他也许低估了查理五世可能做出的反应以及这位国王进行报复的能力；无论如何，他已经犯了严重的错误。看一眼地图就可以想象到，查理五世不可能接受他吞并这个国家，因为这个国家离西西里西部两个繁荣的港口——特拉帕尼（Trapani）和马沙拉

(Marsala)——不到100英里，距离巴勒莫也非常的近。懒惰而又贪图享乐的穆雷·哈桑构不成任何威胁，但是现在巴巴罗萨在突尼斯，国王自己治下的西西里受到了严重威胁。他一听到这个消息就开始计划一个庞大的远征行动来收复这座城市。这支入侵舰队的船只主要来自西班牙、那不勒斯、西西里、撒丁岛、马耳他——这个地方是圣约翰骑士团自从被驱逐出罗得岛之后，最近建立起来的——以及热那亚；安德烈·多里亚再一次担任指挥。皇帝本人和一部分西班牙军队——估计大约有400多艘船——于1535年5月底从巴塞罗那起航。部队原先预定在撒丁岛的卡利亚里（Cagliari）会合，他们于6月10日到达那里，并且在途中又招募了另外200人。他们于13日向南航行，第二天就停泊在了突尼斯港口外的锚地。

面对这样一支西班牙无敌舰队，海雷丁·巴巴罗萨非常清楚守住这座目前被他占领的城市的希望是渺茫的。在没有必要的情况下，他并不打算损失更多的船；因此他采取了预防措施，派出15艘最好的船沿着海岸前往波尼（Bône），到那里的距离大约是到阿尔及尔的一半，在那里这些船只能够安全地留作预备队。他和他的士兵像往常一样英勇战斗，但是在7月14日——恰好是查理到达后的一个月——保护内港的拉戈利塔（La Goletta）堡垒被圣约翰骑士所攻破。一周之后，12000名被囚禁在城市中的基督徒俘虏，不知怎么冲开了通往自由的道路，并和之前俘虏他们的人作战。突尼斯很快就丧失了——现在轮到巴巴罗萨逃跑了。他与两名同伴——艾登·里斯和希南，以及其他能够跟随他的士兵一起，从这座城市逃往波尼。

此时，查理应该命令他的军队立刻追击，并且强迫海雷丁继续战斗。如果他这么做的话，是能一劳永逸消灭海盗的，600多艘帝国战舰阻止海雷丁从海上逃跑应该是没有任何困难的。但是这些士兵——也可能包括水手——都忙于强奸和掠夺，因为战争规则允许他们在三天三夜内这样做。在答应每年向皇帝交纳贡赋之后，德里·哈桑随后正式在他这座空壳似的城市里复职了，而西班牙人已经开始修复、加固拉戈利塔堡垒，并且宣布这是西班牙领土，他们要永久驻防。凯旋的基督徒们都认为这次远征是一次巨大的胜利，突尼斯再一次处于友好势力的控制下，西西里安全了，成千上万与他们有着共同宗教信仰的人摆脱了监禁，而也许最重要的是，先前不可战胜的巴巴罗萨最终被打败了。他们可以各自返回家园了，对他们所得到的一切都感到非常满意。

这就是他们所想的。实际上，皇帝派遣安德烈·多里亚沿着海岸向西远征去寻找这个逃亡的海盗并将他抓回来审讯。他并不了解他的对手。这才是真正的海雷丁·巴巴罗萨：他没有像他们设想的那样偷偷地溜回阿尔及尔，恰恰相反，在迅速向北前往巴利阿里群岛之前，他停泊在波尼仅仅是为了聚集更多的船只和物资供应。当他这支分遣队靠近时，可想而知，岛民们认定这是帝国舰队的一部分返回了巴塞罗那，一个印象可以证实——舰队飘扬着帝国的旗帜；因此当它悄悄驶进米诺卡岛（Minorca）东南角的马翁港（Mahon）时，没有遇到任何抵抗。一位抛锚停泊在这里的葡萄牙商人表示了热烈的欢迎；紧接着，舰队突然开火。葡萄牙人措手不及，尽他们所能保卫自己；但是他们的船只还是轻易地被俘获了。整个港口，实际上是整个城市被洗劫和摧毁就只是时间问题了。

1535年晚秋，巴巴罗萨第二次来到君士坦丁堡。他从此再未返回过北非。在他最后的几年中，他担任土耳其海军舰队司令的时间要比做海盗的时间长很多，这让苏丹的敌人感到困惑，尤其是西班牙人、威尼斯人和热那亚人。直到这个时候，威尼斯才得以顺利发展商业活动。苏莱曼智慧的大维齐尔——易卜拉欣帕夏（Ibrahim

Pasha）——被认为是在达尔马提亚海岸出生的一位威尼斯市民；可以肯定的是，他被强迫改信伊斯兰教后，常常在自己心里给威尼斯留下一席之地，并且尽自己最大的努力保证它在地中海的财产安全。然而在1536年春，易卜拉欣在苏莱曼的妻子洛克塞拉娜（Roxelana）的鼓动下被杀害，她想让自己的女婿吕斯泰姆帕夏（Rüstem Pasha）[①] 占据他的位置。因此，威尼斯共和国很可能会像西班牙和热那亚那样成为攻击的对象。

同年，一只帝国舰队在安德烈·多里亚的带领下，在墨西拿俘获了10名土耳其商人；它紧接着又在伊奥尼亚海上出乎意料地对远离帕克索斯（Paxos）的一支土耳其舰队发起了勇猛的突袭。苏丹决定对这两次侮辱应该进行适当的报复，他构思了一个大胆的计划。1537年春，他亲自带领一支2万人的军队穿过色雷斯，沿着巴尔干半岛直达法罗拉（Valona）——现在属于阿尔巴尼亚；与此同时，巴巴罗萨将带领着一支由100艘船组成的舰队航行到这一港口。他将会装载军队并带领舰队穿过布林迪西。布林迪西的地方长官已经被收买了，他承诺打开城市大门。对苏莱曼而言不幸的是，这位地方长官的叛变被及时发现了，他的计划没能达到预期目的。他的军队和海军已经到达了亚得里亚海，苏丹不得不尽快制定一个替代方案。在他进行深思熟虑时，巴巴罗萨沿着阿普利亚海岸发动了一连串的突袭，像往常一样，返回时带着一些财物和奴隶。此时他获悉：其主人已经决定围攻科孚岛。

伊奥尼亚群岛中最大的岛屿——科孚岛从理论上讲，自第四次十

---

① 两个人在现在的伊斯坦布尔都被人们传颂纪念着：易卜拉欣帕夏的宫殿位于竞技场（Hippodrome）的北边，即今天的土耳其和伊斯兰艺术博物馆；吕斯泰姆帕夏的宫殿是城里最高雅的小清真寺之一，1561年由伟大的建筑师希南建造，墙体被华丽的伊兹尼克瓷砖覆盖。

字军东征以来就成为了威尼斯人的一块殖民地。[1] 在1204年那次对原拜占庭帝国的领土的瓜分中，共和国前总督丹多罗主张使其成为一块巨大的共治领地，因为它并不真正符合共和国的胃口，而且也没有任何能将其正确消化的方法。因此它别无选择，只能离开伊奥尼亚群岛，投入到控制住它的希腊和意大利冒险家的怀抱里。从那时起，科孚岛接二连三地落入不同人的手中。最初是被威尼斯的维涅尔家族（Venier）占有，在不同的时代又分别被伊庇鲁斯君主国、西西里的曼弗雷德以及安茹王朝所控制，1386年又回到威尼斯手中。除了帕克索斯以外，它与所有临近的岛屿都不同——从未被土耳其占据过（而且，顺便说一句，永远都不会）。近几年来，它被威尼斯的尊严保护着，但是易卜拉欣帕夏现在死了，并且苏莱曼正带领庞大的军队前来，这个岛看起来很容易就会被夺取。他的整支军队和全部军械都已经登陆——大约有30门大炮，包括一门可以发射50磅重炮弹的大炮，它是当时世界上最大的；军队包围了城镇中的主要堡垒并且开始猛烈地炮轰以迫使它投降。

幸运的是，科孚岛的防御很坚固。城镇位于这个岛屿东海岸的中点，居于这个岩石半岛最顶端的堡垒的后下方，正好朝向阿尔巴尼亚海岸，占据着既靠近陆地又临近海洋的居高临下的位置。在这个堡垒里有一支大约2000人的意大利驻军，还有大约相同数量的科孚人，一些威尼斯舰队的船员正好当时也在那里。食物和弹药供应充足，斗志高昂。对于这些防御者来说，现在需要感到惊恐的是，他们要面对的不仅是来自海上的袭击，而且是海军和陆军的联合行动，经过了周密的计划并且达到了相当的规模。令人震惊的是，尽管这次灾难使得当地的农民和普通市民遭受了苦难，但是这个堡垒，尽管遭到了来自

---

① 参见第七章，第172页。

陆地和海洋上的土耳其大炮不停的打击，以及多次试图占领它的猛烈袭击，不知怎么的，它依然稳稳地屹立着。然后值得庆幸的是：开始下雨了。科孚岛因它凶猛的暴雨而闻名，暴雨在 1537 年 9 月初突然袭击了这个岛，甚至以当地的标准去衡量似乎也是很异常的。大炮陷在泥里不能移动，痢疾和疟疾在土耳其军队中传播。仅仅进行了三个星期的围攻后，土耳其军队于 15 日重新登船离开了，只剩下仍然有些怀疑的驻军去庆祝他们的胜利。

但是战争并没有结束。巴巴罗萨的舰队仍然在活动，威尼斯人手中的其他地中海海港和岛屿可没有科孚岛这样坚固的防御系统。当中的许多岛屿尽管理论上来说仍处于共和国的保护之下，但事实上是处于私人家族的统治之下，它们抵挡不了任何连续性的攻击。巴巴罗萨是不屈不挠的。它们一个接一个地沦陷了：位于伯罗奔尼撒半岛东海岸的纳夫普利亚和马尔维萨（Malvasia，今天的莫奈姆瓦夏［Monemvasia］），然后是一连串的岛屿——斯基罗斯岛（Skyros）、埃伊纳岛（Aegina）、帕特摩斯岛（Patmos）、伊奥斯岛（Ios）、帕罗斯岛、阿斯提巴拉岛（Astipalaia）——所有这些岛屿，距离土耳其本土比离威尼斯更近一些，而此时威尼斯舰队被成群的土耳其帝国军舰封锁在亚得里亚海的狭窄航道内。

这个最为和谐安宁的共和国被迫屈服于土耳其，而海雷丁·巴巴罗萨要为它的耻辱承担责任。不足为奇的是，当他返回君士坦丁堡时，他受到了从未有过的英雄般的欢迎。但是他付出的和他得到的回报一样多：40 万枚金币，1000 名年轻妇女以及 1500 名少年。同时还有为苏丹准备的私人礼物：400 多名穿着深红色衣服的年轻人，拿着金制或者银制的器皿，用珍贵的丝绸包裹着，刺绣的钱袋几乎要被金币撑破了。

对于威尼斯人来说，当得意洋洋的巴巴罗萨驶入金角湾的时候，科孚岛的胜利也变味了；现在每周都有人带回新的失败和损失报告。1538年，他又一次踏上了征途，首先威胁着斯基罗斯岛和斯波拉泽斯群岛（Sporades）中的斯基亚索斯岛（Skiathos），然后是基克拉迪群岛（Cyclades）中的安德罗斯岛（Andros），以及附近的许多小岛。他强迫较大的并且地位比较重要的岛屿缴纳年贡；较小的岛屿被迫为他的船只提供人力，因为他所建立的庞大舰队需要数以千计的桨手，而且桨手长期处于短缺状态。然后他向南航行到克里特岛，这里仍然是威尼斯在地中海东部的主要殖民地，其首府——干地亚（Candia）的防御工事被证明是固若金汤的；但沿海的80多个村庄，以及几个离岛就没有这么幸运了。

与此同时，欧洲看起来毫无能力组建同盟，动议刚提出就被相互猜疑和琐碎的争吵所埋没。1538年夏天有过一次这样的尝试，皇帝、教皇、威尼斯都有热情，他们组织一次十字军，并且还在一定程度上感到乐观。按照这些参加者们预先制订的计划，他们会瓜分奥斯曼帝国；但结局却不是如他们所设想的那样占领了君士坦丁堡，而是以巴巴罗萨的彻底胜利而告终。正当他沿着克里特岛南部海岸航行时，他得到消息：一支大型联合舰队正向南穿过亚得里亚海驶向伊奥尼亚群岛。仅威尼斯分遣队就由81艘船组成——一些是普通海船，但大部分是大帆船——由共和国海军上将文森佐·卡佩罗（Vincenzo Cappello）率领；罗马教皇捐助了另外36艘船，由另外一位威尼斯人马可·格利玛尼（Marco Grimani）率领。当到达科孚岛时，这些船与其他30艘来自西班牙的军舰联合起来。即使这些也只是先头部队，还有期待中皇帝将派出的49艘宽体战舰，它们所以耽搁了是为了等待一种秘密武器：一支由50艘西班牙大帆船组成的分遣队。它们航行平稳、装备精良，在大西洋和新世界已经证明了它们的价值，但是地中海还从没见识过这种船。就像预料中那样，查理已经将整支舰队的指挥权委托给了其信任的海军上将安德烈·多里亚。

为了应付这个局面，巴巴罗萨从他管理的地区召集到大约 150 艘船，而且是在德拉古茨、希南以及许多有丰富经验和足够勇气的前海盗的领导下。这是一支很强大的武装力量；但若单从数量上看，他绝非基督徒联军的对手。可土耳其舰队是团结的；基督教世界却不是。威尼斯人从一开始就不愿意被热那亚人所领导；意大利人和西班牙人也没有任何友爱可言。在长远目标上他们也存在着分歧。卡佩罗最关注保护伊奥尼亚群岛，它们是亚得里亚海的入口。格利玛尼主要关心的是意大利西海岸、奇维塔韦基亚港和奥斯蒂亚港以及罗马本身，它从奥斯蒂亚沿台伯河仅仅只有几英里即可到达。西班牙人从来不担心这些事情，西班牙离得太远。他们非常想给土耳其人上一课，但是当这一切做完了之后，他们最想要的是带着战利品尽快回家。简而言之，意见分歧事实上已经存在了。最后，由于多里亚及其舰队一再拖延，致使联军被迫在科孚岛停留的时间从几天拉长到几周，于是，人们的火气更旺了。

马可·格利玛尼终于忍受不了了，他带领教皇分舰队离开了科孚岛，向南航行朝着位于阿尔塔海湾入口处的普雷维扎（Preveza）驶去。这条伊奥尼亚海上的大通道，与其说是个海湾不如说是条海沟。其覆盖面积大约 250 平方英里，可以通过一个海峡进入，弯曲的海峡在某些地方仅有 0.25 英里宽，因此它提供了一个非常特别的天然港湾。格利玛尼的目的可能是想弄明白土耳其舰队是否在那里设有埋伏。事实证明他们不在那里；另一方面，普雷维扎堡垒的驻军做好了准备，他们的大炮可以在入侵者逃到安全距离之前给他们可怕的打击。

如果格利玛尼能推迟几天行动，他就会发现自己最担心的事情得到了证实。就在他的分遣队几乎消失在北方地平线之时，巴巴罗萨的舰队从南驶来并且直接驶进了那个港湾。在这里，就在离亚克兴不远处，正在1570年前屋大维与马克·安东尼遭遇的地方，他要准备战斗了。

直到9月22日安德烈·多里亚和他的舰队才最终抵达科孚岛。此时关于巴巴罗萨动态的消息已经传到了这个岛上，25日，全部舰船逆风驶离了普雷维扎，但是接下来要做什么？成排地穿过那个狭窄的海峡，首先要冒着堡垒的炮火，然后再要面对土耳其舰队，这是自杀性的；在这种情况下，最好的办法是先攻击那个堡垒，占领它并调转枪口来对付敌人。然而，多里亚拒绝考虑这个方案。如果接下来是一场海战，任何陆地上的严重损失都会毁灭性地削弱他的舰队。他也知道这是季节性暴雨的时节，此时的地中海是最危险的。万一发生大风暴——即使是蔚蓝的清澈天空，9月的风暴也可能半小时就刮起来——他就将被迫撤退到一个避风港，留下没有援助的陆军。这种状况看起来像一个僵局。

毫无疑问，正因为上述原因，26号晚上，多里亚下令起航向南航行进入土耳其海域。巴巴罗萨完全了解他敌人的实力，但是却不清楚他的目的，他没有选择只能去追击。两支舰队在外海相遇。到目前为止多里亚还是对的；当他的船航行到莱夫卡斯岛的西海岸时，土耳其人从阿尔塔海湾出来并且跟着他们。他的问题是他的舰队——由一部分桨船和一部分帆船组成，它们不可能聚在一起。当风力强劲的时候，帆船被吹到了前面；当风向突然改变或者风速下降的时候，那些有桨的船要么远远甩开它们，要么就是放弃自己的优势——大量减少桨手的数量——等候他们赶上来。因此那时他的旗舰就围着莱夫卡斯岛的西南角打转，重型船只几乎是平静地停泊在那里，离他们起航的地方仅仅几英里远。

紧接着风向真的改变了。28 日早晨，风从正南方袭来，舰队在岛的西海岸连成了长长的队伍。可以肯定的是，对多里亚而言，这时正好是返回的好时机。他可以带着他的舰队返回到北方，重新编组，正面迎战土耳其舰队。莫名其妙的是，他仍然待在原地，同时土耳其舰队——几乎都是桨船——包围了莱夫卡斯岛的北端，巴巴罗萨在中间，德拉古茨领导右翼，艾登·里斯指挥左翼。在他们正前方的是联合舰队中最庞大、最强劲、最重型因此也是——在当时的情况下——最慢的舰队。它是威尼斯的大帆船，由共和国最有前途的年轻船长之一——亚历山得罗·孔杜尔墨（Alessandro Condulmer）指挥；它载有一门重型大炮——相当于海岸上一个一般的堡垒了——足够保卫自己；但是现在它被莱夫卡斯山遮住了，它不能动了。这支舰队的指挥官派遣了一艘携带着紧急援助请求的快速帆船到他的上将那里。

巴巴罗萨开始进攻了，孔杜尔墨做了他所能做的一切——事实上做得更好，他等待土耳其军舰驶入其射程范围之内，然后一艘接一艘的将其炸毁。然而他知道他不能无止境地抵挡这样的敌人，一切都取决于多里亚舰队的快速到达。但是舰队没有来。在顺风的支持下，舰队最快可三个小时到达；我们也知道，文森佐·卡佩罗和马可·格利玛尼都强烈催促他们的上将带领全部舰队赶去支援。他最终同意的时候，黄昏已经降临。即使是那样，他仍坚持舰队向西航行时要排成大弧形。

因此，孔杜尔墨被迫孤军奋战——顺便说一句，这也可以证明一艘坚固的大帆船和一船训练有素、纪律性强的船员，即使无法前进也比任何数量的小舰艇更有战斗力。所以他本人、他的船以及大多数战士都幸存了下来。但他不能影响战斗的结果。到巴巴罗萨掉转船头返回普雷维扎时已是日落时分，他至少已经俘获了 2 艘大帆船，其中 1 艘是威尼斯人的，1 艘来自教皇舰队，以及 5 艘西班牙快帆船。多里亚在风力的推动下，到第二天天亮时仍然能够追赶上他的敌人。他的军力要强得多，火力也更优胜。他本来可以毫不费力地扭转局面并给土耳其舰队以沉重打击。然而他完全忽略了这些，调头返回了科孚岛。

为什么这位热那亚一流的海军将领要这样做呢？根据一位法国海军历史学家——他曾经也是一名海军将领——的记载，（他进行的攻击）“比1756年英国人射击船长拜恩(Admiral Byng)的次数要少”。[①] 这仅仅只是多里亚憎恨威尼斯那么简单吗？因为他既不是一个懦夫也不是一个蠢人，背叛或者预谋可能是唯一的解释。无论哪一种解释是真的，他拒绝和一个实力远逊于他的敌人交战，那就是丢掉了一个取得决定性胜利的机会。多亏了他，那次胜利才属于巴巴罗萨；而直接的受害者，毋庸置疑，是威尼斯。

到目前为止非常清楚的是，威尼斯必须在自己能够接受的范围内与苏丹进行一场停战谈判。从它目前的损失来看，最大的损失是纳夫普利亚和马尔维萨，这是它在伯罗奔尼撒半岛最后的贸易据点，为了换回它们，威尼斯准备支付30万达克特的赎金。无论如何这都是一笔巨大的赔款。一般认为，苏莱曼将会欣然接受。然而事实证明，他并没有那么做。1540年10月，威尼斯被迫接受了比预期更为苛刻的一项条约。它支付了同样多的赎金，但是却没有收回纳夫普利亚或马尔维萨，或者是在过去三年里丢失的任何领土。而且此后威尼斯船在没有得到允许的情况下，将不能进入或者离开土耳其港口。共和国再也没有从这次打击中恢复过来，但是这个具有代表性的局面引起了整个基督教地中海世界越来越多的关注。一切都赤裸裸地暴露了出来：

---

① 朱里安·德拉·格拉维埃（Jurien de la Gravière）：《多利亚和巴巴罗萨》（*Doria et Barberousse*），巴黎，1886年。引自布拉德福德（Bradford）的《苏丹的海军将领》（*The Sultan's Admiral*）。（其实拜恩是在1757年被处死的。）

扩张时代已经过去了，萎缩的时代悄然而至。贸易方式也迅速改变了；即使不利的经济影响并未像悲观主义者担心的那样糟糕，长期来说也不容乐观。土耳其人就在门口，它无止境地扩张，它的胃口是永远填不满的；而基督教西方不能组织任何有效的抵抗。

如今巴巴罗萨大约已经 55 岁了。他仍是七年前就效忠于苏丹的那个他，在这些年里，他与之前的那个自己一样出色。但是自此以后，他将和一个异乎寻常的新伙伴并肩作战：法国的弗朗西斯一世。两年前，即 1536 年，我们已经发现一支土耳其分舰队在马赛港过冬；在接下来的一年里，这两支势力——让基督教欧洲的其他地区和大多数法国人反感——的关系变得越来越亲密。对于弗朗西斯而言，这是他准备与皇帝作战的有利联盟；对于杰出的苏莱曼而言，这是一个无与伦比的、比以往任何时候都能更彻底地分裂基督教世界的机会。

直到 1543 年，这个令人难以置信的联盟才开始出战他们共同的敌人，可一旦他们开始这样做，其袭击的力度非常大。在这一年的初夏，不少于 100 艘的土耳其战舰袭击了查理最薄弱的地方——南意大利。他们从南部开始扫荡，先是洗劫了雷焦——根据记载，巴巴罗萨抓住那里地方长官的女儿并与她结婚——然后穿过墨西拿海峡，英勇地登上卡拉布里亚海岸，随后在那里进行了袭击和掠夺。到达加埃塔后他们强占了堡垒，并在全城劫掠。几天之后，在他们向西北航行去一个在马赛和法国事先约好的地点之前，他们来到了台伯河口，袭击了奇维塔韦基亚。

现在开始有麻烦了。那里没有巴巴罗萨预订的，他所必需的储备品和供应品的丝毫痕迹，而弗朗西斯曾经承诺会为他准备好的。国王的代表，也是舰队指挥官年轻的昂吉安公爵（Duke of Enghien）低三下四地道歉，和与他一起来的所有法国领导人一起，对他面前的海盗表现得极为顺从，眼睛都不敢往上抬。但是巴巴罗萨并不掩饰他的不满，他很在乎这种不可原谅的、不负责任的行为；事实上他极为生气，甚至差点拒绝了昂吉安的提议：联合舰队应该沿着海岸向东航行到尼斯（Nice）。这个城市从14世纪晚期开始，在萨伏伊公爵的统治下，一直享有和平与繁荣，但从弗朗西斯和查理竞争之初就已经是一个争论的焦点。现在它面临着自己历史上最残酷的炮击。

这座城市现在还对1543年8月的“尼斯围攻”记忆犹新，全因为它勇敢的女英雄。15日凌晨，巴巴罗萨和昂吉安已经在最重要的堡垒附近的城墙上打开了一个突破口，正当那儿的驻军要逃走时，当地一位名叫卡特丽娜·塞古拉纳（Caterina Segurana）的妇女带着一部分她召集起来的勇敢的人，堵住了那个通道，守住了堡垒。城镇暂时得救了，但卡特丽娜似乎只是延缓了必然发生的事情。仅一周后，就是22日，这里的首领最终屈服了。在这种情况下，他是有资格——并且毫无疑问也是大家都希望的——要求得到保留尊严的条款的；但就在两天内，尼斯被洗劫并被付之一炬。土耳其人不可避免地遭到了谴责，但事实上几乎都是法国士兵的责任。这是马雷夏尔·德·维勒维利（Maréchal de vieilleville）的看法，他在1571年去世前短暂地叙述了他的回忆：

> 掠夺和焚毁尼斯城，巴巴罗萨和萨拉森人都不应该受到责备，因为事情发生的时候他们已经离开……为了保护法国的荣誉，或者应该说是保护基督教的名声，暴行的罪责被栽赃给了可怜的巴巴罗萨。

尽管土耳其舰队冬天返回了土伦，但围攻和占领尼斯是法国和土耳其第一次也是最后一次联合行动。1544年，弗朗西斯和他的老对手查理五世订立了和约，而海雷丁·巴巴罗萨在英雄式的欢迎中回到了君士坦丁堡——在归途中劫掠了厄尔巴岛、普罗奇达岛（Procida）、伊斯其兰岛（Ischia）、利帕里群岛（Lipari）和紧挨着它的伊奥利亚群岛——这些都是帝国领土。两年后他去世了，终年 63 岁。他唯一的儿子哈桑，成为他父亲和大伯创造的阿尔及利亚王国的统治者，但是那位老人真正的继承人是一直跟随他的副官德拉古茨——有“地中海的活地图”之称——他继续致力于他的事业。1551 年，也就是 16 年后，他从圣约翰骑士团手中抢走了的黎波里，[①] 9 年后又狠狠击退了一支前来驱逐他的西班牙舰队。随后他得到了成为的黎波里苏丹的奖赏，但他从没有闲置起他的宝剑。1565 年，那年他 80 岁，在围攻马耳他的战斗中被杀。

但是，围攻马耳他就是另外一个故事了。

① 的黎波里于 1510 年归西班牙管辖，1535 年西班牙派骑士驻防。

THE MIDDLE SEA

A HISTORY OF THE MEDITERRANEAN

[英]约翰 · 朱利叶斯 · 诺威奇 著

殷亚平等 译

在亚非欧之间
地中海史

下

John Julius Norwich

中国出版集团

東方出版中心

目 录

第十六章　马耳他和塞浦路斯　/ 367
第十七章　勒班陀和西班牙的阴谋　/ 390
第十八章　克里特岛和伯罗奔尼撒半岛　/ 415
第十九章　西班牙王位继承战争　/ 440
第二十章　围攻直布罗陀　/ 478
第二十一章　青年拿破仑　/ 497
第二十二章　那不勒斯的插曲　/ 523
第二十三章　拿破仑走后的埃及　/ 531
第二十四章　欧洲的殖民　/ 545
第二十五章　希腊的自由　/ 559
第二十六章　穆罕默德·阿里和北非　/ 597
第二十七章　1848 年意大利革命　/ 606
第二十八章　意大利复兴运动　/ 618
第二十九章　女王和卡洛斯派　/ 650

第三十章　埃及和运河　/ 665
第三十一章　巴尔干战争　/ 673
第三十二章　第一次世界大战　/ 694
第三十三章　和平　/ 716

世系表　/ 723
译后记　/ 728

第十六章　马耳他和塞浦路斯

马耳他的历史真正始于腓尼基人。大约公元前 800 年左右，他们在那里建立了一个贸易据点。令人惊讶的是，从许多希腊碑铭上看，这座岛上似乎从未有过希腊殖民地。布匿战争期间，马耳他的战略重要性开始凸显，罗马和迦太基对它展开了争夺；在马耳他于公元前 218 年最终落入罗马人手中之前，它曾几经易手。在接下来的一个半世纪里，马耳他的历史先后迎来了罗马人、拜占庭人、阿拉伯人和诺曼人。首先是西西里岛的诺曼统治者罗杰公爵一世于 1090 年征服了马耳他。据说罗杰截下他自己深红色旗帜的一部分，交给马耳他人作为他们的旗帜。马耳他人发现这旗帜太小，就加了一条白布，红白相间——还有后来附加的圣约翰骑士团的十字架——今天马耳他的旗帜仍然沿用了这些颜色。

12 世纪末，随着西西里诺曼人统治的瓦解，马耳他作为封地被授予了西西里王国的海军大将，但这块领地连同西西里岛很快就落入安茹的查理之手，在西西里晚祷战争后，它又成为阿拉贡王国的一部分。大约 1250 年，阿拉贡国王詹姆士一世驱逐了所有穆斯林——到那时为止，穆斯林已占阿拉贡王国人口的大多数——此后，马耳他岛至少在表面上还处于西班牙的统治下，直到 1530 年查理五世把它赠给圣约翰骑士团。35 年之后，马耳他将会成为地中海舞台的中心。

从 1546 年海雷丁・巴巴罗萨去世到 1565 年对马耳他岛的围攻，这 19 年间国际政治局势发生了巨大变化。英国的亨利八世和法国的弗

西班牙国王菲利普二世。

朗西斯一世于1547年的两个月内相继去世，1556年查理五世退位，隐居到埃斯特雷马杜拉（Extremadura）的尤斯特（Yuste）修道院。两年之后他也走进了坟墓。他把西班牙留给了他的儿子菲利普二世（Philip II），把帝国传给了他的兄弟斐迪南；但后者于1564年去世，他的儿子马克西米连二世（Maximilian II）继位。此时旧的统治者中只有一位还活跃在这个舞台的中心。尽管苏丹苏莱曼大帝如今已70多岁了，但是他的体力和精力仍然旺盛，他的野心也同样如此。

在罗得岛陷落后，苏莱曼就一直悔恨自己对圣约翰骑士团太仁慈了。他把安全通行权授予他们，以换取骑士团永远不再拿起武器反抗他的承诺；但这个承诺屡次遭受公然践踏。很明显，把骑士团赶出马耳他的时机现已成熟，就像苏莱曼把他们驱逐出罗得岛那样。现在，骑士团在他们的新家安顿下来，但他们仍像以往那样，已经成为一个令人讨厌的持续威胁因素。苏丹这样做还有另一个原因。马耳他位于中部地中海的核心位置上，是的黎波里（由土耳其掌控）和西西里岛之间的一块天然垫脚石，后者属于西班牙的腓力。一旦马耳他落入苏莱曼之手，它就为苏莱曼征服西西里岛提供了一个理想跳板，随后苏莱曼将会马上登陆意大利南部。

1530年，当查理五世把这个岛屿赐予骑士团时，他已经完全意识到了这个问题。还有比这更好的办法么？在自己不付出代价的情况下，能有人来保卫他帝国的南部通路？而事实上，骑士团最初对这项提议并无热情：他们早在六年前就考虑过移居马耳他的可能性，并派出八位委员去岛上调查。“这个岛”，这些委员们写道：

> 全都是所谓凝灰岩的软砂岩石，大约有6—7里格长，3—4里格宽；① 岩石表面仅覆盖着3或4英尺高的泥土。岛上石头很多，而且完全不适合种植玉米和其他谷物。但它出产大量的无花果、甜瓜和其他水果。该岛的主要贸易产品包括蜂蜜、棉花和孜然籽。居民们用这些物品交换谷物。除了岛中心的几处泉水外，这里没有活水，甚至也没有井水，所以居民们用贮水器储存雨水。木材很稀少，竟需要按磅数称量购买，而且居民们必须使用晒干的牛粪或蓟类植物来烹制他们的食物。

无可否认，马耳他不是一个天然的防御屏障，但另一方面它享有三个巨大的优势：能无限制地供应光滑的蜜色建筑石材；培养优良的采石工、建筑者、石匠和雕刻师的传统；以及可能是世界上最好的天然港口。今天从瓦莱塔（Valletta）的高处俯瞰大港（Grand Harbour），其景色仍然美不胜收，令人震撼。毫无疑问，正是基于这些原因，骑士团在经历了八年的流浪生活后，决定接受皇帝提供的租约。租赁的条件非常优惠，每年在万灵之日（All Souls' Day）献上一只猎鹰。

骑士团从未忘记他们首先而且最重要的是医院骑士团。五个多世纪以来，照顾病人是他们的职责所在（*raison d'être*）。当他们在比尔古（Birgu，现在的维托甲奥萨［Vittoriosa］）刚刚定居时，就在位于大港另一端两条长岬的北面开始建造一所医院②。罗得岛上的前辈

---

① 实际上是砂岩，大约18英里长9英里宽。

② 这里的第一家医院仍旧屹立于圣史葛拉思嘉街（Triq Santa Scholastica）。现在是一座本笃（Benedictine）修女的修道院。

们在基督教世界很著名，西部世界每个国家的病人都曾拜访过他们。他们下决心要在马耳他岛上建立一所同样的机构，实际上，这很快就变成了事实。他们的第二个优势是防御：他们有条件优良的海港和海军防御工事。在一个没有树木的岛上发展船舶技术是一项艰巨的任务，然而，在接下来的30多年里，他们逐步建立起一支庞大的舰队，到1560年，他们的海军力量可能已经能和罗得岛时代相媲美了。当他们收到苏莱曼即将远征的消息时，他们的海军至少已准备就绪了。

当然，面对即将来临的危险，骑士团也没有什么幻想。他们知道自己没有大量的援兵、士兵和船只，他们要在数量上超过对手是毫无希望的，他们只是期望从稀少且多石的土地上获得些许食物养料。但是他们也知道，对于被围困的军队来说，土地本身显得越发荒凉。然而，罗得岛离土耳其海岸只有10英里，但马耳他却几乎有1000英里。从北非来的援军可能不会多；而且很明显，苏丹的这支用来袭击他们的部队，却必须在很大程度上自给自足。整支军队大约有4万人，并配备了马匹、大炮、弹药和军需供给，而且食物和饮水甚至连做饭的燃料也很充足，难怪苏丹的这支入侵舰队被说成是有史以来在公海上进行战争的规模最大的舰队之一。舰队由200多艘船组成，包括130艘有桨战舰，30艘三桅帆装军舰①和11艘像大型帆船那样完全展帆才能航行的桶形商船。剩下的是各种各样的小船，几乎都是三桅帆船和快速军舰。这些船只周围还有数量众多的武装民船，他们就像秃鹫一样环绕在周围，不过他们不属于官方远征队的一部分。

1557年，同苏莱曼年纪几乎一般大的让·帕里索特·德拉·瓦

① 三桅帆装军舰可能被描述为是单层甲板大帆船和大型帆船的一个综合。它基本上是一艘货船，不仅主要依靠帆航行，而且还装有桨以及重量级的大炮。

莱特（Jean Parisot de la Valette）在 63 岁时当选为圣约翰骑士团第 48 任大团长。阿贝·德·布冉特姆（Abbè de Brantôme）告诉我们，他是加斯科尼人，很英俊，而且能流利地使用几种语言，包括意大利语、西班牙语、希腊语、土耳其语以及阿拉伯语。他同时也是一位坚定的基督教信仰拥护者。这位骑士在他 28 岁还年轻的时候曾参加过罗得岛被围之战，被俘获后在土耳其战舰的厨房里做了一年的奴隶。他全心全意地为骑士团服务，据说，“他能够使一个新教徒转变信仰，或者治理好一个王国”。信仰、力量、领导和钢铁般的纪律他都具有。他也确实需要这些来面对严峻的考验。

毋庸置疑，骑士团在君士坦丁堡有自己的间谍。当苏丹准备开战的时候他们就知道了，拉·瓦莱特在马耳他挑选出每一个能正常行动的人为战斗作全力准备。他向遍布整个欧洲的骑士团成员们呼吁援军和物资；但即使如此，在围攻的初始阶段，瓦莱特所能依靠的也只有 540 名骑士和他们的武装仆从，还有大约 1000 名西班牙步兵和火绳枪兵，以及大概 4000 名马耳他当地的民兵。瓦莱特还下令从西西里岛紧急调动粮食贮备，法国和西班牙也提供给他们额外的武器和军需品。他把所有的水池都蓄满了水，他没有后悔在马尔萨大港之外的低地水域做了些准备，他知道大港之外的低地区域是围困他们的军队的主要水源地；在时机成熟时，他将让这里的水受到动物死尸的污染。

1565 年 5 月 18 日，一支庞大的舰队出现在了海平面上。苏丹对于因自己年纪太大而不能亲自指挥舰队感到懊恼，因为正是他率领舰队最终攻陷了罗得岛。他把指挥权分成两部分，海军由他年轻的女婿皮亚拉帕夏（Piale Pasha，几年前他曾从西班牙人手中夺取过杰尔巴岛）指挥，陆军由他的妹夫穆斯塔法帕夏（Mustafa Pasha）指挥。结果证明这是一个灾难性的决定，因为这两人彼此憎恨，穆斯塔法对这位年轻人的成功及其受到苏丹的欣赏十分妒忌。

很明显，大港的防御十分牢固，不大可能选择在这个地点登陆。最后，皮亚拉选择了在东南部末端的马沙西冬科港（Marsascirocco，现在的马尔萨什洛克［Marsaxlokk］）登陆，这里距离比尔古有5英里远。骑士团没有试图阻止皮亚拉。因为无论他们想在公海还是在滩头阵地上阻止这支势力如此庞大的军队都是不太可能的；他们唯一的希望就寄托在他们的防御工事上，他们从未期望从这些防御工事出来与敌人对战，除非在非常迫切的时候。土耳其人一上岸，就向城市推进，并在面向马尔萨（Marsa）的斜坡下扎营，在这里，他们可以对整个港口一览无余。展现在他们面前的是水源汇聚地，右侧有三条狭窄的小溪，左侧是赛贝拉斯（Sciberras）山峰长长的山脊——就是今天瓦莱塔屹立的地方——连同圣艾莫城堡（Fort St Elmo）高耸的城墙，它在最远处保卫着入口。

皮亚拉帕夏本来应该选择让他的舰队驶向南方（因为那里在夏季是完全安全的），这样圣艾莫城堡将不会是土耳其人要攻占的重点目标。与之相反，皮亚拉决定带他的舰队驶向东北部海岸并进入了马尔萨姆谢特（Marsamuscetto，又叫Marsamxett）港，该港口延伸至赛贝拉斯山峰的北边。这里固然可提供很多庇护所；但不幸的是，这使他和穆斯塔法帕夏再次产生了激烈的分歧。此外，这还使其航路直接暴露于城堡的枪炮之下，这样一来，当务之急就是摧毁这个城堡。

对圣艾莫城堡的粗略考察表明，作为那种相当传统的星形城堡，摧毁圣艾莫城堡或许并不是一件特别棘手的事。最大的困难是要拖拽重炮沿着赛贝拉斯山的山脊走将近2英里，而且是在比尔古海岬和对岸的森格莱阿（Senglea）的枪炮射击范围之内。要在这里挖战壕是不可能的；因为挖掘者的铲子在几英尺之内就会触到坚硬的岩石。如果要使推着巨大的加农炮上坡到山脊的士兵们受到保护的话，就只能从马尔萨运土过来，并用这些土修筑防御工事。所有的这些消耗了苏丹军队的大部分精力，这也为拉·瓦莱特和他的士兵们提供了喘息的空间，他们夜以继日地工作以进一步加强圣安杰洛城堡（Fort St Angelo）的防御，这是他们在比尔古的末端的首要防御工事。

5月23日，对圣艾莫城堡的攻击郑重其事地开始了。炮击日夜不停。几天后，最著名的奥斯曼海陆全能指挥官德拉古茨到达这里，他看起来并没有受到80岁高龄的影响。他亲自指挥围攻，在城堡的北部和南部分别放置了新的排炮，瞬间，城堡就遭受到来自三面的持续轰炸。到这个月月底，城墙好像随时都会倒塌。每天晚上，在夜色的掩护下，小船从圣安杰洛城堡悄悄穿过港口带来生力军和食物，返回时把受伤者带回比尔古的医院；多亏了他们，城堡才能坚持那么久。然而，一天夜里，一艘返回的船除了带回东西外还带来了消息：受围困的城堡派来代表团告诉大团长，他们不能再继续下去了。拉·瓦莱特冷冷地看着他们回答说，既然那样，他会用其他能够胜任的人代替他们，并且会自己亲自领导这些人。听完这番话，这些人就惭愧地回到了他们的兵营。圣艾莫城堡或许会被毁灭，但绝对不会投降。

无论如何，城堡总共幸存了31天。6月23日，土耳其人突破了城堡的入口，原先的150多个守卫者中大约只有60个人活了下来。但是，所有这些人中除了9个人之外都被立即斩首，他们的身体被钉在了木质的十字架上，就像嘲笑耶稣在十字架上受难，他们的尸体漂浮在水面上，穿过海港入口漂至圣安杰洛城堡下面的水域。当拉·瓦莱特看到这些尸体后，他命令立即处决所有的土耳其战俘。然后，俘虏们的脑袋被塞进放置在较高棱堡上的两台加农炮的后膛里，开火射到圣艾莫城堡的废墟里。这则消息的含义是确定无疑的。从那时候起双方再无任何和解的可能。

现在土耳其人已达成了他们的首个目标。然而，他们所做的这一切花费了将近一个月的时间，并且他们精锐部队中约有8000人丧生，这几乎占了他们整支军队的四分之一。他们还失去了德拉古茨，他在围攻圣艾莫的最后阶段被加农炮击中。他只活到听到城堡陷落的消息，他面朝城堡，“他脸上因若干迹象而洋溢着喜悦，他仰望天堂好像在感谢神的恩惠，然后就立刻断了气”。据说，穆斯塔法站在废墟中，自始至终凝视着这个被炎热笼罩的海港。“如果这么小的一个儿子都要我们耗费如此大的代价”，他喃喃地说，“那么更大的父亲要花费什么样的代价呢？”

当然，这位父亲就是指圣安杰洛城堡。它的背后是骑士团设防的城市——比尔古海岬，另一边西南方狭窄的入口位于森格莱阿海岬附近。这两座正完全被奥斯曼军队包围着的、相类似的半岛是否能防得住，决定着圣约翰骑士团的生存与否。他们与外界的联系是穿越一条小溪（现在这条溪叫船坞溪）的一座不太坚固的桥，以及在溪口用锁链串起来的平底船连成的浮桥。在陆地尽头，围栏的桩柱已经被打到泥底。尽管如此，在圣艾莫陷落以后，通向大港的入口已经不再被封锁了。土耳其人的船只可以全程航行，只有来自圣安杰洛的枪炮会阻碍到他们。

但也有聊以慰藉的事情。土耳其人为了到达他们在森格莱阿、比尔古南部的据点，他们不得不拖着重型加农炮、背着弹药和日常用品沿着赛贝拉斯山行军，然后绕过港口，穿越一段 4 英里长的小路，这条小路只比通行运货马车的小径稍好一些，并且还要顶着马耳他夏季的高温。而且，正是在圣艾莫陷落的那一天，从西西里岛驶来的船运来了大约 1000 人的援军，其中包括 42 名骑士，均已设法登陆，一个星期之后，援军连夜行进到达现在的卡坎拉（Kalkara）——比尔古东北部那边的另一条小河。援军的到来，特别是他们不可思议地成功避开了土耳其军队，极大地提升了骑士们的士气。

但是战斗仍在继续着。7月中旬，一场针对森格莱阿的步调一致的进攻从海上发起。土耳其人在当地那些勇敢的马耳他人面前连连受挫，马耳他出色的游泳健将们把土耳其人从船上掀翻下海，在水中徒手与他们搏斗。最后一个隐蔽的炮台彻底击溃了土耳其人。在8月7日那天，一名西班牙军队中的意大利炮手——弗朗切斯科·巴尔比·迪·柯勒乔（Franceso Balbi di Correggio）——以目击者的角度引人入胜地叙述了这场包围战，他写道：

8月7日：一场大规模的袭击——在圣迈克尔有8000人，在卡斯蒂利亚港口有4000人。当他们离开战壕时我们已经各就各位，枪已上膛，战场沸腾了……当他们像预计的那样攀爬上工事……袭击持续了9个小时，从黎明到午后，这期间土耳其军队增援的部队有十多次，而我们则喝着好水酿造的葡萄酒，匆匆咽几口面包以振作精神……胜利再次被赐予了我们……尽管如此，我们中无论是谁都因为受伤或是疲劳而无法再用自己的脚站着了。

此时土耳其军队的士气日益低迷。天气酷热难耐，食物和水极度短缺，以前骑士们故意用动物的死尸污染马尔萨的水井，现在马耳他人则用很多土耳其人的尸体去污染水井。到8月底，痢疾已经蔓延到了整个奥斯曼军队的营地，那些病患在炎炎烈日下被抬到临时搭建的用于安置病人的帐篷中，成百上千的土耳其人死在了那里。土耳其人知道秋分即将来临，紧随其后的冬季风暴也将很快到来。穆斯塔法帕夏打算如有必要就在岛上过冬，他希望能饿死那些被围困者；但皮亚拉持有异议。他认为，海军比陆军要重要得多，他不能让船队在缺乏适宜抛锚地点和充足保养设备的情况下冒险在这里过冬。他最迟会在

9 月中旬带领他的舰队上路，如果陆军想留下那是陆军自己的事，他们将按自己的计划行事。

如果苏莱曼的军队决定留下来，骑士们还能否在困境中坚持下去还不一定。不过 9 月 7 日，他们的救援部队到来了。一支所谓的特级救援（the Gran Soccorso）舰队抵达，船上有西班牙驻西西里总督派来的援军——约 9000 人，虽然比拉・瓦莱特所期望的要少，但也完全足够了。此时，穆斯塔法也不再犹豫不决。瞬间，战场上的枪炮声和喧哗声消失了，取而代之的是漫天飞舞的烟尘，这些烟尘是这支曾经骄横跋扈，现剩余总数不足 1/4 的军队蹒跚返回时，不耐烦的等待船队行进时所掀起的。但基督徒们的损失也不小。240 多位骑士死亡，幸存者不是受伤就是残废。现在能负载武器者只有 600 人。比尔古城中几乎已成为一片废墟，所有东西都被火烧得脆弱不堪，这确实是一场灾难。诚然，当拉・瓦莱特一瘸一拐地走向前去，放置他新首都第一块石头的时候，他不是在那个旧首都，而是在对面赛贝拉斯山顶建造一座能控制住大港的城市。这座城市以他的名字命名，叫瓦莱塔（Valletta），他当之无愧。① 三年之后，1568 年的 8 月 21 日，他去世了。顺便说一下，他的书记员奥利弗・斯塔基爵士（Sir Oliver Starkey）是和他一起战斗的唯一一位英国人，参加了整场包围战。他用拉丁语给拉・瓦莱特写了墓志铭，现在在圣约翰大教堂内仍可以读到。翻译成现在的话是：

> 这里躺着拉・瓦莱特，他值得永久尊敬。他曾经是亚洲和非洲苦难的根源，当他挥舞神圣之剑击退了异教徒后，他成为欧洲之盾。他是第一个被埋葬在这个由他创建的、他热爱的城市里

---

① 在地名中附加的“l”，对此没有很好的解释。

的人。

在这座新城市中，最先修建的主要建筑物当然是医院。像在比尔古一样，医院一直存在着，但现今，医院规模更大，有着更加宏伟的设计。医院的大病房长约155米，拥有欧洲最长的走廊（采用无立柱支撑的屋顶）。到1700年，医院可为大约1000个病人提供住院医疗。冬天，医院的墙上挂着羊毛毯，夏天悬挂着马提亚·普莱蒂（Mattia Preti）① 的油画。医院不仅空间大、采光充足，而且空气也很新鲜，这些优点获得了骑士们（在整个16世纪的医护人员中他们是一枝独秀的）的信赖。此外，与其他同时代的医院不同的是，那些医院中的病人通常使用沾满各种细菌的木制浅盘吃饭，但这家医院使用银质的盘子和杯子。这自然降低了滋生传染病的风险。医院对每件器物都仔细编号，在边盖上刻有圣灵标记的徽章。骑士们最终明白了优良护理的价值，他们中所有人无论资历深浅，都竭尽全力履行巡视病房的责任，周五会轮到大团长自己。对"我们的主人——病人"来说，只有做到最好才能满足他们的需要。

"只要我一人能活下去，我的军队就能取得胜利！"这是苏莱曼在听到坏消息时说出的名言，他非常正确。假如他在1522年能亲自独立指挥的话，那么可能就不会在皮亚拉和穆斯塔法之间发生具有破坏性的对抗。他至高无上的权威和充满灵感的指挥才能，也许能够挽回局势。当时他对此的第一反应是，发誓要在来年春天亲自领导一场对马耳他的远征，不过后来他改变了想法，代之以针对匈牙利和奥地利

---

① 1613－1699年。是那不勒斯学校的一位画家，他在马耳他度过了生命中的最后38年。

的战争。1566年9月5日，当他在斯格特瓦尔镇（Szigetvar）的一处匈牙利要塞外扎营的时候，死于突然中风（也可能是心脏病）。尽管如此，在奥斯曼帝国的10位苏丹中，他仍然是最伟大的。苏莱曼不但极大地扩张了他的帝国，而且把其帝国建立在一个坚固的制度和法制的基础上；同时帝国也跻身于世界强国之列，这很大程度上要靠他的个人威望。如果他的继任人能有他一小部分能力的话，那么地中海的历史可能就会大不一样了。

在西方基督教世界，当人们仍然在为骑士们在马耳他的英勇抵抗而兴高采烈的时候，苏丹死亡的消息无疑更是引起了一片欢腾。不过疑问依旧存在：土耳其人永远停止前进了吗？这是否只是他们向前推进道路上的一次暂时停顿？苏莱曼的继任者是他与其最心爱的妻子（欧洲人所知道的洛克塞拉娜，她是位乌克兰牧师的女儿）所生的长子。谢里姆二世（Selim II）有一个他当之无愧的绰号——“酒鬼”，他与其令人敬畏的父亲之间有着天壤之别。矮胖、不可救药的放纵，谢里姆二世对国家事务毫不关心，他更愿意将帝国的管理权交给他的大维齐尔索克鲁·穆罕默德帕夏（Sokollu Mehmet Pasha），后者很快就成为他的女婿。索克鲁是出生于波斯尼亚的塞尔维亚人，是苏莱曼时期的最后一位维齐尔，事实上，就是他在老苏丹死亡的时候为其合上了眼睛，他完全有能力将他逝去主人的政策方针在新君主的统治时期推行下去。索克鲁有一个长期以来十分重视的计划，就是修建一条穿过苏伊士地峡连接地中海与红海的运河。这个计划比斐迪南·德·雷塞布（Ferdinand de Lesseps）的早了三个世纪，如果他成功的话，历史将会因此而改变。不过可惜的是，在索克鲁的有生之年，“酒鬼”谢里姆都没有同意他的计划。

因为谢里姆看上了塞浦路斯。过去总是认为——这很可能是真的——谢里姆决意占领塞浦路斯岛，只是因为他喜好那里生产的非同一般的烈性葡萄酒。实际上，塞浦路斯的战略价值和它肥沃的土地一样重要。令人吃惊的是，在之前的这么多年里，苏莱曼一直没有采取措施把基督徒们从离自己国土南部海岸不到 50 米的地方赶走。塞浦路斯过去是威尼斯共和国的殖民地，1568 年 2 月，威尼斯从那里得到许多令人不安的消息。据说土耳其间谍们在岛上活动，挑起了当地群众对政府的不满，群众中许多人对威尼斯共和国的主权并没有特别偏爱。与此同时，土耳其舰队正在塞浦路斯的港口外探测。最让人忧虑的是，苏丹在近期刚刚与神圣罗马帝国的新皇帝马克西米连二世达成了八年的停战协议，这使得他能将全部的注意力都放在新的作战计划上。的确，谢里姆在他登基时与威尼斯签订过和平条约，不过人们对他会怎么行事还一无所知，更何况谣传在人群中滋生了越来越多的精神和情绪上的不安定因素。

所有这些谣言以及其他同类型的消息，在 1569 年间一直被传播着。直到 1570 年 1 月包含苏丹准确意图的消息传到了威尼斯，这些谣言才被终止。威尼斯人巴罗伊（Bailo）在伊斯坦布尔被索克鲁召见，他们长谈许久，索克鲁告知他，苏丹认为塞浦路斯自古是奥斯曼帝国的一部分。在这之后的一两天内，土耳其人大量逮捕威尼斯商人，在港口扣押威尼斯船只，3 月 28 日，一位土耳其大使特意给威尼斯总督传达了最后通牒：除非威尼斯人自动放弃塞浦路斯，否则，土耳其将用武力占领该岛。威尼斯人的答复简明扼要：威尼斯人对苏丹准备打破他不久前刚缔结的条约深感震惊；作为塞浦路斯的主人，威尼斯将在耶稣基督的庇佑下，鼓起勇气去保卫它。

威尼斯共和国向所有的基督教国家求援，不过它们的回应并不热情。神圣罗马帝国皇帝马克西米连指出他与土耳其签订的正式停战协定还要维持八年。法国摄政凯瑟琳·德·美第奇（Catherine de' Medici）一边和西班牙为了弗兰德斯（Flanders）地区争来吵去，一边为她过去与苏丹的旧同盟辩护。葡萄牙国王宣称他的全部注意力都在东方，而且其国内正在遭受瘟疫的侵害。圣约翰骑士团恰巧是塞浦路斯最大的地主，因此表现更加慷慨，提供了 5 艘舰船。唉，遗憾的是，其中的 4 艘船在驶离马耳他之后不久就被土耳其人扣留了。求助函没有发给英国女王伊丽莎白（Elizabeth），因为她那时候已经被逐出教会了。

剩下就只有教皇庇护五世（Pius V）和西班牙的菲利普二世了。教皇同意为 12 艘船提供装备，但船身要威尼斯自己提供。菲利普提供了由吉安·安德烈·多里亚（Gian Andrea Doria）指挥的 50 艘船组成的舰队。吉安是老安德烈的侄孙，也是他的继承人，30 多年前，在科孚岛和普利维扎的问题上，老安德烈因对威尼斯的憎恨而两次背叛了威尼斯共和国对他的信任。即使这样，这些援助也够吝啬了。威尼斯人自己召集到 144 条船，其中包括 126 条战船。但菲利普并不信任威尼斯人，他总怀疑（也不是完全没有理由的）他们只要一有机会就会和苏丹媾和；事实也证明了他的怀疑态度，他曾给多里亚——这位将军对威尼斯的反感一点也不亚于他的叔祖父——一个秘密指示，叫他远离麻烦，让威尼斯人去战斗，要尽可能快地带着西班牙舰队安全返回。

这次远征从一开始就是不幸的。威尼斯统帅吉罗拉莫·赞恩（Girolamo Zane）事先得知西班牙和教皇的舰队会在达尔马提亚海岸的扎拉（Zara，即扎达尔［Zadar］）与自己会合。但是他在那儿白白等了两个月，这期间他的舰队受到某种不知名的传染病侵袭，这不仅造成了大批士兵死亡，还使士气低落，很多人乘机逃跑。1570 年 6 月 12 日，吉罗拉莫率领船队航行至科孚岛，那儿的前任督察将军塞巴斯蒂亚诺·维涅尔（Sebastano Veniter）上了他们的船，因为他刚被委派到船队航行的目的地任职。途中吉罗拉莫听说马克安东尼奥·

科隆纳（Marcantonio Colonna）指挥下的教皇中队正在奥特朗托海峡（Otranto）等待西班牙人的到来，但菲利普二世承诺过的舰队到现在仍然没有踪影。直到 7 月份，他们才知道，吉安·安德烈·多里亚的舰队还在西西里岛，他按兵不动的借口是他没有接到任何前进的指示。菲利普二世在收到教皇的严正声明后才命令他继续航行，最终于 8 月 8 日到达指定地点。但此后西班牙舰队又拖了 4 天才离开墨西拿，之后又用了 8 天才到达奥特朗托海峡，在当时那种好天气下，最后这段路程应该用不了两天就可以到达的。

好不容易与教皇的舰队会师后，多里亚却根本没去拜访科隆纳，甚至都没有与他进行联络。正当科隆纳打算撇开无礼的西班牙人，独自执行计划时，他收到了多里亚暗示取消整个远征计划的长篇大论。眼看时间已经逝去，西班牙舰队还没有进入战斗状态。正如多里亚尽力辩解的那样，尽管他打着教皇的旗帜，但是他也要服从本国国王要求他保证舰队完好无损的命令。科隆纳强忍住没有提醒他这次远征中的头两次损失该由他来承担，只是重申了菲利普二世和教皇都希望他们的舰队能和威尼斯人一起去塞浦路斯，所以他们必须得去。最终多里亚勉为其难地答应了。

吉罗拉莫·赞恩到达了克里特，他与教皇和西班牙人的舰队于 9 月 1 日会合——从他驶离威尼斯到现在已经差不多有五个月的时间了。他们开始组织协商会议，在这里多里亚又制造了新的麻烦。这次他说，威尼斯的战舰不适合作战，而且联合舰队一旦离开克里特就将没有港口为其提供庇护。在此，这位海军将领还说出了一个事实，那就是他之前一直没有说但却显然很有必要及早提出的事情：国王命令他最晚要在这月底带领舰队返回西方。

科隆纳立场坚定。虽然季节变化提前了，但并不是不能行动。在冬季来临前至少还有整整两个月的时间。而且塞浦路斯有许多优良的港口。虽然威尼斯船队因传染病和士兵逃跑使得船员匮乏，不过他们在漫长的等待中，有足够的时间去补充兵源和壮大舰队。联合舰队现在共有 205 艘舰船；土耳其一方最多有 150 艘船。既然如此，他们为什么还惧怕与土耳其人战争，在看到敌人之前就撤退？那会颜面尽失的。多里亚依旧不断推诿，赞恩愤怒地传信回威尼斯指责他扰乱整个作战计划。在作战被不断拖延之后，9 月 16 日，传来了土耳其人已经在塞浦路斯登陆的消息。机不可失，时不再来。17 日晚上，舰队向被围困的岛屿驶去。

与此同时，传来了一个更坏的消息：尼科西亚被攻占了。于是，联合舰队召开了另一次会议。刚开始时，圣克鲁斯侯爵（Marquis of Santa Cruz，为那不勒斯分队的指挥官，严格地说是多里亚的下属，不过目前他比他上司的势力要强大得多）也建议撤退。他指出，土耳其能占领尼科西亚说明他们的舰队有不断增加的大量士兵，他们的士气也会随之而急剧上升——这都是发生在最不恰当的时机，联盟军队也将会越来越气馁。科隆纳赞同他的意见，赞恩也勉强同意了。只有一个声音赞成继续前进，塞巴斯蒂亚诺·维涅尔争辩道，无论现在土耳其人有多么强大，到明年他们无疑会更强，到那时联合舰队是不大可能凑出 200 艘以上的船去与他们抗衡的。

尽管有豪言壮语，但他们还是不自信，这支强大的打着基督教世界旗帜的舰队还没有看到敌人的模样就掉头逃走了。为了让联合舰队挽回一些声誉，可怜的赞恩期望舰队至少要在他们撤退之时在途经敌人的领土时制造一些破坏。赞恩的计划再次因多里亚急于回家而落空。当赞恩的船队在 11 月 17 日到达科孚岛时，船上又爆发了瘟疫，这次他彻底绝望了。他连回家的心思都没有了，他给威尼斯参议院写信要求解除他的职务，他的请求被批准了。12 月 13 日，塞巴斯蒂亚诺·维涅尔代替他成为舰队总指挥。之后赞恩被召回威尼斯，并受到几项涉及远征期间行为的严重指控。经过长期调查，他被宣判无罪，但此时为时已晚。他于1572年9月死在了狱中。

吉安·安德烈·多里亚的命运就有些不同了。无疑，菲利普二世没有被其海军将领的行为所造成的恶劣影响困扰过。教皇庇护五世接到科隆纳的报告后给他发了一封正式信函，通篇都是抱怨之辞。不过菲利普二世对此置之不理。多里亚不折不扣地按照他的指令行事，因此菲利普二世将他提升到上将军衔，使他凌驾于所有西班牙、那不勒斯和西西里岛的舰队指挥官之上。在他任职期间，直到他灾难性的职业生涯结束时，他对联军事务造成了更大的破坏。

到1570年，威尼斯统治塞浦路斯已达81年。1489年，威尼斯委派的地方长官（被称为“中尉”［Lieutenant］）取代卡特丽娜女王执政，其总部设在尼科西亚。另一方面，军队总部设立在法玛古斯塔，这里的常备军和塞浦路斯本地的舰队都处于一位威尼斯将领的指挥下。法玛古斯塔不同于尼科西亚，它有卓越的防御系统。历史上法玛古斯塔是该岛最重要的港口，直到1570年萨林斯（Salines，现代的拉纳卡［Larnaca］）凭借商业交通的便利条件赶上了它。塞浦路斯总人口大约有16万，他们仍然生活在时空错乱般的封建制度中，对此，共和国很少努力或者说根本没有尝试去加以改变。其社会上层是贵族，其中一部分是威尼斯贵族，但很大一部分都是旧时法国的十字军战士，比如先前吕西昂尼王室的后裔。社会底层则是农民，他们中的许多人实际上仍是农奴。在他们之间是商人阶层和城市中产阶级，这是一个包含希腊人、威尼斯人、亚美尼亚人、叙利亚人、科普特人和犹太人的黎凡特大熔炉。

简而言之，塞浦路斯并不是一个易于统治的地方。然而我们必须承认，威尼斯人——虽然出色地管理着自己的国家，又是文明世界羡慕的对象——对塞浦路斯的管理本该要做得更好一些。1570 年夏天，就在土耳其人登陆该岛的时候，威尼斯共和国得到一份令人不快的、记录着当地弊政和腐败的报告，他们已经彻底不受其塞浦路斯臣民欢迎了。因而，即使援助塞浦路斯的联合远征舰队能够按时到达并英勇作战也几乎不可能再拯救该岛了。一场重要海战的胜利或许能有短暂的作用，让不可避免的事情推迟一两年发生。但是考虑到 7 月 3 日在拉纳卡抛锚停靠的土耳其人侵舰队，其数量至少有 350 艘——远远超出科隆纳的估计——那么这个胜利已经不太可能出现了。从谢里姆苏丹打算将塞浦路斯并入他的帝国那一刻开始，塞浦路斯就在劫难逃了。

马耳他五年前的得救也是注定的，其原因基本是相似的：在任何一个地区内一支军队的力量是和它的供给线、交通线的长度成反比的，这是不可避免的事实。塞浦路斯从来就没有办法、能力，甚至决心来保卫它自己，它只有在威尼斯的保护下才能生存，从那儿可以得到所有的军事供给，迎来军队、弹药和大批斗志昂扬的士兵和战马。但是威尼斯与这里相隔 1500 英里的地中海海域，其中大部分地区还被土耳其人所控制。另一方面，土耳其人从安纳托利亚南部海岸的港口出发只需航行 50 英里到该岛，他们几乎可以在那里获得人力和原料的无限供应。

土耳其人的成功似乎更取决于塞浦路斯人的消极防御，法玛古斯塔地区除外。尼科西亚有一座值得骄傲的 9 英里长的中世纪围墙，但是它所环绕的面积远远大于城镇的实际面积，这就需要一支庞大的力量去防御它。而且城墙太破旧了——16 世纪的围攻战术与 14 世纪的已经大不相同——尽管满怀激情的威尼斯工程师使出浑身解数来加固它们，但是面对素来强悍的土耳其炮兵的大规模攻击，城墙守住的可能性几乎为零。肯瑞尼亚（Kyrenia）曾经有一个极好的要塞，但已长期废置，不可能抵挡得住猛烈的攻击。其他所有塞浦路斯城镇的防御都是微乎其微或者干脆就没有，士兵和武器都处于短缺状态。一位目击者弗拉·安杰洛·卡莱皮奥（Fra Angelo Calepio）告诉我们：弹药库里有1040支火绳钩枪，但是没有操作说明，结果许多士兵发现只能通过点燃他们的胡须来发射它。

除了这些和其他一些不足之外，主要责任必须归咎到地方长官尼科罗·丹多罗（Niccolo Dandolo）身上。他犹豫不决、胆小，永远在歇斯底里的发泄和漠不关心的怠惰之间摇摆不定，完全不适合做最高指挥官。即将到来的痛苦时期证明了他的惯常倾向，他缺乏判断力，过于谨慎，多疑——他对此往往还不知不觉——这些都使他处于被动状态。幸运的是，法玛古斯塔那里有一个更好的人：他们的首领马克安东尼奥·布拉加丁（Marcantonio Bragadin）。

土耳其舰队再一次在皮亚雷帕夏的指挥下，于7月1日出现在海面上。除此之外，这支军队还有一位新首领，莱拉·穆斯塔法帕夏（Lala Mustafa Pasha），多亏了丹多罗的胆小，他才能够没有阻碍地在拉纳卡登陆。到24日他和他的军队已经在尼科西亚城外扎营。机会再一次丧失：意大利步兵指挥官请求对敌军发动突然袭击，此时的土耳其部队在塞浦路斯炎热的夏季行军30英里后正处于疲乏状态，他们的大炮和重骑兵都还没有做好战斗准备。但是丹多罗拒绝冒险，土耳其人于是得以从从容容地安营扎寨。

围攻开始后，丹多罗担心黑火药不够用，于是限制使用数量，因此即使他的士兵手中有弹药，也知道如何使用，他们也被禁止射击任何一组10人以下的土耳其士兵。然而不管怎样，在8月的酷热下，战争持续了45天之久；直至9月9日，14次主要的攻击都被瓦解后，莱拉·穆斯塔法的军队欢呼雀跃地迎来了来自大陆的超过2万人的强劲援军，此地最终向敌人屈服了。丹多罗在城堡被攻克前数小时前逃到其府邸避难，而这时他的军队仍继续在前线战斗。他穿着一件紫红色丝绒长袍出现在城门口，希望因自己的地位能够受到特殊的优待。他几乎还没有站稳脚跟，一个土耳其军官就把他的脑袋从肩膀上砍掉了。

惯常的残暴行为随即而至，屠杀、分尸，亵渎宗教和侵犯青年男女。尼科西亚是一座富裕的城市，它兼有教会和世俗的、西方和拜占庭的财富，在整整一周的时间里，所有的黄金白银、昂贵钻石和珠宝，丝绒和锦缎被装上马车搬运一空——自从一个世纪前君士坦丁堡成为土耳其首都之后，这是落入土耳其人手中最大的一笔财富。不过莱拉·穆斯塔法并未因此乱了节奏。在 9 月 11 日，即尼科西亚被攻陷两天之后，他派遣了一个使者去法玛古斯塔，要求他们弃械投降，并附上用盆子装着的尼科罗·丹多罗的首级以示警告。不言自明的是，下次就该轮到他们了。

尼科西亚比土耳其人想象的要难对付些，但是法玛古斯塔带来的挑战更加可怕。由于所有的防御工事都是新建的，这里的任何一处都坚不可摧。在那些巨大的城墙背后，防御的士兵确实很少——8000 人要面对包括援军在内的约 20 万土耳其军队。此外，他们是由马克安东尼奥·布拉加丁和布鲁贾首领阿斯托雷·巴利奥尼（Astorre Baglioni）两位优秀的指挥官领导的，人们对他们的景仰将在不断的考验中稳步上升。

9 月 17 日开始的围攻持续了整个冬天。这里的保卫者们——与尼科西亚人大不相同——经常出城墙外与敌军直接作战，偶尔还会把战斗带进土耳其人的营地。4 月底，莱拉·穆斯塔法命令他的亚美尼亚工兵军团向南挖一个巨大的战壕，他们用了 4 万士兵，还强迫当地农民作为补充劳工参与这项工程。工程进展飞速，到 5 月中旬，城墙以外三英里的整个地区都布满了蜂窝状的小孔，数量充足的壕沟有助于整支军队进行围攻：骑兵可以沿着深深的壕沟前进，堡垒里的守卫只能看到骑兵配备的长矛尖端。土耳其人还构筑了10座围攻塔，他们一步步向这座城市逼近，从塔上可以向下射击城墙的防御者。5月15日，土耳其人发动了最后的攻击。

威尼斯人用他们的勇气和决心战斗着，但是慢慢地，随着时间的推移，他们开始失去信心。对一支强大的威尼斯-西班牙远征援军的期望破灭了，弹药供应不足，食物更加短缺。到了7月，这个城镇里所有的马、驴和猫都被吃光了，除了面包和豆子，什么东西都没有剩下。现在只有500人能使用武器，他们因缺乏睡眠而变得虚弱，然而他们仍旧坚持战斗。直到噩梦般的这个月的最后一天，布拉加丁和巴利奥尼才向现实屈服，他们已经不能再坚持了。根据公认的战争法则，只有自愿投降，他们才有可能避免屠杀和抢劫，否则，这些事情便必然发生。8月1日破晓时分，法玛古斯塔堡垒上飘起了一面白色旗帜。

和平条件异常宽容，所有意大利人都被允许坐上飘扬着旗帜的船开往克里特岛，任何希腊人、阿尔巴尼亚人或者土耳其人愿意相伴的话也可以同行。如果希腊人选择留下，他们的人身自由和财产就会得到保障，还会给他们两年的时间来决定是否永久驻留下来；选择离开的人会被安全地送到他们自己想要去的地方。由莱拉·穆斯塔法个人签批并用苏丹印章封印的公文被送到布拉加丁和巴利奥尼的手里，公文封面写着赞美他们在保卫城市时所表现出来的勇气和伟大品质的文字。

8月5日，布拉加丁告知莱拉·穆斯塔法，他会带着钥匙来正式拜访他，得到的回复是将军很高兴接待他。那天晚上，布拉加丁穿着紫色官袍，带着巴利奥尼和一群高级官员，由意大利、希腊和阿尔巴尼亚的士兵组成的混编队伍护送前往。莱拉·穆斯塔法彬彬有礼地迎接他的到来；但之后，莱拉·穆斯塔法的脸出其不意地阴沉下来，其言行发生了巨大的转变。在他越来越激烈的狂怒中，他开始蛮横无理地破口大骂站在他前面的基督教徒。他们曾经谋杀了土耳其战俘；他们在投降期间把必须上缴的军火隐藏起来。突然他亮出一把小刀，割掉了布拉加丁的右耳，并命令随从割掉他的另一只耳朵和鼻子。然后，他命令卫兵立即处决整个代表团。巴利奥尼被砍头；炮兵部队指挥官路易吉·马提楠戈（Luigi Martinengo）跟他的遭遇一样。有一两个人逃跑了，但是大多数人和许多碰巧在附近的基督徒一起遭到屠杀。所有这些人的头颅在莱拉·穆斯塔法的公馆前堆积如山。据说一共是 350 个。

马克安东尼奥·布拉加丁的命运是最糟糕的。他被关进监狱，前两周，他那未经处理的伤口溃烂，染上了重病。然而，他的悲惨命运才刚刚开始。首先，他被迫背着几袋石头和泥土被人绕着法玛古斯塔城墙拖来拖去；接着，他被绑在椅子上，然后吊在土耳其旗杆上，让土耳其士兵唾骂。最后，他被押至中心广场的刑场，剥光衣服绑在圆柱上，被活活地剥了皮。据说他虽遭受如此残酷的刑罚，但也默默忍受了半个小时之久，直到刽子手剥到他的腰部时，才最终停止了呼吸。当酷刑结束时，他的头被砍下来，身体遭受分尸，他的外皮里填满了麦秆和棉花，被放在一头母牛身上游街示众。

9 月 22 日，莱拉·穆斯塔法带着他的战利品——主要遇害者的头颅和马克安东尼奥·布拉加丁的人皮——驶回故里。他自豪地把这些展示给苏丹看。这些头颅的最终遭遇我们已不得而知。但九年后，此次围攻中的一位幸存者吉罗拉莫·波里达若（Girolamo Polidoro），成功地从君士坦丁堡的军火库中偷出了布拉加丁的人皮，并送还给布拉加丁的儿子。他的儿子们把这藏在威尼斯的圣格列高利教堂里，

1596 年又被转移到圣乔瓦尼和保罗（SS. Giovannie paolo）大教堂西门附近的南部走廊里，安放在作为纪念这位英雄的纪念碑一部分的后部壁龛中。

1961 年 11 月 24 日，在布拉加丁直系子孙的同意下，这个壁龛被打开，人们发现壁龛里有一个铝质的盒子，盒子里放着几片黑色的人体表皮。

第十七章　勒班陀和西班牙的阴谋

无论是对威尼斯还是对教皇而言，远征塞浦路斯的失败都是一次沉重的打击。和谈已经在进行，各方力图组建一个更加稳固和有效的联盟。这项新计划的主要发起者是教皇。庇护五世长期以来一直苦苦思索着土耳其带来的威胁，他意识到，影响威尼斯和西班牙结成亲密关系的主要障碍是：威尼斯从它的殖民地黎凡特的角度考虑问题，而西班牙更担心苏丹的摩尔附庸对其北非殖民地构成的威胁。因此，教皇认为基督教国家的主要目标应该是重新控制地中海中部，使苏丹的非洲领土与其欧洲与亚洲部分分隔开来，从而有效地将其帝国一分为二。于是在 1570 年 7 月，他召开了一次会议并起草了一份新基督教联盟的宪章，随后几个月内，经过耐心商讨并在威尼斯人的积极帮助下，他逐渐赢得了菲利普国王的支持。

1571 年 5 月 25 日，最后的条约正式在圣彼得大教堂签署，这份条约是永久性的，它兼具攻击性和防御性，不仅直接针对奥斯曼土耳其，而且也指向其摩尔属国与北非沿岸的教友。缔约者——西班牙、威尼斯和教皇（大门时刻向皇帝和法国、波兰的国王敞开着，只要他们愿意加入）共同准备了 200 艘单层甲板大帆船，100 艘运输船，5 万名步兵和4500名骑兵，并拥有充足的大炮和弹药。这些军队每年最迟在 4 月汇合，并在其公认的适宜场所开展一次夏季战役；每年秋季在罗马召开会议决定第二年的行动。如果西班牙或威尼斯受到攻击，教皇将给予援助；他们也将尽其所能捍卫教皇的领地。所有战役都将在联盟的名义下进行，重要决定将由三位指挥将军投票决定，他们是：威尼斯的代表塞巴斯蒂亚诺·维涅尔，教皇的代表马克安东尼奥·科隆纳，还有西班牙的代表——联合舰队的长官、国王同父异母的兄弟奥地利的唐·约翰（Don John）。

唐·约翰是查理五世和一个德国女人芭芭拉·布隆伯格（Barbara Blomberg）的私生子。26 岁的唐·约翰长得一表人才，而且天生就有领导才能，他已获得了一些威望（或者说恶名）——前年他在西班牙领兵镇压了一场严重的摩利斯科人起义。[①] 威尼斯人对他的上任欣喜万分，因为国王的首选是吉安·安德烈·多里亚，所幸他重新考虑过自己的决定。如果他们知道菲利普因为害怕这位年轻王子逞匹夫之勇而丧失理智，所以命令在没有多里亚的明确同意下，唐·约翰就绝对不能开战，那威尼斯人就不会这么兴奋了。

虽然现在要遵守条约中规定的时间表明显已经太迟了，但联盟一致同意 1571 年的夏天不应被浪费，第一年进行战役的军队应该尽快在墨西拿集合，他们将从这里起航去寻找奥斯曼海军。到 8 月份，所有人都已经抵达，而且唐·约翰也草拟好了他的航海命令。他自己还有维涅尔和科隆纳率领的 64 艘战舰从中路行进，多里亚带领 44 艘战舰从右翼出发，左翼的 53 艘战舰则由威尼斯人奥古斯丁·巴巴里哥（Augustino Barbarigo）指挥。另外一支由 8 艘战舰组成的小型先头部队和一支由 6 支战舰组建的后卫舰队，将分别由唐·胡安·德·卡多纳（Don Juan de Cardona）和圣克鲁斯侯爵指挥。最后分配给每支队伍 6 艘三桅帆船。大炮和重型运输船无法像单层甲板大帆船那样被划动，它们相对而言更难调动，因此需要组建一支单

① 参见本书第 291 页。

独的护航船队。①

受占领法马古斯塔和几乎所有威尼斯舰队都已启程前往墨西拿的鼓励，土耳其人如今大举进军亚得里亚海。他们在科孚岛登陆，并沿着达尔马提亚沿岸行军，这引起了威尼斯人不断增加的恐惧，他们发现自己的城市几乎没有任何能力去抵抗一次突然袭击。但是当联合舰队不断靠近时，土耳其人迅速撤回了其位于希腊的基地，他们不希望被封锁在一片被敌人全面包围的狭窄海域中。10月6日，他们从勒班陀（Lepanto，如今是位于佩特雷湾［Gulf of Patras］的纳夫珀克托斯［Naupactos］）起航去面对前来的基督徒。

基督徒的求战欲正浓。两天前在凯法利尼亚，他们听到了法马古斯塔失陷的消息，尤其是马克安东尼·布拉加丁的死亡，使得愤怒和复仇的心理充斥着他们的内心。然而就在同一天，他们遭遇了一次差点酿成灾难的突发性事件。一位西班牙军官和几个塞巴斯蒂亚诺·维涅尔战舰上的士兵冲撞了一些威尼斯人，在接下来的冲突中有几个威尼斯人被杀。维涅尔没有上报这次事件便自作主张，将这些涉案的士兵都吊死在桅顶上。当唐·约翰听到这一消息时异常愤怒，他下令抓捕船长，但如果执行这个命令的话，整个舰队就会分裂。所幸的是，一位明智的顾问劝服了他，这位顾问可能是科隆纳的属下；于是唐·约翰收回了命令，但他并没有原谅维涅尔。从此之后，唐·约翰与威

① 单层甲板大帆船（Galley）：单层甲板，船长120－180英尺，宽200英尺。通常扬帆行驶，但是在战斗中经常用船桨推动船只行进。船头上架有5台火炮，在船中部，有几台小的火炮。一个10－20英尺的鸟嘴用来猛击。

大型帆船（Galleon）：远比单层甲板大帆船重的得多，双层甲板，全都紧密地架设着火炮。没有桨。高大、笨重：一种水上浮动堡垒。

三桅帆装军舰（Galleass）：介于前两者之间。高船尾楼和船首楼（为桨手提供保护），船上架有50－70台火炮，装大三角帆。

勒班陀战役，1571 年 10 月 7 日。威尼斯当代绘画作品。

尼斯盟友的联系工作都交由副指挥去负责。

10 月 7 日傍晚，两方舰队在距离佩特雷湾入口东面一两海里处的斯克罗法海角（Cape Scropha）遭遇了。虽然大型帆船还未抵达，但唐·约翰决定立即投入战斗。他仅对战斗命令作了些细微修改，即多给了巴巴里哥和多里亚每人 10 艘战舰，同时他让自己的船也加入战斗。土耳其人准备用来抵御的舰队完全能同唐·约翰的舰队相匹敌，他们排成新月形，从海湾的一边一直延续到另一边。海军上将阿里帕夏（Ali Pasha）指挥着拥有 87 艘战舰的中央舰队。他的右翼是指挥着 54 艘战舰的亚历山大港的统治者穆罕默德·塞拉卡（Mehmet Saulak）；其左翼是指挥着 61 艘战舰的乌尔齐·阿里（Uluch Ali），他将迎战多里亚。

战斗于上午 10 点半左右从战线最北端开始，在那里，巴巴里哥指挥着唐·约翰的左翼舰队同塞拉卡率领的阿里的右翼舰队交战。战斗异常激烈，巴巴里哥的旗舰在一瞬间被 5 艘土耳其战舰同时发射的箭雨所袭击，其中有支箭射中了这位威尼斯海军上将的眼睛，造成致命伤。他的侄子马可·孔塔里尼（Marco Contarini）接替了他的指挥位置，但不到五分钟也丧命了。但这场遭遇战以基督徒的全面胜利而告终，他们成功地将整支土耳其舰队的右翼都逼到了海岸边。土耳其人放弃了他们的船只，试图逃进附近的山中，但威尼斯人乘胜追击并加以阻截，最终俘获了塞拉卡。但他已经伤得很重，不久便去世了。

现在让我们将注意力转向中部战线，11 点钟左右，唐·约翰的单层甲板大帆船稳固地并肩排成一条线，甚至其划桨都快碰上阿里帕夏的船了，双方的旗舰故意径直向对方驶去。他们直接交火并纠缠在一起，舰队的其他战舰都沿直线前进，另一方舰队也是同样如此，它们同时向中间靠拢直到完全相邻，士兵们爬跃到对方的船上，用刺刀、短剑和短弯刀格斗。阿里从军队中挑选出的 400 名土耳其亲兵两次登上了唐·约翰的旗舰——真实号；西班牙人反击了三次，最后一次是在克罗纳密集火力的支援下——他刚使阿里的副指挥佩陶帕夏（Pertau Pasha）的单层甲板大帆船失去了抵抗能力。正是在这第三次的进攻中，阿里的脑门被一颗炮弹击中了，他刚倒下，其头部就被一个马拉加士兵戳穿，这个士兵用长矛戳着他的脑袋在高处挥舞着，并以此鼓舞战友们的士气。土耳其指挥官被杀，旗舰被占，他们很快就无心战斗。土耳其的许多船只在混战中被摧毁，一些想自救的调转方向逃跑了。

与此同时，南部战线的情况就不太妙了。战斗大约在早上 10 点钟打响，吉安·安德烈·多里亚对自己的状况表示忧虑。因为在他看来，乌尔齐·阿里统领下的土耳其左翼要更加强大。他拥有93艘船，而多里亚只有64艘，且阿里的军队正向南扩张，有包围他的危险。为了避免这种困境，他指挥其军队向东南方开进，这个决定拉大了他的军队与唐·约翰舰队的距离。这一点他早该预料到的。乌尔齐·阿里迅速察觉到了这一点并立即改变了他的计划。为了直接切断基督徒舰队的战线，他转而向西北方行驶，并从后方袭击基督徒舰队。这条新战线致使他同唐·约翰分遣舰队的南端相遇，后者是由一些马耳他骑士的战舰组成的。骑士们奋勇抗敌，但面对敌人压倒性的优势寡不敌众，伤亡惨重。骑士们的旗舰被俘获，乌尔齐·阿里在上面升起了他自己的旗帜。

但唐·胡安·德·卡多纳还有8艘单层甲板大帆船未出动，他立即率队去救援骑士们。当他们即将抵达时，16支土耳其单层甲板大帆船袭击了他。随后一整天是最残酷和血腥的遭遇战。当战斗结束时，卡多纳船上的500名士兵中有450人死亡或重伤，而卡多纳本人也奄奄一息。随后赶到的军队登上甲板后，发现遍地都是尸体。这时其他战舰才赶去营救，包括圣克鲁斯指挥的第二批后备力量——一旦他能离开自己的战区；还有唐·约翰自己的船。乌尔齐·阿里没有延迟，他命令他的13只大帆船加快前进步伐，并指挥他们全速向西北方向的莱夫卡斯岛和普利维扎前进。其余的舰队则兵分几路返回勒班陀。

尽管吉安·安德烈·多里亚的胆怯和糟糕的航海技术造成了混乱和惊人的损失，而且战后，多里亚的多位同僚也以这两点为由控诉他，但对基督教国家而言，勒班陀战役还是取得了巨大的胜利。据可靠估计，基督徒此役仅仅损失了12艘船，只有1艘船被俘获，而土耳其方面则损失了113艘船，117艘船被俘获。双方的人员伤亡都很严重，因为多是徒手战斗，这样的结果在所难免。但即便是这样，基督徒的人员损失也没有超过15000人，而土耳其方面的人员伤亡则是该数字的两倍，这其中还不包括8000名被俘的士兵。① 除此之外，他们还缴获了大量的战利品，仅在阿里帕夏的旗舰上就发现了15万威尼斯金币（sequin）。最后，其中最令人满意的结果是船上的15000名基督徒奴隶全都获得释放。这大部分荣誉都要归功于唐·约翰本人，他成功地指挥了那些笨拙而混杂的舰队，而且他出色和有效地使用了火力，这对海上战争产生了深远的影响。未来的海战将由枪炮而不是骑士精神来决定。这种转变意味着需要更大和更重的船，它们不能只依靠帆来推动。勒班陀战役是最后一场有桨大帆船正面对抗的伟大海战。舷炮时代即将开始。

当安杰洛（Angelo）舰队带着胜利的消息抵达威尼斯时已经是10月18日。整个城市仍然沉浸在塞浦路斯失守的巨大悲痛中，对布拉加丁受到的残忍对待感到愤怒，以及对未来会出现何种噩运深感恐惧。在安杰洛出现的一小时内，当看到土耳其旗帜被拖拉在船尾后的水面上，甲板上堆满了战利品，人们的整个情绪都发生了变化。威尼斯复了仇，等待的时间也不太久。突然间整个城市都欢欣鼓舞，每个人都急于赶往广场了解战争的细节并为之庆祝。债务人监狱的大门被群众自发的特赦打开了；但土耳其商人的情绪就相反了，为了自己安全着想，他们藏身于土耳其仓库（Fondaco dei Turchi）中直到狂欢结束。在圣马可广场，感恩赞（*Te Deum*）之后紧接着的是感恩节的大弥撒。那晚，城市中几乎所有建筑的里里外外都点上了蜡烛和火把。

---

① 受伤的基督徒中有一个是米高尔·德·塞万悌（Miguel de Cervantes），阿博埃尔德（Aboard）侯爵。他的胸部被击中两次，第三枪致使他的左手永久残废——“为了威严的荣耀”，正如他所说，“是值得的”。他把勒班陀战役描述为“古代或现代所见证过的或者未来也有希望见证的最伟大的时刻”，而且他为勒班陀战役感到自豪，胜过他生命中任何其他的东西。

在庆祝该事件的长期活动中，造船厂（Arsenal）大门的主要入口处得以扩大，并装饰上了一件有翼的圣马可狮子像（上面有恰当的铭文）和两件有翼的胜利女神像。一两年后，圣贾斯蒂娜（St Justina）的雕像屹立在了大门顶上。就是在她节庆日的那一天，这场伟大的战役胜利了，从1572年到1797年10月7日共和国垮台的那一天为止，总督和行政院每年都组织去教堂庆祝游行，这些教堂内竖立着同样的幸运守护神，外面陈列着缴获来的土耳其旗帜。

勒班陀战役被铭记为世界重大战役之一，它是亚克兴之战——就在相距仅约60英里处开战——和特拉法尔加（Trafalgar）战役之间最伟大的海战。毋庸置疑，在英国和美国，人们主要是从切斯特顿（G. K. Chesterton）如雷贯耳的诗歌中了解到这场闻名遐迩的战役，虽然有些言过其实。但在地中海天主教国家中，这场战争打破了历史的壁垒，并像龙塞斯瓦列斯（Roncesvalles）一样成了传奇。然而，它的荣耀是否名副其实呢？从技术上和策略上来说答案是肯定的，因为1571年之后的海战与之前的就完全不同了。但从政治角度而言，答案是否定的。勒班陀并未像其胜利者所期盼的那样：标志着摇摆不定的局面结束，基督徒突然扭转了局面，他们的势力越来越强大，直至把土耳其人赶回到他们发源的亚洲内陆深处为止。威尼斯没能重新夺回塞浦路斯。仅仅两年后，它就同苏丹单方面和解，并放弃了对这座岛屿的要求。勒班陀也并不意味着威尼斯损失的结束，在下一个世纪里，克里特岛走上了同样的道路。对西班牙而言，它没能有效加强对地中海中部的控制。仅17年之后，英国人就给予西班牙无敌舰队以沉重打击，这次由英国伟大将领指挥的历史性战役使得西班牙海上力量没法很快恢复。同时，西班牙人也无法切断君士坦丁堡和北非摩尔王公们的联系。不到三年，土耳其就将西班牙人赶出了突尼斯，并使当地统治者臣服于它，把突尼斯降格为奥斯曼的一个行省，正如他们对以西的阿尔及利亚的大部分地区和以东的的黎波里所做的。

但对在这年 10 月尽情欢腾的所有基督徒而言，勒班陀战役的真正意义不是在战略和政治方面，而是一种精神慰藉。两个世纪以来，一直笼罩着他们的乌云在 1453 年以后变得越发具有强烈的威胁性，但就在他们感觉到自己的日子已经屈指可数时，乌云突然间消散了。这是从一个极端过渡到另一极端，他们重新点燃了希望。威尼斯历史学家保罗·帕鲁塔（Paolo Paruta）很好地概括了大众的感情。在圣马可教堂中致死于此次战役中的战士的葬礼演说中，他写道：

> 他们以自己为例教导我们，土耳其不是不可战胜的，正如我们之前对他们的印象……因此，对我们而言，战争的开始就是末日，我们将迷失在漫漫长夜中，但如今这些人的勇气就像真实而富有活力的太阳一般，赋予我们这座城市历史上前所未有的最美好和最愉快的一天。

对所有爱国的威尼斯人而言，马上继续这光辉的胜利之旅是至关重要的。不应给土耳其人以任何喘息之机，在它有机会重整旗鼓之前，以及联盟仍然保持着他们的冲劲之时，必须要乘胜追击。当共和国政府将这一呼吁传达给盟友西班牙和教皇时，没人理会他们。虽然有人猜测唐·约翰私底下赞成该提议，他对越冬继续紧逼作战会乐意之至，但来自菲利普的命令是不容更改的。根据联盟的协议，联盟的军队将在春天再次集会，在此之前，只能各自返乡。唐·约翰率军返回了墨西拿。

到了 1572 年的春天，不言而喻，威尼斯人的直觉是正确的。正如往常一样，西班牙人支支吾吾、拖拖拉拉，提出一个接一个的反对意见。庇护教皇尽其全力激励他们去行动，但当时他已经身患疾病，并于 5 月 1 日去世。随着他的死亡，联盟的精神也消逝了。最后出于对西班牙援助的绝望，威尼斯决定自己发动远征，而马克安东尼奥·科隆纳很乐意率领他从属于教皇舰队的分遣队加入这次远征。然后西班牙人才被迫行动起来。如果能再次赢得胜利，他们不希望被排除在外。菲利普也不再有异议，并最终在 6 月准许唐·约翰加入同盟。

全体舰队在科孚岛会合并向南行驶搜寻敌人。同盟们获悉，自从勒班陀战役以来，苏丹谢里姆在此后的 8 个月中就设法组建了一支新舰队，这让他们感到惊讶。这支舰队拥有 150 艘单层甲板大帆船和 8 艘三桅帆船。这些三桅帆船是土耳其人的新装备，唐·约翰在勒班陀战役中就已将其投入使用，它们巨大的作用显然让土耳其人印象深刻。不过，关于这支舰队也有传闻：造船者们被迫使用新木材，因为他们明白如果没能在苏丹的期限内完成任务，灾难将会降临到他们身上；大炮也是匆忙铸造的，有许多都不能用；而全体船员都是在勒班陀令人震惊的战败后被抓来当差的，他们几乎没有受过训练。总的来说，他们给同盟添麻烦还是不太可能的。主要的问题是要让他们投入战斗。

事实的确是如此。当两支舰队在迈索尼相遇时，土耳其人立刻逃向海港。250 年来，迈索尼是威尼斯在伯罗奔尼撒半岛的主要贸易站，直到 1500 年它被苏丹攻陷。同盟军紧随土耳其人之后，占领了他们靠近纳瓦里诺（现在的皮洛斯［Pylos］）港湾的阵地，并安顿下来等待。他们知道，迈索尼是供养不起一支这样规模的舰队太长时间的。内陆多山荒芜且没有道路；所有供给品必须通过海路运输过来。迫使敌人出来交战仅仅是一个时间问题，第二次勒班陀战役即将再次上演。

但是威尼斯又一次看到它的希望破灭，西班牙人再次成为起因。10 月 7 日，是上次大战的一周年纪念日，唐·约翰突然宣布他将不再在希腊海域逗留，而是返回到西部。威尼斯总指挥贾科莫·弗斯卡利尼（Giacomo Foscarini）当时就目瞪口呆并问他为什么，当这位王子令人怀疑地答复说他的食物和必需品供应不足时，他马上就表示愿意用他自己的储备来供给王子，并从威尼斯订购更多的食物备用。但是唐·约翰毫不为之所动，明确按照西班牙下达的新命令行事。科隆纳没做解释就站在唐·约翰这边。弗斯卡里尼不得不面对这个事实，他的舰队根本没有足够的实力去单独挑战土耳其人。一想到机会就这样溜走了，他就很恼火，但是他别无选择，只得下命令撤退。

整个冬天，马德里的威尼斯大使都在设法说服菲利普国王。他表示，土耳其人下决心要支配世界。五百多年来他们一直在侵吞其他国家的领土，不断地扩大他们的疆域；如果放任他们继续侵略的时间越长，那么他们将变得越来越强大，也更加难以抵抗。拿起武器抵抗既是国王对基督徒们的义务，也是国王维护自己王位所必须做的，并且这种抵抗在勒班陀战役开始的光荣事业完成之前绝对不能停止。菲利普拒绝倾听他的建议。他讨厌也不信任威尼斯；至于土耳其人，他去年就已经履行了他的义务，并且取得了重大胜利；这次胜利之后，土耳其人要再次抬头还是要有段日子的。与此同时，他完全专心于解决“沉默者”威廉（William the Silent）在低地国家的叛乱。他没有把自己的难题向威尼斯倾诉，他也觉得自己没任何理由再继续帮助它。

此外，在那个冬天，法国的查理九世也在奔波，他分别在三条战线上暗中反对菲利普。在低地国家，他想尽一切办法支持叛乱；在地中海，他正在策划谋得对阿尔及尔的控制权，他对阿尔及尔的阴谋很可能是唐·约翰从纳瓦里诺被召回的原因；在威尼斯和君士坦丁堡，他的大使正努力帮助苏丹与共和国和解。到初春时他们成功了。威尼斯不再希望得到什么了；勒班陀战役以来，它竭尽全力保持联盟的团结，并尽力说服他们加入它的全面进攻计划——在上帝的帮助下，进攻目标是君士坦丁堡本身。但是它失败了。菲利普明白表示对此事没有兴趣，新教皇格列高利十三世（Gregory XIII）也没多大兴趣。威尼斯明白，被它的同盟所抛弃可能会引起土耳其对亚得里亚海的新一轮入侵，并且土耳其很可能会占领克里特岛，这是威尼斯在黎凡特最后的堡垒，它别无选择，只有接受土耳其提出的那些条件。1573 年 3 月 3 日，双方签订了条约。在这份条约中（*inter alia*），威尼斯许诺在三年内支付给苏丹 30 万达克特，并宣布终止对塞浦路斯的要求。

在最虔诚的天主教国王的领地内，恐惧和反感的叫喊声不断。在墨西拿，狂暴的唐·约翰把同盟的旗帜从他的桅顶上撕扯下来，升起了西班牙的旗帜。菲利普一直很英明地让其臣民不要相信那些威尼斯人，他们肯定迟早会背叛他。他们抗议，就犹如从未赢得过勒班陀战役一样。

事实的确是如此。尽管曾有过庆祝、欢呼与喝彩以及今天仍然流传着的伟大的勒班陀传奇，但事实证明，作为最著名的海战之一的勒班陀战役并没有长远的战略重要性。那些大声悲叹的人们只能怪他们自己。

在勒班陀战役之后，地中海出奇地风平浪静，就好像整个广阔的海域不知为何就已变得筋疲力竭。直到 16 世纪的最后 25 年，地中海一直是西方世界真正意义上的中心——尽管那些北欧国家最近可能争议这个事实。但它已不再是原来那个中心了。

对于西班牙来说，克里斯托弗·哥伦布和他的后继者们已经开拓了令人兴奋的新视野。由于它对南部那不勒斯、西西里以及北部米兰①的占有已经不再有争论，撒丁岛也属于它了，热那亚城现在实际

① 1535 年，弗朗切斯科·斯福尔扎二世意外死亡，米兰的城邦回到了查理五世的手中，他在 1540 年将这块公爵领地授予他的儿子，也就是后来的菲利普二世。米兰一直处于西班牙的统治下，直到 1706 年。

上是西班牙的一个港口，所以它对意大利的其余部分和地中海已经兴味索然。虽然在1601年，它和一群意大利城邦——不包括威尼斯，派遣了一支拥有70艘单层甲板大帆船和1万名士兵的强大兵力去突袭并夺取阿尔及尔（因为它是由吉安·安德烈·多里亚指挥的，所以其失败是注定的）；但是它现在真正的注意力是集中在西部和北部，它在低地国家有大麻烦，还有与英国的斗争，这几乎占用了它所有的时间。

对于法兰西来说，它也不再是那个处在弗朗西斯一世控制之下的王国了。向南方的国外探险已经是以前的事情了；宗教战争几乎正使其濒临四分五裂，这种状况将持续30多年，并使国家处于解体的边缘。意大利还算比较平静，至少以意大利的标准来看是这样。除了那不勒斯和教皇国以外，半岛只有一个大国——威尼斯共和国，而它又总是太专注于商业而无意于征战，除非别无选择必须这样做。意大利北部各个城邦之间的内讧一如既往地进行着，但是这大多数战斗对地中海世界谈不上有什么深刻的意义。

然后就是奥斯曼帝国了。甚至土耳其那骇人的力量现在似乎也已筋疲力竭了。苏莱曼大帝的鼎盛时代早已逝去，他的继承者“酒鬼”谢里姆在1574年死去，也算死得其所了：他在一口气喝下一整瓶烈性的塞浦路斯葡萄酒之后，就滑倒在浴室潮湿的地板上。是的，正是在同一年，海盗元帅凯利基·阿里（Kilij Ali）从西班牙人手中夺回了突尼斯——这个城市及其内陆成为奥斯曼的一个省——然而这却是土耳其人在地中海的全部收获。谢里姆的儿子穆拉德三世（Murad III）是在下令勒杀了他的五个兄弟之后才登上王位的，他对其东部边界那一边的状况更感兴趣，并且喜欢把注意力放在格鲁吉亚（Georgia）和高加索（Caucasus）。他的继承者们似乎受了相同的影响，在将近一个世纪的时间里，土耳其人几乎都没有做什么去改变这片“中央之海”各方势力的格局。

唯一的尝试是在夺取突尼斯之后的一次意外。在 1578 年，非斯的谢里夫（Sherif of Fez）被他的对手驱逐出了自己的城市，而菲利普二世的侄子塞巴斯蒂安，这位刚愎自用的年轻葡萄牙国王，应谢里夫的请求派出了军队，具体原因到现在尚不完全清楚。塞巴斯蒂安还求助于他的叔叔，他的叔叔勉强同意支持他。因此他才能够率领一支共计约 15000 人的西班牙和葡萄牙军队穿越直布罗陀海峡。8 月 3 日，他到达后来名为“三王之战”（Alcacerquivir）的那个城镇，次日就发现一支规模庞大的摩洛哥军队就在他面前。他别无选择只能战斗，在接下来的战斗中，他和两位相争的非斯王子都丧生了，他的部下有 8000 多人都死了。其余的士兵几乎全被俘获，仅有 100 人设法逃脱。

正如人们所说，三王之战中唯一真正的胜利者就是西班牙的菲利普。在一意孤行的情况下，塞巴斯蒂安把葡萄牙变得士气低沉、不堪一击。两年之后，菲利普不费吹灰之力就把葡萄牙吞并了，瞬间就壮大了自己的殖民帝国，并且还获得了非常有价值的大西洋港口和海岸线。直到 1640 年，葡萄牙才恢复独立。

菲利普又活了 20 年，于 1598 年逝世，享年 71 岁。从来没有任何一位国王像他这样认真对待自己的职责，也从没有一个国王这么努力地工作。由于没有人能够让他信任，他不得不亲力亲为地在马德里或埃斯科里亚尔的宫殿里处理政府和行政事务上的每个细节。他埋头苦干，甚至没有时间抬眼看看他周围的世界。近乎病态的虔诚，让他下定决心要像自己所认定的那样，去完美地执行保护真正的基督信仰的任务。为了实现这个目标，他可以非常残忍、暴虐、毫无人性；但是当条件允许的时候，他也是一个书画爱好者，是一位非常温柔亲切的丈夫和爸爸。他结过四次婚，也四次成为鳏夫，他的妻子分别来自葡萄牙、英格兰、法兰西和奥地利。但是这么多妻子只给他留下了两个儿子。他的第一个孩子是个疯子，在充满疑惧氛围的监禁中郁郁而终，年仅 23 岁；他最后一个妻子所生的第二个孩子继承了他的王位，即后来的菲利普三世。在我们看来，他最大的贡献就是把他的国家建设成为一个有着强大的陆军和海军力量的强权。截止到 16 世纪 70 年代，他的军队至少是他父亲统治时的 4 倍。但实际上，他是一个悲观、孤独的人，他的臣民中没有人对他的离世感到难过。

地中海各大国不同寻常的消极无为为海盗提供了自由活动的场地，随着新世纪的开始，这些海盗越来越成为一种威胁。他们绝不只是由来自巴巴里的穆斯林组成，他们当中还包括许多欧洲海员，比如那位声名狼藉的约翰·沃德船长（John Ward），他在 1605 年左右到达突尼斯。他与那里的贝伊（Bey）达成了一项协议，在这项协议中，他答应去袭击除英国人之外的所有基督徒并共享利益。他的成功，尤其是对威尼斯人和圣约翰骑士团的攻击，使他很快就能够在突尼斯建起一座自己的宫殿，这座宫殿“用奢华的大理石和雪花石膏做装饰”，其富丽堂皇的程度仅次于当地统治者自身的宫殿。1609 年，他甚至获得了一个尊贵的副总指挥：在白金汉郡的克莱登（Claydon），弗朗西斯·弗尼爵士（Sir Francis Verney）于去年迫不及待地离开了他厌恶的名门望族，用一位英国历史学家的话来说，并很快“开始为害他的同胞……普尔（Poole）和普利茅斯（Plymouth）的商人遭受了浩劫”。[1] 阿尔及尔也不甘落后，它当时得到了西蒙·丹泽尔（Simon Danzer，又叫 Dansker［丹斯柯］）的帮助（对于这个人的国籍我们并不确定），它享受到了类似的成功。从这些人那里，原先可知只会使用单层甲板大帆船的巴巴里海盗，学会了相关的航行技术，这极大

① Gardiner, *History of England*, Vol. 3.

地提高了他们的效率。1609 年，西班牙海军上将唐·路易·法哈多（Don Luís Fajardo）向沃德、弗尼等一行人的海盗舰队发起了一次猛烈袭击。当时他们位于突尼斯的海港内，这次袭击使他们遭受了一次严重的打击。但是这位海军上将没能乘胜追击，就在这危急时刻，他接到了来自马德里的命令，去参加对西班牙摩利斯科人的大规模驱逐活动。

这次驱逐是整个西班牙历史中的重大灾难之一，表面上，它是国王菲利普三世的计划，但实际上这是菲利普最喜欢的顾问莱尔马公爵的主意。1598 年，20 岁的菲利普就已继承了他父亲的王位。他完全由修道士和神父抚养长大，对这个世界还一无所知，毫无智慧可言。因此，他很容易就被公爵所俘获，而公爵则很快成为他卓越的导师（éminence grise）。这位目光短浅的盲信者是一位来自前巴伦西亚王国（该王国于 1479 年被归并到卡斯蒂利亚）的贵族，当时巴伦西亚王国有很大一部分人口都是摩利斯科人：这些西班牙人数世纪以来一直是穆斯林，即使他们表面上皈依了基督教，但内心里他们仍然还保留着摩尔人的特征。摩利斯科人富有而且勤奋，并通过自己的努力使巴伦西亚平原成了整个王国中最富饶的区域之一。然而正是他们的富足唤起了邻人的嫉妒心，半个多世纪或者更长时间以来，他们一直是一场诽谤战役的目标，这场战役用不着说都知道是由宗教裁判所领导的，宗教裁判所坚持认为（可能是有些原因的）他们本质上仍然是异教徒。1566 年，菲利普二世发布了一项法令，禁止格拉纳达的摩利斯科人使用自己的语言、装束和文化。三年之后，这种折磨和迫害使他们忍无可忍，于是他们开始反抗。在他们的反抗被奥地利的唐·约翰残暴地镇压之前，国王为此经受了许多焦急不安的时刻。他们更加不受欢迎了。莱尔马增恨他们，并且毫不费力地就说服了愚蠢的年轻国王：把他们一劳永逸地驱逐出西班牙就是他的职责。

驱逐一整个王国的人口是一项艰巨的任务，教会和世俗人士都更愿意压迫摩利斯科人，而不是把他们全部驱逐出境。但是莱尔马下定决心要把他的政策贯彻到底。1609 年 9 月 22 日，一项致命的法令被颁布了：每个大村子里的摩利斯科人，除了留下 6 位最年迈和最信奉基督的人以告诉其他人他们的文化体系之外，无论男女，都将被驱逐到巴巴里，除了他们能够随身携带一点个人物品之外，不允许带走任何的金钱。人们到现在终于明白了为什么那些庞大的舰队从春天就集结到地中海各港口了。

在接下来的六个月里，大约有 15 万巴伦西亚摩利斯科人，从因他们和他们的祖先而肥沃的土地上被驱逐。他们被赶到在港口等待的船舶上，这些船穿过地中海把他们惨无人道地丢弃到北非海岸。从巴伦西亚开始的驱逐很快就席卷了西班牙各个角落。从卡斯蒂利亚到阿拉贡，从安达卢西亚到埃斯特雷马杜拉，只要是被怀疑为摩利斯科人——一般很难区分出新老基督徒，就统统被集中起来，被驱逐和放逐出去。被驱逐的人数难以估计，但总数肯定超过了 50 万人，或许实际上更多。在这些地区中受害的并不只是农民，这当中还包括大量的艺术家和手工艺人，他们曾经为西班牙的经济做出了突出的贡献。但菲利普三世和他那个邪恶的顾问不可能会因为这种种族灭绝罪行而被控诉，仅仅是因为他们通过道貌岸然的法令驱逐他们而非直接杀死他们。但是作为一个现代普遍认为是种族清洗的例子，在欧洲要到三个世纪后才出现与之相匹敌的行动。

如果莱尔马公爵从来没有降生到这个世界的话，西班牙或许会更好一些。然而还有另外一个公爵，与莱尔马处在同一时代，他的国家则欠他太多了。他就是唐·佩德罗·特列斯·吉隆，第三位奥苏纳公爵（Don Pedro Tellez Giron，third Duke of Osuna），他几乎单枪匹马就改变了西班牙海军。1603 年，当年轻的奥苏纳访问英国时，他以拉丁语交谈时所表现出的优雅迷住了国王詹姆斯一世，并在此安顿下来专心致志于研究英国海军。1607 年，他回到西班牙并成为刚成立的枢密院（Privy Council）成员，在枢密院成立一年或两年后，他们对西西里岛新总督的任命展开了讨论。奥苏纳发言了。他指出在过去30 年里，那些巴巴里海盗对西西里岛的袭击超过 80 次，但每次他们都安然无恙地返回。像这种情况不能再继续下去了。在他看来，国王只有两个选择：要么向海盗缴纳保护费，要么在西西里岛重组一支新的舰队荡平海盗。菲利普国王对他印象深刻，正式授予他总督之职，奥苏纳随后就开始了重组舰队的工作。

1611 年他到达西西里岛，发现那里一共有 34 艘单层甲板大帆船，其中有 12 艘来自那不勒斯，10 艘来自热那亚，7 艘来自西西里岛，5 艘来自马耳他，所有的舰船都由萎靡不振的圣克鲁斯男爵指挥，他是无敌舰队倒霉指挥官的儿子。他的第一次行动是指挥 6 艘船，用他自己的旗帜，他可以随意指挥，而不受海军上将的约束。然后他把注意力转向他的船员，提高他们的薪水，改善他们的饮食起居，给予他们全新的训练和纪律，使他们很快就和其他同伴形成了鲜明的对比。一次对突尼斯的闪电袭击最终大获全胜，10 艘海盗船尚未离港就被摧毁，还取得了一些其他收获。这还仅仅是开始，接下来的几年里，他又取得了类似的胜利。这使整支舰队都充满了胜利的喜悦，但是奥苏纳并没有满足。他清醒地认识到，这支舰队仍然仅仅由单层甲板大帆船组成，而未来的成功取决于谁的航海技术水平更高。他留下自己的两艘大帆船，并最终说服政府派出了一支 20 多艘船的舰队，这支舰队归萨伏依亲王菲利伯特（Philibert）指挥。这样一支舰队如果能有一位出色的司令官指挥，足以扫平这片海域中的所有海盗。可惜的是，菲利伯特却被证明是一个具有多里亚气质的指挥官，他没有能力采取坚决而果断的行动，出海没几天就一直想着返回港口，甚至没放一枪一炮。尽管有着这样一支庞大的舰队，但他在封锁纳瓦里诺港口的行动中还是彻底地失败了，藏身在那的大量海盗船就这样轻而易举地逃走了。

像从前一样，奥苏纳清楚地知道自己想要什么。在低地国家，他已看到一些小型的荷兰帆船停靠在西班牙港口的外边并实施了有效的封锁，但马德里政府拒绝了他更换小型船只的请求。不过至少他还有两艘自己的大帆船，其中一艘有 20 门炮，另外一艘有 46 门。他把它们派到了南面的埃及水域，他们在那很快就捕获了一支由 10 艘土耳其运输船组成的船队，这只船队当时正开往君士坦丁堡。这是一项显著的成就，按理应该得到马德里政府的奖赏。但是西班牙政府表现得跟往常一样冷漠，他们仅仅指出，奥苏纳违反了一项古老的法令，这项法令禁止武装的单层甲板帆船抢掠其他船只。尽管奥苏纳很坦白地指出，海上的战争已经不同于一百年前了，但西班牙政府仍然无动于衷。

直到 1615 年，宏观形势才突然发生了变化：奥苏纳被任命为那不勒斯总督。比起从前他在西西里的时候，在这里他有了更多的自主权和更多的金钱。他立刻订购了 5 艘全新的大帆船，他把这五艘船称为“耶稣五殇”（Five Wounds），还有另外 5 艘轻便船和一艘驳船，这些船一起组成了一支舰队。除了那艘驳船之外，其他船都装备精良，而且这种装备精良的程度是任何英国海军的船都不能媲美的；另一方面，这支舰队是完全按照英国舰队的模式组建起来的。他废除了西班牙过去那种双重领导制度，即所有被派去远征的士兵对指挥官负责，而所有的船员对另外一个长官负责，这正是西班牙舰队的痼疾所在。自此以后，整个舰队就由同一位长官来指挥。1616 年 7 月，他的下级——海军上将弗朗西斯科·德·里贝拉（Francisco de Ribera）

率领一支由6艘大型帆船组成的分遣舰队，与一支有45艘单层甲板大帆船的土耳其舰队进行了一次大规模的战斗。这场战斗持续了整整三天，但到第四天黎明时，敌人没有了任何动静。土耳其人已经承认失败了，他们坐着战斗中幸存的残破船只，撤退到了安全的水域。

无论以什么标准来说，这都是一次值得纪念的胜利，但也有一些教训。赢得胜利的舰队不是按照西班牙模式组建和指挥的，而是按照英国模式。与土耳其相比，这只舰队已经证明了它的优越性。那么它现在能够击败西班牙在意大利半岛上最强大的敌人——威尼斯共和国吗？

奥苏纳公爵如此思考不足为奇。虽然他很可能是西班牙海军的重塑者，但他首先是一位爱国者，并致力于消灭西班牙的敌人。很大程度上也正是多亏了他，当进入17世纪时，西班牙的威慑力才再次在地中海中部大涨。一个多世纪以来，西班牙的野心受到法国的抑制；但是1610年法国国王亨利四世（Henry IV）遇刺，王位留给了他9岁的儿子路易十三（Louis XIII），而他的遗孀——一贯奉行亲西班牙政策的玛丽·德·美第奇（Marie de' Medici）成为摄政，这更加确保了“最虔诚的天主教国王”不会再受到牵制。在米兰和那不勒斯，西班牙仍然有着至高无上的地位，佛罗伦萨大公科西莫二世（Grand Duke Cosmio II），这位玛丽的表亲，完全被西班牙所控制。又由于耶稣会和西班牙红衣主教们的影响，在罗马的教皇也被西班牙所控制。仅有两个意大利城邦下决心要抵制这种日益增长的威胁。一个是萨伏依公国，那里的公爵查理·伊曼纽尔二世（Charles Emmanuel II）已经组织了一支超过2万人的军队，并随时准备着反击米兰的西班牙执政者可能的侵犯；另外一个就是威尼斯。

正当米兰开始挑衅萨伏依（反之亦然）时，威尼斯却面临着更大的困难：与西班牙王族的东支——哈布斯堡家族的奥地利大公斐迪南（Ferdinand of Austria）对抗。导火索是一个海盗集团乌斯科克（Uskoks），一个有点异类但会造成极大麻烦的团体，他们在很大程度上（或许全部）都是由从土耳其逃出来的基督徒囚犯组成的。他们在塞格纳（Segna，现在的塞尼［Senj］）以及达尔马提亚海岸聚居下来，这使得这些地区的很多居民抛弃了其传统职业，干起了海盗行当。事实上这个问题由来已久，亚得里亚海岸数不清的岛屿和隐蔽的港湾为海盗行动提供了得天独厚的便利条件，海盗对威尼斯人的商业威胁可以追溯到威尼斯共和国建立之初。由于海盗的原因，该地区的形势变得更为错综复杂。海盗行为受到了愤怒的土耳其人的强烈谴责，每当土耳其船队被海盗袭击之后，他们就会对威尼斯进行一番外交辞令上的抱怨，他们指出：既然亚得里亚海处于威尼斯的控制之下，威尼斯就应将其管理得井然有序。但既然达尔马提亚是神圣罗马帝国的领土，这些侵犯者们从理论上讲本身就是帝国的臣民，这下就轮到威尼斯发表更加紧迫的外交辞令，要求斐迪南采取行之有效的行动去制裁他们。但是斐迪南大公除了不断重复地承诺之外，并没有采取任何行动，而海盗乌斯科克的行为则成为一个持续不断的威胁。

这种丑陋的相互推脱责任的表演在1613年达到了高潮，克里斯托弗洛·维涅尔（Cristoforo Venier）——这位威尼斯海军上将被海盗斩首。但是斐迪南仍然袖手旁观，拒绝帮助威尼斯。事实上，随着与威尼斯帝国关系的日益恶化，斐迪南甚至不只是同情这些海盗们，除了装模作样的温和抗议之外，他私底下甚至尽可能地帮助这些海盗。最终威尼斯不得不（这已经不是第一次了）拿起自己手中的武器去捍卫法律，对海盗们进行讨伐。斐迪南拒绝加入。这场战争成为一场彻底的拉锯战，在满腹牢骚的抱怨中战争一直持续到了1617年的秋天。威尼斯、萨伏依和帝国缔结了来之不易的和约，从此海盗们的命运被永久改变了。他们的海港和城堡被捣毁，他们的船只被烧毁，而不愿接受这种命运的人则携带他们的家人到了克罗地亚内陆，随着时间的推移，随着他们与当地人不断通婚，他们逐渐失去了独特的海盗身份。

这个小小的胜利极大地改善了亚得里亚海的安全形势，甚至对地中海中部也产生了积极的影响，但这并没有改变当时的基本政治环境。这一地区最主要的安全威胁仍然是西班牙，西班牙依靠强大的军事实力和狡诈的外交手段来实现自己的利益。16 世纪晚期到 17 世纪初是阴谋诡计盛行的时期。这种观点本身一点也不新奇，在美第奇的佛罗伦萨，维斯康提的米兰，波奇亚的罗马，都有极其丰富的密谋、下毒、间谍与反间谍、暗杀的例子。但是现在，在法兰西、英格兰以及意大利，阴谋已经成为一种生活方式。当人们刚到中年的时候，他们的记忆中就已经充满了各种各样的暗杀行动：科利尼（Coligny）海军上将和亨利四世都是遇刺身亡的；这些数之不尽的阴谋充斥着苏格兰女王玛丽悲哀而又暴力的一生；在 1605 年 11 月 5 日则是“火药阴谋”（Gunpowder Plot）。

从没有任何一个欧洲国家的政府像这个最宁静的共和国一样，卷入到如此黑暗的阴谋世界之中。每一个大使馆，甚至每一处外国人的房产，都被威尼斯特务翻了个底朝天。他们直接向令人畏惧的十人执政团汇报，包括出入境的详细信息；信件被拆阅，谈话被监听。特殊的监视主要通过交际花们进行的，国家供养着他们，他们传回的任何可能有用处的枕边话，被用于敲诈以及其他一些不可告人的目的。然而这个十人执政团通常更喜欢秘密从事一些更令人讨厌的事情，因此，当一些早起者于 1618 年 5 月 18 日穿过皮亚泽塔（piazzetta）广场时，他们惊奇地看到两具男人的尸体被挂在匆忙竖立起来的支架上，在广场南面尽头的两根圆木之间，他们都是一条腿绑着摇晃地倒挂在那里，这表明他们犯了叛国之罪。更令人惊奇的是，这两具被放在一起的尸体上被拷问过的痕迹仍然清晰可见。没有任何布告对这两个人的不幸做出说明，也没有布告解释他们遭受这种刑罚的原因。各种传闻不可避免地散播开来，这些传闻的焦点就是一个要推翻共和国的重大阴谋，这当中一定有一个煽动者。敌对性的示威在西班牙大使馆外面开始上演，这迫使驻威尼斯大使贝德玛侯爵（Marquis of Bedmar）要求当局提供特别保护。同时，他也向马德里汇报：

> 最虔诚的天主教国王和西班牙的名字都成了威尼斯人最讨厌的称谓。在这些人的眼里，西班牙这个词的每一个字母都是一种侮辱……他们看上去恨不得吸干我们的血液。这是他们统治者的错误，正是他们教会了人们厌恶我们。

严格说来，这并非事实。多年以来，西班牙大使馆一直是这座城市里最繁忙的阴谋中心，它的休息室和回廊里充满了各色阴险和狡诈的人物，当他们等待谒见西班牙大使时，他们会成群地窃窃私语。到10月的时候，十人执政团向参议院递交了一份详细报告——关于所发生的这一切的报告，报告显示：正如人们所预料的那样，在这场后来被称为“西班牙密谋”的事件中，这位侯爵正是幕后主使人之一。

这个阴谋故事恰恰为托马斯·奥特维（Thomas Otway）最著名的戏剧《威尼斯得免于难》（*Venice Preserved*）提供了素材。这个真实的故事具有17世纪情景剧所需要的一切元素。这里有恶棍唐·佩德罗，奥苏纳公爵和西班牙派驻那不勒斯的总督，他们下定决心毁灭威尼斯在地中海的权力。这里有西班牙大使——贝德玛侯爵，表面上有教养、有魅力，实质上是“西班牙培养出来的最危险和最不可测的灵魂之一”，对威尼斯充满了难以消解的敌意，而且是奥苏纳目标忠实的实践者。在这个阴谋中有两个主角：雅克·皮埃尔（Jacques Pierre），一个诺曼冒险家和海盗，成了对付威尼斯舰队的特工。他虽然是个文盲，但却是那个时代少有的天才海员。另外一个是他形影不离的互补伙伴——尼古拉·雷尼奥（Nicolas Regnault），一个有教养的花花公子，说着一口流利的意大利语并写得一手好字。最后是英雄人物登场——年轻的法国人巴尔萨泽·朱旺（Balthasar Juven），他来到威尼斯为这个共和国服务。

当然这个阴谋本身也非常引人入胜，能够满足比较挑剔的剧作家的要求。像其他这类阴谋一样，这个阴谋也极端错综复杂，而且跌宕起伏。如果用平直的语言去详细描述，将会使这出戏剧变得冗长枯燥，令人乏味，并且也没有这么多的页面来描述。[①] 在约定日子的数周之前，西班牙士兵将乔装打扮成普通人，三三两两地渗透进威尼斯，然后再由贝德玛秘密地提供武装。当一切都准备就绪时，奥苏纳的大帆船就将以自己的方式向亚得里亚海挺进，并让一支远征军在里度（Lido）登陆，然后在那里与一支平底船队汇合，这支部队将穿过潟湖到达这座城市。广场、总督宫殿、里亚尔托（Rialto）门和造船厂将会被占领，军械库将会为阴谋者提供额外的武器，武器也会分配给任何愿意加入他们的威尼斯人。主要的威尼斯显贵将会被处死或留着索要赎金；威尼斯本身将会成为奥苏纳的囊中之物，而那些战利品和赎金将由阴谋者们自己去分配。

暂且不论如此狂野的冒险事业本身就几乎不可能成功，它的始作俑者其实并没有机会去实践一下。这个阴谋的发现要归功于朱旺，一个叫加布里埃尔·蒙卡欣（Gabriel Moncassin）的法国同胞告诉了他

---

① 如果有渴望了解全部详情的读者，建议去查阅霍雷肖·布朗（Horatio Brown）的《威尼斯史研究》（*Studies in the History of Venice*），第 245 — 295 页，这一部分通过残忍无情的细节描述勾勒出了整个故事。

一切，并邀请他一起参与这个阴谋。但是蒙卡欣所不知道的是，朱旺是一个胡格诺教徒。怀着对西班牙和其宗教立场的憎恨，他立即将这个消息告知了威尼斯当局，十人执政团立刻采取了行动，雅克·皮埃尔立即被逮捕并被处死，他的尸体被装进麻袋，投入海底。雷尼奥和另外两个共谋，德斯博利尤克（Desbouleaux）兄弟都被逮捕，并被严刑拷打，在他们招供之后，都被倒挂在了广场上。另外300名次要的参与者被慎重地肃清。只有奥苏纳和贝德玛因为他们的权势而没有被波及，他们在各自宫殿的高墙之后继续着他们的诡计，但是他们已经错过了最好的机会。威尼斯被拯救了！

第十八章　克里特岛和伯罗奔尼撒半岛

在上一章所述事件的25年之后，地中海仍平静得出奇。偶然会有一次不太猛烈的风暴袭来，但并没有出现大的风浪，在马耳他、塞浦路斯和勒班陀范围内也没有大规模的动乱。只要简单地比较一下地中海的早期历史，这种情况就相当引人注目。更令人惊讶的是，1618年——就是“西班牙密谋”发生那年，三十年战争开始了，这场战争将把北欧和东欧的大部分地区彻底摧毁。

在威尼斯人看来，和平就是一场及时雨。同年10月发生了一件事情，尽管威尼斯人对此不必负任何责任，但这却最终导致它失去了自己残余殖民地中最有价值的一部分：克里特岛。它应该知道，战争迟早是不可避免的。克里特岛是如此诱人的一块大肥肉，土耳其人又是一个如此贪婪的对手，他们想要更长久地独占它。同样具有讽刺意味的是，土耳其人的最初攻击是由一支次要力量的故意挑衅引起的。威尼斯宁愿忍受其他更多损失，也不能忍受自己在东地中海最后的重要据点陷落。

虽然圣约翰骑士团在威尼斯拥有一座修道院[①]——这是继承自1312年被解散的圣殿骑士团，但长期以来他们和威尼斯人彼此仇视。这就是他们关系的全部。因为骑士团占有的地产几乎遍布整个基督教欧洲，所以他们鄙视贸易和商业。作为上帝的仆人，他们被安于贫

---

① 它现在仍然在这里，靠近意大利比萨迪号圣乔治信众会会堂（Scuola di S. Giorgio degli Schiavoni）。

穷、纯洁和服从的僧侣戒条所束缚，他们不喜欢威尼斯人世俗性地追求享乐。最后，作为持剑者和十字军的后代，除了治病以外，他们公开宣称的目标是：与一切异教徒抗争到底。他们公开谴责威尼斯想与苏丹保持和平关系的意愿，这在他们看来是对基督教事业的无耻背叛。

到17世纪40年代，骑士团只保有其过去英雄岁月的惨淡缩影。80年前，他们成功地击退了苏莱曼大帝派出打击他们的最强大的舰队，守住了自己的小岛。他们继续管理着自己著名的医院，仍然维持着比其他任何地方都要先进的卫生和护理标准，但是他们的十字军精神开始消退。他们的海上行动十分频繁，但几乎失去了圣战性质，多半是普通的海盗行为。他们也不再始终如一地局限于掠夺穆斯林船只；他们还凭借完全站不住脚的借口，无缘无故地袭击威尼斯人和其他基督教商人，而且变得越来越频繁。

简而言之，对威尼斯人来说，马耳他的骑士团变得令人讨厌，其程度仅次于从前的乌斯科克。最糟糕的是，他们还学会了乌斯科克的老习惯——骚扰亚得里亚海上的土耳其船只。苏丹不可避免地要怪罪于威尼斯，这就破坏了威尼斯人不惜一切代价与土耳其人保持的友好关系。实际上，威尼斯共和国总督不止一次向当地修道院院长表达过强烈抗议——没有比1644年9月的这一次抗议更强烈的了，当时总督甚至威胁骑士团：如果他们不改变自己的行为，他就在共和国领土范围内没收他们所有的财产。骑士团则像往常一样，完全不予理会。

1644年10月初，一支由6艘船组成的分遣舰队在爱琴海上巡航，他们袭击并捕获了一艘富有的土耳其大帆船，船上载着一些前往麦加朝拜的有着高贵身份的朝圣者。他们之中有：城中的首席民事法官、苏丹宫廷中的显赫太监（Chief Black Eunuch）、30来个后宫妃嫔和大约50名希腊奴隶。然后舰队带着他们的战利品前往克里特岛，在南海岸没有守卫的沙滩上登陆。他们让奴隶和许多马匹上岸。但当地的威尼斯总督很快就赶到并命令舰队离开，他不希望被牵连其中，因为这毕竟是令人不齿的海盗行为。骑士团好几次提出尝试在岛上的不同港口登陆，但每次会谈都遭到拒绝，骑士团最后丢弃了这艘载有乘客的土耳其宽体船（它已不再适于航海），自行回到了马耳他。

此时，占据奥斯曼帝国王位的是半疯狂的苏丹易卜拉欣①。消息传来的时候，他勃然大怒，并立即下令屠杀帝国境内所有的基督徒。幸运的是，他后来被说服取消了这道命令。但是君士坦丁堡的威尼斯间谍现在发出了报告：苏丹在博斯普鲁斯海峡内正准备一支庞大的战争舰队。事情不久就水落石出了：他们正在考虑进行一次规模惊人的惩罚行动。起初，人们自然而然地臆测：这支舰队会直接驶向马耳他。1645 年 3 月的官方声明也对这种假设予以肯定。但是，威尼斯派遣在君士坦丁堡的间谍巴伊洛（bailo）用急件警告：这是一次故意制造的假象。他报告说，苏丹坚信威尼斯人是整个事件的幕后主使；不然袭击者为什么会直接前往克里特岛呢？他们真正的敌人不是骑士团而是威尼斯人。他的直接目标不是马耳他，而是克里特岛。

不久，巴伊洛的报告便被证实了。4 月 30 日，一支装载着大约 5 万名战士，由 400 艘船只组成的土耳其舰队穿过达达尼尔海峡。起初他们宣称：舰队将朝马耳他驶去，舰队将会直接穿过克里特岛进入伯罗奔尼撒半岛西南角的纳瓦里诺，并在那里获得增援和补给品。到 7 月 21 日起航的时候，他们好像又改变了行程。四天之后，入侵的军队在离干尼亚（今卡尼亚［khania］）西面不远处登陆并向这座城镇进军。第一轮战斗开始了。

---

① 在 1640 年就职前，他一直生活在宫殿闺房（Seraglio）里，实际上像一名囚徒。在统治期间，他残忍、轻薄而腐败。1648 年，愤怒的臣民判处他死刑。

克里特——威尼斯人以其首府名称来称呼它：干地亚（Candia，现在的伊拉克利翁）——是威尼斯人的第一批海外殖民地之一。这可以追溯到1211年第四次十字军东征后，它是从拜占庭帝国分离出来的。虽然其政体是以母城为蓝本建立的，但管理起来并不容易，也不太顺利。这个岛上最富饶的地区大部分都成了威尼斯名门望族的封建领地。他们巨大的财富、霸气十足的行为使他们不为当地希腊人所喜欢。这些家族轮流抱怨他们缺乏任何真正的政治权力：所有主要官员都是从威尼斯派来的，主要决策都是那里制定的。平时其防御经费主要依靠封建赋税，从地主那里来筹集。此外，还要依靠当地的民兵组织。但是双方都想摆脱自己的义务，所以防御的义务总是落在穷人和一无所有者身上。虽然腐败堕落是地方上的事情，但殖民地不断消耗着威尼斯的资源。

此时的克里特岛面临着迫在眉睫的危险。共和国政府为此制定了一项新的积极防御计划。政府给从前的总秘书长安德烈·科纳（Andrea Corner）发放了一笔10万达克特的特别汇款，并派遣了一支2500人的军队（其中包括军事建筑师和工程师），还有一支拥有2艘三桅帆船和30艘帆船的舰队去增援岛上原有的舰队。科纳获悉，另一支舰队也正在准备中并会尽快到达。但是这一切都无济于事，他的资源对于他要完成的重要任务而言简直就是杯水车薪，而且给他的时间也太短了。当他在那个命运攸关的仲夏匆忙赶到滩头时，他应该已知道保住这块殖民地的机会已很渺茫。

机会在很大程度上要取决于据称要来的威尼斯舰队行动的速度。如果它能够在一周或两周内到达，干地亚可能还有救。但是它没有出现。科纳接到这个命令时一定很恐慌：那支舰队必须在桑特岛（Zante，现在的扎金索斯岛［Zakynthos］）等待，直到联合舰队的另外25艘战舰加入，这支舰队包括来自突尼斯、那不勒斯、骑士团和教皇的船只。现在最重要的是时间，而不是兵力的多少。与此同时，土耳其士兵每天所挖的壕沟越来越深。岛上的圣狄奥多尔（St. Theodore）堡垒落入了土耳其手中。其指挥官比亚吉奥·祖里安（Biagio Zulian）虽已预料到再怎么抵抗也无济于事，但是他一直坚守阵地直到它被侵占，然后引燃了火药库，把他自己、他的士兵、来袭击的土耳其士兵和这座建筑物本身都炸得粉碎。干地亚肯定都清楚地听到了爆炸声。干尼亚也没有抵抗多久，它的弹药和供给很快就被消耗殆尽，它的防御设施也被土耳其的地雷兵渐渐地破坏掉了。8月22日，干尼亚投降。土耳其人无疑希望通过合适的时机来表现自己的宽宏大量，以鼓励进一步的投降；他们承诺会尊重当地人的生命、尊严和财富，允许守军带着他们的旗帜离开城镇，平平安安地到达苏德哈（Soudha），通过阿克罗蒂里（Akrotiri）[①] 向东前进。

现在运气似乎格外地青睐这些入侵者。在苏德哈，威尼斯人的舰队司令安东尼奥·卡佩罗（Antonio Cappello）突然失去理智，放弃了城镇。这座城镇只是依靠它极好的自然位置和最近刚重建的堡垒才保护自己免于被侵占。9月中旬，联合舰队终于到达克里特水域并曾两次试图通过奇袭收复干尼亚，但是每次都被暴风雨击退。最终在10月份，非威尼斯籍士兵在教皇的海军上将——皮翁比诺亲王尼科洛·路德维希（Nicolò Ludovisi）的指挥下，宣布了打算返回家乡的意图。事实上，他从一开始就表现得非常讨厌这次远征。这也不是第一次了，威尼斯的盟友除了留下伤害之外什么都没做。他们离开可能会更好些。

同时，威尼斯政府已准备好全面开战。没有理由相信苏丹易卜拉

---

① 这个名字（希腊语的意思是海角）是因为它位于干尼亚东北部的突出的陆地而得名，保护了苏德哈湾（Soudha Bay）。

欣打算把自己局限在单一的威胁行动中，威尼斯派出了额外的守军去科孚岛，它甚至开始增强威尼斯潟湖周围的防御力量，而优先关注自然给了克里特岛。载着弹药和各种供给品的大帆船及其他运输工具几乎每天都会到这个岛上。然而仍然有一种需要没有得到满足：一名最高指挥官，他的资历和名誉必须能压服嫉妒和竞争的敌意，特别是当克里特威尼斯人也卷入其中的时候，这便成了经常性的威胁。这次任命在元老院经过了长时间的讨论，在随后的表决中，占据绝对优势的名字就是总督自己——弗朗西斯科·埃里佐（Francesco Erizzo）。

只有一个声音表示反对。乔瓦尼·佩萨罗（Giovanni Pesaro）——他后来自己也将成为总督——非常合理地争辩说，当国家非常需要把每一便士都用于战争的时候，派遣国家元首，包括他的执政团、一批精明强干的随从和秘书出征，其代价是非常不合理的。这样的一步也可能鼓励苏丹亲自上阵从而大大提升土耳其对战争的重视程度。此外还要考虑到：埃里佐现在还差两个月就 80 岁了。但是没有人理会他的话；所有人的注意力都放在了老总督身上，他宣称将承担摆在自己面前的艰巨任务，他的演讲使听众们热泪盈眶。不过对威尼斯来说非常幸运的是，他没有机会真这么做。对他来讲，独立完成这一任务太过沉重了。1646 年 1 月 3 日，仅三周之后，他便去世了。他被安葬在圣马尔蒂诺教堂，但是为了表彰他毫不犹豫地接受最后的委派，他的心被埋葬在圣马可的通道之下。在威尼斯，再也没有一个人获得过如此高的尊重。总督出征的整个计划都搁浅了，而且从此以后就再也没有被提及过。

所有的一切似乎都取决于牵制住在干尼亚的土耳其人，这是他们已经占领的唯一的克里特港口。如果他们能够被封锁在那里，同时威尼斯人能在海岸其他要塞建立起自己的军事力量，最终是有可能把土耳其人驱逐出去的。年轻的托马索·莫洛西尼（Tommaso Morosini）

派出23艘船，他试图封堵达达尼尔海峡，以将土耳其的增援舰队困在马尔马拉海，至少也要设法推迟他们的到来。援军的延误使苏丹勃然大怒，他下令立刻将舰队司令斩首示众。舰队司令不幸的继任者立即前进，这既是因为害怕被同样斩首，也因为季风有利于推动他的航程。最后，他冲破了威尼斯人的防线，闯过爱琴海，来到了干地亚。75岁的乔瓦尼·卡佩罗总指挥是如此迟疑和犹豫不决，以致根本无法阻止他进入海港。威尼斯人的船只退却到雷提蒙（Rettimo），但是他们没有在那停留太久。经过一段长期的拉锯战之后，城镇于11月13日被迫投降。

雷提蒙的陷落也产生了一个有利的影响，那就是无用的卡佩罗被免职，吉安·巴蒂斯塔·格利玛尼（Gian Battista Grimani）继任了他的职务。吉安·巴蒂斯塔·格利玛尼是一位非常受欢迎的司令官，比卡佩罗年轻40岁，他的到来立即为舰队增添了新活力。1647年初，当托马索·莫洛西尼发现自己被超过45艘土耳其军舰包围时，他意识到自己获得了一个可以为前一年的失败复仇的机会。在接下来这场不对等的战斗中，他和他的全体船员进行了顽强的战斗，他们一直不开火，直到敌人靠近时才突然猛烈还击。不久，威尼斯人就发现自己被三艘土耳其船包围了，双方陷入肉搏战，莫洛西尼自己也参与到激烈的搏斗之中，直到一个土耳其火绳枪兵从后面偷袭，打爆了他的头。与此同时，土耳其的舰队司令也受了致命的重伤，但是战斗还在继续。突然，筋疲力尽的威尼斯人看到又来了三艘船，正以密集队形靠近，圣马可旗帜在桅杆上飘扬。原来是格利玛尼听见炮声，就立即出来巡视。他们随即也加入了混战，这就迫使土耳其人撤退。在这场战役中，四艘奥斯曼宽体船被击沉，其余的逃跑了。莫洛西尼的船受到连续的猛击，但仍能漂浮着。最后，它被拖回了干地亚，带着勇敢的年轻船长的尸体回到威尼斯英雄般地安葬。

尽管莫洛西尼的英雄主义极大地鼓舞了人心，但这一点也没能改变威尼斯人在克里特的基本态势。小岛的北部沿岸有四个主要的要塞（第五个要塞——西提亚［Sitia］，因为太遥远快靠近东边可暂时忽略），其中的两个已经落在了敌人手中。另外的两个要塞之一苏德哈已经被从海上封锁长达一年，现在食物匮乏。它和干地亚现在都受到瘟疫的袭击，这不仅降低了士气，而且使防守变得不堪一击。然而城墙外边的土耳其士兵却没有受到瘟疫的影响。就在 1647 年的夏天，土耳其军队开始对干地亚进行首次正式围攻——这块殖民地的未来就取决于其首府了。

对干地亚的围攻将持续 22 年。在这段漫长的时间里，威尼斯人实际上是在孤军奋战保卫这个小镇。它的居民人数只有 10000－12000 人。他们抵抗着的是奥斯曼帝国陆军和海军的联合部队。在之前的时代，如此长时间的抵抗是超乎想象的。如果土耳其人和威尼斯人商业上是相互依赖的话，他们之间的敌对行动应该是短暂的，但是现在大部分的转口贸易都控制在英国和荷兰手中，这样的考虑也不再适用了。苏丹有充裕的时间进行这场战争。威尼斯人能够坚持这么久，不仅是因为城墙内保卫者的坚定——尽管这是相当大的原因——更是由于其舰队。这些舰队不断在东地中海地区巡逻，这不仅仅挫败了土耳其人从海上封锁干地亚的努力，实际上还把威尼斯的控制领域扩大到了爱琴海。在后十年的围攻中，由于他们对爱琴海的有效控制，竟迫使土耳其人尽力避免直接的海上对抗。

这并不是说这样的冲突从来没有发生。这次战争的历程是一首不折不扣的民族史诗，其中有不计其数的战斗：大的或小的，有意的或无意的，战斗的范围从达达尼尔海峡入口，经过爱琴海群岛一直扩展到干地亚沿岸。威尼斯舰队每年春天在达达尼尔海峡的入口集结，希望在这个小口封锁住敌人。战争中也有丰富的英雄故事：1649 年，贾科莫·里瓦（Giacomo Riva）追逐一支土耳其舰队进入到伊奥尼亚沿岸的一个小港口，并将这支舰队彻底摧毁；1651 年在帕罗斯岛（Paros）附近，拉扎罗·莫契尼格（Lazzaro Mocenigo）违抗舰队司令的命令，出发去袭击敌人的一整支分舰队，尽管最后身中数箭还因步枪子弹穿过胳膊受了重伤，但却成功驱赶了这支舰队；1656 年，洛伦佐·马塞罗（Lorenzo Marcello）带领他的战舰进入达达尼尔海峡，但是却没有活到目睹这整个战争中最完美最势不可挡的胜利；1657 年，已升任总司令的拉扎罗·莫契尼格再次率领由 12 艘船组成的舰队去追赶敌人的 33 艘船一直到那狭窄的海峡，最后通过马尔马拉海来到君士坦丁堡城下。

然而，无论成就有多么光荣，航海技术多么高超或勇气多么大，人们总会感觉到威尼斯缺乏一个完整的计划：要有组织地保卫一个被围困的城市的话，直接切断攻击者的增援和供给应该会更有效。尽管威尼斯人用尽了全力，也未能切断增援和供给，甚至在他们最成功的时候，防御者们也明白：干地亚的失陷只是个时间问题。

只有一件事可以拯救干地亚：欧洲列强无条件和热情的支援。但可以这么说：整个奥斯曼帝国在欧洲的扩张史也是基督教君主们长期以来不能联合起来共同保护他们的大陆和信仰的历史。自第三次十字军东征后的近 500 年来，他们从未这样做过，甚至没在他们的心灵或灵魂中想过。他们现在也不会这样做。威尼斯人一次又一次地请求他们，反复强调这不是为了一块遥远的威尼斯殖民地的命运，而是为了整个基督教世界的安全所必须依赖的平衡。如果克里特丢失，那么半个地中海都丢了。但他们如从前一样，一次又一次地拒绝听从其建议。在德意志，皇帝指出：最近他刚和土耳其签署了一项长达 22 年的休战协议。西班牙使所有人都感到惊讶，这位最虔诚的天主教君主竟然派了一名大使去君士坦丁堡的异教徒那里；法国则玩弄两面游戏，一方面偶尔秘密地为威尼斯人提供小规模财政支持，但是另一方面又继续扩展和苏丹的友谊；英国——由于在地中海它还不是一个强国，所以本来对它抱的期望也不大——尽管做出了十分慷慨的承诺，但是除此之外没有其他行动。几任的教皇看到威尼斯的情况，认为这能使自己获得许多利益，就向威尼斯提供了有交换条件的援助：英诺森十世要回了威尼斯主教的任命权；他的继承者亚历山大七世让威尼斯重新接纳了耶稣会，因为自从保罗五世于1606年对威尼斯实行惩罚后，威尼斯就一直禁止其在共和国领土上活动。

不可否认的是，随着时间的流逝，干地亚的持续抵抗成为欧洲的话题，外国援助以人力、金钱和船只等形式一点一滴地到来，但是这些帮助太少了，来得也太迟。这里有一个典型的例子：一支4000人的军队在阿尔梅里高·德埃斯特亲王（Prince Almerigo d'Este）率领下于1660年从法国出发。如果他们在春天抵达或许还能派上用处，但是他们直到8月底才到。军队首次出击，他们翻越山地，在侦查过程中没遇到什么麻烦，但却以恐慌和逃跑结束。一两周之后，士兵们因患痢疾而病倒。于是不得不（*en masse*）将他们全都送到其他宁静的岛上去恢复战斗力。最后，这些幸存者们（很遗憾，亲王本人不在其内）一事无成地回到了家乡。

威尼斯指挥官们在海上的功勋是如此之多，难以令人忘怀，以至于在干地亚城内英勇防卫的人倒被忽略了。当来自威尼斯的所谓联合援军的承诺被一次又一次证明是毫无价值的时候，这些人注定要面对22年的磨难（各种战争形式中最令人沮丧的）注定要不断地失望。当援助真的来到时，这种援助更像是为了保存他们的颜面——或增加他们个人的荣誉，这两种实际上都很糟糕。这不仅仅是拿他们自己的生命去冒险，还包括许多其他人的生命。随着人力的极度短缺，干地亚再也承受不了疾病的流行了。

在围攻的最后阶段，这种现象变得越来越频繁。现在干地亚的名字已经享誉整个欧洲，特别是在法国的年轻贵族中，他们蜂拥来到这个岛上，以在这片显赫的战场上证明自己的英勇。1668年，当路易十四被最后说服参加这场保卫战中以谋求私利时，涌向这里的人流达到了高峰。直到此时路易十四仍未宣战，甚至没有断绝与苏丹的外交关系。黎凡特的法国商人充分利用了他们的威尼斯竞争对手突然离开的机会，甚至希望国王不要公开决裂。然而他也做出了一定程度的让步，允许威尼斯人在自己的领土上招募军队，结果是组成了一支由陆军中将——圣-安德烈·蒙特布仑侯爵（Saint-André Montbrun）指挥的500人的志愿军，这支军队一点不像是严肃认真的职业军队，倒像是金缕地会议的与会来宾的大集合①。军中地位仅次于蒙特布仑的最重要的人是德·拉·弗亚德公爵（Duc de la Feuillade），他虽然不甚富有，却坚持自己承担很大一部分费用。另外还有两位公爵——蒂耶里堡（Chateau-Thierry）和卡德鲁斯（Caderousse），奥布松侯爵（Marquis of Aubusson）、伯维勒莫（Villemor），还有塔维勒斯（Tavanes）伯爵、纳沙泰尔（Neuchâtel）亲王和许多其他的年轻贵族，他们都来自法国最令人骄傲的家族。

12月初，他们到达了克里特。新统帅弗朗切斯科·莫洛西尼（Francesco Morosini）委托年轻的法国贵族们去防守靠近大陆的城镇外围部分，他们拒绝了。他们指出，他们披荆斩棘来到克里特，不是为了被仅仅打发穿过泥泞去防守一些前哨阵地，并在那里默默地耐心等待土耳其人的下一次进攻。相反，他们要求进行一次大突袭，那将“迫使敌人解除围困”。莫洛西尼很明智地制止他们如此行事。他已经

① 金缕地（Field of the Cloth of Gold）为法国的一处宫殿名，1520年英王亨利八世与法王弗朗西斯一世曾在此会面。因此，这句话意为这支军队中王公贵胄云集。——译者注

组织了几十次突袭，没有一次产生过有益的影响。他剩下的士兵——目前为止还不到5000人——几乎不可能抵挡住土耳其人对城墙的破坏，土耳其坑道兵正时不时地在墙上到处制造缺口。但没人听得进他的话。就像一位法国历史学家所记载的：

> 德·拉·弗亚德公爵只想采取积极的行动来寻求自己的荣誉。他对自己的关心超过了对共和国将损失700－800人的担忧，只要自己能够带着创造英勇故事的荣誉回到法国就够了。一旦离开了这个地方，接下来无论勇士们为了保卫它，会付出多大的损失，他都不会感到苦恼。①

总督弗朗切斯科·莫洛西尼追击土耳其舰队，1659年4月。

当他看见总司令按兵不动，德·拉·弗亚德大声抱怨威尼斯人胆小。他宣称自己的意图是要发动一次独立的进攻。12月16日，他确实这样做了，他象征性地手持鞭子作为武器，站在军队前面。据我们

① Philibert de Jarry, *Histoire du siège de Candie*.

所知，这支部队此时已从原来的500人锐减到280人。土耳其人进行了激烈的抵抗，但是所有的法国人都非常顽强，展示出了超人的勇气。他们把土耳其士兵赶回去了整整200码，在土耳其援军到来之前还俘虏了他们中的800人。最后土耳其援军来了，他们被迫撤退。在这场战斗中，维勒莫伯爵、塔维勒斯伯爵和其他40名士兵被杀，60名士兵身受重伤，包括奥布松侯爵。德·拉·弗亚德最后一个返回，身上的三个伤口血流如注。

这场战斗是壮烈的，但是无论对于克里特还是威尼斯而言都毫无意义。当荣耀的时刻过去后，幸存的年轻英雄们快得不能再快地离开了这个岛屿。他们在一周内就都走光了，可惜他们中的许多人再也没能看见法兰西，甚至包括那些没有受伤就逃跑的人，因为他们感染了瘟疫。

幸存者们在土伦登陆不久后，另一支规模更大、更职业、装备更精良的军队从法国出发来到了干地亚。最后，路易十四被威尼斯大使乔瓦尼·莫洛西尼——总司令的一个亲戚——说服了。他决定认真地履行自己作为基督徒的责任。1669年春天，他的第一部分重要援助已经准备好了：6000名士兵、300匹马和15门大炮，所有这些都是由一支27艘运输船组成的舰队运送，还有另外15艘战舰护航。但即便到了那时，路易还是要对他的土耳其朋友隐瞒他的背信弃义：战舰没有在法兰西金百合（fleur-de-lys）的旗帜下航行，而是使用了教皇的十字架旗。

在德·博福尔（de Beaufort）公爵和德·诺瓦耶（de Noailles）公爵的联合指挥下，大约有4000名强壮的士兵于6月19日到达干地亚。他们被眼前的景象所震惊。其中一个军官写道：

> 镇上的状况使人感到恐怖：街道上布满了子弹、炮弹、地雷、手榴弹的弹片。这里没有一座教堂、甚至一幢楼房的墙上没有洞，它们几乎都被敌人的大炮炸成碎石了。房屋仅仅就是一些破败不堪的小屋，除此之外没有任何东西。任何地方都恶臭得令人作呕。每个角落里都堆着死人、伤员和残疾人。

德·拉·弗亚德的故事又一次重现了。新来者是如此的迫不及待，根本等不及其他军队赶来。他们在6月25日黎明时分发动了进攻，但却出师不利：与他们交手的第一支部队搞了半天却发现是最近刚到的德意志分遣队。在重新下达了攻击命令之后，他们将炮口瞄准了土耳其人。开始时确实相当成功，可突然之间，土耳其人的某次射击击中了一处废弃堡垒中的火药库，巨大的爆炸随之而起。土耳其地雷兵的技术是非常有名的，他们擅长布雷围困城镇，许多城镇的防御都是由于他们引爆了地下的地雷而瞬间瓦解的。现在这又立刻应验在了整支法国军队身上：他们驻扎的地方正是一片雷区，引爆点是隐蔽的，他们刚听到的爆炸声只是一连串爆炸中的第一个，接下来他们被炸成碎片。谣言四起，引起了极大的恐慌。他们四散溃逃以至于相互践踏。看见敌军突然莫名其妙地逃跑，土耳其人立即组织反击。几分钟内，500名法国士兵就丧生了。他们的头颅被土耳其长矛刺穿，并在大维齐尔艾哈迈德面前举行的凯旋仪式上被拿来炫耀。这当中也包括博福尔公爵和一位嘉布遣会（Capuchin）修士——他是作为随军的施赈人员来到克里特的。

6000人中有500人丧生，这并不是无法忍受的损失。四天之后，国王路易其余的军队到来了，莫洛西尼开始计划在干地亚西边发动一次新的进攻。但他新盟友的士气已经垮了。6月24日，一个曾经历70次战争硝烟的法国人因太靠近土耳其炮兵的防区而丧命。几天之后，诺瓦耶心灰意冷地通知总司令：他正在集结军队，准备回家。城镇中幸存者的各种抗议、恳求和威胁，甚至来自神职人员的抨击呵止也没能起到任何作用。8 月 21 日，法国舰队起锚撤退了。在蔓延的绝望氛围中，教皇、皇帝，甚至马耳他骑士团也都撤回了西方。莫洛西尼和他的守军被单独留下——而此时大维齐尔命令发动一次全面的进攻。

敌人还是被击退了，但是总司令明白：他终将失败。他的守军减少到仅仅3600人。这一年他不可能再获得别的援助，防御工事也已损坏殆尽。他知道自己没有希望再守住干地亚另一个冬天。另一方面，等到暴风袭击城镇的时候再投降不如现在就投降，这样他还可以获得更好、甚至更体面的条款。不可否认，他没有权利代表共和国宣布议和，但是他意识到在过去至少有三次（最早的一次是在 1647 年，还有 1657 年和 1662 年）和平谈判的问题在参议院进行过讨论，而且每一次都获得了支持。无论如何，这次他别无选择了。

1669 年 9 月 6 日，双方签订了条约。大维齐尔很大度，他个人非常仰慕莫洛西尼。威尼斯人可在 12 天之内自由而不受阻拦地离开干地亚。考虑到糟糕的天气，这一时间还可以延长，事实上也确实延长了。在包围开始前便已布设在此地的军备要留下来，剩下的威尼斯人可以带走。土耳其人将作为主人留下，但是威尼斯人可以保留在克里特最北端的格拉姆沃萨小岛（Gramvousa）、他们在斯皮纳龙格（Spinalonga）的堡垒岛屿，还有最东端的西提亚镇（Sitia 这个镇从来没有投降过）。

9 月 26 日，在占据此地 465 年，被围困 22 年之后，圣马可旗从干地亚城堡落下，共和国驻任的最后一任行政长官黯然回国。这个城镇里几乎所有的居民都一起离开了，他们中没有人愿意接受这里新主人的统治。对于威尼斯人而言，这是一个时代的终结。它保留了三个军事据点，翼狮也仍统治着爱琴海版图中的一两个小点，但它的吼声已经远去，它的抱怨声也微乎其微了。克里特是它在亚得里亚海之外的最后一块殖民地，随着它的丧失，它失去的不仅仅是权利，它对地中海东部的有效统治也永远消逝了。

但它至少失去得很壮烈。威尼斯人从来没有如此英勇且持久地在陆地和海上战斗，他们也从没遇到过比这更坚决的对手。在这场战争中，他们耗费了大量的财力和生命。而且在接近 25 年的时间里他们一直是孤军奋战。在任何时刻，相对于他们的需求来说，同盟的帮助都是杯水车薪。这些帮助一直都非常吝啬，三心二意、匮乏，并且自私。有时候他们拖拖拉拉、贻误战机，有时又在没有发出任何预警的情况下突然撤退——他们从未在这共同的事业中发挥过什么积极的作用。甚至在最后的两三年里，当以前的摩擦和冲突被破坏和流血的疯狂所代替时，外国的援助反而使士气低落、勇气尽失。

迫使弗朗切斯科·莫洛西尼投降的既非士气低落，也非丧失勇气。他非常清楚，干地亚的丢失是不可避免的。现在唯一的选择就是立即接受还算体面的条约然后离开，或是面临不久就将到来的大屠杀和掠夺。他可能已经预料到，回到威尼斯后，他将陷入极大的麻烦。他不仅被指控与敌人谈判时过度地使用了自己的权利，而且还被指责胆小、背叛——甚至还有收受贿赂、丧权辱国。幸运的是，他不缺乏拥护自己的同伴，他们立即去保护他。最后，当问题被放到大会表决时，他获得了绝大多数的赞成票。他虽然没有因此事丧失任何威信，但仍决定要复仇。

确实，没过多久局势又开始动荡不安了。仅仅 12 年后，即 1681 年，利奥波德一世统治下的匈牙利新教徒起义，他们被当作天主教哈布斯堡的敌人而遭到镇压。他们几乎是疯狂了，竟立即邀请苏丹来支援自己。穆罕默德四世正求之不得。1683 年，他动身前往埃迪尔内，在那里大量的军队正等着他。他们包括整个的炮兵团和工程师，以及一些杂牌军，主要是由来自克里米亚半岛的鞑靼人组成。当他们到达贝尔格莱德时，苏丹把指挥权交给了他的大维齐尔卡拉穆斯塔法（Karamustafa，号称“黑色穆斯塔法”）。这最后一支由奥斯曼帝国派出对抗欧洲的基督教的大军启程进攻维也纳。

这是土耳其人第二次企图侵占帝国首都。1529 年 9 月，苏莱曼大帝把军营驻扎在了维也纳城墙外，但是最终失败。不到三个星期，因为守军的顽强抵抗和自身供应的短缺，尤其是冬天即将到来，他被迫撤军。7 月 13 日，卡拉穆斯塔法这次进军的优势在于，他到达的时候，适合行军作战的季节还长，7 月 13 日他就已把军队集结在城外。另一方面，他没有重炮，因为这么长距离的运输基本上是不可能的，这迫使他必须主要依靠工兵挖掘堡垒下方，希望下面能够坍塌。这一直都是土耳其人的特长，而且非常有效。维也纳可能会陷落，但是国王杨·索别斯基（John Sobieski）率领波兰援军来得正是时候。刹那间，土耳其人发现自己陷入了腹背受敌的处境，一边是顽强的守军，另一边是有着英明领导的救援部队。经过一天的混战之后，卡拉穆斯塔法的军队溃败了。苏莱曼那次至少还确保了有秩序的撤退，而且在撤退过程中还使自己的军队毫发无损。但这次的确是溃败。那个战无不胜的奥斯曼帝国一去不复返了，它再也不能对基督教世界构成严重威胁。

维也纳距离地中海约 200 英里，这次不成功的围攻本来与本书并无关联，但它却使皇帝、教皇和索别斯基受到了鼓舞，继续去追击溃败的土耳其人。威尼斯仍然沉浸在丧失克里特的悲痛之中，现在却不断地收到加入一个新的进攻性联盟的邀请，他们想将它的海上力量和他们的陆上力量联合起来，把苏丹从欧洲驱逐出去；没有任何国家能比“最宁静的共和国”从中获益更大。

威尼斯没有立即答复。它花了十多年时间才从克里特战争的阴影中恢复过来。难道它真的要不惜一切地卷入另一场冲突吗？另一方面，土耳其在维也纳被打败后，情况毫无疑问发生了改变。下个阶段的战争至少部分会在海上进行。难道真的要为了威尼斯的利益还有好名声，而采取更积极的政策吗？土耳其的军队变得脆弱而又士气低落：他们的大维齐尔——讨厌的卡拉穆斯塔法——回到君士坦丁堡后便被苏丹立即处死；他们的军队也支离破碎了。难道这还不是反击的时机吗？不仅可以为克里特的损失复仇，而且还可以收复它，还有之前的其他殖民地。经过长时间的讨论，1684 年 1 月 19 日，帝国大使收到通知：威尼斯将加入联盟。

这时候，弗朗切斯科·莫洛西尼又成了威尼斯的统帅。尽管此前他别无选择地交出了干地亚，且已 64 岁高龄，但他仍是威尼斯最好的船长。他热情而坚定地接受了舰队指挥官的任命。这支舰队由 68 艘战船，连同教皇、马耳他骑士团和托斯卡纳大公派出的一些辅助船只组成。舰队一出港口，他立即向第一个目标莱夫卡斯岛驶去。经过 16 天的包围，8 月 6 日，他占领了它。快速征服很少会有如此高的战略价值：从其位于科孚岛和凯法利尼亚之间的位置来看，莱夫卡斯岛控制着进入亚得里亚海和科林斯港的入口，它是一个桥头堡。几周后，一支地面小分队穿过这里迫使普雷韦扎城堡投降。同时，北部沿海的波斯尼亚（Bosnia）和黑塞哥维那（Herzegovina）基督教居民也起来反抗他们的土耳其领主，把他们赶向了南边的阿尔巴尼亚和伊庇鲁斯。再往北，皇帝和杨·索别斯基的军队穿过匈牙利发动进攻。当冬天到来的时候，威尼斯和它的盟军已取得了骄人的胜利。

随着 1685 年春天的来临，莫洛西尼逆水行船，来到了 1500 年被土耳其夺走的威尼斯老港口——科罗尼。9500 名士兵在这里登陆，包括帝国、教皇和托斯卡纳的军队，还有3000名威尼斯人和120名圣约翰骑士团的骑士。这次奥斯曼守军进行了殊死的抵抗。直到8月份城堡上才升起白旗。正当双方讨论投降条款的时候，一门土耳其大炮开火了，杀死了几个威尼斯人。谈判立即崩溃，同盟军愤怒地冲入城镇，大肆屠杀。接着他们攻克了一系列堡垒。在两三个月的时间之内，伯罗奔尼撒半岛南部已大部分处于同盟的控制之下。同时，共和国花18000达克特雇佣的瑞典将军——奥托·威廉·冯·柯尼希斯马克（Otto William von Königsmark）公爵到来了，他将指挥整支地面部队。

早在1686年，莫洛西尼和柯尼希斯马克就在莱夫卡斯岛上碰面并开过作战会议。有四个目标可供选择：希俄斯岛、埃维亚岛、克里特岛和伯罗奔尼撒半岛的剩余部分。主要是由于柯尼希斯马克的坚持，他们选中了最后一个目标。在接下来为期两个月的夏季战役中，同盟接受了迈索尼和纳瓦里诺、阿尔戈斯和纳夫普利亚、勒班陀、佩特雷和科林斯湾的投降。同时，莫洛西尼乘船在阿提卡附近巡航，并开始包围雅典。就在这里，发生了历史上两大悲剧中的第二个悲剧，唉，而威尼斯必须为这场悲剧负责。第四次十字军东征时发生的惨剧我们在第七章里已经提到过。现在我们必须悲伤地记载：1687年9月26日，那天是星期一，大概晚上7点，莫洛西尼安置在莫塞翁山（Mouseion Hill，现在叫菲洛帕普山）的迫击炮对准了卫城——那里被命运所深深地诅咒，土耳其人把它当作弹药库使用。一名德国中尉点燃了迫击炮，他直接击中了它，连续的爆炸几乎完全摧毁了内殿（cella）和中楣，连同北部的8根柱子以及南边的6根古典式柱子。

破坏并未就此结束。在攻占城市后，莫洛西尼毫无疑问对1205年十字军从君士坦丁堡竞技场里移走四匹青铜马印象深刻，他试图移动已经与神庙西部山形墙连为一体的雅典娜战车。在移动过程中，它们整个儿掉在地上摔得粉碎。这位坚毅的征服者不得不使自己满足于更少的纪念物：位于威尼斯军火库前四只狮子中的两个侧翼狮。

威尼斯人不可能为帕台农的命运而难过，他们正忙于庆祝。他们上一次取得重大胜利是在勒班陀，这已经是一百多年前的事情了。更重要的是，莫洛西尼现在所进行的征服似乎（从15世纪以来就没有可与之比肩的）可以把已经笼罩如此长久的奥斯曼阴云一扫而空，甚至还可以重新建立起久远的商业帝国。不用奇怪他们是多么欣喜；更不用奇怪，当他们的总督马克安东尼奥·吉斯提尼亚（Marcantonio Giustinian）于1688年3月去世的时候，在第一轮投票中，大家就一致同意选举弗朗切斯科·莫洛西尼为他的继任者。

威尼斯总督弗朗切斯科·莫洛西尼。

虽然荣任总督，但莫洛西尼没有打算放弃亲自指挥军队。1688年7月8日，他领导由200艘船组成的一支舰队离开雅典，前往下一个目标：埃维亚岛（即内格罗蓬特［Negroponte］，威尼斯人是这样称呼它的）。像克里特一样，埃维亚岛原来是威尼斯人在第四次十字军东征之后夺取自拜占庭帝国，尽管两个世纪以前，土耳其已经从威尼斯手中把它夺走，但到1470年，人们对失去它的怨恨还没有停止。这里以戒备森严而著称，即使没有增援，6000名土耳其守军也能组织顽强的抵抗。但是联盟国的军力是他们的两倍，莫洛西尼和柯尼希斯马克对此没有任何怀疑：这个岛屿不久将属于他们。然而不幸的是，上帝并未眷顾他们。他们的运气突然改变了。围攻开始后不久，盟军的军营内发生了可怕的瘟疫，可能是痢疾或疟疾。几周之内，这支军队就失去 1/3 的士兵，包括柯尼希斯马克本人在内。8 月中旬，一支来自威尼斯的4000人的援军激励莫洛西尼继续战斗下去，但是他发现一场叛变近在眼前。来自布伦瑞克-汉诺威（Brunswick-Hanover）的帝国军队断然拒绝继续战斗下去。各种不满情绪像瘟疫一样快速蔓延，莫洛西尼别无选择，只能命令撤退。

但是直到此时，他仍无法接受就此回到威尼斯的耻辱。一次胜利，只要适度的，就足以使他重获自己的荣耀，让他像英雄一样受到其臣民的欢迎。马尔瓦西娅（Malvasia，即莫奈姆瓦夏［Monemvasia］）要塞位于伯罗奔尼撒半岛东南角，是土耳其留下来的少数大陆要塞中的一个，它将极好地有助于他实现这个目标。然而问题是，那个城堡高高地位于坚不可摧的岩石之上，只有通过一条非常狭窄的小路才能到达那里，这条路的大部分不到一尺宽，确实易守难攻。炮击是唯一的希望。莫洛西尼命令建造两个炮台。但在它们完成之前，他自己就病倒了。他把指挥权留给自己的总秘书长（Proveditor-General）吉罗拉莫·科纳。1690 年，他带着疾病郁郁寡欢地乘船回家，根本无法享受激动人心的欢迎仪式。

科纳证明了自己是一位合格的继承人，而且要更为幸运。他占领了马尔瓦西娅，并在那里升起了圣马可旗帜，这在 150 年来还是第一次。这时他听说一支奥斯曼舰队正在向群岛驶来，他再次向北航行去与其交锋，在米蒂利尼（Mytilene，即莱斯博斯岛［Lesbos］）附近相遇，对方损失惨重。当再次回到亚得里亚海时，科纳对法罗拉发动了一次突袭，他成功占领并拆除了它的防御工事。当他突发高烧时，他依然坚守在法罗拉。一两天后，他就去世了。后来的结果表明，他的继任者是个靠不住的人。

与土耳其的战争开始得如此辉煌，中途却遭受了耻辱。怀着对土战争结果的期望，威尼斯人再次期待他们总督的积极领导。当时已

74 岁高龄的莫洛西尼尚未完全康复。当他被邀请继续指挥时，他毫不犹豫地接受了。1693 年 5 月 25 日，他乘船从威尼斯出发，送行的场面非常壮观。但他最后一次出征的结果却让人扫兴。土耳其人充分利用了冬季和春季的时间去增强自己在埃维亚岛和克里特岛上干地亚的防御力量。莫洛西尼因逆风而放弃了对达达尼尔海峡的再次攻击。他开始增强科林斯和伯罗奔尼撒半岛上另外一两个据点的守军，还追捕了一些阿尔及利亚海盗船。最后，为了不至于空手而归，在进入纳夫普利亚过冬之前，他占领了萨拉米斯、许德拉和斯佩察岛。很明显，他的努力夺去了他的生命。整个 12 月份，他都饱受胆结石的困扰。他于 1694 年 1 月 6 日去世。此后，直到威尼斯共和国陷落，再也没有一位总督参加过战争。

威尼斯试图重新控制地中海的历史只剩下最后短暂的一小段了。希俄斯岛曾经是弗朗切斯科・莫洛西尼和柯尼希斯马克于 1686 年考虑的四个目标中的一个。它的主要人口是基督徒，包括天主教徒和东正教徒，各自有自己的主教，土耳其守军最多就 2000 人。1694 年 9 月 7 日，威尼斯统帅安东尼奥・泽恩（Antonio Zen）带领 9000 名士兵来到岛上，他觉得这场战役应该没什么问题。

刚开始，他确实没有遇到什么困难。炮轰刚开始，没费一枪一弹，海港和恰好停在那里的三艘土耳其船只就一起被占领了。为了更好地守护内地，守军于 9 月 15 日撤退。威尼斯人士气高涨，当听到土耳其一支由 50 艘船组成的舰队到达希俄斯岛的消息时，他们的情绪更高了。多年来，土耳其人都竭尽全力避免海战，泽恩的船长们更是鄙视他们的航海技术和他们的勇气。不幸的是，正当总司令即将从隔开希俄斯岛和陆地的狭窄海峡出发驶向公海的时候，风速却下降了。海上连一丝风都没有，在这样的情况下要展开海战是不可能的。

20 日，一丝微风吹起，它威胁到了土耳其人，而土耳其人察觉到了自己的危险处境，于是在威尼斯人赶上他们之前，他们就迅速驶回国，回到士麦那港。泽恩仍准备继续战斗，他下令在港口外面停泊抛锚，但不久当地领事们就来到他的旗舰上拜访。这些领事代表着联盟之外的三个欧洲列强——英国、法国和荷兰，他们恳求他不要无缘无故发动攻击，以免危及城市中基督徒的生命和财产。据说他们用一大笔金钱贿赂泽恩以使其答应自己的请求。泽恩也知道自己供给不足，就同意了他们的请求并回到希俄斯岛。

但许多威尼斯船长都热切期待最伟大的海战能很快到来。苏丹则对他最有价值的近海岛屿之一的丢失非常恼火，他下令要立即收复它。1695 年 2 月，情报显示，一支由 20 艘重型主力舰（sultanas）构成的奥斯曼舰队组成了，另有 24 艘大帆船支援。安东尼奥·泽恩立即组织了一支实力大体相当的舰队与之对战——其中有一支相当规模的分舰队是由马耳他骑士团派出的。9 日清晨，战斗最终在两大海峡的北端打响。战斗进行了很长时间，场面激烈，威尼斯人和土耳其人都有不少英雄事迹（尽管威尼斯人的报告中不会记载土耳其人的事迹），这充分表明了战斗的激烈程度。当黄昏来临，两支舰队停止交战的时候，双方都伤亡惨重。威尼斯这边有 465 人死亡，603 人受伤——但结局仍不明朗。

事实上，这仅仅是战争的第一阶段。双方舰队都在希俄斯岛抛锚，刚好在对方炮火的射程范围之外；等了整整十天，两方都持观望态度。2 月 19 日，猛烈的北风从他们身后吹来，土耳其人再次向他们的对手逼近。战斗的时候，风力已经升级到狂风，海面上波涛汹涌，兵力调动已不可能。威尼斯人逆着风拼死战斗，但是他们逐渐被逼入狭窄的海峡回到港口。在这样的天气状况下，战舰想进入港口是不可能的，所以只能停在泊地，在这里，他们遭到追击的土耳其人一次又一次地扫射。这是一场灾难。威尼斯人损失巨大，土耳其人相对轻一些。总司令召开了一次军事会议，但是结果已在预料之中。要塞已经没有足够的人手了，防御条件非常糟糕，库存空了，供应品也快用完了。在很长时间内将没有援助可以指望，土耳其人必定会再次进攻。如果他们这样做的话，结果将是灾难性的。

所以希俄斯岛的胜利在不到六个月后又丢失了。2 月 20 日晚上，所有能够被运走的战争物资都已经装载上船，剩下的防御设施则被拆除或破坏。21 日早晨，舰队离开了港口。为逃避土耳其人的复仇，这个岛上的主要天主教家庭都与舰队一起离开。他们被授予伯罗奔尼撒半岛上的新地产，以补偿他们当时抛弃掉的东西。甚至当它离开的时候，厄运还在紧跟着威尼斯。最后一条船还没驶离防波堤，剩下的军舰中最重要的阿波坦查号（*Abbondanza Richezza* 满载着武器和弹药）就撞上了一块暗礁。所有修复的努力都失败了，他不得不放弃这条船和船上完好无损的大多数货物。

对刚刚庆祝完收复希俄斯岛的威尼斯人民而言，它的再次丢失让他们感到的不只是悲伤，更是气愤。参议院要求立即进行调查。痛苦的泽恩以及其他几个高级军官被铐上锁链带回威尼斯。1697 年 7 月，当调查仍然在进行中时，泽恩死在了狱中。调查结果后来也一直没有公布。

土耳其人没有被打败，但他们也受到了巨大的冲击，并且看起来很欢迎和平谈判的机会。从皇帝利奥波德的处境来说，他非常渴望谈判，因为他知道一场新的危机正在靠近——这次不是在他的东部边界而是在西部，在那里，很明显，半疯的而又无子女的西班牙国王查理二世活不了多久了。主要有两位王位竞争者——利奥波德自己和法国的路易十五。他们都是菲利普三世的孙子和菲利普四世的女婿——利奥波德理所当然地希望能腾出手来解决眼前的争端。英国和荷兰想到法国和西班牙将要在路易的统治下联合起来就感到非常害怕，于是他们就和苏丹和解了。假如波兰和威尼斯能保留他们所征服的土地，他们也都很乐意在经过15年的战争后放下武器。他们很快就做好谈判的准备。1698年11月13日，各列强在匈牙利的卡尔洛维兹（Karlowitz，现在塞尔维亚的斯雷姆斯基卡尔洛维兹镇［Sremski Karlovci］）集会。

谈判并没有像预想中的那样顺利。苏丹的代表指出：他们的主人并没有投降，没有理由让他放弃现在控制在基督徒手里的所有领土，特别是他心目中某些重要的地中海地区。威尼斯应该拥有伯罗奔尼撒半岛，他毫不费力地同意了这一点。它也可以既保留莱夫卡斯岛，也保留埃伊纳岛（Aegina）和许多达尔马提亚沿岸的要塞。但是土耳其决定保留雅典、阿提卡和所有科林斯北岸的希腊领土。威尼斯代表强烈反对，但是获得的支持很少。得到可保有匈牙利和特兰西瓦尼亚的保证的皇帝，非常希望尽早地回家。他让威尼斯人知道：如果他们坚持制造困难，他将毫不犹豫地独自和解。共和国内部仍然持续争论了一段时间。当1699年1月26日条约签订的时候，它不在签名人之列。但是最后理智还是战胜了骄傲，最终在2月7日，总督追加了他的印章。

他这样做当然是好的，因为《卡尔洛维兹条约》（Treaty of Karlowitz）首先标志着奥斯曼帝国权力的衰落。威尼斯与奥斯曼帝国的对抗时间比其他任何基督教国家都要长，也比其他任何国家更有权利成为缔约方之一。另一方面，它被迫放弃了自己征服中很重要的一部分，这不仅打击了它的自尊心，同时也使它保护剩下的领土变得非常困难。现在再也没有任何障碍能有效阻止土耳其人从阿提卡或科林斯港北岸的任何地方侵略伯罗奔尼撒半岛了——这一点很快就会得到证明。

第十九章　西班牙王位继承战争

1700年11月1日星期五，西班牙国王查理二世在马德里的宫殿中逝世。身心都较孱弱的他，4岁时便继承了其死去父亲菲利普四世的王位。只要瞥见这个不幸的孩子，便知道他完全不能胜任摆在其面前的重任。查理好像是一幅哈布斯堡皇室的讽刺画像：他的下巴和下颌非常突出，以至上下牙床无法接合；他经常生病，所以很多人怀疑他中了巫术。只有很少臣民相信他能长大成人，担负起统治广阔领土的重任。但他确实长大了，在他母亲玛丽安娜（Mariana）——斐迪南三世皇帝之女——摄政10年之后，他至少是在理论上接管了政权。因此，从1665年他开始继位到其去世的35年间，西班牙实际上是一个没有君主的伟大君主国。有迹象表明，查理从未单独制定过国策；他很少坐在桌子前，除非有文件需要他签署，而那些文件他几乎从未读过；而在1694年5月的那天，当他因为公务错过午餐时，这使人民大为惊讶，甚至被记录在了当时的一份报刊上。国家的政务则交给了一系列能力各异的首相们，以及西班牙的贵族们。

此外，特别是教会及其重要的工具宗教裁判所，也分享了部分国家要权。例如国王本人就亲自告诉英国大使，他从未干涉过宗教事务。宗教裁判所的主要受害者一般都是犹太人和新教徒；但实际上在西班牙，几乎所有外国人均不安全。例如1691年大使的牧师去世时，葬礼就被迫秘密举行；即便如此，其尸首后来还是被拖出坟墓并遭到肢解。此外，西班牙在1610年将摩利斯科人驱逐[1]——这是由宗教裁判所和可怕的莱尔马公爵联合完成的，这毫无疑问对西班牙造成了沉重打击；经过几个世纪，它才恢复过来。这个国家的大部分农业生产均依赖于摩利斯科人：谷物、糖、稻米、棉花，甚至纸张，都有赖于摩利斯科人。西班牙那点儿可以吹嘘的工业，也都掌握在他们手中。因此1700年的塞维利亚、托莱多、塞戈维亚与布尔戈斯，与100年前相比，只不过是一个苍白的影子而已。随着时间流逝，这些城市的农民和劳动阶层群体的状况愈发凄凉。1699年发生了一场饥荒：大约2万人聚集到王宫前，好在一场全面的革命勉强避免了。

虽然查理二世有过两次婚姻，但他没有任何子嗣——这并不令人意外。所以随着这个世纪日渐接近尾声，谁将成为他继承人的问题也日益凸显。让事态变得紧张的是，两个强大的欧洲王朝都垂涎西班牙王位，他们也都明确表了态。国王菲利普三世有两个女儿：长女安妮（Anne）嫁给了法王路易十三；次女玛丽亚（Maria）嫁给了奥地利皇帝斐迪南三世。安妮尽职地生下了未来的法王路易十四，而玛丽亚的孩子则是皇帝利奥波德一世。路易可能想通过他的妻子玛丽亚·特丽萨（Maria Teresa）——查理二世的姐姐，获得对西班牙王位的第二继承权；不过很不幸，他的新娘因为他们的婚姻，被迫宣布放弃对西班牙领土的所有继承权。

而另一方面，查理二世的妹妹玛格丽特（Margaret）在嫁给利奥波德一世时，却没有宣布放弃继承权。所以她的小孙子约瑟夫·斐迪南（Joseph Ferdinand）——她女儿玛丽亚·安东尼娅（Maria Antonia）和巴伐利亚选帝侯马克斯·伊曼纽尔（Max Emanuel）的孩

---

① 这些以前的穆斯林，均是全家一起改宗信仰基督教——最少理论上是如此；这是女王伊莎贝拉迫害的结果。见第十三章。

子，也就自然成为哈布斯堡王室推出的皇位继承人。双方好像已经做好为此开战的准备，好在查理二世在 1698 年确定约瑟夫·斐迪南为其后嗣及继承人；而整件事情可能也将就此结束。但是让人意想不到的是，这位年轻王子却在 1699 年 2 月意外离世。他的突然死亡被归因于天花，可人们对此却相当怀疑；包括男孩父亲在内的很多人都怀疑他被毒死，而且他们还毫不犹豫地说出了自己的看法。于是错综复杂的外交谈判再次开始。谈判不只是在直接相关的三方之间展开，英国和荷兰也都参与其中。[①] 这两个海上国家在西班牙均有巨大的贸易利益，很多英国和荷兰商人都长期地居住在加的斯和其他西班牙港口城市。虽然在 17 世纪已过去的大部分时间里，这两个国家一直都在相互争执；可是现在，他们却有着共同关心的问题：如何让法国从这场博弈中出局。假如西班牙从欧洲最弱君主手中转入最强君主的手中，那他们在西班牙还会有继续从事贸易的机会吗？

大使们在欧洲国家的首都之间来回穿梭。直到 1699 年 6 月，英王威廉三世（William III）和法王路易十四才签署了广为人知的所谓“第二分割条约”（The Second Treaty of Partition，第一条约就不用再提了）；之后，荷兰国家议会（States-General of Holland）和皇帝利奥波德一世也对此条约表示赞同。依据条约相关条款，原属西班牙王国的那不勒斯和西西里，以及沿着托斯卡纳海岸的西班牙领土及洛林公国（Duchy of Lorraine，后被用来交换米兰）都被分配给法国；而西班牙和查理二世遗产的余下部分，则落入皇帝年幼的儿子查理大公（Archduke Charles）手中。1700 年 3 月，荷兰国家议会签署条约，只有皇帝利奥波德一世仍然

① 如我们所知，荷兰在 16 世纪早期成为西班牙哈布斯堡王室的一个省份。之后在宗教改革期间，该省北部地区改宗信仰加尔文教派（Calvinism），并且在奥兰治的威廉亲王——“沉默者”威廉的率领下，发动了反对西班牙的起义。到 1579 年，他们终于摆脱西班牙的统治，变为荷兰联合省——尽管西班牙直到 1648 年才承认他们独立。而这个省份的南部地区依然由西班牙统治。

坚持拒绝签字。皇帝认为，没有任何理由让法国随便将帝国领土拿走，而且他还对要他交出米兰这个主意感到非常愤怒。对他而言，他的儿子应取得西班牙所有遗产，而且他也做好了为此而战的准备。

然而与这个条约在 6 月传到马德里时整个西班牙宫廷的反应相比，利奥波德的反应已算相当温和。据说国王在收到这些消息时，“突然爆发出了非同一般的愤怒，而王后也将其房间内所有东西都摔碎，以发泄她的愤怒”。很明显，西班牙获得支持的最大希望是和奥地利站在一起；于是一个反瓜分联盟便自然形成了。国王和皇帝相互通信，战争开始若隐若现。但是查理又让人大吃一惊。时间步入 1700 年秋天，查理显然行将就木，但他却在 10 月 3 日颤抖着签署了一份新遗嘱；他将自己所有的领地全部留给了路易十四 17 岁的曾孙——安茹公爵腓力。仅一个月后，他便离开了人世。

是什么原因促使查理突然改变主意，转而选择法国作为其遗嘱受益者？最重要的原因是教会。宗教裁判所，事实上还有西班牙的整个统治集团和全部神职人员，长久以来一直偏爱法式解决之道；同时教皇英诺森十二世（Innocent XII，早于查理五个星期去世）也亲自写信给查理，推荐安茹公爵。随着对死亡临近的感知，伴随告解神父的耳语声不断传入其耳中，查理再也没有力气争吵。

英格兰的威廉三世在 1700 年 11 月 16 日写道：“我从来也不是特别相信法国的承诺。但我却必须承认，我没有考虑到他们会在世界面前，将一个未完成的庄严条约撕毁。”他实在震惊异常。此时，路易或者至少是他的曾孙，将要获得的版图会远多于他们之前希望得到的；而以路易的性格，也肯定不会因为那份墨迹未干的条约，便让这机会从自己手中溜走。路易对利奥波德很了解，知道他一定会激烈地反对新的分配方式。于是他立刻匆忙将自己那位年轻的继承人送到马德里，使他能够立刻承担起国王的重任。同时有大批法国官员随行，为的是接管西班牙王国政府的所有重要职位。另外令人敬畏的乌尔辛丝亲王夫人（Princesse des Ursins）则专程去担任王子的导师和参谋。[①] 事实上菲利普五世（Philip V）很快便得到了他新王国的认可，只有加泰罗尼亚显示出敌意。但这并不足以确保无人会对他继承王位提出质疑。路易不可能知道接下来的战争要持续多久，会多么令人绝望；他也不可能知道为了其曾孙的王位，他将要付出什么样的代价。

分割条约现在的价值还不如书写它所用的那张纸，很明显它将被取代。1701 年 9 月 7 日，英格兰、荷兰以及帝国的代表在海牙（Hague）签订同盟条约，组建了众所周知的“大同盟”(Grand Alliance)。这个联盟条约的部分条款被故意弄得模糊不清，但它为接下来的战争所制定的主要目标（其急迫性已毋庸置疑）却非常清楚。坦白地讲，帝国的目标就是政治目标：利奥波德期望使帝国重新获得西班牙在意大利的所有财产。另一方面，英格兰和荷兰的目标则几乎完全在商业方面：仅仅希望能够确保未来的航海和贸易安全。

但在七个月前，也就是这一年的 2 月，安茹的腓力就已经以西班牙国王菲利普五世的身份进驻马德里。同时法国军队也占据了西属尼德兰。[②] 战争已经打响。

对于我们中的大多数人来说，西班牙王位继承战争是与伟大的第一任马尔伯勒公爵（Duke of Marlborough）紧密联系在一起的；不过他是在欧洲的北部、而非南部创造出了他的宏伟传奇。像布伦海姆(Blenheim)、拉米利斯（Ramillies)、奥登纳德（Oudenarde）和马尔

① 她于 1643 年出生，原名玛丽安妮·德·拉·屈莫勒（Marie-Anne de la Trémouille），并于 1675 年和她的第二任丈夫布拉恰诺公爵（Duke of Bracciano，Flavino degli Orsini）结婚。他们在罗马的宫殿成为法国影响意大利的中心。她在 1698 年再一次成为寡妇后，便返回法国。之后她将自己的名字法国化，并成为皇后的女侍长。从她到达西班牙的那一天起，实际上是她在掌控这个国家。

② 也就是低地地区的南部诸省，这些省在北部地区脱离西班牙后，仍然属于西班牙。

普拉奎特（Malplquet）那些被鲜血浸透的战场，都和地中海相距数百英里，所以和我们关系不大。但地中海还是在这场战争中起着作用，事实上战争便是爆发于意大利的一场短暂战役。在这场战役中，法国人获得了西班牙原来在伦巴第和波河谷地的地盘。1701 年，战争爆发，萨伏依亲王尤金（Eugene）① 率领大批盟军在提洛尔以南集结；他们的目标是驱逐法国人。与此同时，法军指挥官、号称大元帅的尼古拉·卡提尼特·德·拉富康里（Marshal Nicholas Catinat de la Fauconnerie）却没有任何撤出意大利的打算；不过他认为亲王将会沿着阿迪杰（Adige）河谷行动，所以便将军队拉至加尔达湖岸边，准备在此等待对方进攻。但尤金远比他所想的聪明。尤金派出一支小分队，沿着阿迪杰河右岸佯攻；而自己则率领主力部队（包括 16000 名步兵和6000名骑兵）沿着巴尔多山（Monte Baldo）上狭窄阴暗的山路前进，并最终迂回到法国人的右翼，打了法国人一个措手不及。

卡提尼特惊慌失措，阵脚大乱。在已无任何防范手段且不清楚尤金的意图的情况下，他便将自己的部队分为许多分遣队，分散部署在 60 英里长的战线上。这是一个致命的错误，使得尤金亲王大有可乘之机。尤金亲王通过将这些分散的法国部队各个击破，取得了一连串小但却具有决定性影响的胜利，最终使法国人完全陷入混乱；特别是在冬至日，尤金亲王突袭克雷默纳（Cremona），将另一位法国元帅维勒鲁瓦公爵（Duc de Villeroi）俘虏②。不过法国人在第二年重整旗

---

① 尤金亲王（1663－1736）是帝国陆军元帅，他是他那个时代公认的最伟大的战士。他第一次参加战斗是在他 20 岁之时，即 1683 年土耳其人围攻维也纳期间。

② 维勒鲁瓦究竟是如何成为元帅的，永远不会有人知道。他所进行的每一场战斗，实际上都失败了。在他被俘之后战役仍在进行的那段时间里，法国士兵每当行军时都会唱道：

Parsemble! la nouvelle est bonne
Et notre bonheur sans égal:
Nous avons conservé Cremone
Et perdu notre général

鼓：一位好得多的将军——旺多姆公爵（Duc de Vendôme）——取代了卡提尼特，他所率的军队还得到了西班牙国王菲利普从那不勒斯派出的大批援军的支持。而此时尤金通向维也纳的交通线却被突然切断，于是他第一次将注意力转向防御。不过到此时，战争中心已经转移，意大利很大程度上被人忘记了。

不过地中海却从未被忘记。早在分割条约时，英格兰国王威廉三世就已在考虑地中海的未来。这不仅是为了确保英格兰能够继续与西班牙进行贸易，而且也是为了一个非常危险的现实问题：如果西班牙落入波旁家族手中，英国便很可能会被从整个地中海地区排挤出去，除非它能为自己在其中找到一个安全可靠的根据地。为此，威廉长久以来一直在密切注意着米诺卡岛，而且他还与其海军司令乔治·鲁克爵士（Sir George Rooke）一起，计划先于法国人占领加的斯。① 然而威廉于1702年3月去世，使占领加的斯的计划付诸东流；鲁克对占领加的斯从不热心，而在随后到来的秋季，进攻港口的计划也被证明完全失败了。不过仅两年后鲁克便将损失全部挽回——当时他率领一只英荷联合舰队，攻占了直布罗陀。

直布罗陀从1462年起便被西班牙人所控制，并被西班牙女王伊莎贝拉于1501年正式吞并。但西班牙人在这里的防卫却相当薄弱，而这里极少的驻军也没有多少抵抗热情。直布罗陀仅抵抗了三天，便于8月4日向鲁克投降；而鲁克为此付出的代价仅是死亡60人，还有大约200人受伤。仅三个星期后，海军上将便有了一次真正表现其勇气的机会。8月23日，在马拉加海岸附近的海面上，他率军冲入一支庞大的法国舰队；这支法国舰队由图卢兹伯爵（Count of

① 从理论上来讲，与其说加的斯是一个地中海的港口，倒不如说它是一个大西洋的港口。不过它所处的位置距离连接地中海和大西洋的那个海峡很近，这就为控制他们提供了一个很好的基地。

Toulouse）指挥，共由50只帆船组成。接下来所发生的事情，被鲁克描述为“我服役生涯中最险峻的一天”。双方均损失惨重，不过毫无疑问，英国人取得了最终的胜利：当8月27日第一缕阳光出现时，战场上再也看不到一个法国人。法国舰队撤回了土伦港，在余下的战争中，也不再做任何与联盟争夺地中海控制权的努力。

英国人占领直布罗陀后，并未立刻将那里变为英国殖民地。从理论上来讲，鲁克是为王位继承者查理大公的利益而将之夺取的；所以在那里被占领整一年后，即在1705年8月2日，大公乘着一艘英国军舰登上直布罗陀，并在这里被正式册封为西班牙国王查理三世。同时，虽然直布罗陀这块磐石由2个英国军团和2个荷兰军团驻守，而且总督也是英国少将约翰·施林普顿爵士；但这位总督和其全部属下，却依旧承认查理对直布罗陀的统治权。1705年，在这位国王生日的那天，35门大炮齐鸣三轮向他致敬；五个月后，安妮女王生日时仅有21门大炮齐鸣一轮向她致敬。但这些都是早期的事情了，当时查理好像仍有相当机会能赢得西班牙王位。之后当这些机会日渐渺茫时，直布罗陀的未来便发生了改变。要把直布罗陀转交给令人憎恨的菲利普五世——而众所周知，更别说又会通过菲利普，转交给其更令人憎恨的他的祖父路易十四了？如果英国人将直布罗陀永远控制在他们手中的话，将会安全得多……

在意大利发生的第二场重要战役要到1706年。尤金亲王已经认识到，自己若得不到实质性增援，便不可能获得更多进展，于是他返回维也纳寻求援助。旺多姆趁着尤金不在意大利的有利时机，对帝国军队在布雷西亚附近的营地发动奇袭，迫使帝国军队撤至提洛尔内。然而，旺多姆没有估计到尤金会在7月这么早便率领一只24000人的部队从德国返回意大利（多亏了英国提供的25万英镑的财政援助，这支军队才募集起来）。尤金率领部队进入阿迪杰河谷，接着向南进军到波河；在穿过波河后，他又掉头向西，沿着波河右岸将敌人赶到了自己面前。在帕维亚附近的斯特洛娜（Stellona）别墅，尤金亲王与萨伏依公爵率领的军队会师，并一起进军都灵（Turin），在那里重创了法国军队——尽管敌人的数量明显多于他们。这是在意大利发生的最后一战。1707 年 3 月，在米兰会议后，路易十四放弃了北意大利。

而另一方面，在西班牙，路易十四则继续战斗；事实上，他别无选择。1706 年春，海军上将克洛迪斯利·肖维尔爵士（Admiral Sir Clowdisley Shovell）率领一支分遣舰队，加上一支由彼得伯勒伯爵（Earl of Perterborough）率领的军队，穿越直布罗陀海峡前往东海岸——巴塞罗那非常乐意接受查理大公为国王查理三世。与此同时，戈尔韦伯爵[①]（Earl of Galway）正率领一只英-荷-葡联军，由葡萄牙侵入埃斯特雷马杜拉，并继续向东逼近马德里。联军在 6 月 26 日进入马德里，可五个星期后，他们就因为认可了一个无可争辩的事实而撤出马德里——国王菲利普在加泰罗尼亚和巴伦西亚以外的西班牙各地区占有压倒性的支持。然而，联盟在欧洲北部的胜利，无疑比在马德里的失望要重要很多。到 8 月份，国王路易发出了求和声明：他会将西班牙留给查理，而作为交换条件，联盟应承认菲利普保有米兰、那不勒斯和西西里。

而在此时，无论是英国人还是帝国，都不大可能去聆听路易的声明；不过 12 个月后，他们就会认为当初最好还是考虑的好。1707

① 以前是拉瓦伊格尼（Ruvigny）伯爵，也是一个古老的胡格诺派家族的成员，戈尔韦在定居英国之前，1685 年南特敕令（Edict of Nantes）废除之后，就已统率了法国军团并成为一个英国臣民。五年之后，他成为英国人并为骑兵少将服务。在 1692 年，他被任命为爱尔兰军总司令，不久之后，又被封为贵族。

年，联盟不管是在南方还是北方，都未取得什么重大胜利；相反，他们却遭受了两场灾难：第一场发生在4月25日，戈尔韦率领15000人的混编部队，在巴伦西亚西南大约60英里的阿尔曼萨（Almansa）遭受了重创；而打败戈尔韦的，则是由路易的主将贝里克公爵（Duke of Berwick）率领的一支法-西精锐部队；贝里克公爵是英格兰国王詹姆斯和马尔伯勒公爵的妹妹阿拉贝拉（Arabella）之子。[①] 就在这一役中，联盟丢掉了穆尔西亚和阿拉贡；而情况可能更糟，他们因此无法再向尤金亲王提供援助力量；而7月，亲王正进攻土伦。尤金是和其长官马尔伯勒公爵一样伟大的将军，但他在地中海地区进行的最后一次冒险行动以失败告终——尽管不是他的错，却使他的声誉由此蒙上了阴影。如果说尤金进攻土伦是场失败的话，也应完全归咎于其两个主要盟友——皇帝利奥波德和萨伏依公爵。在关键时刻，利奥波德分出了一只13000人的部队进攻那不勒斯；至于萨伏依公爵，在此时则表现得非常软弱、犹豫不决——甚至在尤金于7月26日撤退到普罗旺斯，差不多要战败时也依然如此。就这样，数以万计的人白白牺牲了。联盟或许会感到些许安慰，为了防止土伦港落入联盟手中，法国人故意将港内一支拥有50艘舰船的分舰队凿沉。但事实上，土伦作为他们在南部的主要港口，虽然之前曾被尤金夺走过，但也很快便因为联盟内部的彻底无能和混乱而再次易手。所以英国舰队仍然缺少对他们来说最急需的东西：一个位于地中海且良好、安全的港口；这个港口可以保护舰船不受冬季暴风雪的袭击，能够安全储藏食物和补给品，且能够对舰船进行适当的整修。

好在事实是，英国人的这个愿望并未让他们等多久。米诺卡岛位

---

① 这可能是历史上唯一一场，在一支由法国人率领的英国军队和一支由英国人率领的法国军队之间进行的战争了。

于巴利阿里群岛最东北端，因此也是这个群岛中和法国相距最近的岛屿；英国海军对之也觊觎良久。1708 年夏天，詹姆斯·斯坦霍普少将（Major-General James Stanhope）被派往西班牙出任公使；而在几个月前，他接替戈韦尔为总司令，并收到马尔伯勒的命令——夺取米诺卡首府马翁港（Port Mahon）。海军上将约翰·利克爵士（Admiral Sir John Leake）率领一支拥有 4 艘战舰的舰队，正加速从撒丁岛（在那里他对卡利亚里①进行了炮击）赶往米诺卡岛支援詹姆斯·斯坦霍普；詹姆斯·斯坦霍普于 9 月 14 日率领一只由大约 1200 名英国人、800 名西班牙人和 600 名葡萄牙人组成的部队，在米诺卡岛登陆。又过了两个星期，他才做好进攻准备；因为首先必须修建一条由登陆点通向第一进攻目标圣腓力要塞（Fort St Pilip）的道路，以便将枪支大炮和补给品送到那里。即使完成了这些，要塞依然无法被攻陷，因为它处于有利位置——居高临下几乎可以俯瞰整个港口。斯坦霍普解决这个问题的方法是向要塞提出，如果投降将会有大量慷慨优惠的条件，而拒绝投降的话结果可能是大屠杀。若不是要塞中有大量妇女和儿童避难，法国和西班牙指挥官可能会选择继续抵抗。但事实是存在着这些难民，所以他们决定投降，而没多久他们便懊悔做出了这个决定。投降后，两位要塞指挥官都被监禁起来，西班牙指挥官选择了自杀。

其他要塞很快便像圣腓力要塞一样，选择了投降。不过，斯坦霍普的顺利推进大部分要归功于当地居民对他们的友好态度；当地居民非常讨厌法国人和西班牙人：马翁的地方官员在入侵者刚接近他们城市时，便立即高兴地将城市的钥匙交给了他们。到月底，英国人已将

① 卡利亚里自己最终被迫投降，但英国人从来都没有征服整个撒丁岛。在之后的乌特勒支谈判中，它成了一个重要的谈判筹码。

整个米诺卡岛有效地控制在了手中。除在1756年到1763年间有过短暂的中断外，英国人对那里的控制整整持续了将近一个世纪之久。严格按照法律来说，这个岛屿和直布罗陀一样都属于西班牙国王查理三世；而这位西班牙国王也在11月8日正式宣布自己亦是米诺卡岛的国王。但斯坦霍普对此毫不在乎，他写道："这个岛屿应永属不列颠，这样将使地中海地区无论在战时还是平时，都处于有序状态。"为了强调这一事实，他留下了一支完全由英国人组成的驻军，而所有的西班牙人和葡萄牙人都被调回西班牙，协助查理国王。到1709年6月为止，他已经在这个岛屿的防御上花费了11000英镑。

与此同时，对西班牙大陆上的戈韦尔来说，事态看起来却愈加严重。他倾向于将战局不利的责任归咎于葡萄牙人（他们在阿尔曼萨战役中就是个大累赘），并让他们在1708年初打道回府。好在一支德意志部队接替了葡萄牙人，其指挥官为冯·施塔亨姆伯格伯爵（Count von Starhemberg）；因为最近意大利战区停战，他们才得以被调遣过来。但即使做了这样的调整，皇帝的拥护者们仍然势不可挡，他们很快便夺取了托尔托萨（Tortosa），切断了巴塞罗那和巴伦西亚之间的联系。直到1710年，联盟才取得了一些进展，此时他们第二次进军马德里。9月23日，马德里沦陷，但国王查理又一次没能守住它：年底，查理国王被迫撤至加泰罗尼亚。即便在那里，查理的统治也非常脆弱：1711年1月，法国人占领了赫罗纳（Gerona）。

之后仅一个月，4月17日，皇帝约瑟夫一世在维也纳去世，时年33岁。毋庸置疑，他死于天花。他的去世使整个欧洲的政治局势立刻发生了改变。约瑟夫一世于1705年继承其父利奥波德一世的皇位，之后，他做出了巨大的努力来改革帝国混乱的财政状况，同时还热心地支持其弟争夺西班牙王国的统治权。而在他死后，查理便不再仅仅只是西班牙王位的继承人；很明显，查理将会成为他哥哥皇位的继承人。而大联盟的形成，就是为了阻止波旁家族变得过于强大；若查理继承帝国（事实上他真的继承了皇位，第二年他被选为皇帝），哈布斯堡家族将会更加强大，并会将其所有的领地联合为一体——使他的伯叔祖父查理五世时代的帝国重现。不可避免，欧洲各势力还要经过数月，才能就当时的状况达成协议；直到 1712 年元旦，联盟和法国间的谈判才在荷兰城市乌特勒支（Utrecht）开始。

然而在前往乌特勒支前，我们必须暂时回到米诺卡岛和直布罗陀，它们的归属依然不够明确。而此时在英国，主导安妮女王①执政前期政局的辉格党政府，已被托利党政府所取代；新内阁认为，皇帝查理六世比曾经的波旁家族更具威胁，所以英国不应再支持他。此外，波旁家族现在也为和平做好了准备。北方战事对法国造成了极为严重的威胁——马尔伯勒公爵依然所向披靡，势如破竹，所以国王路易逐渐对和解充满渴望。但国王路易也将因此被迫做出让步。而按照他的风格，让步最好是用他人的财产。所以，还会有比承认英国人对直布罗陀的所有权，更能让英国人接受的让步条件吗？5 月 31 日，路易国王告知安妮女王：“*On a parole du Roi d'Espagne de laisser aux Anglais Gibraltar pour la sûreté réelle de leur commerce en Espagne et dans la Méditerranée.*”②

事实上，西班牙国王菲利普并没有作出这样的承诺，但他却无从抱怨。到目前为止，他已远比其祖父幸运：在因争夺西班牙而与查理及其盟友进行的战争中，他已略占上风。可是他的运气又能持续多久？查理继任为帝国皇帝，这意味着自此之后，帝国所有的资源都将

① 安妮女王在 1702 年英王威廉三世去世后继位。
② “西班牙国王对我们作出了承诺，一定会将直布罗陀留给英国，以作为保护他们在西班牙及地中海地区商业利益的一个真正的防护设施。”

归他支配。此外，还有传闻说尤金亲王会被派往西班牙，接任总司令之职。腓力非常清楚，他的将军中无人可及尤金亲王之一半，更别说和亲王分庭抗礼了。最后，若法国和英国单独和解，菲利普将会失去所有来自法国的军事支持。他知道自己别无选择，所以虽然万分不乐意，但他还是通知路易国王，自己做好了将英国人最近征服的两个地方交给他们的准备。

和平谈判的准备秘密而又谨慎：英国人承认菲利普五世为西班牙国王，而作为交换条件，法国人和西班牙人也必须同意让英国人继续控制米诺卡岛和直布罗陀。一开始，路易便对英国人对米诺卡岛的要求保持沉默。直布罗陀这块磐石对他来说，并没有什么战略价值。但另一方面，从米诺卡岛到法国仅有一天航程；并且如最近所见，这里完全可以作为一个进攻土伦港，或法国地中海海岸的跳板；所以他丝毫不想交出米诺卡岛，除非走投无路。他有所不知，英国谈判人员在出发前往乌特勒支前，就已经接到警告：必须坚持“直布罗陀和马翁港，以及米诺卡岛将来都必须被并入英王领地”的要求，而且不能接受“不”这个回答。

荷兰人那里还有点小麻烦。他们在 1704 年夺取直布罗陀的行动中起到了一定作用；并且从那时起，他们便是直布罗陀守军的重要组成部分。所以完全可以理解，他们期待获得相应的回报。而现在，他们认为自己被出卖了——这同样也可理解。开始，他们拒绝将自己的军队撤出直布罗陀，甚至要威胁独自战斗下去。但没人认真地对待他们。因为事实是他们亟需英国人在荷兰保护他们——对此他们和英国人都非常清楚。

乌特勒支协定实际上包含着一系列条约；在一场持续了 11 年的欧洲大变动后，法国和西班牙再次尝试恢复他们和邻居间的正常关系。乌特勒支协定包含的大部分条款与本书没有多大关系；不过在其中涉及地中海未来的条款中，双方均做出了较大让步。法国和西班牙均正式承认萨伏依公爵维克多·阿马厄迪斯二世（他恰好是菲利普国王的岳父）为西西里国王；同时扩大其北部领地，将以前属于法国的城市尼斯包括在内。此外，西班牙还同意将它以前在意大利和尼德兰的领地转交给神圣罗马帝国，同时将直布罗陀和米诺卡岛在事实上交给英国人。不过它这样做并非毫无条件。尽管条约将今直布罗陀部分地区的永久所有权给予了英王（此后英国极其无耻地进行了扩张，使其逐步达到今天的规模）；但条约还规定，在直布罗陀，要保障天主教能够继续自由活动，还要禁止犹太人和摩尔人在那里定居；而且这块磐石的最终主权仍牢牢掌握在西班牙手中。① 此外，更鲜为人知的是，西班牙还签署了另一个条约——阿西恩托协定（*asiento* agreement）；通过这个协定，它赋予英国人以专属权利：三十年间，以每年 4800 人的额度，向西班牙的海外殖民地供应非洲奴隶。

皇帝查理直到 1714 年还在战斗，所以他并未在最终的和平协定上签名。过去十二年里进行的主要战斗本是为了他的利益，但现在他却置身于和谈之外，这使得帝国受到持续伤害。在乌特勒支和谈期间，他的利益虽没有被完全忽略，但由于这些利益从根本上与法国、波旁西班牙和联合行省（荷兰人当时的自称）的利益相冲突，而英国人在很大程度上有些置身事外，所以在某种程度上，帝国利益被忽视是不可避免的。虽然如此，在谈判人员各自返回时，查理发现自己不

① 这一微妙的宣称构成了西班牙对直布罗陀所有权的基础：从斐迪南和伊莎贝拉开始，直布罗陀就成为西班牙主权领土的一部分，并且这种状况并未受到乌特勒支协定的影响。西班牙人的立场经常被指控为非常虚伪，因为他们似乎以这样的方式将直布罗陀置于与位于北非海岸的西班牙城市休达和梅利利亚相同的地位上。西班牙人对此答复说，这两座城市并非殖民地，而是如同巴利阿里群岛，以及加那利群岛一样，始终都是西班牙的领土；它们也从来都没成为摩洛哥国家的一部分。

仅控制着帝国的大部分，还控制着尼德兰的天主教地区、米兰、那不勒斯以及撒丁岛等地。他现在几乎没有抱怨的资格，如果之前他使用了一些外交技巧的话，他很可能做得更好。

而西班牙王位会怎么样？这个问题当然在所有的问题中最为重要，它是战争爆发的最初原因（*casus belli*），造成了整个大陆数十万人的死亡。最后问题得到了解决，人们赞同菲利普为国王（因为到现在为止，实际上只能如此解决）。菲利普的王国面积大大缩减，不过他确实不太怀念失去的低地国家——长久以来，这些地区一直都是套在西班牙人脖子上的沉重枷锁，而且他也得到了一定补偿。西班牙的美洲殖民地，以及这些殖民地所带来的财富，全部留给了他；此外，在之后的30年间，也不会有人对他作为西班牙国王菲利普五世统治西班牙的资格提出异议。①

菲利普五世必须因他对加泰罗尼亚人的态度而受到谴责。虽然他们曾是哈布斯堡查理的坚定支持者，但菲利普出于对大不列颠女王的敬意，在英西条约第十三条款中正式将他们赦免，并且将当时“西班牙所有人群中最受国王青睐”的卡斯蒂利亚人享有的所有特权授予他们。然而很显然，菲利普一开始便未打算原谅他们，因为他认为他们并非真的忠诚于他；所以早在1713年，菲利普便要求加泰罗尼亚人无条件降服。毫不意外，加泰罗尼亚人加以拒绝，而且还建立了一个属于自己的临时政府。于是在1714年7月，菲利普派出了一支部队侵入巴塞罗那。这个城市顽强抵抗，整整坚守了近两个月之久；甚至在一支法国舰队，和一支由贝里克公爵率领的法国军队加入围攻者的行列之后，仍然拒绝投降。9月11日夜，对这座城市的总攻开始。

① 菲利普的统治在1724年出现过短暂的中断。当时他一时间陷入宗教狂热中，于是将王位传给了他的长子路易（Luís），而他自己则退了位。不过，路易在七个月后死于天花，菲利普就又重新登上了王位。

加泰罗尼亚人顽强保卫他们的每一条街道，常常是逐屋战斗，一直到毫无余地为止。幸存下来的加泰罗尼亚人被变卖为奴；且据国王的命令，加泰罗尼亚人的旗帜也被刽子手们在公共市场上当众焚毁。

说菲利普五世会因其对待加泰罗尼亚人的方式而深感内疚很令人怀疑，不过他倒是很快找到了为自己放弃属意大利领土而后悔的理由。菲利普五世在其第一任妻子萨伏依的玛丽亚·路易莎（Maria Louisa）于1714年去世后不久，便与帕尔马公爵年仅21岁的侄女（也是其继女）伊丽莎白·法尔内塞（Elizabeth Farnese）结婚。这位新王后在长相、经历、教育方面并非特别出众，但她一开始便打算巩固其地位。她甚至在到达马德里前，便与乌尔辛丝亲王夫人（跨过半个西班牙来与她会面）在路边一家小旅馆的楼梯上大吵一架。之后，乌尔辛丝亲王夫人在受到无礼对待后离她而去，并一个人独自颤抖着穿过积雪的比利牛斯山返回法国。而这位新王后一到首都，便立刻召见她叔叔的代理人朱里奥·阿尔贝罗尼（Giulio Alberoni）——皮亚琴察一个园丁的儿子，一个道德败坏的牧师，但却智力超群。从那天起，所有法国势力全都被驱逐出西班牙王宫，那里完全为意大利人所有。而且阿尔贝罗尼（新王后仅在三年后便说服教皇克雷芒十一世，将其任命为红衣主教）也很快便悄悄对西班牙进行重建，特别是要建立一支舰队。

王后玛丽亚·路易莎留下了三个儿子，所以伊丽莎白·法尔内塞几乎没有取得西班牙王冠的希望。因此，她将其长期目标定为依靠其美第奇家族的身世，确保她在叔叔去世后，能够继承帕尔玛和皮亚琴察，如果可能的话再加上托斯卡纳。并非仅她一人渴望如此。皇帝查理依然对最新分配结果很不高兴，尤其对将西西里授予萨伏依家族感到极为愤怒。而众所周知，他在与维克多·阿马迪厄斯交涉，考虑用撒丁岛换回西西里。而伊丽莎白和阿尔贝罗尼都同样下定决心要阻止他：西西里一旦成为神圣罗马帝国的一部分，便会对西班牙的地中海海岸构成永久性威胁。然而伊丽莎白和阿尔贝罗尼首先展开的行动，却是攻击帝国的撒丁岛。1717 年 8 月，一支远征军从巴塞罗那启程前往卡利亚里；到 11 月末，撒丁岛便归他们所有了。直到此时，由于受到在撒丁岛轻易获胜的鼓舞，他们才决定直接进攻西西里。1718 年 7 月 1 日，西班牙军队在巴勒莫附近登陆；他们受到了热烈欢迎，这让下面的观点得到了支持：这两个岛屿从 13 世纪开始便为阿拉贡所有，那里比西班牙本土更像西班牙——在阿拉贡和卡斯蒂利亚合并组成西班牙王国前的一百多年前，就一直如此。

尽管此时情况确实如此，但想以此作为依据向查理六世提要求就不大可能了。因为查理刚与英法结成了四国同盟（Quadruple Alliance）——一个很容易让人产生误解的名称。[1] 神圣罗马帝国没有海军，但英国有；所以海军上将乔治·宾（George Byng）率领一支英国舰队匆忙赶往西西里，并在这个岛屿东南角的帕瑟罗海岬（Cape Passero）将西班牙舰队彻底摧毁。非常不幸，此时的英国与西班牙并未处于战争状态，它只是在为其盟友神圣罗马帝国皇帝的利益在展开行动。宾的行动也因此引起了一场影响遍及整个欧洲的暴力狂潮，即使是身处远方的瑞典国王查理十二世（Charles XII），还有俄罗斯沙皇彼得大帝也均受到影响。维克多·阿马迪厄斯极力抗议，但他最终还是被迫屈服；他的西西里王国被夺走并交给了查理，而他获得了代替品——撒丁岛。如此英国人也卷入其中。这使得阿尔贝罗尼非常愤怒，为此他派出了第二无敌舰队；伦敦对待这一威胁是非常认

① 在理论上荷兰也属于这个联盟，但其仅仅只是在名义上加入而已；荷兰持反战政策的商人阶层势力非常强大。

真的。1718 年 12 月 17 日，英国国会向西班牙宣战；而之后不到一个月，法国人也步了英国人的后尘。

阿尔贝罗尼的无敌舰队于 1719 年夏起航，不过事实证明，这支无敌舰队并未比其闻名世界的前辈更战绩辉煌：它在比斯开海湾（Bay of Biscay）遭遇暴风雨，被毁灭在了天涯角（Finisterre）——甚至都未进入英格兰海域。还有一支分遣远征军动身前往苏格兰。一支西班牙军队确实登陆并进入了苏格兰高地的西部地区，不过很快便被当地部族消灭。不久，贝里克公爵率领的一支法国军队赶来；这对西班牙人来说是雪上加霜，而且也使他们极为震惊，他们面对的事态已严重恶化。菲利普五世很难相信自己的祖国会拿起武器与他作战，或相信贝里克会领军攻打其朋友，不过他很快就不再抱有任何幻想。对于贝里克的到来，他没有任何应对办法，因为其军队均远在西西里；在加泰罗尼亚遭到入侵，比戈（Vigo）被占领时，他只能无力地旁观。

所有这些不幸的主要制造者阿尔贝罗尼，已经不能再坚持下去了。1719 年 12 月，他被其旧保护人帕尔玛公爵策划的阴谋所害：被免职，并被驱逐出西班牙。阿尔贝罗尼在外交事务方面是一个冒险者和阴谋家，他缺乏耐性又过于野心勃勃；但另一方面，在国内事务上，他证明了自己是一个出色的管理者；尽管他起初是作为一个意大利爱国者而努力工作，但他后来是为接纳他的那个国家全力服务的。在阿尔贝罗尼离开后，敌对行为似乎便没有必要再继续下去了，菲利普希望获得比较优待的条件。但是他很失望。英国、法国和神圣罗马帝国在他加入四国同盟前，完全拒绝与他谈判；尽管他极其不愿意，但还是在 1720 年 2 月 17 日加入了。

当那些被统称为乌特勒支和约的国际协定，在 1713 年的前四个月里签署时，威尼斯拥有伯罗奔尼撒半岛的时间，也刚好过了 1/4 个世纪；威尼斯成为帝国的新实验并没有成功。在土耳其占领伯罗奔尼撒半岛期间，即威尼斯重新征服伯罗奔尼撒半岛之前，伯罗奔尼撒半岛由曾经的一片繁荣兴旺之地变得贫穷荒凉；威尼斯很快便意识到：管理那里费力不讨好。东正教教士一如既往对当地备受蹂躏的居民进行爱国主义教育，并神化爱国主义；这使得当地居民梦想拥有属于自己的独立国家，而且他们也未看出那些基督教分裂者取代异教徒统治此地后能给他们带来多少利益；那些基督教分裂者对于他们的强烈愿望没有表现出多少同情。另一个问题是防务。之前，威尼斯人被限制在当地几个重要的商业聚居地和有军队驻守的城镇，这很容易管理控制；但如何才能在将近 1000 英里犬牙交错的海岸线上，防御入侵者并保障安全？于是新防御工事便被认为在实际上是不可缺少的，如科林斯卫城低地要塞（这座要塞到今天，依然是现存的威尼斯军事建筑中，令人印象最为深刻的样本）；但它仅仅进一步引起了当地居民们的反感，因为正是他们纳的税和从他们那里征召的劳动力，修建了这些防御设施并支付了它们的费用。难怪当土耳其军队在 1715 年再次出现在伯罗奔尼撒半岛时，会被看作解放者而受到热烈欢迎。

艾哈迈德苏丹的大维齐尔达马德·阿里（Damad Ali），已计划好了一场征服伯罗奔尼撒半岛的联合军事行动：一支陆军将穿过色雷斯进军伯罗奔尼撒半岛；与此同时，另外一支海军将起航穿过爱琴海，向西南方向进军；在夏季，大维齐尔的这两支进攻矛头，取得了一个又一个胜利。当海军舰队到达它的目的地时，位于爱琴海的提诺斯岛（Tinos）已被迫投降；与此同时，陆军部队在围攻科林斯五天之后将其占领。紧接着，他们占领了纳夫普利亚；之后，迈索尼与科罗尼，莫奈姆瓦西亚与塞西拉岛（Cythera）也都落入他们手中。与此同时，克里特岛的土耳其人在其同胞胜利消息的鼓舞下亦发动攻势，攻占了威尼斯人在那里的最后前哨阵地。到 1715 年末，随着克里特岛和伯罗奔尼撒半岛的陷落，弗朗切斯科·莫洛西尼取得的所有重大胜利都已化为乌有。土耳其人又一次站在了亚得里亚海的大门前。至于威尼斯人，他们只剩下唯一的堡垒：科孚岛。

1716 年初，大维齐尔率领一支由 3 万步兵和 3000 骑兵组成的军队，向威尼斯人在科孚岛的大本营发动猛攻。不过威尼斯人对此另有打算。无疑，他们在人数上要远少于对手；但是在围攻作战中，人力远比不上巧妙周密的进攻、防守技术重要；而此时，威尼斯可以依赖一位军事家的知识和技术，即当时最重要的军事家之一——马提亚斯·约翰·冯·德·舒伦堡陆军元帅（Matthias Johann von der Schulenburg）；他曾经在马尔伯勒公爵的指挥下，参加过奥登纳德（Oudenarde）和马尔普拉奎特（Malplaquet）的战斗；和平后，他寻求为威尼斯服务。他花了将近一个冬天的时间来改善科孚岛上的防御工事；因此，即便他无法阻挡土耳其人登陆，也会让土耳其人遇到这样一个防御体系：它远比土耳其人以前所遇到的任何防御体系都要严整。

围攻一直持续了整个炎夏。但是 8 月初，传来一个令防守者大受鼓舞的消息，这当然也沉重打击了土耳其人的意志。神圣罗马帝国和威尼斯人达成联盟协议，加入了这场战争。几乎成为传奇的尤金亲王，再次开始行动。他非常适时地在卡洛维兹击溃了一支土耳其军队（恰好就是在这个城市，土耳其人在 18 年前签署了他们此时无耻撕毁的那份和约）。之后很快，他又在彼得瓦顿（Peterwardein）取得一次决定性胜利——毙敌 2 万，并缴获 200 门大炮；而他付出的代价，只是损失不到 3000 人。

此时，土耳其人必须在两条战线上同时作战，这令他们感到很狼狈；其指挥官确信，如果不能很快攻下科孚岛，以后便更无可能将之占领。8 月 18 日深夜，土耳其军队指挥官下令总攻；随之而来的是由战鼓、号角、枪炮声，以及可怕的尖叫和呐喊所营造出的震耳欲聋的嘈杂，这是最初的心理战，然而却绝非白费力气。此时，舒伦堡元帅迅速就位，他召集科孚岛上每一个体格健全的人，包括妇女和儿童，老弱，牧师和修道士参加防守。几个小时后，战斗形势依然危急，于是舒伦堡决定将所有希望押在一次奇袭上。很快，他便在拂晓前率领800精兵，从城堡后方偷偷溜出，然后从后方对土耳其军队侧腹发动进攻。他很快就取得了决定性的胜利。土耳其人被这场奇袭所震惊，丢下自己的枪械弹药落荒而逃。而部署在城墙其他区域的土耳其军队也一片慌乱，他们在看到进攻失败后也立刻撤退——尽管秩序良好。第二天晚上，好像是为了巩固威尼斯人的胜利，一场猛烈的暴风雨席卷了土耳其人的营地；在几小时之内，土耳其人的营地便陷入泥沼，一片狼藉：壕沟变成了河渠，帐篷被狂风撕成碎条，或由于拉绳的挣脱而整个被吹到天上。远在土耳其人舰队的停泊处，同样有许多船只被吹离锚地，相互碰撞直到裂成碎木片。

破晓之时，损失一览无余。瞬间，昔日的围攻者中便几乎没人希望继续留在这座岛上——在这里，神似乎也在反对他们。事实上很快——大约在几天之内，土耳其军队指挥官就收到了撤退命令。科孚岛得救了。为此，舒伦堡元帅获得了一大笔奖赏，包括一把镶嵌着宝石的宝剑，一份5000达克特的终身养老金，而且还有一座在其余生一直耸立在昔日那座堡垒中的荣誉塑像。① 土耳其人撤退了，而且之后再也没有以损害基督教欧洲为代价来扩张其帝国。

威尼斯的士气由此大振。第二年早春，一支由27艘舰船组成的新舰队，从桑特岛启程前往达达尼尔海峡，指挥官是年轻但杰出的海军上将卢多维科·弗兰基尼（Ludovico Flangini）。1717年6月21日，

① 在英国人占领这座岛屿期间，塑像被转移到了现在的位置。

这支舰队和土耳其人狭路相逢。经过几天战斗，他们赢得了一场辉煌的胜利；唯一的损失就是弗兰基尼，他因敌人的一支弓箭而受了致命伤；不过他还是坚持要其他人把自己抬到船尾甲板，依靠其已经模糊的双眼，观看整场战斗的最后一幕。一个月后，在马塔潘角（Cape Matpan），土耳其舰队又一次被打败后被迫逃走。与此同时，尤金亲王也已重新占领了十分重要的河流要塞贝尔格莱德，土耳其人正在所有的战线上溃败。

如果战事再打下去而威尼斯人也保持住其势头，他们有可能再一次占有伯罗奔尼撒半岛，尽管这对他们而言是否有长远利益让人怀疑。土耳其人决定求和，而此时威尼斯人也发现和奥地利人结盟是多么不明智。神圣罗马帝国面临新一轮来自西班牙的威胁，于是它渴望尽快达成和解；而其对于威尼斯人的领土要求也几乎毫不在意，它自以为科孚岛的胜利以及此后威尼斯人的好运气都要直接归功于尤金亲王在彼得瓦顿取得的胜利。因此当各方于 1718 年 5 月在帕萨罗维茨（Passarowitz）开会时（英国和荷兰作为调解人也派代表一起参加），威尼斯特使卡洛·卢奇尼（Carlo Ruzzini）发现，他对其他与会者几乎毫无影响力。他辩论了六个小时，恳求大会将索德哈（Soudha）和斯皮纳龙格、提诺斯岛、塞西拉岛和伯罗奔尼撒半岛全部归还给威尼斯；或者不要伯罗奔尼撒半岛，而是将威尼斯在阿尔巴尼亚的领土尽可能向南延伸到斯库台湖（Scutari）和乌尔齐尼（Dulcigno）——这是威尼斯渴望剔除的海盗大本营。但在他发出呼吁之时，一则消息传来：一支 18000 人的西班牙军队登上了撒丁岛，所以他的要求被否决。

和约在 1718 年 7 月 21 日签署。两个月后的同一天，科孚岛遭遇了另一场令人恐惧的地中海夏季暴风雨，一道闪电击中了岛上旧堡垒的火药库并引起爆炸。这次爆炸又引燃了三个较小的弹药库，大本营几乎被完全摧毁；科孚总督府沦为一片瓦砾，总司令以及他的几个参谋也都不幸遇难。大自然在一瞬之间，就取得了土耳其联合部队在几个月间都无法取得的成就。最近这场战争的徒劳无益在这场灾祸面前更加凸显。

在帕萨罗维茨，威尼斯帝国的边界最终确定，此后再没有更多的收获，也没有更多的损失或者交换。在地中海，除了历史上它一直拥有的那座城市以及环绕潟湖的若干城镇和岛屿外，威尼斯在该区域还占有伊斯特利亚半岛、达尔玛提亚及其附属岛屿，还拥有北阿尔巴尼亚——包括卡塔罗（Czttaro 或 Kotor）、布特林托（Butrinto）、帕尔加（Parga）、普雷韦扎和沃尼特撒（Vonitsa），以及伊奥尼亚群岛中的科孚岛、帕克索斯岛及帕克索斯对岛（Paxos and Antipaxos）、莱夫卡斯岛、塞法利尼亚岛、伊萨卡岛和桑特岛；最后还有伯罗奔尼撒半岛南部的塞西拉岛。这就是威尼斯的全部领土，其伟大的帝国时代已经逝去。但赔偿还是要的。莫洛西尼所进行的征服带给威尼斯的除了麻烦外，再无任何他物；没有这些，威尼斯的情况会好很多。在帕萨罗维茨达成的协议虽然似乎声名不佳，但却消除了威尼斯与土耳其的分歧，并宣称与哈布斯堡奥地利之间的友谊永恒不渝，这就安抚了除土耳其外唯一一股可能对其造成严重政治威胁的势力。结果和平了，条约维持了将近一个世纪，直到拿破仑把共和国本身带向了末日为止。

乔治一世于 1714 年从安妮女王手里接过大不列颠王国的王冠时（他有点不情愿地从汉诺威赶来），表示其已经完全做好将直布罗陀归还给西班牙的准备。更加令人惊讶的是，米诺卡岛的英雄斯坦霍普（他现在牢牢地掌握着外交大臣之职）表达了同样的态度，而且他还不止一次公开其观点，认为直布罗陀岬对大英帝国来说，更多是累赘而非优势。不过当斯坦霍普在国会提出相关提议时，却遭到激烈反对；由于害怕正式决议甚至可能使问题变得更加难以解决，所以他慌忙将提议撤销。之后在1721年3月，法国和西班牙在马德里签署了一项共同防卫条约，年仅11岁的法王路易十五（Louis XV）承诺，定会热情支持西班牙收复直布罗陀。虽然斯坦霍普在六个星期前去世，但是继任者继续执行其政策。英王乔治实际上已经给菲利普发去了亲笔信，承诺作为对某些特许权的回报，一旦获得国会的批准就会很快将直布罗陀归还——但国会并未很快批准；6月，他甚至在条约上签了自己的名字。在国际抢座位游戏中，音乐又一次停住：英国、法国、西班牙和普鲁士（Prussia）① 结盟，开始对抗神圣罗马帝国和沙皇。

游戏很快便再次开始。伊丽莎白·法尔内塞王后作为伴侣，经常令人无法忍受；而当年轻的路易十五草率抛弃年轻的西班牙公主（他本应娶她为妻）时，她非常不高兴。1725年4月，奥地利和西班牙的代表在威尼斯签署协议，神圣罗马帝国皇帝承诺将竭尽所能，劝说英国将直布罗陀和米诺卡岛交还给西班牙。但英国却变得强硬起来：外交大臣汤森勋爵（Lord Townshend）显示出与其前任斯坦霍普完全不同的态度，他在1725年6月写道：

> 吉贝林派完全知道国会，甚至是整个国家，都对直布罗陀有着特别的钟爱；他们同样也知道，我们的法令和宪法是不可能容许国王不经过国会同意，便向任何外国势力出让王国任何一部分的；而且直布罗陀在乌特勒支和约中已经出让给了大不列颠，它就像并入王国的爱尔兰，或者英格兰的任何部分一样，是王国不

① 普鲁士在1701年成为一个国家，当时勃兰登堡大选帝侯（Elector of Brandenburg）的儿子腓特烈（Frederick），在哥尼斯堡（Königsberg）将自己加冕为国王。

可分割的一部分。

他并没有停下来。在接下来的一年里，他专心于构建北方势力大联盟：这个联盟包括瑞典、丹麦和德意志的许多诸侯；到1727年，欧洲成了一座武装兵营。在这一年的2月，西班牙已向英国宣战，并且对直布罗陀展开围攻，但并未成功；而与此同时，英国人则专注于结果要好得多的事情——阻截西班牙一年一次从美洲返航的财宝船队。不过所有人都对战争没有什么积极性，于是敌对状态在1728年初终止。一位女士在她写给卡莱尔勋爵（Lord Carlisle）的信里认为，接踵而来的和平如同上帝的和平一样：姗姗来迟，但却得到了各方的理解。

现在，伊丽莎白王后再次改换阵营。1729年11月9日在塞维利亚，英国、法国和西班牙代表共同签署条约；经过劝导，西班牙慷慨同意承认乌特勒支和约的全部结果，包括承认英国人对直布罗陀的占领；而作为回报，英法承诺将使西班牙军队进入托斯卡纳和帕尔玛；两年之后，他们实现了诺言。伊丽莎白王后的叔叔安东尼奥·法尔内塞（Antonio Farnese）突然在1731年去世，所以她最大的抱负在1732年5月变成现实：她的儿子唐·卡洛斯（Don Carlos，与他母亲一样，他除了名字像西班牙人外，其他各方面都是意大利人）被正式任命为帕尔玛公爵和托斯卡纳大公。在同一年，地中海日益增多的海盗彻底激怒了伊丽莎白王后，于是她派遣一支远征军远征北非。这支部队夺取了奥兰，但其前进的步伐很快便被遏制，而且他们的指挥官也战死了。

然而王后毫不气馁；事实上，她儿子在意大利继位后，她的胃口也进一步增大。高超的外交技巧使得路易十五现在同意唐·卡洛斯也应该拥有那不勒斯和西西里，这当然是以牺牲神圣罗马帝国皇帝的利益为代价。因此在1734年春，唐·卡洛斯穿过教皇国向南进军，并在5月10日胜利进入那不勒斯。这一年秋末，尽管墨西拿、特拉帕尼和锡拉库扎等要塞还在反抗，但西西里已经对新入侵者表示了欢迎。(仅四年后，奥地利便被迫正式将两西西里割让给唐·卡洛斯；于是唐·卡洛斯得以接过那不勒斯王国王冠，成为国王查理三世)。

现在伊丽莎白将她的所有注意力再次转回大不列颠——她最憎恨的敌人。在两个国家间存在的所有问题中，最重要且无法回避的便是直布罗陀和米诺卡岛。但它们并非唯一的争论焦点：在大西洋两岸，两个国家间还有着其他斗争。在西班牙，英国商人和海员时常会遭到宗教裁判所的掠夺，甚至还普遍被强征入伍。向直布罗陀供给粮食的英国船只也经常受到骚扰。在美洲，两国就势力范围和边界问题争论不休，对木材采伐权你争我夺，此外在其他一些问题上也吵吵闹闹；但其中最重要的争端，则是英国人在其殖民地牙买加（Jamaica，1655年落入他们手中）和西班牙人在加勒比海地区的殖民地间所进行的，令人汗颜但获利丰厚的走私贸易。

西班牙尽最大努力保护自己的利益，它部署了一支海岸警备舰队；其中的一些人表现出人类少有的残忍。1738年，一个名叫罗伯特·詹金斯（Robert Jenkins）的英国水手来到国会大厦前，向国会高高挥舞着自己的一只耳朵——他宣称这只耳朵是被海岸警备舰队的人割下的。这可能是暴行中的小儿科，但是在野的辉格党却咆哮着要求血债血偿；之后，整个国家要求复仇的呼声不绝于耳。结果，詹金斯耳朵之战（War of Jenkins'Ear）于1739年开始。① 直布罗陀和米诺卡岛再次处于威胁之下，不过这一次它们被皇家海军的地中海舰队

① 伦敦特别高兴于宣战。威尔士亲王弗雷德里克（Frederick Prince of Wales）和他的朋友在玫瑰酒馆（Rose Tavern）饮酒狂欢，使劲地为天主教的混乱而干杯，之后所有的教堂的尖塔上的大钟都被敲响。罗伯特沃波尔首相（Prime Minister，Sir Rorbert Walpole）在这个时刻，错误地说出了哀伤的双关语："他们现在敲响了大钟，不久他们就会扭动手臂了。"

保护着；尼古拉斯·哈道克海军上将（Admirl Nicholas Haddock）恰好被任命为舰队总司令，他成功将加的斯和巴塞罗那封锁，接着夺取了两艘西班牙宝船，每一艘船都被认为价值百万美元。战争应该不会因为这样一个无关紧要的问题而继续持续下去。但是在 1740 年 10 月 20 日，55 岁的皇帝查理六世在维也纳去世，整个欧洲再次陷入混乱之中。

对于翻阅 18 世纪欧洲历史的读者（估计对作者们本身也是一样）而言，在为争夺西班牙王位而进行的大规模战斗结束 27 年后，接着又上演了一场奥地利皇位争夺战，这实在是一场灾难。但奥地利皇位继承战争并未对地中海地区造成什么影响，所以它不会占用我们多少时间。

奥地利帝国的继承人在理论上仍然由选举产生，这与神圣罗马帝国的继承不太一样。但无论怎样，在哈布斯堡皇室统治的三个世纪里，选举已经更多只是在仪式上履行责任，皇位至此实际上已成为世袭。但在此时却很不幸，奥地利的哈布斯堡王室和它的西班牙表亲一样，也遇到了严重缺乏男性继承人的问题。针对这个问题利奥波德一世早在 1703 年时便已通过颁布特别法令的形式确认，在男性继承人缺乏时，女性继承人同样也被准许继承皇位；利奥波德一世的长子约瑟夫的女儿们，很自然地要优先于利奥波德一世幼子查理（Charles）的女儿获得皇位。但如我们所见，所有的一切都因约瑟夫在 1711 年的突然去世而改变。查理因此在第二年继承皇位。通过一个家族密约——因某些原因而以国本诏书（Pragmatic Sanction）著称，查理（现在是查理六世）给了他女儿优先于其兄弟的女儿的王位继承权；同时还坚持，在未来，哈布斯堡王室在北欧和中欧的财产不应被分割。

在查理六世的独子先于他去世后，哈布斯堡王室就只剩下他一个还活着的男性。于是他决定让其女玛丽亚·特蕾西娅（Maria Theresa）继承奥地利帝位。依据国本诏书，这不该引起什么问题；而且实际上在查理六世去世后的最初几个月里，所有人对此都做出了很好的承诺。查理很小心地从欧洲所有主要势力那里，取得了尊重他女儿继承权的庄严保证；包括罗马教廷、威尼斯共和国、英国和荷兰，他们都很乐于承认这位年仅23岁的女皇；① 虽然法国的态度并不明朗，但却也相当友善和使人放心；而普鲁士新国王腓特烈二世（Frederick II，后来的腓特烈大帝），更是不仅承认他女儿为女皇，而且还许诺向他女儿提供她需要的军事援助。但事实证明，腓特烈所说的一切都是欺人之谈；不过玛丽亚·特蕾西娅一直到1740年12月16日才知道这都是假话，这一天，一支3万人的普鲁士军队侵入了帝国的西里西亚行省。奥地利王位继承战争就这样开始了。

这场战争一直持续到1748年。和之前的西班牙王位继承战争一样，它的主要战斗也都发生在北欧和中欧，地中海地区在任何一个阶段都不是主要舞台；事实上，这场战争的两位主角之一——普鲁士国王腓特烈，根本就不可能出现在那里。但另一方面，欧洲舞台上另两位统治者却和地中海有着莫大关系；他们是西班牙国王菲利普五世和撒丁国王查理·伊曼纽尔三世（Charle Emmanuel III）。如我们所知，查理·伊曼纽尔的父亲——萨伏依的维克多·阿马厄迪斯二世（Victor Amadeus II），在1718年被迫将西西里交给奥地利的哈布斯堡王室，而作为交换，他只得到了相对不那么重要的撒丁岛；从

① 她要到1745年才成为女皇。在她的父亲查理六世去世之时，帝国被交给了她的一个来自她家族之巴伐利亚一系的远方表亲，此人就是后来的查理七世（Charle VII）。只是在查理七世去世之时，她的丈夫——洛林的弗朗西斯（Francis of Lorraine）——才被选为帝国皇帝。

1720年开始——这一年他正式占有新领土，一直到1861年为止——他的远方表亲维克多·伊曼纽尔二世（Victor Emmanuel II）在这年成为了统一意大利的首位国王，他和其继任人也都以撒丁国王之名广为人知，尽管他们一直是在其祖先的首都都灵施行统治的。

查理·伊曼纽尔智力过人，他对臣民的统治非常明智而且成功。另一方面，作为一位欧洲政治家，他也会毫无顾忌地扩张国家的疆界以增加国力：撒丁岛，或者萨伏依，不可能被世人无端认为是“意大利的普鲁士”。路易十五80多岁的首相红衣主教弗勒里（Fleury）预言，总有一天撒丁国王会把波旁家族赶出意大利半岛；与此同时，最敏锐的观察者议长查理·德·布罗塞（Charle de Brosses）[①]则走得更远，他指明：“在当前所有的意大利国家中，让意大利人感到畏惧的只有撒丁王国；他们宣称撒丁扼住了自己的喉咙，且迟早有一天会让他们窒息。”

在查理六世尸骨未寒之际，伊丽莎白·法尔内塞便迫使她永远顺从的丈夫宣布，哈布斯堡王室的所有财产均由他们继承。他们的基础非常不可靠，而且她对此也非常清楚。一直以来，只有位于意大利的行省真正支持她；但是现在，她马上有了一个新的，更有价值的盟友：现在的那不勒斯国王，她的儿子唐·卡洛斯。几周之内，西班牙军队便翻过比利牛斯山脉，一直向前穿过郎格多克（Languedoc）和普罗旺斯；与此同时，西班牙的蒙特马尔公爵（Duke of Montemar）率领一支规模更大的部队前往奥尔贝特洛（Orbetello，接近现在的波尔图埃尔库勒［Porto Ercole］），去和那不勒斯军队会合。

几乎在西班牙人提出继承要求的同时，查理·伊曼纽尔也向世人

---

① 查理·德·布罗塞（1709－1777）只是在第戎大理院（*parlement* of Dijon）任职过一段时间，不过他还是通过某种方法一直保持着自己的头衔。不管是不是院长，他一直都是一位有趣且幽默的作家，他的观点总是值得尊重的。

宣布，他将合法地拥有米兰行省——他的高曾祖母不正是西班牙国王菲利普二世之女吗？不过他很快就看到，西班牙同样也为这个近在眼前的目标踏上了战争道路；于是他思量再三，决定将自己的运气押在玛丽亚·特蕾西娅身上。自此之后，奥地利和撒丁一起，与法国和西班牙这两个波旁王国展开较量。他们也有其他盟友：在1742年8月，一支英国分遣舰队在66岁的海军上将托马斯·马修斯（Thomas Mathews）的率领下，出现在那不勒斯附近海域；他们威胁国王查理，若不立即退出波旁联盟，便会炮击那不勒斯；这个威胁令人满意地奏效了。之后马修斯转而进攻西班牙和法国的分遣舰队，迫使他们退回土伦港；于是，西班牙到意大利的所有海上交通均被切断。但是联盟并未完全如愿：在同月，查理三世的兄弟唐·菲利普（Don Philip）率领一支西班牙军队侵入萨伏依。尽管受到恐怖统治的当地居民不顾一切进行抵抗，但唐·菲利普还是在之后的六年里，一直逗留在那里。

假如菲利普五世不是在1746年7月9日便离开人世，这场战争持续的时间可能会更长。菲利普五世完全不好战，他把大量时间都花在祈祷，或者欣赏自己喜爱的音乐上。不过自从他结婚的那刻起，他便被其妻子完全控制；而他妻子在意大利的野心抱负，则使当前的战争状态更趋恶化；此外，他在自己生命的最后一年里经常精神错乱，其妻子得以更进一步控制他。新国王斐迪南六世（Ferdinand VI）是菲利普和其第一任妻子萨伏依的路易莎的四个孩子中唯一幸存下来的，他和他父亲一样，生性懒散，而且唯妻命是从；另一方面，他的葡萄牙王后布拉甘扎的玛丽亚·芭芭拉（Maria Barbara of Braganza）却没有其前任的任何激情。虽然那一刻战争仍在继续，但英国和葡萄牙从14世纪冈特的约翰时代起，便已存在紧密联系；所以里斯本宫廷和伦敦宫廷间悄悄展开了和谈。斐迪南登上王位后采取的第一批行动中便包括解雇其亲法国的外交大臣比利亚尔（Villarias）女侯爵，并以亲英派人士冈特的后裔唐·乔斯·德·卡瓦加尔·兰开斯特（Don José de Carvajaly Lancaster）取而代之。

最后在 1748 年，多亏了王后和卡瓦加尔，敌对双方才签署了《艾克斯拉沙佩勒条约》（Treaty of Aix-la-Chapelle），战争也得以结束。普鲁士的腓特烈首先发动战争，也是这场战争的唯一胜利者。查理·伊曼纽尔继续占有萨伏依和尼斯，同时还占有伦巴第的一条狭长地带——他的东部边境由此扩展到提契诺河（Ticino）。而唐·菲利普则牢固地掌握着帕加玛和皮亚琴察。国本诏书也被重新恢复为保证书，由此玛丽亚·特蕾西娅的丈夫也被适时确认为神圣罗马帝国皇帝弗朗西斯一世（Francis I）。现在的英西关系，确比过去半个世纪，甚至更久时间内的英西关系都要友善；尽管如此，对大部分人来说，奥地利王位继承战争似乎还是完全不值得的。

如我们所知，英国人在这个世纪初便对米诺卡岛虎视眈眈。他们在乌特勒支的和约里成功主张了这一点，且确信这里会成为其帝国永远的附属。其实英国人对这座岛的第一次统治，一共只持续了还不到 50 年。当 1756 年七年战争爆发时，路易十五第一项行动，便是派著名的浪子里塞留公爵（Duc de Richelieu）率领一支远征军去占领它。而这座岛屿 84 岁高龄的爱尔兰代理总督威廉·布莱克尼（William Blakeney）爵士只有一支大概 3000 人的守备军；他知道，如果没有大量援军，他不可能坚守很久；但他还是进行了一场了不起的防御战。很幸运，他获得了一支这样的援军：舰队司令约翰·宾爵士（Sir John Byng）率领一支由 10 艘战船组成的分舰队，此时正位于直布罗陀海域；他收到明确指令，在米诺卡岛受到任何攻击时，“他都要竭尽所能地方法展开救援”。

尽管直布罗陀总督直到最后一刻依然拒绝派遣步兵部队（他收到了要求他这样做的命令，而他做出的决定也最终导致他后来被送上军事法庭，并因此受辱），宾爵士还是在 5 月 8 日启程前往米诺卡岛，并在 11 天后到达马翁港。第二天，即在 5 月 20 日，他率军冲向法国舰队。就数量而言，双方势均力敌，不过法国人的船只要大些，携带着更重的武器和更多的人员。这样的优势本起不到决定性作用，只是宾爵士几乎在这次交战之始便犯下了一个战术错误——他冒着危险，将其舰队整体暴露在敌人炮火之下。法国人取得了全面优势，他们有效地使英国舰队丧失了战斗力，但并未乘胜追击；在举行了一次紧急军事会议后，宾爵士还是决定掉头返回直布罗陀，让米诺卡岛听任命运的摆布。

尽管布莱克尼和他在圣腓力要塞的守备部队一起，遭到了持续攻击，但他依然拒绝投降。不过此时攻击者也开始遭受痛苦，痢疾爆发（在围城战中，痢疾一直都是危险的事情），且持续高温；他们还接到警告，一支由海军上将爱德华·霍克（Sir Edward Hawke）指挥，比宾爵士的舰队更加强大的英国舰队正赶往米诺卡岛。这使得里塞留急于在英国人到达之前结束战斗；因此他命令发动一场夜袭。第二天早上，即 6 月 29 日清晨，布莱克尼召开紧急军事会议；所有与会者除三人外，一致认为唯一的出路便是投降——尽管反对者给出了非常合理的理由。几天后，霍克在快到马翁港时遇到了负责押送幸存的守备军前往直布罗陀的法国公使的船队，直到此时，他才意识到自己来得太迟了。

当这个消息传到伦敦时，人们对布莱克尼产生了一种狂热的激情——人们得知他在遭受围攻的 70 天里，从未脱掉衣服。英王乔治二世很适时地将他册封为巴斯骑士（Knight of Bath）、恩尼斯基伦团荣誉上校（Enniskillen Regiment）；最后，他成为爱尔兰贵族序列中的蒙特布莱克尼的布莱克尼勋爵（Lord Blakeney of Mount Blakeney）。而海军上将宾爵士则没有这么幸运。1757 年 1 月 27 日，朴次茅斯军事法庭认为他犯有失职罪，判处他死刑。但同时，法庭还在判决书上附加了强烈要求宽恕他的建议，因为很难相信一位海军上将在战场上会被懦弱和背叛所驱使。但国王却拒绝赦免他。1757 年 3 月 14 日在朴次茅斯港，宾爵士在英国皇家海军舰船“大君主号”（HMS Monarque）的后甲板上被枪决。

1757 年 3 月 14 日，海军上将宾爵士被处决。

科西嘉是地中海世界排在西西里、撒丁岛和塞浦路斯后的第四大岛。它早期的历史被认为非常丰富：在经历了相当活跃的史前阶段后，希腊人、迦太基人、伊特鲁里亚人、罗马人、汪达尔人、哥特人、伦巴第人和阿拉伯人先后占领过它。特别令人惊讶的是在 8 世纪时，它落到了教皇手中，而教皇又在 1077 年将它委托给了比萨主教管理。在比萨人的治理下，科西嘉首次接触到高效且文明的政府。它的经济得到发展，艺术开始繁荣：其中，罗马建筑最重要的两处精华——奈比奥罗大教堂（the cathedral of Nebbio）和卡诺尼卡教堂（the church of La Canonica）的历史，均可以回溯到 12 世纪初。不过，作为比萨王冠上的一颗明珠，它自然不可避免地会引起比萨不共戴天的对手热那亚的垂涎；于是，在这两个海上共和国间发生贯穿于整个中世纪晚期的残酷争斗时（期间，他们有时会因对抗阿拉贡王国而联合起来），这个岛屿再一次陷入混乱。最终，热那亚在15世纪中期将之牢牢控制，而且这种控制维持了大概300年左右，期间只出现过几次不稳定。

在此之后，科西嘉历史舞台上的英雄人物帕斯夸里·保利（Pasquale Paoli）出现。帕斯夸里·保利的父亲乔新托（Giaquinto）在1735年领导了一场反对热那亚的起义，不过在经过四年战斗后，起义最终还是失败了。好在他和帕斯夸里都很幸运，只是被放逐到那不勒斯，由此得以摆脱更糟糕的命运。帕斯夸里在那不勒斯进入军事学院学习，并继续做着为独立而斗争的准备。1755年，他准备就绪返回到科西嘉，将热那亚的统治推翻（尽管热那亚人拒绝宣布放弃其对科西嘉的所有权），宣布科西嘉为独立国家。接着，科西嘉依据一部宪法（和其他任何一部欧洲宪法一样自由民主），选出了自己的政府。在接下来的九年间，帕斯夸里一直在努力抚慰这座仍然动荡不安的岛屿。他鼓励发展工业，建立舰队，还创立了一个具有大学的国家教育体系。在这十年里，帕斯夸里始终坚持抗击热那亚，维护本岛的独立。起初战局倒向并不明显，但之后热那亚向法国寻求帮助，并在1768年将科西嘉卖给法国。法国将在科西嘉的驻军增加到6个整编团。到1769年，在经过12个月的游击战后，保利被迫逃往英国。

同年8月15日，一个位于阿雅克肖（Ajaccio）圣查理街（Rue Saint-Charles）的家庭诞生了一个男婴。他的名字用意大利语（当时科西嘉的官方语言）写出来为：拿破仑·波拿巴（Napoleone Buonaparte）。

几乎刚好在拿破仑出生的10年前，即1759年8月，西班牙国王斐迪南六世去世，年仅46岁。他的精力本来就不旺盛，加上深爱的妻子在前一年去世，这给他造成了灾难性的影响。他变得愈加与世隔绝，并拒绝说话；到最后完全陷入了精神错乱状态。说来也怪，他曾经是一个非常好的国王，在王后芭芭拉的协助下重建了国家财政，组建了一支强大的舰队，还充满热情地鼓励艺术和科学的发展；而且他们还加强对宗教裁判所的控制，废除了公开惩治异端的仪式（autos-da-fé）——强烈震撼了18世纪的欧洲。许多君主都远不及他。

现在，他的王国传到了其同父异母兄弟——那不勒斯国王查理三世的手中；在查理到达西班牙前，由王太后伊丽莎白·法尔内塞摄政。这位新国王的长子弱智，于是作为王室权利调整的一部分，他指定其二子（也叫查理）为阿斯图里亚斯亲王（Prince of Asturias）并继承西班牙王位；他还将那不勒斯和两西西里的王位交给其当时年仅8岁的三子斐迪南。在完成了这些分配后，他和妻子萨克森的阿玛利娅（Amalia of Saxony）一起，带着家人，启程前往巴塞罗那。12月9日，他们到达马德里，与其母亲重逢——这是自他在28年前离开后，首次与母亲相聚，两人亲切拥抱在一起；但很快查理就明确表示要自己做主，且不打算让伊丽莎白对国家事务产生任何影响。伊丽莎白很快便退休了，回到位于圣伊尔德丰索（San Ildefonso）的宫殿，之后再未返回过马德里；甚至在三个月后王后去世时，她也没有返回。

查理的才智可能并不很出众，但他勤奋刻苦、责任心强，绝对诚实，并有着25年作为统治者的经验。但他也是一个彻头彻尾的波旁王族成员，因为他既未原谅，也未忘记英国人在17年前炮轰那不勒斯的威胁。现在随着七年战争进程过半，查理厌恶地看到，英国军队几乎在所有地方，都战胜法国人取得了胜利。而作为一个西班牙人，查理也清楚地知道，他的国家依然因走私、偷运，以及英国人检查西班牙船只而对英国心怀不满；更别说诸如从洪都拉斯海岸的所有权，到纽芬兰岛海域捕鱼权等一系列争端了。所以当法国外交大臣舒瓦瑟尔公爵（Duc de Choiseul）向他提出，英国人的胜利对于西班牙在美洲的领土主权来说可能是场灾难时，这位大臣找到的是一位已准备就绪的聆听者。

两人交谈的结果，就是他们在 1761 年 8 月共同签署了总称为《家族条约》（Family Compact）的两项协定；法国人同意以能够消除西班牙人不满的条件媾和，而西班牙人对此的回报则是，承担起一旦这些条款遭到拒绝，就立刻加入战争的职责。这时，在法国和英国尚未达成任何和平协议之前，英国政府便要求西班牙解释其公开进行的军事准备。对此，西班牙断然拒绝；他们驱逐了英国驻西班牙大使布里斯托尔勋爵（Lord Bristol），并拘禁了位于西班牙港口的所有英国船只。七年战争步入了崭新的地中海阶段。这个阶段是如此不同寻常的短暂，但却对遥远的加勒比海地区和太平洋地区造成了影响。1762 年 8 月，一支英国舰队占领了哈瓦那（Havana）；之后大概仅一个月，另一支英国舰队便接受了马尼拉（Manila）的投降。所以法国和西班牙于年底就准备进行和谈，这丝毫不足为奇。

1763 年 2 月 20 日，结束七年战争的和约在巴黎签署。其中只有一条与地中海直接相关：将米诺卡岛还给英国。不过另一方面，在条约里，美洲则发生了巨大转变。英国人取得了加拿大、新斯科舍（Nova Scotia）和布雷顿海角（Cape Breton），而且还从法国人那里得到了位于加勒比海的一些岛屿——法国人还交出了塞内加尔（Senegal）；作为回报，法国人拿回了马提尼岛（Martinique）和瓜德罗普岛（Guadeloupe），同时他们在纽芬兰海域的捕鱼权也得到了保证。① 法国亦重新收回了之前在印度的殖民地，条件是法国人不能加强在那里的力量。至于西班牙人，则从

① 1783 年《凡尔赛和约》（Peace of Versailles）的条款，又一次将加勒比海的一些岛屿进行了重新分配。

英国人那里收复了哈瓦那——不过是以佛罗里达为代价的，还收复了马尼拉以及菲律宾。但西班牙最重要的新收获，是得到原本由法国人占领的路易斯安那，这大概可以被认为是对西班牙人失去佛罗里达的补偿；但查理三世已意识到，他作为西班牙国王所犯下的第一个重要错误就是听信舒瓦瑟尔。其前任所实行的严守中立政策一直非常正确，如果能采取置身于七年战争之外的政策则更加明智。

第二十章　围攻直布罗陀

众所周知，1776 年 7 月 4 日，英属北美殖民地宣布独立。这场冲突始于对英国殖民地的争议，仅两年间便发展为一场世界上前所未有的危机。1778 年 3 月，法国加入美国阵营作战；路易十六——四年前继承其祖父的王位——千方百计劝说西班牙国王查理三世步其后尘。查理最初犹豫不决。他于最后一刻加入七年战争，这被证明是一场灾难；之后，他于 1774 年对阿尔及利亚海盗的远征，虽说不是灾难却也有失体面。他急需一些军事胜利。再者，他自己在新世界拥有广大殖民地——难道他真想在他们中鼓动革命吗？最后，他对路易很生气。根据《家族条约》，法王与美国结盟前应事先与他协商；而现在，他却在同一条约的名义下号召西班牙加入。因此，查理决定充当双方的调停人。他建议英国应停止敌对行动一年；期间美洲殖民地被视为独立；双方在马德里举行和谈，会上，美国代表与英国人完全平等。不用说，调解的回报便是直布罗陀。

并非完全出乎意料，英国政府直截了当拒绝了他。英方宣称他的建议，“似乎遵循的是各项已被否决的原则，包含已被摒弃的各项条款。”在这种情况下，查理也于 1779 年 6 月对英宣战。他对英属美洲殖民地的未来毫不关心，但认为直布罗陀海峡和米诺卡岛值得一战。问题是如何才能获得最大胜利呢？查理最少考虑过 69 条不同的意见。其中第一条（也许不是最好的一条）便是入侵英格兰。他和法国一起能够很容易集合起一支强大的舰队，足以胜过在海峡的英国皇家海军；也能集合一支陆军，足以应付没有开赴美洲作战、数量相对较少的英军。但这个想法最终不够吸引人：查理宁愿更直接些。他决定围攻直布罗陀海峡。

围攻开始于1779年7月11日，当西班牙人刚到任的指挥官马丁·阿尔瓦雷斯·德·索托马约尔（Martín Álvarez de Sotomayor）从圣芭芭拉要塞（Fort St Barbara）开了一枪时。英国将军威廉·格林爵士（Sir William Green）予以回击——他的枪在半个多世纪以来首次愤怒地开火——持续猛烈射击了约24小时。在接下来的两个月里，围攻者一直埋头苦干；建造炮兵阵地，为自己准备过冬掩体；同时，也在逐步聚集力量，增强实力：到10月底，其总数已大大超过14000人。与之相对，英国驻军总共才4000官兵，外加1300汉诺威人；总督乔治·奥古斯都·埃利奥特将军（George Augustus Eliott）还要考虑养活1500名士兵的家眷和当地另外2000名居民，他意识到食物供应将成为严峻问题。因为西班牙人的封锁还不特别严密，他便鼓励所有想离去的人尽快离开。一些犹太人和热那亚人同意离去，并乘坐小船前往葡萄牙或巴巴里海岸；余下的人必须等待，直到一支护卫舰队从英国到来（假如能够到达的话）。

格林一开始便为部下树立了厉行节约的榜样。为了储存食品和增加补给，他将自己的一匹马射杀。为计算对食物的最低需求，他连续一周每天只食用4盎司大米。而他这样做并非儿戏：他的一个军官约翰·斯皮尔斯伯里上尉（John Spilsbury）在日记中写道：

> 10月3日。有人似乎无意间听到第五十八联队的一人说，如果西班牙人来了，他要不投降就见鬼了。总督说他一定是疯了，下令狠狠揍他直到脑袋出血；接着把他送进监狱穿上小马甲，只给面包和水，并让人替他在教堂祈祷，求神宽恕。

好消息直到1780年1月16日才最终到来。海军上将乔治·罗德尼爵士（George Rodney）率领一支21艘船组成的舰队①在圣文森特角（Cape St Vincent）袭击了一支10艘船组成的西班牙中队，共击沉2艘，俘获4艘，迫使其余船只落荒而逃。在另一场战斗中，他俘获了15艘商船，打破了封锁。食物、补给品以及1000名苏格兰高地联队士兵被送到岸上，同时大部分军人家眷被运往安全之地。唯有一件事令人悲伤：送来的补给品中没有葡萄酒或朗姆酒。如总督所言，“士兵们对烈酒供应不足的感受比削减一小部分其他补给品更强烈，因为这改变了他们一向的生活习惯，可能会影响他们的健康。”

但这绝不意味着围攻业已结束。早春时，一场天花疫情来势汹汹，并很快造成严重破坏。西班牙的封锁也再次收紧，于是这一年的补给被拖延，供给再次严重短缺。这时西班牙人沉寂下来，而防御者被迫面对另一个对士气有严重影响的威胁：厌倦。

1781年英国人开年不利。1月11日，2艘摩尔人的单层甲板大帆船打着休战旗，送来了英国驻丹吉尔（Tangier）的领事及其家眷，以及大概130个英国臣民——他们均在摩洛哥苏丹将丹吉尔和得土安（Tetouan）租借给西班牙后被驱逐。这意味着埃利奥特无法期望再从巴巴里得到补给，而且还要多养活130张嘴。可是他依然努力坚守。4月12日破晓时分，海军上将乔治·达比（George Darby）率舰队终于进入阿尔赫西拉斯湾（Algeciras）。起初雾霭遮住了舰队，但根据另一位见证者约翰·德林克沃特（John Drinkwater）的记述：

> 当太阳不断升高时，水雾也逐渐消散，如同大剧院升起的帷

① 其中一艘是“乔治王子”（Prince George）号，乔治三世（George III）的次子——未来的国王威廉四世（King William IV）普莱斯·威廉·亨利（Price William Henry），正以海军军官候补生的身份在船上服役。

幕，焦虑的驻军看到了一幅他们能想到的最美丽，最令人高兴的景色。近百艘船组成的护卫舰队队形严整，由一些军舰引航；他们的帆鼓得很足，足以操舵。大多数主力战舰被部署在巴巴里海岸，严守命令不进入海湾内，以防止任何敌人喷火船的骚扰。面对这宏伟而令人振奋的情景，居民的喜悦不言而喻。他们以前所未有的狂欢抒发自己的喜悦之情。

10点45分，第一艘船抛锚；而此刻西班牙炮台也开始射击。很快，欣喜便变为震惊，震惊又变为恐慌。炮轰的可能性从一开始便存在；但在过去的18个月里，只偶尔有零星射击，于是人们基本上已将危险忘记。此刻，恐怖突然间将他们笼罩：弹壳与弹药横飞，将破坏和恐慌散布到整个小镇。中午过后，炮火减弱，之后全部停止——尽管直布罗陀海峡的未来再生变数，但西班牙人并未放弃午睡；不过下午5点，炮击再次开始并持续整夜。

第二天清晨，城镇已被完全破坏；商品仓库的墙壁也被摧毁，里面各种秘密供应品（贸易商故意囤积以逐个高价卖出）从中涌出。大规模抢劫不可避免地发生，特别是在酒商那里。4月15日星期日，斯皮尔斯伯里上尉厌恶地记录下“醉酒、放荡和破坏，这些情景之前很难见到”。为恢复秩序，一群带着斧头的军人将商品仓库团团围住，猛击酒桶直到街上到处流溢着葡萄酒和白兰地。

虽则如此，卸载仍以每天10艘船的速度持续进行。海军上将达比为赶上顺风，不希望拖延。然而人们很快发现，在英国的政府忘记送来一种重要的货物：火药。埃利奥特别无选择，只能恳求海军上将达比尽可能多地给他；而海军上将也很乐于施恩，给了他2280桶，他写道：“你将要承担的是崇高的防务工作，促使我给你最大限度的补给……我很乐于用我的权力为守备部队做任何事情，全世界的眼睛都注视着他们。”

4月20日，海军上将准备起航。来的时候，船只满载着货物，甚至船头都堆得满满的；而返航时他们载的主要是人：大部分是军人家眷，以及几乎所有余下的犹太人和热那亚人；许多人为在船上获得一个位置出价极高。这些人总计可能达到直布罗陀总人口的一半。

尊敬的阁下：

我必须向您报告，自遭到敌方炮击以来，由英国军团组成的守备部队出现了可耻的违法行为；除强奸和谋杀外，其他任何罪行他们都再三进行，且方式非常大胆……状况极为恶劣，以至于哨兵不站岗，却默许并协助抢劫，甚至染指他们看管的皇家仓库……

1781年5月7日

这是埃利奥特写给英国武装力量总司令阿默赫斯特勋爵（Lord Amherst）的信，它清楚地表明：直布罗陀城大部分被摧毁，现在正遭受守卫部队的系统洗劫。总督采取坚决措施予以镇压：5月30日，技工塞缪尔·惠特克（Samuel Whitaker）和西蒙·普拉茨（Simon Pratts）被处以绞刑，五十八联队的威廉·罗尔斯（William Rolls）被鞭打千次；这全部在南校场（South Parade）公开进行。即便没有法律惩罚，抢劫者们依然要冒生命危险：炮击持续不断，从未减弱。一些日记和日志用一种可怕的喜悦描述了伤亡：“两个人被杀。其中一个当时正在办公室小便，一粒子弹打中他的头部，只剩下身体还在继续完成排泄过程。”造成损失的不只是海岸炮兵，大量的西班牙小型炮艇停泊在磐石附近，持续猛烈射击任何移动物。晚上特别危险。

一位海军少尉的妻子凯瑟琳·厄普顿夫人（Catherine Upton）描述道：“一位妇女，她的帐篷比我们的略低，当她准备穿袜子时，被切成两半。”她补充道：“只要高兴，他们就会进攻任何驻防区。”5月23日，她的日记继续写道：

> 大概凌晨1点钟，驾轻就熟的捣乱分子炮舰们又开始向我们射击。我用毛毯包裹着自己和孩子跑到一块岩石旁边……一位端庄、和蔼可亲的女士，图蕾丽几乎被炸得粉碎！只能找到她的一只手臂。她的兄弟坐在其旁边，和他的书记员也都遭受了同样的命运。

好消息是围攻者放弃了封锁。封锁一直以来都不太成功，而现在既然已无法阻止守军得到足够随后两年用的货物和补给，继续封锁似乎已没有任何意义。与外部世界的通信得到恢复，食物和饮料再次丰富起来；但不管怎样，围攻仍在继续。

炎热的夏季也开始让双方付出代价。这是斯皮尔斯伯里上尉在直布罗陀待的12年中经历的最坏的一年。到7月底，西班牙人每天只射击3炮，如此规律以至于守军把它们称作圣父、圣子和圣灵（对6月9日火药库的一次大爆炸承担部分责任）。围攻中，人们的脾气愈加暴躁。7月22日，第七十二联队的一位少校和副官决斗，每个人各开3枪；很幸运，6枪全部射偏。几天后，当一支法西联合入侵舰队向东穿过海峡前往米诺卡时，守军都紧闭嘴唇默默地观察。毫无疑问，米诺卡副总督詹姆斯·默里将军（James Murray）需要任何可获得的帮助。

随着秋天的临近，直布罗陀的人们在生理和心理上都得到缓解。然而在10月，防守者看到了令他们焦虑的一幕：西班牙人沿着地峡修建了两座与之平行的新炮台。它们紧挨着边界，令人非常不舒服，而且受巨大沙堤保护，英军炮火几乎无法穿透。

11月27日凌晨2点45分，2000名士兵和100名水手（驻军总数的1/3）在一小队汉诺威精锐部队的带领下，悄悄离开堡垒，穿过被毁的小镇冲向地峡。总督（到圣诞节，他将满65岁）也在其中；他离开要塞显然不妥，但他无法提出反对意见。虽然遭到了一些反击，但一点都不令人惊讶；西班牙人完全被震惊，在象征性的开了几枪之后，他们便从入侵者面前逃走。西班牙人的炮台一个接一个被摧毁，火药库也被点燃。到5点钟，一切都已结束，部队带着18名俘虏返回直布罗陀要塞。行动取得全胜，对驻军的士气影响也产生了积极影响——抢劫不可思议地停止了。行动中共有5人死亡，25人受伤；还有就是，一个苏格兰高地联队士兵弄丢了他的苏格兰短裙。

在直布罗陀坚守时，米诺卡岛则在为生存而战。8月初，由60多岁的克里伦公爵（Duc de Crillon）指挥的8000名西班牙士兵登上岛屿；克里伦公爵在西班牙参加七年战争时，加入西班牙军队。面对这支军队的是默里总督率领的2700人，其中大量是病号。他们只能撤退到圣腓力要塞固守；克里伦给总督送去一封信，直接询问在什么样的条件下他们才会立刻投降。默里愤怒地拒绝提议，于是围攻开始。

尽管一支4000人的法军在9月到达使西班牙军队更加壮大，但克里伦最初还是没有取得多大进展。但到这年年底，要塞出现坏血病，并在数周内就对英军造成严重伤害。要塞没有可以种植水果或蔬菜的地方，附近也没有任何可帮他们冲破西班牙人封锁的友好港口。唯一的希望是来自英国的救援远征军，但它却一直未出现。一个月内，许多士兵只能被扶着、抬着送到岗位上；在1782年2月1日的点名中，2700人只有760人能够回应；3天后，这些人中又有100人进入医院。2月5日，在经过五个半月的英勇抵抗后，默里投降。米诺卡岛再次为西班牙人所有。①

这一消息直到3月1日才传到直布罗陀。一位西班牙军官打着休战旗，带着详细报告来到这里。英国人对此早有预期，坦然对之——这似乎对士气并未产生什么长期影响。冬天非常可怕，直布罗陀一带也出现了大批严重的坏血病患者，到12月20日，600多人住院；好在到2月，3艘满载橘子和柠檬的运输船从葡萄牙赶来，效果立竿见影。气候也很快改善，3月初，皇家海军"弗农号"（HMS Vernon）与2艘三帆快速战舰、4艘运输船一起启航，他们运载着期盼已久的增援力量，包括10艘炮艇和一个步兵团。多亏这些，要塞驻军能够充满自信，满怀希望地面对新的一年。

守军没有意识到，在他们守卫直布罗陀期间，外面的世界已然改变。美国独立战争业已结束，欧洲和美洲一样希望和平。只有西班牙仍在坚持。查理三世参战只有一个原因：收复米诺卡岛和直布罗陀。米诺卡现在已属于他，但直布罗陀（尽管就在他的王国旁边）却依然不为他所有。在法国，路易十六和其政府对直布罗陀毫不关心；然而另一方面，他们于1779年通过阿兰胡埃斯密会草率签下了密约，所以被迫一直战斗到西班牙收复直布罗陀为止。因此，虽然一百个不愿意，但他们还是准备让西班牙好好看看他们如何帮它达成这一目标。

1782年4月1日，一个名叫奇卡多（Chicardo）的神秘人物从葡萄牙乘坐小船赶来，带来一份情报；他的情报显示，西班牙人在加的斯征用了12艘船，加衬软木、麻絮，并用老绳索固定，用来进攻直

① 据说在遥远的圣彼得堡（St Petersburg），叶卡捷琳娜大帝（Catherine the Great）在其顾问兼情人波将金（Prince Potemkin）的建议下向乔治三世提出，若将米诺卡岛割让给俄罗斯，俄国舰队就会立即前去救援：历史上俄罗斯渴望扩张到地中海的众多实例之一。

布罗陀。10 天之后，消息被进一步确认：这些船将在法国知名军事工程师的指导下，改为浮动炮台。5 月 9 日，西班牙人出现在阿尔赫西拉斯港：其中的印度大帆船陈旧破败，如一个观察者报道："绝大部分人都认为，它们更适合做柴火而非用来进攻堡垒。"到此时，港口和锚地被快速填满，因为每天都有更多西班牙船到来。春季变为了闷热的夏季，对于西班牙人持续的疯狂行为，防御者除了观看和试图解释外，几乎没有任何行动。6 月 17 日，他们恐惧地看到 3 艘法国三帆快速战舰护卫着 60 艘运输船到来；这是路易的第一分遣队，估计最少有 5000 名强壮士兵。接着在仅 5 天后，在没有任何预兆的情况下，炮击突然停止。在经过一年多不停地轰鸣后，突然的宁静使人更为紧张。只是到后来，它发出的信号才被理解：克里伦公爵上任。在米诺卡岛取得胜利的他，刚刚赶来指挥法西混合部队。

7 月 4 日，一个西班牙逃兵——大概是为逃避审判——溜过战线向哨兵投降，他带有价值极高的情报。浮动炮台（已有 10 座）正在封顶，将在 8 月底准备完毕。直布罗陀前的军队现在已有 37 个西班牙步兵营、8 个法国步兵团、2 个西班牙炮兵营和 4 个法国炮兵连，以及一些龙骑兵和骑兵连：总计大概 28000 人。好消息是他们军心的浮动，每天都有人逃亡。10 天后——即 25 日，两艘来自莱戈恩（Leghorn）的船只送来了帕斯夸里·保利的一个侄子莱昂内提先生（Signor Leonetti），随船而来的还有 2 位科西嘉官员、1 位牧师和 68 名志愿者。他们也带来了颇受欢迎的消息，海军上将罗德尼在"圣徒之战"（Battle of Saints）① 中，将西印度群岛的法国军队击败。当天下午，总督下令在 1 点钟用重炮举行鸣炮礼（feu de joie），各团的步

① 1782 年 4 月，英法间的一场海战。以西印度群岛中多米尼克岛和瓜德罗普岛之间的圣徒（Saintes，英文为 Saints）群岛命名。——译者注

枪手则在6点钟进行鸣枪礼："开完火后欢呼三次，然后按鸣枪炮时的顺序，从右边开始依次进行。"要塞外的法国人和西班牙人对直布罗陀不久属于他们非常自信，看到这番景象则更加确认了他们一贯的想法：所有英国人都疯了。

> 西班牙人为进攻要塞做了大量准备。在阿尔赫拉西斯，我们看到他们正在所谓的软木船（Cork-Ships）上努力工作；这种船的一侧被大块新木板和老绳索所覆盖，整个厚度达到7—8英尺；不过只有一侧由此种方式覆盖，另一侧则一如从前；甲板开有射孔并可防弹，至少他们是在努力让我们相信如此。当所有士兵都登上在卡塔赫纳为攻城目的建造的船准备进攻时。这些船将被部署为前锋以破坏要塞壁垒，与此同时在塞维利亚，我们看到他们正在用船只运送黄铜炮。

这是由来自塔维拉（Tavira，位于葡萄牙南部海岸，刚好位于与西班牙的边界上）的安德森先生于1782年6月1日记下的。他描述的怪异建筑是法国工程师让-克劳德-埃莉诺·勒·米肖·德阿科（Jean-claud-Eléonor Le Michaud d'Arçon）设计建造的。德阿科显然使查理三世和整个西班牙政府都相信这些船不燃且抗沉，会使要塞守军变得无力并很快投降。据现在我们所知，仅一人未被说服；很不幸，此人便是最近的米诺卡英雄、指定的法西联军的指挥官克里伦公爵。克里伦在回忆录中说，他于5月在马德里经历了两场激烈的争论；第一次与德阿科，第二次则是和西班牙首相孔特·弗罗里达布兰卡（Conde de Floridablanca）。在第二次争辩中，他表明自己立场并提出即刻辞职；弗罗里达布兰卡拒绝接受辞呈，并最终以下列条件为前提说服他留任：克里伦可正式声明自己的不同意见和不赞成，如果计划失败，这份声明可公之于众。

事实上克里伦走得更远。之后他当场写下一份备忘录，交由一个朋友保管；并告诉这位朋友，在进攻开始的消息传到首都那一刻，将它打开公之于众：

> 在出发前往直布罗陀之际，我宣布，我接受指挥权只因遵守国王的命令……我竭尽全力向国王陛下解释我对计划的反对……于是我宣布，如果那里因为浮动堡垒而被夺取（对此我非常怀疑），所有的荣誉和赞颂都属于法国工程师德阿科；如果该武器失败，则相关的责备也不应该怪到本就不赞同这项计划的我身上……

公爵最少留下了20份这封信的副本，使之传遍了法国和西班牙。最近一位研究这场围攻的历史学家说[①]：“之前和之后再没有哪位将军在出征前会如此谨慎地为自己铺好后路，也没有谁会这么直接地透露自己在接受一项没把握的任务时心中的不情愿与疑虑。”

当克里伦抵达位于边界上的西班牙小镇圣鲁克（San Roque），并在城外建立起司令部时，由他指挥的军队已增至32000多人；即便考虑到逃兵和疾病，这也可能是那个时代为对付单个堡垒而部署的最强部队。它的弱点是其指挥结构。克里伦与德阿科互相厌恶不是什么秘密，两人只在憎恶海军上将唐·布文那文图拉·德·莫雷诺（Don Buenventura de Moreno）时才会团结一致。这位将军奉命指挥位于马翁港的舰队，非常年轻，狂妄得令人无法忍受；且在此时吹嘘，一旦

---

① Jack Russell, *Gibraltar Besieged*（《直布罗陀之围》），本书这部分的论述大部分基于此书。

其舰队就位，便可在24小时内拿下直布罗陀。有一次，德阿科非常失望地大声抱怨："Crise，contradiction，facherie et jalousie!"① 这应是相当公正的描述。

与此同时，防守者——大概有7000人和400名病号——正在等待：等待着很明显即将降临的总攻，也等待着遥远的救援舰队（它能否到达似乎开始变得极不确定）。在伦敦，政府继续支吾搪塞。经历了灾难性的12年后，诺斯勋爵的政府在3月倒台；而新内阁也因谢尔本勋爵（Lord Shelburne）的优柔寡断而陷入瘫痪。国王再三催促立刻行动，对此谢尔本只能回答（此时已是8月初）：

> 至于解救直布罗陀……更多的还要依赖于临阵人员，以及海军对海湾和其他一些环境的了解；我不敢做出决定，也不安地意识到，内阁中没有海军人士使其很难做出相关决策。对我来说很明显，主要还是应依赖于当地指挥官的经验和信念。

这持续的慌乱，在西欧大众的注意力为直布罗陀之围所吸引时，更加令人惊奇。整个阿尔赫西拉斯湾形成了一个巨型舞台，人们可以在安全距离之外观看壮观景象，此时已有从法国和西班牙各地赶来的观众，要见证即将上演的戏剧。其中包括两位法国亲王——阿图瓦亲王（Comte d'Artois）和波旁亲王（Comet de Bourbon），他们刚刚抵达圣洛尔；可能是为了向他们致敬，总攻被安排在8月25日的圣路易日展开。直布罗陀不知如何获悉了这一消息，于是要塞守军在破晓时分准备战斗，但当天进攻并没有开始。浮动堡垒似乎还未准备完毕。

---

① "危机、冲突、争吵、嫉妒!"

于是，在9月8日星期天，要塞守军决定主动进攻。西班牙人在过去的几个星期里，沿着地峡建造了一道巨型壁墙，由150万个沙袋和装满沙子的木桶砌成。他们此时正忙于向新位置安装大炮和臼炮，只是还未完工，于是副总督罗伯特·博伊德将军（Robert Boyd）便设想使用炙热弹及燃烧弹对之持续猛轰。这在技术上很难运作——尽管在海战中相当流行，但陆战中却鲜有尝试：炮弹被放在巨大的烤架上烧烤3个小时，已达所需温度；然而之后如何装填，成为守军面临的主要问题。另一方面，在使用时它们也极为可怕；一旦接触到木材便立刻将之引燃，并会对任何不幸位于其弹道上的人造成惊人伤害。炮击于午夜开始，无情地持续了9个小时，以每10分钟一轮的速度射击了5500轮；火焰沿着西班牙人的阵线燃烧，看起来像带着一连串火药的导火索。西班牙人开始被打了个措手不及，也并未意识到炮弹很炽热；他们的应对很迟缓，然而一旦反应过来后就如同猛虎一般；在炮弹像雨点般落在周围时，他们用赤裸的双手将燃烧的木块拆掉。博伊德将军在炮台看到这一切，不由发出赞美："从未见过如此勇敢之人！"

但个人勇气无法遮掩灾难或耻辱。为保住颜面，克里伦立刻以同样的方法回击：在第二天早晨破晓，5个新炮台发动连续炮击。9日的发射数与8日一样多（官方统计达5403次），但炮弹不热，且直布罗陀岩石山与低处的沙地地峡状况完全不同。次日炮击继续，海岸炮兵和海军上将莫雷诺的战船全部加入，但几乎未造成严重破坏。

之后在12日早上8点，瞭望台报告，一支巨大舰队从西边赶来。于是守军情绪高涨：是来自英国的救援在此紧要关头赶到了吗？答案是否定的。这支舰队是一支庞大的法兰西武装舰队，其中仅一线战舰就有47艘，飘扬着不少于10位舰队司令的旗帜。随着他们的到达，防守者发现自己要对抗一支有将近4万人，200门重炮的军队。他们的救援舰队即使抵达也将毫无用处，它们的数量处于绝对劣势，甚至没有进港口的希望。许多防守者此时必定有类似于绝望的感觉。

若他们知道敌人阵营内争吵不断且混乱加剧，可能会振奋很多。克里伦急于立刻展开进攻，因为他的荣誉岌岌可危；秋季将近，战事已经拖延太久。德阿科则强烈反对，因为他的浮动堡垒还未准备完毕——没有安装指引它们就位的标志，没有探查过可能的浅水区和沙洲，也没有抛下使船只复位所必需的船锚。夹在他们中间的莫雷诺感到泄气和被忽视，因此非常恼怒。但不管怎样，克里伦占据着优势地位。不久，在 9 月 13 日早上将近 7 点钟，10 艘浮动堡垒中的 3 艘首先出发，沿西海岸前往指定位置。莫雷诺在装有 24 门炮的“帕斯托拉”号（Pastora）上升起了他的旗帜。知道他们在径直驶向沙洲，德阿科异常愤怒，他不得不登上第二大的“塔拉彼德拉”号（Talla Piedra）——由拿骚亲王唐·胡安·曼多萨（Don Juan Mendoza）指挥，装有 23 门炮。另外 7 位船长，无论自己是否准备完毕，也都很快追随而来。3 个小时后，10 艘船在距离海岸 800 码的地方侧对海岸排成一线，覆盖了北部老防波堤到南部堡垒间的 1000 码距离。战斗开始。

深夜，五十八联队的军需官塞缪尔·安素（Samuel Ancell）写信给他兄弟：

> 疲惫困乏的我坐下来告诉你战场已属于我们。我们已经点燃了敌人的舰船。今天早上 9 点，他们到来，一个接一个部署在不同位置，并在停泊后立刻开始兴奋地开火。与此同时，我们则冷静回击。不过令人相当惊愕，我们发现炮弹被从它们的侧面和顶部弹回，甚至十三寸的炮弹都无法将之击穿！但不管怎样，我们没有灰心。虽然一些人被杀，但我们还是以最快的速度点燃熔

炉，“烧烤”32磅的弹丸。如果你能纵观整座岩岛并看到些我们的工作，那么你将会忍俊不禁；一些被派去操作大炮的人用沾满火药的脏手擦脸，活像埃塞俄比亚黑人。他们这些火与锻冶之神瓦尔坎（Vulcan）之子正汗流浃背气喘吁吁；同时其他一些人被派去运送炽热弹，用一种为此特制的铁质工具，但这无法为炮兵连提供足够的补给，于是每辆独轮车也都被装上沙子和半打炮弹。我方的反击没有间隙，相应对方的进攻也是如此；但我们坚持连续发射炽热弹，这使得敌人事先为浮动堡垒采用的防御措施完全失效；因为这些打到他们侧面的炮弹，会在长时间内四处点火——我们发现这种情况在白天再三发生，尽管敌人常常将之控制，但同样的难题连续不断，最终使敌人无法开炮。在将近黄昏时分，我们观察到其中最大一艘船几处着火，很快另一艘也遭遇同样的状况。这额外添加了部队的勇气，而敌船上的火势愈加旺盛，一直烧至8点。

（9月14日）凌晨零点

浮动堡垒停止了射击，其中一艘在大火中突然崩碎，上面的船员发射求救信号……刚刚收到一份报告，躲在一块木板上的一个军官和11名士兵被冲上海岸，这块木板是浮动堡垒的一部分。当堡垒正要配合进攻时，被守军炮弹击沉。

究竟发生了什么？首先，如我们所看到的，没有稳固的领导层，有的只是自负者的争吵三重唱。其次，某种程度上是前述的后果，浮动堡垒被联合舰队放弃。它们从未打算单独运作，原计划要求30艘炮艇和30艘臼炮艇分布在各堡垒之间及两侧，并对海岸炮兵持续进行密集火力攻击。如果如此，它们可能会对战斗产生有利影响。但炮艇却从未现身为它们打掩护，因为舰队司令唐·路易·德·科多巴拒绝出动。第三，德阿科过高估计了他的浮动堡垒的实力。它们可能不沉，但并非不可燃。其护甲很厚，意味着炽热弹可射入覆盖层很深，会不被发现地焖燃，并最终引燃周围的木材。

此时该做什么？这天对西班牙人来说是场灾难，夜里克里伦的指挥部一片惊愕。浮动堡垒最先为人们所关注，上面依然有5000人。其中两艘（包括受损最重的塔拉彼德拉号）受火烧严重，不过因火药受潮也不可能爆炸；但它们的桅杆和绳索全被烧掉，所以也无法移动。如果用某种方式将它们拖到安全位置，还可以对之进行挽救；可这又该如何进行？克里伦会希望不惜一切这样做吗？他对之非常厌恶，如果它们没有烧毁或沉没，德阿科便可在一定程度上宣布胜利，另外，它们还有可能成为英国人的战利品。它们应摧毁，这样更有益处——但首先要进行疏散。晚上10点半，将军和拿骚的亲王（他在刚一交火时便抛弃了塔拉彼德拉号）一起要求科多巴派出战舰撤离所有人员。不过老海军上将断然拒绝：他不能为此把其舰船暴露在敌方火力之下。只有他的小船可被派上用场。

第一艘救援船在午夜时分到达10艘巨型废船附近，给10位船长中的每一位都带去了命令：放弃自己的舰船并将之烧毁。噩梦般的混乱场面随之而来。在超过12个小时的猛烈炮击下，一直保持冷静并英勇战斗的士兵已筋疲力尽，此时因急于撤退而一片恐慌。有些船只因为严重超载而沉没，还有一些甚至在接收船员前便被海岸炮兵摧毁。很快便非常清楚，这些船只中依然可用的，完全没有能力运回所有炮台上的官兵，需来回奔波两次或更多；但此时船长们需遵守命令，于是10座浮动炮台全部着火。炮台上没能逃离的人别无选择，只有巴在侧舷上，这总好于被淹死或烧死。

在9月14日星期六拂晓，安素先生继续写道：

> 我们的海湾呈现一片恐怖景象，陷入火海之中，敌人在为他们的危险处境哭泣，同时我们的炮艇也忙于从大火及死亡威胁中拯救不幸的受害者，尽管敌人陆军炮兵向我们的水手残忍开炮，阻止他们救援受害者。不过再没有比此更加出众的英勇行为，因为尽管相当危险（再大胆的进取心对此也会忧虑），我们的船还是沿着浮动炮台的侧面划行（尽管有火焰从它们的舱口窜出），将绝望的幸存者救出来，英国水手们无惧敌人射来的圆形弹、葡萄弹的英勇行为，将荣誉永远赋予了古老的英格兰。
>
> 7点
>
> 半满员的敌船一艘接一艘爆炸，我们的船则尽可能地保持沉着；现在，他们带着大量俘虏返回。
>
> 10点
>
> 并非所有的浮动炮台全都爆炸——其中之一几乎烧到水面，船员们将火药从船上扔下。敌人陆军炮兵继续对要塞炮击，同时对面海岸看起来明显是一片混乱和惊愕。原本聚集起来见证夺取直布罗陀的达官显贵们撤出西班牙营地，将可怕的消息带往腓力的宫廷……
>
> 看到他们的王室旗帜在我们的南校场上飘扬（被反绑在一门大炮上），我们的敌人一定难堪而恼怒。

总攻失败，但直布罗陀依然面临危险。联合舰队依然部署在海湾，法国和西班牙的军队也依然扎营于地峡；炮击重新开始，就好像什么事情都没有发生过。但在休战旗下，双方进行着某种程度的商谈，之后在10月6日交换了战俘。换回的一个战俘告诉守军，由海军上将豪勋爵率领的救援舰队最终上路。

他在将舰队带入直布罗陀时遇到了麻烦。秋分时的暴风雨危害最大，于是舰队被直接吹入地中海，敌人也紧追不舍；但不知为何双方却并未交战，每艘英国船都最终安全驶入港口。从那一刻起，法国和西班牙的军队慢慢消失。依然有零星交火，但没人真心战斗。每个人都知道，直布罗陀稳如磐石；如果它被交给西班牙，那也是因为和平条约而非暴力。

漫长而复杂的初步谈判于 10 月 20 日开始，刚好持续到圣诞节前。初期，英国表现得很明显，准备以适当的价格放弃直布罗陀：很自然，它希望收回米诺卡和两个佛罗里达，① 此外还要求了一些加勒比地区的岛屿。不过在 12 月 5 日召开的国会上，查尔斯·詹姆斯·福克斯（Charles James Fox）在他对国王演讲进行回复时，奋力将主题改变。他宣称："直布罗陀吸引住了我们敌人相当重要的力量，对国家贡献极大；若这些敌人四处活动，可能会使我们非常烦恼。"他在呈交给国会的报告中继续讲：

> 直布罗陀要塞是国家最重要的财产之一；它使我们在各国面前受到尊敬……如果将直布罗陀要塞放弃给西班牙，地中海对他们来说将变成一个可以随意航行的池塘，他们可以不受控制或制止地行动。若失去这个地方，那些与地中海接壤的欧洲国家将不再指望你维持那片海的自由航行；不能使它在你的力量下起作用，你便不能再期待会有盟友。

查尔斯受到热烈欢迎，也多亏了他的讲演，政府决定不惜一切代

① 此时东西佛罗里达州的面积远大于现在，包括了阿拉巴马州、密西西比州和路易斯安那州的部分。

价保住直布罗陀。相反，尽管有些不愿意，西班牙还是接受了米诺卡和东西佛罗里达为交换代价。国王乔治三世依然很不高兴。在12月19日会谈结束时，他写信给其首席国务大臣格兰瑟姆勋爵（Lord Grantham）："比起这个值得夸耀的堡垒，我更喜欢米诺卡、两佛罗里达和瓜德罗普岛；在我看来这个要塞会引起另一场战争，或至少会招致他国的敌意。"这席话相当明智；对他的王国来说，一些肥沃的岛屿，远比这块不毛之地有用。但不仅是国会在顽强坚持，英国人民无疑也有同感。他们刚刚丢掉北美殖民地，丝毫不想放弃他们在欧洲大陆的唯一据点；这不仅是他们在地中海拥有海上霸权的象征，而且在过去四年里也象征着其耐性、坚毅和勇气。

第二十一章 青年拿破仑

拿破仑·波拿巴（Napoleon Bonaparte）[1] 是科西嘉人，因此也是地中海人。当他 1769 年出生时，法国人占领科西嘉才几个月；当地的语言（除去当地特色的口音外）和文化依然保持着完整的意大利特色。他的父亲卡洛·马里亚（Carlo Maria）是帕斯夸里·保利最信任的助手之一，而波拿巴也成长为一个热情的科西嘉爱国者，他憎恨法国人，视他们为其岛屿的压迫者。按科西嘉的标准来看，拿破仑家族家境富裕而富有教养：卡洛·马里亚很喜欢文学，尽管这并未阻止他和保利一起上山进行长期的反法游击战争。直到法国人取得最终胜利，他才接受科西嘉被法国统治的现实。波拿巴家族并非贵族（科西嘉没有贵族），但他们是地主，有些分散在各地的小农场，而卡洛·马里亚通过某些努力挣得了 4 块勋章，这让他的儿子有资格在 9 岁时，在布里埃纳的所谓军事院校（该院校实际上实行修道院式管理）接受免费初级教育。

拿破仑的同学认为他出身低微，来自科西嘉，说的法语带着浓重的口音，故而瞧不起他，他因此变得暴戾、孤僻，时常大发脾气。但他是一个刻苦的好学生；在数学方面的杰出才能使他在 1784 年 10 月成功进入巴黎的军事学院（Ecole Militaire）。[2] 即便在那里，他也没

---

① 在 1796 年之前，他的签名一直是“Napoleone Buonaparte”，而在这一年，他将之改译为法语形式。不管怎样，本书全篇都使用他和他家族名字的法语形式，这看起来更简明一些。

② “个性喜欢发号施令，傲慢专横且固执己见”，考官记录道。

有隐瞒自己对科西嘉的热爱，他用自己的拳头、所能拿到的任何武器，猛烈攻击所有嘲笑他的人；之后，他比以前更加勤奋，并于1785年9月年仅16岁时毕业成为一名军官。他首先被送往瓦伦斯（Valence）的炮兵训练学校，之后于1788年被派往勃艮第的奥松（Auxonne）；在那里他听到了将改变其一生的消息。1789年7月14日，巴士底狱陷落：法国大革命爆发。一个月之后，他所在的兵团发生兵变。

出于对旧制度（ancine régime）本能的厌恶，拿破仑满怀热情地投身革命事业。他考虑径直前往巴黎，但看到首都一片混乱后，转而决定暂时返回家乡，他相信自己有能力在那里掌控局势。1784年，他父亲离世，年仅38岁；尽管有兄长约瑟夫在，但拿破仑成功地使自己成为一家之长，用真正的科西嘉人方式，采取任何手段来增进家族利益。不久，他的影响力越出其家族范围。他起草了一封信件，并带头签名，交给巴黎的国民议会（National Assemly），要求采取行动反对依然控制着这座岛屿的保皇派；这封信看来在很大程度上促使国民议会在不久后做出决定，宣布科西嘉为法国不可分割的一部分。1790年全年，他都待在科西嘉。其间，阿雅克肖和其他的主要城镇一道选出了由共和主义者主导的市政府。1791年1月，阿雅克肖的雅各宾俱乐部成立，① 他成为创始成员之一。10月，在一次公然作弊的选举后，他获得了当地志愿民兵部队的指挥权。然而很遗憾，他和其家族与归来的保利发生了争执，保利此时是法国控制下的科西嘉的统治者，但依然奋力追求科西嘉的独立；他不能容忍革命冒险分子，而且认为波拿巴家族就属这类冒险派。

---

① 雅各宾俱乐部建立之初是为保护革命果实，对抗可能的贵族反攻；但很快它便认同极端平均主义和暴力，领导了从1793年中期到1794年7月罗伯斯庇尔倒台为止的革命政府。到1790年7月，152个雅各宾俱乐部分支遍布整个法国。

保利的判断是正确的，拿破仑确实参与了革命冒险活动。这个狂妄的青年军官计划用其民兵部队取代阿雅克肖要塞的法国驻军，此时，事情已到危急关头。愤怒的保利拒绝考虑这一建议，于是拿破仑主动对要塞发动进攻。战斗持续了三天，其间死伤了一些士兵；之后法国援军赶到，围攻者被迫撤退。巴黎军务部（Ministry of War）收到一份报告，指出拿破仑逗留家乡时间太久，已严重超期。如果他希望继续自己的军事生涯，就必须归队并做出解释。到1792年5月底，他回到巴黎。

军务部对他的接待远比他期待的要热情。当局倾向于接受他从科西嘉带来用以解释他长期离职理由的各种华而不实的文件。他们别无选择：法国此时处于战争状态，需要争取每位国家亟需的人才。自革命爆发以来，大量保皇派军官带着厌恶心理离开了军队，被极大削弱的军队（特别是骑兵和炮兵）产生了严重的人才不足问题。拿破仑同班的56名军官中只有6人留下来。他也曾被弃掷不用，但此时浪子回归，当局当然不想再失去他。阿雅克肖要塞事件被搪塞了过去。他复职，并被擢升为上尉。

他再次访问科西嘉（他如何获得如此之久的离职许可，至今仍无合理解释，特别他一直就表现得要超期数月），这次的访问，表面上是为护送他妹妹玛丽安娜（Marianna）从圣西尔（Saint-Cyr）皇家修女学校（因局势被迫关闭）返回。他们于10月10日从马赛启程。可以料想保利是不会欢迎他们的；拿破仑不管他，立刻恢复自己在民兵部队的陆军中校职务——在他返回巴黎的军队时，他不得不放弃该军阶。之后，他积极四处活动，使其兄约瑟夫成为科西嘉的代表进入国民公会（National Convention）。

不过他意识到，科西嘉正迅速变成一个边缘化的荒僻小岛。革命不再是纯粹的法国革命：整个欧洲都开始卷入其中。1792年4月，尽管国家财政濒临崩溃，军队遭到严重削弱，整个国家也依然混乱一片，但法国还是向奥地利宣战。两个月后，又对普鲁士和撒丁尼亚（Sardinia）宣战。展开这些赤裸裸侵略行动的原因极为荒谬，竟然是经济原因：在当前状况下，法国军队供给自己的唯一方法是从他们侵略的国家征募粮食及其他军需品。然而不可避免的是，革命理想主义发挥了作用：这种理论认为在战争的冲击下，全欧洲的人们会起来反抗各自的君主，革命精神将传遍世界。很幸运的是这并未发生，但法国军队起初的胜利的确是超出了曾经的预想。9月，一支奥地利和普鲁士侵略军在瓦尔密（Valmy）被击退；10月，一支法国军队席卷莱茵兰（Rhineland）；一个月后，另一支法国军队在热马普（Jemappes）击败奥地利军队，并占领布鲁塞尔及荷兰的一部分，同时第四支法军吞并了萨伏依。1793年2月，国民公会向英国宣战，一个月后对西班牙宣战。同时，在1月21日，在欢呼的人群前面，路易十六被送上协和广场（Place de la Concorde）的断头台斩首。

在所有这些激动人心的国际戏剧事件中，拿破仑·波拿巴扮演的第一个角色渺小得可笑。帕斯夸里·保利收到巴黎的指令，命其对侵入撒丁尼亚提供支持。他不愿意做这类事情。撒丁尼亚是科西嘉的邻居和天然盟友，它来自皮埃蒙特的国王对科西嘉人及其事业一直持友善态度，在过去经常向他们慷慨地供应补给和军火。但军令不可违，虽然极不情愿，他还是命令阿雅克肖民兵团远征位于撒丁尼亚北海岸、与科西嘉相对的拉-马达莱纳（La Maddelena）小岛，占领并驻守在小岛上。然而与此同时，他私下吩咐远征军指挥官——其侄子克罗纳·切萨里（Colonna Cesari）上校将整个行动弄砸，这样他就办了一件大好事。

上校心领神会。这支装备很差、取胜无望的部队于2月20日启程，到 24 日时，按战略部署夺取该岛。我们很难把波拿巴上尉看作是这群人中的一员，一开始他就凭借自身十足的专业素质（这一素质在他同事中太缺乏了）显得鹤立鸡群，他对几个小时内占领拉-马达莱纳充满信心。但切萨里将一些抱怨的水手视作刚萌芽的兵变，下令远征军立刻返回科西嘉。拿破仑强烈反对但被驳回。他将此视作奇耻大辱，恼怒地破坏了两支枪，并将之扔入大海。他愤怒地写信给保利提出抗议，并给巴黎的军务部和国民公会的两名科西嘉代表发去了信件的复件。几乎同时，保利也正遭遇另一场攻击；这一次是拿破仑的弟弟吕西安·波拿巴（Lucien Bonarparte），他在土伦的雅各宾俱乐部进行了一次演讲，宣称保利是法国的叛徒，其唯一目的是将科西嘉交给英国人。他的演讲给巴黎国民公会留下了深刻印象；大会下令立刻逮捕保利将军，并派出 3 名特使负责调查。

特使们发现科西嘉对他们怀有公开的敌意。不知如何，保利竟成了科西嘉的化身，该地人民准备为他而战，反对波拿巴家族、反对国民公会、反对任何人。吕西安把事情弄得更糟，他给其兄写了一封信："将逮捕保利和波佐[①]，我们交好运了。"保利的警察在特使来之前将信截获，结果波拿巴家族遭到"永远的咒骂，而且声名狼藉"，这在科西嘉的荣誉规则中相当于判处死刑。继续待在岛上有被刺杀的危险。此外，保利此时发动了一场反对法国的武装叛乱，整座岛屿处于内战的边缘。拿破仑一度考虑用自己的共和派反击叛乱，目标是夺取阿雅克肖扭转局势，但为时已晚。很明显，他在科西嘉不会再有什么前途。到 6 月中旬，他和自己的整个家族一起前往法国。

拿破仑在行程中重新加入军队，9 月初在尼斯时，他联系上了他的老朋友和同事，科西嘉人让-克里斯托弗·萨里切蒂（Jean-

---

① 波佐·第·博尔果（Pozzo di Borgo），保利的同事，波拿巴家族的死敌。

Christophe Saliceti）。萨里切蒂是法国革命中的意大利军团的两位“人民代表”之一，军团此时正在围攻大概在一到两个星期前被保皇派、英国和西班牙联军占领的土伦。前些天，法国炮兵指挥官意外受重伤，急需一位替代者，于是萨里切蒂将波拿巴上尉视为合适人选。拿破仑求之不得。从那一刻起，他的科西嘉爱国主义消逝了。从此他便是一位法国人——这是他以前从未有过的新身份。

拿破仑发现，聚集在土伦城下的军队的状况足以使任何训练有素的军官感到丧气。大部分原来的保皇派已经离开军队，由实际上毫无经验的共和派志愿者取代；炮兵只有一些不能使用的破旧加农炮和臼炮，而且严重缺乏弹药。拿破仑的有利条件可能只有他自己——他是整个意大利军团中罕见的具备职业素养的军官。虽然事实上他只是个上尉，但他有萨里切蒂的强烈支持；剩下的事情则要靠他的才能了。他首先从尼斯和马赛（它们还提供了5000个沙袋）索要更多的重炮，其余征用的物品则来自马蒂格（Martigues）、安提比斯（Antibes）和摩纳哥（Monaco）要塞。用以建造合适平台的木材源自拉西约塔（Le Ciotat）；他在奥利奥斯（Ollioules）建立了名副其实的军械库和维修中心，维修中心有80个铁匠、车轮工和木匠。然而，他发现自己一开始便同自己的长官——在政治上无可指摘，但军事才能一塌糊涂的卡尔托（Carteaux）将军——不和，卡尔托将军只想向土伦城尽量倾泻炮弹。而另一方面，拿破仑立即察觉到，法军遭遇到的关键阻力是由海军上将胡德（Hood）爵士指挥的、就在近海一带的英国舰队，胡德舰队由于夺取了拉凯尔勒（Le Caire）小半岛——火热的炮弹本可以从这个小岛向胡德舰队射击，一直对法军施加着压力。最终，在萨里切蒂的帮助下，拿破仑迫使不情愿的卡尔托同意进攻。

夺取拉凯尔勒的首次尝试以失败告终。卡尔托因为自己的意见遭到否决，于是非常愤怒，仅派出400人执行任务。这个无能的老将军在 10 月遭到解职（很大程度上是由于新晋升的波拿巴少校的影响），其继任者是雅克-弗朗索瓦·杜高米尔（Jacques-François Dugommier）将军，他 13 岁参军，是一名真正的职业军人。他立刻认识到其下属的才能，并给予全面支持。结果是对英国人最近在拉凯尔勒顶点建造的马尔格雷夫要塞（Fort Mulgrave）的全面进攻。12 月 17 日，进攻虽然在倾盆大雨中进行，却取得了最终胜利；次日凌晨，英国守备队撤出堡垒，同时胡德舰队也急忙起锚驶向公海。第三天，也就是 1793 年 12 月 19 日，土伦再次回到法国人手中。

毫无疑问，大家都知道胜利应归功于谁。坐骑被射中，其大腿也被刺刀击伤的拿破仑·波拿巴被证明是完全正确的。杜高米尔已经给巴黎的军务部长发去了紧急且颇具预言性的建议："*Rècompensez, avancez ce jeune homme; car, si l'on était ingrat envers lui, il s'avancerait de lui-même*。"① 在收复土伦三天后，他被任命为准将，时年仅 24 岁。

拖延已久的科西嘉远征在 1795 年 3 月进行。这次远征遭到惨败：庞大的英国舰队距该岛不远，对法国运输船进行了严密拦截，使法军无法登陆。波拿巴的运气似乎一度离他而去。他正式以休病假的名义返回巴黎，等待下一个机会。10 月 5 日，即新共和历葡月（*vendemiaire*）13 日，机会来了。此时内务部队司令官保罗·巴拉斯（Paul Barras）命令他镇压一次颇具威胁的保皇党叛乱。在拿破仑的记忆中，科西嘉叛乱仍然历历在目，此时他毫不犹豫。他不会去谈判，更乐意相信重炮的威力。一场激烈的战争在杜伊勒里（Tuileries）爆发，双方都伤亡惨重，但最终的结果毫无悬念。一两个星期后，督政

① "奖励这个年轻人，晋升他；因为若其贡献得不到确认，他将自我晋升。"

府（Directory）成立；巴拉斯被任命为五要员之首，并且任命波拿巴为内务部队副司令。1796 年 3 月，督政府下决心发动一场穿越意大利、针对奥地利的新战役，这位年轻、矮小、严肃而又精通意大利语的科西嘉人似乎是指挥战役的首选。

出发前不久，拿破仑与其朋友巴拉斯抛弃的情妇，一位“断头台的寡妇”（widows of the guillotine）约瑟芬·德·博阿尔内（Josephine de Beauharnais），在 1796 年 3 月 9 日举行世俗婚礼。（双方都谎报了他们的年龄，26 岁的新郎实际上用的是他哥哥约瑟夫的出生证明。）两天后他与新娘告别，前往南方的尼斯执行新命令。他的首次长时间军事行动开始了，这也是他最成功的军事行动之一。这次行动的目的是横扫意大利北部，之后穿过提洛尔进军奥地利，并最终与莱茵军团会师，将战争引入巴伐利亚。战争从进军皮埃蒙特开始。除波拿巴自己外，无人能预测其胜利的手段和速度：几乎每天都有胜利的消息传来。将近 4 月末时，皮埃蒙特被并入法国，国王查理·伊曼纽尔四世（Charles Emmanuel IV）逊位，退到依然在其统治下的撒丁尼亚。5 月 8 日，法国人穿过波河，两天后强占洛代（Lodi）阿达河（Adda）上的窄桥。15 日，波拿巴正式进驻米兰。

他的军队当然“寄生”在被征服的土地上，尽其所需地征用食物、住所。但对督政府的官员来说，这远远不够。他们命令从意大利各国和教会征收巨额赋税，不仅用来支撑军队，还要送往巴黎，而拿破仑对此则完全遵从。仅举一例，中立的帕尔玛公爵被迫交出 200 万法国里弗尔（livres）和他最好的、由总司令亲自挑选出来的 20 幅画；许多主要的城市也被迫交出所藏拉斐尔、提香和莱昂纳多的[①]画作。其中许多都被收入卢浮宫或法国其他的博物馆，至今依然悬挂在

① 指莱昂纳多·达芬奇（Leonardo da Vinci）。——译者注

那里。

在占领米兰后，除曼图亚外的整个伦巴第全部落入法国人之手。但奥地利人非常果断地展开反击，以至到11月13日时，我们发现精疲力尽且非常失望的拿破仑向督政府坦言，他害怕会很快失去整个意大利。一直到1797年初，他的精神才恢复过来。1月14日，他与奥地利人在里沃利（Rivoli）交战，它是一个位于阿迪杰河与加尔达湖之间、距离维罗纳北面大概14英里的村庄。他在这次行动中损失了2200人，但敌人却伤亡了3300人，被俘7000人。第二天，其部将儒贝尔（Joubert）追击逃跑的奥地利人，俘虏了另外6000人；同时儒贝尔的同事安德烈·马塞纳（André Masséna）连夜南进，包围并俘获了此时孤立在曼图亚城外的奥地利第二纵队。从那天起，法军切断了曼图亚与外界的联系，再无解救的希望。2月2日，饥饿的守军投降。于是拿破仑另外又俘虏了16000人，缴获了1500支枪炮。

入侵维也纳的道路最终肃清。这条路虽然一定要穿过中立的威尼斯领土，但这片领土对法军并无帮助。奥地利人对这一带从不担忧，他们经常在不被允许和不受阻碍的情况下穿越威尼斯的领地。但如果威尼斯不抗议（众所周知，它倾向支持帝国），拿破仑当然会抓住任何机会恫吓甚至威胁威尼斯当局。他们不知道，拿破仑在这些场合表现出的愤怒全是伪装的表演，大部分威胁也不是真的。他这次对付威尼斯的真正目的不是向它征取援助，甚至也不是劝说它立场更中立些；而是恐吓威尼斯，使其犯错、感到心虚和信心不足，腐蚀它的自豪感、自尊和自信，以将其精神上的抵抗力降得与它的物质抵抗力一个水平。

至1797年3月末，拿破仑率军向北穿过布里克森山口（Brixen Pass）进入提洛尔，前往维也纳，身后只留下一支弱小的守备队驻守贝加莫和布里西亚，而将一支更可观的军事力量驻守在维罗纳。然而他心中似乎有一个秘密计划：煽动整个威尼托地区的革命情绪，在任何可能的地方推动反对威尼斯的公开反叛。这样的起义当然很可能会引火烧身，而事实也确实如此。4 月 17 日，复活节，星期一，尽管驻军力量强大，维罗纳人还是发动了公开叛乱，在人们所知的“维罗纳复活节”（pâques véronaises）那一天，屠杀了大量的法国人，其中有士兵也有平民。贝加莫和布里西亚情况相似，虽然两地叛乱并不严重，但他们的矛头主要指向威尼斯。如果按照人们通常相信的看法，这一切都是法国密探（agents provocateurs）的杰作，拿破仑当然认为这些损失确有所值：维罗纳人为他提供了更多进攻威尼斯共和国的借口，拿破仑决定一劳永逸地彻底解决它。

当这些起义，以及其他紧随其后的起义的消息传到威尼斯时，引起了类似惊恐的慌乱。其在明乔河以西的所有大陆领土（terra firma）实际上全部丧失。威尼斯必须不惜任何代价守住新边界。征召当地农民组成武装民兵成为唯一的希望。威尼斯将招募民兵的意图告知当地法军指挥官巴兰（Balland）将军，强调威尼斯计划采取的措施纯粹是防御性的，它不是针对法国，而是针对造反的共和国公民。没人能预想到，这些不少于 10000 人的农民在第一次发现自己手中握有武器时，对如何利用武器并未认真考虑过。他们和意大利起义者没有争端；但另一方面，他们与法国人则有大量的宿怨需要清算：法国征粮队经常无偿征用他们的庄稼、家畜，而且常常顺带蹂躏他们的妻女。激烈的狙击战很快开始，巴兰也迅速而野蛮地展开了报复，但效果甚微。到 4 月初，法国人和意大利之间虚情假意的客套已不复存在。

前往维也纳的拿破仑一直对不断恶化形势的十分关注。他已在 4 月 10 日向共和国总督发出最后通牒——由其副官安多奇·朱诺（Andoche Junot）亲自送出。朱诺在耶稣受难节到达威尼斯，即 14 日的晚上，要求第二天早上与总督会晤。对方的回复彬彬有礼，但非常坚决。按传统，圣星期六要留给宗教仪式，所以此时也好，复活节星期日也罢都不会处理任何政务。尽管如此，总督和高里捷奥(Collegio)① 非常乐意在星期一早上接待将军。但朱诺说，他对宗教仪式毫无兴趣，他得到的命令是在24小时内见到总督，而他必须从命。如果不能在规定的时间内得到接见，他将立即离开，后果由威尼斯自负。他暗示，这个结局不会很好。

因此，当高里捷奥被迫在星期六早上接见朱诺时，他们的尊严已经受到了伤害。将军无视替他安排的位于总督右手边的座位，继续站立着；之后朱诺没有给他们任何准备时间，直接从口袋中掏出波拿巴的信朗读了起来：

> 贵共和国全境都全副武装。你们武装起来的农民全都在高喊“杀死法国人”。他们已宣称，意大利军团中的数百人已为其所杀。对这些你们动员起来的农民武装，试图推卸责任是完全徒劳的。你们认为，仅仅因为我在德国腹地，便无力继续关心那些世上我最看重的人了吗？你指望意大利军团容忍你们煽动起的大屠杀吗？我为兄弟战友们血债血偿，每支法国军队（如果负有这样的职责）都将鼓起双倍勇气，并获得三倍的力量。
>
> 威尼斯元老院用最邪恶的背信弃义，回应我们一直表现出来的慷慨大度……走向战争，还是和平？若你们不立刻采取措施解散民兵，不逮捕对最近屠杀事件负有责任的人，并移交给我，我将宣战。

---

① 大致上相当于近代的内阁，由包括总督本人在内的13名成员组成。它相当于行政机构，其主席一周一轮换，相当于共和国总理。

土耳其人不在你们门口。没有敌人威胁你们。你们精心编造借口，妄图为聚集人群、反对我的部队辩护。他们应在 24 小时内解散。

我们已不再处于查理八世的统治之下。若你们反对法国政府明确陈述的愿望，我将被迫宣战；你们不要认为，法军士兵会以你们的民兵为榜样，摧毁你们领土上那些无辜和不幸者的乡村。我会保护这些人，法兰西军队为了保护他们不得不犯下暴行，但有朝一日他们的祈福终将使法兰西得到宽恕。

波拿巴

古腾堡，共和 5 年芽月 20 日

在随后一片骇人的寂静声中，朱诺将信扔到他面前的桌子上，然后掉转脚后跟，大步离开房间。

与此同时，拿破仑则继续行军。他指挥属下的方式一如往常地乐观自信；然而他内心的焦虑在两个问题上持续增加。其一是战略问题。他的军队此时补给匮乏，非常危险地在狭窄山谷中呈一线行军，此地毫无希望获得粮草，更遑论劫掠了，而周围全是敌人，还有一支强大的奥地利军队在前方以逸待劳。其二对他而言更加危险。他的部队仅是法国进攻势力中的一支，而其同时代且富有才华的主要对手拉扎尔·奥什（Lazare Hoche）指挥的莱茵军团，此时正以可怕的速度向东穿越德意志，很可能在拿破仑之前抵达维也纳。此种可能性是他无法想象的。征服哈布斯堡帝国的人必须是他，而非其他任何人，拿破仑的未来事业将有赖于此。他不能容许奥什抢走他的胜利。

在他深思这两个问题时，哈布斯堡帝国政府突然间惊慌失措，要求休战——这对他来说简直是个奇迹。此时他肯定无法掩饰自己的兴奋之情：签署这样的休战文件将使奥什立刻止住脚步。于是，在1797年4月18日，在莱奥本（Leoben）外的埃肯瓦尔德（Eckenwald）城堡，拿破仑·波拿巴以法国督政府的名义（尽管事实上他从未费工夫去请示过法国政府）与奥地利帝国签署了一份暂时的和平协议。在协议中（协议细节一直很保密，6个月后，它们在坎波福米奥［Campo Formio］得到确认，才被公布于众），奥地利宣布放弃对比利时及伦巴第的要求，作为回报她将得到伊斯特里亚（Istria）、达尔马提亚，以及所有与奥廖河（Oglio）、波河、亚得里亚海接壤的威尼斯领地。对威尼斯的补偿则相当少，只包括以前的教皇领地罗马涅区、费拉拉和博洛尼亚。

很明显，波拿巴并无相应的权力处理一个中立国的领土。他可能会争辩说，威尼斯已不再是中立国；此外，人们无法回避这个事实，即国际外交法则在处理这类事情时，不会显得宽仁厚道。不论威尼斯宣称的中立有多空洞，对法国人而言她还是脱掉“中立”这个帽子为好，而在脱掉帽子后，威尼斯展现在人们面前的只是那种令人讨厌、咄咄逼人的模样，但越是如此，对法国人就越加有利。此时，由于威尼斯政府已经彻底地腐化堕落，所以它为波拿巴提供了一个绝好的机会。

我们对两位威尼斯特使弗朗切斯科·多纳（Francesco Donà）和卢纳尔多·朱斯蒂尼安（Lunardo Giustinian）只能抱以同情；他们被派去回复波拿巴，奉命尽最大努力安抚他。实际上，这项任务对肉体的折磨也令人痛苦不堪。拿破仑因行军快速而闻名，所以对两位中年威尼斯人而言，不分昼夜地追上他完全是一种折磨：在欧洲最差的山路上颠簸不停，只能偶尔在遍布害虫和污秽难闻的客栈中侥幸休息几个小时，这完全是一场噩梦。他们也知道在费尽精力地实现自己目的时，摆在他们前面的是暴风雨般的前景，因此精神上的压力也很大。

但还有其他的担忧：在他们停留的每个城镇和村庄，相同的传言充斥着他们的耳朵：法国已同奥地利讲和，威尼斯将被牺牲在和平的祭坛上。

追赶持续了一个多星期。直到 4 月 21 日，两位筋疲力尽的代表才最终在格拉茨（Graz）的法国军营前停下。波拿巴亲切礼貌地接待了他们，静静聆听他们的和平主张。但突然间，他情绪大变，在房间里大步来回走动，尖刻攻击谩骂威尼斯以及它的政府和人民，指责他们的背信、伪善、无能、不公和“中世纪的野蛮行为”，以及对法国和他自己（在他眼中最为严重）的敌视。他要求立刻释放所有的政治犯，并威胁若不如此他将自己砸开监狱。拿破仑继续说，所有那些被威尼斯人谋杀的法国人又该怎么办？其士兵决定复仇，而他将不会拒绝他们。任何不能控制臣民的政府都很愚蠢，没有权利生存。他以很快便回荡在每个威尼斯人心中的可怕言论结束：“*Io sarò un Attila per lo stato veneto*.”（对威尼斯国家，我将成为阿提拉）。

当两位代表带着报告返回威尼斯时，总督洛德维柯·马宁（Lodovico Manin）和同事意识到共和国厄运将至。战争即将来临；进一步的谈判已不可能；而共和国的大陆领土实际上已经丧失。保住城市不被毁灭的唯一希望是应征服者的要求举手投降；而其要求实际上非常可怕：它无异于要求整个政府退位，废除维持了一千多年的宪法——事实上，也就是要这个国家自我毁灭。

1797 年 5 月 12 日星期五，威尼斯大议会最后一次召开。许多成员都已逃离城市，所以无法达到宪法规定的 600 人，缺额数达 63 人，但拘泥于此种细节的时间已经过去。在总督刚完成公开讲话时，殿外传来射击声，很快便一片混乱。在这样的局势下，这些声音只可能说明一件事：他们长久以来一直害怕的民众起义开始了，趁着还有时间尽快逃离宫殿是幸存下去的唯一希望。没过多久，真正的开火源被确定：是部分奉波拿巴之命离开威尼斯的达尔马提亚军队，向天空进行了象征性射击，作为向城市的告别敬礼。但恐慌却由此开始，再多保证也毫无作用。剩下的威尼斯共和国立法委员丢掉过于显眼的办公长袍，小心翼翼从侧门溜出宫殿。威尼斯共和国不复存在。

洛德维柯·马宁没有试图出逃。在会议解散后的瞬刻平静中，他慢慢整理好文件，接着返回私人公寓。在那里，他将科尔诺（*corno*，外形奇异的帽子，公职的主要象征）脱去，交给仆人。“拿走这个，”他说，“我应该不再需要它了。”

从726年首任总督开始就职，到1797年最后一任总督离职，威尼斯共和国持续了1071年——仅比拜占庭帝国少半个世纪。在这大部分时间里，威尼斯都被公认为地中海的女王——她从政治、宪法、商业、艺术和建筑方面造就了一个世界奇迹。如果她的民众在共和国摇摇欲坠的时候，表现出像他们的先辈在反击土耳其人、保卫其殖民地时，抑或他们的后辈在半个世纪后反抗奥地利人时，所表现出来的持久耐力和英勇气概的话，威尼斯的最终结局就不会那么屈辱、可耻，那该是多么让人高兴的一件事情啊！我们不要求，当然也不指望，威尼斯人能够做出我们在1453年的君士坦丁堡保卫战中看到的那种英勇抵抗；此时哪怕他们还有老威尼斯人的一点点精神气，也能让威尼斯共和国穿着体面的外衣寿终正寝。但即便是这一点点精神气，它还是如此缺乏。威尼斯最后的悲剧不是它的死亡，而是它死亡的悲剧方式。

因此，当《坎波福米奥条约》（Treaty of Campo Formio）于10月17日签署时，奥地利在莱奥本的收获远多于它所期待的：不仅有威尼斯的领土，而且还有这座城市本身。不管怎样，拿破仑·波拿巴非常高兴。他一直以来就相信，只要意大利继续分裂，他就可以主宰它。他可能是对的。他已在1796年12月，通过合并雷焦、摩德纳的公爵领地和博洛尼亚、费拉拉的教皇国，构建了奇斯帕达纳共和国（Cispadane Republic）。[①] 接着在6月，他建立了以热那亚为首都的利古里亚共和国（Ligurian Republic）；之后在7月，又以米兰为基础建立了阿尔卑斯山南共和国（Cisalpine Republic）。至于威尼斯，他本人从未踏足，也没有兴趣到那里去；他在想象中将之视为野蛮专制的警察国家（这是极端错误的），地牢中政治犯人满为患。与此同时，和平降临整个欧洲大陆。只有英国依然是法国的敌人。此时必须入侵并摧毁英国。督政府同意任命波拿巴为征英军团总司令，但在经过近一年的深思熟虑后，他被迫决定反对这项计划：因为代价过于昂贵，所需人力资源难以获得；更重要的是，法国海军很弱，无法与英国海军相匹敌，且没有可与胡德、罗德尼（Rodney）或圣文森特（St Vincent），更别说与纳尔逊（Nelson）相抗衡的指挥官。

埃及成为替代目标。早在1797年7月，外交部长查理-莫里斯·德·塔列朗-佩里戈尔德（Charles-Maurice de Talleyrand-Périgord）[②]就曾建议远征埃及，7个月后制作了关于这一议题的备忘录。其中不可避免地包含对当地贝伊（*beys*，奥斯曼帝国地方高级官员）之野蛮行径的谴责，以及对将埃及人民从其长期忍受的压迫中解放出来之必要性的强调；更值得注意的提议是，一支20000－25000人的军队，将在亚历山大登陆并占领开罗；更进一步，部队可能穿过匆匆挖掘的苏伊士运河远征印度。1798年3月2日，督政府正式批准此计划。该计划不仅将拿破仑的军队调用，在这位可怕的年轻将军和巴黎之间设

---

① 这个在其他方面显得无能的国家的唯一亮点，就是为她选择的红白绿三色国旗。事实上很奇怪，作为法国征服最早象征之一的旗帜，却引起了意大利国旗的产生。

② 塔列朗在王室家族于1793年被处死后脱离革命，并且自愿远徙美洲。他在1795年雅各宾派倒台后返回，并在1797年担任外交部长。

置了一段安全距离；而且让法国在东地中海取得一个重要的新殖民地，为其取代英国在印度扮演的角色提供一个机会。最后，有点困难的问题是，法国应将英国海军力量主要引向东方，只有这样，才能让法国久已搁置的侵埃行动最后成行。

不用说，拿破仑满怀激情地接受了任命。他从孩童时便被东方吸引，于是他决定赋予远征一些其他目的（不仅是纯粹的政治和军事目的）。最后，他最少招募了 167 位博学者随行，包括自然科学家、数学家、天文学家、工程师、画家、建筑师和制图员。埃及保守其古老的神秘如此之久，它是一个熟透的果实，等待有人采摘。这个国家从 1250 年起就处于马穆鲁克的有效统治下。1517 年，土耳其人征服它，将其纳入奥斯曼帝国，当时它从理论上讲也仍然是奥斯曼的一部分；而到 17 世纪中叶，马穆鲁克贝伊再次控制埃及。法国的入侵无疑会引起君士坦丁堡苏丹的愤怒抗议，但其帝国（尽管还未被公认为“欧洲病夫”）已经衰落，仅是先前帝国的一个混乱、衰弱的残像，所以不会有多大威胁。不幸的是依然存在其他一些严重问题。300 艘法国运输船缺乏武装，船员实际上未经训练。他们确实有支海军护卫舰队——21 艘一线大型战舰①和三帆快速战舰，但众所周知，纳尔逊已在地中海展开巡逻。如果他截击这些战舰，战舰和运输船上装载的 31000 人逃跑的机会非常渺茫。

舰队分为四支独立分舰队行动，最大的分舰队从土伦出发，其他三支分别从马赛、热那亚和罗马正北的奇维塔韦基亚出发。拿破仑在 1798 年 5 月 19 日乘坐他的旗舰东方号（L'orient）离开土伦，

① 一线战船是海军舰船中最大的一种，它们适于参加战线战斗（line of battle）。它们是三桅船，被分为六个等级；到 18 世纪末，只有前三个等级的一线战船被认为足够坚固，可以用于战争。一等一线战船携带 100 门或更多大炮，二等一线战船携带 84 － 98 门大炮，三等携带 70 － 80 门大炮，这三等战船的武器都置于两层或更多甲板上。快速帆船、轻武装快舰和双桅横帆船通常只有两桅，携带火炮数量较少。

第一个目的地是马耳他。这座岛屿从1530年开始便一直为圣约翰骑士团所有，他们英勇地挡住了土耳其人在1565年的可怕围攻；但作为护卫基督教世界的战士，他们已变得软绵绵。波拿巴在6月9日抵达时，向岸上的大团长，一个名叫费迪南·霍姆佩施（Ferdinand Hompesch）的德国人派出使者，要求准许他所有的船只入港补给淡水；他收到的回复是，依据骑士团规则，与其他基督教国家处于战争状态的基督教国家，每次只能有4艘舰船入港。一条消息很快便从东方号传回："波拿巴将军决心通过武力，获得他原本能依据你们骑士团的友善好客原则获得的东西。"

6月10日黎明，进攻开始。550位骑士——近一半为法国人，大部人已年纪过大而无法战斗——抵抗了两天。12日早晨，他们要求休战；当天夜晚，代表团到达旗舰。骑士团将放弃对马耳他和戈佐岛（Gozo）的统治权，只要法国政府尽力为大团长霍姆佩施安排让其退养的小块领地，加上30万法郎退休金，使其过上符合身份的生活。拿破仑予以接受，并立刻着手进行改革。一个星期之内，他将此地改造得差不多与一个法国行省（departement）相同。人们被要求穿戴红、白、蓝帽章；奴隶制被废除（理应如此）；600名土耳其人和1400名摩尔人被遣送回国；修道院数量被削减，教士权利大幅受限。所有的金银宝藏都被移出教堂，来自骑士宫殿的财宝——包括根据规章，通常用来喂医院病人的著名银制餐具——熔为3500磅金银块，作为拿破仑的战争军费。克劳德·沃布瓦（Claude Vaubois）将军率领3000名法国士兵留下担任守备任务。舰队到达此地不到一个星期，便做好了继续进军的准备。19日，拿破仑启程。

然而，法国没能管理这座不幸的岛屿多久。1800年，沃布瓦的行为——他试图强行推广法语为官方语言，计划将在姆迪纳（Mdina）拍卖整个加尔默罗（Carmelite）修道会的物品——激怒了马耳他人，他们在教士的领导下起义，将民兵部队的法国指挥官扔出窗外。沃布瓦迅速命令所有部下在瓦莱塔集合，并关闭城门。从那时起，法国人发现自己被围困。与此同时，马耳他人请求英国海军援助，于是几艘舰船赶来，阻截那晚任何可能试图解救守军的法国船只。之后不久，一支1500人的英国部队赶来。沃布瓦英勇坚守，直到只剩下三天的口粮——由于封锁的缘故。他获准体面投降，将守军安全遣返回国，并尽可能多地带走他部下在停留期间劫掠的财富，这使马耳他人更加愤怒，因为英国人没有同他们商议。

随着骑士团和法国人双双离去，马耳他人发现，在长远归属尚无定论之前，他们处于英国行政专员统治之下。1802 年，《亚眠条约》（Treaty of Amiens）——它宣布法国与英国缔结和平，尽管拿破仑打算只在符合他要求时才遵守条约规定[①]——规定将此地归还给圣约翰骑士团；不过和对法国人一样，马耳他人同样不喜欢骑士团；他们宣称，他们更喜欢英国王室为他们提供有力的安全保护，1814 年，他们要的这种保护最终通过《巴黎和约》获得。

1798 年 7 月 1 日夜，从马耳他离开大概两个星期后，法国舰队在亚历山大西部大概 7 英里的马拉布特（Marabout）抛锚泊船。法军只有小船让如此多的人员和装备登陆，这绝对是一个费时而复杂的任务。登陆只能在傍晚开始，此时一场暴风雨即将来临。舰队副司令弗朗索瓦-保罗·布律耶斯·德·艾加伊里耶斯（François-Paul Brueys d'Aigaïlliers）建议将行动推迟至第二天早上，但拿破仑拒绝听取。他自己直到午夜前不久才抵达海岸。他很幸运，军队在抵达亚历山大前

① 拿破仑对于英国人没有马上离开马耳他深感愤怒，而英国人对拿破仑于 1802 年吞并皮埃蒙特、厄尔巴岛（Elba）、帕尔马和皮亚琴察表示关切，因此该条约实际上只持续了不到 14 个月。

一直未遇抵抗；而那里破败的城墙和极少的驻军对延缓必然到来的法国人毫无作用。整座城市一片衰败景象，其人口从罗马时代令人骄傲的 30 万人降到凄惨、可怜的 6000 人。除去“庞培柱”（与庞培毫无关系）和“克娄巴特拉之针”（与克娄巴特拉没有关系）外，① 那里再没有能唤起它光荣时代的事物。

因此，对法军而言，占领亚历山大非常扫兴。7 月的炎热使士气低落，士兵们满怀希望占领一座富有而壮丽的城市（这就有劫掠的机会了），后来却发现这是传播疾病的一个小地方，他们不仅感到失望而且要起而反叛了。拿破仑认识到，不能给他们更多时间胡思乱想，所以一定要立刻向开罗进军。他们沿着尼罗河三角洲西岸前进，兵不血刃地夺取了罗塞塔，7 月 21 日与马穆鲁克的主力军队在杰济拉岛（Gezira Island）正下方的埃默比哈（Embabeh）遭遇。拿破仑向他的军队训诫：“想想吧，我的士兵们，四千年的历史正从金字塔的顶端向下看，鄙夷地看着你们!”这些话语被历史记下，但几乎没有必要：他们轻松获得“金字塔之战”的胜利。尽管马穆鲁克人英勇地挥舞宝剑，但这无法与法国火枪相比。第二天拿破仑进入开罗——对其部下来说，这里的情况比亚历山大稍好一些，但依然很难说是一次“值得的航行”（*vaut-le-voyage*）。

1798 年 7 月 21 日，金字塔之战。

① 庞培柱实际上是公元 3 世纪末戴里克先时代之物。图特摩斯三世统治时（早于克娄巴特拉时代将近 1500 年）制作的方尖碑，被穆罕默德·阿里于 1819 年送给英国政府，尽管直到 1878 年它才运抵英国海岸。

与此同时，纳尔逊正在穿过地中海追击法国船队。他被一艘热那亚舰船给他的情报误导，认为波拿巴于6月16日离开了马耳他——这比拿破仑实际离开的日子要早三天，于是他急忙赶往亚历山大；抵达后他很惊讶，因为没有发现法国舰队的踪迹；他于6月29日再次启程，沿着叙利亚海岸搜寻。由于这些混乱造成的结果，直到8月1日下午2点半左右，他才返回埃及，发现13艘法国战舰——他自己则有14艘——还有4艘快速帆船排成两英里的直线，停泊在尼罗河的一个入海口——阿布基尔（Aboukir）海湾。但他们依然在9英里之外，到达他们那里还需要2个小时；而要使他自己的战舰形成常规战斗队形，则耗时更久。那个时候，海上夜战是很危险的事情；有在不明水域搁浅的危险，而误向自己的军队开火则更糟糕。在此种情况下，大部分舰队司令将会选择等到次日早晨；然而纳尔逊看到法军还未准备完毕，且风向为有利的西北风，于是决定立刻展开攻击。他派出4艘战舰靠近海岸，沿法军阵线一侧前进，开始作战行动，而自己则在旗舰“先锋号”（*Vanguard*）上，引导对敌军远离海岸的一侧发动平行攻击。于是每艘法国舰船都同时受到来自两侧炮火的袭击。此时大概是6点钟。接踵而至的战斗持续了一整夜。法国舰队除了4艘船外，其他全被摧毁或俘虏，包括旗舰“东方号”，“东方号”上的布律耶斯海军上将被一枚炮弹击中丧生，舰船连同所有从马耳他的宫殿和教堂劫掠的财宝，如今仍然沉睡在阿布基尔海湾的海底。

这场“尼罗河之战”是纳尔逊职业生涯中最伟大的胜利之一。[①]这一击不仅摧毁了法国舰队，而且切断了拿破仑与法国间的交通线，使其遭到孤立，从而使其征服中东的所有计划受挫。他的胜利也对法

---

① 纳尔逊在其急件中报告，战斗发生在距尼罗河口（罗塞塔）不远的地方，因此该战役的名称有些小小的错误。更加准确的称呼是阿布基尔之战。

1798年8月1日，尼罗河之战：“东方号”被击沉。

军士气造成沉重打击（虽然并未对拿破仑造成明显影响）。这场海战刚结束没多久，拿破仑就开始了将埃及改建为战略基地的工作。英国在印度一点一点完成的东西，他要在几个月的时间里做到。他设计了新型而更有效的管理和税收系统，建立地政局，规划医院，改进公共卫生还有街道照明状况。他带去的科学家和工程师，解决了像净化尼罗河水、在本地制造火药之类的问题。

丝毫不令人惊奇的是，他赢得埃及人信任和支持的尝试失败了。他尽力抓住每一次机会强调他对伊斯兰教的敬意；他甚至发布《告埃及人民书》，在其中，他迈出的步伐更远：

我比任何一个马穆鲁克都要崇敬神，赞美神，而且尊敬先知以及伟大的《古兰经》……

哦！谢赫们、法官们、伊玛目们，告诉你们的民众吧，法国人也是真诚的穆斯林……

然而，事实是，他的军队依然寄生于这个国家，且其所作所为表现得这个国家好像是为他们所有一般。小规模的反抗不断爆发，孤立的法国驻军或单独上街的法国人遭到攻击。10 月，一次更激烈的起义被野蛮镇压；超过 3000 名埃及人被杀，整个阿兹哈尔（al-Azhar）街区遭到洗劫，包括清真寺。从那天以后，拿破仑命令，任何被发现携带火器的埃及人，都将被斩首，并被扔进尼罗河。这也难怪，法军占领的时间愈久，他们就愈加令人厌恶了。

在埃及边境外，也有敌人正在集结。1798 年 9 月 2 日，奥斯曼苏丹谢里姆三世（Selim III）向法国宣战，于是土耳其叙利亚总督吉尔兹（“屠夫”）帕夏（Djezzar Pasha）开始聚集军队。他可轻易地向南进军，穿过西奈半岛，由东侵入埃及；更糟糕的是，英国船只可直接将他们运至尼罗河三角洲。拿破仑决定，与其坐待这些不可预测的风险，不如率先行动：将吉尔兹的军队在完全成形前摧毁。1799 年 2 月初，他率军穿过西奈荒漠进入巴勒斯坦。3 月 7 日，吉达（Jedda）陷落；2000 名土耳其人和巴勒斯坦人阵亡，另外 2000 人则被驱赶到海边、死在枪支扫射之下。我们得知，为在这些暴行后改善形象，总司令访问了一家瘟疫医院，并非常不明智地亲自将瘟疫死者送往墓地。他没有被疫病感染；然而，拿破仑的这项举动，在改善其公共形象方面并没取得显著成功。

阿卡是他的下一个目标。但阿卡有重兵驻守，防守严密；土耳其指挥官还获得了虚张声势的海军准将西德尼·史密斯爵士（Sidny Smith）——他因在法国革命期间从巴黎的圣殿监狱（Temple prison）逃脱而闻名——率领的英国海军的额外支持。史密斯身边还带着他的朋友、波拿巴的军校同学，军事工程师菲利波（Phélippeaux）少校，他能为守卫城市提供很有价值的专家意见。法军围攻这座城市两个月；然而史密斯很幸运地成功夺取了运送法军围城用的大炮、供给和弹药的8艘炮艇；拿破仑只有野战炮，直到4月25日他才从雅法得到6门重炮。3月10日，他发动了最后的进攻。像之前一样，进攻被击退且伤亡惨重；于是除撤退外，他再无别的选择。此时，瘟疫也在军中传播；他主张用过量鸦片处理掉所有病号，但他的首席军医完全拒绝了他的意见。数以百计的担架运载着病人和伤员，这极大地拖住了拿破仑大军的归程；最终回到开罗的，是处境相当凄惨的一支军队。

一如往常，拿破仑尽自己最大的努力将失败装扮成胜利。他们将土耳其俘虏游街，骄傲地展示夺取的土耳其军旗。剩下的工作，就是尽可能清除干净敌人，以上演一场横穿城市的凯旋式胜利；7月25日，他们迅速处理掉在英国协助下登陆阿布基尔的土耳其军队。但没有人会被愚弄，至少埃及人是这样。中东远征败局已定，它对提升拿破仑的声誉没有丝毫助益。拿破仑还从送达开罗的报告中得到警讯，欧洲再次开战；他在两年前建立的意大利阿尔卑斯山南共和国，此时已被奥地利占领；俄罗斯军队正在前进，法国国内局势再次危机重重。他在自己职业生涯中第一次（但不是最后一次）尽快离开自己的军队归国；1799年8月22日凌晨5点，他偷偷溜出营地启程返回法国。甚至连其继任者让-巴普蒂斯特·克莱伯（Jean-Baptiste Kléber）将军也是直到他安全离开后，才知道他已经走了。

在巴黎，1799年的牧月30日（6月18日）政变（*coup d'etat* of 30 *prairial*），将温和派驱逐出督政府，并引入人们通常认为的雅各宾派极端分子，但局势依然一片混乱；于是作为新执政官之一的伊曼纽尔·西哀士（Emmanuel Sieyès）宣布，只有军事独裁才能阻止君主制复辟。他说："*Je cherche un sabre.*"（我在寻找一把长剑）而拿破仑是于10月14日抵达巴黎的——他几乎是奇迹般地摆脱了英国舰队，从那时起，西哀士便抓住了这把长剑。拿破仑和西哀士两人开始计划他们的政变。雾月（*brumaire*）18－19日（11月9－10日），政变爆发，督政府被废除，代而建立起的是一个新政府——执政府（Consulate）。理论上讲，执政府有三个执政官，但实际上却只有一个：即第一执政官拿破仑·波拿巴，他由此成为法国的主宰。

他在冬季重组军队，准备进攻剩下的主要敌人奥地利——此时俄罗斯已退出反法同盟。那一刻，奥利地人正围攻热那亚，即他创造的、生命更短暂的利古里亚共和国的首都。一位副官率军从巴黎向南步入罗讷河谷。拿破仑转向东，行至阿尔卑斯山，率军在冰雪融化前穿过大圣伯纳德山口（Great Bernard Pass），出现在意大利的奥利地军队身后，彻底打了他们一个措手不及。奥地利将军迈克尔·冯·梅拉斯（Michael von Melas）除了离开热那亚重新部署外别无他途。他将所有力量集中到亚历山大。拿破仑紧随其后，于1800年6月13日夜，抵达距此城东南大约两英里半的马伦戈村（Marengo）。这个村庄比一个农庄大不了多少。

之后的交锋差一点终结了拿破仑的职业生涯。梅拉斯并未坐以待毙。次日早晨，他率领大约31000人猛攻23000人的法军，用80门大炮冷酷无情地猛轰他们五个多小时。午后，法军开始放弃阵线，被迫撤退至大约四英里外的圣朱利亚诺（San Giuliano）村。奥地利人的胜利似乎确定无疑了；然而非常奇怪，他们的追击却放缓且松懈下来——可能是因为71岁高龄的梅拉斯在此时退返亚历山大，将指挥权留给了一些相对无能的下属；拿破仑得以有时间重新部署，并欢迎路易斯·德赛将军（General Louis Desaix）刚好从东南方带来的大量生力援军。在夜晚临近时，他发动反攻；德赛几乎立即阵亡，但他的6000生力军给了他们的同伴极大鼓舞。黄昏时分，奥地利人被迫全面撤退；战斗结束时，他们损失9500人，法国人损失不到

6000人。[①]

现在梅拉斯除妥协和谈外别无选择。他将所有军队撤至明乔河以东、波河以北，让法国人完全控制了从波河河谷一直远至阿迪杰河的地区。虽然拿破仑勉强取得胜利，但其声誉却丝毫无损；他返回巴黎，同时接管军事和民事权力。1801年，奥地利被迫签署《吕内维尔条约》(Treaty of Lunéville)；法国由此重新获得了尤利乌斯·恺撒赋予高卢的边界：莱茵河、阿尔卑斯山和比利牛斯山。

拿破仑这颗明星此时如日当空，并依然在上升中。

① 拿破仑在马伦戈胜利的消息，在其打败战的报告抵达罗马几个小时后抵达。这种从庆贺到悲伤的突然转变为普契尼（Puccini）的《托斯卡》(*Tosca*）第二幕增添了戏剧性。

第二十二章　那不勒斯的插曲

纳尔逊在尼罗河胜利的消息在英国受到人们的欢呼，然而在那不勒斯，人们更加欢歌载舞地庆祝年仅 8 岁的国王斐迪南四世（Ferdinand IV）[①] 在 1759 年登位。他和王后玛丽亚·卡罗来纳（Maria Carolina）是一对不般配的夫妻，后者是奥地利女皇玛利亚·特蕾西亚之女，命运多舛的玛丽·安托瓦内特（Marie Antoinette）的姐姐。“流氓国王”斐迪南臭名远扬，他是“乞丐国王”（*il re lazzarone*）——稚气未脱的一介莽夫，嗜好打猎和恶作剧，身上不具备任何天生的高贵习性，而且他以从未读过一本书而吹嘘炫耀。但其王后玛丽亚·卡罗来纳冰雪聪明，并且对其高贵身份颇为自持，但令人惊讶的是，她竟容忍了这位令人难以忍受的丈夫，[②] 并为其生了 18 个孩子；虽然王后在结婚时年仅 16 岁，但她很快有效地统治了这个王国，她对

那不勒斯的王后玛丽亚·卡罗来纳。

---

① 对西西里王国而言，他是斐迪南三世，对两西西里王国（Two Sicilies）而言，他是斐迪南一世。历史学家和读者确实要小心分辨。

② “*Er ist ein recht guter Narr*”（“他就是一个大傻瓜”），这是她对其兄约瑟夫皇帝所说的话，后者曾造访那不勒斯。约瑟夫留下了有关这次造访的有趣记录。（参见 H. Acton, *The Bourbons of Naples*, pp. 135－149.）

法国革命及其代表的一切事物令人理解的憎恨心理左右了那不勒斯的外交政策。

从1797年开始，对玛丽亚·卡罗来纳及其臣民，甚至斐迪南国王而言，法国对南部意大利的企图已昭然若揭。在该年11月22日的罗马城中，当地雅各宾党发动了反对教皇的武装游行，在此过程中，27岁的法国官员莱昂纳尔·迪福（Leonard Duphot）被一名教皇卫兵射杀。法国大使——拿破仑之兄约瑟夫拒绝听取梵蒂冈方面的解释并向法国督政府报告，帝国最年轻有为的将军之一已为梵蒂冈僧侣们所杀。结果路易·贝尔蒂埃（Louis Berthier）将军奉命进军罗马。他未遇到丝毫抵抗，并于1798年2月10日占领了罗马。5天后，新共和国在罗马市政广场（Forum）宣布成立。年逾八十的教皇庇护六世受到了恶劣对待——他手指上的戒指被强行拽下，人被送往法国，最后于1799年8月在法国瓦伦斯（Valence）悲惨去世。①

那不勒斯何去何从呢？法国人现在已经到了家门口；有什么能阻止他们跨过边界，而且，如果他们跨越边界谁又能阻止他们呢？随着拿破仑在1798年6月占领马耳他岛，这个威胁更加隐约可见。无疑，那不勒斯人因尼罗河之战的消息而欢欣鼓舞，而当纳尔逊亲乘旗舰“先锋号”在9月底抵达那不勒斯时，他受到了英雄般的欢迎——在该月29日时，英国大使威廉·汉密尔顿（William Hamilton）及其妻爱玛（Emma）还在塞萨宫（Palazzo Sessa）为纳尔逊举办了一场来宾多达1800人的盛大的四十大寿宴会。但在纳尔逊看来，该宴会并不成功。在次日早上他写信给圣文森特勋爵（Lord St Vincent）：

① 他的遗体后被挖掘出来，并运回了罗马，卡诺瓦（Canova）在这里为他设计了一座庄严宏伟的陵墓。

我的阁下，我确信一周之内我们将在海上。我感觉非常不好，那不勒斯王室的卑鄙行为无法让我的怒气消停。这个国家充斥着游手好闲之徒、诗人、妓女和无赖流氓。

事实上，随后的三个月简直是一场噩梦。奥地利陆军元帅卡尔·马克·冯·莱贝里希男爵（Baron Karl Mack von Leiberich）在10月初抵达那不勒斯，并担任那不勒斯5万人军队的指挥官，他及时地向北开进，而战战兢兢的国王夹在军队里。不消说，这些人肯定无法阻住法军的进攻。到11月初，越来越多的官员、士兵丢盔弃甲逃归乡里。而王后——她妹妹的悲惨命运总萦绕在心头——数次写信给汉密尔顿夫人指责他们的懦弱无能，但当她的丈夫自己逃离时，她再也没写信提及此事。11月8日时，已完全丧失信心的马克将军送来一封信，信中坦陈军队正全面撤退，并恳请国王夫妇在有限时间内撤离。而这期间他们甚至没打过一场正式战役。纳尔逊写信给君士坦丁堡大使说："我们知道，王室全家以及3000人的那不勒斯流亡者在今晚将不会受到国王旗帜的保护。"

事实的确如此，由于恶劣天气和那不勒斯常有的混乱，"先锋号"直到23日晚方才驶离那不勒斯。在圣诞节前夜，纳尔逊记录道，"自入海以来，我经历了前所未有的狂风暴雨"。在甲板上，大家惊慌失色。所有著名的乘客中，只有爱玛·汉密尔顿保持着镇静；威廉先生待在自己的船舱中，每只手上拿着一支上弹的枪，他向妻子解释道，这是因为他决心不在"盐水咯咯咯地灌进其喉咙"的情况下死去。6岁的小王子阿尔伯特（Prince Albert）因为精疲力竭死在了爱玛怀中；但在26日凌晨2时，舰船终于在巴勒莫港口抛锚，几小时后，西西里王室正式进入王国的陪都。

国王和王后现在只能尽量屈就在这个冒牌的王宫里。与此同时，纳尔逊与汉密尔顿夫妇也一起搬入城中居住。纳尔逊已心力交瘁，而且在阿布基尔湾所负的头伤仍未完全康复；他正在和海军部发生争执，同妻子的关系也让他焦头烂额。因此，他亟需情感上的慰藉，而爱玛·汉密尔顿给了这种安慰。她作为交际花的长期经验发挥了作用。因此从西西里开始，他们的绯闻闹得沸沸扬扬。

1月中旬，让·艾蒂安·尚皮奥内将军（General Jean-Etienne Championnet）领导的法军抵达那不勒斯，他们发现当地的民众比军队更加英勇。这群暴民——即所谓的“拉扎罗尼”（lazzaroni）——准备以牙还牙地痛击侵略者，随后进行了三天惨烈的巷战。最后，拉扎罗尼无疑举手投降了，但之前，他们已将王宫破坏并席卷一空。他们很清楚自己的所作所为，国王不是已经抛弃他们了吗？而且，与其将财宝送给法国敌人，还不如留给自己的臣民。最后和平得以恢复，一个法国官员评论道，如果波拿巴亲临到此，他可能不会让城市留下一砖一瓦；幸运的是，尚皮奥内是一位温和仁慈的人。他悄无声息地运用外交手腕，并依照法国大革命的模式建立了著名的帕尔瑟诺佩共和国（Parthenopean Republic）。① 共和政府于1799年1月23日宣告成立，并赢得了众多忠诚的意大利追随者——尽管大家心知肚明这个共和国是征服的产物，而且法国占领军是其唯一的支柱。

对玛丽亚·卡罗来纳王后而言，西西里的日子“生不如死”。她认为，她和丈夫已经颜面尽失。1798－1799年的冬天酷寒无比，大雪铺天盖地——这种现象在巴勒莫很罕见，而王宫居所内既无火炉，也没有毛毯。那不勒斯王宫遭劫的消息让她极度悲伤。但最糟的是她丈夫经常同她作对，前者指责她迫使其参加那次丢脸的军事行动，以及将他托付给无望获胜的马克将军。但王后的意志仍旧不屈不挠；她

① 帕尔瑟诺佩（Parthenope）是公元前6世纪位于那不勒斯的早期希腊殖民地。

念念不忘反革命活动，并热忱欢迎有关这种行动的提议，根本不管发起该计划的地区是不是有希望成功。

红衣主教法布里齐奥·鲁弗（Fabrizio Ruffo）已年过六十。他曾是教皇庇护六世的教廷财务主管，但他在罗马所建议的改革被指斥为过于激进。最后他隐退到那不勒斯，并适时地随王室来到了巴勒莫。此时他建议在其家乡卡拉布里亚进行一次登陆，首先抵抗法国军队，同时也抗击意大利共和党的进一步侵袭，最后为国王收复那不勒斯。他强调，这次行动不亚于一次十字军东征，而且他肯定，他所有的卡拉布里亚同胞都将聚集在十字架下重整旗鼓。

鲁弗按计划于2月7日携8名同伴登陆。80名武装的拉扎罗尼迅即加入其中，到月底，“基督教的圣洁信仰军队”的人数已激增至17000人。鲁弗是天生的领袖，很快赢得了这群人的爱戴和信任；1799年，他写信给其秘书兼传记作者萨基内利（Sacchinelli），“整个卡拉布里亚没有一个可怜的农民，只有枕边放着十字架，另一边放着枪的农民”。3月1日，红衣主教在重要的蒙泰莱奥内（Monteleone）建立了指挥部。随后是卡坦扎罗（Catanzaro），然后是科特罗内（Catrone）。鲁弗显然也面临许多难题。他这支拼凑起来的杂牌军全无纪律，这支“十字军”的所作所为同他们中世纪的前辈大同小异；譬如，科特罗内就经历了一次无法挽回的浩劫。虽然鲁弗本人温和而仁慈、喜爱和平改宗甚于暴力，但这种暴行完全损害了他的声誉。不过鲁弗的声威势不可挡，他的成功激励了整个南部意大利的其他类似行动。鲁弗本人已经收复了整个卡拉布里亚，并向东进军到阿普利亚，在那里取得了类似成功。到6月初，他已抵达那不勒斯城下，此时由于海军少将托马斯·特罗布里奇爵士（Rear Admiral Sir Thomas Troubridge）率领的一支英国舰队封锁了海湾，该城正身陷饥饿的边缘。

6月11日，听闻红衣主教逼近城下的消息，那不勒斯民众爆发了公开叛乱。战斗遍及全城。由于急需粮秣，同时又遭受法军从圣埃莫堡（Sant' Elmo）、新堡（Nuovo）、奥沃堡（Ovo）发动的无情炮击，拉扎罗尼残忍攻击能找到的每个雅各宾党人，无论是法国人还是意大利人。于是出现了很多骇人听闻的暴行：分尸、食尸，将割下的头颅悬挂在矛上游行，抑或拿来当球踢，以及对貌似雅各宾党的妇女进行百般凌辱。惊骇的红衣主教尽其所能阻止这些行为，但他手下的大多数人已经沉溺于大屠杀的快感中；无论如何，他已无法制止这帮歇斯底里的暴民。这种放纵的破坏活动持续了一周。由于三个堡垒的指挥官无法互相联络，谈判似乎遥遥无期，直到6月19日，法军才正式投降，但圣埃莫堡仍在独自鏖战。但此时出现了一些问题：国王和王后，当然还有汉密尔顿夫妇，他们坚持认为不能对任何雅各宾派幸存者手下留情，然而鲁弗和其朋友看得最清楚：将满脑子只想着复仇的国王夫妇迎回那不勒斯将会发生什么危险。

很遗憾的是纳尔逊投向了君主阵营，但这种选择是可以理解的。纳尔逊在政治上极其幼稚，他对那不勒斯情势的了解仅限于从国王、王后、汉密尔顿夫妇那里获得的偏激观点。他一意孤行、固执己见。作为一名务实的右翼英国新教徒，他不信任鲁弗主教，在他抵达那不勒斯后，二话不说立即让鲁弗下台，如他朋友所说，纳尔逊坚持要求鲁弗无条件投降。鲁弗主教从暴民中保全了1500名叛乱者，并将他们安置在市政粮仓处，这些反叛者根据投降条款列队出发了，希望能安全抵达家乡。但新的保皇政府将他们抓获，其中许多人被处以极刑。纳尔逊会因背叛他们而深感自责吗？可能不会。据我们对他性格的了解，他可能并非有意主动做这件事，但汉密尔顿夫妇的影响非常大，他通常对他们言听计从。

但纳尔逊也应为其对待海军准将弗朗切斯科·卡拉乔洛

(Commodore Francesco Caracciolo）的方式而受到谴责，而这项指责他很难逃脱。卡拉乔洛这位前那不勒斯的海军高官已转而拥戴共和派。在乔装打扮逃跑 10 天后，士兵在一口井中发现了卡拉乔洛，并将其带到“雷霆号”(Foudroyant）舰上的纳尔逊面前。6 月 30 日清晨 10 时，卡拉乔洛接受了军事法庭审判，中午时，他因为犯有严重叛国罪而被处以极刑，于下午 5 时被吊死在桁端上。他的尸体一直悬挂到日落时分，当时正值盛夏，吊绳被切断后，尸体掉进了海里。在审判卡拉乔洛的过程中，纳尔逊拒绝让任何证人为其辩护，也不让神父听取他最后的忏悔。卡拉乔洛恳请被射杀而非吊死的要求也遭到了完全拒绝。他的确是一个卖国贼，但下场也不至于如此。纳尔逊到底在想什么呢？原因很简单：他正醉心于爱玛。在纳尔逊脚下的战舰和海洋上，他战无不胜、英明睿智；但在陆地上，他完全变了一个人，当他徜徉在温柔乡时，就跟一个孩子差不多。

国王将玛丽亚·卡罗来纳留在了巴勒莫，于 7 月的第一个星期回到了那不勒斯，但他没在那里待太久。在其统治的 40 年间，他从不相信城中有他的敌人；现在他信了，这个事实令他胆战心惊。因此，他更偏爱安全的巴勒莫，在那里，他可以自欺欺人地认为自己深得人心。8 月 8 日，他和纳尔逊乘坐“雷霆号”返回巴勒莫港。王后来到船上，随后国王夫妇一起在鸣炮二十一响的欢迎式中正式登陆，之后他们驱车到教堂庄重地吟唱了赞美诗。

对斐迪南和玛丽亚·卡罗来纳、汉密尔顿夫妇以及纳尔逊而言，现今的生活一如既往——只是留在巴勒莫再无任何正当理由。王后非常想念那不勒斯；另一方面，国王逐渐由不喜欢那不勒斯变成厌恶它。他说，自己绝不愿意再回去了。汉密尔顿夫妇虽然从政治角度考虑支持重返那不勒斯，但事实上，他们对这里非常满意。深受斐迪南信任的威廉爵士被要求伴随在斐迪南身边。自从 1798 年 8 月时，他收集的第二批希腊陶瓶在海难中遗失后，那不勒斯已经在威廉心中留下了痛苦的回忆。

纳尔逊的遭遇最惨。他直到1800年6月还待在巴勒莫岸上。同爱玛缠绵悱恻的十个多月，不仅消磨了他的斗志，甚至还败坏了他的良知和责任感。那段时间的前半期，他一直担任地中海舰队的司令官，但他实际上把所有工作交给了下属处理。在拿破仑开溜出埃及时，他没能在场阻截他；如果他作出努力并取得成功，那历史将会改写。纳尔逊的同僚越发为他担忧，而且烦人的报告甚至传到了伦敦，英国海军部开始对他失去耐心，一把手斯宾塞爵士几乎解除了他的指挥权。1800年1月，纳尔逊的上司基思勋爵重返岗位，并命令纳尔逊随其视察马耳他的封锁线，但视察一结束这位海军上将立马返回巴勒莫，在那里，爱玛恬不知耻地挺着大肚子公然迎接他。

1800年4月，纳尔逊和汉密尔顿夫妇回到马耳他，虽然他们的航行比起严肃的海上巡视更像是一次愉悦的乘船旅游。此时威廉爵士收到了召回信，这三人最终于7月驶向了英国——由于基思拒绝给纳尔逊一艘战舰，纳尔逊未经应允从马耳他封锁线中强征了舰船——并顺路带上了前往维也纳探亲的玛丽亚·卡罗来纳王后。他们在利沃诺（Livorno）送王后登陆，在此他们邂逅了正前往埃及的将军约翰·摩尔爵士。纳尔逊记录道，“真是可悲可叹，这位勇敢优秀的男子汉为他的国家鞠躬尽瘁，却生成这副模样。”

汉密尔顿夫妇最终移居到了伦敦，在此纳尔逊之女霍雷希亚（Horatia）于来年1月诞生。与此同时，纳尔逊被任命为波罗的海舰队的副司令官，此项任命极大挽回了他的声誉和职业生涯。

第二十三章　拿破仑走后的埃及

1799年8月，当拿破仑从埃及狼狈地撤走时，他非常愤怒，留下副手克莱伯（Kléber）来应对一个进退两难的处境。经过长时间而失败的叙利亚远征后，军队的士气跌入谷底。许多士兵生病了，食物也短缺，饮用水更加缺乏。不过，克莱伯成功地与西德尼·史密斯爵士签订了停战协议。这份协议以牺牲苏丹及其同盟者的利益为代价允许法军撤回本土。这个条约太诱人了，简直不太可能是真的。后来证明确实如此，因为双方都公然违背了上级命令。克莱伯很清楚，第一执政官已经下达明确指示：军队要一直留在埃及直到签订一份全面的和平条约。而史密斯拼命地想把法国人赶出埃及。他同样无视来自伦敦的命令即只能签署把法军投降者作为战俘的条约。毫不意外，地中海总司令基思勋爵断然拒绝批准这份文件。

同时，土耳其禁卫军再次进军。克莱伯别无选择只能再次对军队实行战时编制，随后的结果证明，士兵们仍然充满活力。1800年3月20日，克莱伯在赫里奥波利斯击败土耳其人，一个月后接受开罗驻军投降，就在这时英国政府竟然决定批准史密斯的停战协定。但是这些刚取得的胜利使问题变得非常复杂。无论法国军队如何身体欠佳或思乡心切，局势已经重新被他们控制。对多数高级军官而言，撤退不再是需要考虑的话题。克莱伯对此却有疑虑。但是在6月14日——正好是马伦戈会战发生的日子——他在开罗被一位穆斯林狂热分子暗杀了。傲慢的大腹便便的雅克（Jacques）将军继任了其位置，而他现在更喜欢被叫作阿卜杜拉·梅努（Abdullah Menou）。梅努后来皈依了伊斯兰教——通常认为是为了享受埃及妻子的爱。她是罗塞塔（Rosetta）一位浴室看守者的女儿，雅克曾经是这个城镇的统治者，虽然勇敢而睿智，但他却要命地缺少足够的判断力。简而言之闹了些笑话。他绝不是那种堪当重任的男人。

在奥地利放弃了对他的支持后，拿破仑又重新开始关注尼罗河一带。1800 年 12 月，他在写给哥哥吕西安的信中说道，“现在伟大的事业是埃及……鼓励士兵去那里，使他们怀着一种神圣的使命感。”埃及是一座桥梁，一块跳板，也是通向东方的大门。古老的梦想将从这里重新复生：光荣的远征将从苏伊士运河开始。而法国人可能快速穿过红海，通过一次单独作战把英国人永远赶出印度。因此拿破仑将成为强大的东方王国的主人，又一个伟大的亚历山大大帝。

但在英国，拿破仑的梦想就是英国人的噩梦。而且有些人非常谨慎地对待这种危险，军务部长亨利·邓达斯（Henry Dundas）就是其中之一。他是一位性格倔强的苏格兰律师，其上司威廉·皮特（William Pitt）曾称他“对印度了解颇深……虽然众议院中可能有人与他旗鼓相当，但要超越他却绝不可能。”邓达斯明白，唯一的解决方法是进行先发制人的攻击。他也清楚这次行动应由他的亲戚兼好友苏格兰将军拉尔夫·阿伯克龙比爵士（Ralph Abercromby）所率的 22000 名英国士兵人去执行，他们当时正驻扎在直布罗陀海峡，这种作法不是为了占领埃及，而仅仅是把法国人赶出埃及。邓达斯非常困难地说服了一些同僚。国王乔治三世仍然对 25 年前的美国独立战争记忆犹新，他悲观地预测，任何派往埃及的军队都会因为饥饿和疾病或两者兼而有之而被毁灭。但在皮特的强烈支持下，他们还是采纳了这个决定。

阿伯克龙比此时已经 66 岁了。他是一位非常正直的人，拒绝了所授予的贵族爵位和一大块西印度的土地。他辞去在爱尔兰的指挥权，也避免在美国服务，因为他同情那里的反抗者。然而他曾经在低地国家和加勒比海进行过战斗。1796 年，尽管可怕的疟疾、黄热病横行，他仍然坚持指挥英国最大规模的海外远征军成功地从法国人手中夺回了包括特立尼达岛（Trinidad）在内的众多加勒比海岛屿。1800 年 10 月，他最近参与的一次军事行动是去摧毁在加的斯的西班牙舰队和军火库，但遭到惨败：英国军队甚至连登陆都失败了。但是主要的错误在于上司基思勋爵和一次突发的热带大风暴。阿伯克龙比的自尊心因此受到了严重创伤，并回到了直布罗陀海峡，但他的名誉并未受损。

阿伯克龙比决定在即将到来的埃及战争中恢复声誉，但他并没有轻视这次战斗的难度。没有货车和役畜，只有少量的骑兵和几组火炮，而且也没有一张关于该地区的完整地图。相反，多亏他们的专业测量员，法国人手中早有了详尽的资料。水可能也是一个问题。毫无疑问，英国人肯定要依靠海军提供补给。理论上他们应该可以从土耳其军队那里获得宝贵的支援，但是他派去雅法（土耳其总司令部所在地）调查情况的约翰·穆尔少将（John Moore）回来报告说，土耳其人自己在供应上也存在困难。土耳其士兵在年老的“独眼龙”大维齐尔的指挥下既不遵守纪律，也不听指挥，因为他缺乏领袖气质和军事知识。英国人还不如靠自己。

1800－1801 年的冬天，英国的海军和陆军组成的联合舰队在小亚细亚沿岸的马尔马里斯（Marmaris）集结。2 月 22 日拂晓，海军上将基思下令起航。随后 10 个小时，舰队的船只——至少有 176 艘——接二连三地驶出海港。“英国军队的荣誉从来没有如此吉凶未卜。”阿伯克龙比的儿子罗伯特站在“肯特号”（HMS *Kent*）的甲板上写道，“但是英国历史上也从没集结过同等数量的船只，士兵们决定捍卫自己和国家的荣誉。”

1801 年 3 月 2 日，英国舰队驶入阿布基尔湾。但到此时为止，天气持续在恶化。一星期之后，海面才平静下来适宜一次总登陆。由于在马尔马里斯港经受了严格训练，英国士兵在 8 日最终顺利登陆。13000 名步兵、1000 名装甲兵和 600 名炮兵在当天就完成登陆。法国人正在等待他们，但梅努坚信马尔马里斯港的登陆只是一次佯攻，所以他把自己的主力部队留在亚历山大，只是派遣自己的下属路易斯·弗里恩特（Louis Friant）将军率领 2000 名士兵去抵抗入侵者。弗里恩特带领 3 辆铁炮和 12 辆野炮出发，他对处理复杂的航线，并阻止试图向岸边靠近的少数英国士兵充满了信心。但英国士兵在马尔马里斯港接受的高强度训练可不是白费的。冒着法国人的炮火，穆尔勇敢地率领士兵有秩序地登上海滩，他们很快排成一队，上好刺刀，发动冲锋。法国士兵在数量上远远少于对方，于是他们迅速溃败。

然而，那天早上英国士兵损失很严重，陆军损失了 625 人，海军则接近 100 人。法军损失其实更少，但胜负已定，而且这是人们印象中英国自对法作战以来取得的最壮观的胜利。英国士兵在敌人炮火下表现的冷静和勇敢非常值得称赞。他们英勇地赢得了在埃及的第一个据点。英军士气高涨，并对未来充满了希望。虽则如此，阿伯克龙比沿着半岛向亚历山大前行时还是非常谨慎的：亚历山大是必争之地，但他不太熟悉亚历山大的地形，而且法国人也不可能重蹈覆辙。3 月 13 日，阿伯克龙比的军队遭到袭击，3 月 18 日再次受到攻击，但这两次战争只是小规模的冲突。而在三天后，双方之间的真正战斗才到来。

3 月 21 日是星期六，亚历山大战役从拂晓开始，持续了约 4 个小时。两军勇敢地投入战斗。他们的将军为麾下的士兵树立了光辉的榜样，除了梅努以外。法国方面，年仅 29 岁英勇善战的弗朗索瓦·拉努斯（François Lanusse）将军战死。他可能是最勇敢且头脑最清醒的人之一。当他奄奄一息时，梅努走过来抱着他，他只说了一句：他是一位 foutu——如同梅努辖下整个埃及殖民地。① 英国方面，穆尔再次成为这一刻的英雄。战争初期，他的膝盖就曾受到重创，后来他骑的战马又被子弹射中，但他依然坚持作战。一位目击者说“简直难以置信”。至于阿伯克龙比本人，在战争初期就被滑膛枪打中了，子弹射进了他的臀部，但他仍然在战场上四处巡察，医生对此感到非常惊讶。直到战争结束后，阿伯克龙比才允许自己躺在担架上。一位下级军官卷起一个士兵的毯子给阿伯克龙比当枕头放在他的头下。

“那是什么?”阿伯克龙比低沉地问道。

“只是一位士兵的毯子。”军官回答道。

“只是一位士兵的毯子?”他回应道，“一位士兵的毯子是一件非常重要的东西，立刻把它送回去。”他在一星期之后离世。

他的继任者是约翰·希利-哈钦森少将（John Hely-Hutchinson），阿伯克龙比在军中有多受人爱戴，就有多不招人喜欢，因此，许多高级军官都想密谋推翻他。他们本可能会取得成功，但正从病中恢复的穆尔决定反对这次密谋。希利-哈钦森的同僚亨利·班伯里（Henry Bunbury）非常了解他，并写道：

> 他现在 44 岁，但看起来更苍老。一副病恹恹的样子，近视，佝偻着身体，迈着无精打采的步伐，不修边幅……他不大合群，非常懒惰，举止粗野，脾气暴躁。

从一开始，少将就发现自己的处境危险。英军再次赢得了胜利，

---

① P. 麦克西：《英国在埃及的胜利》（P. Mackesy，*Brotish Victory in Egypt*，1801），本章中的大部分材料都取自本书。

他们以1400名士兵的代价造成了法国3000名士兵的伤亡。但亚历山大依旧在敌人手中。驻守该城的法国士兵人数远远超过英军，前者绝不是一支小规模、士气低落的军队。而且这支军队没有撤离的打算，也不可能断粮，其后备供给很充足：通向西部的道路完全敞开。英军不可能期待土耳其人提供有效帮助。法国军队随时有采取主动进攻的可能性，但是梅努似乎下决心以静制动。

希利-哈钦森非常清楚必须采取行动以打破僵局，他最后决定派遣两个半营外加最近到来的4000名土耳其士兵去袭击尼罗河三角洲最西边的罗塞塔城。这次远征很成功。3月19日，朱利安要塞（Fort Julien）① 守军经过三天的抵抗后投降。现在尼罗河上的航线变得畅通无阻，甚至可以沿着主要河道采取行动。另一方面，这次战斗严重消耗了守军的力量，使他们不得不离开亚历山大。为了保护这些守军——也为切断梅努的交通线——希利-哈钦森决定立即向该城南边已干涸的马里欧提斯湖（Lake Mareotis）注水。运河中的大坝被一分为二。阿布基尔湖的水犹如十英尺的大瀑布直泄而下，淹没了300英尺的河滩。希利-哈钦森留下自己的助手艾尔·库特将军（Eyre Coote）坚守亚历山大的阵地。3月21日他前往罗塞塔城，5月5日沿河而上前往开罗。

这次行军耗时七个星期，许多人患了痢疾，而且白天要忍耐高达华氏110度的气温，晚上又要与可怕的蜘蛛和蝎子做斗争。沿途他们同法国兵有过几次小规模的战斗，但令人惊讶的是他们与土耳其军队不期而遇了。每个人都在好奇，土耳其士兵是如何在“独眼龙”大维齐尔的率领下从雅法出发沿路抵抗法国士兵的。希利-哈钦森写道：

① 这是城堡里的一个塔，1799年法国人在这里发现了著名的罗塞塔碑。现在它是英国博物馆最受欢迎的展品之一，是破译埃及象形文字的关键。

“这是史无前例的最糟糕军队，虽则如此，他们也能以其独特的方式进行战斗。”6 月 7 日这天发生了沙尘暴，等到沙尘暴消失时，埃及金字塔出现在了地平线上。到 6 月 21 日，最后一支军队已抵达，英国士兵和土耳其士兵联合起来有效地包围了开罗城。不幸的是，希利-哈钦森现在只有 4000 名士兵适宜战斗。他从俘虏那得知开罗守军约有 5000 人，但据说他们的士气非常低落。

最终证明，敌军士气比预料的更加低迷。6 月 22 日那天，当排炮正准备就位时，城门打开了。包围开罗的行动还没开始就告结束。

奥古斯丁・丹尼尔・贝利亚尔将军（Augustin-Daniel Belliard）负责指挥开罗的守军，此时，他别无选择只能投降，因为城里粮食已不足维持两个月，而且也无望从其他地方征集到粮食。弹药也极度短缺，每个士兵只有 150 发；而且士兵也不愿意打仗，思乡之情压倒了一切。他很清楚自己的军队并不受当地人的欢迎，后者很有可能伺机揭竿而起，那么军队只能撤到上埃及继续抵抗。而据谣传，来自印度的另一支英国军队正在赶往红海西岸库塞尔（Quseir）的路上，那么他们就可以从南边向开罗挺进。

最令人担忧的是，总司令梅努已经失去了理智。就在一星期前，来自亚历山大的信使带来了梅努的一封信，信中提到他是怎样向波拿巴报告英国士兵在去罗塞塔的途中所遭受的巨大损失的。根据同份报告，贝利亚尔已经打败了土耳其军队，现在正沿尼罗河开往亚历山大。法国的援军已在路上，在他们抵达之前必须守住开罗。①

对不幸的指挥官而言，他现在很清楚，意图从上司那里得到明智

① 6 月 17 日，梅努进一步发挥自己的想象使内政部长相信，贝利亚尔刚刚在开罗城外打败了英国人，杀死了希利-哈钦森。

的命令已不可能，从今往后只能依靠自己。因为没有权力签订协议，他召集了一次作战会议。在确信获得下级官员的支持后，他派出其中一名军官带着投降旗去表明谈判的意向。而对方立刻同意停战，双方于6月28日签订了投降书。法国士兵带着武器、辎重和大炮在英国士兵的护送下前往罗塞塔，从那里，他们将在50天内返回法国。

接下来的时间内，英国士兵开始休整，而法国士兵正在为离开做准备。希利-哈钦森安排军官和士兵去参观金字塔。据当时的记载，其中一些人把他们的名字铭刻在了石头上；丹尼尔·尼科尔中士（Daniel Nicol）在日志中写道："我雕刻得非常艰难，但最终把D. NICOL，92 REGT刻了上去。工作完成后，我折断了小刀。这块石头伫立在东南角，可能会一直保留很长时间。"① 但谢天谢地，极少有人像七十九分队的卡梅伦上校那么狂热，他一直渴望带一份纪念品回家，于是命令一个士兵用长柄大锤去砸王室石棺。

对开罗市民而言，1801年7月9日是任何人都难以忘怀的最糟糕一天。法国士兵撤离开罗当天，一大群土耳其士兵就蜂拥而至。他们进行了惨无人道地公开谋杀、抢劫和掠夺，而唯一理由是他们刚从叙利亚穿越沙漠。全无纪律的大维齐尔军队现在更是为所欲为，大屠杀开始了。最后一点纪律观念也荡然无存。英国军队一边正式接管驻地，一边对此也无能为力。土耳其是他们的盟军，而且之前也已给出过多次警告说自己会这么做，让英国人别插手。至于法国兵——他们已经撤退到吉萨（Giza）——他们只有一种感觉，终于离开开罗让他们如释重负。

7月14日，英法以及土耳其士兵一道沿尼罗河而下，英国人惊

---

① 在谴责尼科尔和他的同伴像汪达尔人之前，我们应该不会忘记，10年后，拜伦爵士在苏尼翁的波塞冬神庙做了几乎同样的事情。

讶地发现：法国士兵的数量不是他们估计的5000人，而几乎是这三倍之多。随行的300艘小河船用于运载生病和受伤的士兵，以及他们的辎重、大量掠夺物与克莱伯的遗体，准备回法国接受适当纪念仪式后重新埋葬。[①] 三星期后，在8月5日，所有罗塞塔的法国士兵均已登船。9日，最后一只船扬帆驶向了土伦。现在英国人可以把全部注意力放在亚历山大，而且他们非常希望整个埃及探险将到此为止。

在整个航行中，军队都由穆尔指挥。希利-哈钦森由于生病，7月的大多数时间都留在吉萨疗养。直到7月29日，他才从水路抵达罗塞塔，并立即登上旗舰"雷霆号"，在船上待了两周。关键是他应当在进军亚历山大之前恢复他的体力，确保任何情况下都不开始重大行动直到穆尔完成监督法军撤退的工作。然而，到那时少将已经准备好自己的计划：他将从东面和西面同时袭击城市。此城位于狭窄的地峡中心，地峡把北面的地中海和南面最近刚刚泛滥的马里欧提斯湖分开。他将和重装步兵从罗塞塔（大概在亚历山大以东40英里）一同前进。同时库特将率领3个旅穿越湖泊在地峡占领一个据点，此据点大概离城市西边8－10英里。这就形成了经典的钳形，随后两支军队汇合。

这次袭击从16日晚上开始。在黑夜的笼罩下，300艘小舰艇载着4000名士兵穿过马里欧提斯湖向西航行。17日拂晓，穆尔与将军约翰·克拉多克爵士（John Cradock）率领2个营的士兵沿地峡向前移动，袭击法国的前沿阵地。远征很成功，穆尔也是第一次获得机会去观看东方的堡垒，但是他发现这些堡垒确实令人望而生畏，因此他非常怀疑利用现有的资源他们能否征服东方。幸运的是，众所周知，

---

① 他的遗体首先被带到克莱伯的家乡斯特拉斯堡，在那里的天主教堂保存了20年。然后又被带到巴黎，埋葬在以他名字命名的纪念馆里。

城市西边的防御是一个很好的弱点。这次行动的成败关键就在于库特这一支的战果。

库特表明自己是值得信赖的。到 21 日晚，他的士兵冒着酷暑，经过超凡的努力后占领了马拉布堡垒。该要塞位于一座小岛上，占据着亚历山大城西边一个叫做“老三卷”的狭长浅潟湖的远端。22 日拂晓，库特开始沿着地峡前进，他的左翼由地中海上的海军掩护，右翼则由湖上的炮舰。他势如破竹，法军的前沿阵地在攻势下逃离溃散。在当天早晨 10 点，法军已有 200 名士兵死亡、受伤或被俘虏，而英军方面只有 3 人死亡和 40 人受伤。当天下午，希利-哈钦森亲自穿过潟湖同库特商议，并视察了西边的堡垒。毫无疑问，他面前的堡垒远不如城市另一边的牢固。他当即断定：进攻的主要力量应集中在西边。

更多的重型机枪被迅速运到湖上，并送到了库特的军营中。他们刚就位，炮轰就开始了。在大炮的掩护下他们稳步向城市推进。但他们不是直接向亚历山大开进，库特的计划是在高地占领一个有利据点，该据点位于城市东南面的庞培柱之上，从这里他可以向下对城市防御物工事开炮。但这种策略完全没必要：大概在 26 日下午 4 点半，一名法国军官抵达库特的驻地请求停战。当这封信送至总司令处时，库特立即中止开火。午夜之后不久，他听闻希利-哈钦森已经同意让其士兵撤退。战斗就此结束。

接下来几天内，战争似乎有死灰复燃之迹象。梅努将军已经拿到了休战书，并力图设法逃避自己的义务。首先，他要求延长休战期。随后建议召开会议而非签署投降书。然后，他提出将全部士兵和大部分大炮运回法国，并确保埃及的全部公共财产控制在法国人之手。最后，他甚至试图将休战日期推至 9 月 17 日，因为他预计如果预想中的援军及时抵达，法国便能重新恢复敌对行动。但希利-哈钦森没有答应上述任何一个条件，只是告知梅努他拟定的条款：将携带个人武器的法国军队和 10 辆大炮送回法国，所有的船只和公共财产仍然留在埃及。如果这些条款没有立即得到执行，亚历山大将被炸成碎片。

梅努投降了。他已无斗志，更别说他手下那些精疲力竭且士气低落的士兵了。双方签署了投降协议。这些条款在某种程度上还比较宽容。9 月 2 日上午 11 点，英国人接管了亚历山大。第五十四纵队聚集在庞培柱周围，演奏了国歌。正是在这胜利的时刻，一支由印度派遣来的军队沿着红海长期行军后到达了罗塞塔。当看到他们时，希利-哈钦森的士兵感到难以置信：印度兵带有大批厨师、异国的食物、红酒和烈性酒。他们宿营的帐篷看起来更像金衣。但英国兵一直处于半饥饿状态，在过去六个月内在炎炎烈日下穿着自己的衣服。同样，印度兵也震惊于英国兵的衣衫褴褛。毫无疑问，希利-哈钦森认为把这两支军队分开是更明智的。

英国军队的主力开始返航——从参战士兵角度看，他们恨不能更早些走。但为了阻止法国军队重返的任何企图，伦敦政府留下了一支庞大的驻军——6000 名强壮的士兵——在勉强而愤怒的穆尔将军指挥下留守在亚历山大直至和平的到来。穆尔虽然受了重伤，但仍然渴望战斗。另外 7000 名士兵被留在了马耳他，官方认为此处是一个至关重要的基地，但是马耳他——此处有很多留守在家的妇女——在士兵们经历过埃及的苦难后就是一个天堂，因此留下的人极少抱怨。

埃及远征的代价相当之大，不仅限于财政方面。633 名英国士兵死亡或失踪，另外 1000 名士兵死于受伤或疾病。遣送回国的伤员超过 3000 人，包括 160 名因眼疾致盲者。但从政治和战略而言，这次军事行动取得了令人欢欣鼓舞的胜利。六个月内，英国士兵达到了他们的目的：向拿破仑表明埃及不再隶属于他。之后他们还夺取了开罗和亚历山大。在这次远征中，英国士兵表现出了令人惊讶的坚定和纪律，不仅给自己的军官留下深刻印象，而且也让法国人印象深刻。他们纠正了国内悲观者的错误思想。这里还有一则感人的故事：某天国王乔治三世骑马到温布尔顿（Wimbledon）老邓达斯的家中，举起一杯马德莱酒对这位一手促成此次远征的老人说："当一个人完全犯错时，对他而言最正义最光荣的事情就是公开承认它。"

英国人胜利了，法国人被打败了。拿破仑写道，"*Quand les armées croient possible de sortir d'une position critique avec une convention sans se déshonorer, tout est perdu*"①，他说的只是事实。但有人可能会问，那埃及人怎么办？他们在三年多内深受比其他人更加沉重的战争之苦。一旦外国侵略者离去，他们的国家将恢复原样：理论上仍处于无望的奥斯曼帝国苛政统治下，但事实上处于马穆鲁克贝伊的暴政统治下。但这种情况并没有持续很长时间。1801 年 10 月 22 日，所有主要的贝伊被邀请参加在帕夏（奥斯曼舰队的海军上将）船长的战舰上举办的一次宴会，这艘船在亚历山大抛锚。他们中的许多人甚至在尚未到达军舰时，就被土耳其的炮舰轰倒了，剩余者刚上船就被关押了。虽然一些人幸存了下来——有些在君士坦丁堡，另一些人仍然在开罗——继续战斗了两到三年，但他们的势力已大大受损。而且他们不能继续从东部的奴隶市场征召士兵，因为从 1812 年起，土耳其禁止向埃及输出年轻的男孩。然而不幸的是，垂死挣扎的奥斯曼帝国没有能力组建一个有效的政府来取代他们。几乎一夜之间，埃及不再成为争夺的焦点，而变成了一个真空地带。1803 年，罗伯特·威尔逊（Robert Wilson）中校——在远征途中，他一直保留着一本航海日志，后来将其详尽出版——表达了他的惊讶："没有任何一

① 当军队相信放弃一个重要阵地而只需签署一份并不丧权辱国的条约是可能的，一切都完蛋了。

位冒险者具有刚毅、天资和雄心去计划指挥一支后备军，起而反对马穆鲁克。”然而随后几年，一个匿名的美国绅士从开罗写信给马耳他的总督、海军上将亚历山大·波尔爵士（Alexander Ball）说：“埃及已经没有主人……它必须有一位新主人，第一位来者将受到欢迎。”

而第一位来者既不是英国人也不是法国人，而属于目前为止本书未提及的一个种族。一般认为，他是一位阿尔巴尼亚人。他的名字叫穆罕默德·阿里（Muhammad Ali）。

穆罕默德·阿里 1769 年出生在马其顿东部的卡瓦拉（Kavalla）。父亲去世后，他由镇长抚养长大。他在 18 岁时娶了镇长的一个亲戚为妻，后者为他生下了 5 个小孩。（他的多位妻妾又为他生了另外 90 个小孩。）他从事赚钱的烟草贸易多年，然后，加入了奥斯曼帝国的军队，并在军中获得了相对较高级的军衔。于是自然而然地，他追随大维齐尔参与了对法作战。只要欧洲人继续留在埃及土地上，他将一直奋勇作战，可一旦他们离开，他旗下由塔希尔帕夏（Tahir Pasha）指挥的阿尔巴尼亚军团（当时土耳其军队中唯一训练有素的军团）立刻就公开叛变。

没有理由相信穆罕默德·阿里亲自策划了叛变，士兵未领到军饷而造反在奥斯曼的历史上很常见。塔希尔被谋杀后，他很快接管了一切。其后他玩弄各种权谋，于 1805 年被任命为在埃及的苏丹总督。随后 44 年内，他作为一位实际独裁者统治着这片土地，消除了马穆鲁克统治的残余，没收了旧地主阶级的财产，冷酷地镇压了一系列起义。到 1815 年，沿着尼罗河沿岸和三角洲的所有农业用地几乎都被收归国有，农业所得利润全进了他自己的金库。他极大地改善了重要的灌溉系统，引进了新农作物，其中最著名的是棉花，从中获得了很高回报。他也建立了舰队和相当庞大的军队，这些军队从农民中征召，但由土耳其人和其他外国人指挥。他最初以苏丹的名义动用这些军队，镇压了阿尔巴尼亚和希腊的反抗，后来又为一己私利兴兵入侵了苏丹，并获得了成功。

他将一直活到 1849 年，但这时期一位更伟大的人物立刻吸引了我们的眼球。

第二十四章　欧洲的殖民

拿破仑·波拿巴虽然在埃及失利，但他在欧洲的势力却越来越强大。1804 年 12 月，在教皇庇护七世见证下，拿破仑在巴黎把皇冠戴在了自己的头上；五个月之后，即 1805 年 5 月，拿破仑在米兰大教堂举行了第二次自我加冕，成为意大利国王，之前他建立的那些微不足道的小意大利共和国则早被忘到一边。拿破仑决定在典礼上使用古代伦巴第的铁冠，几个世纪以来它都是神圣罗马帝国财产。此决定给奥地利皇帝弗朗西斯以致命一击，他随即加入英国和俄国在一两个星期之前成立的同盟。

为了巩固以前征服的领土，拿破仑现在开始着手一场反对奥地利的新战争。1805 年 10 月 20 日，当一支 33000 人的奥地利军队在乌尔姆（Ulm）投降时，拿破仑很高兴。具有讽刺意味的是，就在第二天，纳尔逊在特拉法加狠狠打击了一支法国-西班牙联合舰队。纳尔逊自己也在胜利之时受了致命伤。但是，即便如此大的灾难也并没有在拿破仑的心中停留很久，因为六个星期之后，12 月 2 日，一支 68000人的拿破仑军队在摩拉维亚的奥斯特利茨（Austerlitz）战胜了 9 万人的奥地利和俄罗斯联军。此外圣诞节之后的一天，根据在普雷斯堡（Pressburg，现在的布拉迪斯拉发［Bratislava］）签订的条约，奥地利必须把 1797 年在坎波福尔米奥获得的所有威尼斯领土（包括伊斯特里亚沿岸和达尔马提亚）归还给法国，成为新拿破仑王国的一部分。

皇帝拒绝承认《普雷斯堡条约》中任何代表那不勒斯波旁家族利

益的条款。条约签订当天，他确实宣称自己的目的是“把可耻的女人从王位上推翻，她不知羞耻地亵渎了男人都觉得神圣不可侵犯的一切东西”。这种对玛丽亚·卡罗来纳的裁断似乎有点苛刻。然而必须承认，拿破仑与那不勒斯于当年早些时候签订的中立条约并没有阻止她向盟友求援。1805 年 11 月底，至少 13000 名俄军和来自马耳他的 7000 名英军在那不勒斯湾登陆。几千名那不勒斯士兵也加入他们。到 12 月中旬，联军前往教皇国的边境。但是当奥斯特利茨惨败的消息传来后，整个远征突然仓促结束。这场远征从一开始就是个错误，因为它使那不勒斯王后落了把柄在皇帝手中。于是，在之后对其军队发表的一系列声明中，皇帝就可以说：“我们能再一次相信一个没有诚信、没有荣誉感也没有理智的宫廷吗？不，不！那不勒斯王朝应该停止统治：它的存在与欧洲的和平及我王冠的荣誉是不相称的。”

那不勒斯王朝当然没有停止统治，它又统治了近半个世纪，但是它无力抵抗 4 万人的法国大军，他们现在由马塞纳元帅（Masséna）率领正通过教皇国①向意大利南部行军，约瑟夫·波拿巴作为国王的私人代表。1806 年 2 月 11 日，那不勒斯王族逃跑，他们不得不再次忍受巴勒莫冬天的痛苦。14 日下着瓢泼大雨，帕图诺乌克斯（Partouneaux）将军率领一个法国师进入那不勒斯，在这里没有遭遇抵抗。然而在七年前，拉扎罗尼们像猛虎一样进行战斗，带来令人惊骇的大屠杀。这次他们无精打采，无动于衷。当约瑟夫·波拿巴在第二天列队行军并直接占领王宫作为自己的宅邸时，他们也没有进行任何抵抗。一年之后，法兰西帝国颁布法令，任命约瑟夫为那不勒斯国王。

“占领那不勒斯，一切都会如意”，拿破仑在王室第二次逃跑后写

① 当庇护七世因紧张不安而提出抗议时，皇帝的一封亲笔信解除了他的焦虑，坚定了他的立场：“主将在世俗领域里尊重我，就像我在精神领域尊重他一样……主具有统治罗马的神权，而我则是罗马的皇帝。”

信给约瑟夫如是说。然而拿破仑不是第一次低估自己的敌人。事实证明：卡拉布里亚是块难啃的骨头。1806 年 7 月 1 日，约翰·斯图尔特爵士（John Stuart）率领一支来自巴勒莫的英军——由 4800 名步兵和 16 门炮组成——在卡拉布里亚海岸登陆。三天之后，他们在梅达村（Maida）附近袭击了一支法军，在野蛮的肉搏战后获胜。这次胜利不仅在当地也在英国得到热烈地欢庆，这个战场命名为梅达谷（Maida Vale）①，至今仍为人知。不幸的是，经过英勇的抵抗之后加埃塔城（Gaeta）还是陷落了，马塞纳决定集中更大的力量反对入侵者，这迫使斯图尔特在 9 月重新部署军队。这就意味着现在必须采取游击战，结果双方都犯下了残暴的罪行。卡拉布里亚人对西班牙的波旁家族并没有什么深厚感情，但是他们更讨厌法国入侵者。而且教皇不也拒绝承认约瑟夫·波拿巴作为他们的国王吗？卡拉布里亚的军队大部分由农民组成，当战争开始时，他们绝不手下留情。

至于西西里，一个完全由国王斐迪南和皇后玛丽亚·卡罗来纳统治的小岛本应不会给马塞纳带来什么麻烦的。纳尔逊已死，王族到达时，与前几次访问相比，这次他们受到冷淡接待。西西里人到现在才非常了解他们的国王，他们也充分意识到这一事实：他们的小岛在国王的眼里什么都不是，仅仅是一个狩猎区和临时避难所。在巴勒莫的巴拉丁礼拜堂，② 他甚至破坏了许多 12 世纪宏伟的马赛克，以使自己更方便地进入教堂。此外，他还任命那不勒斯人担任所有主要的管理职位，许多西西里人——包括贵族年轻的儿子在内——都失业了。法国人在这种情况下入侵，应该遇不到多少抵抗。

但是真实情况大不相同。首先，斐迪南邀请英国人接管小岛防御

---

① 直到几年前，仍然有一个以梅达英雄命名的小酒吧坐落在梅达谷南部，斯图尔特将军的雕像在其上。

② 参见第六章，第 131 页。

事务——这也正中他们下怀，他们无论如何也必须这样做——现在经常有英国人的炮艇在墨西拿海峡巡逻。第二，英国人不但接管了西西里的防御事务，而且实际上成为这个岛的主人，在此地驻有17000多名士兵和30个领事和副领事。西西里也享受着来自英国的直接补助金，不附带任何大量贷款和私人投资要求，这对之前发展缓慢的西西里经济的影响可想而知。①

1811年之后，当地中海总司令威廉·卡文迪什-本廷克勋爵（William Cavendish-Bentinck）被任命为两西西里宫廷使者时，英国的影响力仍继续增加。尽管本廷克只有37岁，但他曾经被任命为马德拉斯（Madras）总督，随后又参加了伊比利亚半岛战争。由于很能干且精力充沛，他实际上很快成为半岛上的总督。他开始大规模地进行宪政改革。同年，国王逮捕并流放了在西西里议会中的五位反对派领导，现在本廷克以撤退军队和停发补助金来威胁国王，迫使斐迪南恢复他们的职位，而且用自由主义者来担任大部分那不勒斯的大臣，这些自由主义者实际上包括被流放者中的三位。1812年，本廷克按照英国的标准引入了自由宪法，随后他走得更远：玛丽亚·卡罗来纳王后尽力采用各种方法阻挠本廷克，使他的工作很难进行，结果王后突然发现自己被流放了，难怪她称他是“一头野兽”（*una destia feroce*）。

尽管不允许举行仪式，教皇庇护七世还是被邀请参加拿破仑在法国的加冕典礼——这一次是他所希望的邀请，因此他不可能拒绝。然而随后几年，教皇和皇帝的关系越来越糟。拿破仑夺取了奇维塔韦基亚和奥斯蒂亚所有重要的港口。1808年初——到此时教皇国实际上隶属于法国——帝国军队进入罗马，占领了圣安杰洛城堡。最后，

① 英国化在这里非常流行，巴勒莫的上层人物都用英国腔调说西西里方言。

1809 年 5 月 17 日，皇帝在维也纳的美泉城堡（castle of Schönbrunn）颁布法典宣布吞并罗马。“一切都结束了”（*Consummatum est*）当教皇听到这个消息时低语说。6 月 10 日，三色旗取代了经常飘扬在城堡上的教皇旗，圣城的掠夺者正式被开除教籍。

教皇非常谨慎地在除籍令中不提及皇帝的名字；即便如此，这对他而言也是迈出了勇敢的一步，惩罚不久降临。7 月 5 日晚，教皇被逮捕，通过非常曲折的道路被带到萨沃纳，沿途经过了格勒诺布尔（Grenoble）、瓦伦斯和尼斯。他在这里待了三年，直到患了严重的感冒，因此接受了最后一次涂油礼，然后被锁在马车里转移到枫丹白露，生不如死。不像前任死在法国流放中，他于 1814 年 5 月回到了罗马，并一直活到 1823 年。基督教世界在这段时期变得非常复杂，它不同于早期他在任时的情况。

1807 年秋天，当葡萄牙拒绝对英国船只关闭港口时，拿破仑迅速派遣朱诺特将军—— 10 年前，我们在维也纳最后一次遇见他——率领 3 万名士兵穿过西班牙进入葡萄牙。葡萄牙皇室迅速逃到巴西，法国人占领葡萄牙。许多入侵的军队于是转移到西班牙北部。同时，拿破仑派遣姐夫、杰出的装甲兵将军若乔基姆·缪拉（Joachim Murat）[①] 去占领马德里，把西班牙的国王查理斯四世和他的儿子斐迪南带到巴约纳（Bayonne）见他。1808 年 5 月 5 日，他们都承诺正式放弃王权，作为交换，拿破仑承诺西班牙仍然属于罗马天主教国家，保持独立，他将很快任命一位统治者对西班牙进行管理。不久之后拿破仑确实这样做了：这位统治者就是他的哥哥约瑟夫。但是约瑟夫的统治注定要失败，在统治尚未开始时就已注定。5 月 2 日，马德里的人们起来反对入侵者。

---

① 他娶了皇帝最年轻的妹妹卡罗琳。

约瑟夫·波拿巴在那不勒斯曾经有一个美好的开始。根据弟弟的命令，他开始实施撤销王国内封建地产的计划，改革修道院的规章制度，尽力使财政、教育和司法系统规范化。但是他在那里从来都不开心，当拿破仑任命他为西班牙国王时，他非常高兴地接受了。拿破仑在那不勒斯仑用若乔基姆·缪拉接替约瑟夫。缪拉沉湎于极其奢华而有点荒诞的宫廷生活，但是他仍然继续约瑟夫开始的工作，贯彻许多重要的社会变革，打破土地地产制度，用《拿破仑法典》代替《那不勒斯法典》。缪拉一直待在那不勒斯，直到 1812 年俄国战争爆发才离开。这期间，他由于在波罗迪诺（Borodino）的勇敢而再次彰显了自己的与众不同。但是在撤退时，拿破仑把他留下来管理分散的大军团，他却为了保护自己的那不勒斯王国随即也弃军团而去。当拿破仑从厄尔巴岛逃走的消息传到意大利时，已回到那不勒斯的缪拉，成为第一批宣布拥护拿破仑的人之一，立即自行组织并领导了一支意大利军队。但是 1815 年 5 月 3 日，他违背皇帝的命令愚蠢地向奥地利挑战，在托伦蒂诺（Tolentino）被打败，然后到科西嘉寻求庇护。10 月，他最后一次尝试收复那不勒斯，但是那时那不勒斯人已足够强大，他们监禁他一段时间后枪决了他。

马德里的起义迅速遭到残酷镇压，但是其他省的暴动迅速波及整个西班牙，人们在游击战中表现出一贯高超的能力。在巴伦西亚，法国人被赶走，进军安达卢西亚的皮埃尔·杜邦蒂将军（Pierre Duponti），被迫于 7 月 23 日在拜伦（Bailén）投降。现在起义者正向马德里前进，几个星期后驱逐了约瑟夫。此时英国也加入冲突，英国士兵在阿瑟·威灵顿（Arthur Wellesley）——未来的威灵顿公爵——的率领下于 8 月 1 日在葡萄牙登陆。多亏他们，法国在随后的冬季进行的大规模反攻没能将起义粉碎。

伊比利亚半岛战争一直持续到 1814 年，战火遍及葡萄牙和西班牙西北部——但尽管西班牙是一个地中海国家，这却绝不是一场地中海战争，拿破仑·波拿巴也没有直接卷入战争。拿破仑 1799 年离开埃及之后的历史与我们真的没有多大关系：他把战争重心重新转移到欧洲的北部和中部，一直持续了 15 年。在这些年的大多数时间内，拿破仑的威望持续增加，但是 1812 年他迎来了悲惨的俄国战争，在那之后就很少出现转机。现在同盟变得更加团结，1813 年 10 月，拿破仑在莱比锡战役中被打败，此次战役决定了他的命运。最后还有一次毫无希望的决战，但是 1814 年 3 月 30 日，马尔蒙元帅（Marshal Marmont）不得不把巴黎交给同盟国。拿破仑不到两周后正式宣布退位，之后不久，拿破仑在厄尔巴岛开始了流放生活。

1814 年 5 月 4 日，拿破仑到达厄尔巴岛。

厄尔巴岛的历史非常曲折。它在古代主要因铁矿而出名，起初由伊特鲁里亚人开采，后来由罗马人开采。到中世纪早期，它受比萨管辖，但是 1290 年又归热那亚管辖，1399 年又归皮翁比诺公爵，1518 年他把它转让给佛罗里达的科西莫·德·美第奇。自那以后它由西班牙统治，后来由那不勒斯统治。直到 1802 年，它才又被转让给法国。拿破仑一到来，厄尔巴岛立即变成了一个独立的公国，拿破仑自己是统治者。[1] 1814年5月4日，他登上岛屿，整个岛屿立即兴奋起来。“我从来没有见过一个人”，英国的长官尼尔·坎贝尔爵士（Neil Campbell）写道：“在他生命中的任何时候都具有如此多的活力和坚持不懈的精神。”拿破仑认真地对待厄尔巴岛，不把这个岛看成一座监狱，而把它看成需要管理的国家。他号召岛上的11.2万人建立新道路和桥梁，甚至建立起小型的宫廷，使用他一直坚持的严格礼节，采用新标准装饰波托佛拉约港（Portoferraio）的宫殿，赞颂那些为帝国辛勤工作的人。他的妈妈和妹妹波莉娜（Pauline）7月份来到这里；不久，他的波兰情妇玛利亚·瓦莱夫斯卡（Maria Walewska）带着他们的小儿子也来到这里。在他看来，现在这里只缺一个人了：他的第二任妻子，玛丽· 路易斯（Marie Louise）——奥地利皇帝弗朗西斯一世的长女——拿破仑由衷地喜欢她，极度思恋她，他为她非常认真地准备了郊外的圣马蒂诺宫（San Martino），但是她的父母决定把她留在维也纳。他再也没能见到她。

同时拿破仑也在观望等待。令人鼓舞的迹象有许多。军队大部分仍然忠诚；在巴黎，极端保守分子路易十八使自己越来越不受欢迎；维也纳会议也陷入了僵局。另一方面，在厄尔巴岛，他的财政日益紧张，母亲经常劝他要去“实现自己的命运”，因此拿破仑在1815年2月下定决心。在坎贝尔离开此地前往意大利后的一天，拿破仑命令唯一的一艘双桅横船“变化无常号”（*Inconstant*）做好准备。26日，拿破仑离开厄尔巴岛，于3月1日在弗雷瑞斯（Fréjus）和昂蒂贝（Antibes）之间的戈尔夫-瑞昂（Golfe-Juan）登陆，没有遭到任何抵

① 在他离开后，厄尔巴岛又重归托斯卡纳，并于1860年，与其一道并入统一的意大利。

抗。最直接通往巴黎的道路要经过罗讷河谷，但是普罗旺斯是狂热的保皇主义者聚集地，在前些年拿破仑前往此地南部时，他就遇到不友好的示威运动。除此之外，很明显这也是保皇派的追兵的必经之途，因此他选择了山路，途经迪涅（Digne）、西斯特宏（Sisteron）和格勒诺布尔，之后这条路被称为“拿破仑之路”。这条路把拿破仑带回了巴黎——一百多天后又把他带到滑铁卢——把他带出了我们的故事。

直到此时，波旁家族才得以回到那不勒斯，然而玛丽亚·卡罗来纳不在他们之列。她实际上被痛苦的丈夫抛弃了——当她被本廷克放逐时，他没有伸出手去帮她——她因此回到了出生地奥地利；正是在这里，在1814年9月8日早晨，她的尸体在维也纳郊外的赫特泽道夫（Hötzendorf）城堡被发现。玛丽亚曾经是一个有志气、有胆量的人，但是她一贯刚愎自用，那不勒斯的波旁王室把他们的衰败和最后崩溃大部分归咎于她。滑铁卢战役前不到一个星期，1815年7月9日，维也纳会议举行了最后一次集会。这次会议从去年9月开始，正好是拿破仑退位5个月后，当得知拿破仑从厄尔巴岛逃跑时，会议陷入了尴尬时刻，但是他们仍然坐下来谈判——一直以非常谨慎的眼光注视西方——最后的协议是欧洲从未见过的最全面的协议。沙皇亚历山大一世为了保护俄国的利益亲自出席会议；奥地利皇帝弗朗西斯二世派第一大臣冯· 梅特涅亲王；普鲁士国王派冯·哈登堡亲王；英格兰国王乔治三世派卡斯尔雷勋爵（Castlereagh）参加。会议在晚些时候允许波旁法国派代表参加会议，于是维也纳迎来了众多来宾中最杰出的一位：塔列朗亲王[①]。西班牙、葡萄牙和瑞典也出席了会议，

① 塔列朗时年60岁，其职业生涯的经历令人惊讶。他首先进入的是教会，并逐步升任为主教。后来，他任法国政府驻伦敦的代表，为改善英法关系做出了很大努力。但是在国王和皇后被处死后，他到美国去避难，在那里待了两年。回到巴黎后，他被任命为督政府的外交部长，不久成为拿破仑对外政策的主要顾问。然而，由于厌恶皇帝无法满足的欲望，他开始秘密地策划波旁王朝的复辟。1814年，随着路易十八的归来，他再次被任命为外交大臣。

此外还有不计其数的欧洲绅士和女士，他们都来享受欧洲大陆这最辉煌的社交季节。

维也纳达成的大多数决定影响了欧洲北部国家，但与地中海没有关联。在与地中海有关的条款中，威尼斯——还有伦巴第和威尼托——发现自己再一次落在奥地利手里；热那亚被划归到皮埃蒙特；托斯卡纳和摩德纳由一位奥地利大公统治，而帕尔马被划给了另一个奥地利人玛丽·路易斯皇后，她五年前轻率地嫁给了拿破仑。教皇国在 1798 － 1799 年是阿尔卑斯山南共和国和罗马共和国的一部分，1808 － 1809 年又划归意大利国王，现在被慷慨地还给了教皇。

此外还有一些整理工作去做，主要与希腊西海岸的 7 个伊奥尼亚小岛有关。这些小岛的历史各有些不同之处，但是基本模式相同：首先隶属于拜占庭人，然后归诺曼西西里人（被罗伯特·吉斯卡尔征服），第四次十字军东征后归威尼斯人，然后归土耳其人（除了科孚和帕克索斯以外，它们一直处在威尼斯的统治下直到 1797 年）。拿破仑占领威尼斯之后，采取的第一个行动就是派 2000 名士兵到这些岛上，因为他认为这些岛屿对他的东征计划，尤其是进攻埃及的计划至关重要。到 8 月，它们都已经被控制在法国手里，两个月之后坎波福尔米奥协议将法国的统治合法化。在威尼斯，当地贵族的黄金之书都被烧掉，城门口圣马可的狮子被凿倒；但是法国人不久就令人生厌，原因有二：一是由于他们的反教权主义，二是由于他们坚持认为犹太教信徒和天主教信徒身份平等。因此当 1798 年俄国与土耳其第二次结成同盟反对拿破仑时，他们充分利用了法国在尼罗河战争被打败的这个有利条件，派遣菲尔多·乌沙科夫（Feodor Ushakov）率领一支联合舰队去收复伊奥尼亚诸岛。东正教俄罗斯人（如果土耳其人不算的话）被当作解放者受到欢迎。只有在科孚，法国才有充足的守备军进行战斗，但是经过几个月的包围后法国士兵也被迫投降。

根据1800年5月《俄土协议》中的条款，这些岛现在在沙皇的保护下成为一个独立自主的联邦共和国，每年都向土耳其政府交纳岁贡。当英国和法国之间于1813年重新开战时，从表面上看它们的独立起初是受到尊重的。但是拿破仑仍然迷恋科孚岛，1807年7月，他与沙皇在涅曼河（Nieman）中心的竹筏上签订了《提尔西特条约》附件，科孚从俄国转到法国手中。法国一年之后占领卡普罗（Capro），英国的自尊心受到进一步打击；地中海的总司令柯林伍德勋爵（Collingwood）听许多凯法利尼亚和扎金索斯的商人说：岛上的人们非常渴望恢复独立自主，他决定尽力占领伊奥尼亚诸岛，报复法国。1809年，大量的军队从西西里出发，轻而易举地收复了凯法利尼亚、桑特岛、伊萨卡岛和塞西拉岛，但是科孚防御坚固，很难直接进攻。唯一的选择就是进行封锁，但事实证明这比胡闹好不了多少：它们只有2艘护卫舰支持，而一旦它们驶远，法国船将尽快穿过直布罗陀海峡到阿尔巴尼亚带回所需的食物。因此在随后的六年中，两个列强的军队在欧洲势不两立，但在这一带却在各自占据的隔水相望的岛屿上相安无事。

双方都发现岛民很不容易统治。流血冲突成为日常生活的一部分，谋杀每天都发生，愚昧和迷信盛行。当凯法利尼亚长官想把西红柿介绍到岛上时，一位英国旅行者报道，“一些牧师劝说使农民相信这正是蛇在伊甸园用来引诱亚当和夏娃的果实”。然而英国军队逐渐取得胜利，到1811年3月，陆军少将理查德·丘奇（Richard church）在桑特成功地组建了所谓的第一军团——约克公爵的希腊轻步兵；第二军团在凯法利尼亚征募，几乎完全由希腊人管理，1814年2月，他们参加了占领帕克索斯的行动。尽管这两个军团在拿破仑战争结束后被迫解散，但是许多希腊军官和士兵后来成为领导，他们把在这次战争中获得的经验很好地运用到了希腊独立战争中。最明显的例子是伟大的西奥多·科洛科特罗尼斯（Theodore Kolokotronis），他所有的肖像和雕像都戴着英国头盔。

1815 年 11 月，英国、普鲁士、俄罗斯和奥地利的全权代表一致同意伊奥尼亚群岛从此以后成为一个独立自主的国家，处于英国的保护下，由一位英国高级委员管理。一个月之后，时任马耳他总督的托马斯·梅特兰爵士（Thomas Maitland）到达这里就职。查尔斯·纳皮尔爵士（Charles Napier）曾为托马斯· 梅特兰爵士工作，描述他是“一位圆滑顽固的暴君……不可忍受地粗鲁和残暴”，“他身上特别脏”，“经常喝得酩酊大醉，为一群谄媚者所包围”。尽管有这些缺点，而且他浓重的苏格兰口音让他几乎与科孚岛民及英国同胞都交流不畅，随后的十年里，“国王汤姆”却将用强硬而惊人的开明手段统治此岛。

西奥多·科洛科特罗尼斯。

同时，在海峡那面的阿尔巴尼亚本土，一场更加充满苦难的剧目正要上演。这由约阿尼纳（Iannina）城土耳其总督阿里帕夏（Ali Pasha）的野心引起。1809 年拜伦拜访他后写道：

> 阁下已经 60 岁了，很胖而且不高，但是他有一张精致的脸、浅蓝色的眼睛和发白的胡须。他非常有礼貌，同时，拥有土耳其人普遍具有的高贵气质……他的外表不错，但唯独没有反映他的真实性格是一位残酷的暴君，犯下了令人发指的残酷罪行。然而，他非常勇敢且是一位好将军。因而他们称其为“伊斯兰的波

拿巴”。

阿里原来是一名强盗，后来也一直保持着这种本色。年轻时，他和同伴在阿尔巴尼亚和伊庇鲁斯成立了类似恐怖统治的组织。奥斯曼的统治者尽力镇压他们，但他们在斗智斗勇的较量中却屡屡获胜，最后在绝望中，奥斯曼的统治者决定用高官职去贿赂阿里。阿里早在1787年就成为了约阿尼纳的统治者，在此基础上，他和家族又将权力扩展到除阿提卡和雅典本土外的整个希腊和阿尔巴尼亚。他也让自己的都城大变样。约阿尼纳一直非常漂亮，坐落在一个引人注目、四周湖山环绕的地方。他改善了道路，一年举行两次贸易市集，为商人建立旅馆，甚至挖掘了一条可行船的大运河。他奢华的宫殿中有着最大的哥白林挂毯，这面挂毯之前悬挂在凡尔赛。

伊奥尼亚诸岛不断变化的命运一直与阿里利益攸关，他也常常对其关注有加。在威尼斯统治群岛期间，它也控制了对面大陆上的四个主要港口城市：布特林特（Butrint，现在阿尔巴尼亚境内），恰与科孚岛隔海相望；普雷韦扎和沃尼萨（Vonitsa），分布在阿尔塔湾入口处两侧；以及与帕克索斯相对的帕尔加。在1807年，法国占领诸岛时，阿里先发制人占领了前三个港口，但是俄国在帕尔加驻有一支强大驻军，并按协议将它转交给了法国。当地人对法国人不抱好感，别无选择只能最大限度地容忍他们，但当拿破仑之星陨落时，当地的人们举起了英国国旗，呼吁英国支持他们。因此，一小支英国军队在1814年3月22日占领了这座城市。现在一切都非常完美；不幸的是，1815年的维也纳会议使伊奥尼亚群岛成了英国的保护国，而这几个大陆城镇被排除在外，转而移交给了土耳其，维也纳会议的附文指出，允许任何帕尔加人随意地进出群岛。

如果条款写到这就打住，大部分帕尔加人将可能留在原地，但是决议进一步规定，所有移民因为搬迁而放弃的陆上财产都由奥斯曼帝国政府进行补偿。因此所有公民都选择离开，而土耳其政府面临着巨大的补偿金支付问题，于是它把帕尔加让给阿里。巨大的补偿金最后确立为 15 万英镑，当然由阿里支付；1819 年受难节，3000 名帕尔加人带着他们的神像、圣物甚至祖先的尸骸穿过海峡来到科孚，在那里他们分到了钱。我们被告知，他们极度沮丧，他们的经历将成为希腊人在土耳其统治下受尽苦难的一则著名传奇故事。但人们却极少注意到这一点：当地的居民是自愿离开家园并且获得了补偿，如果留在帕尔加的话他们的境遇不会比邻近几个港口城镇更差，而这几个城镇的居民根本就没有这样离开的权利。

阿里帕夏没能享有这个新获的城镇太久。1820 年 2 月，有人刺杀他的一个叫伊斯梅尔帕夏的亲戚，而伊斯梅尔之前与阿里闹过矛盾并逃到了君士坦丁堡。阿里被指控是这次刺杀的主谋，而这恰好给苏丹马哈茂德二世创造了盼望已久的机会。因此苏丹任命伊斯梅尔为约阿尼纳（阿里的地盘）的总督，给了他一小支军队，命令他去做他一直想做的事情。这年秋天，伊斯梅尔的军队逼近时，阿里向城市开火，然后撤退到要塞，这个要塞坐落在一个地峡处，沿河修筑了防御工程，除此之外还有一条很宽的护城河保护。这里似乎可以无限期地坚守。到 1821 年 1 月，虽然这种僵局仍然维持着，但是穆罕默德撤换了伊斯梅尔，接替他的是能力超强的摩里亚总督胡尔希德帕夏（Khursheed Pasha）。胡尔希德明白，不能指望伊斯梅尔的混合军队——它是由许多独立的军队组成，在帕夏的统领下各自为政——随后他花了一年的时间对军队进行整治；1822 年刚开始，胡尔希德就杀开一条血路攻入了要塞。关于阿里如何死的有着各种各样的传说；总之在他死去几天之后，阿里严重受伤的头，被长矛举着在约阿尼纳示众，之后又被当作战利品运回了君士坦丁堡。

第二十五章　希腊的自由

希腊意图从土耳其统治下独立出来的斗争可以追溯到 1814 年 9 月。当时三个希腊人在敖德萨建立了一个秘密组织。为了避免怀疑，他们故意为自己的组织取了一个隐晦的名字——菲力基·伊特里亚（Philiki Eteria），即“友谊社”。这三人在此之前都默默无闻：尼古拉斯·斯考法兹（Nikolaos Skouphas）是一个帽商，伊曼纽尔·桑索斯（Emmanuel Xanthos）是一位原先经营橄榄油的破产商人，阿桑纳西奥斯·特萨卡洛夫（Athanasios Tsakalov）没有固定的职业。他们起步非常缓慢。虽然三个人都出生于希腊，但作为流亡者，他们不可能拓展大陆资源，甚至在黑海周围的希腊移民中，他们是如此渺小以至于无法引起富商的注意，然而他们需要获得富商的支持。

不过，友谊社的成员还是一点点逐渐增加。创立者们把基地转移到了君士坦丁堡[①]。当时这里的希腊人不比土耳其人少。他们从这里向希腊派出间谍：一个去马其顿和色萨利，一个去伯罗奔尼撒半岛和富饶的许德拉（Hydra）以及斯佩察岛（Spetsai），还有两个人去马尼（Mani，位于伯罗奔尼撒半岛南部三个海岬的中心）。马尼一直是人们关注的焦点，1770 年叶卡捷琳娜二世通过其情人格雷戈里·奥尔洛夫伯爵（Gregory Orlov）唆使马尼发动起义，但遭到失败。[②] 这次事件的结果有点弄巧成拙，奥斯曼统治者使马尼脱离了伯罗奔尼撒总

---

① 原文如此。此时的君士坦丁堡应已改称伊斯坦布尔，关于作者对地名的使用，可参见本书序言中的说明。——译者注

② 对东正教的共同信仰使得俄国和希腊之间始终关系密切。

督的管辖，将它直接隶属于土耳其军队首领和爱琴海地区的最高统治者卡皮坦帕夏。帕夏又把权力转交给一个当地家族的头领，后者的头衔是贝伊。1815 年任命的第八位贝伊[①]是希腊革命英雄之一彼得罗贝·玛芙罗密查理斯（Petrobey Mavromichalis），他的家族中至少有 49 人死于这场即将到来的革命。

彼得罗贝像他家族中的其他人一样长得非常英俊。据说，他的祖先乔治娶了一条美人鱼。他将这种特质与优雅的举止、高超的智慧，以及后来表现出的不屈不挠的勇气融于一身。像任何部族领袖一样，当他认为理应如此审判时，绝对不会手下留情；但他也相当宽容，在其领地上，彼得罗贝也是一位平和之人，无论哪里发生血仇，他都尽全力加强团结，因为他明白团结一心在将来会至关重要。当友谊社与他接洽时，他立即给予其支持。

不过，在讨论关于起义的任何细节问题之前，必须要找到一位领袖。生活在该时代的最著名的希腊人——也是最合适的人选——是伊安尼斯·卡波迪斯里亚斯（Iannis Kapodistrias），在希腊之外他以卡波迪斯里亚（Capodistria）而闻名。卡波迪斯里亚斯出生在科孚岛的一个古老家族，这个家族在 14 世纪从意大利迁移到伊奥尼亚群岛。他年轻时是当地政治生活中的活跃者，这给俄国占领者们留下了非常深刻的印象，因此他们邀请其参与管理圣彼得堡的行政事务。在通常情况下，俄国公务员的身份不会影响他担任友谊社主席的职务，但遗憾的是，1815 年沙皇亚历山大一世任命他担任两位外交大臣之一，因此当 1820 年伊曼纽尔·桑索斯请求与之会面并邀请他加入友谊社时，他直接回绝了。

---

① 关于前七位的生平概要，参见派屈克·雷·费默（Patrick Leigh Fermor）的《马尼》(*Mani*)，第 49 页。

随后友谊社把注意力转向了一位满怀魄力的帝国侍从武官亚历山大·伊普西兰提斯（Alexander Ipsilantis）身上，虽然他只有二十多岁，但已在为沙皇的服务中失去了右臂。他有两个兄弟已是友谊社成员，伊普西兰提斯毫不犹豫地接受了邀请。但友谊社的发展仍然前路漫长：全体成员总计才 1000 人左右。但伊普西兰提斯却没什么耐心。1820 年 10 月 8 日，他颁布了一项公告，号召所有希腊人为即将到来的战争做好准备，他宣称，到年底之前，必须在伯罗奔尼撒半岛上发动一场革命。很明显在这点上，他没有征求在当地的联络人的意见，而他现在被告知，伯罗奔尼撒半岛尚未做好准备；因此，伊普西兰提斯决定从北部而非南部开始作战，即从多瑙河畔的摩尔达维亚和瓦拉几亚公国开始。

从许多方面看来，这都是一个令人惊讶的选择。这两个地区——都位于今罗马尼亚境内——都不属于希腊。从法律上讲，它们也不是奥斯曼帝国的属地，只是附庸国，根据条约，在没有获得俄国同意的情况下，苏丹不能向这些地区派兵。这意味着为了东正教教友的共同利益，沙皇可能会被说服阻止土耳其军队镇压起义者。另外这个选择还有一个优势，在过去的几个世纪里，由君士坦丁堡派遣的希腊人统治着这两个地区，而他们肯定会全力支持希腊人，这是预料之中的事。由于受到这些因素的鼓舞，1821 年 3 月 6 日，伊普西兰提斯和其两个弟弟，以及一些志同道合的伙伴跨过边界抵达摩尔达维亚。当天晚上他们进入了首府雅西，并在那里发表了一份声明，承诺“在强大的俄帝国捍卫我们权利的同时”，我们保证会“倾尽全力”，完全歼灭土耳其人。

事实上，种种迹象表明强大的俄帝国不会如此行事，卡波迪斯里亚斯和沙皇都明确向伊普西兰斯提斯表示他们不同意整个计划，并且不会为此做任何事情，从这一刻起，这场战役——如果可以这样称呼它的话，成为一场纯粹的灾难。在离雅西南面100英里的加拉茨（Galatz），起义者大规模地屠杀土耳其驻军和所有的土耳其商人。当此消息传到雅西时，这里的50名土耳其守卫已经放下武器，因为已得到起义军保护其生命和财产的承诺，但他们还是遭到了杀害。当伊普西兰提斯得知自己满心希望从雅西获得资金的期望化为泡影时，他开始对富裕的银行家进行敲诈。与此同时，他召集的那些得不到军饷的部队对当地村庄进行洗劫。现在，感到事态不妙的伊普西兰提斯开始向布加勒斯特（Bucharest）进军，结果却发现一位当地冒险家——西奥多·弗拉迪米雷斯库（Theodore Vladimirescu）先于他抵达这里，并占领了该座城市，他召唤当地的瓦拉几亚人起义，不是反抗土耳其人，而是这些法纳尔希腊人（Phanariot Greeks）① ——“生吞活剥我们的恶龙”。

但还有两个更沉重的打击即将降临。首先，君士坦丁堡东正教牧首在22位主教的支持下，判处伊普西兰提斯和其他反叛领袖“开除教籍，永不得恢复、不得宽恕，死后永远受到诅咒，永生永世都会遭受痛苦”。其次，这场起义受到了沙皇的正式谴责。由卡波迪斯里亚斯起草的声明，撤去了伊普西兰提斯的军职，依据是他已经丧失了“所有的宗教感情和道德责任”。伊普西兰提斯和其同僚绝对不可能再获得俄国的支持，并将永远禁止他返回俄国。

幸运的是，不久后弗拉迪米雷斯库被俘获，并被送到伊普西兰提斯的军营，随后被处以死刑。伊普西兰提斯军队的规模因加入了背叛弗拉迪米雷斯库的士兵而迅速增长，于是叛军决定继续向前进攻土耳其人。6月19日，他们在德勒格沙尼（Dragasani）村遭遇了一支相当规模的奥斯曼军队。在随后的战斗中，他们中的一半人被砍成了碎

① 这些人来自君士坦丁堡的法纳尔地区，此地是希腊东正教的牧首职区。

片，其余的一半逃走了。伊普西兰提斯逃往奥地利，但过境时被逮捕了，并被监禁在莫哈奇（Mohacs）直到1827年，最后于获释后的次年去世。希腊的民间传说通常认为他是一位英雄或烈士，从某种意义上说的确如此；但他缺乏聪明才智，也不具备领导一次成功的反叛战争所需要的经验，所以除了其他因素外，第一次希腊独立战争的惨败几乎主要归咎于他的极端无能。

在伯罗奔尼撒半岛，即将到来的叛乱前景似乎稍微更光明一些，特别是在1821年1月，当摩里亚总督胡尔西德帕夏出发去对付约阿尼纳的阿里帕夏之后。胡尔西德在该地区威慑力甚强，但其继任者是一位年轻无能的人，立即导致了土耳其人的威信锐减。几天之后，从桑特岛来了一位狂暴、大约50岁左右的黑胡须前土匪——西奥多·科洛科特罗尼斯，他比其他人更有能力领导希腊独立战争。他威风凛凛的仪表、响亮的笑声和令人害怕的狂暴使其成为一位天生的领导者；来了没几天，其鲜明的个性便给周围人留下了深刻的印象。

导火索已经铺设好了，科洛科特罗尼斯点燃了引线，他决定在3月25日发动起义。① 即便如此，还是有一些团体草率行事。在阿雷奥波利斯的一个小镇，圣米迦勒教堂广场的匾上写着："1821年3月17日，彼得罗贝领导的伟大起义在这座历史上著名的广场上打响了。"玛芙罗密查理斯（Mavromichalis）获得了第一个投入战场的荣誉。科洛科特罗尼斯紧随其后，他在20日集结了约2000名武装士兵，他们在欢呼的人群中穿过了卡拉马塔（Kalamata）。三天之后，

① 在19世纪早期，东正教仍然使用罗马儒略历（旧历），它比格列高利历（新历）晚12天。后者是教皇格列高利十三世于1582年创立，新教徒国家在相当长时间并不采用这种新历。（英国在1752年9月开始使用它。）3月25日在希腊是非常重要的一天，但称它为4月6日既迂腐又混乱。因此，在这一章中都使用旧历。

他们接受了土耳其驻军的投降，并承诺会保留他们的性命。（但他们并没有兑现承诺；就像一位当代作家所写的，“月亮毁灭了他们”。）[①]一个多星期后，整个伯罗奔尼撒半岛全面起义了。

然而并不是每个地方的反抗者都进展顺利。在3月的最后几天里，主要城市和港口——佩特雷（Patras）的起义遭到了严厉镇压，土耳其士兵站在城堡之上向下面的围攻者开炮。几天之后，形势更加令人失望。主教杰日耳曼诺斯（Germanos）——他不仅是佩特雷主教，教会的领导人，也是整场革命名义上的领袖——恳求所有基督教大国给予其支持。3月29日，他收到一封来自科孚的托马斯·梅特兰爵士的回信，梅特兰回复说，伊奥尼亚群岛的臣民被禁止站在任何一方卷入这场冲突。如果他们这样做的话，将会立即失去其政府的保护。

在3月的棕枝主日，几百名土耳其士兵在优素福帕夏（Yussuf Pasha）的率领下到达佩特雷。不久前，优素福放弃了围困约阿尼纳的任务，接受了新任命——埃维亚岛的总督；在米索朗基（Missolonghi，现在的迈索隆吉翁［Mesolongion］），优素福听闻了暴动的消息，立即赶去解围。他和士兵在拂晓时进入佩特雷，在希腊人还在睡觉的时候突袭了他们。当优素福下令将所有显要公民的房屋夷为平地时，许多人才爬起来惊慌逃命。狂风助长了火势，约700座房屋被毁。同时，街道上充斥着横冲直撞的土耳其士兵，都急于让希腊人流血。在逃跑不及的希腊人中，有40个人在随后几小时内被斩首。

直到整场战争结束时，佩特雷都一直是一个战场。希腊人和土耳其人轮流占上风，但谁都没能获得决定性的优势以终结战争。尽管这

---

① 引用戴维·布鲁尔（David Brewer）的著作。这部优秀的历史著作是《自由的火焰》（*The Flame of Freedom*），我在本章中客观地引用了它。

里经常受到希腊大炮的猛击，但土耳其人从未失去对这座城市的控制权，希腊人也没能将其赶出两座城堡——鲁梅利和摩里亚（Morea），这两座城堡在科林斯海湾的最窄处隔海相望。对土耳其人而言，由于希腊人已舒舒服服地在科林斯扎了根，如果失去这个意义重大的桥头堡，他们就不可能从北面穿过半岛，其政府所在地——特里波利斯（Tripolis）也将被孤立；但如果能保住它，就能将反抗者置于更加危难的境地。

毫无疑问，伯罗奔尼撒半岛是斗争的中心。科洛科特罗尼斯——现在是正式的总司令（archistrategos）——在瓦尔泰特斯（Valtetsi）发生的第一场激战中赢得胜利，此地距土耳其政府所在地特里波利斯仅 5 公里。土耳其损失了约 700 名士兵，或死或伤，希腊方面可能损失了 150 人。希腊人也占领了土耳其人最重要的要塞：东南角的莫奈姆瓦夏（Monemvasia），很多人起初都认为其由巨大岩体构成的防护坚不可摧。另一方面，在鲁梅利（也可扩展指科林斯湾以北所有的希腊人）偶尔爆发的斗争在很大程度上直接阻止了土耳其人向南行军。以希腊人在瓦西利卡（Vasilika）获得的重大胜利为例，这条路又长又窄，与不远处的温泉关关口（2300 年前，斯巴达国王利奥尼达和其军队在此处英勇反抗波斯人而亡）[①] 非常相似。

海上也在展开战斗。双方兵力极为悬殊。希腊船只基本上是商船，尽管它们经常携带许多大炮来保卫自己——以免受到大批出没于东地中海的海盗侵扰。而土耳其拥有海军。从表面上判断，双方是在实力相差悬殊的情况下进行海战，但希腊占据一个优势：希腊海员是本地人，而土耳其船员来自封闭的中亚内陆。土耳其战舰甲板上的战斗人员几乎全是土耳其人；他们的航海和导航却要依靠希腊人，当革

---

① 参见第二章，第 22 页。

命爆发后，这种情况不可能再出现。另外希腊人的小船比土耳其人的船只更加快速和灵活，正如两个半世纪前英国舰队反抗西班牙无敌舰队获胜时的情况一样。

因此，当我们知道从 1821 年起君士坦丁堡所派遣的三支独立海军舰队（肩负双重使命：加强土耳其对正在造反的希腊半岛的控制；加大伯罗奔尼撒半岛驻军的增援和供应）中，有两支均遭遇失败时，这并不令人惊讶。当希腊火船将他们的第二只大船破坏之后：火烧到他们的炸药库，把所有的东西烧成了碎片，并造成 500 多人伤亡；第一支土耳其舰队撤退了。第二次，土耳其人原本准备征服安纳托利亚沿岸的萨摩斯岛，结果却两手空空地被赶了回去。只有第三次获得了成功，土耳其人围绕整个伯罗奔尼撒半岛航行，然后进入伊奥尼亚海，那里的英国当局仍然同意他们使用岛上的港口。因此他们可以从桑特岛获得食物，并使用埃及船队继续攻击科林斯海湾北岸的伽利克西迪（Galaxidi）港。最后，他们俘虏了 34 艘各载有 30 名水手的希腊船，并将城镇夷为平地。舰队按照原路回到博斯普鲁斯海峡，停泊在了金角湾，俘获的船被拖在后面，俘虏的尸体在桅杆上摇晃。

随着土耳其和希腊之间的关系进一步恶化，预料之中的是，平民同战士一样遭受了苦难。1821 年 6 月，士麦那（Smyrna，现在的伊兹密尔）发生了一桩丑闻。当地大型的希腊人社区遭袭，几百名男子和妇女遭到屠杀和劫掠。但最臭名昭著的暴行发生在君士坦丁堡，而且这是苏丹马哈茂德二世下达的命令。1821 年 4 月 22 日复活节拂晓之后不久，牧首格里戈里奥五世的头衔被剥夺——必须强调，他从未表明过支持希腊革命，当天中午他在其主教座堂的中门被绞死。根据英国大使馆的神父罗伯特·沃尔什（Robert Walsh）所说，“禁食让他变得消瘦，年龄使他更加憔悴”——他看起来似乎快 80 岁了——

“过轻的体重不足以立即置他于死地，他的痛苦持续了很长一段时间，没有友善的双手伸过去减轻他的苦难。黑夜降临后不久，他停止了最后一次抽搐”。据说几小时之后，苏丹本人亲自前来察看了他的尸体，并把尸体留在那里悬了三天。

老牧首并不是唯一的受害者，所有奥斯曼帝国境内的基督教堂都遭到了袭击和烧毁。许多神父被处死，其中至少包括七位主教。尽管整个西方世界都震惊于这种暴行，但只有信仰东正教的俄国发出了抗议的声音，奥地利和英国的外交大臣梅特涅和卡斯尔雷总是反对任何民族解放运动，他们轻而易举地说服了起初犹豫不决的普鲁士和法国。沙皇因此只能单独行动，但他毫不怯阵。在卡波迪斯里亚起草的最后通牒中，他宣称：

> 奥斯曼政府已经公开反对基督教世界。这使得希腊人的防卫合法化，从今以后他们的作战将是神圣的，他们将把自己从不可避免的毁灭中拯救出来。鉴于此次战斗的性质，俄国发现必须为希腊人提供帮助，因为他们遭到迫害；因为他们需要保护和帮助，因为他们需要和整个基督教世界联合；因为俄国不会让自己同宗的兄弟任由盲目偏执狂摆布。

这份文件于7月18日递交给了土耳其政府。到25日，他们仍未收到回复，于是俄国大使斯特洛加诺夫（Stroganoff）伯爵中断了与土耳其的外交关系，关闭了大使馆。

与此同时，在伯罗奔尼撒半岛，科洛科特罗尼斯及其军队正准备占领目前为止最有价值的港口——特里波利斯。尽管有1万名士兵——包括1500名令人畏惧的阿尔巴尼亚雇佣兵——镇守在这里，这座城镇乍一看是一个相对容易进攻的目标。它位于开阔的平原上，没有任何自然屏障可以依靠，仅有一些约 14 英尺高的石墙。同时它也不可能从海上获得供给。而且这个城市因严重拥挤而闻名，平民约有 15000 人，当地的土耳其人因为附近乡村生活不再安全而跑到城镇中，而这引起了人口的膨胀。在希腊的酷暑中，他们在围攻下不可能坚持很久。

到 7 月中旬，科洛科特罗尼斯指挥希腊军队向北部和西部移动，玛芙罗密查理斯率领预备军待命。正当他们准备发起进攻时，来了一位不速之客：底米特里·伊普西兰提斯（Dimitrios Ipsilantis），苦命的亚历山大的哥哥。虽然亚历山大最后失败的消息没有传到伯罗奔尼撒半岛，但这次单独的拜访似乎不会给他们提供许多建议。实际上，底米特里看起来毫不起眼：身高不到 5 英尺，人长得清瘦，说话时有些口吃。然而他身上仍具备一些鼓舞人心的东西。从他首次出现的那刻起，没有人怀疑他的正直。几天之内，他就担任了新伯罗奔尼撒政府的领导，同时也是军队的最高统帅，许多革命领导者都支持他。科洛科特罗尼斯自己就在其中，他意识到迅速形成的新希腊需要很多有知识的领袖，并且认为伊普西兰提斯可能会成为一位杰出的适当人选，因为他很容易使人们服从于他的意志。经过商议，他们一致同意临时政府，即成立仅一个月的伯罗奔尼撒参议院应当继续存在，并任命伊普西兰提斯为总统和总司令。

围攻开始了，其走势也一如希腊人的预想。特里波利斯完全缺乏食物和淡水，不久疾病便开始迅速蔓延。8 月底传来一则消息：希腊人成功地阻截了一支从北方出发途经温泉关的土耳其援军。几天之后，城中孤立无援的土耳其士兵表达了谈判的意愿。他们手中握有一张牌：38 名希腊人质，包围开始时，他们和其仆人一块被俘。所有人质都被关在一间小房子里，所有主人的脖子被同一条链子串在一起，仆人串在另一条链子上。这些链子是如此之紧，以至于如果有人想坐下来或站起来，其他人也必须同样如此。也许这些臭名远扬的残暴行为激怒了围攻者。由于预期破城后可肆意抢劫，围攻者的人数不断激增，当开始商量如何划分战利品时，他们的灵魂变得丑陋不堪。

在预料之中的投降降临之前，科洛科特罗尼斯成功劝服伊普西兰提斯离开军营。他的借口是土耳其舰队迅速出现在了西海岸，而其职责是阻止他们登陆。（事实上，伊普西兰提斯携带的唯一一门两磅炮对奥斯曼海军没有太大威胁——众所周知，土耳其人势不可挡地一路挺进到伽利克西迪。）正如科洛科特罗尼斯所了解的一样，真正的原因是：对特里波利斯的占领将以血流成河而结束。如果高尚的伊普西兰提斯不在此处目睹到这种惨状，那么其作为一个政府领袖的责任会减轻些。

科洛科特罗尼斯的想法是正确的。10 月 5 日，当和平谈判仍在进行时，希腊军队突然冲进了特里波利斯，发现街道上堆满了那些死于饥饿或疾病而尚未掩埋的尸体；几个小时后，这些尸体上又新加了数百具。这些受害者都是遭到了故意屠杀。而且不光在城内；大约 2000 名难民，其中大部分是妇女和儿童，他们在获得安全保证后自己选择离开，却仍遭屠杀。在噩梦结束几天后，伊普西兰提斯回来了，他为眼前的一切感到震惊。曾经有人建议他应该留下来，利用他的影响力去约束其同胞的狂热，但他原本就不大的影响力已经开始下降，但不管怎样，他确实也无能为力。众所周知，战争非常容易促使参与者失去人性；历史充满了恐怖，特里波利斯劫掠不是第一次也不是最糟糕的一次。然而，悲哀的是希腊独立战争的英雄事迹因为这个抹不掉的污点而蒙受耻辱。

希腊人为自由和民族独立而战，但他们还不是一个国家。伯罗奔尼撒参议院固然很好，但是它的成员没有经过选举，事实上，它的许多成员都是自封的，而且根据其准确定义也只局限于希腊南部地区。科林斯湾以北的鲁梅利东部和西部也有相似的组织，后者以米索朗基为基地，由亚历山大·马夫罗科扎托斯（Alexander Mavrogordatos）牢牢地控制着。他是一个高度西化的人，会说七国语言，最近刚从比萨回来，在那里他成为诗人雪莱（Shelley）的一位密友，并给玛丽·雪莱（Mary Shelley）上过希腊语课。一听闻起义的消息，他赶忙回到希腊，8月中旬到了米索朗基，从那一刻起，他在希腊革命中将发挥重要的影响。

当务之急是建立一个能把这三个机构团结起来的最高机构，同时把小城镇中的更小团体包括进来。抱着这样的目的，所有机构的代表于该年的最后几周在皮亚达（Piada）集会，此处是一座距离埃普道鲁斯（Epidaurus）古典剧院约5英里处的不起眼的小村庄，因此通常称这次会议为埃普道鲁斯大会。会议起草了希腊第一部宪法。宪法宣称了希腊国家的“政治地位和独立自主”；以希腊东正教为国教；把保护民权的法律列入了议程；最后还规定了组成行政机构的要素，即一个由五人组成的执行委员会和一个参议院。马夫罗科扎托斯当选为执行委员会主席，实际上就是国家元首；正在围攻科林斯的伊普西兰提斯当选为参议院主席，玛芙罗密查理斯为副主席。

然而，宣称独立自主和颁布一部宪法是一回事，但将其转变成现实，并促使它们获得广泛认可则是另一回事。参与埃普道鲁斯大会的代表们犯了一个严重错误：他们忘记了要挑选一个首都。或许在早期阶段，做这样的决定似乎还为时尚早；但实际上，这次商讨结束后，他们在各自区域的权力中心没有做多少行政管理工作以使联合政府成为现实。马夫罗科扎托斯充分意识到，土耳其海军仍然在亚得里亚海南部徘徊，因此，他迅速启程前往许德拉和斯佩察岛——三个海岛中的两个（第三个是爱琴海的普萨拉［Psara］）。革命军的海军需要依靠这些小岛上的船只和船员，他们的支持对即将来临的海战是至关重要的。他直到 1822 年 5 月才从那里返回，之后就直接前往达米索朗基加强其城市防御。

因此在某种程度上，希腊宪法在希腊人和外国人心目中仍还只是一个幻影。我们可能会感到遗憾，但我们不会对科孚的托马斯·梅特兰爵士的回答感到惊讶。当希腊新政府请求归还被扣押的船只时，他回答说：

> 他本人刚收到一位抵达此港口的信使给其送来的信件，这些信件用的是希腊政府的名称……
>
> 他完全忽视“一个希腊临时政府的存在”，因此，也不可能认可这样一位政府代表……他将不会同任何其不甚了解，而且有名无实的政权通信。

对希腊人而言，革命的第一年取得了非凡的成功。现在希腊起义已经引起了欧洲的注意。从英格兰到法国，从德国到西班牙，从皮埃蒙特地区到瑞士，甚至在波兰和匈牙利，亲希腊的青年人——新近的古典教育鼓舞着他们——挤满了任何可以将他们带到希腊战场的船只。

但其中的很多人注定要遭遇毁灭。1822 年这一年比上一年阴郁得多。来到希腊的大部分的外国志愿者连一句希腊语都不会说，当他们发现自己周围环绕着的尽是些盗匪之流时，相当惊骇，并待在自己的营地中不出来。7 月份，当马夫罗科扎托斯和土耳其人在阿尔塔外面的佩塔（Peta）平原激战之时，几乎动员了所有的志愿者，战争持续到了 16 日，结果证明这是一场巨大灾难。死亡者中至少有 67 名亲希腊分子，活下来的不到 30 人——他们中的很多人都受了重伤。重新回到米索朗基后，在随后的冬天里，其中几个又死于伤病。这场梦就此消逝了。

然而佩塔的灾难还不能与当时发生在东面150英里处的希俄斯岛上的悲剧相提并论。直到革命爆发时，希俄斯岛一直是希腊所有岛屿中最富有和最快乐的。不同于其他相邻的岛屿，希俄斯岛有令人羡慕的土地，在意大利占领的数个世纪内，这里涌现出了非常杰出，而且久经世故的、值得夸耀的大商人家族（包括马夫罗科扎托斯家族），他们的名字享誉整个东地中海。多亏了该岛的富裕和影响力——岛上的村庄中有22个都是苏丹妹妹的财产，它们负责生产君士坦丁堡需求量极大的乳香树胶，奥斯曼的枷锁在这里还不算太重。这个幸福之岛的人们做梦也没想过造反。1821年5月，当来自许德拉的一支舰队邀请他们参加革命时，他们断然拒绝了。随后一年，当另一支来自相邻岛屿萨摩斯的舰队带着1500名步兵和许多重装炮兵在其海岸悄悄登陆时，希俄斯岛的人发现自己被卷入了一场噩梦中。

萨摩斯人而非希俄斯人应该对袭击土耳其人控制的乔拉（Chora）要塞负责，乔拉是这个岛上最主要的城镇。他们烧毁海关建筑；剥去清真寺屋顶上的铅，然后把它们熔化做成子弹。但受苦的却是希俄斯人。有80名杰出的公民被关进监狱，其中3名送到了君士坦丁堡当作人质。1822年3月11日，卡拉·阿里（Kara Ali）率领一支奥斯曼舰队来到这里。大约15000名安纳托利亚暴徒上了岸，并被放任自流。萨摩斯人逃跑了，屠杀开始了。特里波利斯的故事重新上演，但这一次土耳其人是屠夫，希腊人是受害者。留在乔拉的男子、妇女和小孩没有一个存活下来，岛上其他地方几乎也没有安全可言。2000名惊慌失措的难民在著名的尼奥莫尼（Nea Monì）修道院里挤作一团，这座修道院因壮丽的马赛克而闻名于整个拜占庭世界。最终，这里的所有人还是遭到了杀害。另一所修道院，阿吉欧斯米纳斯（Agios Minas）庇护了另外3000人。4月14日，复活节星期一，这里被夷为了平地，包括里面所有的人。一个月之后，80 名人质中的 49 人被公开绞死，8 人被悬于土耳其旗舰的桅杆顶端，剩余的人被挂在树上，沿道路排成行，至今这条路还以“殉道者之路”而著称。

希腊人也扳回一城。6 月 18 日晚，他们派喷火船去袭击位于乔拉外围的土耳其舰队，并将卡拉·阿里乘坐的旗舰锁定为目标。整个行动都很成功：几分钟内，旗舰着火了。卡拉·阿里急忙乘救生艇逃走，但落下来的圆木将他的头打中，第二天便死了。据说船上的土耳其人总计超过 2000 名。但到此时，幸存下来的希俄斯人已经不在乎这些了。他们已经失去了大约 7 万名同胞：25000 名死亡，另外 45000 名——几乎占原来人口的一半——被掠为奴隶。

由塔列朗的私生子德拉克洛瓦所创作的著名油画《希俄斯岛大屠杀》(*Massacres of Chios*)①，只是这种残暴行为传到西方后所引起的恐惧、厌恶情绪的一种表现。而土耳其人不会轻易得到原谅。

《希俄斯岛大屠杀》，德拉克洛瓦，1824 年。

对希腊人而言，其他地方传来了一些好消息。最引人注目的胜利是占领了雅典卫城，尽管这可能不是最具战略意义的胜利。除了这座宏伟的建筑，这座城市如今已不再是伯里克利时代的人们所知道的模样，也与它今天的模样大不相同。它的人口不超过 1 万，其中至少一半是阿尔巴尼亚人，剩下的由希腊人和土耳其人构成。1821 年夏天，

① 国王路易十八买到了这幅画，现藏于法国卢浮宫。

希腊人开始封锁卫城中的土耳其守兵，但直到这一年结束他们也没有取得任何进展。希腊人设法攻占了城墙外面南部的水井并迅速在井中投毒，这样守军就要完全依靠雨水。恰巧这个冬天和 1822 年的春天正是人们记忆中最干旱的时期。每次攻占卫城的尝试均告失败，但这无关紧要；饥饿和随之而来的疾病非常有效。6 月 22 日，留下的守军——总计约 1150 人——投降了。

他们的投降条件还算体面——由希腊人负担费用，发放给他们安全通行证让其回家。可尽管希腊首领在大主教面前宣誓要尊重他们，但雅典的希腊人可不这么想。几个星期之前发生的希俄斯岛的悲剧在他们脑海中还记忆犹新；希腊人还记得去年所谓的“追捕希腊人”行动，当时土耳其领袖奥默·弗里奥尼斯（Omer Vrionis）把他找到的大约50－100名的希腊农民带出去，并给他们一些时间出发，随后他骑马飞奔追赶，在他们奔跑时向其开枪，后者一旦被抓住，就要面临砍头。因此，他们对土耳其人毫不怜悯。到 7 月中旬，至少有一半的守军遭到屠杀，其余的人则幸运地逃了出去。

就在卫城守军投降的整整两个星期后，土耳其士兵离开了拉米亚（Lamia）——与埃维亚岛的北部相对——向南行军。他们首先收复了几个月前希腊人所占领的，高高屹立于科林斯城之上的科林斯卫城。然后去解救那些被围困在纳夫普里亚的战友。这是一支庞大的军队；阿里帕夏死后，围攻约阿尼纳的数千名士兵就闲了下来，他们加入了这支军队，使其人数超过了 2 万人——数倍于将面临的希腊对手。这支军队的领导人叫穆罕默德，是离萨洛尼卡东部几英里的德拉马（Drama）的帕夏，通常人们称他为德拉马里（Dramali）。

最初的几个星期内，德拉马里横扫各地。科林斯卫城投降后，他向南抵达纳夫普利亚，这里已宣布休战，方便守军与不久来临的土耳其人进行谈判。一两个星期之前，新成立的希腊民族政府急忙从科林斯迁到阿尔戈斯，那里距海岸大约只有10英里。现在他们第二次逃亡，坐上了停在纳夫普利亚本来是用来运走土耳其人的希腊船只。因为这种种举动，这个民族政府的名誉再也没有恢复。另一方面，希腊的军事首领却不乏勇气。他们源源不断地把士兵投入到阿尔戈斯，底米特里·伊普西兰提斯也加入其中，后来科洛科特罗尼斯也来了。伯罗奔尼撒参议院任命后者为最高指挥。科洛科特罗尼斯知道德拉马里接下来应该会向土耳其之前在特里波利斯的总司令部前进。因此他自己的计划是堵塞土耳其人前进的道路，然后再派遣一小支部队进入阿尔戈斯和科林斯之间的狭窄山口去切断敌人的退路。

在良好开端之后，德拉马里却后劲不足了。希腊炎热干燥的夏季让军队的给养成了大问题，其中最麻烦的就是饮用水。伊普西兰提斯在阿尔戈斯坚持战斗；而纳夫普利亚的谈判破裂了，堡垒里的土耳其守军再次遭到围攻。现在除了重回科林斯以外，土耳其人别无选择。不幸的是，德拉马里现在才明白，他忽视了在行军路途中经过的关口和峡谷地带部署守军。科洛科特罗尼斯的计划非常奏效。8月6日，当土耳其先锋部队进入代韦纳凯亚（Dervenakia）峡谷时，希腊士兵从山上的岩石后向下开火，结果又是一场大屠杀。两天之后，德拉马里选择了一条不同的路线，类似的故事重演了。多亏他的卫队，他最后才能安全通过，但德拉马里丢掉了自己的剑、头巾——以及尊严。

与大约2000人的敌军伤亡人数相比，更令希腊人满意的是缴获的战利品：他们夺得了土耳其人的整个辎重车队，车上装有400匹马、1300只役畜和几百只骆驼。12月，纳夫普利亚的土耳其驻军最后投降，远征军的幸存者试图返回科林斯，但回科林斯的道路几乎全部被切断；他们唯一的出路是向西前往佩特雷，那里仍然由土耳其人控制。成千上万的土耳其病人和受伤者被用船只运走，3500名平安逃脱的人步行前往佩特雷。然而，大约有一半路程是沿着南海岸，那里的道路越过克劳提斯（Krathis）河后慢慢变窄，希腊人的突袭切断了他们的前后路。土耳其人坚持了六个星期，起初他们吃自己的马；我们得知，最后他们开始野蛮地吞食同类。直到次年的 3 月，从佩特雷来的土耳其舰队才成功营救出 2000 多人，其中许多人已经奄奄一息。

这支整整一世纪以来曾经出现在希腊的最庞大土耳其军队，没能给革命造成任何影响就溃败了，这让希腊人重燃希望。但尽管他们的军事胜利给人留下了深刻印象，可运动本身正走向分裂的边缘。埃普道鲁斯大会原本只打算持续一年，后续会议于 1823 年 3 月在阿斯特罗斯（Astros）——位于伯罗奔尼撒半岛东海岸，离纳夫普利亚 20 英里——召开，此次会议大约有 260 名代表，是上次大会的四倍多；当然，场面也混乱许多。

起义者已分裂为两派：一派是围绕在马夫罗科扎托斯身边的政治家，另一派是由科洛科特罗尼斯领导的武士。各个地区之间也存在裂痕：伯罗奔尼撒半岛、鲁梅利和伊庇鲁斯以及群岛上的居民很少互相关爱，如果竞争对手获得了他们自己想要的优待，他们肯定会怀恨在心。每一次高级职位的重要任命都意味着挑战；在随后的讨论中，代表们开始动刀动枪，场面火爆。有一次，愤怒的科洛科特罗尼斯甚至对整个议会发出威胁，只有在执政委员会谋得一席之地后，他才平静下来；即便如此，无论是在他的朋友还是敌人心中，嫉妒和极度愤慨的情绪仍在酝酿聚集。

简言之，这就是 1823 年 8 月 3 日，乔治·戈登·拜伦爵士（George Gordon Byron）在凯法利尼亚登陆时所面对的情况。拜伦对于希腊而言不是陌生人。早在 15 年前，即 1809 年与 1810 年之交，他到约阿尼纳拜访阿里帕夏时，就曾来过这里。这次他受到了英国参政司的热烈欢迎，后者允诺会在不危及英国在两派中严守中立的政策的前提下尽可能给他提供帮助。拜伦的首要问题是弄清到底发生了什么事情。英国人实际上什么也没法告诉他，所以他租了一条小船，船上携带着一封给马科斯·博察里斯（Marcos Botsaris）（因为据说他是“希腊首领中最勇敢和最真诚的人之一”）的信件，轻巧而迅速地穿过了土耳其人的封锁。博察里斯立刻给了答复，邀请拜伦加入他们，还告诉他自己明天正要去参加一场战斗。

拜伦欣然接受了邀请。可就在他动身之前，传来了这位首领去世的消息，这令他感到很失望。因此，他仍然留在凯法利尼亚，并搬到迈塔克萨塔（Metaxata）村的一幢小别墅里。他在这里度过了整个秋季。他尽力自卫，以避开蜂拥而至的关于金钱和援助的请求。年轻的乔治·芬莱（George Finlay）是一位热情的亲希腊分子，他后来写了一部具有权威性的希腊革命史，他写道：

> 科洛科特罗尼斯邀请他参加在萨拉米斯召开的一次国民大会。马夫罗科扎托斯告诉他，除了许德拉以外，他去任何地方都没有用，因为马夫罗科扎托斯当时就在这个岛上。米索朗基的长官康斯坦丁·麦塔克瑟（Constantine Metaxa）说，希腊将遭到毁灭，除非拜伦拜访这座堡垒。彼得罗贝使用浅显的言辞告诉了拜伦爵士救助希腊的真正方法，即借1000英镑给身为贝伊的他……

很明显，造反者的意见并不一致。12月，当科洛科特罗尼斯的儿子帕诺斯在阿尔戈斯开会期间突然闯进参议院时，矛盾达到了顶峰。他将议员们赶了出去，并跟随他们回家，拆毁他们的房子。至此，所有试图消除分裂的努力都失败了。到1824年，希腊实际上存在两个相互竞争的政府：一个是位于阿尔戈斯的克拉尼迪（Kranidi）；另一个位于特里波利斯，由科洛科特罗尼斯家族把持。

此时拜伦终于开始行动。在伊奥尼亚海附近游弋的舰队强烈表明：土耳其人将重新发动进攻。因此，11 月 13 日，拜伦借给希腊政府约 4000 英镑，其目的是为了成立一支分遣舰队——在许德拉和斯佩赛海岸附近巡逻。11 月中旬，分舰队到达了米索朗基，上面有马夫罗科扎托斯，他被委托负责整个城镇的防御。圣诞节后四天，拜伦离开凯法利尼亚加入他们，带着他的纽芬兰狗“里昂”，仆人威廉·弗莱切（William Fletcher）和来自伯罗奔尼撒英俊潇洒的 15 岁侍从官卢卡斯·夏朗德萨诺斯（Loukas Chalandritsanos）。

这是一次危险的旅程，因为土耳其舰队出动大批人到处布岗。有一次经历尤为令人不快：12 月 31 日的凌晨时分，他们突然遇到一艘正快速向他们靠近的庞大土耳其船只，船长立即调转方向，最后把土耳其船远远地抛在了后面，但不久，拜伦就把夏朗德萨诺斯送上了岸，命他循陆路去往米索朗基。正如拜伦写给斯坦霍普（Stanhope）上校（他是伦敦希腊委员会在希腊的代理人）的信中所说：

> 我感到心神不安：这不是因为我自己，而是因为和我在一起的一个希腊小男孩，因为你能料到他的命运将会怎样；我宁愿让他和我自己被剁成碎片，也不愿意让他被这些野蛮人带走。

1824 年 1 月 4 日，他们进入了米索朗基港。拜伦继续待在船上，直到第二天上午 11 点，他才穿着自己设计的军服正式进入小镇。一位目击者回忆说：

> 成群的士兵，不分等级、性别和年龄的公民全都聚集在海

岸，以表达他们的喜悦之情，每个人的脸上都洋溢着希望和满足的神情。阁下乘坐一艘斯佩齐奥特（Speziot）船上了岸，穿着一套红色制服。他的身体很健康，看起来因欢迎场面而深受感动。

这也许是拜伦的希腊之行中最辉煌的时刻——因为关于他最后三个月的报道读起来令人沮丧。他没有实现他宣称的任何一个目标。他要亲自领导对勒班陀的远征的计划化为泡影；希腊领导人在萨洛纳集会的计划也没有实现。他花费了巨额资金，包括 11 月份的 4000 英镑和随员的一大笔生活开支，还额外预付给一个完全没用的索列人军团①2000 英镑，为马夫罗科扎托斯提供 550 英镑的私人借款，还资助了一个酗酒但有趣的冒险家威廉·帕里（William Parry）800 英镑，所有这些对推进希腊的事业没有任何帮助。他居住的房子几乎没有什么家具，并且靠近毫无特色的礁湖，道路泥泞且环境污浊。到了冬季，这里每天都在下雨，但他每天冒着刺骨的寒风骑马回来。这也难怪他的身体变得越来越糟糕。

3 月 9 日，拜伦的心脏病突然发作。由朱利叶斯·冯·密林根（Dr Julius van Millingen）医生负责照料。当时，密林根作为一名军医在希腊服务，② 他每天一到两次的抽血使拜伦的身体更加虚弱。同时，他将每种为希腊科学所熟知的药物灌进拜伦的喉咙。拜伦之前饮酒作乐，实际上早已搞垮了自己的身体——他看起来像是接近 50 岁的人，而实际上只有 36 岁。这根弦绷得太紧了，他于 3 月 19 日复活

① 这些人是阿尔巴尼亚人，来自约阿尼纳西南部野蛮的索列地区，靠敲诈和掠夺生活。拜伦曾对他们寄予厚望，但结果证明他们是令人难以容忍的。“我和索列人军团再也没有任何瓜葛了，”他写道，“他们去土耳其或地狱也罢……他们把我碎尸万段，比他们之间的分歧还多也罢，我是不会改变自己的主意了。”

② 土耳其人把冯·密林根医生俘虏后不久，经过斯特拉福·坎宁紧急交涉将其释放了。之后，他随英国的大使来到了土耳其。1827 年，他决定永远定居在君士坦丁堡，在那里他作为宫廷医生为连续 5 位苏丹服务。

拜伦，身着阿尔巴尼亚服饰。

节晚上 6 点去世。他死亡的具体原因仍是一个谜：疟疾、伤寒、尿毒症、梅毒和中风都有可能。拜伦从未想过从希腊回来，他并不害怕死亡，但是他希望自己能战死沙场，为他所热爱的这片土地的独立而战斗，而不是——正如他在死亡前最后的日子里——“慢慢地承受着痛苦的折磨而死去”。

然而他并没有白白牺牲。他把国际注意力引向了希腊人的斗争，这是其他任何人都无法做到的。多亏了他，整个欧洲才关注这项事业；不计其数的青年为了寻求死亡或光荣而追随他的足迹。即使拜伦不复存在，我们也将确信希腊将会赢得独立，正如塞尔维亚所做到的，还有它的两个邻国罗马尼亚和保加利亚那样。但即使没有受到拜伦浪漫传奇的潜移默化的影响，希腊也能做到这一点。人们一定不会忘记始于 19 世纪前 20 年的浪漫主义运动。诚然，希腊独立战争非常浪漫，也弥漫着英雄主义；但就其规模而言，此次战争的残酷、粗暴和野蛮是几个世纪以来相当罕见的。但不管怎样，这场战争集中体现了浪漫主义所象征的一切。因此，西方充满赞誉地回味这段历史，希腊人民骄傲地将之铭记于心，而他们也将永远记住拜伦的名字。

实际上从 1824 年开始，希腊就进入了内战时期。土耳其仍然在希腊东部的一些地区和地中海其他地区驻扎军队，但在伯罗奔尼撒半岛和鲁梅利南部，希腊人互相争斗。到 3 月份拜伦去世时，希腊政府收回了阿尔戈斯、特里波利斯和科林斯，而科洛科特罗尼斯家族及其追随者仍然控制着纳夫普利亚。到仲夏，纳夫普利亚也投降了，参议院和行政部门迁到这里。这并不意味着敌对行动的终结，但是它为希腊政府赢得了喘息的时间。在这段时间，新政府得到了 8 万英镑——这是一笔向伦敦借的总数近 50 万英镑的贷款最初两期的分期放款。不出所料，大部分资金被浪费或侵吞了；但政府力量无论如何有了一定程度的增强。

10 月底，当阿卡迪亚（即现在的 kiparissa，在伯罗奔尼撒半岛南部）的人们起来抗议政府颁布不恰当的税收法时，第二次内战爆发了。马克里亚尼斯将军（Makriyannis）率领一支 500 人的军队前去恢复秩序。如果这次暴动没有西奥多和帕诺斯·科洛科特罗尼斯的加入，马克里亚尼斯在镇压反抗时就不会遇到多少困难。帕诺斯从佩特雷带来一些满腹牢骚的士兵，马克里亚尼斯只有回到纳夫普利亚，受到鼓舞的反叛者继续向波利特里斯进军，那里由来自鲁梅利的军队严密把守着。战争立刻呈现争夺地盘的性质，而帕诺斯·科洛科特罗尼斯在一次尤为血腥的暴力冲突中被杀。

直到这时政府才明白：他们要镇压的不仅是一次地方起义，也是第二次内战，必须将其扼杀在萌芽状态。在现有的情况下，很明显伯罗奔尼撒军队是不可信赖的，因此政府开始拉拢鲁梅利人，不仅贷款为他们提供资金，而且最不负责任的是，允许他们大规模地掠夺伯罗奔尼撒半岛。到年底，鲁梅利人的首领们带着自己的小部队跨过科林斯湾，他们要充分抓住这次机会。

反叛者尽管在数量上远处于下风，但他们在继续战斗，一直持续到 1825 年 2 月科洛科特罗尼斯及其 12 名主要将领投降。他们都被监禁在许德拉山上设有堡垒的以利亚先知修道院中。政府获胜了——但付出了沉重的代价。鲁梅利人到处掠夺，肆无忌惮地洗劫政府的支持者、中立者及反叛者，从富人到穷人，从地主到农民一样受到掠夺。马克里亚尼斯与其同僚相比似乎具有较高的道德水准，他十分震惊——不仅是因为暴力，同时也认识到：他的国家同以往相比将面临更加危险的分裂局面。伯罗奔尼撒半岛的人们不会轻易宽恕其北部邻居。

马克里亚尼斯不知道当奥斯曼帝国再次派遣军队投入战斗时，国家还需要多久才能实现统一。

甚至在1824年，土耳其人也没有完全无所事事。尽管希腊本土几乎感觉不到它的影响，但在7月份，土耳其舰队洗劫了爱琴海上的小岛普萨拉（Psarà）——希腊海军在东部的主要基地，之后又威胁到另外两个重要的海军基地——近岸的许德拉和斯佩察岛。但现在希腊人面临的最可怕的穆斯林敌人不是土耳其人，而是埃及人。

1805年，当我们看到穆罕默德·阿里在36岁被任命为帝国驻埃及总督时，这位大人物已经在历史上给人留下了深刻印象。19年之后，可以说在中年晚期，他已经站在了权力巅峰。他改变了国家，特别是聘请欧洲军官，并且按照欧洲的培养方法首次训练出了一支有效率的陆军和海军。苏丹马哈茂德二世现在清楚地认识到：如果要把希腊继续保持在其帝国内，就必须迅速雇佣这批人。他的动机也很明确：如果穆罕默德·阿里能帮助他收复伯罗奔尼撒半岛，那么他的儿子易卜拉欣就能作为帕夏接管它。

穆罕默德·阿里和易卜拉欣现在准备好的舰队由至少55艘主力战舰和300艘运输船组成，能够携带14000名步兵、2000名骑兵及其马匹，还有由500名炮手控制的150门大炮。1824年9月，他们从亚历山大港出发，在小亚细亚西海岸的博德鲁姆（Bodrum，古代的赫利喀纳索斯［Halicarnassus］）与土耳其舰队汇合；希腊人在等着他们，希腊舰队由来自许德拉、斯佩察岛和普萨拉的大约70艘船组成。战斗随即在耶诺达海岬（Yeronda）爆发，此地距博德鲁姆半岛北部大约1英里。尽管这次战役并非决定性的，但它足以使易卜拉欣相信：他的远征必须延迟到下一年。当土耳其人回到君士坦丁堡过冬时，他把船撤到了克里特——它处于奥斯曼统治下已长达一个半世纪。

他们至少打算把战争推迟到明年。但在12月，一位法国上尉给了易卜拉欣一条有价值的建议。土耳其仍然控制着伯罗奔尼撒半岛上的三个堡垒：派拉斯（Paras）、威尼斯以前的殖民地迈索尼和科罗尼[①]。法国上尉建议易卜拉欣应该集中尽可能多的兵力投入到其中一个堡垒迈索尼中，而且最好迅速地直接登陆，不要等待土耳其士兵或到来年的春天，这样他的重型船舶就能够利用冬季季风的优势。因此，1825年2月23日，易卜拉欣起航了，第二天他的步兵和骑兵在迈索尼上岸，他们在那里专心致志地干了起来。几天之后，他们进入了科洛尼。同时埃及军队呈扇形向东北地区展开进攻，试图征服伯罗奔尼撒半岛的剩余部分。

为了全力阻止易卜拉欣前进，希腊政府需要动用每个可能动用的人。科洛科特罗尼斯及其将领很快从许德拉的监狱中释放了出来，并再次成为希腊的最高统帅。希腊政府颁布了另一项法令：规定每个农村地区每一百人中必须强征一人入伍。但一切已经太迟了，埃及人迅速地蔓延到整个伯罗奔尼撒半岛。科洛科特罗尼斯认为特里波利斯是进入伯罗奔尼撒半岛的关键，他决定在敌人尚未到达前破坏这座城市，但是他这次很不走运：易卜拉欣的军队在大破坏之前便抵达了，他们很快控制住了火势，然后开始反复地抢掠和破坏。野蛮的暴行再

---

① 从此以后，提到迈索尼（Modone）和科罗尼（Corone）之处都用它们的希腊名字。

次骇人听闻。萨缪尔·格利德里·豪医生（Samuel Gridley Howe）① 是一位美国军医，在这年年初刚来到希腊，他在日志中写道：

> 在太阳升起时，我上岸了……看着这片土地，那里仍然躺着死人、骑手和马，这些敌人都带不走。他们都被砍了头，身体也被希腊人残暴地乱砍，希腊人使用各种方式尽可能地侮辱敌人。仅仅不允许敌人埋葬尸体是不够的，而且他们必须向敌人展示最残暴的野蛮行为。

两天之后，7月28日，他补充说：

> 但是可怜的希腊人能做什么呢？易卜拉欣帕夏带着他的军队横穿整个摩里亚半岛，从莫登到纳波里（Napoli，即纳夫普里亚）。他安全无损地通过了峡谷，这里如果能派500名坚毅的士兵驻守的话他根本进不来一兵一卒。他烧毁了阿尔戈斯、特里波利斯和卡拉马塔，这是摩里亚半岛上最大的三个城镇。这三个地方的损失算不上什么，易卜拉欣沿途还破坏了巨额财产，但是这可悲地表明希腊的虚弱不能抵挡住这样一支军队，而这只是敌人可动用军力的1/5。

豪医生说的是事实。但他不可能知道一场更为严重的灾难即将到来。

在整场希腊独立战争中，米索朗基比其他名字更引人注目。这不

① 顺便说起，他是朱莉娅·沃德·豪的丈夫，她谱写了《共和国战歌》（*The Battle Hymn of the Republic*）（“我的眼睛看见荣耀……”）。

仅是因为它抵抗住了1822年和1823年的两次联合进攻，并因此成为这场战争开始后科林斯以北唯一仍然控制在希腊人手中的城镇；也不仅因为拜伦1824年在这里去世（虽然这让全欧洲开始关注希腊）。米索朗基之所以成为这场战争最重要的象征，是因为它在1825年棕枝主日前夜遭受了一场前所未有的苦难经历，这段遭遇之惨烈震惊了全世界。

土耳其军队在雷希德帕夏（Reshid Pasha）的率领下从阿尔塔向南行军，4月底于城外集合，总计8000名战士，而与他对阵的米索朗基的守军不到其人数的一半。不像整齐划一的土耳其部队，守军由12支不同小组构成，每个组各自为战，因此很难团结一致地展开行动；直到一位天生领导者的出现，一位名叫诺第斯·鲍特萨里斯的索列人首领。主要归功于他，在第一阶段的围攻中，防卫者才成功抵挡住了雷希德对他们的一切进攻。他们也明白自己不可能断粮，因为他们仍然有一条从扎金索斯岛（Zakynthos）和其他伊奥尼亚小岛穿过潟湖的运输线，这里水太浅，重型的土耳其船只无法通过。当10月份开始下雨，土耳其人为了过冬从城外撤走之时，希腊领导者中充满了高度的乐观情绪。

但他们没有考虑到埃及人。自从易卜拉欣离开亚历山大港，他的父亲建立起一支全新的舰队：135艘同样规格的船，包括一支来自土耳其的分舰队，余下的则来自阿尔及尔和突尼斯。易卜拉欣返回担任指挥。1826年初，这支新舰队载着1万名士兵和大量的重型火炮在米索朗基外的水域停泊。经过几个星期的准备后，2月24日的拂晓，大炮开火了。预计随后三天内，8500多枚炮弹和迫击炮弹射向了城镇，这将带来令人震惊的破坏，但无论如何城镇还是守住了。

易卜拉欣——已经接管最高指挥权，毫不掩饰对其土耳其同僚的轻视——现在把他的注意力转向了潟湖。一旦控制了这个潟湖，米索朗基的人们都将因饥饿而屈服，但这不是一项简单的任务。雷希德一年前尝试过这样做，当他命令 36 艘竹筏下水由水路袭击城镇时，他们在瓦西拉底岛遇到了猛烈的炮火阻击而折回。现在易卜拉欣试着使用更有威力的武器：一支由 82 艘浅水船组成的舰队和 5 只载着 36 磅大炮的庞大木筏。瓦西拉底的炮手再次进行了精彩的表演，但到夜晚时，火药库里发出一声巨响，他们的抵抗结束了。之后其他的几个潟湖也迅速投降，只有克里索瓦岛（Klisova）仍在坚持，它距离城市东南部半英里处。入侵者必须从距离海岸几码的地方蹚过泥潭才能上岸。在步行这段时，他们很容易受攻击，岛上防守者充分利用了这一点。雷希德和易卜拉欣自己都受了伤，攻下小岛的企图失败了，但这已经不是问题。土耳其人控制了潟湖，并且切断了米索朗基的生命线。至此，投降就只是时间问题了。

除非全体人民突然爆发起义，从平原到城镇的东北部都渴望获得自由，这恰好是米索朗基人民的愿望。总计约 9000 人，包括男子、妇女和儿童决定，当 3 月 22 日夜幕降临时，每一个体格健壮的成年人和青少年都带着已被鸦片酊麻醉的年轻小孩翻过围墙，穿过临时搭建的桥到防御沟，并在那里避难，在外城墙后等待直到他们听见炮声：这响声可能来自乔治·卡雷斯卡吉斯（George Kalaiskakis）率领的军队。他们正在策划一次牵制性的进攻从而使围攻者们忙碌起来，然后他们才可以全体一块迁移。那些年纪大、病得太重或太虚弱以至于不能离开的人将会集中在一些相邻的房子中，在下面埋上炸药。当土耳其人靠近时，他们就会点燃炸药。

这是一项孤注一掷的计划，几乎不可能像他们预计的一样获得成功。长久等待的炮声一直没有从卡雷斯卡吉斯那里传来。在墙后站了一个小时后，难民们失去了耐心，突然冲入了平原。顿时呼喊声一片——“俄庇斯！俄庇斯！（Opiso! Opiso!）”——“回来，回来”——现场一片混乱。有些人继续前进，其余的人则撤退。桥上现在是如此的拥挤，以至于有些人掉进了沟渠；那些返回城中的人则被土耳其军队三两下就干掉了。看到城墙没有设防，土耳其人赶紧一拥而入。这些急忙穿过平原的人首先遭到土耳其骑兵的袭击，后来又遭到阿尔巴尼亚士兵的攻击。男子被杀，妇女和孩子遭到监禁。与此同时，在他们身后，米索朗基成了一片火海。豪医生无法控制自己的感情。3 月 30 日，他写道：

> 米索朗基陷落了！它勇敢的战士们不顾一切地扑向敌人的刺刀；他们的妇女和儿童亲手点燃大火把自己烧死在房屋里。他们严重受伤的尸体是基督教世界自私自利，漠不关心的确切证明……10 个月后，基督教欧洲已经注视了米索朗基达 10 个月之久，他们看见居民与战争和饥饿的恐惧做着激烈的斗争；男人们筋疲力尽、血流不止，牺牲了；妇女啃着死去的马和骡子的骨头；阿拉伯人包围着城墙，渴望放掉城中战士的血，充斥着对妇女和孩子魔鬼似的欲望。他们所看到的这一切都不能使他们尽举手之劳……

至于伤亡人数，不可能做出一个准确的统计。到那个可怕的夜晚结束为止，接近一半的米索朗基人——大约 4000 人——牺牲了；3000 人被俘虏，大部分是妇女和儿童；不到四分之一的人还算安全——最多 2000 人。

米索朗基的命运甚至远超于希俄斯岛的悲剧，这使整个欧洲感到痛心。愤怒的德拉克洛瓦再次抓起他的画笔进行抗议：他的巨幅油画——《米索朗基废墟上的希腊》（*La Grèce sur les ruines de Missolongi*）表达出了大家普遍的愤怒。在整个欧洲，他的同龄

《米索朗基废墟上的希腊》，德拉克洛瓦画，1826 年。

人——包括画家和雕刻家、作家和诗人都热情地跟随他的领导。西方列强不可能以中立的名义再袖手旁观了。这时他们要准备好利剑，赶快给予希腊以援助。

米索朗基的灾难使整个希腊士气低落；不久，另一场更大的灾难紧随而来。1826 年 6 月，雷希德帕夏率领一支 7000 人的军队对雅典发动了一次蓄谋已久的进攻。这座城市因其地理位置从未成为希腊的首都；但它仍是特别重要的，这有两个原因。第一个显而易见：虽然它经历了长期以来的急剧衰落（*degringolade*），但雅典曾经在古典时期取得了最伟大的成就，仍旧是艺术、文化、理性的象征，这些都是希腊人曾经拥有的独特之处，人们希望有一天能再次拥有这一切。第二点没那么浪漫，与目前形势的联系更为密切。米索朗基失陷后，雅典是希腊人控制的科林斯以北的唯一城市。尽管最近土耳其人和埃及人获得了成功，但现在连续的战斗，加上西欧列强对雅典逐渐增强的同情，至少能让希腊获得一定程度上的自治。如果雅典倒退到穆斯林的控制下，自治将仅局限于伯罗奔尼撒半岛；另一方面，如果希腊人能控制住这座城市，他们的疆界将能进一步向北延伸。

到 8 月中旬，雷希德控制了除卫城外的整座城市，卫城那里仍然有一支 500 人的希腊军队驻守，并度过了随后的冬季。这段时间，希腊政府又陷入另一场内讧引起的战争。科洛科特罗尼斯似乎应当再次受到谴责。到 1827 年夏，至少有 7 次冲突正在各自进行。奇怪的是两个不列颠人设法使局势平静了下来，虽然他们最终没能保住自己的荣誉。第一位是将军理查德·丘奇爵士，他 16 年前曾经在扎金索斯组织过英希军团。虽然在那不勒斯国王的军队里服务过一段时间，但他仍然心系希腊。1827 年 3 月，他回到了希腊，被任命为希腊陆军最高统帅——因为形势看来只有选一位外国人才能为如此混乱的国家建立秩序——但他拒绝就职，直到两个敌对的政府解决彼此的分歧为止。

一星期之后，一位更卓越的大人物托马斯·科克伦勋爵（Thomas Cochrane）——后来的第十任敦唐纳德伯爵（Dundonald）——追随丘奇而来。他在职业生涯早期因不服军令而被送往军事法庭；1814 年，他因涉嫌股票交易欺诈案受到审判，第一次他获得无罪释放，第二次被判有罪。① 然而他是自纳尔逊以来英格兰最伟大的将军。他在南美洲度过了 7 年，在那里为智利、秘鲁和巴西的独立而战。早在 1825 年 11 月，他就受邀接管希腊海军。他提出的就职条件是：6 艘蒸汽船和 2 艘装有大炮的快速战舰，这些船应该由另一位英国贵族弗兰克·阿布尼·黑斯廷斯（Frank Abney Hasting）设计。他曾经作为一个毫无经验的水手服务于特拉法尔加，到退役前他已获得了船长的头衔。由于科克伦的坚决主张，这次就职不得不延迟。

蒸汽船仍然处于萌芽阶段。平时一般使用帆推动它们，只在风平浪静或战斗中才使用发动机。科克伦命令用伦敦筹集的第二批贷款 56. 6 万英镑去支付造船费用，但该计划没能实现。随后，快速战舰中的一艘被卖给了美国政府用来支付另一艘的费用，6 艘蒸汽机船只有 2 艘开到了希腊。但没有一艘战舰——因为失败的设计、粗劣的建造水准、生锈和埃及间谍的活动——值得信任。1827 年春，当科克伦乘快艇最终到达希腊时，他采取比丘奇更加强硬的方针。他质问

---

① 这两次判决几乎完全相反。

道：希腊领导人怎么可以如此愚弄自己，他们会在哪里举行下一次会议，他们应该什么时候袭击土耳其人和埃及人——在这个国家还未遭到完全毁灭前。他的话产生了一定影响：双方被迫达成了一致协定，根据协定，大会将在特里吉利（Trizini，古代的特洛伊西纳）召开。到3月底，丘奇和科克伦都收回了异议，接受了他们的职位，大会于一到二周之后召开，选举卡波迪斯里亚为希腊总统（他现在已经离开了俄国的行政部门，悄悄地住在日内瓦）。

同时在雅典，卫城仍处于包围之中。为了打破僵局，希腊决定于1827年初派遣一支2300人的军队，它会在亲希腊的英国指挥官托马斯·戈登（Thomas Gordon）的领导下。卡雷斯卡吉斯带着当地的几个支队很快加入戈登的行列，所以当科克伦乘着旗舰“希腊人号”——丘奇乘着一艘强征来的纵帆船紧随其后，到达比雷埃夫斯时，其人数总计不少于1万人。随后，各种各样的行动计划相继提出来了，但科克伦决定直接向雅典进军，像以往一样残暴地镇压任何反抗。他说“我的指挥所到之处，所有其他的政府都必须结束”。卡雷斯卡吉斯明白这次行军要经过开阔平原上一个危险的交叉口，这里肯定会受到土耳其士兵的包围，因此他没有立即接受这一观点。但一到两天之后，一名土耳其滑膛枪手射中了他，这个计划便不再有障碍了。所以众人一致同意在1827年3月5日午夜派一支2500人的军队从法利龙湾登陆，然后向雅典行军，而其余的人——大约是该数字的三倍——留在比雷埃夫斯待命。

当然卡雷斯卡吉斯是完全正确的。但是如果计划本身很莽撞的话，其执行则更甚，简直令人羞耻。戈登后来评价道：

> 当再次上岸的时候，舰队司令对军队调动没有做出任何安排。［丘奇］将军满足于已草拟出一份计划，留在船上直到天亮。

各船长都以平等为基础，独立行动，停在各自选择的地方，所以纵队分散在4英里范围内，前方在雅典炮弹的射程内，尾部却离海岸很远。士兵没有铲子和镐，他们用自己的匕首挖土以掩护自己。

雷希德在拂晓进攻，其结果大可预见。希腊丧失了1500名士兵，多于战争开始后任何一天的损失。经过一夜舒适的休息后，科克伦和丘奇从他们各自的船上登陆，并找到了筋疲力尽、惊惶不已的幸存者。他们把这些幸存者拖回到岸边，运到一艘小船上，希望他们能安全逃离。丘奇试图挽回自己的名声，在法利龙湾（Phaleron）英勇地与许多士兵坚守了长达三个月，但到月底时，高温和干渴迫使他投降。几天之后，卫城的守卫也投降了。

谁应该受到谴责呢？无论如何，每个人都应该受到责备：科克伦过于自负，拒绝听从其他更加明智之士的意见；丘奇也不支持他；当他们应该和士兵并肩作战时，却各自待在自己的船上；希腊的将军们再次显示出他们缺乏纪律性，没有能力去服从一位最高统帅。这次失败是一场悲剧，但他们活该如此。

同时，欧洲各国的干预迟迟没有结果，派出的大使们在伦敦、巴黎和圣彼得堡来回穿梭。英国的利益由其外交大臣乔治·坎宁（George Canning）掌控，1827年3月，他成功地以利物浦勋爵的身份担任了首相；主要感谢他的努力，7月6日，英国、法国和俄国之间签订了《伦敦条约》。根据条约，希腊将享有自治，理论上是土耳其的一个附属国（因为它每年必须缴纳贡税），但实际上是独立自主的，因为三大强国将通过与希腊建立贸易关系来认可它。希腊和土耳其必须在一个月内达成停战协定，坎宁后来把时间缩短到两个星期。

如果它们谈判失败，强国将进行干涉。对于希腊人而言，这确实是一个好消息，他们知道土耳其反对任何停战的建议，所以列强必然干涉。

时局证明他们是正确的。几个月前，苏丹任命穆罕默德·阿里为驻希腊陆海军最高统帅，同时指挥埃及人和土耳其人，因此穆罕默德·阿里又筹集了一支 15000 人的新军队和一支新舰队，由 3 艘土耳其船，60 艘小型轮船（其中五艘是法国制造的）、40 艘运输船和 6 艘火船组成，他们总共携带了 3500 门大炮。这支军队于 9 月 7 日在纳瓦里诺港抛锚，易卜拉欣正在那里等待着他们。

三国联合海军急忙赶到纳瓦里诺港，但是他们各自的将军严格遵守命令，并没有直接加入战斗。他们首先在权力范围内做了一切努力去鼓励土耳其人和埃及人的战舰和平地返回君士坦丁堡或亚历山大，不过坎宁也明确表示，如果他们坚持留在希腊，将执行英国将军艾德华·科德林顿（Edward Codrington）的命令："当所有的方法都用尽后，我们将使用炮弹。"科德林顿——另一位有经验的特拉法尔加老兵，当年负责指挥"猎户座号"（*HMS Orion*）——去年 12 月份被任命为地中海总司令。他第一个到达纳瓦里诺港，几天之后，他的法国同僚孔德·德·日格尼（Comte de Rigny）也加入其中。此时，俄军尚未到达，9 月 25 日，俄国两位海军上将在一些年轻军官和科德林顿的儿子亨利（他父亲船上的一名见习船员）的陪同下，在邻近城镇派罗斯（Pylos）外的帐篷里会见了易卜拉欣。

根据亨利·科德林顿的记录，这次谈话非常有礼貌、热情而友好。他们喝着咖啡，用土耳其长烟管抽着烟。会议像预期的一样进行着，科德林顿提出彬彬有礼的告诫，易卜拉欣同意不采取任何行动，直到他从亚历山大和君士坦丁堡获得新指示。但令人遗憾的是，没过几分钟事情就清楚了：双方结论不同。易卜拉欣显然相信希腊也和土耳其一样要受临时停战协定的约束；他认为没有盟国会反对他给佩特雷的土耳其驻军提供供给。

希腊方面则认为没有任何理由需要停战。毕竟他们已经接受了《伦敦条约》的条款，而土耳其却拒绝了条约。因此在9月的最后几天，当丘奇率领一支远征军进攻佩特雷时，易卜拉欣带着一支至少有48艘船的舰队启程前往这座城市，舰队的规模实在大大超过运送补给所需舰船的规模。但他从未到达过目的地：科德林顿在路上阻止了他，凶猛的风暴完成了其余事情。易卜拉欣后来改变了策略。海军上将促使易卜拉欣对海上进攻感到沮丧，但他们无权制止后者从陆上行动，易卜拉欣将继续他对伯罗奔尼撒半岛的蹂躏。

9月25日的协定现在只是一纸空文。3位舰队司令——科克伦和德·日格尼，再加上俄国派出的出生于荷兰的少将海登勋爵（Heiden）——决定展示实力。埃及船上的十位法国海军军官顾问被立即召回。10月22日上午的晚些时候，科德林顿在旗舰“亚洲号”（*Asia*）上率领这3支舰队：总共11艘主力战舰，8艘快速战舰和8艘小帆船，穿过狭窄的入口进入纳瓦里诺港。

双方还是遵守规定，没有展开敌对行动，但在如此紧张的局势下，很难分辨出任何个别行动是挑衅，还是实质性的侵略。而且不像盟国的舰队司令，土耳其和埃及的指挥官没有达成总体方案来指导他们。战斗迟早是不可避免的，大概从下午2点开始，直到6点结束。这四个小时所见证的是最后一次没有蒸汽船参与的海上战斗。更加值得关注的是，所有的船只都停靠在一个小港湾里，它们只能通过调整锚索以使枪炮沿着舷侧瞄准选中的目标。豪医生生动地描写了这一难忘的场景：

> 土耳其船只的数量是其对手的三倍多。它们首先让侧舷的火

力全开，其次则发射岸上的排炮。它们密集发射如此猛烈的枪弹，如果指挥得当，本可彻底消灭欧洲人。但后者给予了回击，他们的火力更具毁灭性，每一炮都瞄准，几乎百发百中……盟国出动他们的船，砍断土耳其火船上的缆绳，并放火烧了它们，让它们殃及自己的舰队。几分钟内，几艘战舰就着火了，使本来已经令人恐惧的场景显得更加恐怖；两长排的船上有大约2000门大炮怒吼着；火焰冲天的火船冲进巨大的土耳其船堆中，它们掉下来的桅杆和打碎的船壳开始显示战争是如何进行的，海里满是带着火星和半燃烧的木头，几千名从爆炸的船上逃出来的水手紧紧抓住这些浮木；岸上的几排大炮一直连续猛击，整支土耳其军队都在焦急的观望，他们的命运就仰仗着这种猛烈的火力……但是这场战争不可能持续很久，因为有一方只有兵力优势，单靠盲目的愤怒指引，而他们的对手是镇定勇敢、自律，而且掌握了海军技术的舰队。

奇怪的是，盟国在纳瓦里诺的损失相对较轻：没有一条船沉没，伤亡人员总计是174人死亡，475人受伤。然而对于奥斯曼的舰队而言，这是完全不同的情景。从一开始，它就不占优势。总司令易卜拉欣帕夏没有参与整个事件，他仍然远在伯罗奔尼撒半岛。埃及将军莫哈莱姆贝伊（Moharrem Bey）对战争没有兴趣，在战争开始前就同法国军官一起离开了。这里只剩下土耳其的塔希尔帕夏，他的旗舰在战斗的早期阶段沉没了。所指挥的89艘战船只有29艘幸存。科德林顿估计有6000名土耳其人和埃及人被杀，另有4000人受伤。

局势动荡不定。五个月以前的5月6日，土耳其人重新占领雅典，看似是为希腊人的希望敲响了丧钟。纳瓦里诺港战役之后，希腊的独立自主却成为必然。

所有的事情并没有结束。易卜拉欣的军队——大约 24000 人——仍然留在混乱的伯罗奔尼撒半岛，直到 1828 年登上埃及船只回到亚历山大。战争仍在继续，除科林斯外：希腊人向北前进的越远，他们就可以宣称越多的领土归新政府所有。西部的丘奇和东部的底米特里·伊普西兰提斯都稳步向前推进，前者远达阿尔塔，后者尽管不可能把土耳其人从雅典驱逐出去，也推进到了与埃维亚岛的北部相对的温泉关。

同时，卡波迪斯里亚最终回国就任总统。他立即与革命首领们产生了冲突，因为他毫不掩饰地流露出对他们的轻视：在国家命运还悬而未决之际，他们却无法联合对外，总是无休无止地争吵。但卡波迪斯里亚为了重建国家，每天工作 16 个小时。他在国外的巨大声誉对伦敦会议的商议产生了决定性的作用。现在的任务是划定新希腊的疆界。1828 年 9 月，三大盟国在君士坦丁堡的大使特地就这一问题在波洛斯（Poros）岛开会。三个月后，他们公布了建议：划定一条从西部阿尔塔到东部沃洛斯，包括埃维亚岛、萨摩斯和可能还有克里特岛在内的疆界。① 唯一问题是土耳其公开拒绝回到谈判桌前，最后只能通过《亚得里亚堡条约》解决，这个条约在 1829 年结束了俄土战争。通过该条约，土耳其最后同意遵守将来盟国对希腊做出的最终决定。最后，1830 年 2 月 3 日在伦敦，盟国宣布希腊是一个独立国家，并处在英国、法国和俄国的保护下。

然而，经过数年和平才真正到来。卡波迪斯里亚于 1831 年 10 月 9 日被刺杀，国家又陷入混乱之中。但在 1832 年 7 月，土耳其人最终同意了阿尔塔-沃洛斯分界线——尽管没有包括萨摩斯和克里特——

---

① 阿尔塔-沃洛斯一线北部领土仍然是奥斯曼帝国的领土，直到 1913 年，第一次巴尔干战争后。

希腊成为一个独立自主的国家。然而即便如此，它的主权也不是绝对的。西方列强认为，希腊必须建立一个君主政体，他们选举了巴伐利亚国王路德维希一世（Ludwig I）17 岁的儿子——维特尔斯巴赫家族（Wittelsbach）的奥托（Otto）王子作为国王。1833 年 2 月 6 日，他到达纳夫普利亚，受到了非常热烈的欢迎，而且到处洋溢着欢呼的回声。

希腊长期怀有的梦想终于成为了现实，但它的麻烦还远未结束。

第二十六章　穆罕默德·阿里和北非

奥斯曼苏丹马哈茂德二世其实应该得到更高的评价。从许多方面来说，他都是一位开明的君主和改革者。他尽其所能让摇摇欲坠的帝国走向现代化。1826年，他废除了基督徒禁卫军——500年来，它一直是帝国的精锐军团，但是现在变得愈发难以控制。他的方法很简单，把他们全杀光。之后，他建立起一支新军队，由自己直接控制并交给德国军官训练，还按照拿破仑的圣西尔模式建立了一所陆军大学；他大幅度削减宗教乌理玛（*ulema*）的权力，剥夺他们的世俗权力；他集权并一定程度上使行政部门高效化；他实际上引入了现代教育制度；他开展邮政服务；在伊斯坦布尔出版了第一份土耳其语的报纸。最后，让人遗憾的是，他废除了土耳其的传统服装：长袍、包头巾、波浪式马裤和软拖鞋成为历史，代之以土耳其毡帽、长大衣、欧式裤子和黑色皮靴。

他必须承受丢失希腊南部、几块奥斯曼帝国的前领地和海军的损失，这对马哈茂德二世来说确实很悲伤——其次，他还必须亲自处理长年的眼中钉，开罗的穆罕默德·阿里。穆罕默德·阿里希望获取叙利亚的管辖权作为干涉伯罗奔尼撒半岛事务的回报；然而，马哈茂德用克里特岛打发了他，这让他感觉受到羞辱。因此1832年春，穆罕默德·阿里命令儿子易卜拉欣率领军队到叙利亚强行占领它。易卜拉欣照做了。首先，加沙陷落，接着是耶路撒冷，在短时间的围攻后，阿卡也陷落，易卜拉欣向北进入大马士革和阿勒颇，他从那里率领军队穿过安纳托尼亚直至对伊斯坦布尔构成威胁。

现在首都危机四伏，苏丹立即向伦敦发出紧急援助请求。然而，英国的外交部长帕默斯顿勋爵（Palmerston）对此不感兴趣，马哈茂德别无选择只好请求他的老敌人俄国。沙皇尼古拉随时准备干涉土耳其事务，他找不到更好的机会了。1833 年初，他率领 18000 名士兵在与伊斯坦布尔隔着博斯普鲁斯海峡相望的斯库台（Scutari）登陆。易卜拉欣知道与这样一支军队作战他没有胜利的机会，理智让他决定谈判。直到此时，帕默斯顿才意识到形势的严峻，法国政府亦是。他们说服土耳其坚持要俄国撤军，然后做一些让步作为补偿。阿里被授予在埃及和克里特岛的管辖权，另外还可管理叙利亚，包括大马士革、特里波利斯、阿勒波和亚达那（Adana）。但同时在一项单独的条约里，马哈茂德批准了与俄国的一份进攻与防御条约，其中一项秘密条款赋予了俄国战舰从黑海到地中海自由航行的特权——这是一项若无土耳其同意则他国无法获得的特权。①

苏丹成功避免了俄国和埃及的威胁，但是为此也付出了沉重的代价。整个东南地中海地区都处于穆罕默德·阿里的控制下，他现在是苏丹最可怕的敌人。尽管对叙利亚的管辖权仅限于阿里在世时享有，但是马哈茂德已经充分意识到，阿里的目标是把自己拥有的土地实际上变成一个独立自主的世袭君主国。五年之后，他的预测应验了。当穆罕默德·阿里拒绝向土耳其支付岁贡时，苏丹抓住这个机会于次年宣战，派出一支 24000 人的军队和一支辅助舰队到叙利亚。目的是要把埃及人永远赶出去。

在苏丹看来，这是一场灾难。7 月 24 日，易卜拉欣在叙利亚北部的尼悉（Nezib）打败马哈茂德的军队，尽管他的军队数量远远不

---

① 这是《温卡尔-伊斯凯莱西条约》（*Treaty of Unkiar Skelessi*），因为寿命很短所以很少有人知道。1841 年 7 月，列强保证土耳其独立自主，宣布达达尼尔海峡和博斯普鲁斯海峡在和平时期不对外开放。

及敌方。感谢埃及人慷慨的贿赂，许多土耳其士兵逃跑，而舰队的指挥——据推测可能由于同样的原因——令船队直接驶向亚历山大。1839 年 7 月 1 日，这一天苏丹马哈茂德在伊斯坦布尔去世，而舰队司令把亚历山大移交给了穆罕默德·阿里。法国人相信他们的最大利益在埃及，对此地不予干涉，而其他强国却倍感惊慌。1840 年 7 月 15 日，伦敦召开会议，由帕墨斯顿主持。会上，包括奥地利和普鲁士在内的各国，向穆罕默德·阿里下发最后通牒：他必须从叙利亚北部和克里特岛撤出所有的军队，让土耳其舰队返回伊斯坦布尔。如果阿里照办，他将终生享有对埃及和叙利亚南部的管理权；如果他拒绝，英国和俄国的舰队将封锁埃及和叙利亚。

抱着从法国获得大量援助的一丝希望——这不用说，最终没有到来——穆罕默德·阿里拒绝了最后通牒。英国最低限度地实践了自己的宣言。那个秋天，上尉查尔斯·内皮尔（Charles Napier）率领英国的一支连队炮击贝鲁特和阿卡，并摧毁了它们。之后，内皮尔又率领另一支远征军登陆，在当地阿拉伯人的帮助下——他们在穆罕默德的统治下遭到严重迫害——于博哈塞弗战役（battle of Boharsef，皇家海军获胜得最不可思议战争之一）中轻而易举地打败了占领地的埃及军。法国强烈谴责英国这种师出无名的侵略行为和威胁战争，但各方对此均不加理会。像国王路易斯-腓力自己后来指出的一样，在世界上，战争威胁和制造战争之间大不相同。然后，内皮尔驶向亚历山大，如果穆罕默德·阿里不同意谈判，它肯定也会遭到与两个叙利亚港同样的命运。阿里立即让土耳其舰队返回伊斯坦布尔，恢复了每年向苏丹交纳的岁贡，并从叙利亚和克里特岛撤出。

暴徒阿里一直活到 1849 年才去世，享年 80 岁。此前他继续作为世袭帕夏管理埃及和苏丹，但总是处于奥斯曼帝国的宗主权下。他对疆域扩张没有进一步企图。我们得知，他是一个颇有智慧、极富个人魅力的人。他也是精力充沛、很有能力的：在埃及，他的统治较之以前达到一个惊人的高度。但是他没有受过教育，没有真正的政治远见和政治思想。他依旧按照奥斯曼旧习进行统治，尽管他采用了一些新方法，创造新的、更有前途的社会。他把许多时间都花在巩固自己的统治地位上，抵制了历任苏丹对他的打击，在这个方面他成绩斐然。他建立的王朝持续了100多年，直到20世纪中叶，即使他错过了建立一个现代埃及的机会，但他至少为继承者清扫了道路。如果继承者没有成功，阿里是没有责任的。

1827年4月的一天，阿尔及尔的代伊（dey）① 侯赛因（Hussein）非常生气地用蝇拂三次击打法国领事。这激起法国官方的愤怒，法国政府派遣一支海军中队到城里要求道歉和补偿。当侯赛因拒绝他们后，领事和所有的法国居民乘船离开，之后封锁阿尔及尔。1830年7月，法国的远征军在离阿尔及尔西边20英里的西迪-费鲁奇（Sidi-Ferruch）登陆。同时，这座城市本身也受到一次强大的海军炮击。几个星期后，城市陷落，侯赛因被流放。法国开始接管阿尔及尔。

然而，法国占领者也没能事事顺遂。早在1832年，在一位25岁的反抗者阿卜杜·卡达尔（Abd el-Kader）领导下爆发了战争，持续了15年。到1847年，阿卜杜·卡达尔向托马斯·罗伯特·比戈元帅（Thomas-Robert Bugeaud）投降时，法国殖民者才进入阿尔及尔。到1841年，殖民者的人数已经超过37000人，到这个世纪末，其人口占总人口的10%。他们发现这是一个容易落脚的地方——确实，许多不同的民族已经在这里安定下来了，包括迦太基人、罗马人、拜占

① 代伊是一种职务。这个词实际上来自土耳其语，意思是“舅父”。1671年第一次开始使用。在早期，代伊都是由海盗首领选出，接管本来由土耳其苏丹任命的帕夏拥有的职权。而代伊则指定贝伊为地方长官。

庭人、阿拉伯人和土耳其人。最近巴巴里海盗的势力增长，实际上成为这片土地的主人——尽管他们不是这里的统治者，这仅仅是因为他们不愿意统治这里。不容置疑的事实是，在法国军队和比戈的阿拉伯局（*bureaux arabes*）的统治下，阿尔及尔的管理更加有效，更加公平。

沿着海岸及在北部山区一带，阿尔及尔的气候是典型的地中海气候，夏季温暖干燥，冬季温和多雨。在法国人到来之前，这片土地已经开化——早在1834年，一位法国将军注意到：这片土地上几乎不存在文盲，因为每个村庄都有引以为傲的两所学校。不过尽管这里名义上处于奥斯曼帝国的统治下，但其历届政府却不太稳定：在28位前任的代伊中，一半以上遭遇暴力死亡。财产权也模糊不清，但这对法国人来说不重要。1840年在国会上发表的演说中，比戈非常清楚地表达了他的观点："任何有淡水和土地肥沃的地方，我们都必须安置移民（小农），而不用去考虑这片土地的主人。"另一方面，大概有100万公顷原本属于奥斯曼政府的土地（大概4000平方英里），事实上被法国人继承了。他们还接管了其他大片土地，要么因为它们是低洼荒地，要么因为它们前主人的一些不法行为。

比戈军团早年相当独裁，统治者与被统治者之间几乎没有交流。然而在1852年，拿破仑三世建立第二帝国后不久，法国人的态度逐渐开明起来。据说，随着法国居民在阿尔及利亚的增加，他希望它成为法国的属地。这样，法国人就要铭记他们的第一职责是对300万阿拉伯人负责。阿尔及尔"不是一个法国行省而是一个阿拉伯国家、一个欧洲的殖民地和一个法国军营"。然而，军事统治一直持续到1870年第二帝国灭亡才结束，在这之前，阿尔及尔的总督——这一头衔在1845年首次授予比戈——一直也是军队的最高首领。直到1870年，小农（colon，也叫做黑脚［*pieds noirs*］）已大大超过20万人，开始坚持更多地管理他们自己的事务，享有与地中海对岸的法国同胞类似的权利。阿尔及尔此时才正式被吞并，它组成了法国的一部分，由巴黎的法国内政部管理。

由于这些，阿尔及尔的地位和它东边和西边的邻居土耳其和摩洛哥有本质的区别。法国在这里的影响很强，而法国移民几乎很少出现在这两个国家，它们只被视为法国的保护国，由位于凯多塞（Quai d'Orsay）的外务部处理。突尼斯从严格意义上讲也是奥斯曼帝国的行省，尽管事实上它是独立自主的。当 1830 年法国占领阿尔及尔时，在位的突尼斯贝伊谨慎地接受了法国不干涉的保证。但是，1835 年奥斯曼帝国抓住与邻邦利比亚争议的机会推翻了这里的统治王朝，重建奥斯曼的直接统治。从那以后，突尼斯发现自己夹在了法国和土耳其两大强国之间，它们都对这里虎视眈眈。对于突尼斯的贝伊及其继任者而言，它们都成功地在两国之间保持平衡直到 1881 年，可这一年，法国凭借一支突尼斯部落已经定居在阿尔及尔境内这一不足信的借口入侵该国，将贝伊的财政和外交大权移交给法国，并指派了一位法国常驻公使。

摩洛哥苏丹国——唯一一个同时拥有地中海和大西洋海岸线的北非国家——处于一个不同的地位。由于缺乏天然的良港，内部崎岖不平的山脉和巨大的距离把它与东部的帝国中心隔开，直到 19 世纪中叶它都非常孤立——统治者鼓励这种孤立——这使它比其他地方都更完好地保存了古代伊斯兰教、柏柏尔人和非洲的传统；其次，使它能够抵挡外部的压力，最显著的例子是 15 到 16 世纪西班牙的收复失地运动。摩洛哥也是唯一一个没有隶属于奥斯曼帝国的阿拉伯国家，虽然奥斯曼帝国实际上长期控制着阿拉伯世界的其他部分。

然而，法国人来到邻邦阿尔及尔是不容忽视的。1844 年，叛逆者阿卜杜·卡达尔到摩洛哥避难后，两国关系恶化，苏丹也派一支军队到两国边界。8月初，法国轰炸了丹吉尔，十天后又轰炸了莫戈多（mogador）。14日，他们在乌杰达（Oujda）附近的艾斯利（Isly）摧毁了苏丹穆莱·阿卜杜·拉赫曼（Moulay Abd el-Rahman）的军队。苏丹被迫承诺他将拘留或驱逐反叛者，再也不允许他进入摩洛哥的领地。他说到做到：1847年，当阿卜杜·埃尔·卡达尔第二次请求避难的时候，摩洛哥军队逮捕了他。据说法国非常同情阿卜杜·埃尔·卡达尔：他被体面地流放到大马士革度过余生。

1859年，苏丹死后，公众的注意力暂时转向西班牙，他们就摩洛哥境内的西班牙属地休达①的边界问题发生了一些纠葛。这件事以马德里宣战而告终。次年，西班牙占领摩洛哥的得土安（Tetouan），苏丹被迫同意大量的补偿，扩大休达的面积。同时，英国和意大利也想分得一杯羹，但是他们都被法国收买了——英国承认法国在这里的自由，作为回报，法国不干涉英国在埃及的计划，而意大利同样享有在利比亚的利益。1880年，英国、法国、西班牙、德国、意大利和美国在马德里开会并达成协议——至少理论上——保证摩洛哥的独立，但是，这没能阻止法国1904年在英国的默许下与西班牙签订秘密条约，承认双方在该国的“势力范围”。这就是1905年3月底德皇威廉二世乘坐飞机“汉堡”（*Hamburg*）号到达丹吉尔时所面临的形势，但他像通常一样，在这里激起轩然大波。他在回应欢迎词时，首先宣称苏丹的主权完整，独立自主，其次是苏丹王国领土完整，第三则是，“摩洛哥向所有国家开放，和平竞争，没有吞并和垄断”。

所有的听起来都无关痛痒，但是对于欧洲列强而言，其意图非常

① 这是摩洛哥海岸的自由港口，在拜占庭时期第一次获得独立自主，但是由于它是象牙、黄金和奴隶贸易的重要港口，其所有权一直存在激烈的争端。1415年，葡萄牙获得控制权，但是1580年又转给西班牙，在1688年的《里斯本条约》获得合法承认。它靠近梅利利亚，一直以来都属于西班牙，从来没有成为摩洛哥领土的一部分。

明显，就是把刹车板安装在法国的车轮里——和西班牙的小车轮里。前年，德皇建议德国从西班牙租借米诺卡的马翁港，这个建议遭到英国和法国的冷遇。这个小岛控制着到达土伦的关口，与英国的另外两个重要基地马耳他和直布罗陀在一条直线上。最重要的是，这两个国家都不希望让威廉再次干涉西地中海事务。整个问题最后敲定——表面上——在 1906 年获得圆满解决，其时曾签署 1880 年公约的各方应邀来到阿尔及尔全面讨论摩洛哥问题。这次重申了国家领土完整，列强经济上平等，但是同意法国和西班牙维持摩洛哥港口的安全和关税征收。

这个问题直到现在也没有完全结束。1907 年，法国——总是渴望增加在北非的影响——占领了卡萨布兰卡市（Casablanca）。后来阿布・哈菲兹（Abd el-Hafid），苏丹阿布・阿齐兹（Abd el-Aziz）的哥哥，领导军队反抗他，宣称他破坏了穆斯林的传统。阿布・阿齐兹逃到丹吉尔避难，而阿布・哈菲兹在非斯自称为苏丹。次年，他得到欧洲列强的承认，但是他从不大力治理国家。最后，随着混乱的逐步增加，他不得不请求法国援助。结果，1912 年，他与法国签订了《非斯条约》，摩洛哥变成了法国的保护国。丹吉尔则为欧洲外交使团的长期驻留地，实行单独管理。

最后谈谈利比亚。每个到过利比亚的游客都会被其优越的地理位置所吸引。它的西部——包括首府的黎波里——是的黎波里塔尼亚（Tripolitania），这里的大莱普提斯（Leptis Magna）或萨布拉塔（Sabratha）等地，让我们仍然能感觉到古罗马的影响。东部是昔兰尼加——以班加西（Benghazi）为基础建立——阿波罗尼亚（Apollonia）、昔兰尼和其他地方，能把我们立即带回古希腊。然而，东西之间大概相隔六七百英里，两者之间，除了中途毫无特色的苏尔特（Sirte）小镇之外，实际上没有什么重要的东西。把这个国家连接在一起的纽带可能有两条：赛努西（Sanussi）修会。它宣扬一种伊斯兰清教主义，尽管这大部分集中在昔兰尼；第二个就是意大利殖民主义。[①] 尽管利比亚名义上处于奥斯曼土耳其的统治之下，它和邻邦一样还是有过些许自治，直到 1835 年奥斯曼帝国利用争论不休的继承权问题加强了对它的直接管理。随后 77 年，这个国家都由来自伊斯坦布尔的官员治理。1911 年意大利接管它直到第二次世界大战结束，还给它取了现在的名字。

① 参见第三十一章。

第二十七章　1848年意大利革命

1848年1月12日星期三，这一天正好是国王斐迪南二世[①] 38岁的生日——巴勒莫的人民奋起反抗他们的主人波旁王朝，当时他们也不清楚自己将引发怎样的事态。反抗事件在王国中已屡见不鲜：1820年，那不勒斯就发生过一次失败的起义。1821年皮埃蒙特也发生过类似事件。1837年，西西里发生了另一场由霍乱引起的叛乱——这种疾病在欧洲还是首次爆发，但随之而来的愤怒的示威运动被轻而易举地解决了。然而1848年发生的事件（意大利人叫它 quarantotto）则与众不同，它是一场真正意义上的革命。在这年年底，其他地区的革命也随之爆发：巴黎、维也纳、那不勒斯、罗马、威尼斯、佛罗伦萨、卢卡、帕尔马、摩德纳、柏林、米兰、克拉科夫、华沙和布达佩斯。

1848年初，学生骚乱促使当局关闭大学，几名因提倡自由思想而闻名的杰出市民被逮捕了。一份未署名的号召人民在国王生日当天起义的宣言书散布出来。大部分起义者是山贼——他们是今天黑手党的先驱——或单纯的农民，除了追求更美好的生活以外，他们几乎都不清楚起义的目的，但他们仍然热情高涨，奋勇抗争。许多小村庄和城镇遭到了摧毁，乡间一片破败。

波旁王朝在巴勒莫的驻军约有7000人，但他们几乎没起任何作

---

① 斐迪南一世死于1825年，其子弗兰西斯一世继承王位。他只统治了五年，其子斐迪南二世继位，1830－1859年在位。

用。这里通讯不好，道路也不通，他们寸步难行，于是在绝望中决定轰炸城市——不久之后，他们对这一决定后悔莫及。① 愤怒的暴民袭击并洗劫了王宫，放火烧毁国家的资料库和档案。感谢仁慈的上帝，巴拉丁礼拜堂幸免于难。守军撤退，很快返回那不勒斯。几天之后新政府成立，70岁的西西里爱国者鲁杰罗·塞提摩（Ruggero Settimo，以前隶属那不勒斯海军部）担任总统。同时，革命蔓延到了各主要城市（除了墨西拿，它因妒恨巴勒莫而选择袖手旁观），也传播到了几百个村庄，他们对这些支持革命的农民许诺将来会分配大量的土地。这场革命最终没有遇到任何实质性的抵抗。

月底，西西里实际上已摆脱王室军队的控制。2月5日，塞提摩宣称“战争的罪恶已经停止，西西里将迎来快乐的岁月。”他没有提及那不勒斯仍然控制着墨西拿。然而，斐迪南国王很清楚他走投无路了。由于那不勒斯按照西西里模式持续进行示威运动，1月29日，他为王国的两部分提出一部自由宪法，筹备一个两院制的立法机关，准备给公民适度的公民权。“游戏结束了，”惊恐的奥地利大使施瓦曾伯格（Schwarzenberg）亲王写信给上司梅特涅，“国王及其大臣完全丧失了理智。”梅特涅简单地在边上潦草地批注道，“我并不觉得这些大臣会失去他们从来没有拥有的东西。”

本月底到达的消息使斐迪南更加痛苦。在巴黎，“平民国王”路易-腓力于2月24日被推翻，共和国宣布成立。现在是一败涂地了。批准宪法后，斐迪南短暂地提高了自己的声望，接着又遭到前所未有的辱骂；自由宪法已不能稳定局势。其间，西西里人拒绝了该提议。他们冷淡地告诉斐迪南，“西西里不需要新制度，但要恢复几个世纪以来他们拥有的权利”。在巴勒莫，斐迪南被罢免，波旁家族的旗帜

① 因为这件事使斐迪南二世获得“炸弹国王”（King Bomba）的绰号。

被革命的三色旗所替代，这种旗帜设计奇异：一个无框的车轮，三条手臂是它的辐条。[①]

现在西西里自14世纪以来第一次获得真正的独立自主。它面临的困难是缺乏有效的国家行政管理机构。武装分子遍布整个小岛，绑架和保护性敲诈盛行，所有的这些都是不满的象征。贸易量突然下降，失业率猛增，法律体系实际上崩溃了。对大多数西西里人而言，1848年不再是革命的一年，而是破坏和混乱的一年。

到8月底，斐迪南派遣陆军元帅卡洛·弗兰杰里（Carlo Filangieri）率领一支陆海军联合部队去岛上恢复秩序。叛军反击，那不勒斯和西西里之间原有的仇恨使双方都很残暴——以至于在西西里海域的英国和法国的海军上将，都对战事的血腥和残忍感到震惊，他们于是劝说斐迪南停战六个月。有人可能认为，结束僵局的机会仍然存在，但是每条协议都立即遭到了拒绝。结果，1849年4月2日，弗兰杰里占领陶尔米纳（Taormina）；7日又占领卡塔尼亚；5月15日，他进入巴勒莫。西西里人低效率、缺乏团结，拒绝妥协，这些都完美地向我们演示了进行一场革命不应该做什么。他们的邻居希腊表现出类似的缺点，但是获得了西方列强的积极支持，而西西里却没有——他们为此付出了沉重的代价。

尽管革命在威尼斯最终没有成功，但却进行得更稳妥、更有章法。1844年6月，三位年轻的威尼斯海军军官——兄弟俩阿蒂略（Attilio）和埃米利奥（Emilio）以及他们的朋友多梅尼克·莫洛（Domenico Moro）——从科孚出发前往卡拉布里亚，打算参加那里的一次反对波旁那不勒斯的小型起义。他们的远征像堂吉诃德一样荒

① 马恩岛民的徽章上有类似的图案，但手臂上戴有护甲，装有马刺。

谬，实际上没做任何准备，也没采取任何防御措施，因而立即被逮捕。一个月后，他们在靠近科森扎（Cosenza）的罗维托（Rovito）山谷①被处死。他们死亡的消息对意大利的公众舆论产生了重大影响。如果三个威尼斯人——更不用说佩鲁贾、里米尼和其他城市的几位殉难者——准备为那不勒斯而死，那么意大利统一就不仅是一场空梦。这些英雄不应该白白牺牲。现在威尼斯人都发出同样的心声：当全城人都齐心协力时，革命的时刻也就到来了——而最终表达出这一心声的则是丹尼尔·马宁（Daniele Manin）。

马宁 1804 年 3 月 13 日出生于威尼斯。他的爸爸是犹太人，年轻时皈依了基督教，并采用了自己教父的名字皮埃特罗·马宁（Pietro Manin）——最后一任总督卢多维科（Ludovico）的哥哥。丹尼尔决定成为像爸爸一样的律师。当丹尼尔 12 岁的时候，他出版了第一部著作，这是一本关于遗嘱的专著。21 岁时，他获得帕多瓦大学的博士学位。他不仅精通拉丁文、希腊文、希伯来文、法文和德文，而且懂意大利语和本地威尼斯语。由于爸爸的熏陶，他接受了共和和自由思想，至 1847 年时，他已积极投身政治活动达 16 年之久。此时，民族主义情绪已蔓延到整个意大利，他趁势发动了反对奥地利专制主义的斗争，并把它称作 *lotta legale*，意为“合法斗争”。在这个阶段，他并未要求威尼斯能完全独立自主，而只想求得在哈布斯堡帝国主权下的本土自治。只有当这个被拒绝时（他其实很清楚必然会被拒），他才号召人民拿起武器。

1847 年 12 月 30 日，当著名的学者尼科洛·托马塞奥（Niccolò Tommaseo）发表演说时，第一次公开挑衅开始。这次演讲的主题表

---

① 威尼斯为了纪念他们，把布拉格拉的坎波·乔瓦尼（Campo S. Giovanni）重新命名，改为坎波·班迪耶拉·莫洛（Campo Bandiera e Moro）。

面上是“意大利文学的状况”，事实上直接攻击了奥地利的检查制度。在演讲结束后，他散发了请愿书，600多位威尼斯和威尼托的头面人物在上面签名。为了进一步表达愤怒之情，威尼斯人模仿米兰人几个星期以前的举动，放弃吸烟；[①] 他们总是到广场上表明他们不欢迎奥地利军事管乐队的音乐表演；自此以后，每当走到公共酒吧时，他们都停下脚步转身离开。一个星期之后，马宁起草了十六条宪章，除此之外还要求在奥地利统治下大幅提高所有意大利人的权利，建立一个直接对皇帝负责的独立的意大利北部政府，最后，要完全废除检查制度。这对帝国统治者来说，是激怒他们的最后一根稻草。1848年1月18日，马宁和托马塞奥被逮捕，关在总督府附近的古老监狱里。威尼斯人一发现他们被关在这里后，就每天到这里聚集，脱帽静立在铁窗前向他们表达敬意。

3月初，两人被宣判无罪，这让每个人都很吃惊，但是奥地利警察总长坚持认为他们应该继续关在监狱里。这是一个灾难性的错误。一年一度的狂欢节被取消，马宁的律师同事无偿地接管了他的工作。不过威尼斯人意识到，奥地利在威尼斯和伦巴第的士兵至少有75000人，这支军队由81岁的元帅约瑟夫·拉德茨基（Josef Radetzky）[②] 率领，因此对起兵反抗仍犹豫不决。3月17日，从的里雅斯特来的邮轮带来消息：维也纳也爆发了起义。起义者四天前就已经取得胜利。可恨的梅特涅亲王已经逃跑。一夜之间，威尼斯形势巨变。随着消息传遍整个城市，一大群人向广场南面的市政府所在地蜂拥而去，大声喊着“Fuori Manine Tommaseo[③]!”显然，人民的力量已不可阻挡。

---

① 通过对烟征收重税，奥地利从伦巴第获得大量税收。奥地利的军队对此的回应是宣布为官员和士兵提供大量免费的烟，命令他们向意大利人脸上吐烟气。

② 半个多世纪以前，拉德茨基参加了反拿破仑第一次奥地利战争。1813年，在莱比锡战争中担任参谋长。他一共参加过17次战斗，受过7次伤，他的9战匹马被射中。

③ 释放马宁和托马塞奥。

《从监狱中被释放的丹尼尔·马宁和尼科洛·托马塞奥》，拿破仑·纳尼画。

最后，奥地利总督帕尔菲（Pàlffy）伯爵出现在窗口，发表声明：即使他希望释放犯人，他也没有权力这样做。群众在马宁 16 岁的儿子乔治的领导下穿过小广场（Piazzetta）来到监狱门口，开始锤打监狱的大门。门最终被打开。丹尼尔·马宁拒绝离开监狱直到政府下达命令允许他这样做，这是马宁作为律师的典型行为方式。帕尔菲在妻子歇斯底里的怒吼下迅速签署了命令。之后，马宁和托马塞奥立即被人们扛到总督的官邸。群众好像要破门而入，马宁制止了他们。“不要忘记，”他告诉人们，“如果没有秩序，这里就没有真正的自由，自由也就不能持久。”只有当人们冷静下来，他才允许他们抬着他回家。

梅特涅于 3 月 13 日辞职并出逃，这使意大利人开始行动起来，却让奥地利陷入混乱。政府群龙无首，军队也手足无措，不确定效忠谁。这明白无误地向起义者发出信号，革命蔓延到整个意大利。在米兰，意大利人众所周知的“cinque giornate”（即 3 月 18 日到 22 日这 5

天进行的那场伟大的起义）把奥地利人从城市赶走并建立了共和政府。这些日子的最后几天，在都灵《复兴报》(*Risorgimento*）头版出现一篇由编辑卡米洛·加富尔（Camillo Cavour）伯爵撰写的鼓舞人心的文章。“伟大的时刻到了，”他写道，“这里只有一条道路向国家、政府、国王敞开，战争！”

两天之后，萨伏依国王查理·阿尔贝特（Charles Albert）在皮埃蒙特宣称：他的国家愿意在即将来临的战斗中全力支持威尼斯-伦巴第，而且他将亲自率领军队参战。不幸的是，虽然他能立即调动7万名士兵，但是皮埃蒙特没有为战争做好准备，整个军队中没有一张伦巴第地图。还有，国王也不是一位能力卓越的将军，毫无疑问，他根本无法与老拉德茨基相比。拉德茨基早在查理· 阿尔贝特出生前就已经在指挥军队了。

另一方面，从军事实力上看，虽然奥地利和皮埃蒙特之间最后的战争结果可能在预料之中，但是国王必定为其他意大利邦国的反应所鼓舞。托斯卡纳大公利奥波德二世立即派出一支由正规军和自愿者组成的部队。更令人惊奇的是，那不勒斯的斐迪南国王也做出类似的举动，派出卡拉布里亚将军古列尔莫·佩佩（Guglielmo Pepe）率领的一支16000人的军队。从战略上讲，这些帮助并不能让形势发生变化。然而，他们毫无疑问地表明：他们之所以这样做是因为他们都属于意大利民族。当他们选择与皮埃蒙特并肩作战时，这些邻邦的统治者们不是把自己视为查理·阿尔贝特的盟友，而是把自己当成他的同胞。

仅丹尼尔·马宁没有打算为意大利而战，他的事业方向是威尼斯。几个月前，他从监狱里被释放的那个晚上传来一则消息：皇帝已同意支持威尼斯-伦巴第的立宪政府原则，他听到这则新闻很欣慰。但是这样的提议已经不够满足人们了。他的使命是把奥地利人赶出威尼斯领土。3月22日早晨（威尼斯为了纪念这一天，将自己最主要的商业街以此命名），马宁和同伴没费一兵一卒攻占了武器库，强取储藏在那里的所有武器和弹药，之后率领军队凯旋，向广场走去，他在那里正式宣布成立共和国。他高喊“圣马可万岁!”（Viva San Marco）结束演讲，这是半个世纪以来第一次在公共场合听到这样的声音。与此同时，帕尔菲正式签署投降书，实际上把权力交到了“即将形成的地方政府”手中，并同意所有的奥地利军队将不带武器撤离到的里雅斯特。

威尼斯再次成立共和国，但是很明显从成立之初就可以看出共和国处于极度危险中。奥地利人虽然撤退了，但是他们绝没有被打败；革命毕竟一直限制在主要城镇，拉德茨基仍然控制着大部分乡村。6 月 10 日，维琴察陷落，威尼斯所有在大陆半岛上的领土又重新控制在奥地利手中，威尼斯不可能再独自战斗。所以 7 月 4 日，新选出的威尼斯议会勉强投票同意与皮埃蒙特合并。加富尔在那里正前所未有地大声疾呼意大利统一。对丹尼尔·马宁来说，这一天是一场悲剧，他立即把权力移交给临时部门，退出公众生活。（几天后，他穿着私人制服在公民卫队里被发现，当时他正在亚契达站岗。）同时，3000 名皮埃蒙特军队被安顿在城市。对于很多威尼斯人来说，这几乎像奥地利人卷土重来一样糟糕。

> “每天，教皇都表现出实在缺乏现实意识。他出生并成长于一个自由主义者的家庭，这实在是一所烂学校。作为一位好牧师，他从来没有把注意力转向政府事务。因为他心肠好、智力低下，他听任自己被利用和陷害。自从当上教皇，他就陷入一个无法逃脱的网中。如果事情顺其自然，他将被赶出罗马。”

这些是奥地利总理大臣梅特涅亲王 1847 年 10 月写给驻巴黎大使的预

言，他们谈论的对象是乔凡尼·马利亚·马斯塔伊-费雷提（Giovanni Maria Mastai-Ferretti），以前的伊莫拉（Imola）主教和斯波莱托（Spoleto）大主教。前几年，当他54岁时，当选为教皇庇护九世。听到他当选的消息，意大利和西欧的自由主义者都很振奋而喜悦。新教皇看起来是他们中的一员。上任的第一个月，他赦免了1000名政治犯和流亡者。[①] 几个星期之后，他在魁里纳举行花园聚会——男女都能参加。同时，他积极鼓励修建铁路（他的前任乔治十六强烈反对这一计划，他把它称为地狱之路[②]）和在罗马街道上的油灯照明计划；他建立了一家自由或几乎自由的出版社；他着手关税改革，把普通信徒引进教廷，废除荒谬的法律，根据这一律法犹太教徒必须每个星期听一次基督教的布道。无论走到哪里，他都是意大利最受欢迎的人。

但是，他的名声为他招来了麻烦。每一次政治示威，从最温和的到最革命的运动，都对外宣称获得了他的支持。他的名字出现在上千条横幅上，被用来宣传教皇其实强烈反对的事情。随着1848年革命的爆发，他的地位变得更加不稳定。“皮奥诺诺！皮奥诺诺！皮奥诺诺！”[③] 变成了战斗口号，在各个城市的大街小巷，被骚动的群众交口相传。当教皇费雷提用“上帝保佑意大利”结束他的一次演讲时，他的话立即被视为表达了他对民众的意大利统一并永远摆脱奥地利统治这个梦想的赞同。（可是毫无疑问，庇护九世并不渴望看见意大利的统一，要是这样，教皇国将何去何从呢？）简而言之，现在教皇发现自己正在一列失控的火车上，他唯一的希望是用尽一切方法刹车。

就在这决定命运的1848年1月底，大批新宪法已开始运作。斐迪南29日呈给那不勒斯一份宪法。仅一个星期之后，在佛罗里达，

---

① “上帝不会批准大赦，”梅特涅咆哮着，“上帝宽恕我们。”

② chemīns d’enfev。——译者注

③ Pio Nono。——译者注

大公提供了另一份宪法。3 月 5 日，巴黎革命和路易-腓力出逃后，萨伏依的国王查理·阿尔贝特在都灵也批准了一部宪法。3 月 13 日，又轮到了维也纳，梅特涅则自顾自逃命去了。这是最重要的一则消息，意大利爱国者心中涌出新希望——他们像往常一样，希望教廷能引领他们前进。但这种事情并没有发生：15 日，教皇庇护九世批准罗马宪法。首席红衣主教安东内利（Antonelli）[①] 已确保宪法并没有过分倾向自由化，而且事实证明，这部宪法也没有持续很长时间，但是它已完成了它的使命。庇护九世不愿意当欧洲革命的先锋，但也不愿意落后。

3 月 24 日，查理·阿尔贝特对奥地利宣战，将军乔瓦尼·杜兰多（Giovanni Durando）率领教皇国的军队离开罗马前去保护教皇国北部疆域，避免任何来自奥地利的袭击。这纯粹是一项防御措施，但是好战分子拒绝接受这样的计划。他们宣称奥地利已对基督教的意大利宣战，因此这是一场圣战，一次十字军东征，带着把侵略者赶出意大利神圣土壤的特殊使命。可想而知教皇庇护九世非常愤怒，他绝不宽恕这种敌对政策，更不用说是针对一个天主教国家的。结果是 1848 年 4 月 29 日出现了所谓的训谕。他并不打算领导意大利统一运动，他说，恰恰相反，他极力反对这样做。虔诚的意大利人应该忘记统一的观念，再次向各自的国王宣誓效忠。

训谕受到斐迪南国王的欢迎，他把它看成撤回他派往北部的由佩佩将军领导的军队的一个完美借口。（佩佩为了他永恒的荣誉，违背斐迪南国王，率领 2000 名士兵参与威尼斯的防御。）另一方面，举国

---

① 安东内利是教廷能取得当时权威的主要功臣。他是一位极富魅力的卓越的政治家。他不计其数的私生子证明他过着极其淫乱（mouvemente）的性生活。“当他在沙龙上驻足于一位俊俏的妇女身旁时，当他靠近与她聊天，抚她肩膀，深深地注视着她的胸部时，你会以为他是密林中的男子，你浑身颤抖好像乘着轻便车在路边翻倒了。”（Edmond About，*La question romaine*，quoted by Holt，Risorgimento，p. 139.）

上下那些真正的意大利爱国者听到这个消息时都感到震惊，但是就像事实所证明的一样，统一大业几乎没受影响。现在运动以不可阻挡的气势扩展开来。真正受到破坏的是教皇自己的声誉。在此之前，教皇还是一名英雄，从此以后他就成了一名叛徒。训谕表明教皇对整个事件的影响是多么无力，除此之外别无其他。教皇的声望突然消失，现在轮到他去面对革命。随后7个月，他努力控制形势。但是，当他的总理大臣佩雷里诺·罗西（Pellegrino Rossi）伯爵进入总理官署时被杀死后，教皇明白罗马对他而言不再安全。11月24日，他化装成一名普通牧师从侧门悄悄地溜出魁里纳尔宫逃到加埃塔，在那里受到国王斐迪南的热烈欢迎。

起初，皮埃蒙特的士兵享受着成功的喜悦。然而不久，7月24日，查理·阿尔贝特在距维罗纳西南部几英里的库斯托札（Custoza）溃败。拉德茨基在后面穷追猛打，他退到米兰。8月4日，他被迫请求停战，根据条约他和军队撤退到本国界内。两天之后，米兰人也投降了，不屈不挠的老元帅率领自己的军队回到城里。

战争的第一阶段结束，奥地利轻而易举地成为胜利者。它不仅重新牢牢控制了威尼斯-伦巴第地区，而且使那不勒斯单独讲和，罗马投降。在法国，外交大臣以个人的名义作为诗人阿方索·德·拉马丁（Alphonse de Lamartine）出版了一本《共和国宣言》，起到鼓舞人心的作用，但是没有提供积极的或是物质的帮助。新威尼斯共和国的宣言发表不到五个月，反革命力量就胜利横扫意大利本土。

威尼斯并无遗憾地告别了皮埃蒙特，但是它又再次孤军奋战了。它唯一的希望是马宁。他现在脱掉私人的制服，8月13日，国会邀请他担任独裁者。他以自己对军事一无所知的理由拒绝任命，但是最后他被劝说接受了三人小组的领导权。他的声誉如此之大，使另外两位同僚退居其次，他事实上成为一名独裁者。在他独立的指导下，威尼斯共和国在整个冬天进行了勇敢地战斗，但是绝望与日俱增。

从整个意大利来说，1848 年是非常重要的一年；从战略上讲，形势改变不大，许多地方仍然控制在奥地利手中；另一方面，从政治上讲，大众的观点发生了显著的转变：这一年刚开始时，许多意大利爱国者想把奥地利人赶走；当这一年结束时，主流观点（在除威尼斯外的意大利各地）是组成一个团结的意大利。变化正在发生。终于，意大利人似乎将要实现他们珍藏已久的梦想，意大利复兴运动开始。

第二十八章　意大利复兴运动

梅特涅曾宣称："意大利只是一个地理学上的概念。"他说出了事实。在意大利的历史中，意大利半岛从未形成过一个单一国家。甚至在罗马帝国时期，它也只是整体作为罗马的一部分——而且通常是很小的一部分。然而在中世纪初或者更早，意大利民族的概念已作为一种遥远的理想而存在：但丁和彼特拉克都梦想着意大利民族的统一，之后的马基雅弗利也是如此。就地理学和语言学而言，这种理想当然是有意义的；但这片国土严重地四分五裂，城市与城市，圭尔夫党与吉贝林党，皇帝与教皇之间的分歧和竞争是如此的激烈，敌友关系转换是如此频繁，以至于到 19 世纪中叶时，统一的可能性都还很渺茫。

但当 1848 年革命开始后，一切都改变了，遥远的梦想突然成为一个可行的目标。卡米洛·加富尔伯爵并没有充足的理由称他的报纸为《复兴报》——复兴一个从未存在过的事物是不可能的——但是这个词为这场运动戴上了一个漂亮的光环，而且不久被普遍采用。现在需要的是一位领袖。

1849 年初，举国上下只有一位重要候选人或可担此重任。威尼斯-伦巴第仍然处于奥地利的统治下。尽管几个星期前，教皇庇护自愿流放，但只要教廷的问题一天不解决，罗马，乃至整个教皇国就会受到排斥（可教皇国又实际上将半岛一分为二）。那不勒斯悲哀地处于思想守旧的"炸弹国王"统治之下，实际上不值一提。其他的意大利国家要么太小，或者太弱，都不具备资格。皮埃蒙特是一个显而易见的选择。尽管仍为去年的失败感到伤心，但它仍然精力充沛、雄心勃勃，实力稳步增长。[①] 自 1831 年登基以来，国王查理·阿尔贝特就毫不妥协地反对奥地利。

但是查理·阿尔贝特是在位的君主，不可能给运动带来太多的群众支持（毕竟参与运动的大部分人都是共和主义者）。显而易见，此时需要一位富有个人魅力的领导人。至少在早期，朱塞佩·马志尼（Giuseppe Mazzini）承担起了这一任务。他于 1805 年出生在热那亚，但是 10 年后，维也纳会议的分配使他自动成为一名皮埃蒙特公民。大学期间，他有些杂乱无章地研究过医学和法律，但是后来着迷于意大利复兴思想，甚至由于参加一些颠覆活动被短暂拘留过。1831 年 2 月，他被流放到马赛。他一生主要住在这里和伦敦，基本上是在流放中度过的。

刚到马赛，马志尼就发起了一场他称之为"青年意大利"（*lo giovine Italy*）的运动。正如其名所示，该组织只吸收年龄 40 岁以下的人，它试图发展他们的民族意识；它将成为一个"伟大的意大利民族协会"，并公开宣称以解放意大利为目标——如必要的话可以通过革命来完成。青年意大利党立刻就获得了成功：创建不到两年，它就拥有了 6 万多名成员。它还创办了一份期刊——与该组织同名——最初两年出了 6 期：这可是一项巨大的成就，想想吧，每一期的篇幅都有 200 多页，其中大部分还是由马志尼亲自撰写的。

到 1833 年，马志尼准备行动了。青年意大利党吸收了大批年轻军官和皮埃蒙特军队中的士兵。在他少年时期的好友雅格布·鲁菲尼（Jacopo Ruffini）的帮助下，马志尼决定同时在热那亚和亚历山德里亚起义，他相信运动将迅速席卷全国，推翻政府，从而最终打倒查

① 这时，其领土不仅包括传统的古代萨伏依大公的土地（首都设在都灵），还包括撒丁岛、尼斯，自 1815 后年，还包括热那亚。

理·阿尔贝特。起义还没有开始，密谋就被发现了（这并不是两位领导人的错），他们所有的联系人都被逮捕，其中12名被枪决，鲁菲尼白白死在了监狱中。

马志尼当时在法国境内，没有立即遭受人身危险，但是马赛到处都是皮埃蒙特间谍，不久之后他前往更加安全的日内瓦。当三年中几次更不成功的密谋也失败后，甚至瑞士对他而言也不安全了。1837年1月，他来到伦敦，并在这里度过了接下来的11年，伦敦成了他的第二故乡。马志尼在这里再次投身狂热的活动：为青年意大利党注入新活力，致力于改善许多意大利新移民的生活，为意大利儿童建立免费学校，建立另一份报刊，每天写几十封信给世界各地的意大利爱国者和流亡者，因为到此时，革命委员会不仅在意大利，而且也在欧洲其他国家以及美国、加拿大、古巴和拉丁美洲存在。

马志尼的干劲和勤勉很快就使这位非凡的意大利人在伦敦成为一位众所周知的人物。在到达七年后，他获得了突如其来的名声，这使他的事业受益匪浅：早在1844年，他就开始怀疑自己的信在未寄出之前就被秘密拆开，他通过一些简单的实验证实了这一事实。他立即向一名关系好的议员抱怨，这位议员因此在众议院对此问题提出质询。内政大臣詹姆斯·格雷厄姆（James Graham）阁下起初否认控告，但是在面对证据时，他不得不承认办事处确实在奥地利大使的请求下打开过信件。人们开始在他们的信封上写上“不要做格雷厄姆”。这件丑闻不仅使马志尼成为众人瞩目的中心，而且他给格雷厄姆写了一封公开信，详细地阐释意大利事件。这封信被大量重印，给予了他所需要的公众支持。他的朋友托马斯·卡莱尔（Thomas Carlyle）坚持认为这些信的被打开对他来说是前所未有的大好事。

教皇庇护的匆忙离去使罗马大吃一惊。教廷总理大臣朱塞佩·加列蒂（Giuseppe Galletti）——马志尼的一位老朋友，在大赦后回到罗马，勇敢地继任被谋杀的罗西的职务。他首先派出一位代表到加埃塔劝庇护回来；当庇护拒绝接见代表后，加列蒂呼吁组成罗马立宪议会，选举200名议员，会议定于1849年2月5日召开。时间是短暂的，但这种需求是急迫的。142名议员按时出席在坎切拉里亚宫举行的会议，仅仅四天之后的凌晨2点，大会投票——120票赞成，10票反对，12票弃权——结束教皇的世俗权力，建立一个罗马共和国。马志尼没有出席会议，目前会议中举足轻重的人物是41岁的冒险家朱塞佩·加里波第（Giuseppe Garibaldi）。

1807年，加里波第出生在尼斯（1860年，尼斯才被割让给法国），加里波第像马志尼一样成为了皮埃蒙特人。他作为一名商船海员开始其职业生涯，1833年他成为一名青年意大利党员。作为一名实干家，加里波第曾参加过下一年的一次兵变，但以失败告终。这只是其早年许多失败的密谋之一。政府签发了一张通缉令，命令将他逮捕归案，他及时设法逃到了法国；同时在都灵，加里波第在缺席的情况下因严重的叛国罪被判处死刑。在法国商船上待了一段时间后，加里波第加入突尼斯总督的海军并被任命为总指挥，但是他谢绝了。最终于1835年12月，他跑到一艘驶往南美的法国双桅方帆船上当大副并一待就是12年。在前四年中，他为一个小国摆脱巴西的统治而战斗，但以失败告终。1841年，他和其巴西情妇安尼塔·里贝罗·席尔瓦（Anita Ribeiro da Silva）一起长途跋涉到了蒙得维的亚（Montevideo），在那里他很快接管了乌拉圭海军，也指挥着意大利流亡者军团——第一批红衫军，这支军队此后与加里波第的名字紧密相连。1846年圣·安东尼战役胜利后，他的名气很快地传到了欧洲。现在他已经成为一名专业造反者，游击战经验对他以后的几年大有裨益。

当加里波第听到1848年革命爆发的消息后，他立即聚集了60名红衫军乘最早的一班船回到了意大利。他最初提议为教皇，尔后是为皮埃蒙特而战，他们都拒绝了加里波第，特别是查理·阿尔贝特，他必定不会忘记加里波第现在仍是被判死刑的。于是加里波第前往米兰，他立即投入了战斗。查理·阿尔贝特在库斯托札被打败，加里波第并不感到害怕，继续独自与奥地利战斗，但到8月底，敌我实力相差过于悬殊，他别无选择只好退到瑞士，与安尼塔一起在那里度过了接下来的三个月。一听到教皇逃跑的消息，他又立即带着志愿军去了罗马。他被选举为新议会的成员，正是他正式提议罗马从此以后应该成为一个独立自主的共和国。

令人惊奇的是，马志尼没有参与这些轰动性的大事。他当时从米兰前往佛罗伦萨——利奥波德大公刚从这里逃走——白费心机地劝说当地政府成立共和国，实现与罗马政府的统一。3月初，他才动身第一次前往新首都，在那里议会为他提供了一个职位。可想而知，他受到了英雄般的欢迎，并被邀请坐到总统的右手边。

不幸的是，皮埃蒙特的国王选择此刻撕毁签订不足七个月的停战协议，恢复与奥地利的战争。他为什么这样做仍然是一个谜。他也许担心另一场起义将使自己丧失宝座；更可能的是，他把自己视为意大利的斗士和解放者，他下了决心不允许让库斯托札战役的失利结束他的军事生涯。那次战败表明了他称不上是一位合格的将领，于是在接下来的战争中，他只保留名义上的最高指挥权，把实际指挥权委托给了一位参加过拿破仑战争的波兰老兵沃伊切赫·赫扎诺夫斯基（Wojtiech Chrzanowski）。

赫扎诺夫斯基毫无疑问是尽力而为了，但是事实证明，作为一位将领，他比其长官好不了多少。重开战火不到两个星期，皮埃蒙特人在诺瓦拉对抗拉德茨基，此地据米兰西部30英里。正如在库斯托札一样，他们无法与奥地利人对抗，尽管奥地利人在数量上略少于他们，但却比他们更守纪律，也更为专业。当子弹在查理·阿尔贝特周围嗖嗖飞过时，他表现出堪称楷模的勇气，毫无畏惧地穿过敌人的战场。他毫发无损地幸存了下来，但是他的军队被击溃，战败了。布雷西亚又单独坚持了几天，但不久它就被奥地利将军尤利乌斯·冯·海瑙（Julius von Haynau）所征服，他因残忍、野蛮而臭名昭著。[1]查理·阿尔贝特宣称他不能签订另一份投降协议，他退位让儿子萨伏依大公维克多·伊曼纽尔继位。他获准作为一名普通公民穿过奥地利边界，在波尔图（Oporto）引退，仅仅四个月后他就在那里去世了，死于令人怀疑的心脏病。

朱塞佩·马志尼长期以来一直认为继罗马帝国和罗马教皇国之后应该有第三个罗马：一个属于人民的罗马。现在梦想变成了现实。议会成立了新共和国，由一个三人领导小组领导；然而这三位成员中，事实上有两位被忽视，马志尼实际上成为罗马的独裁者。他绝不是第一位也不是最后一位独裁者，但是可以肯定 的是没有像他这样的。在魁里纳尔宫狭窄的办公室里，他热情地接待所有的来访者；他每天在同一家便宜的小吃店里吃饭；每个月 32 里拉的薪水全都捐给慈善机构。现在这位蛊惑人心的政客和宣传者成了有良知的管理者。马志尼废除了死刑，引入了男性普选权，宣称出版完全自由，恢复教皇国——共和国的极端主义者曾在这里实行恐怖统治——的秩序。毫无疑问，他做了很多，他知道必须争分夺秒。“我们必须行动，”他告诉

---

①　甚至在英国他也臭名昭著。1850 年 9 月 4 日，海瑙拜访伦敦的巴克莱啤酒厂(Barclay's Brewery)。他因为长着奇怪的长胡子很快被认出来，遭到雇员的袭击，他们向他泼脏水。他逃到河边，一大群暴民紧追不放，他到乔治酒店避难，在那里最后才被警察救出来。

议会，“像敌人在大门口的人们一样，像为实现永垂不朽的人们一样。”他说出了事实。4 月初，从巴黎传来了一则不祥的消息，一支法国远征军正在途中。

2 月 18 日，教皇庇护在加埃塔向法国、奥地利、西班牙和那不勒斯发出一份正式援助请求，四大强国均有回音。然而对马志尼来说，最大的危险来自法国——它做出的反应明显取决于新共和国的态度，特别是新当选的总统路易·拿破仑亲王。差不多 20 年前，这位亲王卷入过反教皇的阴谋，并被罗马所驱逐，所以他对教皇没什么好感。另一方面，自从在诺瓦拉，他看见奥地利在意大利的势力比以前更加强大；他怎能坐视奥地利独自向南扩张，并按它的方式恢复教皇呢？如果他自己不采取行动，他知道毫无疑问这就是奥地利人的打算。

因此他下了命令。1849 年 3 月 25 日，尼古拉斯·乌迪诺将军（Nicholas Oudinot）——拿破仑麾下一位元帅的儿子——率领 9000 人在奇维塔韦基亚登陆，开始了向罗马的 40 英里行军。他相信共和国是一小部分革命者强加给并不情愿的人民的，它不久将被推翻，因此他和他的士兵将作为解放者而受到欢迎。他命令：不承认三人小组和议会为合法机构，务求和平地占领城市，如果有可能的话一枪也不要开。

他非常吃惊。尽管罗马人要抵抗一支训练有素、装备精良的军队，从而保卫他们城市的希望是渺茫的，但是他们仍然积极为战争做着准备。他们全民皆兵，组成的军队包括宪兵团（carabinieri，意大利的一种军队，履行警察的责任）1000 名强壮的公民兵、1400 多名城市志愿者和带着各种五花八门的武器的平民——绝不是容易战胜的——组成，但是他们的总人数仍然少得可怜。令他们欢欣鼓舞的是，27 日加里波第率领聚集在罗马涅（Romagna）的 1300 人的兵团进入城市。两天之后，伦巴第的贝尔萨格里（*bersaglieri*）军团也到了这里，他们戴着宽檐的帽子上，墨绿的公鸡羽毛飘动着。防御者立即大量集聚，虽然他们知道胜算很渺茫。

第一场为了罗马的战斗打响于 3 月 30 日。这一天因为乌迪诺的疏忽和缺乏理解力而得以度过。他没带攻城用的加农炮和云梯；当军队向梵蒂冈和雅尼库伦山行军时受到炮火的猛烈攻击后，他这才意识到他的处境十分危险。不久，加里波第的军团突袭他，紧接着的是贝尔萨格里的长矛骑兵。乌迪诺和士兵尽力反击了六个小时，但是当夜晚降临时，他们不得不承认自己的失败，绕远路回到奇维塔韦基亚。他们有 500 名士兵死亡或受伤，还有 365 名被俘，但是最糟糕的是他们蒙受了羞辱。

那一晚，所有的罗马人都沉浸在喜悦中，但是没有一个人奢望法国人不再回来。法国人现在明白罗马是一颗比他们预料中更坚硬的坚果，但是他们还是要敲碎它。一个多月后，当加里波第率领其军团，还有贝尔萨格里军团向南迎击那不勒斯侵略军，并轻而易举地把他们赶出共和国时，乌迪诺也获得了他请求的增援。带着身后的 2 万名士兵和极大增强了的装备，6 月 3 日，他第二次向罗马进军。

这次他从西边开始推进，其主要目标是雅尼库伦山上有历史意义的帕姆菲利别墅和科尔西尼别墅。到这一天结束时，乌迪诺牢牢控制了这两个地方，他的枪炮已经布置到位，罗马实际上注定要失败了。保卫者抵抗了将近一个月，6 月 30 日早晨，马志尼向议会发表讲话，告诉议员们存在三种可能：他们可以投降；也可以继续战斗直至战死街头；或者退到山上，继续战斗。中午时分，加里波第风尘仆仆地出现了，红短袖浸泡在血和汗中，但他的心是坚定的。他指出，投降是不可接受的；街道战也不可能，当拉斯特维雷区[①]被占领后，法国枪

① 这是罗马的一块地方，位于台伯河西边。

炮将很容易破坏这座城市；只有退到山上。“无论我们身在何处，”他告诉他们，“这儿仍是罗马。”①

奇怪的是，大多数代表都不同意，他们提出了第四种可能：不投降，但是宣布停战，他们仍然待在罗马。马志尼显然没有考虑过这种方案，然而他最后决定采用这一方案。法国人曾被人引导相信马志尼是一个非常令人讨厌的残暴之人，他们惊讶地看见他勇敢地穿过街道，无论走到哪里都受到欢迎，他们在这里不敢逮捕他。但马志尼知道即使自己仍然自由，此后他也将毫无权力。几天之后，他悄悄地溜回了伦敦。“意大利是我的祖国，”他经常这样说，“但英格兰是我的家，如果我有的话。”

此时加里波第正在征召志愿者。他宣称：“我既不提供薪水，也不提供船，也没有住所；我提供的只有饥饿、干渴、强迫行军、战争和死亡。让那些从心底里爱国而不是嘴上说说的人跟随我吧。”4000人立即加入了他——尽管一个月后再增加的人数也不太多。这支队伍至少逃过了三支敌军的注意，最终来到小共和国圣马力诺②避难。在这里，军队解散了，加里波第和安尼塔及少量忠实的追随者前往唯一一个仍在为生存而斗争的意大利共和国：威尼斯。

他们乘坐的船被奥地利军舰拦截。加里波第被迫在一个离海岸很远的地方上岸，现在这一地方被称为加里波第港（Porto Garibaldi）。在他们到达威尼斯潟湖之前，他挚爱的安尼塔死在了他怀里，这使他暂时丧失了革命热情，选择再一次离开意大利。几个星期之后，他来到纽约，在那里开始了第二次美洲流亡生涯。

---

① Dovunque saremo，colà sarà Roma.

② 圣马力诺，面积23.5平方英里，仍然是一个独立自主的共和国。它完全被意大利包围，西边是罗马尼亚，东边是马尔凯。它仍然是中世纪和文艺复兴时期自治城邦的最后一块遗迹。

即使加里波第设法到了威尼斯，他能帮的忙也有限。虽然去年整个冬季奥地利的封锁断断续续一直在进行，但丹尼尔·马宁还是全力组建起了一支有战斗力的军队——这是他委托给佩佩将军的一项任务，而将军乐意之至地表明愿意把自己的一生都献给意大利和威尼斯共和国。作为一名卡拉布里亚人，佩佩证明自己有能力招募许多以前在那不勒斯军队的军官和士兵。1849 年 3 月初，他招募起一支训练有素的军队，大约有 2 万名壮士，这给议会带来了信心，从而颁布了一个充满英雄口吻的法令："威尼斯将不惜一切代价抵抗奥地利。为了这一目标，马宁总督将被赋予无限的权力。"

封锁持续到 1849 年 5 月，奥地利指挥官最终接受了一个方圆 90 英里的潟湖是不可能被完全封锁的这一事实，而这座拥有 20 多万居民的城市需要过很长时间才会屈服于饥饿；除了全面的军事围攻外别无他法。他们的第一个目标是位于马格拉（Malghera）的堡垒，它位于铁路桥梁的末端。经过三个星期的炮击，马格拉投降，但桥本身还有几个沿着它建造的临时堡垒尚能守住。早在 7 月份，奥地利人就有过一个奇怪的想法：试着用许多气球载着炮弹扔向威尼斯。这个实验遭到惨败，但至少给威尼斯人留下了一些笑料，不过除此之外就别无其他了。包围最终造成了严重的食物缺乏。随着时间的流逝，威尼斯人处于饥饿的边缘。即使鱼——威尼斯的主要产品——也供应不足，因为潟湖提供的鱼对于整座城市的人来说是远远不够的，面包也定量分配，情况持续恶化。7 月 28 日，马宁正式向议会的议员们询问威尼斯是否要继续抵抗下去，但是他的听众们决心斗争到底。

29 日夜晚，对威尼斯的炮击开始激烈起来。炮轰局限于城市的西部，因为奥地利大炮即使调到它们的最高角度，也不能把炮弹打得更远。幸运的是，广场不在射程之内。更幸运的是，大多数炮弹仅仅是球不是炮弹，不会产生爆炸的影响。奥地利士兵经常在射击前对炮弹进行加热，但是他们没有足够的炉子去给所有炮弹加热，它们引起的零星小火能够被威尼斯火枪队处理掉，现在达丹尼尔·马宁也成了火枪队的一员。

尽管如此，在随后的三个半星期里，密集的炮轰仍然损伤了威尼斯人的士气。现在城市遇到的最大灾难是霍乱，许多人成为牺牲品。到7月底，疾病蔓延到了城市的每个角落。在8月的高温下，情况变得更糟，特别是在最东部的拥挤的卡斯泰洛（Castello）地区，许多人是从西部逃到那里的。掘墓人所挖掘的墓穴供不应求，不管怎么说，此时埋葬在威尼斯是一个艰难的过程。等待埋葬的尸体在威尼斯老教堂彼得教堂（S. Pietro di Castello）前的草地上堆积如山，散发出的气味令人窒息。

8月19日，两艘威尼斯船挂着白色的旗帜前往梅斯特（Mestre），很明显战争接近了尾声。三天之后，双方达成协议，奥地利的条件令人惊讶地宽容。他们的主要要求是：所有身为帝国臣民却参与对抗他们的意大利军官和士兵应该立即离开威尼斯；驱逐40位威尼斯领导人。8月27日，奥地利重新占领了这座城市。当天下午，法国船只“冥王星”（*Pluton*）号从吉代卡岛（Giudecca）出发，船上载有古列尔莫·佩佩、尼科洛·托马塞奥（Niccolò Tommaseo）、丹尼尔·马宁以及其他37人。

马宁带着妻子、女儿定居在巴黎。在那里他为法国报纸写文章，用意大利语上课。到此时，他已放弃共和国理想，眼光如马志尼一样放在了国家统一上。“我坚信，”他写道，“我们的首要任务是实现意大利的统一……共和党对萨伏依众议院说：‘如果你们能创建意大利，我们将跟随你；如果你们不能，我们就不跟随你。’”1857年9月22日，他在巴黎去世，享年53岁。11年之后，他的遗体被带回了威尼斯，安葬在靠近圣马可北墙的特别设计的坟墓里。在他以前位于圣帕特里安小广场（Campo S. Paternian）——现在叫马宁小广场（Campo Manin）——的房子外面蹲伏着一只巨大的青铜狮子，愤怒地挥舞着尾巴。

难道1848年革命就此白费了吗？到1849年秋天，形势看起来确实是如此。奥地利重新控制了威尼斯和伦巴第；庇护九世回到了法国占领下的罗马；在那不勒斯，“炸弹国王”撕毁了宪法，再一次掌握了绝对权力；佛罗伦萨、摩德纳和帕尔马都处于奥地利的保护下，采用差不多相同的政体；在整个意大利半岛，只有皮埃蒙特仍然是自由的，但是它也变了。高大、英俊的理想主义者查理·阿尔贝特已经去世。他的儿子兼继任者维克多·伊曼纽尔二世长得又矮又胖，异乎寻常的丑，看起来似乎以打猎和女人为主要兴趣。但是他要比外表看起来聪明得多。尽管在公共场合他确实很害羞、很笨拙，但在政治上很少有什么诡计是他不能识破的，所以很难想象复兴运动中可能没有他。

维克多·伊曼纽尔二世。

然而如果没有卡米洛·加富尔，甚至连维克多·伊曼纽尔也会垮掉。1852年底，加富尔接任了强烈的反教权主义者马西诺·德阿泽利奥（Massino d'Azeglio），并在随后的九年中一直掌握权力（虽然有短暂的中断）——这些年对于意大利非常重要。加富尔的外表如他主人的一样很有欺骗性，他长得矮矮的，挺着大肚皮，脸上斑斑点点，薄薄的头发，眼睛鼓鼓地看起来像戴着护目镜，穿着破旧的衣服，乍一看很不起眼。另一方面，他的思想却像一把双刃剑，只要他开始讲话，外表就丝毫无损他的魅力。在国内，他经常不顾自己虔诚且主动捍卫教会的天主教国王的反对，仍然继续德阿泽利奥的宗教改革计划；他尽一切可能加强经济；其外交政策也是直接指向他统一意大利的理想，并以皮埃蒙特为首。

但是有人可能会问，意大利的统一与克里米亚战争有什么关系呢，是什么促使皮埃蒙特于1855年和西方列强结成联盟呢？加富尔的理由如下：首先，他知道，英国和法国希望把奥地利卷入战争，那将会使法奥长期保持联盟，从而有效地阻止他实现把奥地利赶出意大利半岛的目的。另一方面，如果意大利向世界展示它的战斗精神，这些机会则会相应增加；它的军事成就越大，英国和法国就越有可能认真对待意大利的目标。这种实践没有完全成功：皮埃蒙特人只参加了一场战斗，而且是相对不重要的一场。他们只有28名士兵被杀，与到那年年底因霍乱死掉的2000人比起来微乎其微。令人震惊的是，奥地利将参战的威胁竟促使俄国求和。如果说皮埃蒙特在战场上没有给人留下什么深刻的印象，但维克多·伊曼纽尔至少获得邀请于1855年12月去拜访女王维多利亚和拿破仑三世，① 并获得了两个月后在巴黎的和平谈判桌上的一个席位。在这次与法国的谈判中，加富尔开始抱着令人兴奋的新希望：拿破仑三世在过去毫无益处的政策后，现在可能准备协助他们去驱逐盘踞已久的奥地利人。

奇怪的是，最终促使法国皇帝决定站在意大利一边举起武器反对奥地利的原因是：一次意大利爱国者刺杀他的阴谋。1858年1月14日，皇帝和皇后在去剧院观看《威廉·泰尔》的路上，遭到了炸弹的袭击，炸弹掷向他们乘坐的马车，他们俩都没受伤而护卫和旁观者伤

① 路易·拿破仑充分抓住1848年国王路易斯·腓力衰落的机会，同年12月被选举为法兰西第二共和国的总统。1852年，他成为皇帝拿破仑三世。

亡很大。这次阴谋的领导者是一位著名的共和党人菲利斯·奥尔西尼（Felice Orsini），他以前就曾卷入许多阴谋中。当他在监狱里等候审判时，他给皇帝写了一封信，这封信后来被在法庭上当场大声宣读，法国和皮埃蒙特的出版社都出版过。它的结尾是："记住，只要意大利没有独立自主，欧洲的和平和您的皇权就都是一场空梦……让我们的国家自由，250 万人民的祝福将到处并永远跟随您。"

尽管这些崇高的话语没有使奥尔西尼免于死刑，但是这些话似乎在拿破仑三世的心里盘旋。1858 年仲夏，他改变主意，同意参加把奥地利永远赶出意大利半岛的行动。然而，他的整个动机不完全是理想主义的。他确实真诚地喜欢意大利，并愿意成为救助者，向全世界展现自己；但是他也意识到他的威望和知名度已经迅速下降，他急需一场胜利的战争去恢复名誉。奥地利是唯一潜在的敌人。拿破仑三世非常清楚下一步是与加富尔进行协商。1858 年 7 月，两个人秘密地在孚日山脉（Vosges）的度假疗养胜地莱贝恩碰面，而且很快就达成了协议。皮埃蒙特挑起与摩德纳大公的争吵，然后应人民的要求派出军队。奥地利必然为帮助大公而对皮埃蒙特宣战。随后，皮埃蒙特向法国请求援助，它将把萨伏依和尼斯割让给法国作为回报。尼斯是加里波第的出生地，这对加富尔而言也是难以吞下的苦果，但是如果把它作为解放的代价，吞下它也是必然的。

为了保证这份协议，两个人达成了一项王室联姻：维克多·伊曼纽尔的长女克洛蒂尔德（Clotilde）公主会嫁给皇帝的堂兄拿破仑亲王。当宣布这桩婚约时，许多人——特别是皮埃蒙特人——都恐怖地举起了双手。公主是一个非常聪明、虔诚和引人注目的 15 岁小女孩；他的未婚夫——众所周知是位酒色之徒——则是一个出名的、有点荒谬的 37 岁的浪荡子。很明显，这没有提前与维克多·伊曼纽尔商量。他毫不掩饰地表示自己的不满，他把最后决定权留给了克洛蒂尔德自己。这是她的责任，她同意了这场婚姻。后来证明这并不是一件不愉快的事，这令每个人都感到惊讶。

1859年1月底，他们举行了婚礼，而此时法国和皮埃蒙特都积极公开地为战争做着准备。不久，拿破仑三世对整个事件又有了二心，这令加富尔感到沮丧，因为他很清楚他的祖国不可能单独打败奥地利。更糟糕的是，英国、普鲁士和俄国正在讨论召开一次国际会议，其议题肯定会涉及让皮埃蒙特主动解除武装。简而言之，加富尔开始沉思将面临的灾难，但转瞬间他却被奥地利拯救了。3月23日，奥地利向都灵发出最后通牒，要求它三天内解除武装，这就等于奥地利承认自己是侵略者。拿破仑三世无法再赖掉自己的承诺，他也不打算这样做。他命令立即动员法国军队，大概一共12万名士兵，其中一部分跨过阿尔卑斯山进入意大利，而剩余人则乘船到热那亚。

加富尔清楚地意识到这些行动都需要花时间，而奥地利军队已经出动。皮埃蒙特的军队在至少两周内必须独自面对奥地利军队。其前景令人畏惧，幸运的是加富尔再次被拯救——这次是由于滂沱大雨和奥地利指挥部对于作战策略的分歧，这为法国军队的到来赢得了时间。这支军队由皇帝亲自率领，于5月12日在热那亚登陆。这是他平生第一次指挥自己的军队。6月4日，第一次决定性的战斗在马真塔（Magenta）开始，这是距离米兰西部14英里的一个小村庄，那里的法国军队在玛丽-帕特里斯·德·麦克马洪（Marie-Patrice de MacMahon）将军——拿破仑后来把他提升为元帅，并封为马真塔公爵——的独立指挥下作战，他打败了奥地利5万人的军队。双方的伤亡都很大。如果皮埃蒙特人没有因其指挥官的犹豫不决而有所延误——他们到达战场时战斗几经结束了，伤亡会更大。然而这场灾祸并没有阻止拿破仑和维克多·伊曼纽尔四天后胜利进入米兰。

马真塔战役之后，加里波第加入了法国-皮埃蒙特联军，他于1854年充满激情地从南美洲归来。现在维克多·伊曼纽尔邀请他去招募一支“阿尔卑斯猎人”① 军团，十天前他在瓦雷泽（Varese）单独战胜了奥地利军队。然后军队和阿尔卑斯猎人军团一起前进，6月24日在索尔费里诺（Solferino）遇到奥地利主力军，正好在加尔达湖南边。随之而来的战争——超过25万名士兵参加——是1813年莱比锡战役以来规模最宏大的一场。这次拿破仑三世不是唯一的担任指挥官的君主，维克多·伊曼纽尔也这样做了，29岁的奥地利皇帝弗兰茨·约瑟夫（Franz Josef）也是这样做的（他于1848年继承了他叔叔斐迪南的皇位）。法国还展示了一种秘密武器：膛线火炮，它明显地增加了炮击的准确度和射程。

战争更多的是白刃战，从早晨开始，持续了大半天。只有到了晚上在暴雨中损失了近2万名士兵后，弗兰茨·约瑟夫才下令穿过明乔河撤退。但这是一场皮洛士式的胜利，法国和皮埃蒙特联军的损失和奥地利军队的损失一样多。战事结束后，感冒或伤寒的爆发又造成双方几千名士兵死亡。这次残杀给一位名叫亨利·邓楠特（Henri Dunant）的年轻瑞士人留下了深刻的印象，他有幸参加并组织了为伤员提供紧急援救的组织。五年之后，受到这次此战争经历的直接影响，他创立了红十字会。

邓楠特不是唯一厌恶在索尔费里诺所见的人。拿破仑三世也深感震惊，他对战争的反感和随之而来的恐惧感当然是战争进行不到两周他就和奥地利单独签订和平协议的原因之一。此外也有一些其他原因。虽然事情对奥地利人来说越变越糟，但是他们仍然处于众所周知的“四边形”——四个主要的城堡佩斯切拉（Peschiera）、维罗纳、

---

① cacciatori delle Alpi。——译者注

莱尼亚戈和曼图亚——的强力护卫下，非常安全，拿破仑三世想消灭他们是不现实的。他也担心德国的反应；德意志同盟动员了 35 万名士兵，如果他们开始进行攻击，那么留在法国的 5 万名士兵将被屠杀。

最后是意大利本土的形势。最近的事件使好几个小国家——我们知道的有托斯卡纳区、罗马涅，还有摩德纳和帕尔马公国——想推翻以前的统治者，并和皮埃蒙特合并。其结果将造就一个强大的国家，它占有整个意大利北部和中部：这个国家有机会就会吞并部分或是整个的教皇国，甚至还有两西西里王国。他们在索尔费里诺献出自己的生命就是为了这些吗？

1859 年 7 月 11 日，法国皇帝和奥地利皇帝在维拉弗兰卡（Villafranca）会晤，此地靠近维罗纳。这次会议在一小时内决定了意大利北部和中部的命运。奥地利保存四边形中的两个城堡曼图亚和佩斯切拉；剩余的伦巴第地区向法国投降，而它将把这些地区转给皮埃蒙特。托斯卡纳和摩德纳以前的统治者将复辟，① 意大利同盟将在令人敬仰的教皇的领导下建立。威尼斯及其大陆属地将成为联盟中的一员，但是仍然将处在奥地利的统治之下。

当加富尔读到维拉弗兰卡协议的详情时，他的愤怒是可想而知的，没有曼图亚和佩斯切拉甚至伦巴第，这样的意大利是不完整的。至于意大利中部，甚至在还没有获得前就丢失了。加富尔决不会对这一协议善罢甘休。经过与维克多·伊曼纽尔长时间的激烈交谈后，他递交了辞职信。“我们将重新，”他写信给一个朋友说，“开始地下密谋。”然后，他逐渐平静下来。他们在协议中至少没有提及法国吞并

① 他们没有提到罗马涅、帕尔马和皮亚琴察，因为它们不受两位皇帝中任何一位的直接掌控。

萨伏依和尼斯，这是他在普罗姆比厄莱斯（Plombières）不情愿地提供的。目前的形势，如果不全是他所希望的，至少比前一年的情况要好些。

未来数月，状况进一步改善，形势也逐渐变得清晰了，托斯卡纳和摩德纳拒绝接受为它们规定的命运。它们很清楚没有什么可以劝使它们接受以前的统治者。在佛罗伦萨、博洛尼亚、帕尔马和摩德纳，实质上的独裁者已经出现，他们都准备与皮埃蒙特联合。唯一的阻碍是皮埃蒙特自己造成的。在维拉弗兰卡达成的条款已并入一项在苏黎世签订的正式条约中，阿方索·拉马尔莫拉将军（Alfonso La Marmora）继任加富尔成为首相后，他不愿意采取任何藐视条约的行动。但是独裁者们都已准备好了采取行动。佛罗伦萨保持了独立自主；罗马涅（包括博洛尼亚）、帕尔马和摩德纳合并成一个新国家——因为当年罗马的埃米利亚大道（Via Aemilia）贯穿了这三个地方——这个新国家被命名为“埃米利亚”（Emilia）。

卡米洛·加富尔辞职后，回到位于维切利（Vercelli）附近在利日（Lyri）的庄园，对接下来事态的发展感到非常满意。这证明维拉弗兰卡协议毕竟不是如此糟糕的。因此当1860年1月，维克多·伊曼纽尔——本人多少有些勉强①——召唤加富尔接管新政府时，他是如此高兴地回到了都灵。他刚回到办公室就废除了与拿破仑三世签订的协议。不久后又达成两份新协议：皮埃蒙特将吞并托斯卡纳区和埃米利亚，萨伏依和尼斯将割让给法国作为交换。各个地区都为此进行了全民公投，结果均为赞成票占大多数。例如，在埃米利亚，选票是426000：1500；在萨伏依，选票是130500：235。可以预料加里波第

① 他从来没有原谅加富尔，因为加富尔在维拉弗兰卡的严词忠言，以及成功制止了他——1855年皇后玛丽亚·阿德莱德去世，年仅33岁——迎娶自己长期以来的情妇。

爆发的愤怒，但是面对压倒性的大多数，他也做不了什么。事实上，在主要涉及的各国中，真正高兴的却是被吞并的几块土地上的人们。皮埃蒙特不愿意失去萨伏依和尼斯；法国反对吞并托斯卡纳，皇帝担心这样会让皮埃蒙特实力大增，却让他青睐的中意大利王国遭到削弱；奥地利除了伦巴第的损失外，对失去托斯卡纳大公和摩德纳大公的领地感到痛心，它曾有效地控制着这些地区。

加里波第最亲密的政治伙伴是西西里的一位叫弗朗切斯科·克里斯皮（Francesco Crispi）的律师。1855 年，在伦敦流亡期间，他也成了马志尼的朋友，而马志尼一直渴望入侵西西里。四年后，克里斯皮乔装并使用假姓名拜访西西里，回到伦敦后，他坚信革命的时机再次成熟了。他只需要一支小规模的武装远征军，整个小岛就能收入囊中。剩下的问题是，谁来领导革命？加里波第的名字立即涌上心头，但是加里波第却犹豫不决。他仍然观察着维拉弗兰卡，并怀有一个不同的梦想：攻占尼斯，使它回归皮埃蒙特。

然而，加里波第关于尼斯的想法不久就被无限推迟了。1860 年 4 月 4 日，巴勒莫爆发人民起义。如果所有都按计划进行，一场贵族起义应该同时进行，但是事情出现了意外。那不勒斯的统治者已经被秘密通知，起义者还没离开家之前就发现自己被包围了。没有当场被杀的人后来全被立即处决。这次行动实际上像马志尼鼓动的其他起义一样遭到了惨败，但是这次行动激起了整个西西里北部其他地区的火花，统治者没法把它们全部扑灭掉。他们不能平息像野火一样传遍小岛的谣言：加里波第已经在路上。这为革命的火焰增添了燃料。

其实谣言当时只反映了人们的愿望，可当加里波第听到这个消息后，他立马真的行动起来。加富尔拒绝他要求一个旅的皮埃蒙特军队的请求，但是不到一个月，加里波第自己聚集了一批志愿者。1860 年 5 月 5 日晚，他们从夸尔图（Quarto，今属热那亚地区）出发；11

日，他们毫无阻拦地在西西里西部的马沙拉（Marsala）登陆。他们代表整个意大利社会的一大部分，将近一半的人是律师、医生和大学讲师，剩余的一部分则来自工人阶级。还有一些从严格意义上讲是共和党人，但是他们的领导使他们清楚地明白，他们不仅为意大利，也为国王维克多·伊曼纽尔而战斗——但没有时间对此进行争论了。

加里波第在马沙拉登陆。

几千名士兵——他们所宣称的，尽管实际上他们只有1089人——从马沙拉前往内地，在那里，其人数因西西里志愿者的加入迅速变为原来的两倍。在向东北行进约30英里后，他们发现波旁家族的军队正在卡拉塔非米（Calatafimi）等待他们。5月11日，战斗爆发，持续了几个小时，大多数时候都是白刃战，使用的是刺刀而不是来复枪。一方面，加里波第的士兵数量远远处于劣势；但另一方面，他却占有巨大的心理优势。对每个意大利人而言，这支红衫军——在意大利和南美洲，取得过一连串的胜利——现在具有传奇色彩。人们简单地认为红衫军富有魔力，刀枪不入，那不勒斯军队非常害怕，根本无心作战。几千名红衫军都为他们坚信的共同理想而奋战，加里波第也善于用虚张声势的手法激发军队的热情。加里波第会告诉他们，如果他们能够赢得第一场战斗，敌人很可能被吓跑。之后一到两周内，他们将成为西西里的主人。

他们胜利了，这证实加里波第是正确的。在去巴勒莫之前，他们没有遇到更多抵抗；相反，成千上万的西西里人纷纷加入红衫军。5月26日，当加里波第到达巴勒莫时，他发现人们已经起来反对波旁政府。这里有一些混乱的战斗，但是不久后，那不勒斯的指挥官下达撤离巴勒莫的命令。到这个月底，加里波第已经成为巴勒莫的主人。随后就是巩固统治期，在这期间大批援军从意大利北部来到这里。7月初，加里波第继续前进。在西西里的最后一次战争发生在米拉佐（Milazzo），这是一个离墨西拿15英里的筑有防御公事的海港。此次战役比其他战役都艰难，但是它打通了去墨西拿的道路，并促使墨西拿不战而降，除了一支规模小但勇敢的波旁驻军在城堡内抵抗了一段时间外。

那不勒斯人从其他城市和城镇撤回了他们的军队，除了那不勒斯可以忽略不计外，西西里已获得了自由。加富尔试图立即正式吞并它，并入维克多·伊曼纽尔迅速增长的王国——这个建议遭到加里波第和他的副手弗朗切斯科·克里斯皮激烈的反对。无论如何，西西里已经是这个王国的一部分了。西西里人当然接受这一决定，不过正式合法的程序可等到其余战役结束后才办。他们也担心——尽管他们非常谨慎没有这样说——如果吞并了这座小岛，加富尔可能使用新权力拒绝批准他们以西西里为跳板进入那不勒斯、罗马和尼斯。

这种担心绝不是无中生有。8月1日，加富尔绝望地给内阁大臣兼密友康斯坦丁·尼古拉（Costantino Nigra）写了一封信：

> 如果加里波第穿过大陆，像占领西西里和巴勒莫一样占领那

不勒斯，他将成为这些地区绝对的主人……国王维克多·伊曼纽尔几乎将失去所有的尊严。对所有的意大利人而言，他只是加里波第的一位普通朋友。他可能保得住自己的王冠，但是王冠只有戴在英勇的冒险家加里波第头上才会发出耀眼的光芒。……国王不可能把意大利的王冠从加里波第手中抢走，王冠也不会稳定地戴在他头上……

我们必须保证那不勒斯政府在加里波第踏上这片土地之前陷落……从国王离开的一刻起，我们必须以维护秩序和人道的名义把政府牢牢地控制在我们手中，从加里波第的手中夺取意大利运动的最高指挥权。

这种勇气，你可能称之为大胆，这种方法将激起欧洲恐惧的惊叫，从而造成外交问题严重复杂化，甚至在一定程度上把我们卷入与奥地利的战争，但是这拯救了我们的革命；这将为意大利运动保留其光荣和力量之源，这就是国家和君主制。

加富尔已经劝说维克多·伊曼纽尔给加里波第写官方的文书要求他不要侵入本土。国王照办了，但是紧接着这封信他又发了另一封私人便笺，说这些官方指示可以被忽视。现在看来这第二封便笺根本没有寄到——当它被发现时，封蜡还完好无损——但是这无关紧要：加里波第已经下定决心。加富尔派出间谍到那不勒斯进行煽动，想引发一场自由的革命。然而——与巴勒莫形成明显的对比——人们的反应麻木且冷漠。已经无法可想了，只能让事情顺其自然地发展。

1860 年 8 月 18－19 日，加里波第及其士兵跨过墨西拿海峡，这是他们向那不勒斯进军的第一步。如果加富尔对此感到吃惊，24 岁的国王弗朗西斯二世[①]现在则是惊慌失措，他在前年继承了父亲斐迪南的王位。英国外交官奥多·拉塞尔（Odo Russell）当时正带着使命赶往那不勒斯。他发回了报告：当加里波第进入巴勒莫的时候，国王"在24个小时内发了五份电报请求教皇的祝福"，而"红衣主教安东内利……没有征求教皇陛下的同意发出来最后三份祝福，并假称教皇正式授权他这样去做"。弗朗西斯二世知道他的军队不可能进一步阻挡似乎战无不胜的红衫军，他自己也没有能力为军队注入活力；唯一的选择就是逃跑。9月6日，他乘船到了加埃塔。不到24个小时，加里波第就进入了那不勒斯。

加里波第的整个行程出奇的轻松。与那不勒斯的16000名士兵相比，他的先头部队只有3500人。除在雷焦遇到过装模作样的抵抗外，他们没有遇到任何其他反抗。他的部队需要在夏季炙热的高温下行军300英里前去交战，但加里波第刚一靠近，波旁军队就会立即交出他们的武器，所以加里波第的士兵不担心自己的安全。另一方面，加里波第希望尽快到达那不勒斯——他一点也不信任加富尔，他担心加富尔会采取先发制人的进攻。对他来说幸运的是，已故的国王斐迪南最近刚修好了一条铁路。现在加里波第利用自己能找到的所有车皮，载着士兵开往那不勒斯。他自己带着六名同伴，爬上了一节敞篷车厢，于9月7日中午到达那不勒斯。那天晚上，他站在王宫的阳台上向欢呼的人们发表讲话，他感谢那不勒斯人，"以全意大利的名义，谢谢他们的合作，使意大最终成为一个统一的国家"。这是无耻的谎言，他们没有动一根手指头。但是加里波第无疑觉得，现在这个阶段奉承一下他们没有任何害处。

---

① 他在意大利百科全书中被描写成"一位严肃、沉默寡言而又胆小、笨拙的人，永远怀疑自己和他人"。

那不勒斯是意大利最大的城市，也是欧洲第三大城市。随后的两个月里，加里波第作为一名独裁者统治着那不勒斯和西西里。同时，他正在计划下一步行动，立即向教皇国和罗马进军。但是他再也走不了这一步了。加富尔没有能力阻止加里波第对本土的入侵，但他现在决定用些计谋来阻止他。他深知如果让加里波第继续下去，就可能导致与法国的战争，届时红衫军将发现训练有素的法军是很难对付的敌人，这是他们到目前为止从来没有遇到过的，意大利也可能失去在过去两年里所获得的一切东西。他还有其他考虑：正如他担心的，加里波第现在比维克多·伊曼纽尔更受欢迎；皮埃蒙特的军队深深地嫉妒加里波第最近取得的胜利。而且 9 月 27 日，马志尼及其同伴到达了那不勒斯，他们很可能劝使加里波第抛弃皮埃蒙特国王，拥护共和事业，这种潜在风险非常大。

加里波第也相当清楚加富尔的敌意，正如他信任国王默默的支持。加里波第到达那不勒斯不久，便公开要求首相辞职。他夸大了这样做的重要性。维克多·伊曼纽尔明白他再也不能使这两个人互相牵制了，而接受他政府的政策会安全些。但所有这一切，包括任何一封信（由加富尔指使的）都不能减少加里波第向罗马进军的决心。这些信来自受人尊敬的外国人，从匈牙利的爱国者拉约什·科苏特（Lajos Kossuth）到英国的社会改革家沙夫茨伯里爵士（Lord Shaftesbury）。唯一可能有影响的，也是逐渐起了作用的就是：不可抗力（force majeure）。

突然，加里波第发现两支可怕的军队都在反对他：那不勒斯人和皮埃蒙特人的军队。在加埃塔，国王弗朗西斯设法组建了一支新军队。在第一阶段，加里波第和士兵离开那不勒斯前往北部不久后，他们发现一支大概 5 万人的军队沿沃尔图诺河（Volturno）巡航，正是在这里他们遭受了自西西里登陆以来的第一次失败；在卡亚佐

（Caiazzo）的外围，指挥者临时不在，一位将军试图带领士兵过河；但是失败了，这次行动使他们损失250名士兵。10月1日，加里波第为自己报了仇。战斗就在卡普阿外围，福尔米斯的圣安杰洛村（S. Angelo）的内部和周围进行①。这是一次代价昂贵的胜利，大约1400名士兵受伤或死亡，但就是此战拯救了意大利。

此时，皮埃蒙特军队也正在行军。加富尔决定从加里波第那里夺回主动权，他派兵对教皇国领地翁布里亚（Umbria）和马尔凯（Marches）发动袭击。加富尔没有触及罗马，他巧妙地避免与法国和奥地利的对立。加富尔也开辟了向南去的道路，在那里自加里波第担任独裁者以来，他就宣称皮埃蒙特军队需要立即从革命的力量中拯救那不勒斯。最重要的是他除去了把意大利分成单独两部分，使统一无法实现的地理障碍。这场战争本身不引人注目，但是非常有效果。皮埃蒙特军队在佩鲁贾克服了顽强的抵抗，在卡斯特费达尔多（Castelfidardo）附近获得对教皇军队的小规模胜利。在五天之后的一次大规模的战役中，他们占领了安科纳，缴获了154支枪，俘虏了7000人，包括教皇军的指挥官——法国将军克里斯托夫·德·拉莫里西埃（Christophe de Lamoricière）在内。这标志着教皇军彻底被打败了，从此以后这里就不再会有麻烦了。

维克多·伊曼纽尔由自己长久以来的情妇罗西纳·维切拉纳（RosinaVercellana）陪伴着——她打扮得非常迷人，现在来接管军队的指挥权。从教皇军被打败那刻起，加里波第的运气开始变差了。沃尔图诺战役已经告诉他，向罗马进军不再可能了。现在国王来了，加里波第预见到他在南部的统治即将结束。到10月底，公民投票显示

---

① 圣安杰洛的教堂没有遭到破坏，这是一个奇迹。这是坎帕尼亚最伟大的纪念物，其内部的墙上覆盖着保存得惊人完好的11世纪壁画。

出那不勒斯王国、西西里、翁布里亚和马尔凯——每个地方都决定成为维克多·伊曼纽尔治下的意大利的一部分。赞成票都占绝大多数：以西西里为例，432053 票赞成，667 票反对。

加里波第优雅地屈服了。他骑着马率领一大群护卫向北去面见国王。11 月 7 日，他们共乘皇家马车进入那不勒斯。加里波第只提出了一个请求：允许他作为总督统治那不勒斯和西西里一年，但是他被拒绝了。他毕竟是一个危险的激进分子和反教权主义者，仍然梦想从教皇那里夺取罗马使它成为意大利的首都。为了解决这个难题，维克托·伊曼纽尔封他为将军并赐予他丰厚的土地，但是加里波第什么也没要。只要奥地利占领着威尼托，教皇仍然是罗马的临时统治者，他就仍然是一个革命者。他决定捍卫他行动的自由。11 月 9 日，他乘船去卡普雷拉（Caprera）小岛上的农场，此地离撒丁海岸不远。他只带了一点钱和花园里需要的一包种子，这些钱还是他借的。掌权期间，他没有为自己谋取丝毫私利。

1861 年 3 月 17 日受难主日那天，维克多·伊曼纽尔二世宣布自己为意大利国王。当老马西莫·德·阿泽利奥——加富尔之前的首相——听到这个消息时，据报告他说："意大利是塑造出来了；现在我们必须要塑造意大利人。"① 前首相的前半句话是正确的，一个意大利民族国家确实是存在了，虽然它还不完整；第二句说得就更正确了。弗朗西斯二世继续他的反抗。自罗马帝国瓦解后，国家就一直分裂，2200 万意大利人民中很少有人把自己当作一个意大利人；意大利北部和南部没有一点共同点，生活标准根本不同（到现在仍然是这样）。当务之急是必须修建新的公路和铁路；也应该创立完全统一的国家陆军和海军、民政管理和共同货币。当时别无选择，必须采用皮

---

① L'Italia è fatta；restano a fare gli italian。——译者注

埃蒙特人的制度，但是“皮埃蒙特化”遭到了广泛的怨恨，这对于统一事业没有一点好处。甚至连国王想保留自己封号中的“二世”也会被指责。人们会认为，作为意大利国王他当然应是维克多·伊曼纽尔一世，因为复兴运动不是让意大利重生了吗，难不成是萨伏依王室征服了意大利？

王室公告发布不到三个月，加富尔去世了。他在去世前的几周里，一直在激烈地争论罗马的未来，但其实加富尔从来没有到过罗马。他认为，所有其他的意大利主要城市都曾是独立自主的，是各自为战的；只有教会的所在地罗马超然于这些竞争对手之上。尽管教皇必须交出世俗权力，但是无论如何必须保证教皇的独立自主，“在一个自由的国家应该有一个自由的教会”。加富尔遭到了激烈的反对。最强烈的反对来自加里波第，他 4 月份刚从卡普雷拉回来，他穿着红衫，披着南美披风大步走进议会，对加富尔的辱骂不绝于耳。他怒喝加富尔把自己国家一半的领土卖给了法国，并尽力阻止过西西里远征。但是，他只是成功地肯定了一个普遍的看法：无论将军多么英明，他肯定不是一位政治家。加富尔很容易就赢得了信任投票，这是他最后的政治胜利。7 月 6 日，他突然死于一次严重的中风，年仅 50 岁。

卡米洛·加富尔只需再多活十年，他将看见最后两块土地并入意大利。至于罗马，加里波第没起到什么作用。1862 年，加里波第做了一个荒唐的决定，他企图再创两年前的胜利。这次行动采用的口号是“要么罗马，要么死亡！”。他在巴勒莫聚集了 3000 名志愿者，接受殷勤的加泰罗尼亚人所捐赠的财富。8 月，他征用了当地两艘轮船，载着士兵越海来到卡拉布里亚，开始再次进军罗马。然而，这次政府军队严阵以待。当加里波第的军队走到卡拉布里亚南端的阿斯普罗山（Aspromonte）时——那里是意大利的脚趾，他们遭到了伏击，再也不能继续前进了。加里波第担心发生一场内战，命令士兵不要开火。但是尽管如此，他们仍然有一些伤亡。加里波第自己右腿的踝关节被打碎，他被逮捕并用小炮舰送到了那不勒斯，在那里他立即获得了自由。他仍然是一名英雄，政府不敢对他采取行动。

与此同时，秘密外交实行得相当成功。教皇庇护拒绝退让哪怕一步，他所关心的是为天主教世界保存教皇国，并且把他的皇位传给继任者。相反，拿破仑三世却积极响应谈判。1864 年 9 月 15 日，法意签署了众所周知的《九月公约》，法国同意两年之内从罗马撤走军队；意大利则宣誓自己将保证教皇国的领土不遭受任何袭击，同意六个月内把首都从都灵迁到佛罗伦萨。

这个公约的有效期为六年，它没有直接提到把罗马并入到新意大利国家中，但它至少暂时维持了各方力量的均衡。另一方面，法国结束了 15 年的占领，这为意大利政府采取下一步行动扫清了障碍。无论如何，罗马保持现状使政府能够把精力转向其他必须优先处理的事情，这早就该解决了，那就是——收复威尼斯。过去一段时间内，国王维克多·伊曼纽尔曾想过要入侵巴尔干——当然是由加里波第领军——从而煽动奥地利臣民暴动。如果奥地利人全力致力于恢复秩序，乘机占领意大利诸岛则是小事一桩。不幸的是，拿破仑三世——他的支持是非常重要的——对这种想法嗤之以鼻，国王只好不情不愿地搁置了这个想法。

但是现在突然碰到了意料不到的好运气——出现了一位解围的大人物（deus ex machina），他能有效地让剩下的两块领土纳入意大利；他就是普鲁士宰相——奥托·冯·俾斯麦（Otto von Bismarck）。他目前正在实现自己梦想的路上——把所有的德意志诸侯国合并成一个统一的国家。有一块绊脚石就是奥地利，必须消除它在德意志的影响，因此他接近拉马尔莫拉将军——现在再次成为维克多·伊曼纽尔的首相。他提出建立一个军事联盟的建议：奥地利将两面受袭，普鲁士从北面袭击，意大利从西面袭击。如果胜利，意大利将获得威尼托。拉马尔莫拉欣然签署条约，拿破仑三世没有反对，也签了字。这份条约于1866年4月8日签署，6月5日战争就爆发了。

六个星期后战争结束。对普鲁士而言，一场战斗就足够了。它是在萨多瓦（Sadowa）打的，那里离布拉格东北面约五六英里，参战人数空前——大约33万人——这在欧洲战场从未有过。这次战争也是铁路和电报第一次得到大规模应用的战争。普鲁士总体上取得了胜利，它打败了奥地利皇帝弗朗茨·约瑟夫一世，还开辟了通往维也纳的道路。俾斯麦完全获得了他想要的东西，所以高兴地接受奥地利的停战请求。

不幸的是，意大利干得要差些。其主要部队在国王、拉马尔莫拉将军、加埃塔大公恩里科·恰尔迪尼将军（Enrico Cialdini）的率领下，在库斯托札周围被打败了好几次。萨伏依王室一直不走运。其海军在利萨（Lissa，今为克罗地亚的威斯岛）被消灭。加里波第带来了唯一的好消息，他高兴地服从命令并率领35000人进入提洛尔。虽然没有获得大捷，但这肯定使奥地利感到一些尴尬。现在位于佛罗伦萨的意大利政府，尽管对条约没有和他们商量感觉有点悲痛，也很欢迎停战，因为这份条约至少同意割让威尼斯。因为奥地利还没有承认新意大利王国，所以发生了和五年前在伦巴第一样的事情：这个省被割让给了拿破仑三世，他立即把它转交给维克多·伊曼纽尔。

这次割让是公民投票选举同意的，其结果是已预定的。但意大利人多少仍有几分失望，因为这片区域不包括南提洛尔——意大利把它称为特伦蒂诺（Trentino）——还有威尼斯-朱利亚（Venezia Giulia），它包括的里雅斯特（Trieste）、波拉（Pola）和阜姆（Fiume，现在的里耶卡)，这些领土只有等到第一次世界大战结束才会成为意大利的一部分。但是威尼斯最终成为意大利的一座城市，意大利从而在亚得里亚海北部获得了一个新的、无价的港口。

剩下的就只有罗马了。

1866 年底，最后一支法国军队离开了罗马。教皇庇护设法招募的混杂雇佣军似乎对别人构不成一点儿威胁。1867 年初，老练的阴谋家们再次集结在一起。马志尼利用俾斯麦对法意联盟的担心索取金钱和军需品，以便推翻佛罗伦萨的政府。加里波第——也不是第一次了，准备向罗马进军。他做得也太离谱了，竟然颁布一项公告：号召所有爱好自由的罗马人起义。因为《九月公约》仍然还有四年有效期，政府除了逮捕他外别无选择，他被送回了卡普雷拉，但是不久后他就逃跑了。尽管现在已经 60 岁了，但他还是重新召集志愿者开始其希望中的进军。

他没有考虑到法国。拿破仑三世听闻加里波第的行动后，意识到自己从罗马撤兵撤得太早了，于是又派出一支装备着新式后膛步枪的新军队。在 10 月的最后一周，他们在奇维塔韦基亚登陆。志愿军数量少于法军，装备也不如法军，毫无希望获得胜利。一到两天之后，他们在蒙塔那（Mentana）遭遇了自己的宿命。加里波第自己设法乘船穿过边界进入意大利，并投入当局的怀抱。后来，他被送到卡普雷拉软禁，这次是被重兵把守着。他的士兵就没这么幸运了，至少有 1600 人被俘虏。

这次拿破仑三世通过自己的迅速反应暂时拯救了教皇的世俗权力。他没有料到三年后竟是自己促成了它的陷落。始作俑者又是俾斯麦。他狡猾地宣称将让普鲁士霍亨索伦王室一位亲王继承西班牙王位，使法国卷入了战争。1870 年 7 月 15 日，法国——而不是普鲁士——宣战了，这是一场激烈的战争。拿破仑三世号召每个士兵参加迫在眉睫的战斗。到 8 月底，没有一名法国士兵还留在罗马。

教皇庇护充分意识到了危险，只有一些雇佣兵留下来保护他。宣战三天后，第一次梵蒂冈会议①召开，在那个任何罗马人都难以忘记的狂暴雨天，庇护宣布“教皇无误”以试图挽回民众继续支持自己。有人认为，他这样做的结果弊大于利，② 但是我们无须就此展开争论：9 月 1 日，拿破仑三世在色当（Sedan）的失败标志着第二帝国的结束，庇护的最后一丝希望也破灭了。在意大利政府看来，剩下的唯一问题是：尽快占领罗马。《九月公约》即将到期，签约国之一的第二帝国已经被消灭，它变成了一纸空文，他们的军队应该立即占领罗马还是应该等待另一次人民起义或叛变呢？

与此同时，维克多·伊曼纽尔向教皇发出了最后一次呼吁，他写道：“我以一个儿子的感情，一位基督徒的信仰，一位国王的忠诚和一颗意大利人的心，意大利和教廷的安全都依靠罗马意大利军队的保护。难道陛下不能接受这不可变更的事实，仁慈地予以合作吗？陛下您难道不会这样做吗？”教皇宣称：他会屈服于暴力，即使如此他至少也要进行正式抵抗。他这人说得出做得到。1870 年 9 月 20 日早晨，当意大利军队经过皮亚门进入罗马时，他们发现教皇卫队正在等着他们。然而战斗不久就结束了，战斗尚未结束之前有 19 名教皇信徒和 49 名意大利人死在了街上。

在随后的几个小时内，意大利军队涌进了罗马——除了梵蒂冈和圣安杰洛城堡之外，那里现在挂着投降的白旗。没有进一步的抵抗了。教皇庇护随后撤到了梵蒂冈墙内，他生命中余下的八年就是在那

---

① 这是教皇 1868 年召开的会议，讨论的主题非常广泛，包括神学上和行政上的问题。

② 马志尼对参加会议的 700 名主教说：“科学正在前进，不管你们的教条，不在意你们的斥责和评论，它用新的发现去撕毁你们认为绝对可靠的经书。”

里度过的。罗马被占领后，人们立即对是否赞成罗马并入意大利进行公民投票，结果133681人投票赞成，1507票反对。现在罗马成为意大利王国的一部分，这不是通过武力征服，而是通过人民自愿的原则达成的。现在只有梵蒂冈城仍然是一个独立自主的国家。

直到1871年7月2日，维克多·伊曼纽尔才率领官员正式进入他的新首都。当他发电报给市长弗朗切斯科·帕拉维西（Francesco Pallavicini）禁止所有节日庆祝的时候，首都已经为这一时刻的到来装饰好了。作为一名虔诚的基督徒，当维克多·伊曼纽尔听到自己被开除教籍时，他不仅感到悲痛而且感到恐惧。斐迪南·格雷戈罗维乌斯（Ferdinand Gregorovius）是普鲁士一位研究中世纪罗马的历史学家，在他的日志里描写了这一过程："没有浮华、生气勃勃、富丽堂皇和雄伟壮观的景象，这一天标志着教皇对罗马军事统治的结束。"下午，国王被催促穿过河去拉斯特雷区，那里大批的工人阶级为迎接国王准备了一些仪式。他断然拒绝了，并用皮埃蒙特方言补充道（可能只有身边的少数随从能听明白他的话）："教皇离这里只有两步之遥，他会感觉自己受到了伤害。我对那个可怜的老人已经做得够多了。"

第二十九章　女王和卡洛斯派

1868 年 9 月 30 日，西班牙女王伊莎贝尔二世带着孩子在圣塞巴斯蒂安（San Sebastian）登上一辆火车，被流放国外。她的离开不仅标志着其统治的终结，也标志着整个国家最混乱时期的结束。

故事要从她爸爸斐迪南七世和祖父查理四世说起。1808 年，斐迪南放弃了王位继承权。[①] 拿破仑的垮台致使这种放弃无效。1814 年，斐迪南继位，从那时起他异常不称职地统治西班牙长达 15 年。1829 年，他第三次丧偶，三任妻子没有一位诞下的孩子活过婴儿期，斐迪南渴望得到一个儿子。由于他患有严重的痛风，并定期发作中风，他的机会看起来微乎其微，但是他没有放弃希望。他的难题是能否找到一位合适的妻子。碰巧，他弟弟弗朗西斯科·德·保拉（Francisco de Paula）迎娶了那不勒斯国王弗朗西斯一世的一个女儿。她的基督教名叫玛丽亚·路易莎·卡洛塔（Maria Luisa Carlotta），但在西班牙人们就叫她卡洛塔。她给国王看了自己 23 岁的妹妹玛丽亚·克里斯蒂娜（Maria Cristina）的小像，斐迪南就此确定了人选。1829 年 12 月 12 日，他在马德里的阿托查圣母（Our Lady of Atocha）教堂里迎娶了这位年轻的公主。

玛丽亚·克里斯蒂娜魅力四射，爱卖弄风情，非常喜欢娱乐消遣。她的到来给令人窒息、沉闷的西班牙宫廷注入新鲜空气。她立即赢得几乎所有人的心。这次婚姻对王位继承者，也就是国王的弟弟

---

① 参见第二十四章，第 549 页。

唐·卡洛斯（Don Carlos）来说，明显是一个沉重打击，对他那来自布雷冈扎的妻子玛丽亚·弗朗西斯科（Maria Francisco）打击更大。他们是一对不相配的夫妻，唐·卡洛斯简直就是个侏儒，完全继承了波旁家族丑陋的下巴和鼻子。他是一位过度虔诚、狂热的专制主义者，身体虚弱得如水一般。对于英国的日记作家亨利·格雷维（Herry Greville）而言，他是“一个傻子……心胸狭窄而且倔强……也是一个懦夫，毫无天赋”。玛丽亚·弗朗西斯科与他正好相反，她体态优美，聪明过人，具有指挥才能，野心勃勃。在此之前，她一直很有把握，认为自己的丈夫会继承王位，然而现在这种机会可能从她丈夫身边被夺走。更糟糕的来临了，婚礼举行三个月后，新王后怀孕了。斐迪南颁布旧《国事诏书》（Pragmatic Sanction），取消更古老的《萨利法典》（Salic Law）中把女性排除在继承者之外的规定。换而言之，期待已久的小孩无论是男孩还是女孩都将是西班牙王位继承者。

这是一个女孩，1830 年 10 月 10 日出生，被命名为玛丽亚·伊莎贝尔·路易莎（Maria Isabel Lusia）。卡洛斯派——拥护唐·卡洛斯为继承者的人——从这一事实中得不到一点安慰。但是随着时间的推移，国王的身体日渐衰弱，国家将由一位女王统治的前景开始引发人们深切的忧虑。1832 年 7 月，在去拉格朗哈（La Granja）夏宫的路上，斐迪南在马车事故中受了重伤。两个月后，他仍然徘徊在死亡线上，王后这两个月以来很少离开国王身边。当她听到整个国家迅速团结在唐·卡洛斯周围时，她惊慌失措地听从了首席大臣的意见。玛丽亚·弗朗西斯科毫不犹豫地说出她可怕的警告。国王现在几乎没有意识，他被劝说为了避免大屠杀必须取消《国事诏书》。大臣立即起草了一项法令，国王用颤抖的手签字。之后不久，国王被宣布已经去世，唐·卡洛斯似乎有可能成为国王。

但是，他没有当上国王。殡仪员来为国王整理遗容时，突然察觉国王气息余存，斐迪南慢慢苏醒过来。虽然他最近签署的文件墨迹未干，但是如果不是因为国王的弟妹卡洛塔的出现，诏书可能仍然有效。当国王去世的消息传到加的斯时，卡洛塔命令她的马车全速行驶，在糟糕透顶的路上行驶了400英里后到达拉格朗哈。她对国王的身体状况不感兴趣，但她讨厌唐·卡洛斯和他的妻子，不想让他们夺走侄女的王冠。她刚到此地后就直接去找王后，严厉斥责她的软弱，并且要求查看撤销法令。当法令被拿出来给她看时，卡洛塔一把从官员手中夺过来并将它撕得粉碎。

斐迪南又活了一年。这期间，他在马德里古老的洛斯热罗尼姆斯教堂（Los Jeronimos）主持一次精心准备的仪式，进一步宣称小女儿是继承者。所有的西班牙贵族——只有一个重要人物例外——逐个走过去，亲吻国王、王后和2岁小公主的手。1833年9月29日，斐迪南再次受到中风的打击，再也没有活过来，因此小公主继位称伊莎贝尔二世，以她的母亲为摄政王，获得英国、法国和葡萄牙的承认。另一方面，唐·卡洛斯也宣称自己为国王查理五世，获得俄国、奥地利、教皇和那不勒斯国王斐迪南二世的支持。斐迪南二世在所有支持者中最让人吃惊，因为他是玛丽亚·克里斯蒂娜的哥哥。至于西班牙，它被一分为二。马德里及其南部绝大多数支持伊莎贝尔，而许多北部的城市和小镇立即起来支持唐·卡洛斯。卡洛斯战争开始，这是欧洲历史上最后一次两个对手为争夺王冠而进行的战争。战争断断续续地持续了半个世纪。或者时间更长。

伊莎贝尔二世，西班牙女王。

在西班牙内战中，有人认为那些民族

主义者其实本质上也是卡洛斯派。因为卡洛斯主义不仅仅意味着对唐·卡洛斯的忠诚，坚定不移地支持他成为西班牙合法统治者，也代表所有极端保守的西班牙传统：虔信天主教，无条件服从教会，甚至怀念宗教法庭（“那是最令人敬畏的法庭，由天使从天堂带到地面”）；在一位独裁和全能的君主（任何情况下，这个全能君主都不可能是位女王）的统治下实行政治专制主义和坚定的苦行，这是西班牙长久保持的特性。伟大的自由主义思潮反对所有这一切，这股思潮在 19 世纪席卷整个欧洲，现在未必会被小伊莎贝尔和她忠诚的国民反对。上帝知道西班牙王室从来不以激进的思想出名，然而与卡洛斯派相比，他们都可算是狂热的革命者了。总之，伊莎贝尔极度需要自由主义者的支持，因此她们勉强成为自由主义者，并通过恢复引人瞩目的 1812 年自由宪法来证明这一点。①

现在西班牙陷入一场内战——在所有战争冲突形式中内战是最残忍的。在整个北部地区，战争都很激烈，双方都对男人、妇女和儿童实施了骇人听闻的暴行。最终在 1839 年 8 月，卡洛斯派秘密签订投降协议。唐·卡洛斯悲伤地穿越边界流亡法国，他在那里和第二任妻子②、三个儿子在布尔日（Bourges）维持了一个荒谬的小宫廷。他又活了 15 年，但是再也没返回西班牙。

1840 年 8 月底，摄政王玛丽亚·克里斯蒂娜前往巴塞罗那，表面上是到卡尔达什（Caldas）借取水资源，实际上是会见国家重要将领巴尔多梅洛·埃斯帕特罗（Baldomero Espartero），听取他的建议。1812 年宪法授予市政府相当大的自主权，许多市政府在最近的战争

① 1812 年宪法——又叫“加的斯宪法”——相当严格地限制了君主的权力，创建了一院制国会（没有特留贵族或教会的代表），引入了建立在省和市基础上的现代管理体系。

② 1834 年玛丽亚·弗朗西斯科死后，他娶了他的葡萄牙继妹，贝拉的公主。

巴尔多梅洛·埃斯帕特罗将军。

中都获得了新特权，她认为这些新特权是未经授权的。现在政府中更多保守议员倾向于通过市政法案再次废除这些特权，玛丽亚·克里斯蒂娜发自内心地赞同他们。另一方面，自由主义者不允许他们这样做，很明显一场矛盾正在酝酿中。她一直认为加泰罗尼亚并不热爱王室，但他们却热情地接待了她，玛丽亚·克里斯蒂娜对此感到讶异，但很满意。然而，这种程度的欢迎比起一两天后埃斯帕特罗所受到的热情洋溢的欢迎仪式来，实在算不了什么。她是如此恼怒，以至于当场签署议案，只为故意刁难他。

那天晚上，巴塞罗那突然爆发抗议。宫殿被一群愤怒的暴民包围，为将军和宪法欢呼，以死威胁摄政王及其大臣。大概凌晨 1 点，极度惊慌的玛丽亚·克里斯蒂娜乞求埃斯帕特罗命令人群散去，但是他拒绝这样做，除非她撤销已经签署的议案。克里斯蒂娜确实这样做了，然而几天后她改变主意，混乱再次产生。她逃到瓦伦西亚，但是导火线已经点燃。9 月 1 日，马德里人发动起义，谴责政府，其他城市也群起仿效。只有当她放低姿态，邀请埃斯帕特罗去组织新政府，做出恢复秩序的假象时，暴乱才平息。然后，玛丽亚·克里斯蒂娜扔下一颗"炸弹"，宣布辞职不做摄政王。埃斯帕特罗恳求她重新考虑，但是她坚决拒绝。她最后对他说："我使你成为莫雷拉（Morella）公爵，但是我不能使你成为一位绅士。"然后她与两位小公主告别。她们现在分别是 10 岁和 8 岁，年轻的是玛丽亚·露西亚·费尔南达（Maria Lusia Fernanda），于 1832 年 10 月出生。10 月 17 日，克里斯蒂娜和她第二个半秘密的家庭[①]带着王宫里大量的金钱和所有重要的珍宝、银子和亚麻制品[②]乘船去法国了。

玛丽亚·克里斯蒂娜带走的掠夺物足够她和家庭舒适地度过余生。事实上，她的辞职是短暂的。她和她的家庭在法国受到热烈欢迎，国王路易-腓力亲自到枫丹白露会见他们，为他们在王宫里提供了一套金碧辉煌的寓所。12 月，他们拜访罗马，在那里她为自己同意反教权主义律法写了一份忏悔书。回到巴黎前，教皇格列高利十六世赦免了她。但是到了 1843 年 11 月 8 日，伊莎贝尔已经 13 岁，达到继承王位的合法年龄。她的母亲返回西班牙已无任何政治障碍。目前存在的主要问题是财政问题，自由主义者要求玛丽亚·克里斯蒂娜首先要偿还离开时所带走的财富，结果是无休无止的争论，特别是在她提出政府支付尚未支付的养老金的要求之后。这个问题最终得以解决时，玛丽亚·克里斯蒂娜变得比以前更加富有，她终于为回家做好准备。

穿越西班牙的每一段旅程，玛丽亚·克里斯蒂娜都受到热烈欢迎。虽然 15 年后体重可怕地增加，但她没有失去年轻时的美貌和魅力。她一回到马德里，宫廷几乎一夜之间就恢复了古老的光辉，舞会、宴会和令人眼花缭乱的邀请函迅速增加。玛丽亚·克里斯蒂娜完全使有点傲慢的女儿黯然失色，她女儿明白自己不太合群，乖戾更是日益增长。然而，这些脾气是这一阶段的其他少女也常有的，伊莎贝尔不久就改掉了。

---

① 斐迪南去世后不久或以前，她找了一位情人：禁卫军中的一位下士，叫费尔南多·穆尼奥斯（Fernando Muñoz）。他们俩在 1833 年 12 月 27 日秘密结婚，之后她称他为“卧室中的新郎”。尽管他们已经有了四个孩子，婚姻一直没有得到公众的承认。直到 1845 年，穆尼奥斯当上里安萨雷斯的大公才获得认可。

② 根据法国总理佛朗索瓦·基佐（François Guizot）所说，他非常了解她，“她留下甚至不到六根调羹”。

1846年4月3日，法国驻西班牙宫廷大使孔德·德布莱松（Comte de Bresson）给外交大臣弗朗索瓦·基佐（Francois Guizot）写了一则简短的消息。“女王，”他平淡地报告，“适婚时间长达两个小时”。很少有大使曾这样离题。但毫无疑问，玛丽亚·克里斯蒂娜并没有坐着干等这一快乐时刻。几个月内，她把大量清醒的时间用来思考女儿的婚姻问题。当然没有任何人想到与伊莎贝尔商议。远在布尔日，唐·卡洛斯为了儿子蒙泰莫林勋爵（Montemolin）四处活动，为此甚至打算退位。显然这场联姻将会永远地消除卡洛斯派问题，然而这会把伊莎贝尔放置到王后的地位，而这个地位是她母亲所拒绝考虑的。在巴黎，路易-腓力支持儿子蒙庞西耶公爵（Duc de Montpensier），而在伦敦，他们认为法国和西班牙皇室的联姻是一桩令人厌恶的事，女王维多利亚和帕默斯顿勋爵都为女王丈夫的堂兄科堡（Coburg）的利奥波德王子争取。这次轮到路易-腓力不接受了，他礼貌地指出，在布鲁塞尔、伦敦和里斯本都已经有一位科堡王子，要是四国都有的话，他们的势力就太大了。那不勒斯国王推荐他的兄长特拉帕尼伯爵（Trapani），但是他在罗马跟随耶稣会会士学习，当时耶稣会在西班牙是被禁止的，他的请求没有被认真考虑。

最终，玛丽亚·克里斯蒂娜不得不降低择偶标准，在她自己家族中寻找。最后决定把不幸的伊莎贝尔嫁给其堂兄弗朗西斯科·德·阿西斯（Francisco de Asís①），她去世的姑妈卡洛塔的儿子。前景不太妙：她的未婚夫身材矮小，毫不起眼，说话声调高，装腔作势。通常大家都认为他是一位同性恋，可能有些性无能。所有这些都糟糕透顶，但是更难以忍受的是，与此同时女王的妹妹露西亚却嫁给了风流倜傥、魅力十足和令人赏心悦目的美男子蒙庞西耶公爵。

① “Asís”在西班牙文里就是“Assisi”。

两场婚礼均于 1846 年 10 月 10 日举行，这一天正好也是伊莎贝尔 16 岁的生日。弗朗西斯科・德・阿西斯看起来就“像一位年轻的女孩被打扮成一位将军”，伊莎贝尔像一个男人被打扮成一位妻子，他们都突然大哭。几年后，一位密友问伊莎贝尔关于结婚那一晚的事。“我该说什么呢，”她回答，“一个男人衣服上面的蕾丝花边比我的还多。”事实上，有一个很好的理由相信，甚至在结婚以前，伊莎贝尔就已经有了她不计其数的情人中的第一位，他是弗朗西斯科・塞拉诺将军（Francisco Serrano），“西班牙最英俊的男子”。但是 1847 年夏末，当伊莎贝尔有怀孕的迹象时，她和丈夫有必要和好。塞拉诺获得上将的头衔，前往格拉纳达。伊莎贝尔不可能——甚至私下——为他的离开悲痛，现在她又从歌剧院里找了一位年轻的歌手。

结婚前后，情人进入她的生活并改变了她。乖戾消失了。她一直称不上漂亮，但是她现在似乎继承了她母亲的热情。尽管她在性方面很贪婪，但是她还是非常虔诚、好心和体贴的，她对别人的错误很宽容。因此在统治初期，她似乎很受国民的爱戴。但是渐渐地，不断地有士兵、水手、歌唱家、舞蹈家、作曲家和牙医争先恐后地进入她的房间，谣言四处传播，直到女王的行为不仅成为西班牙也成为所有西欧国家的饭后谈资。

家族声誉并未因为她妈妈而提高。自第二次婚姻以后，玛丽亚・克里斯蒂娜的家庭生活变得无可指责，但是她的名字变成腐败的代名词。尽管西班牙工业革命与英国相比实在不算什么，但这是一个商业权利和特许权的时代，特别是在道路和铁路领域。她总是乐于使用她广泛的影响力获得回扣，她在交易所因善于内部交易而出名。腐败的病菌是很容易传播的，现在已经传播到整个政府和管理部门。1854 年夏季，西班牙革命时机成熟，严重的暴乱从 7 月 17 日晚上开始。当暴民围攻玛丽亚・克里斯蒂娜的宫殿时，他们洗劫了一切能够带走的东西，并野蛮地破坏了其他东西。如果老太后当时没有跑到女儿那里去避难的话，她将活不过那晚。

绝望中，伊莎贝尔选取唯一向她敞开的道路：她派人去请埃斯帕特罗将军。自她妈妈退位后，他们互相讨厌，然而她承认，如果自己想继续当女王，他将是恢复秩序的唯一希望。他坚持的条件是，她必须改变私生活，这激起她的愤怒，但还是被迫答应。7 月 28 日，将军进入马德里，把无用的人从政府和宫廷里赶走，伊莎贝尔似乎大有机会保住王位。另一方面，玛丽亚·克里斯蒂娜仍然是一个不利因素。8 月 28 日凌晨，在穆尼奥斯和孩子的陪伴下，她第二次离开马德里，这次是永远的流放。

伊莎贝尔饱受惊吓，但是她的本性仍然难改。她对埃斯帕特罗将军的承诺不久被忘得一干二净。没过多久她和卡洛斯·马夫里（Carlos Marfori）交往上了，任命他为王室总管。卡洛斯是一位大腹便便的中年人，一名意大利糕点制作工的儿子。1860 年开始，反对她的标语再次被张贴在墙上。她最终的衰败命运掌握在她以前的一位支持者手中，他就是胡安·普里姆（Juan Prim）将军。普里姆首先想以她的妹妹露西亚和露西亚的丈夫蒙庞西耶公爵取代她，蒙庞西耶公爵曾经给普里姆几千英镑支持他起义。但不幸的是，将军犯下致命的错误：他也通知了拿破仑三世，希望从那里获得财政支持。但拿破仑三世——现在取代路易-腓力坐上法国王位——不允许前任的儿子和儿媳占领西班牙王位，公爵的希望破灭。

同时，另一场挑战来自加的斯的指挥官海军上将胡安·鲍蒂斯塔·托佩特（Juan Bautista Topete），与他一起的是女王的老情人塞拉诺将军。不久，普里姆也加入他们。1864 年 9 月 18 日，一场新革命爆发，迅速波及整个国家。伊莎贝尔当时正在离法国边界几英里的圣塞巴斯蒂安，她本能的第一反应就是立即回到马德里，但她还来不及这样做，便听到塞拉诺正向首都进军的消息，那里也起义反对她。她没像母亲一样宣布退位，而是带着丈夫、情人和孩子静悄悄地来到火车站，于 1868 年 9 月 29 日乘最早的一班火车去了法国。她尽管只有 38 岁，但是已经统治 35 年，此后又活了 36 年。除了私生活上的淫荡之外，她不是一个坏女王，但她是一位不能给国家带来希望的女王，国家没有她会更好。

但她在将来也许会带来希望，不过这取决于她的继承者。也许我们可以肯定地说，她的 4 个女儿和 1 个儿子属于不同的父亲，但是她自打嫁给弗朗西斯科后就没有再婚，因此其子女的正统性毫无疑问。其子阿方索（Alfonso）于 1858 年出生，被认为是母亲和一位美国牙医助手麦肯翁（Mckeon）短暂接触后的结晶。从出身来看，阿方索作为王位继承者获得认可，已经被授予传统的阿斯图里亚斯王子头衔。然而不可避免的是，伊莎贝尔的突然离开给卡洛斯派带来了希望。

自 1839 年第一次卡洛斯战争结束后，卡洛斯派就一直很低调。唐·卡洛斯（查理五世）1846 年为了自己的儿子蒙泰莫林伯爵而退位，可是伯爵和他父亲一样，基本没有给人留下深刻的印象①。他一生中多次突然召集西班牙人反抗篡位者，支持合法继承人，但是没人太注意他。当人们需要他时，他从不在场。卡洛斯的哥哥唐·胡安（Don Juan）在蒙泰莫林于 1861 年去世后，最不愿成为一个伪装者，宁愿静静地在布莱顿（Brighton）生活，他就更不愿抛头露面担起所谓责任了。卡洛斯派一直不走运，直到唐·胡安的长子唐·卡洛斯

① 年轻时，他在伦敦与艾德琳·德·豪斯（Adeline de Horsey）小姐订婚，但她后来成为卡迪根伯爵（他是巴拉克拉瓦［Balaclava］轻骑兵旅旅长）的第二任妻子。

（Don Carlos）出现。他长得高大英俊，是一名优秀的骑手，对当兵充满热情。他坚信卡洛斯派的事业是正义的，决定为之战斗，直到自己登上合法的王位。他也十分富有，这归功于其妻帕尔马公主玛格丽特（Margaret）丰厚的嫁妆。1868 年夏，大卡洛斯派会议在伦敦召开，20 岁的唐·卡洛斯正式继位，掌声雷动。几个星期后，唐·胡安签署了一份正式的退位法令，支持儿子继位。

唐·卡洛斯无疑表现得像一位杰出的国王，现在似乎比年轻的阿斯图里亚斯王子更有优势。阿斯图里亚斯王子跟随母亲被流放，而且仅仅只有 10 岁。两年之后，伊莎贝尔女王退位，支持阿方索。对于两位继承者而言，现在的困难是伊莎贝尔离开西班牙后，军人集团立即形成，他们正式决定波旁王朝已丧失对王位的所有权，然而西班牙仍然是一个君主国。现在需要的是一位国王。

但是如何去找一位国王呢？王冠被送给葡萄牙国王，送给霍亨索伦-希格玛林根的利奥波德王子①和热那亚大公，但他们都拒绝了。最后，维克多·伊曼纽尔的二儿子阿奥斯塔公爵阿马德奥（Amadeo）被劝说接受王位。1870 年 12 月 31 日，阿马德奥成功进入新首都。然而事实上，正是这一天国王的拥护者普里姆将军遭到刺杀，从这一事件中我们非常清楚地看到，尽管阿马德奥非常高兴地接受西班牙的王冠，但是西班牙人民从一开始就对他不热情。不满持续增长，直到 1872 年 4 月，唐·卡洛斯号召全体人民起义。5 月 2 日，他率领一小群士兵从法国进入西班牙，但是他发现，事实不是像他所希望的那样：整个国家举起武器，他只是与几千名未经训练、装备极差的游击队员汇合。当被政府军队袭击追踪时，他们被堵在离边界线只有几英

① 他刚开始接受了它，后来又拒绝了。如果他立马拒绝，普法战争将从不会发生。战争的发生完全是因为拿破仑三世还无法接受普鲁士和西班牙之间的联盟。参见第二十八章，第 647 页。

里的奥罗基耶塔（Oroquieta）山庄再也不能前进，700 人被俘，唐·卡洛斯安全逃回法国。

阿马德奥斗争了几个月，但是共和党人和卡洛斯派都反对他，其中许多人都是国会（*Cortes*）成员。他最终于 1873 年 2 月被迫退位，引起更大的混乱。最后西班牙宣称是一个共和国，卡洛斯派很愤怒，抓住此次机会举行起义。他们在北方领土——加泰罗尼亚、纳瓦拉和巴斯克乡间——很强大，再次号召西班牙人举起武器捍卫君主制。与前几年相比，这次他们更有成效。交战双方都非常野蛮和残酷，但是到仲夏，实际上整个埃布罗河以北的国土——除了少数的城镇外——都控制在卡洛斯派手中。如果唐·卡洛斯现在直接向马德里进军，他肯定可以获得胜利。然而令人无法理解的是，他选择包围毕尔巴鄂（Bilbao），把向南进军的任务交给他的哥哥唐·阿方索（Don Alfonso）和阿方索年仅 19 岁但令人畏惧的妻子玛丽亚·德·拉斯·尼维斯（Maria de las Nieves）。她穿着男人的制服，与丈夫形影不离一块战斗，这两人率领 14000 士兵占领了离首都东面只有 80 英里的昆卡（Cuenca）。随之进行大屠杀，严重损害了卡洛斯派的名声。

阿方索十二世，西班牙国王。

现在交战形势开始发生改变。1874 年 5 月，塞拉诺包围了毕尔巴鄂，自此以后，卡洛斯派采取守势。这一年年底，他们遭到沉重的打击：一位年轻的旅长阿西尼奥·马丁内斯（Arsenio martinez）颁布一份宣言，号召阿方索回来，位于卡洛斯派所占领北部之外的地区迅速做出答复，欣然同意。阿方索立即从英国出发——他一直在该国桑德赫斯特（Sandhurst）的皇家陆军学院学习——在马赛登上一艘西班牙军舰，于巴塞罗那登陆。1875 年 1 月 10 日，阿方索作为国王阿方索十二世进入马德里，并受到热烈欢迎。他被国民召唤回来，获得教皇的认可；他的敌人唐·卡洛斯再也没有翻身的机会。

不幸的是，唐·卡洛斯并没有立即服输，第二年继续战斗。1876 年 2 月 19 日，埃斯特拉失陷后，他才投降。28 日，他穿过边界去往法国。尽管他威胁说会卷土重来，但是第二次卡洛斯战争已经结束。在阿方索十二世仁慈的统治（被称为 El Pacificador）下，西班牙进入 25 年稳定时期，这是自斐迪南国王去世 43 年后，国民第一次拥有和平与稳定。

由于其子稳戴西班牙的王冠，王太后伊莎贝尔和女儿回到西班牙，然而她们不被允许住在马德里；她们获得离马德里 25 英里的一幢宽敞的公寓，那里曾经是菲利普二世埃斯科里亚尔（Escorial）的宫殿。这是一项明智的防范措施。在伊莎贝尔的一生中，她都是一个爱管闲事的人，流放的这些年也没改正这些毛病。她刚安定下来便卷入了关于养老金的冗长争论之中。不久，她以自己的名义与教皇密谋，从而激起一场与首相之间令人厌恶的公开争吵，相互攻击。显然，必须要对她采取一些措施。她不能被再次流放，但是她被送到离首都更远的塞维利亚古老的摩尔城堡（Alcazar）。“因此，几个月内，”她的女儿欧拉利亚（Eulalia）写道，“我们从寒冷的北方宫廷来到了压抑和无聊的东方后宫。”

但是，改变居所环境并不能阻止伊莎贝尔的阴谋诡计。现在她把所有的精力都花在为儿子找一个合适的新娘上。然而，阿方索抢在她之前宣布他将和堂妹默西迪丝（Mercedes）结婚，她是蒙庞西耶公爵的女儿，才 16 岁，非常迷人。他的母亲尽一切所能去阻止这场婚姻，但是他们是真心相爱的一对。明白这个事实以后，她也无能为力，愤怒地回到巴黎，丢下了自己的女儿。1878 年 1 月 23 日，婚礼举行，这一对夫妻显然非常高兴，由于新娘的漂亮和魅力，她赢得所有人的心。可五个月后，默西迪丝还不满 18 岁，她就死于胃热病，阿方索再也没能从这次打击中恢复。1879 年底，他再婚，迎娶另一位玛丽亚・克里斯蒂娜，奥地利卡尔・斐迪南（Karl Ferdinand）大公的女儿，但这一直只是一次“权宜的结婚”（*a mariage de convenance*）。可这一次婚姻老伊莎贝尔却很赞成，并回到西班牙参加了典礼。

离默西迪丝去世不到两个月，新王后的外祖母（也是她名字的来源）在靠近勒阿弗尔（Le Havre）的圣阿德列斯（Sainte-Adresse）的家中去世。她的第二任丈夫穆尼奥斯已经去世很久，所以她的尸体被运回西班牙，埋葬在埃斯科里亚尔她第一任丈夫斐迪南七世的附近。1885 年 11 月 25 日，国王阿方索在 28 岁生日的前三天死于结核病，他 5 岁的小女儿默西迪丝公主成为西班牙女王，但在位时间不长。王后玛丽亚・克里斯蒂娜非常爱自己的丈夫。尽管她无数次对丈夫不忠，但在他最后的日子，她从来没有离开他的床边，当时她已经怀孕三个月。1886 年，她生下一个男孩——一出生就成为国王，这是五个世纪以来的第一例。他的父亲想给他取名费尔南多，但是玛丽亚・克里斯蒂娜决定使用其他名字。五天之后，一个金羊毛的微型锁戴在他的脖子上，他洗礼后被命名为阿方索——很不吉利，这是王室中第 13 个命名为阿方索的人。

此时，小孩的祖母老伊莎贝尔——仅存的两位活着的女王之一——仍然活着，一有机会她就继续干政，甚至决定把摄政王的权力从儿媳手中夺走。当失败时，她便迫于压力投降，回到巴黎后，继续参加她喜欢的各种晚会和娱乐活动。现在她找了一位新的“财务主管”哈尔特曼（Haltman），后者从来没有离开过她。她仍然是一位十足的女王，同女王维多利亚和她的流亡同胞拿破仑三世的遗孀欧几妮（Eugénie）保持联系。她坚持在一个通风的走廊等待欧几妮皇后，再次与她告别，这导致了她的死亡。讨厌的咳嗽变成了肺炎，1904年4月9日，她去世了，享年73岁。

第三十章　埃及和运河

根据希罗多德的记载，公元前7世纪，法老尼科开凿了第一条苏伊士运河。他还说，挖凿运河期间，至少有12万古埃及人丧生，完工后的运河船行需四天走完，其宽度足够让两支军队并排行进。然而2500年后，当拿破仑第一次详细地勘察苏伊士地峡时，没有发现这条运河的任何痕迹。此次勘察的主要测量员让-巴普蒂斯特·勒培立（Jean-Baptiste Le pere）得出结论，一条运河的两端可能在不同的海平面上，他实际上判断运河的南端要高出10米——这种理论很快在学术界引起争论，等他完成最后的报告时，法国人却已被英国人逐出了埃及，而英国人也决定尽快撤离该地。这条运河再次被世人遗忘

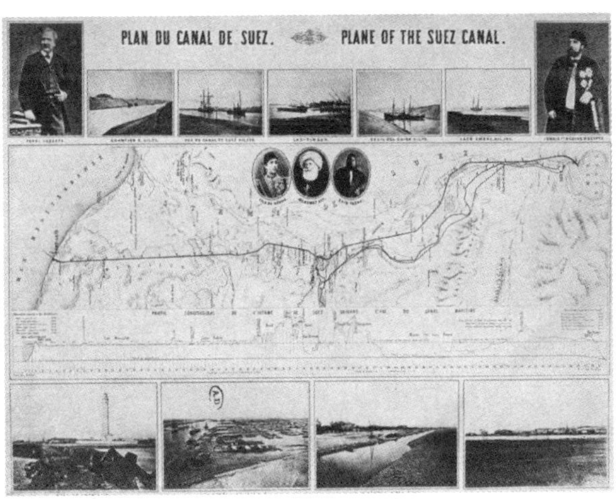

1869年苏伊士运河地图及运河鸟瞰图和斐迪南·德·雷塞浦斯和赫迪夫伊斯梅尔的画像。

了半个世纪之久。

直到1854年，穆罕默德·阿里的四儿子，奥斯曼帝国的赫迪夫（Khedive，即埃及总督）赛义德（Said）才授权给法国苏伊士运河股份有限公司富有远见的年轻代表斐迪南·德·雷赛布（Ferdinand de Lesseps）伯爵，让他开凿一条贯穿苏伊士地峡、长近100英里的运河，以连接地中海和红海。工程开始于1859年，德·雷赛布原计划6年内完工，但实际上耗费了10年时间。早期的劳工纠纷和1865年突然爆发的霍乱几乎使整个工程停顿。然而，所有的困难最终都被克服了。勒培立的担忧被证明是毫无根据的——整条运河不需要船闸。1869年11月17日早晨8点30分，欧几妮皇后和德·雷赛布本人乘坐法兰西帝国的游艇"艾格勒号"（*Aigle*）驶入塞得港。紧随其后的舰船在45艘以上，分别搭载着赫迪夫——此时赛义德已传位于自己的侄子伊斯梅尔（Ismail），他的政府官员、各国大使以及其他显贵。20日早晨"艾格勒号"进入红海，船上的乐队演奏起《叙利亚的倾盆大雨》（*Partant pour la Syrie*），这首歌显得有些不合时宜。

《苏伊士运河通航开幕式》

人们一般误以为威尔第的《阿依达》(*Aida*)是为了庆祝苏伊士运河通航所作。事实上，这一历史性事件似乎冷落了他，以至于他故意回绝了为运河通航的开幕式写一首赞歌的请求。直到1870年上半年，他收到法国考古学家奥古斯特·马里埃特(Auguste Mariette)寄来的一个剧本，其内容以编造的故事为基础，夹杂着古埃及的风俗文化。这立刻吸引了他。此时刚好赫迪夫伊斯梅尔委托他写一部歌剧，他于是欣然接受。尽管首次公演安排在开罗的伊斯梅尔新歌剧院举行，但演员和服装都要在巴黎准备——这是个不幸的决定，结果，由于普法战争和随之而来的围城，所有人被耽误了好几个星期。他们最终获得了自由，歌剧在1871年圣诞节前夕准时开演。有点令人惊讶的是，威尔第没有出席首演式，不过第二年年初，他还是参加了该剧在米兰举行的首演。

对东地中海地区的国家和港口而言，苏伊士运河的开通犹如天赐之物——但他们需要一些时间意识到这个事实。他们不再是死水一潭；现在终于可以恢复过去的地位，成为世界贸易线上重要的集散地。甚至远东国家也从中获利，因为苏伊士运河强化了他们与西方国家的商业联系。世界正越变越小。

然而，从运河通航以来，苏伊士运河公司就陷入了财政危机。德·雷赛布曾向股东们许诺他们所投资的是一个“金矿工程”，现在他们渴望能立即得到回报，但欧洲人对运河的利用并不积极。在运河通航的头一年里，每天驶过运河的船只不到两艘。德·雷赛布原本期望每年能有1000万法郎的收入，但实际上只有400万法朗。紧接着，这一财政危机引起了激烈的国际争论，土耳其政府为解决这个问题召开了一次会议，但收效甚微。最后，愤怒的德·雷赛布威胁要彻底关闭苏伊士运河，赫迪夫——得到奥斯曼帝国的支持，派出一支军队前往运河地区，又派出两艘军舰进驻塞得港，如果法国坚持要关闭运河，他们将占领苏伊士运河。法国政府退缩了，德·雷赛布不得不承认失败。

普法战争给法兰西第二帝国致命一击，法国对苏伊士运河的影响力一落千丈。而另一方面，英国对它的影响力则迅速上升。帕默斯顿勋爵政府和它的后继者们曾经激烈地反对建造苏伊士运河，将其视为法国帝国主义者的威胁，但现在法国人事实上已经被逐出了运河地区，伦敦方面的政策迅速发生变化。突然之间，前往印度的距离缩短了一半，从孟买（Bombay）到加尔各答（Calcutta），我们后来所称的旅游业开始腾飞。20 年间每年都有大量的适婚女青年涌向印度寻找丈夫——一般称之为“捕鱼船队”，这已经成了一种惯例。① 从 1873 年起，苏伊士运河的状况开始改善，越来越多的船只从此经过。其中 2/3 的船只属于英国，因此赫迪夫告诉英国驻开罗的代办，他非常希望苏伊士运河成为某家英国公司的财产，如果能够组成这类公司，他将尽其所能将运河转让到他们手中。

与此同时，埃及越来越深地陷入了债务泥沼，到 1875 年 11 月，赫迪夫发现自己急需约 400 万英镑偿还债务。他唯一的选择是出售或者抵押自己在苏伊士运河公司中的股份。两批法国银行家在巴黎展开了竞争，但他们任何一方都没有本杰明·迪斯雷利（Benjamin Disraeli）迅速和果断，他刚刚接替格莱斯顿（Gladstone）出任英国首相。在周日与好友莱昂内尔·德·罗斯柴尔德（Lionel de Rothschild）的晚宴上，他得知了所发生的一切。1875 年 11 月 24 日，英埃之间经过短暂的谈判达成一项协议，英国政府出资 400 万英镑购买赫迪夫在苏伊士运河公司中所占的 177642 股。迪斯雷利写信给女王：“夫人，您将拥

---

① 这是一个令人不太愉悦的结果：在印度的军官必须抛弃本土的妻子，从英国迎娶妻子，这通常给英印关系带来灾难。

有苏伊士运河。”女王答复说：“将法国的势力逐出运河，这的确是一件大事。”“巨额投资，”她补充说，“是唯一的缺点。”①

但这笔钱要想办法凑齐。迪斯雷利再次向德·罗斯柴尔德求助，他为此派出自己的私人秘书孟塔古·劳瑞·科里（Montagu Lowry Corry）前去借款。几年后，科里饶有兴趣地讲述了他向罗斯柴尔德借钱的经过。他来到罗斯柴尔德的办公室，告诉他首相急需 400 万英镑。

“什么时候?”罗斯柴尔德问道。

“明天。”

罗斯柴尔德拿起一粒葡萄，吃下去，把皮吐出来，问：“以什么作担保?”

“英国政府。”

“好，我借!”

几天后，赫迪夫将股份交付给英国驻开罗总领事。经核算，英国人发现所交付的股份只有 176602 股，比合约原定的数目少了 1040 股。因此，价钱下降到了 397 万 6582 英镑。有人怀疑莱昂内尔·德·罗斯柴尔德并未注意到这一点。

应该强调的是，英国并没有买下苏伊士运河，甚至没有买下运河的控制权。然而，依靠所持有的 40%股份，它得以阻止运河的控制权完全被法国掌握，如果它不这样做的话，法国肯定会这么做。现在，英国有权任命公司董事会 24 位董事中的 3 个——几年后，它可以任命 10 个。而且，在所有的股东中英国实力最强。

---

① 普鲁士王储——后来的德国皇帝威廉二世——的反应特别令人好奇：“多么高兴啊!”

英国购买苏伊士运河公司的股份是其恢复在埃及势力的前奏吗？对于这一点，作为反对派的自由党持怀疑态度。事实上，迪斯雷利似乎对这种事情漠不关心。很显然，驻守苏伊士运河是极其重要的，但一直以来，这种保卫工作由奥斯曼帝国负责，苏丹又将此权交给了赫迪夫，然而伊斯梅尔是一个挥霍无度、不负责任的统治者，他不值得世人信赖——到 1876 年，埃及的财政预算已被置于英法两国的监管之下。“双重监督”制度在一定程度上遏制了埃及财政的崩溃，但形势很快表明伊斯梅尔必须下台。英国和法国联合向苏丹发出了呼吁，1879 年 6 月伊斯梅尔被迫下台。伊斯梅尔的儿子陶菲克（Tewfik）继承了赫迪夫的职位，但不久他就遭遇了一场由埃及民族主义分子发起的大叛乱。叛乱者于 1881 年发动政变（*a coup d'etat*），并建立起一个军事独裁政权。骚乱在亚历山大城持续了 9 个月，在此期间有 50 多个欧洲人被杀害。

此时，英国派出了一支海军中队前往亚历山大。作为回应，埃及民族主义领导人艾哈迈德·阿拉比（Ahmed Orabi）中校——西方所熟知的阿拉比帕夏，开始在海岸地带构筑新的防御工事。英国舰队司令要求阿拉比停止修筑工事，当遭到拒绝后，他下令炮轰城内的建筑。英军打着赫迪夫的旗号登陆，进而占领了亚历山大。阿拉比威胁要阻塞淡水运河，而这条运河连接着尼罗河与苏伊士地峡，又是地峡地区唯一的淡水来源。随着形势的迅速恶化，一支精锐的英国远征军在名将加奈特·沃尔斯利（Garnet Wolseley）的指挥下，于 1882 年 8 月 19 日突然在塞得港登陆，后续部队也从印度赶来。一个月后，也就是 9 月 13 日，这支英国军队毫不费力地在三角洲边缘的泰尔·凯比尔（Tel el-Kebir）彻底击败了阿拉比，并于第二天占领了开罗。

有人可能会问，如此关键的时刻法国在哪里？它也向亚历山大派遣了一支海军中队，但行动过于仓促——没有明确任务，舰队航行到塞得港后，既没有实施炮击也没有登陆。如果法国效仿英国，英国肯定不会反对；甚至，它可能还欢迎法国参与这次军事行动。但这时，法国政府对埃及似乎已经失去了兴趣。由于年轻的乔治·克列孟梭（Georges Clemenceau）反对以暴力解决问题，法国国会没有通过军事干涉所需的拨款，从而使自己丧失了在埃及的传统影响力，也使得竞争对手英国可以为所欲为。1882 年年底，埃及的“双重监督”制被正式废除。

以往当英国军队占领埃及后，他们总是希望能够尽快撤离；但是这一次，他们需要保卫本国的生命线。多年来，英国宣称它对埃及的占领只是一种暂时性的措施。而对于彻底吞并埃及，英国历届政府也坚决反对，认为这种想法欠缺考虑；埃及是奥斯曼帝国的一部分，它们更乐于让它保持原状。但是，英国必须守住苏伊士运河。如果这需要占领埃及的话，英国也在所不惜。

现在，即使在战争时期，英国也能确保自己有效地控制苏伊士运河，但它也认识到对运河的垄断会激起其他列强的不满。如此具有战略意义的水道，最终只能由完全中立的组织来保护。为了实现这个目标，国际社会进行了一次微妙而复杂的外交谈判，最终，九国代表于 1888 年 10 月 29 日在君士坦丁堡签署了《苏伊士运河公约》（Suez Canal Convention），“以一项明确的制度保障任何国家在任何时候都可以自由通行苏伊士运河。”公约规定，运河无论在和平时期还是战争时期，都向所有国家的船只开放。运河的出入口永远不会关闭，运河沿岸也不会设立永久性的防御工事。禁止交战国的船只在运河港口和其他任何地方装卸军队或军需物资。然而，根据 1854 年的转让合同，该公约的有效期仅到 1968 年，即苏伊士运河通航后 99 年。届时，埃及政府将收回运河的所有权。

本章可能需要一个简短的附录。1914 年 11 月，英国对奥斯曼帝国宣战，同时宣布埃及为英国的保护国，立赫迪夫阿巴斯（Abbas）为苏丹——不再是奥斯曼的总督。然而仅仅四年后，埃及获准独立（英国保有某些特权），成为一个君主国。第一任国王（先前的苏丹）是福阿德一世（Fuad I）。1936 年，其子法鲁克（Farouk）继承了王位，一直统治到 1952 年。是年，一群埃及军官在上校贾迈尔·阿卜杜勒·纳赛尔（Gamal Abdel Nasser）的鼓动下推翻了君主制，宣布埃及为共和国。1954 年，新政府与英国正式订立条约，根据该条约，英国军队将全部撤离苏伊士运河地区；但两年后，即 1956 年 7 月 26 日——运河的转让合同到期前 12 年，埃及出兵占领了苏伊士运河，并对其实施国有化。到 10 月底，所有的外交交涉都宣告失败，新兴的以色列伙同英、法两国入侵埃及，企图以武力恢复对运河的控制。英国军队在海军舰炮的掩护下从塞得港登陆，而以色列则侵入西奈半岛。但不久之后，由于国际社会越来越强烈的谴责——尤其是美国，英法军队被迫于 12 月撤出埃及，把苏伊士运河留给了纳赛尔。埃及赢得了胜利（虽然军事上损失惨重），将运河牢牢地掌握在了自己手中。英国在埃及的势力走到了尽头。塞得港被收复，斐迪南·德·雷赛布的雕像被推倒——正是他的远见和果断才使得苏伊士运河得以建成，不过，在独裁者们心中很少会有感激之情。

第三十一章　巴尔干战争

希腊在其独立之初，仍然是一个不幸的国家。它的新国王尤其令人失望。17 岁的奥托一句希腊语也不会讲，他甚至也不是东正教徒，因此很难获得他那些皮肤黝黑、深受战争创伤的臣民们的爱戴。根据英、法、俄在伦敦会议上的决议，国王的父亲巴伐利亚国王路德维希一世任命了一个三人组成的摄政委员会，但其成员都是巴伐利亚人，其中只有一人曾经踏足希腊。摄政委员会毫不在意当地的风俗传统，将巴伐利亚的法律和教育制度生搬硬套于希腊，禁止发行出版物，对希腊人民征收压迫性并且不公平的重税 。他们执政了三年之久——通常称这段时间为“巴伐利亚官僚制度”（*Bavarokratia*），甚至在 1835 年奥托亲政以后，这种制度也没有丝毫实质性的变化。巴伐利亚人的影响依然强大，希腊人的不满逐渐增加。希腊人扪心自问：经过如此漫长而英勇的战斗，难道就是为了这些？他们的新统治者甚至比土耳其人更加残暴。

1843 年，希腊人的苦难结束了，一场不流血的军事政变迫使奥托同意制定宪法。名义上，这部宪法似乎宣扬自由，并给予所有的男性公民以选举权（虽然妇女直到 1952 年才获得选举权）；同时还裁撤了政府中的巴伐利亚官员，取而代之的是一个全由希腊人组成的新内阁，还有希腊国民议会。但事实上，由于土耳其人的长期占领，传统的希腊社会沿着一条不同于西欧社会的道路向前发展，希腊人对成熟的现代民主制度完全没有准备。尽管如此，希腊似乎向前迈出了具有重要意义的一步，并有理由相信他们的未来将更加美好。

但这种希望最终落空了。希腊人推翻了巴伐利亚寡头政府，现在却欲建立一个希腊寡头政府，甚至比上一届政府更愚蠢透顶。1854年3月，克里米亚战争爆发，希腊人在情感上同情沙皇俄国，强烈反对奥斯曼帝国，因为俄国是当时除希腊外唯一有全国性东正教会的主权国家。考虑到奥斯曼帝国奴役了希腊近500年之久，这种情绪是可以理解的，但它导致希腊采取了非常愚蠢的行动。希腊向奥斯曼帝国控制下的色萨利和伊庇鲁斯发动了进攻，结果遭到惨败，英、法舰队占领了比雷埃夫斯，外国军队割据了希腊国土，直到1857年才撤离希腊。在某种程度上，这是希腊人过分夸张地运用刚获得不久的国家主权的结果。

在奥托统治的最后几年内，他对自己获得的希腊国家表现出真诚的爱国主义情感，并深受所谓“伟大理想”的影响：其实质是消灭奥斯曼帝国，并代之以重生的拜占庭，建立一个仍以君士坦丁堡为首都的希腊人基督教帝国。但奥托从未受到其臣民的爱戴。1862年，当他在伯罗奔尼撒旅行时，一场叛乱在翁提扎（Vontiza）的古威尼斯要塞爆发。在王室的游艇返回雅典之前，政府已经宣布废黜奥托一世。后者被迫流亡德国并定居在班贝格（Bamberg），五年后他在此去世。

英、法、俄没有争议地接受了驱逐奥托一世的事实。希腊人开始物色王位的继承者，其过程历经两年。他们的首选是英国女王维多利亚的次子阿尔弗雷德（Alfred）亲王；然而遗憾的是，根据1827年和1830年的条约，英、法、俄三国统治家族的任何成员都不能担任希腊国王；这一规定极大地限制了王位的人选。最终王位只能授予丹麦国王克里斯蒂安九世17岁的儿子威廉，这位王子的姐姐亚历山德拉最近嫁给了英国的威尔士亲王。“William”这个名字太带北欧色彩，用希腊字母几乎写不出来，但他非常乐意入乡随俗更改名号。因此1863年威廉登上希腊王位时，采用的是“希腊国王乔治一世”的封号，顶着这个名号，他统治了长达半个世纪之久，直到 1913 年 3 月 18 日，他在萨洛尼卡午后散步时遇刺身亡。

乔治国王的统治迎来了开门红。英国不顾威廉·尤尔特·格莱斯顿（William Ewart Gladstone）的强烈反对，主动将伊奥尼亚群岛让给了希腊，该群岛从 1815 年起就一直处于英国的保护之下。[①] 乔治的另一项功绩是在 1864 年颁布了新宪法，它较之 1844 年的宪法有了巨大进步。乔治在后期赢得人们的爱戴，主要因为他采取了完全不同于奥托的统治原则；他注重只在名义上保持国家领袖的地位，而不是一味地加强自己的权威；尽可能不干涉政府，并给予内阁大臣充分的行事自由。

随着伊奥尼亚群岛安全并入希腊王国，另一个领土问题——克里特岛被提上日程。克里特岛经历了长期的外国统治——不同于它的同伴科孚岛及其附属岛屿[②]，威尼斯控制该岛长达四个世纪，随后奥斯曼帝国又牢固统治了两个多世纪。早在威尼斯人统治时期，克里特岛就不断爆发起义，而希腊独立战争进一步激发了岛上基督教居民的民族主义情绪，此时克里特人追求的不仅是驱逐土耳其人，他们还渴望与新生的希腊王国合并。1829 年，克里特岛向阿尔戈斯国民会议派出了代表，但第二年苏丹马哈茂德却把该岛赐予了穆罕默德·阿里，以表彰他在近期战事中的贡献。毫不夸张地说，克里特岛并入埃及违逆了发展规律，这种合并只维持了 10 年；到 1840 年，由于埃及总督的不顺从，愤怒的苏丹又收回了克里特岛。

对克里特人而言，他们既不愿意归属埃及，也不愿意被土耳其人统治。他们的呼声是“*enosis*”，即与希腊实现合并。反抗持续不断，

---

① 参见第二十四章。

② 莱夫卡斯只是伊奥尼亚的一个小岛，长时间处于土耳其的统治下。

到1866年克里特岛爆发了最血腥的起义。在起义中，阿卡迪修道院院长、克里特历史上最伟大的英雄马内塞斯（Maneses）宁死不屈，引爆了修道院内的火药库——有人惊奇为什么修道院里会有火药库。随后土耳其军队实施了大屠杀，大量的妇女和儿童被残忍地杀害，这引起了国际社会的强烈愤慨。英国政府遭到尤其严厉的指责，因为在屠杀期间，它严令皇家海军不得营救克里特岛上的任何居民。英国已经决定恪守中立，它担心营救克里特人会被奥斯曼帝国视作是背弃中立的行动。

然而希腊政府公开支持克里特人的起义，这最终激怒了土耳其苏丹。1868年，苏丹发出最后通牒：要求希腊必须在五日内停止向克里特岛运送用来反抗土耳其的物资。通牒中还有其他一些要求，但仅是官方辞令。希腊方面愤怒地予以拒绝，两国的外交关系随之破裂，土耳其舰队在霍巴特帕夏（Hobart Pasha）的指挥下对希腊实施了有效的封锁。他是英国皇家海军一位退役的舰长，当时正为土耳其苏丹效力。战争一触即发，但此时欧洲各国的大使召开会议，极力说服希腊接受了土耳其的条件，第二年两国恢复了外交关系。作为回报，苏丹同意给予克里特岛一部宪法，以确保建立自治政府，这些让步至少暂时地平息了克里特人的民族主义情绪。

1876年夏，巴尔干半岛战火突起。① 战争的起因是波斯尼亚（Bosnia）和黑塞哥维那（Herzegovina）的塞尔维亚族东正教徒起义反抗奥斯曼帝国的统治。塞尔维亚和邻近的黑山公国——主要也是东正教徒和操塞尔维亚语的人，也全力支持这次起义；在这种情况下，

---

① 这部分和接下来的部分，我必须感谢亚伦·帕尔默先生（Alan Palmer），他那引人入胜、让人不忍释手的历史著作《奥斯曼帝国衰亡史》（*The Decline and Fall of the Ottoman Empire*）使我受益匪浅。我从中引用颇多。

很难设想巴尔干半岛上另一个受奴役的民族——保加利亚人会无动于衷。1876年5月，奥斯曼帝国的多瑙河行省（Vilayet of the Danube，这是当时保加利亚地区所属的奥斯曼行政区划）首先爆发起义。起义的规模并不大，但却遭到了最残酷的镇压。起义的村民在巴拉克村（Bark）进行短暂的抵抗后，向土耳其军队投降，但土军残杀了大部分男性村民，又将妇女、儿童赶入教堂和学校，然后纵火焚烧。巴拉克村的7000多村民里，有5000人在屠杀中丧生。有人估计，当月被屠杀的基督徒数量至少达12000人。

这个消息在整个文明世界引起了巨大的惊恐，尤其是在俄罗斯帝国，沙皇立即表示他坚决支持他的东正教同胞们。在伦敦，当时在野的格莱斯顿发表了一份措辞激烈的小册子《保加利亚的暴行》（*the Bulgarian atrocities*），严厉地批评了处于执政地位、实行亲土耳其政策的迪斯雷利。各方的厌恶甚至也在君士坦丁堡产生了影响，6000名神学院学生举行游行示威，要求解除大维齐尔和大穆夫提的职务。苏丹阿卜杜勒-阿齐兹（Abdul-Aziz）立刻妥协，但是示威者和全体人民仍然不满。根据英国大使的说法，从那时起，“宪法”成为每个人谈论的话题。

与此同时，土耳其军队彻底打败了塞尔维亚人。如果没有列强——现在德国和奥地利也已经加入——及时地阻止他们前进，坚持要求停战，他们是准备向贝尔格莱德前进的。沙皇和奥地利皇帝在德国的支持下，起草了所谓的《柏林备忘录》，目的是对土耳其施压促使它进行彻底的改革。现在列强又邀请英国合作。迪斯雷利断然拒绝了邀请。他指出他们没有事先征询英国，拒绝加入三大列强“把一把刀插入土耳其的喉咙”。此外，为了鼓舞土耳其士兵的士气，他命令一支地中海舰队的分舰队占领了达达尼尔海峡的入口。为了把大家的注意力转向俄国蓄谋已久的战争，他召集了一次六国会议。次年12

月，会议在君士坦丁堡举行。

苏丹的心理健康引起了极大关注，城市的形势没有因为这一事实而有所改善。1861年，阿卜杜勒-阿齐兹继承同父异母的哥哥阿卜杜勒-迈吉德（Abdul-Mejid）的王位。近代很少出现如此可怕的苏丹。阿齐兹有将近7英尺高（他使用的八脚床仍然可以在多尔马巴赫切宫（Dolmabahçe Palace）见到），长着黑而浓密的胡须，脾气暴躁。他似乎使许多文武百官倒退到17和18世纪最糟糕的日子里。1867年，当他37岁时，拿破仑三世邀请他到法国参加伟大的万国博览会，顺便拜访维也纳和伦敦，他也因此成为土耳其历史上第一位和平踏上基督教欧洲土地的苏丹。这次经历猛烈地冲击着他的思想，逐渐促使他决定建立一支现代化的舰队（尽管当他和女王维多利亚在斯彼特海德参观本土舰队时，在公众面前遭受了尴尬的晕船袭击），还有铁路——仅仅六年后他就带给了君士坦丁堡。但是随着时间的推移，他的喜怒无常也变得更加猛烈，毫无节制。到1876年，他的奢侈使国家陷入崩溃的边缘。

不久，神学家们被遣散，这一年5月20日的早晨，当一支海军分舰队向博斯普鲁斯海峡对面逼近时，陆军总司令侯赛因·安夫尼（Hüseyin Avni）率两个步兵营包围了多尔马巴赫切宫。一进入宫殿，他立即发现自己与苏丹对视着，他穿着睡衣站在楼梯上，手里拿着出鞘的剑。然而当明白废黜已成定局时，阿卜杜勒-阿齐兹没有抵抗，他顺从地上了等待已久的汽艇。他被带到古老的托普卡珀宫（Palace of Topkapi），麻木地度过了一晚，也许他想到1808年他的前任谢里姆三世（Selim III）在这里被谋杀。第二天，他们到达离博斯普鲁斯海峡更远的彻拉安宫（Çirağan Palace）（靠近现代伊斯坦布尔最富魅力的一个大酒店）。恰好四天后，他被发现死在新寓所里，手腕已被剪刀割断。这里还有大量比自杀更可怕的谣言，但是18位持相反意见的医生的证词最终还是被接受了。

所有的这些就足够惊心动魄了，但是剧情才刚刚开始。一个星期之后，阿卜杜勒-阿齐兹所喜爱的年轻的切尔克西亚人妻子死于分娩，这个悲剧对她的哥哥——苏丹王宫的一位侍从武官——影响极大。6月14日，他突然闯进内阁会议，射杀了总司令和外交部长。最近事态的发展对新苏丹穆拉德产生了深远的影响。当听说叔叔死后，他完全失去了知觉并呕吐达36个小时。后两者被杀的消息使他变得极度沮丧，大量地酗酒但是无济于事。8月的最后几天，他走上与阿卜杜勒·阿齐兹一样的路。然而这次没有剪刀，穆拉德在未来28年都将是彻拉安宫里的一名犯人。

苏丹阿卜杜勒·哈米德二世。

可以肯定地说，新苏丹阿卜杜勒·哈米德二世比前两位有所改善，但没有大的改善。哈米德7岁时就失去其来自切尔克西亚的母亲，他实际上被其父亲阿卜杜勒·迈吉德所忽视，他只能退却到自己的空间里，没有朋友甚至伴侣。作为一个男人，他残忍、狡猾，报复心强；作为一位统治者，他弱小而犹豫不决；对于暗杀的恐惧支配了他的一生，这使他公开露面的机会极少。他讨厌阿卜杜勒·迈吉德暴露在博斯普鲁海峡的多尔马巴赫切宫，因而为自己建立了一座新宫殿——也是政府和权力的中心——位于高山上伊迪斯花园高耸且穿不透的墙后。在这里，这位驼背弯腰、鹰钩鼻、黑胡须和深色皮肤的人物总是一边假想自己在袭击者面前哆嗦，一边编织着他的阴谋圈套，秘密接收大量的间谍和告密者，这多少直接瓦解了其摇摇欲坠的帝国。

有人可能认为阿卜杜勒·哈米德不是用宪法统治人民的这一类统治者。然而他还是足够精明，他认识到：如果他不缓和人们的不满情绪，他可能成为这致命的一年中第三位失去王位的苏丹。他急于安抚前来参加会议的欧洲代表团们：如果现在就看见土耳其自己有一套完整的宪政改革计划，那么列强究竟扮演什么角色呢？宣布新宪法颁布的谕令恰好在会议召开的那天早晨发布，这当然不是巧合。而且理所当然的，代表们仍然不信服。甚至英国代表团的领导人索尔兹伯里侯爵也毫不掩饰他的厌恶；而在迪斯雷利的政府中他是主管印度事务的国务秘书，按理说会表示出更多的同情。与其他与会者不同，他有幸得到阿卜杜勒·哈米德的接见，会面之后，他形容苏丹是“一位可怜且软弱的人，他告诉我他不敢批准我们的要求，因为他自身难保”①。

因此君士坦丁堡会议彻底失败了：部分要感谢新宪法——不久变得很明显，宪法根本不值得印刷，反正它很快就被废止了；部分感谢苏丹，事实上他没有打算批准保加利亚、波斯尼亚和黑塞哥维那自治，因为这是列强的要求。现在战争不可避免了。

首先行动的国家是俄国。1877 年 4 月 24 日，俄军同时越过土耳其在欧洲和亚洲的边界。一个月后，罗马尼亚宣布独立并参加战斗。之后不久，土耳其就全线撤退。1878 年 1 月 31 日，苏丹终于同意停战，实际上是投降。虽然如此，也没有缓和博斯普鲁斯海峡的紧张局势。长达四个世纪后，新月似乎再次让步于十字架。

但是这样的前景对奥地利没有多大吸引力，现在它正用贪婪的眼光盯着波斯尼亚和黑塞哥维那。这对英国也没有什么吸引力，迪斯雷

① 他的观点可能受到苏丹决定的影响，苏丹决定授予索尔兹伯里夫人——她与其夫一道前往——贞洁勋章（三等奖）。

利一直是土耳其的一位朋友，英国人仍然记得克里米亚战争，因此他们当时在歌舞剧院里才会激情澎湃地吼出这样一首歌：

> 我们不想打仗，但是如果有侵略，我们就必须战斗，
> 我们拥有船，我们拥有士兵，我们也拥有金钱；
> 我们以前与熊战斗，而英国人总是正确的，
> 俄国人占领不了君士坦丁堡！

为了进一步强调这一点，2月中旬，英国人命令地中海舰队的一支分舰队东进穿过海峡进入马尔马拉海，如果有必要，他们可以开火还击，并占领城市对面的一个据点；如果此举旨在稳定局势，那么行动就失败了。苏丹比以前更加害怕，而俄国宁愿相信这是一次显示敌意的行动，它继续向马尔马拉海前进，直到圣斯特凡诺（San Stefano，现在的耶西勒廓伊［Yesiköy］，国际机场所在地）才止步。现在英国和俄国几近交战，尼古拉大公指挥的俄国军队同意不再前进，海军上将菲普斯·霍恩比爵士（Phipps Hornby）同意把船只撤到距离金角湾南边大概8英里的王子岛。①

希腊所关心的是：最近事态的发展表明“伟大理想”或许不再是空想了。任何一位真正的希腊人都不会拒绝希腊的旗帜飘扬在圣索菲亚上空。他们还有另外一个希望：公开的敌对行动可能激励奥斯曼帝国境内的希腊人起来反抗。起义确实在色萨利和伊庇鲁斯爆发，而且也不可避免地再次在早已躁动不安的克里特爆发，因此希腊也参战

① 王子路易斯恰好在一艘叫“苏丹号”（Sultan）的军舰上服役，而他的哥哥亚历山大王子是大公军队里的参谋长。亚历山大跟着司令上了“苏丹号”受到热烈欢迎，司令正好是阿尔弗雷德王子，他是爱丁堡的大公，女王维多利亚的第二个儿子和沙皇唯一活着的女儿的丈夫。

了。它参战的时机糟得不能再糟：1878 年 2 月，希腊宣战。它不知道 48 个小时以前已经缔结停战协定了。希腊的军队实际上已经跨过土耳其的边界，现在令人尴尬地被匆忙召回来。和平不久就在伊庇鲁斯恢复，最终也在色萨利恢复。然而，战斗在克里特仍断断续续地进行着。

3 月 3 日，俄罗斯和土耳其双方代表在停战后直接签订了《圣斯特凡诺条约》，这是一份特殊的协议，除保加利亚外无人满意。它实际上恢复了保加利亚在中世纪时的帝国，彻底断掉了希腊对马其顿的妄想。其余的条款与我们无关，我们只要明白这个条约从来没有运作就已足够。列强——不包括奥斯曼帝国——三个月后在柏林开会，他们最初的考虑对希腊更为有利，但是奥斯曼政府违背承诺无休无止地推诿和拖延时间，三个多月后希腊才获得应得的土地。最后，希腊人只得满足于获得色萨利——不可否认这是一个非常有价值的省，它被土耳其占领长达五个世纪——和伊庇鲁斯部分地区，包括阿尔塔在内。

克里特仍然控制在土耳其手中。同样在 1878 年，苏丹实际上批准了所谓的补充宪法。根据宪法，他们建起了由 49 名基督徒和 31 名穆斯林组成的全体代表大会，法令特别指出希腊语是议会和法院语言，每年一半的税收应该用于学校、医院、港口和道路的建设（实际上自威尼斯统治后，国家就没有在这上面花过一分钱）。这种管理使小岛相对安静了十年。直到 1889 年，新的起义爆发，紧接着 1896－1897 年爆发了另外两场起义。后两场起义相当严重，第二场起义导致干尼亚街道上对基督徒的大屠杀和镇上基督徒聚集区被焚毁。

这些暴行之后，希腊不再无动于衷。国王的二儿子乔治王子率领一支鱼雷舰队离开萨拉米斯，阻止土耳其增援部队登陆。1897 年 2 月 15 日，1500 名武装的希腊志愿者在干尼亚附近登陆——加里波第红衫军在西西里的记忆鼓舞着他们——以国王的名义去接管小岛。即使到了这一步，西方列强还是有可能采取坚定、团结一致的行动阻止公开的敌对行动，这种敌对既不是国王也不是苏丹所希望的。但是这样的行动没有出现。4 月 17 日，土耳其宣战。

国王自己向外国客人保证如果发生战争，整个土耳其境内的希腊族群将起义反抗暴君，大部分其他信奉基督教的少数民族也会追随希腊的领导。唉，这样的事并没发生。“三十天战争”——这场战争后来的名字，给希腊带来一系列灾难。据《剑桥现代史》记载，“希腊海军比土耳其海军占优势……却没有产生什么影响，除了徒劳地轰炸普雷韦扎，在桑蒂奎兰特（Santi Quaranta）截获了一船送给亲土耳其的英国国会议员的蔬菜”。希腊军队在陆地上的表现稍微好一点。对希腊来说，比较幸运的是，列强终于进行了干涉并成功迫使交战双方同意签订停战协定。所有的希腊战士从克里特撤离，那里将由国际部队维持治安。希腊几乎破产了，还必须付给土耳其沉重的赔偿金；另一方面，阿卜杜勒·哈米德必须通过正式割让色萨利来履行 25 年前的承诺。

只有这时列强才认真努力争取一劳永逸地解决克里特问题。列强说服苏丹在保留奥斯曼宗主权的情况下进一步给予克里特以自治地位。1898 年 11 月，最后一支土耳其军队从克里特撤走。从这一年年底开始，乔治王子担任了该岛的最高长官，以干尼亚为治所，英国、法国、意大利和俄国的军队则派兵驻守克里特的主要城镇。克里特拥有自己的旗帜、铸币和邮票。

阿卜杜勒·哈米德的控制再次变得松弛。然而即使这样，他也不能让自己最终放手。克里特人又过了 15 年才获得他们的奖赏。

但柏林会议的确影响了其他主要地中海岛屿的命运。塞浦路斯自

1570 年被土耳其人从威尼斯人手中夺取之后便一直处于奥斯曼的统治下。最初，政府的变更受到大部分人的欢迎，土耳其允许他们重建希腊东正教堂。不久，教会的管理层开始为民众充当大使，作为代言人和调解人与土耳其政府进行定期交涉。封建主义体系被废除；农奴获得解放；塞浦路斯人再次拥有了自己的土地，不过也因此成为纳税人。但是他们不高兴看见 3000 名土耳其士兵也获得了土地，而且还永久地定居在这片土地上。这发展到今天已带来可怕的后果。两个族群因语言和宗教信仰的不同，彼此像陌生人一样，他们之间很少或根本没有通婚。因此从一开始，两群塞浦路斯人之间壁垒森严，直到今天仍是如此。

随着希腊独立战争爆发，岛上的土耳其总督十分紧张。他召集基普里亚诺斯（Kyprianos）大主教和其他重要的教会领袖到尼科西亚，这些教会领袖包括帕福斯（Paphos）、基提昂（Kitium）和凯里尼亚（Kyrenia）的主教，以及基戈（Kykko）的修道院院长。他残忍地谋杀了他们。① 其他有影响的神父都纷纷逃到拉纳卡（Larnaca）的外国领事馆避难，但塞浦路斯教会管理层的力量却一天天急剧地衰落下去。

到那个世纪中叶，塞浦路斯岛上的形势又开始有所改善。苏丹阿卜杜勒·迈吉德承诺平等对待岛上的臣民，无论何种种族和信仰；废除极不公正的包税制；② 他也命令以后的总督由自己任命而不是像过去一样把它授予最高的出价人。1869 年传来苏伊士运河开通的令人振奋的消息，塞浦路斯将从中获得无法估量的商业重要性。最先意识到这一点的是英国政治家本杰明·迪斯雷利，他设法与土耳其签订所

---

① 我们应该还记得东正教牧首格列高利同一时间在君士坦丁堡也遭到类似的迫害（参见第二十五章，第 566 页），同遭此命运的还有遍布整个奥斯曼帝国的如果没有数千，至少也有几百名的希腊人（包括俗人和神职人员）。

② 通过个别人向政府购买征税权，之后剥削当地的人民。

谓的《塞浦路斯公约》。根据其中的条款，英国加入苏丹在亚洲地区的防御，反对来自俄国的进一步袭击。为了使它更好地这么做，苏丹把塞浦路斯作为所谓在黎凡特“安放武器之地”转给了英国，条件是英国每年向他交一笔年赋。

直到这一刻，英国和塞浦路斯之间唯一的历史联系是1191年塞浦路斯曾经被狮心王理查一世征服。尽管根据严格意义的法律，它现在仍然是奥斯曼帝国的一部分——直到1914年11月正式被英国吞并——它实际上已经再次落入英国手中。因为增加的税收仍然要付给君士坦丁堡，所以这个岛仍然是土耳其的一个财政依靠。然而无论是吞并前后还是随后80年，英国把大笔资金投向塞浦路斯，改变了它的农业，启动了雄心勃勃的改革计划，还建设了公路和公共建筑。简而言之，尽管在希腊人口中回归希腊的思想从未远去，但塞浦路斯从来没有如此繁荣过。

1901年夏末的一天，当海伦·斯通小姐（Miss Helen Stone，一位来自波士顿的美国新教传教士）和她的朋友齐卡夫人（Madame Tsilka）乘四轮马车到班斯科（Bansko）附近时，她们遭到了马其顿革命者的伏击，两人立即被包围带回山中。直到此时伏击者才发现一个复杂的问题：齐卡夫人怀孕了，他们什么也不可以做。他们对待自己俘虏的每一方面都很小心，直到12月一个暴风雨的夜晚，一位健康的小女孩在小村庄的酒窖里诞生。每个人都很高兴，健康的母亲和孩子被众人包围起来。之后不久，村子遭到了土耳其军队的突然袭击，所有的人都必须逃命；齐卡夫人自己正骑着马，另一匹马则带着她的孩子。

赎金相当于66000美元，美国政府自愿支付（不过总统麦金利并未亲自批准，因为他也是前几天受到恐怖分子的袭击，现在已亡故。）

斯通小姐所属传教团的负责人豪斯博士（Dr House）亲自运送黄金去班斯科，把它装在木箱子里。但是，他及时获知土耳其军队此刻正在集结准备攻占班斯科。豪斯礼貌地警告过绑架者他将干什么后：就把钱放在事先安排好的地方，并用铁屑盖在箱子上。土耳其人及时发现了它们并直接运回塞雷，结果他们发现自己上当受骗了。同时，两位女士和孩子在邻近的斯特米卡（Strumica）镇被释放。每个人都感觉干得很好。斯通小姐尤其很满意所受的待遇，因此回到波斯顿后，她成为美国推动“马其顿国内革命组织”（不久就作为 IMRO 而闻名）的急先锋。

到这时为止，马其顿已经成为奥斯曼帝国的一部分长达五个世纪之久，直到 1870 年都没有给征服者带来特别的麻烦。这一年，俄国决定通过东正教扩大在巴尔干的影响，它劝说土耳其允许保加利亚教会自治，这不可避免地引起希腊和塞尔维亚的愤怒。希腊主教宣布这个新教会是分裂主义者，并极力抵抗保加利亚民族、文化以及教会在马其顿影响力的扩大。塞尔维亚人尽管也是斯拉夫人，但是他们也对保加利亚邻居怀着同样的怨恨。三方开始争夺这个地区，当马其顿分裂主义者出现时，就变成四方了。1896 年，他们建立秘密社团——马其顿国内革命组织，他们有些天真地选择有深红色骷髅和交叉骨图案的黑色旗帜作为其标志。

海伦·斯通事件正好给该组织提供了国际知名度。列强的眼睛都转向了马其顿，奥斯曼政府叹了口气，坐听西方大使们一如既往地长篇大论，强调在巴尔干土地上进一步改革的重要性，萨洛尼卡和其他地方日益增加的突发事件给演讲带来了额外影响。① 然而，除英国以

① 欧洲也深深震惊于最近苏丹在亚美尼亚制造的骇人听闻的大屠杀。这次屠杀从 1894 年开始，到第二年结束，至少造成 3 万人死亡。

外其他列强基本上都赞成奥斯曼继续统治，只有英国想要奥斯曼帝国军队从这一地区完全撤出。

列强没有完全明白苏丹自己的算盘里有一些更为紧迫的担忧，其中最重要的是另一个秘密社团，这一次是在他的大门口：青年土耳其人党。它似乎也产生于这个世纪最后十年。据说其早期组织在1889年就在军医院学生中形成了。虽然其成员并不全是军人，但是几乎全来自年轻的官员阶层。在早期，他们最迫切的目标不是推翻奥斯曼帝国的统治，而是改革，特别是西方化。然而，他们仍然是一个潜在的威胁。随着时间的推移，他们使阿卜杜勒·哈米德的秘密警察越来越焦虑，部分焦虑是因为青年土耳其人党发现巴尔干半岛是一个特别肥沃的征募新成员的地方，特别是马其顿地区，而这个增加的因素又使马其顿更加速成为一个沸腾而又骚动的大锅炉。许多人在这里建立起了自己的组织。1906年，一位25岁的年轻军官穆斯塔法·凯末尔（Mustafa Kemal）——出生于萨洛尼卡——创建了一个政党，被称为“瓦坦”（*Vatan*）或“祖国运动”（*Fatherland Movement*），但是他们在马其顿的特殊政治活动迫使他们转移到更远的大马士革。30年后，他将作为“阿塔图克”（Atatürk，意为“土耳其之父”）闻名世界。

穆斯塔法·凯末尔。

在国内，像瓦坦党这样的组织肯定都是秘密的，而在国外正好相反，青年土耳其党人尽力公开他们的运动。他们早在1902年就在巴黎召开了第一次代表大会，1907年12月又在巴黎召开了第二次代表大会。第二次集会后不久，领导人把组织的名字改为团结进步委员会(CUP)，建立了一个常设秘书处，吸纳了许多小团体（也包括瓦坦在内）防止了它们互相背离，终至对立。

1908 年 7 月 3 日，当艾哈迈德·尼亚兹少校（Ahmed Niyazi）率领士兵起义时，事情发展到了紧要关头。他们驻扎在莫纳斯提尔（Monastir）和奥赫里德湖（Lake Ochrid）之间的马其顿内陆地区。许多驻扎在马其顿其他地方的低级军官也加入进来，团结进步委员会给他们以热情的支持。到夏末，今希腊北方大部分地区起义，匆忙从安纳托利亚派出的军队立即受到了当前气氛的影响。阿卜杜勒·哈米德明白，如果他想拯救皇位就必须尽快行动。7 月 24 日，他宣布立即恢复被废止的 1876 年宪法；之后，他大赦政治犯和流放者；最后，8 月 1 日，他进一步颁布法令宣布废除秘密警察，免除任意逮捕，给予国外旅行的权利，实现种族和宗教平等，承诺重组帝国内所有现存的政府。

苏丹先发制人，团结进步委员会有些失了分寸，但是其余国民则兴高采烈。他们一直以为阿卜杜勒·哈米德会紧紧抓住他过去 32 年一直非常珍惜的专制主义原则不放，如果他能有所妥协的话，也是人们一点点逼迫他慢慢做到的。但是现在，在没开一枪的情况下，他突然轻易就给予了人们远远大于他们所敢于期望的东西。那个周五，哈米德开车从欢呼的人群中穿过君士坦丁堡的街道，到土耳其于 1453 年征服后就成了一座清真寺的圣索菲亚去进行祈祷。这是 25 年以来他第一次鼓足勇气穿过金角湾。

这些引人注目的发展的影响远远超出了奥斯曼帝国。维也纳主要关注的是波斯尼亚-黑塞哥维那的领土，因为尽管严格从法律意义上讲这里仍属于土耳其，但长久以来奥地利一直将其当作自己的一块殖民地：如果它被要求派出代表参加即将在彻拉安宫召开的新两院制议会，那该怎么办呢？奥地利皇帝弗兰茨·约瑟夫一世立即行动起来，

1908年10月6日，在苏丹扔下“重磅炸弹”后没几个星期，奥地利-匈牙利通过法令吞并了波斯尼亚-黑塞哥维那。正好24个小时前，萨克斯-科伯（Sax-Coburg）亲王斐迪南——1887年，他成为保加利亚的亲王——在索菲亚摆脱了奥斯曼帝国的统治，宣称自己是保加利亚沙皇（几个月后，他为了获得列强的认可，被迫降低到国王的头衔）。同时，克里特还在尝试等待已久的回归希腊运动，尽管英国海军分舰队到达克里特岛水域，提供了有力的暗示：英国将不支持主权的变动直到它确实已经为此做好了准备。

在君士坦丁堡，事态很快表明，和平革命已经走得太远太快了。原教旨主义穆斯林被突然出现在街道上的没有蒙面的女人所震惊，他们开始进行重倡传统价值的运动。为了这个目标，他们建起了所谓的伊斯兰团结社，苏丹的第四子是发起人之一。谣传社团接受了来自伊迪斯（Yildiz）的大量财政支持，但是没有被证明。1919年4月，神学院学生发起了另一场此类示威活动，令人惊讶的是他们获得了当地部分守军的支持。这一次走得更远，要求政府辞职，改由穆斯林统治集团严格根据伊斯兰教法进行统治，强调苏丹作为哈里发在宗教中的统治权。对于这些要求，阿卜杜勒·哈米德立即（实在让人觉得太殷勤了些）给予同意（这后来成了他垮台的原因）。

这在新议会中立即引起了骚动，一份正式谴责苏丹行为的声明公开发表，他再次屈服，但是太迟了。现在土耳其的立宪政府当然不希望把政权托付给一个遇到僵局便随便低头的统治者。1909年4月27日，阿卜杜勒·哈米德被废黜。毫无疑问，他不可能像前两任一样被打发到彻拉安宫，现在那里有大批的国会议员——于是转而决定将他流放。一听到这个消息，苏丹吓得晕倒在总管太监的怀里。当天夜晚，他和2位王子、3位妻子、4位小妾、5位太监以及14名仆人被塞进了一辆火车，24个小时后到达了目的地萨洛尼卡。具有讽刺意味的是，他所有的烦恼正是从这里开始的。

随着阿卜杜勒·哈米德的离开，奥斯曼帝国和以前大不一样。继任者穆罕默德五世是他同父异母的兄弟，已经64岁，大部分时间都在隐居，靠大量的酒和成群的姬妾获得安慰。他并不是不聪明，饱览过波斯文学，但他完全没有能力统治，这一缺点实际上并不重要，因为他从没被要求这样做。现在权力至少理论上由议会控制，改革在任何领域都频频出现。有些领域——比如，出版自由和公共集会自由——仍然受到压制。不过，要是能保持几年的和平稳定，新政府可能会很成功。

古老的奥斯曼帝国也被分割了，坦白地说，它太大了。这里有许多少数民族，他们仍然感觉自己是二等公民，马其顿仍然是一个未愈合的伤口。1910年，阿尔巴尼亚起来反抗，亚美尼亚的问题则更严重。来自叙利亚和黎巴嫩的穆斯林仿照青年土耳其党建立起一个“青年阿拉伯运动”；他们在阿尔巴尼亚半岛和汉志的兄弟们起来反抗，不久就使君士坦丁堡政府陷入焦急之中，甚至不得不调派大批驻防利比亚的部队来干涉这一地区，其结果是严重削弱仍然控制在土耳其手中的北非海岸的最后一部分，从而使意大利有机可乘。

过去30年——自1881年法国占领突尼斯起——意大利人就一直觊觎利比亚，3000名奥斯曼守军从这里撤退使他们确信时机已成熟。如果他们不快速行动，法国毫无疑问将从西边侵略，使自己的影响范围涵盖从摩洛哥到埃及边界的广大地区。到1911年夏，非常明显，意大利军队正在为进攻做准备。土耳其政府能做的一切就是确保为当地的部落提供武器和弹药。

1911年9月27日，当这一时刻来临时，一些经过仔细琢磨的步骤立即紧随其后：颁布夸大其词、包含各种指控的最后通牒，同时还

1911 年，土耳其士兵骑马穿过君士坦丁堡。

提出了不可接受的要求，当然立即遭到了拒绝，意大利正式宣战。28 日，意大利军队同时在的黎波里、班加西、德尔纳（Derna）和托布鲁克（Tobruk）登陆。同时，这次登陆还伴随着历史上第一次空袭。当飞机下降到离目标足够近时，飞行员靠手投下大量的小炸弹。面对这些强大的军事力量，土耳其军队几乎派不上什么用场。而内陆情况却恰恰相反，入侵者对沙漠战争一无所知，根本不是当地部落的对手，完全不可能进一步深入。但是部分成功已经足够了：11 月 5 日，意大利政府正式宣布吞并的黎波里塔尼亚和昔兰尼加。五个月之后，1912 年 4 月，又有进一步的好消息：一支意大利海军分舰队炸掉了保护达达尼尔海峡入口的堡垒，但是无法强行通过入口，他们转而夺取罗得岛和多德卡尼斯群岛（Dodecanese）的其他地方，它们在过去的四个世纪曾是奥斯曼帝国的一部分。

帝国现在很明显摇摇欲坠了。如果意大利——一个成为统一国家仅仅 40 年的国家，就能使它遭受如此的损失，打着各种旗号的敌人自然就蜂拥前来。到了夏末，塞尔维亚、希腊、保加利亚和黑山共和国都设法搁置了争议，组成巴尔干同盟，它们的目标是把土耳其永远赶出欧洲大陆。敌对行动于 10 月初开始，一个星期之后，它们与土耳其军的人数比例超过了 2∶1，奥斯曼政府惊慌失措地与意大利达成了和平协议。根据协议，土耳其以重新获得多德卡尼斯群岛为条件承认意大利统治黎波里塔尼亚和昔兰尼加，这一条件获得了意大利的同意，但它并未实践诺言归还群岛。到 11 月底，保加利亚人得到了色雷斯；塞尔维亚人占领了科索沃（Kosovo）、莫纳斯提尔（Monastir）、斯科普里（Skopje）和奥赫里德，最重要的通向地中海的关键港口——萨洛尼卡，落入希腊人手中。①

12 月份战事稍停。尽管希腊直截了当地不同意，但是保加利亚、塞尔维亚和黑山同意停战。在圣诞节前五天，一场和平会议在伦敦召开，但是有太多问题并没有因此解决。1913 年 2 月初，战争再度爆发，4 月中旬又停战了。5 月 30 日，各方在伦敦签订了一项和平条约：土耳其失去了克里特岛（希腊于 12 月 13 日正式吞并了它）、马其顿、色雷斯、阿尔巴尼亚和大部分属于它的爱琴海岛屿。土耳其在欧洲只保留了君士坦丁堡及其腹地，大概相当于它现在的欧洲领土的一半多一点。目前正好超过埃迪尔内的疆界，是第二次巴尔干战争的结果，这场战争大概仅持续了一到两周。它是由保加利亚愤恨希腊和塞尔维亚在马其顿的所得引起的。1913 年 6 月 29 日早晨，保加利亚对以前的同盟发动突然袭击，不久罗马尼亚也加入它。土耳其决定干涉，恩维尔少校——后来的恩维尔帕夏，他是青年土耳其党的精神领袖——率领骑兵以极快的速度穿过色雷斯东部去埃迪尔内，实际上没开一枪便占领了这座城市。这是一次勇敢的冒险，也是一次成功的冒险，但是它不能隐藏奥斯曼帝国不到一年就丢失了 4/5 的欧洲领土和

---

① 可怜的阿卜杜勒·哈米德急忙带着家人登上德国的汽船“罗蕾莱号”（Lorelei），回到伊斯坦布尔，在博斯普鲁斯海峡边的贝伊莱尔贝伊宫殿（Beylerbey Palace）度过了剩下的 6 年。

超过2/3的欧洲人口的事实。

对于这些损失，一般认为土耳其军队应该受到责备。军队很明显需要进行全面重组和重建。士兵已经好几个月没发津贴了；他们全都衣衫褴褛，其中许多人都要忍受饥饿，士气低落到几乎要发生叛乱的程度；舰队也已经完全过时，而且处于极为恶劣的条件下。据说第一批来到这里要按自己的标准重建军队的德国军官们惊奇地发现，土耳其语里竟然没有“保养”这个词。

毫无疑问，德国人就是做这项工作的人。几年以后，德皇威廉二世发动了一次友善的进攻。像其他几个列强一样，他听说最近在美索不达米亚发现了大量的石油储藏，他急切地想获得苏丹的同意：把现存的柏林-君士坦丁堡铁路延伸到巴格达。早在1889年，即他继位后一年，他就乘坐自己的快艇“霍亨索伦号”（*Hohenzollern*）第一次拜访了君士坦丁堡。1898年是第二次拜访，他和阿卜杜勒·哈米德一起穿过博斯普鲁斯海峡，正式开启了位于海达帕萨（Haydarpasşa）的宏伟的新亚洲终点站。他之后乘快艇去巴勒斯坦。1898年10月29日，他从这里去耶路撒冷，成为自1229年腓特烈二世之后第一位来访的德国皇帝。他骑着炭黑色的战马，穿着白色的典礼制服，头盔顶上是一只金色的雄鹰。这套装束的效果看来有些滑稽：“令人作呕”，皇后玛丽娅·菲德罗夫娜（Maria Fyodorovna）在信中这样告诉儿子沙皇尼古拉二世，但它至少保证让人们没那么容易忘记威廉二世。1913年6月30日，正是在这一天，保加利亚人出乎意料地发动了袭击，德皇命奥托·冯·桑德斯（Otto Liman von Sanders）将军率领德国军事使团去往君士坦丁堡。

我们永远不会知道这个使团本来可以取得些怎样的成就。一年之后，几乎也是这一天，弗朗茨·斐迪南大公（Franz Ferdinand）丧生于萨拉热窝暗杀者的子弹下，欧洲所有的国家都进入交战状态。

第三十二章　第一次世界大战

众所周知，第一次世界大战的主要战场在法国北部和比利时。它无论如何都不是一场地中海战争。然而，三次事件将这场战争扩展到地中海以集中对抗东部的敌人奥斯曼帝国。第一次是在达达尼尔海峡和加利波利发生的那场霉星高照的战争冲突；第二次是协约国在萨洛尼卡登陆；第三次发生在巴勒斯坦。

1914 年 12 月 27 日，温斯顿·丘吉尔，英国后来的海军大臣，特地给首相赫伯特·亨利·阿斯奎斯（Herbert Henry Asquith）写了一封冗长的建议信。他认为战争已经陷入僵局。两支军队深陷困境，每前进几百码都会造成几千人伤亡。此时需要突围并开辟安全的新战场。丘吉尔问道："我们除了到佛兰德斯咀嚼带刺的铁丝网，就没有其他选择了吗?"在丘吉尔看来存在两个选择。一是夺取石勒苏益格-荷尔斯泰因（Schleswig-Holstein），迫使丹麦加入协约国，从而有利于协约国的船只进入波罗的海；之后让俄国在距离柏林 90 英里的地方登陆。这当然是丘吉尔的首选。

然而他也提出了另一个更为雄心勃勃、富于想象力的建议：入侵加利波利半岛，从而使皇家海军强行通过达达尼尔海峡进入马尔马拉海，然后停靠在金角湾入口，这样就威胁到君士坦丁堡——这对于古城狭窄的街道和破败不堪的木房确实是一个可怕的威胁。破坏加拉塔桥（Galata Bridge）可以切断斯坦布尔区和佩拉区之间的联系；土耳其唯一的两个军工厂都位于河边，很容易成为英国炮火的靶子。丘吉尔相信，这些都将逼迫苏丹政府求和，随后就很容易说服仍然保持中立的希腊、罗马尼亚、塞尔维亚和保加利亚加入协约国。这是典型的丘吉尔作风，如果计划能够成功，将大大缩短战时。但是它没有成功——军事史学家几乎整个世纪都在分析这个信心十足的计划最终造成最大的战争灾难的原因。

主要问题似乎是缺乏协调一致的整体方案。丘吉尔起初计划陆海军联合作战。然而到 1915 年 1 月中旬，他宣布由海军单独作战，尽管他的朋友——但偶尔也是他深恶痛绝的敌人——第一海军大臣约翰·费希尔爵士（John Fisher）强烈反对。仅仅一个月后，离海军炮轰达达尼尔海峡还有一个星期时，陆军决定派出军队支援他们。这主要归因于这一事实：尽管丘吉尔鼓足干劲策划这场战争，但他只是一个专门负责海军的内阁大臣。他没有陆军军权。陆军大臣基钦纳勋爵（Kitchener）做事三心二意，首相较他有过之而无不及。如果丘吉尔当时享有他 25 年后才拥有的权力，加利波利战役将是另一种结局。

然而，他对海军拥有至高无上的权力。多亏他，英法联合舰队完成了地中海海军史上规模最大的一次集结。除巡洋舰、驱逐舰和少量的船外，英国又增加了 14 艘战舰，其中包括最近刚建成的“伊丽莎白女王号”（*Qreen Elizabeth*），它配备了其他船只都没有的 15 寸枪炮，成为一艘力量最强大的船。其他的大部分舰船只有 12 寸枪炮，但是这些足以轻而易举地炸毁土耳其引以为豪的位于海峡两岸的 11 座堡垒——这些堡垒是它主要的防御工事。法军也为如此强大的军力又补充了 4 艘主力舰和一些辅助舰。

到 1915 年 2 月 18 日，联合舰队准备就绪。进攻开始于第二天上午 9 点 51 分，持续了一整天。战舰逐渐靠近，以前所未有的近距离袭击目标。同时扫雷舰也开始工作，清除通向海峡的障碍。直到傍晚，战争还不分胜负。协约国的指挥官海军中将萨克威尔·卡登（Sackville Carden）认为摆脱这种对峙局面就要让船只能够进一步靠近目标；不幸的是，那晚的天气很糟糕，波涛汹涌的大海让他们不能精确攻击。直到五天后，风暴平息，战斗才继续。25 日，海军中将约翰·德罗贝克（John de Robeck）直捣海峡，防御者向北方撤退。随后几天，一小部分水兵和海军陆战士兵实际上同时在欧洲和亚洲海岸登陆，破坏他们遇到的土耳其的一切，但是这片土地大部分看起来荒无人烟。3 月 2 日，卡登给伦敦发电报说，如果天气好，他希望在君士坦丁堡大概停留两周时间。

他犯了一个很大的错误！不久他发现达达尼尔海峡是一个巨大的雷区。由于敌人的炮击，扫雷舰不能在这里顺利展开工作，但海军又无法先行平息炮火。两周之后，卡登没能在君士坦丁堡抛锚，而是失落地回到伦敦，德罗贝克接替了他的指挥权。3 月 18 日，德罗贝克率军袭击海峡。然而，这次又失败了。这主要归因于一些地雷没有被探测出来从而击沉一艘法国战列舰和两艘英国战列舰。德罗贝克不知道——尽管他可能怀疑过——土耳其阵地现在严重缺乏弹药而且不能立即从别的地方获得补充，他只看到自己损失惨重，而君士坦丁堡遥不可及。对土耳其而言，他们的 6 万名士兵在将军莱曼·冯·桑德斯（Liman von Sanders）的调度和指挥下多年来第一次打败英国皇家海军取得胜利。长久以来，英国皇家海军在世界上其他大部分地区似乎是战无不胜的。君士坦丁堡从英国人手中拯救了自己，再次昂首挺胸了。

现在英国政府的大多数人都很清楚，单靠海军不可能取得重大突破。海军上将费希尔写信给大卫·劳合·乔治（David Lloyd George）说，“必须要有一部分人在加利波利或其他地方登陆。”到 3 月中旬，基钦纳勉强同意从英格兰派出第 29 师——总共约 17000 人——和来自澳大利亚和新西兰的一直在埃及待命的一个师（另外 3 万人），另外还有一个 16000 人的法国兵团和 1 万人的皇家海军。他任命在布尔战争期间认识的老朋友伊恩·汉密尔顿爵士（Ian Hamilton）担任总指挥。军队将在利姆诺斯岛（Lemnos）汇合，在那里他们可以获得补给品和装备，为将来的战争做好准备。

然而在利姆诺斯岛，另一个失望即将到来。来自英格兰的运输船对军队需求考虑不周，他们把马匹和枪支装在一艘船上，马鞍、挽具和弹药装在另一艘船上，登陆艇显然完全被人遗忘。尽管加利波利半岛事实上根本没有道路，但是还是有许多重型卡车被装运过来。军队也似乎没有战场的精确地图和航海路线图。最后，他们发现利姆诺斯岛上严重缺乏码头或其他设施。结果，所有的东西都重新装上船运到亚历山大，整个军队在那里进行重组，为战争做好准备。错失良机之后，联合军队最早也要到3月中旬才能进军，汉密尔顿将有三周的时间准备和策划战争史上最雄心勃勃的两栖战争。

海军一直得益于它的供给。一些新的驱逐扫雷舰到达后，同时还有3艘有些伪装的战舰，这些简易的船只经过精心设计，表面结构繁复，装有木制枪炮充当诱饵来引出德国舰队。[①] 英国陆军航空队由海军准将查尔斯·萨姆森（Charles Samson）指挥。当他们拆开30艘飞机的板箱时，发现有25艘不能使用，至于剩下的飞机，丢炮弹的任务由观察员负责。飞行员只是侦查阵地。从空中拍摄的敌人阵地的照片让汉密尔顿很沮丧，因为大部分都装有带刺的铁丝网。

拖延已久的登陆终于在4月25日凌晨进行。英军在加利波利半岛西边的海丽丝岬（Cape Helles）登陆，澳大利亚和新西兰士兵在一个离北岸13英里的小港湾登陆，从此以后，此地以澳新军团湾

---

① 亚伦·穆尔黑德（Alan Moorehead）告诉我们其中的一件事，一艘船“后来被离开马耳他的U形船用鱼雷袭击，这肯定使德国人感到非常惊讶。当船停下来时，木质的炮塔和12英尺长的枪炮都漂浮在水上”。

（Anzac Cove）闻名。同时，法国士兵在南海岸的昆卡雷（Kum Kale）登陆。尽管驻防的土耳其士兵人数和武器装备都落后于敌人，但是当遭受敌船接二连三的炮轰时，他们坚持勇敢地抵抗。盟军部队也同样英勇战斗，但是他们的目标因为汉密尔顿及其属下两位将军的偏好变得更加难以实现。这两名将军是艾尔默·亨特·韦斯顿（Aylmer Hunter-Weston）和威廉·伯德伍德爵士（William Birdwood），分别指挥英军和澳新军团。他们登陆后，在至关重要的几个小时里仍然待在海边，因此当信号装置开始减弱，盟军的通信几乎崩溃时，每个军团都只关心自己的状况，对附近海滩的战事一无所知。到第一天结束时，双方都遭受了严重的伤亡，盟军实际上仍然被束缚在岸边。

任何曾经到过加利波利半岛的人都会被这里的险恶地形所吸引。这里有大量的自然美景，特洛伊平原从达达尼尔海峡一直延伸到南边，依姆布罗斯（Imbros）和萨莫色雷斯岛（Samothrace）在西边从大海中耸立起来。但是海滩位于一连串小海湾里，又小又窄，逼近悬崖峭壁，这些悬崖距海岸只有几英里，中间隔着陡峭的沟壑，沟壑被浓密的灌木丛覆盖，致使许多地方根本无法通行。因此，在高处的土耳其士兵隐藏在茂密的草木后直接向困在下面海滩上的敌人射击。

人们不禁要问，这些战争策划者怎么会相信他们会有一丝胜利机会呢？汉密尔顿和几个高级军官乘坐驱逐舰沿海岸做了粗略的侦查，并拥有一些空中拍摄的照片。但是没人有合用的地图，一些地区如著名的澳新军团湾的地图还根本没有绘制出来。然而当澳大利亚士兵和新西兰的士兵在星期天早晨飞速上岸时，他们像老虎一样战斗，一些士兵设法用刺刀从丛林里砍出一条路。到上午 8 点，好几个地方的土耳其兵都逃跑了。然而在那一刻，20 世纪六位最杰出的男子之一出现在战场上。

穆斯塔法·凯末尔在前面的章节有过简短露面，他如今 34 岁，是一位师长。他召集一个营的士兵与侵略者作战。他首先单枪匹马地阻止一群撤退的同胞，以人格力量劝说他们回去继续参加战斗。他明白当时战争远比他原先告知的要艰巨，规模要大。他自作主张地召集四散的土耳其军团和一支阿拉伯军团。在如此行事时，他公然越出自己的权限，直到中午才向司令部报告他的行动。此时，战争的发展已经证实他是正确的。当他回到自己的军队时，实际上已经控制了整个澳新军团前线。

一整天他持续向整条阵线施压，许多设法进入腹地的自治领的部队现在开始向海边撤退。到如今，伯德伍德产生了恐惧：他率领士兵在错误的海滩登陆。他原本希望能够发现一条至少一英里长的海岸，但是他发现的只是一条半英里多长的海岸，水域和悬崖之间只相隔30码。军队必须自带所有物品前来：枪炮、子弹、各种各样的补给品、大量的动物和用来抬死人和伤员的担架。那天晚上，他给总司令发出一条消息试图请求允许他放弃现在的阵地让士兵重新登陆。

但是汉密尔顿拒绝了，他指出任何重新登陆将至少花两天时间。同时正好有人向他报道，一艘澳大利亚的潜水艇已经顺利通过海峡进入马尔马拉海，已经在那里用鱼雷袭击了一艘土耳其的炮艇。可怜的将军除了告诉士兵挖壕固守之外已无能为力。

伯德伍德正忙于澳新军团。若他了解欧洲军队的进展时，他将更加气馁。无可否认，法国人干得很好：他们已经在驰名的阿基里斯坟墓附近登陆，袭击并占领被毁的昆卡雷堡垒，现在正准备在海丽丝岬与他们的英国盟友会师。然而这次登陆很悲惨。土耳其人开始一直没有开火，直到大部分运输船靠近海岸，士兵上岸，然后，枪林弹雨随即爆发。登陆英军处于毫无掩护的情况下。不久，当空军准将萨姆森从空中观测后报道："平静的蓝色海面绝对被鲜血染红，从海岸延伸大概 50 码的面积，简直惨不忍睹。”在浅水处，所有的波浪都被染成红色。3 个小时内，几乎有 1000 具尸体散布在海滩上。附近的另外四个登陆点可能会好一些。土耳其人也遭受了令人震惊的伤亡。然而，汉密尔顿继续保持的乐观主义令人吃惊。“感谢上帝让海面恢复平静；”他在 4 月 26 日写道，“感谢皇家海军犹如划船比赛一样沉着地把我们的伙伴运上岸；也感谢各级部门表现的无所畏惧的精神，我们才能摧毁敌人的顽强抵抗，使 29000 名士兵在六个海滩登陆。”但随着其他的报告也陆续传到伦敦，毫无疑问每个人的心里都认为，加利波利战争的代价远远超出人们的预见，它的前景遭到质疑。

三天之后，这里暂时平息，双方陷入僵局。英军和澳新兵团设法前进至一到两英里的山中，然后挖壕自守；这样，土耳其士兵就不能驱走他们。有段时间，半岛战壕的行动几乎像在佛兰德斯一样安静。同时，在伦敦，政府内部的所有压力和紧张也暴露无遗。首先，5 月 15 日，海军上将费希尔辞职，准确地说是罢工，失踪几个小时后，被发现隐匿在查令十字街酒店。接着，首相阿斯奎斯被迫组成联合政府，这是迄今为止他政治职业生涯中最引人注目的逆转，温斯顿·丘吉尔彻底被排斥。

对于在加利波利和其他悬崖上的士兵来说，夏天确实漫长。随着天气逐渐变热，苍蝇的危害越来越严重：食物、无人地带的尸体、不计其数的化脓伤口、公厕附近，都吸引了几百万只苍蝇，生活变得非常痛苦。紧接着苍蝇而来的是痢疾。到 7 月，每天都有 1000 名伤残士兵被运到利姆诺斯岛或其他岛屿。但是也有一些好消息：6 月，伦敦已经同意额外增派五个师，派给汉密尔顿约 12 万名士兵。德罗贝克——现在费希尔已经安全出发——也获得大量增援。形势急剧变化，一次新的登陆势在必行。他们选取离澳新军团湾几英里的苏弗拉湾（Suvla Bay）作为登陆点，希望从这里可以快速前进 4 英里穿过海峡，将半岛上的大部分土耳其士兵堵在半岛一端。

苏弗拉湾乍一看让人充满希望。它不像其他大多数港湾的月牙形，而呈马蹄形，因此其水域为舰队提供了一块理想的锚地。这里也没有高崖峭壁，防御薄弱，1800 名士兵分散在港湾附近而且这里没有带刺的铁丝网或机关枪。另外，海湾正好位于澳新军团湾的海角处。一旦占领这个地方，许多不幸的自治领士兵可以转驻到此处，从而解决他们忍受已久的噩梦般的过度拥挤状况。登陆在 8 月 4 日晚上进行，持续到 6 日晚上，很明显没有引起土耳其的怀疑。等到上岸后他们才发现犯下了严重错误，新登陆的军队既无经验又无纪律性，指挥官又老又没能力，似乎无法应付形势的恶化。指挥链不久也断了，汉密尔顿不能联系上他们：最后，他撤回命令；鼓励各位将军和准将自行谨慎行动；而他们很少向士兵清楚地解释对他们有什么要求。

但他们也取得一些暂时的胜利。澳大利亚兵在隆派恩（Lone Pine）英勇进攻，4000 名士兵牺牲，但是他们获得至少 7 枚维多利亚勋章，并占领了土耳其前线。新西兰的士兵也击溃另一部分防线，他们发现自己转到土耳其后方。但每一次成功都伴随着若干失败。8 月 8 日晚，盟军被迫退回壕沟，遭受了可怕的伤亡，而主要目标尚未实现。8 月底，汉密尔顿向基钦纳坦言自己的失败。他说如果没有大量增援，他将无法坚持下去。他要求增援 95000 名士兵，但是菲尔德元帅只是耸了耸肩。战时内阁似乎决定把注意力再次集中于西线。难道他们放弃加利波利了？

9 月的最后一个星期，更大的打击传来。保加利亚被鼓动起来，只要至多一个星期，它将与德国和奥地利一起作战，反对塞尔维亚，这将威胁整个巴尔干半岛的局势。因此协约国决定从加利波利向萨洛尼卡转移两个师，先是一个法国师，然后是一个英国师，向北帮助塞尔维亚。此时，汉密尔顿似乎必须为放弃苏弗拉做好准备。还有另一种可能更加令人沮丧：10月11日，基钦纳发给汉密尔顿一份电报："如果决定撤离加利波利半岛，必定给你的军队带来损失，你估计损失大概是多少？不过，还没有最终下决定……但是我觉得我应该听取你的意见。"汉密尔顿立即回复。他认为，50%可能是一个真实的数字，他补充说："另一方面，算上苏弗拉的军队和海丽丝岬的塞内加尔人，我们可能有一场真正的灾难。"当10月4日，这份报告在达达尼尔海峡委员会上提出时，汉密尔顿的命运就此决定。两天之后，他收到解雇书。

1915年10月15日，士兵在加利波利的一处海滩登陆。

陆军中将查尔斯·门罗爵士（Charles Monro）接替汉密尔顿，直接从西线去就职。到达当天，他毫不隐讳地承认：他认为整个加利波利半岛远征计划完全部署错误。他认为战局的胜利应取决于法国战场，他强烈反对主要目标的转移。因为他是受命评估是否应该从加利波利半岛撤退的，而他的战局观早已使结果一目了然。况且到达该岛后的所见所闻也没什么能促使他改变想法：尽管天气迅速变冷，但没有冬衣从伦敦运来。现在许多军团只有一半或更少的战斗力，剩余的士兵瘦得皮包骨头。炮弹也是定量配发，每天两发。门罗第一眼看到苏弗拉湾，便证实了自己最坏的顾虑。“如同爱丽斯漫游仙境，”他小声低语，“越来越奇怪。”第二天，他向基钦纳发出自己的建议。

但是此时还没有全盘皆输。海军上将德罗贝克的参谋长、海军准将罗杰·凯耶斯（Roger Keyes）提出恰当的不同见解。他的规划很简单：集合整个地中海舰队——整个夏季都在爱琴海的不同位置对土耳其海岸的排炮进行猛烈轰炸，下决心对海峡发动进攻。他相信这将使土耳其大吃一惊。一旦进入马尔马拉海，就很容易封锁半岛北端的布拉尔（Bulair）海峡，拦截驻扎于此的20个土耳其师。德罗贝克有点怀疑但还是慷慨地允许凯耶斯回到伦敦为自己的方案辩护。凯耶斯确实这样做了，他的言辞对所有的海军上将产生巨大的影响，包括海军大臣阿瑟·贝尔福（Arthur Balfour）和温斯顿·丘吉尔在内。

基钦纳勋爵仍然对门罗回答的速度和要旨感到惊骇。正是他自己选汉密尔顿做加利波利的指挥，他也不愿看到朋友受辱，于是转而立即支持凯耶斯的观点，让他从海军部门获得明确的任务。然后，他向伯德伍德而不是门罗宣布他的决定：第二天，他亲自前往达达尼尔海峡。这则消息最后说：“我绝对拒绝签署任何撤退的命令，我认为这是最大的灾难，那将诅咒我们大部分士兵去死或被监禁。我将任命门罗指挥萨洛尼卡军。”他随后出发，经巴黎——那里的法国人坚持反对撤退——去马赛，之后乘“达特茅斯号”（*HMS Dartmouth*）去加利波利。

如果凯耶斯随同他前往——正如基钦纳所要求的一样，但这则消息从未发出——他将可能坚定陆军元帅的信念，但是他没有去，而当地的指挥官们自凯耶斯离开后其观点已发生动摇，基钦纳立即发现自已被门罗、德罗贝克和伯德伍德围困，这三个人现在坚决支持撤退。没有人支持凯耶斯及其计划。经过两天的讨论，基钦纳前去观察三个主要的桥头堡。他为自己看到的景象感到沮丧，其程度绝不亚于门罗。11 月 22 日，他给伦敦发了一封建议信：应该立即撤离苏弗拉和澳新军团湾，海丽丝岬暂时可守。两天之后，他返回英格兰。

到这时，从最高层到最低层，所有多少与这场战争有些干系的人，他们除了对加利波利战争的厌恶外毫无知觉，但是他们还没有看到最糟糕的事情。11 月 27 日，该岛遭到至少 40 年以来最猛烈的暴风雨的袭击。24 个小时的暴雨夹杂着来自北方的飓风，带来暴风雪和两个晚上剧烈的霜冻。洪流带着被淹的土耳其士兵的尸体从山上直流而下。特别是澳新军团湾，那里很多澳大利亚兵和少量的印度兵还是头一次看见大雪，面临如此刺骨的寒风，他们没有任何防护；冬衣尚未发出，士兵除了在湿毛毯里挤作一团以外，别无他法，而毛毯又很快结冰。洪流持续三天三夜。当这一切结束时，200 名士兵已经被淹死或冻死，5000 名士兵受到严重的冻伤。过去，他们之中许多人反对撤离，决心参与战斗直至结束；现在，无论撤退存在多么大的危险，他们都只想尽快离开。

撤退显然是一项长久而艰巨的工作。[①] 单在苏弗拉-澳新军团湾桥头堡就有 83000 名士兵，更别说还有 5000 头马和驴子，2000 辆机动车，差不多 2000 门大炮和好几吨补给品了。唯一的希望就是在两到三个星期内静悄悄地秘密撤离。即便如此也存在更可怕的危险：土耳其人持续的轰炸让登船变得十分困难；糟糕的天气和波涛汹涌的大海可能摧毁最好的计划；冬至即将来临。但是别无选择。从 11 月的

---

① 亚伦·穆尔黑德（Alan Moorhead）在《加利波利》（*Gallipoli*）的第十七章对撤退有极好的阐述，这些对我所撰的关于这场战争的极简短的描述大有帮助。

第二个星期开始，每天驳船和小船都进入港湾，在黎明之前装满士兵、动物和武器离开。首先上船的是病人和伤员。56 艘临时的医疗船都为他们做好准备，12000 张病床在埃及等着他们。白天，为了减少土耳其人的怀疑，生活仍然像以往那样进行：不计其数的骡队继续艰难地从海滩到前线，再从前线到海滩，唯一的区别就是他们携带的装货箱和盒子空无一物。随着撤退的进行，隐瞒变得愈加困难：同样的士兵和动物被迫像舞台上的士兵一样周而复始地行军。空帐篷都没有撤掉，每晚还额外点燃成千上万的炊火。

一个星期之后，运送速度加快。到 11 月 18 日，一半的士兵（大概 4 万名）已经被运走。协约国联军不可能再欺骗敌人，遂同意剩余的士兵在两个晚上离开。在前线的某些地方，联军与土耳其的战壕相隔不到 10 码（他们中许多人能看见彼此），似乎不可能不惊动敌人就撤离，但不知何故，他们做到了。正好在 21 日拂晓前，最后一只船离开海滩。在澳新军团湾，当两名士兵正上船时，他们被乱枪射中而受伤；在苏弗拉湾，每个士兵和动物都安全离开。离开之前，他们做了最后一件事，点燃他们精心布置于整个海滩上的导火线。十分钟后，他们非常满意地听到震耳欲聋的爆炸声，因为弹药库爆炸了。

英军怎么样呢？对于他们在海丽丝岬桥头堡的 4 个师（大概 35000名士兵）而言，形势比较严峻。土耳其让澳新军团在他们的眼皮底下从海峡右边消失，所以他们肯定不会再犯同样的错误。相反，土耳其人已不受澳新军团湾和苏弗拉的牵制，从而可以出动全部兵力来对付这里的敌军。没有时间可耽搁，门罗、伯德伍德和德罗贝克——他因为生病回到伦敦进行了短暂的休息，但是在圣诞节前赶了回来——现在都一致同意，无论困难多大都必须撤退。

1916年1月1日星期六，撤退开始。法军首先离开，一个星期之后，剩余英军的数量减少到19000人，当时还没有出现震撼的冲突事件。7日下午，土耳其发动袭击，炮轰持续四个半小时。炮声平静后，士兵们开始冲锋陷阵。英军在战壕里用大炮和来复枪射击敌人，他们惊奇地看着土耳其步兵——以纪律和勇敢而出名——像死人一般藏在壕沟里，没有进攻。当夜幕降临时，没有一名土耳其士兵渗入英国战线。随后24小时内，英军顺利撤退。

然而，天气持续恶化。到1月8日晚上，冰雹急速落下，不久，大风以每小时35英里的速度拼命地刮。在海上，两艘驳船猛撞到临时码头上，发生了故障，在对其进行修理的同时，其他一切活动都停止了。修理工作因在黑暗中而且是在风大浪急的海面上进行，变得非常棘手。风雨也减慢了剩余部队从壕沟向海滩前进的速度。但在凌晨3点45分，最后一名士兵也上船，最后一艘船向大海驶去。十分钟之后，就像在澳新军团湾和苏弗拉一样，弹药库爆炸。这次不幸的冒险最终结束。

整场计划只有尾声一如预期。混乱和混沌从一开始就嘲弄着整场战争，然而最后的撤退是非常有组织有计划的，几乎没有伤亡人员，也没有留下一名士兵，这是加利波利战争中具有讽刺意味的众多事件之一。但是，还有一件更嘲讽的事：这次伟大的远征虽然失败了，但点子其实非常好，而它本应该而且能够取得胜利。在数年后，土耳其将军斯塔夫在关于这场战争的一份官方报告中承认，3月19日的海战实际上已使他们几乎弹尽粮绝。如果德罗贝克立即袭击，他将可能畅通无阻地通过海峡到达君士坦丁堡，在那里“驻守的8个师不可能防守住。”如果占领君士坦丁堡，毫无疑问，俄国永远不会单独讲和，俄国革命也将不会发生。即使登陆后，也是胜利在望的；土耳其的报告也承认有两次——一次是澳新军团4月份登陆时，一次是8月份在苏弗拉湾时——如果没有穆斯塔法・凯末尔[①]惊人的人格魅力，联军肯定能够突围。如果他们突围成功，如果战争获得胜利（它与之失之交臂），第一次世界大战可能提前三年结束，也能拯救100万生命。

希腊对于联军在萨洛尼卡登陆的态度模棱两可。一方面，首相埃莱夫塞里奥斯・韦尼泽洛斯（Eleftherios Venizelos）私底下欢迎这份计划，尽管他形式上签署了抗议书。另一方面，国王君士坦丁——他两年前继承父亲的王位，并迎娶了德皇的妹妹——强烈反对此计划，因为保加利亚的军队实际上已经穿越边界，外国军队一旦出现在希腊土地上，将破坏希腊坚守的中立政策。至于希腊人自己，他们绝大多数站在国王这边。他们不希望盟军出现，这将迫使他们违背自己的意愿卷入战争。结果出现所谓的“国家分裂”，韦尼泽洛斯被迫辞职。

立宪君主插手外交政策总是不对的，这次还带来了不幸。国王开始和德国人进行秘密会谈。1916年3月23日，根据他的命令，希腊交出鲁佩尔城堡（Castle of Roupel），允许德国和保加利亚的军队侵占东马其顿。他也命令卡瓦拉（Kavalla）投降，其希腊驻军被作为战犯带到德国。韦尼泽洛斯在议会上叫道：“你们最起码的30块银币在哪里?”在他最后一次呼吁国王加入协约国，亡羊补牢之前，这也许不是最合适的外交发言稿。可想而知，君士坦丁对此充耳不闻。

埃莱夫塞里奥斯・韦尼泽洛斯。

① 英国官方史学家说得更绝，他写道，“历史上极少出现一个师长的努力能三次产生如此深刻的影响，不仅对战争的进程，可能也对战争甚至国家的命运都有影响。”

至于远征军，局势变得越来越不利。他们从到达的那一天起就发现自己不受欢迎，被迫在城外几英里的地方扎营，而敌人的官员却在城里自由自在。那个冬天，塞尔维亚人被赶回到亚得里亚，塞尔维亚也被占领。盟军问自己将何去何从？在萨洛尼卡，法国指挥官莫里斯·塞拉尔（Maurice Serrail）将军掌控权力，把敌人所有的领事和间谍都逮捕或监禁在城堡里，同时占领另一座通向港湾入口的堡垒。他们开始行动了：协约国正式要求重新动员希腊军队，遣散议会和解散政府。1916 年 9 月，韦尼泽洛斯溜回出生地克里特，在那里领导反国王的起义。之后，他回到希腊，在萨洛尼卡建起一个临时政府。一个月后，他获得协约国的认可。

12 月，英国人和法国人的要求仍然没有得到满足，他们在比雷埃夫斯登陆，试图迫使国王放下武器和弹药。然而这是一个错误：希腊人进行还击，法国舰队轰炸王宫。韦尼泽洛斯遭到指责（虽然可以理解但其实这种指责毫无道理）。12 月 26 日，他正式被雅典大主教开除教籍。然后，协约国封锁南希腊，并于 1917 年 6 月要求国王退位——法军在科林斯登陆以施压。君士坦丁拒绝退位，但他和长子一起前往瑞士。

现在，整个形势在一夜之间发生巨变。在雅典，君士坦丁的第二个儿子亚历山大继承王位。这里因持续的封锁发生饥荒，雅典实际上仍然处于法国的占领下。几天后，韦尼泽洛斯率领他的政府从萨洛尼卡归来，受到人民热烈欢迎，他成为新王国的首相——向议会发表了长达九个小时的演讲以示庆祝。现在轮到保皇主义者痛苦了，他们被排斥在政府、行政部门、军队甚至教会之外。希腊社会分成两派，这种情况至少持续了一代人的时间。最后，希腊不紧不慢地加入协约国作战。他们的军队大部分是强制征召的，没有接受过训练，然而这并不影响他们在马其顿轰轰烈烈地战斗。他们和英国人一起入侵并打败保加利亚。他们与法国人和塞尔维亚人一起把德国人赶出塞尔维亚。作为最后的胜利，希腊军队自1453年来第一次进入君士坦丁堡。对于埃莱夫塞里奥斯·韦尼泽洛斯而言，这是他最辉煌的时刻。

加利波利战争刚开始的兴奋和后来的沮丧完全给另一场战争投下了阴影：这就是中东战争。这也是对奥斯曼帝国作战的一部分，在美索不达米亚和巴勒斯坦的土耳其军队都承受着来自协约国的接连不断的压力。

艾伦比在耶路撒冷（他徒步进入城市后才上马）。

巴勒斯坦战争也是意在提高已日益厌战的英国军民的士气：把国民的视线从佛兰德斯大屠杀中转移出来，同时在最薄弱的地方给敌人有力的打击。然而，这次的主要策动者不是温斯顿·丘吉尔——他仍然因加利波利惨败被排斥在政府大门之外——而是首相阿斯奎斯的继任者大卫·劳合·乔治。他的主要目标可以用一句话概括，“圣诞节前拿下耶路撒冷”。他选择将军埃德蒙·艾伦比子爵（Edmund Allenby）去实现他的目标。艾伦比在军队里没有受到普遍欢迎。他长得很高，仪表堂堂，脾气暴躁，经常恐吓人让他获得“公牛”的外号。[①] 事实上，他的侵略性隐藏了许多真正

① “一位皇家工兵军团的上校与艾伦比谈话后病倒在他办公室外的地板上；另一位军官倒在他书桌前的地板上，不得不让人抬出去。”(Brian Gardner, *Allenby*, P. 177)

的爱好，他喜欢音乐、文学和哲学。① 作为一名彻头彻尾的军人，在接到命令离开激战正酣的战场前往巴勒斯坦时，他其实挺郁闷的。他当时还不知道这次不受欢迎的任命反而让他声名鹊起，确保了他元帅的地位，并获得子爵称号和国家奖励的5万英镑。

埃及远征军实际上主要由澳大利亚人组成。它的存在主要是为了保护苏伊士运河——但是人们也期望它去攻打土耳其人。运河足够安全。然而，埃及远征军虽然在数量和武器装备上都优于守卫在西奈半岛上涣散的军队，但是他们在打击土耳其人上取得的成就显然很小。“在巴勒斯坦和美索不达米亚，”劳合·乔治写道，“除了我们的参谋部外，任何人任何事都不能在1915年到1916年把土耳其从完全瓦解中拯救出来。”1917年春天，这里没有改善的迹象。两次半心半意攻占加沙的尝试都以失败告终。因此，当艾伦比6月28日到达开罗时，他的首要任务是为低落的士气注入新的活力。几个星期内，他确实这样做了。他的前任阿奇博尔德·默里（Archibald Murray）将军宁愿留在设在开罗萨沃伊酒店的司令部，而艾伦比却动身前往加沙前线闷热、苍蝇横飞的营地帐篷和小木屋，然后着手视察那里的士兵，与军官和士兵建立了直接联系。在炎热的夏季，这里正午的气温经常高达120度，沙尘暴频繁，令人窒息。但是这也无法阻挡将军穿着笔挺的制服端坐在福特汽车里在沙漠上穿行，而他身旁的澳大利亚司机却穿着汗衫和短裤。他视察防御工作和水的供应情况，发出严酷的命令，毫不含糊地表达自己的不满。无论他走到哪里，士气都蓬勃高涨。

艾伦比的第一项任务是在军中树立自己的将军权威。下一个任务是制定一份作战计划。这需要大量的增援部队：两支军队被派往巴勒

① 有人怀疑，在布尔战争中，并不是所有的英国军官都会从南非写信要求获得一本马杰斯特的（A. N. Majestrat）*l'Art du Croire*，*ou Préparation philosophique à la foi chrétienne* 一书的副本。

斯坦增援那里的 7 个军团。为了向战时内阁说明他的方案，他派出联络军官韦维尔中校（A. P. Wavell，未来二战中的陆军元帅和后来的印度殖民地总督）去伦敦。多亏了韦维尔的说服力和日益增长的声誉使他顺利完成任务，还额外争取了一批炮兵和英国陆军航空队的士兵。之后不久，韦维尔向帝国总参谋长和战时内阁解释了艾伦比的计划。简单地说，即强取离加沙 30 英里、位于贝尔谢巴（Beersheba）的水量丰富的水井，以佯攻加沙来作为掩护。艾伦比的准备很充分：聚集了 3 万头骆驼为先遣部队供水，修建了新道路，也绘制了比前几任时更准确的新地图——感谢最近的空中侦察——以前的地图是基钦纳在 19 世纪 80 年代准备的。同时，他还阅读了关于这一地区的所有资料，从希罗多德和斯特拉波到十字军东征的历史以及最近的英国皇家地理学会的论文。

1917 年夏末，在准备阶段，艾伦比初次遇见了日后在这一地区比他声誉更高的一位英国军官：29 岁的陆军上尉劳伦斯（T. E. Lawrence），他是一位英国-爱尔兰准男爵五个私生子中的老二。1908 年，他第一次来到阿拉伯世界，游历了叙利亚和黎巴嫩，并留下了关于当时还少有人知的十字军城堡的记录。后来，作为一名考古学家，他在叙利亚的卡尔凯美什（Carchemish）参加大英博物馆的挖掘工作直到一战爆发。一战时，他是埃及开罗远征军情报部门的一名陆军中尉。要不是阿拉伯革命，他将一直留在那里。

这场革命开始于 1916 年 6 月 10 日，当时，麦加的谢里夫侯赛因（Sherif Hussein）和汉志人领导了一场反抗土耳其的起义。然而三个月之后，起义军耗尽力气，他们反复努力也没能把土耳其人从麦地那赶走，士气衰落。劳伦斯会见了他们的领导人，对侯赛因的二儿子费萨尔（Feisal）印象深刻，后来他和费萨尔一起制定了攻占亚喀巴（Aqaba）的计划，亚喀巴是土耳其在红海北部的主要港口。

两支英国海军远征军都在这里惨败，不过劳伦斯相信他们能够把亚喀巴夺过来。7月初，他用当地的阿拉伯人探路，率领士兵行军将近一个月，穿过800英里的荒漠，迫使土耳其守兵投降，从而威名远扬。

大家可能很想亲临当时的现场。身材瘦小的劳伦斯一如既往地一身阿拉伯装扮，大步走进高大且穿着整洁制服的艾伦比的办公室里。很多指挥官可能会让他回去脱掉这身花哨的衣服后再来。可艾伦比只是随便瞥了一眼，然后专注于听劳伦斯说明他打算如何通过频繁袭击单轨汉志铁路——实际上这是亚喀巴与麦地那之间唯一的联系线路——把革命经亚喀巴向北传到大马士革。他的态度——虚荣心和傲慢结合在一起——使人难以忍受，但是他的论断却很有说服力。将军于是当场升了他的职，让他和费萨尔的军队直接向他报告，并向他承诺会尽全力协助他行动。

对艾伦比而言，这当然是达成他的首要目标：毁灭奥斯曼帝国的途径，但他深知这也肯定会在将来惹出麻烦。前一年春天，英国与法国和俄国达成协议。根据协议，法国将保持对叙利亚的监护，而英国则遵守他们对阿拉伯人许下的誓约和承诺。俄国已经盯上了君士坦丁堡、博斯普鲁斯两岸几英里的腹地和直达高加索的安纳托利亚以东的大部分地区。法国宣称拥有叙利亚大部分地区和黎巴嫩、安纳托利亚南部大部分地区以及伊拉克的摩苏尔地区（Mosul）。英国宣称拥有现代伊拉克的剩余部分——包括巴格达和巴萨尔——和包括海法和阿卡的巴勒斯坦地带。如果劳伦斯北进计划成功，取得胜利的阿拉伯军队就不可能——至少可以这样说——支持这份协议。但是此后仍有充足的时间去处理这类问题。

1917年10月底，对加沙和贝尔谢巴的进攻开始。尽管这里有德国将军克雷斯·冯·克雷森斯泰因（Kress von Kressenstein）守卫重型防御线，贝尔谢巴还是在这个月的最后几天失陷。一个星期后，加沙也失守。艾伦比决定马不停蹄，乘势继续前进。在一些军团，每72个小时才能给马喂一次水，因为他们持续不断地向北前进，最大限度地扩展他们的交通和供应线。11月16日，雅法陷落。筋疲力尽、口干舌燥的士兵为最后进攻耶路撒冷于犹地亚（Judaean）山区集合。艾伦比决定：他们不应该在圣城进行战斗，所以调动军队对它进行长期而复杂的包围。最后，天气突变，气温下降，问题变得更加糟糕，马要么把蹄子踩进泥团，要么被光滑的石块绊得左右摇晃，然而他们还是继续前进。12月的第一周，土耳其总督通知大马士革，他将撤出圣城，然后亲自用铁榔头砸坏了电报设备。12月9日，耶路撒冷投降。两天后，艾伦比正式率领官员进入耶路撒冷，和他一起的是上校韦维尔和陆军上校劳伦斯，他们穿着借来的军装。19年前，德皇威廉骑着战马进入这个城市而艾伦比则选择步行，这是几乎每份文献中都特意提到的。730年之后，耶路撒冷再次落入基督徒手里。但是根据艾伦比的命令，没有悬挂官方旗帜。他仅仅发表了一份简短的声明，结尾如下：

> 既然你们的城市是人类三大宗教的钟爱之地，它的土壤是数世纪以来三大宗教的大量虔诚的祈祷者和朝圣者奉献的，因此我要让你们明白：根据现存的风俗和你们神圣的信仰，每一幢圣殿、墓碑、圣地、圣坛、传说地、捐赠、虔诚的遗赠和三大宗教任何形式的祈祷习惯地都将受到保护。

攻占耶路撒冷后，战争暂停，差不多一年后又继续。艾伦比知道，如果继续向阿勒颇前进，他需要一支远远超出自己现在部队的更强大的军队，他拒绝前进直到军队得到补充。实际上，他的军队被完全重组了，一些军团回到欧洲，另一些军团从印度和其他地方调过来，他掌握了从12个或更多国家和殖民地调来的部队，其中包括新加坡、中国香港、南非、埃及和西印度群岛，甚至还有来自南太平洋拉罗汤加岛（Rarotonga）的分遣队。根据《贝尔福宣言》[①]，三个营的犹太人被派遣前往巴勒斯坦，包括戴维·本-古里安（David Ben-Gurion），他后来成为以色列的第一任总理。

因此直到1918年9月18日，艾伦比才率领庞大而多样化的军队，包括12000名骑兵，57000名步兵和540辆大炮去攻击土耳其的11个师——他们相对的数量是4000、40000和430——他们坚守从雅法东部到约旦河然后沿其东岸到死海的战线。仅仅12天，在经历了这场战争中最壮观的一场战役之后，艾伦比的先遣部队进入大马士革。10月8日，贝鲁特陷落。18日，的黎波里失陷。25日，阿勒颇失陷。在仅仅6个星期里，他前进了350英里，彻底打败叙利亚的土耳其士兵，俘虏了75000名士兵、430门大炮和数量庞大的武器、弹药和补给品。英国的伤亡数量总计5666人。“充分利用了英国的兵力优势，”军事史学家李德尔·哈特（Liddell Hart）写道，“（这场战役）一定要被列为军事史上最杰出的战役之一，它的策划和执行都是最完美的。”

奥斯曼帝国曾经是德国通往波斯湾和中亚的道路，现在被毁灭了。它丧失了在阿拉伯的领土，包括巴勒斯坦和叙利亚，也包括阿拉伯半岛和美索不达米亚。9月，保加利亚的瓦解为西方打通进入君士坦丁堡的道路，英军和印度军队从南面和东面前进。从黑海到高加

---

① 这是1917年11月2日英国外交大臣阿瑟·贝尔福写给莱昂内尔的一封声明信件。莱昂内尔是第二任罗斯柴尔德男爵，英国犹太人的领袖，贝尔福告诉他，英国人支持“在巴勒斯坦为犹太人建立一个国家，但要在不损害在巴勒斯坦现存的非犹太人社群的公民权和宗教权的前提下。”

索，前苏丹的臣民——格鲁吉亚人、亚美尼亚人、阿塞拜疆人和库尔德人——都在为建立他们的新国家斗争。10 月 30 日，在停泊于爱琴海岛屿门德多斯岸边的“阿伽门农”（*Agamemnon*）号——符合现状的一个名字——上，奥斯曼帝国的代表要求和谈。

第三十三章　和　　平

1919年1月18日，停战两个多月后，巴黎和会开幕。令人惊讶的是，星期六这天——法国总理乔治·克里孟梭坚持要求的——极具讽刺意味，正好是威廉一世加冕为德国皇帝的48周年纪念日。在此次大会上，各国代表的主要任务是重建一个新欧洲，他们以某种形式勉强做了。和会的成果可以用事实衡量：20年后，新欧洲像旧欧洲一样被撕成碎片。

巴黎和会上，地中海地区备受瞩目。地中海南部的国家仍然控制在外国人手里：摩洛哥、阿尔及利亚和突尼斯属于法国，利比亚属于意大利，埃及属于英国（1914年12月英国宣布埃及为其保护国）。地中海北部地区经受了战火的洗礼，各国（西班牙仍然继续保持了中立）均在一定程度上卷入了战争。所有的战胜国都希望通过和会，能在地中海地区谋取最大的利益。所有这些都需要通过一种方法实现：瓜分奥斯曼帝国。在法国，18－30岁的男子有1/4战死，至少还有一半的人伤残。法国最关心的自然是削弱德国，但也觊觎叙利亚和黎巴嫩，对这一地区它早有政治企图。意大利因为老对手奥地利-匈牙利的分裂而窃喜，过去它总是担心不能顺利地进出亚得里亚海。同时它又因南部斯拉夫人的统一而困扰。南部斯拉夫人包括克罗地亚人、斯洛文尼亚人、塞尔维亚人、黑山人、波斯尼亚-黑塞哥维亚人和东北部的马其顿人。他们似乎即将取代苏丹成为巴尔干的统治者。意大利渴望在和会上获得从特兰托到的里雅斯特的土地，获得远至阿尔巴尼亚的达尔马提亚海岸和多德卡尼斯群岛（附带安纳托利亚内陆的一部分）。

如前一章所述，当战争结束时，希腊已是一个新兴的国家。但韦尼泽洛斯的野心比其他出席巴黎和会的政治家更大。他的理想是：恢复包括希腊、小亚细亚在内的拜占庭帝国；让圣索菲亚重新信仰东正教；让希腊的巴塞勒斯（basileus）再次登上君士坦丁堡的皇位。这个梦想贯穿了他的一生。不过在和会上，他不可能提出过分的要求。他所谋求的仅仅是伊庇鲁斯北部、色雷斯和从马尔马拉海到士麦那沿岸的部分小亚细亚岛屿。这里面不包括君士坦丁堡（他的朋友向他建言，只要土耳其控制君士坦丁堡，该城迟早会属于希腊）。会场内外，韦尼泽洛斯给每个人都留下了深刻印象。凭借超凡的个人魅力，而非外交辞令，他成为和会上最耀眼的明星。西欧人此前从未见过或听闻过他这样的人物。年轻的外交官哈罗德·尼科尔森（Harold Nicolson）用风趣的语言描述道："他是一个很有魅力的怪人、强盗，一位国际政治家、爱国者、勇士，一位文学家……尤其惹人注意的是他身材高大、健硕，始终满面笑容，镜框后的两眼炯炯有神，头上还戴着黑丝绸的方形无檐帽"。

对于大不列颠而言，它无法把自己构想成一个地中海国家。但它在地中海占有三个重要的港口：直布罗陀、马耳他和塞浦路斯。众所周知，英国还拥有苏伊士运河的大部分所有权，这使其在埃及和黎凡特享有特殊的权益。战争让英国实现了许多目标：他牢牢地掌控了德国的海军和商船；德国在非洲的殖民地投降了；沙俄的垮台消除了印度北部的威胁，英、俄在该地区的博弈随之结束。现在，他可以把精力集中于东地中海。在地中海的东北角，他极力阻止敌国的战舰穿过土耳其海峡和黑海。他也越来越关注盟国法国。英法在战时团结一致，但战后两国关系面临新的压力和紧张局面。由于保障来自伊拉克北部摩苏尔和波斯湾的石油供给的重要性日益增加，双方的矛盾浮出水面。早在 1916 年，马克・赛克斯（Mark Sykes）爵士和 M. 乔治・匹克特（M. Georges Picot）就签署了秘密协定：当瓜分苏丹的黎凡特领土时，法国占有叙利亚、黎巴嫩和安纳托利亚南部的大部分土地；而英国获得现代伊拉克的大部分、地中海的阿卡和海法港口。除这两个港口外，大致相当于现在伊拉克的一块区域——因作为圣地的特殊且微妙的地位——被保留在一套特殊的国际政治制度内。然而，很显然这种分治实行起来并不简单。艾伦比最近进入耶路撒冷，这对信奉天主教的法国实在不是什么安慰。简而言之，两大欧洲列强在中东问题上完全互不信任，当然双方这么做也是完全正确的。

费萨尔在凡尔赛会议上，右边是 T. E. 劳伦斯上校。

另一方面，英法都犯了同一个错误：他们忽视了阿拉伯。埃米尔费萨尔出席了巴黎和会，劳伦斯（身着阿拉伯服装）自豪地向众人介绍他，这不久就完全改变了现有局面。费萨尔是哈桑王族的成员，是所有阿拉伯家族中最高贵的一员，其身份按父系可以追溯到先知的女儿。1915 年，驻埃及的高级专员亨利・麦克马洪（Henry McMahon）

就曾向费萨尔的父亲——麦加的谢里夫承诺：如果阿拉伯起兵反抗土耳其，他们将得到英国的全面援助，并且战后可以赢得独立。① 在劳伦斯的帮助下——尽管他无权实现上述许诺，但依然再三做出保证——费萨尔实践了他的承诺。现在，他来到巴黎和会索要回报。

他某种程度上得到了应有的回报。这一年，艾伦比任命他为大马士革军事管理委员会的首领。法国人接管了以贝鲁特为中心的海岸地区，英国则接管了巴勒斯坦。然而，后来证明这些只是临时性的措施。1920 年 3 月，叙利亚国家大会在大马士革召开，宣布费萨尔为统一的叙利亚王国的国王，统治范围包括巴勒斯坦。可仅一个月以后，协约国在圣雷莫（San Remo）召开会议，决定叙利亚应置于新的托管制度之下，并由法国托管。此后，法国越来越肆无忌惮了。6 月，他发出最后通牒，要求叙利亚承认法国的统治地位。随后法军开入大马士革，废黜了费萨尔。1922 年 7 月，国际联盟最终授权法国托管叙利亚和黎巴嫩，但承认它们是独立国家。同时，费萨尔转任伊拉克国王，他的哥哥阿卜杜拉（Abdullah）则为外约旦国王，该国于 1949 年改称约旦哈希姆（Hashemite）王国。

同约旦、伊拉克相比，巴勒斯坦才是我们关心的地区。刚刚参加完巴黎和会的哈伊姆·魏茨曼博士（Dr Chaim Weizmann），不久被任命为“世界犹太复国主义组织”（World Zionist Organisation）的主席。魏茨曼是《贝尔福宣言》得以问世的主要推动者，他在和会上特意提到巴勒斯坦地区。在 2 月 27 日举行的最高委员会上，他极力主张在巴勒斯坦建立一个犹太人家园。而后，他又以观察员身份出席了圣雷莫会议，这次会议肯定了《贝尔福宣言》，将巴勒斯坦委托给英

---

① 根据《赛克斯-匹克特协定》（Sykes-Picot Agreement）或后来的《贝尔福宣言》——这个承诺从未完全弄清楚。

国。在此之后，从 20 世纪 20—30 年代，他在谈判桌上与英国多次博弈，其时英国由于遭遇了日益萌生的阿拉伯民族主义所造成的国内混乱，逐渐失去了早期对犹太复国主义的热情支持，正试图赖掉先前做出的承诺。但胜利最终属于魏茨曼，1948 年他成为以色列总统。

克里孟梭、威尔逊和劳合·乔治在签订《凡尔赛条约》之后。

1919 年的巴黎和会及其后签订的《凡尔赛条约》标志着旧世界的终结和新世界的开启。1914 年，有五大帝国的首都都在欧洲。而 5 年后，德意志、奥匈帝国和沙俄都土崩瓦解。奥斯曼帝国也奄奄一息，只有英国尚存于世。战后的世界已经完全不同了。

于是我们的故事将到此结束——至少在本书关注的时间范围内。很显然，地中海的历史将永远不会画上句号，除非海洋本身干涸。然而，虽然对某一特定历史时期的解读可以有完美的结束，但以某一地域为主题的历史讲述却只能戛然而止，这样的具体例子已经数不胜数。日复一日，生活变得更加丰富多彩。历史越积越厚，其前进的脚步也越来越快。在本书开头的几章，一到两页的内容可能就跨越了一个世纪的时间。到后来，整个章节却只能概述十年左右的历史。如果继续写从第二次世界大战直到2000年的历史，可能还需要一卷的篇幅，是现有规模的两倍，这将造成作者也造成读者的负担。

众所周知，大概六七千年前，地中海诞生了众所周知的西方文明。那时的地中海范围较小，它的外形狭窄，气候温和，拥有神赐的肥沃土地，以及曲折悠长的欧亚海岸，这些因素共同构成了一个独特的保护环境，使不同人群在其中获得了发展和繁荣。甚至日光也发挥了它的作用，带给人们在其他地区所无法享受的优势。地中海的人们相信神灵，这里至少有三种宗教，但在阳光灿烂的地中海世界，没有鬼、巨人、小妖精和侏儒的容身之所，在民间传说中，薄雾笼罩、阴郁的北方才具有这些典型特征。所有这一切，以及未提到的许许多多让我们获得了巨大且无法估量的恩惠。但仍有一个重要问题需要解答：既然地中海做出过如此大的贡献，这位做贡献者如今还很重要吗？今天的地中海仍然享受着它年轻时的重要性吗？

唉，答案肯定是否定的。当世界年幼时，地中海是广阔无止境的；但当世界可怜地缩小时，地中海也会随之变小。今天，在伊拉克甚至朝鲜发动战争较之1个世纪前从英格兰向意大利或西班牙运输军队更加容易；飞机从直布罗陀到伊斯坦布尔只需三个多小时；漫长的贸易路线也消失了。运输船和油轮仍然从中东的管道终端定期往返。但是，海洋本身迅速呈现出一些新的可怕现象：巨型游轮不断往返于港口和岛屿之间，每艘船装载的人数比以前很多人一辈子看到的还要多得多。

因此在第三个千年的伊始，旧世界（*raison d'être*）已无任何存在的理由，这一点现在已越发清楚。今天的地中海以娱乐为主要目的。这在任何方面未必是件坏事。人们认为，过去的地中海经常留下鲜血的痕迹，如今这只在电影《昂布尔温室》（*ambre solaire*）里出现实在是件幸事。有人很容易忘记以前海上的悲惨生活：当鞭子抽打囚犯的脊背时；当船遭到瘟疫的侵袭而被迫在岸边游弋而不能靠岸，直到船上的人无一生还时；而夏季暴风雨的突然降临通常将成为全体船员的催命符。但最可悲的是荣耀的丧失：人们认为世界上最悠久水系的存在是如此理所当然，因此可以随意加以污染；人们对地中海某段海岸遍地乱扔的旧塑料视而不见；而其他一些海岸地区要靠成千上万个清洁工每日辛勤劳动才能维持清洁。

这可能是这本书到此停笔的另一个原因。本书已经记载了许多灾难，大多是悲剧。书中认为地中海有时是一个摇篮，有时是一座坟墓，时而是一根纽带，时而又是一种障碍，既是一块福地也是一个战场。当目睹地中海衰微成一个娱乐场所时，这是一件多么令人伤心的事情啊！以前的古老港口变成了游艇码头，游艇已经替代了三层桨的战船。在地中海尚且基本保持其本色的时候结束本书的叙述，那不是好得多吗？此时它的层层波浪还叙述着无数的典故，滴滴水珠都还如此地壮丽辉煌。

世 系 表

奥地利的哈布斯堡王朝

马克西米连一世，1493－1519 年在位 ＝ 玛丽，大胆查理之女

菲利普，死于 1506 年 ＝ 疯女胡安娜，西班牙王位继承人，死于 1555 年

查理五世，1519－1556 年在位，后退位；死于 1558 年

斐迪南一世，1556－1564 年在位 ＝ 安妮，匈牙利和波希米亚王位继承人

唐·约翰，死于 1578 年，死后无嗣

西班牙菲利普二世

玛丽 ＝ 马克西米连二世，1564－1576 年在位

玛丽 ＝ 施蒂里亚公爵查理

玛丽·安妮 ＝ 斐迪南二世，1619－1637 年在位

斐迪南三世，1637－1657 年在位 ＝ 玛丽，西班牙菲利普三世之女

利奥波德一世，1658－1705 年在位 ＝ 玛格丽特·特蕾西亚，西班牙菲利普四世之女

约瑟夫一世，1705－1711 年在位

查理六世，1711－1740 年在位 ＝ 伊丽莎白·克里斯蒂娜，布伦瑞克-沃尔芬比特尔公爵刘易斯·鲁道夫之女

弗朗西斯一世，洛林公爵，1745－1765 年在位 ＝ 玛利亚·特蕾西亚，死于 1780 年

1. 约瑟夫二世，1765－1790 年在位，死后无嗣

2. 利奥波德二世，1790－1792 年在位 ＝ 玛利亚·路易莎，西班牙查理三世之女

3. 玛丽亚·卡罗来纳 ＝ 那不勒斯斐迪南一世

5. 玛丽·安托瓦内特，1793 年被处死 ＝ 法王路易十六

1. 弗朗西斯二世，1792－1835 年 ＝ 玛利亚·特蕾西亚，那不勒斯斐迪南一世之女

斐迪南，1835－1848 年在位，后退位

弗朗西斯 ＝ 苏菲亚，巴伐利亚马克西米连一世之女

弗朗西斯·约瑟夫，1848－1916 年在位 ＝ 巴伐利亚的伊丽莎白，1898 年遇刺

耶路撒冷和塞浦路斯王国

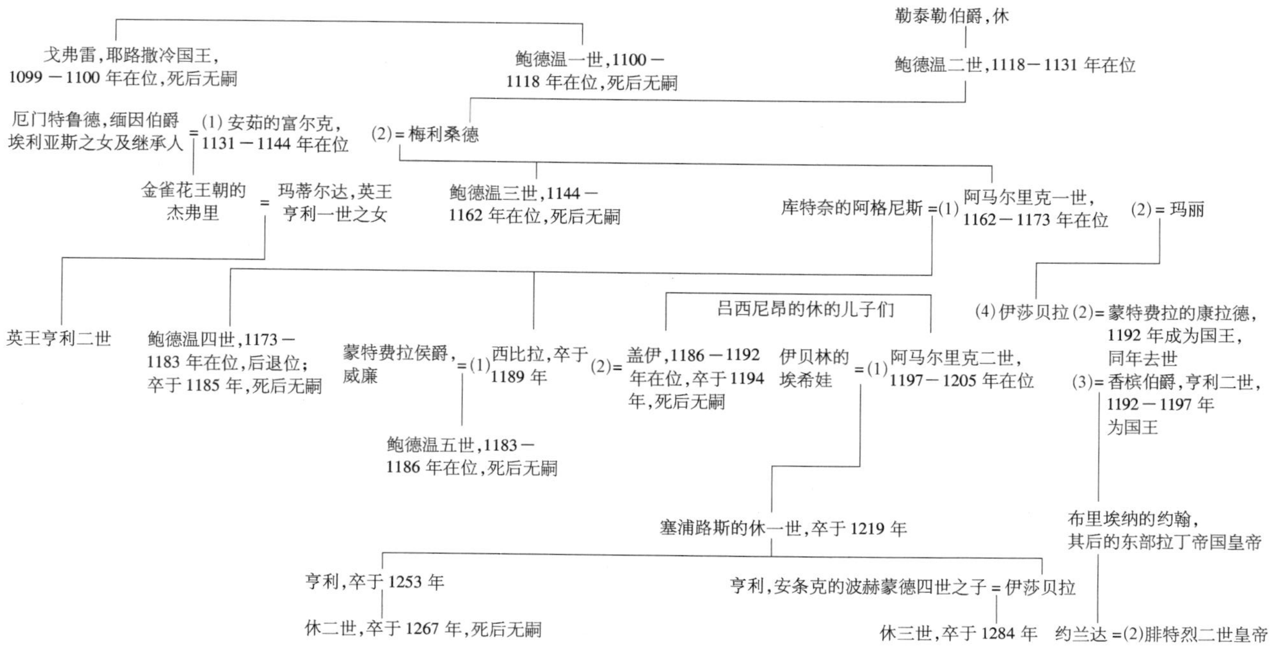

西班牙的哈布斯堡王朝和那不勒斯的波旁王朝

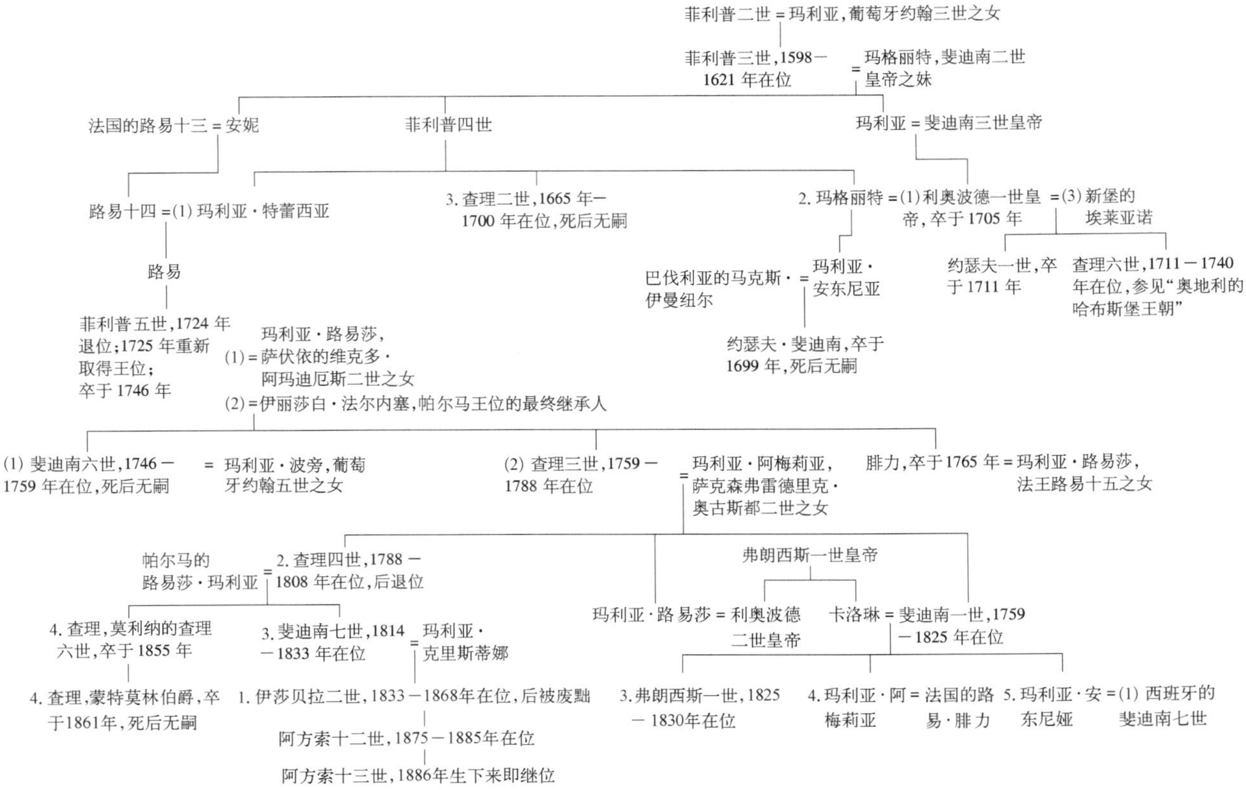

萨伏依王室

凯瑟琳，西班牙菲利普二世之女 = 查理·伊曼纽尔一世，1580－1630年在位

- 维克托·阿玛迪厄斯一世，1630－1637年在位 = 克里斯蒂娜，法王路易四世之女，卒于1663年
  - 查理·伊曼纽尔二世，1638－1675年在位
    - 安娜·玛利亚，奥尔良公爵腓力之女，卒于1728年 = 维克托·阿玛迪斯二世，1675－1730年在位，后退位；卒于1732年；1703年为西西里国王；1720年为撒丁国王
      - 查理·伊曼纽尔三世，1730－1773年在位
        - 维克托·阿玛迪厄斯三世，1773－1796年在位
          - 查理·伊曼纽尔四世，1796－1802年在位，后退位；卒于1819年，死后无嗣
          - 维克托·伊曼纽尔一世，1802－1821年在位，后退位；卒于1824年
- 托马斯·弗朗西斯
  - 五个世代
    - 特蕾西亚，托斯卡纳公爵斐迪南三世之女 = 查理·阿尔伯特，1831－1849年在位，后退位并卒于1849年
      - 维克托·伊曼纽尔二世，1849年继位；1862－1878年为意大利国王

霍特维尔王室

- 唐克列德·德·霍特维利
  - 罗伯特·圭斯卡德，阿普利亚伯爵和公爵，卒于 1085 年
    - 波赫蒙德一世，安条克亲王，1099 − 1111 年在位
      - 波赫蒙德二世，安条克亲王，卒于 1131 年
  - 罗杰一世，西西里大伯爵，卒于 1101 年
    - 罗杰二世，西西里国王，1130 − 1154 年在位
      - 罗杰，阿普利亚公爵
        - 不合法的莱切的唐克列德，西西里国王，1190 − 1194 年在位
      - “坏人”威廉一世，西西里国王，1154 − 1166 年在位
        - “好人”威廉二世，西西里国王，1166 − 1189 年在位 ＝乔安娜
      - 康斯坦斯＝亨利六世，1190 − 1197 年为神圣罗马帝国皇帝，1194 − 1197 年为西西里国王
        - 腓特烈二世，神圣罗马帝国皇帝，西西里国王，1197 − 1250 年在位
          - 康拉德四世
            - 康拉丁
          - 不合法的西西里国王，曼弗雷德，1258 − 1266 年在位
  - 十个其他的儿子

亨利六世之父：腓特烈一世巴巴罗萨，神圣罗马帝国皇帝，1152 − 1190 年在位

乔安娜之父：亨利二世，英国国王，1154 − 1189 年在位
- 乔安娜
- 理查德一世，英国国王，1189 − 1199 年在位

译后记

约翰·朱利叶斯·诺威奇（John Julius Norwich，1929 年生）是英国著名的历史学家、旅行作家。他是英国保守政治外交家达夫·库珀（Duff Cooper，1890 – 1954）的儿子。曾在上加拿大学院、伊顿大学、斯特拉斯堡大学接受系统教育，在皇家海军结束服役后不久，在牛津神学院取得了英语和俄语学位。诺威奇是一位多产的作家，主要代表作有：《阿托斯圣山》（1966）、《威尼斯史》（1981）、三卷本的《拜占庭史》（1990—1995）、《城市的天堂》、《历史上的伟大城市》（2009），其中《中央之海：地中海的历史》于 2006 年由道布尔戴（Doubleday）出版集团发行。

在当今学界，法国最著名的史学家、年鉴学派的代表人物布罗代尔是地中海区域史研究领域中的佼佼者，他在 1949 年出版了其经典之作《菲利普二世时代的地中海和地中海世界》。该书从总体观视角出发，将 16 世纪后半期西班牙国王菲利普在位时期的地中海世界视为一个整体加以全面考察，独创了“长时段、中时段和短时段的历史时间三分法”理论，并以此为“解释工具”来确定各种物质与非物质的因素对历史发展的不同程度的作用。

同是处理地中海历史这一宏大的叙述主题，本书作者约翰·朱利叶斯·诺威奇（John Julius Norwich）的《在亚非欧之间：地中海史》时间跨度长，并重点关注沿地中海国家是如何受到地理位置影响这一问题。作者精辟论述了地中海沿岸国家一千余年的权力政治发展史，从有文字记载的历史开始，一直叙述到第一次世界大战结束。全书共三十三章，主要按照年代顺序，详细论述了古埃及、希腊城邦和罗马帝国及其后继者——拜占庭和神圣罗马帝国的历史，并将穆斯林与基督教世界进行比较分析，讨论了十字军在中世纪史中的影响，随后的叙述从文艺复兴运动，一直延伸到拿破仑帝国的建立和灭亡、希腊和意大利的独立和统一，土耳其帝国的毁灭，以及第一次世界大战的爆发和影响，其间穿插了关于马耳他、塞浦路斯、克里特、直布罗陀海峡等地中海诸岛国历史的精彩论述。如此庞大的历史脉络并非一般人能够拿捏，值得欣慰的是，诺维奇在叙述手法和人物塑造方面的才华是如此出众，在他的妙笔生花下，沿地中海地区复杂混乱的历史场景生动清晰地跃跃纸上，国王、教皇、皇帝、平民等形形色色历史人物的形象和性格尽收眼底，当一气呵成地读完这本有趣严谨的历史散文型佳作后，十足有酣畅淋漓之感。

本书的翻译工作是集体智慧的结晶，具体分工如下：殷亚平负责序言、前 5 章和第 20—23 章的翻译，谭顺莲完成第 6—10 章的翻译，李若宝承担第 11—15 章的翻译，王丽娟负责第 16—19 章的翻译，周俊完成了第 20—33 章的翻译，最后的校对工作由上述五人通力协作完成。

本书的翻译得到了陈恒先生和王卫东先生的倾力相助、信任和包容。译者们在此致以最诚恳的谢意。同时，本书的编辑欧阳敏女士在本书的校对和修改过程中付出了巨大心血，并提出了许多宝贵意见，特表诚挚谢忱。

译本可能存在不当与谬误之处，请各方批评指正。

殷亚平

2011 年 3 月 29 日